Couvertures supérieure et inférieure
manquantes

ÉTUDES

HISTORIQUES, POLITIQUES ET LITTÉRAIRES

SUR

LES JUIFS D'ESPAGNE

ÉTUDES

HISTORIQUES, POLITIQUES ET LITTÉRAIRES

SUR

LES JUIFS D'ESPAGNE

PAR

DON JOSÉ AMADOR DE LOS RIOS,

du Conseil de Sa Majesté; son Secrétaire avec exercice de Décrets;
Chevalier du vénérable Ordre militaire de Saint-Jean de Jérusalem; Membre des Académies royales
d'histoire, espagnole, de Saint-Ferdinand, gréco-latine de Madrid,
des belles-lettres de Séville, de Barcelone, des sciences et nobles arts de Cordoue
Membre honoraire et correspondant de plusieurs autres Sociétés scientifiques et littéraires,
Doyen de la Faculté des lettres à l'Université centrale de Madrid;

TRADUITES POUR LA PREMIÈRE FOIS EN FRANÇAIS

PAR

J.-G. MAGNABAL,

Agrégé de l'Université, Membre correspondant de l'Académie d'Archéologie de Belgique.

PARIS

IMPRIMERIE ADMINISTRATIVE DE PAUL DUPONT
Rue de Grenelle-Saint-Honoré, n° 45.
1861

1860

Paris. — Imprimerie Paul Dupont, rue de Grenelle-Saint-Honoré, 45. (20$)

A M. GUSTAVE ROULAND,

Directeur du Personnel et du Secrétariat général au Ministère de l'Instruction publique et des Cultes.

Hommage de reconnaissance et de respectueux dévouement.

J.-G. MAGNABAL.

PRÉFACE DU TRADUCTEUR.

Il n'y a pas un auteur d'un livre quelconque, plus ou moins original, qui ne se croie obligé, dans une introduction, une préface, un avis au lecteur, de faire connaître la pensée et le but de son ouvrage. Si c'est un roman, il vous dira les mœurs ou les intrigues qu'il a voulu peindre, les bucoliques ou les pastorales qu'il a imitées ; si, dans sa composition, la fiction ou la réalité domine, et comment l'une se mêle à l'autre. Si c'est une histoire, il vous indiquera l'esprit de son œuvre; s'il a voulu vous présenter le tableau d'un siècle, d'une époque et d'une nation, s'il a recherché au contraire, dans les faits, la cause philosophique des événements ; s'il a pris pour modèle Hérodote ou Thucydide, Tacite ou Tite-Live, Bossuet, Vico ou Herder. Le philosophe vous initie à son système. Spiritualiste ou matérialiste, sceptique ou mystique, il vous dit ce qu'il a emprunté de Platon ou d'Aristote, de la scolastique ou de l'école moderne, de St-Thomas ou de Descartes, de Kant, de Reid et de Dugald-Stewart. Le poëte dramatique vous explique pourquoi il a mis sur la scène tantôt les mœurs, tantôt les passions; pourquoi il a marché sur les traces de Ménandre ou d'Aristophane, de Térence ou de Plaute, d'Eschyle, de Sophocle et d'Euripide; pourquoi il a pris à l'Italie ou à l'Espagne, à l'Angleterre ou à l'Allemagne, ses types ou ses modèles, le genre classique ou le genre romantique.

Pour moi, je n'ai rien de tout cela à présenter à mes lecteurs; je n'ai fait que traduire, je n'ai par conséquent aucun mérite d'originalité. Mon but, je le fais connaître plus bas dans ma *Note au traducteur*, et cependant j'éprouve le besoin de faire aussi une introduction. Pourquoi? C'est qu'il ne me paraît pas inutile de placer à l'entrée de l'édifice un vestibule qui donne, pour ainsi dire, une idée de l'ensemble; qui résume le plan, la méthode et l'esprit de l'original ; enfin, qui engage le lecteur à pousser plus avant et à pénétrer dans l'intérieur.

Trois essais composent l'ouvrage. Le premier présente les Juifs, vivant au milieu des cités espagnoles, renfermés dans leurs juiveries, sans le moindre contact presque avec la population castillane ; encourant le reproche d'être plus d'accord avec les Maures, ce qui était très-naturel, qu'avec les chrétiens fanatiques qui les persécutaient. Tous les états, tous les métiers leur étaient défendus; l'agriculture et les armes leur étaient interdites, la vie leur était rendue impossible. Et cependant ils vivent par leur commerce, par leur science; ils deviennent même indispensables à la société castillane. Rien n'est plus curieux que de suivre, à travers les chapitres de ce premier *Essai*, la pénible existence des Juifs et les causes de la faveur dont ils jouissent auprès des rois, des grands et des évêques; des deux derniers à qui ils paient des tributs énormes; des rois qu'ils secondent dans la perception des rentes, dans les projets littéraires et financiers. L'influence de la race juive sur la littérature espagnole, caractérisée plus longuement dans les essais suivants par l'analyse des ouvrages, apparaît ici à sa naissance dans les académies de Cordoue et de Tolède, et par la manière dont les Juifs se prêtent aux entreprises littéraires d'Alphonse le Sage. Dans cet essai, leur condition sociale est presque toujours en jeu. Receveurs, collecteurs, fermiers des revenus de la couronne, ils vexent la multitude, qui ne comprend jamais qu'il est bien de payer les impôts, et qui est toujours remplie d'aversion pour ceux qui l'y contraignent, quand elle est récalcitrante. De là et du fanatisme religieux du moyen âge, les causes de la haine du peuple contre les Juifs. Les grands ne les détestent pas, pour les motifs que j'ai indiqués plus haut, à moins qu'ils ne soient les favoris des rois à qui ils font opposition. Les rois les persécutent bien, mais le plus souvent, ils les protégent, surtout quand ils ont besoin de leurs richesses pour avoir les moyens de résister à une noblesse arrogante, de remplir leurs coffres vides et d'approvisionner leurs armées. Car les Juifs ont presque toujours servi la royauté en Espagne, et ce sont eux qui ont contribué à renverser les remparts de Grenade, en faisant durant le siége, et comme intendants, régner l'abondance dans les rangs des armées catholiques. Aussi, D. José Amador de los Rios, en admettant le plan politique de Ferdinand et d'Isabelle, plan qui faisait reposer l'unité monarchique sur l'unité religieuse, n'hésite pas à reconnaître que l'expulsion des Juifs a été néanmoins une faute; il n'hésite pas à taxer d'ingratitude, à l'égard des Juifs, les vainqueurs de Grenade et des Maures.

Je ne peux qu'indiquer ici la pensée qui a fait créer l'Inquisition. Mais quiconque lira le livre de M. Amador de los Rios verra que, s'il approuve le principe de l'institution, il en blâme l'existence, surtout dès que la cause de son établissement disparut. En effet l'Inquisition n'était pas chose nouvelle, mais la fondation du tribunal du Saint-Office était un moyen d'arracher à la juridiction épiscopale, juge et partie en matière de foi, les malheureux Juifs livrés sans défense au pouvoir ecclésiastique. Le pouvoir royal, en se reconstituant, voulait par là tenir, dans ses mains, un élément d'autorité de plus. L'idée était bonne, à ce compte; l'application fut détestable, faite surtout par le grand Inquisiteur Torquemada, qui, au lieu de poursuivre les délits, fit torturer les consciences. M. Amador de los Rios ne cesse de le reconnaître.

A la faveur de cette inquisition, l'Espagne est un des rares pays où l'unité religieuse se soit conservée. L'on a presque toujours attribué à cette conservation la cause de la décadence, dont elle se relève aujourd'hui, et dans laquelle elle est tombée après son apogée de gloire. On lui en veut pour ainsi dire, on la trouve arriérée, parce qu'elle n'a pas admis la liberté des cultes. Ce reproche adressé à la nation tout entière est retombé sur l'auteur du livre que je traduis, pour sa part d'idées religieuses. J'avoue qu'à tout prendre, je ne saurais lui faire un reproche, d'un côté, d'être resté fidèle à la religion de ses pères, et, d'un autre, d'être resté Espagnol, c'est-à-dire de ne pas penser, en matière religieuse, comme peuvent penser des Anglais, des Allemands, comme nous pouvons penser nous-mêmes Français. En matière de religion, si l'on veut être conséquent, il faut admettre l'unité ou nier la nécessité du culte extérieur, et, avec la liberté des cultes, admettre la négation du culte public. C'est cette conclusion, contre laquelle protestent l'exemple des sociétés du paganisme et même des nations les moins civilisées, qu'est forcée d'adopter la liberté des cultes, poussée dans ses derniers retranchements. En effet, soit par instinct, soit par éducation, soit par raison, l'homme éprouve, dans son for intérieur, le besoin de rendre hommage à l'Être Suprême, cause première de tout ce qui existe et dont il ne peut ne pas reconnaître la puissance. Il éprouve aussi le besoin non moins grand de sonder ses semblables, de voir s'ils partagent ses propres sentiments ou de les leur faire partager. Ce besoin, il le traduit par la manifestation extérieure de ce qui se passe dans son intérieur. Alors il s'éloigne, plus ou moins, de celui qui ne partage pas ses pensées, il se rapproche de celui qui sent et pense comme lui, avec lequel il se voit en communauté d'idées. Or la pensée particulière, suivant qu'elle est commune au plus ou moins grand nombre, devient la pensée générale, la pensée dominante. De là le devoir de ceux qui dirigent les sociétés d'écarter, d'affaiblir, parfois même de combattre les éléments contraires. Et si la chose a lieu en matière religieuse, on comprend comment, devant le sentiment unanime de la nation espagnole, les gouvernements de ce pays se sont refusés d'introduire, en Espagne, un élément de discorde contre lequel ils ont lutté pendant sept siècles, au prix d'énormes sacrifices ; comment ils s'efforcent de maintenir intacte l'unité religieuse.

Il est certain que, lorsqu'on pressent la dissidence, même au foyer domestique, où la naissance de l'être le plus cher à l'époux et à l'épouse peut troubler l'union profonde qui doit régner entre eux deux, on ne saurait trop se précautionner, avant de prendre une détermination sur un sujet si délicat, qui touche en même temps à la raison de l'homme et à sa conscience ; on ne saurait trop délibérer avant d'abandonner l'unité de croyance religieuse pour la liberté du culte, liberté qui doit aboutir à la négation du culte, si l'on veut être logique. Or le spectacle de l'unité religieuse, acquise non par le fer et le feu d'une Inquisition, à Dieu ne plaise, mais par la persuasion évangélique et chrétienne, me paraît préférable à l'infinité des sectes. Voilà pourquoi je suis convaincu que ce n'est pas à l'établissement seul de l'Inquisition, que ce n'est pas surtout au catholicisme dominant en Espagne, que cette nation a dû les derniers moments de prostration et d'abattement. Voilà pourquoi je suis sûr qu'en conservant sa foi religieuse et l'unité de sa croyance l'Espagne saura reprendre son rang parmi les nations, à qui elle offre aujourd'hui le spectacle imposant de seize millions d'âmes n'ayant qu'une même pensée religieuse.

Je n'ai pas hésité à dire ici quelques mots sur ce sujet, parce que l'on blâme trop, ce me semble, l'Espagne d'un fait qu'on devrait plutôt tourner à sa louange; parce que ni le christianisme, ni le catholicisme, ne me paraissent nier le progrès et la civilisation; parce que M. Amador de los Rios ne m'a paru, dans son livre, ni un fanatique, ni un intolérant, ni un inquisiteur, loin de là; et que, si on le blâme de certaines considérations philosophiques sur l'existence des Juifs au milieu des nations, ou il faut admettre ses conclusions, ou nier le christianisme lui même et les traditions des Saintes Écritures : Enfin parce que M. Amador de los Rios mérite qu'un écrivain compétent sur l'histoire d'Espagne, M. Rosseuw St-Hilaire ait dit de lui : « Mon travail sur les Juifs était déjà terminé quand j'ai reçu celui de M. Amador de los Rios, et je n'ai pas hésité à recommencer le mien pour utiliser les nombreux matériaux qu'a réunis la science de l'auteur avec autant de clarté que de méthode. Sans partager complétement ses vues sur l'Inquisition et sur la pensée qui l'a dictée, je suis heureux de rendre justice aux sérieuses études qu'atteste ce livre et à la haute impartialité, à l'esprit dégagé de tout préjugé, qu'il atteste chez son auteur. »

Cette impartialité, les lecteurs la reconnaîtront dans tout l'ouvrage. Car si, dans ce premier *Essai*, sur la condition politique des Juifs, l'auteur examine toujours le pour et le contre, il le fait aussi dans les deux autres, en appréciant les ouvrages. En effet, dans le second essai est présenté le tableau de l'activité intellectuelle des Juifs et de la haute influence qu'ils ont exercée sur la civilisation espagnole. Là, le lecteur pourra suivre toutes les questions relatives à la langue et à la littérature castillanes, auxquelles les Juifs ont pris une si grande part. Il y trouvera des pages curieuses sur l'antériorité du poëme du Cid ou des livres d'Isaaque, des observations judicieuses sur les trois éléments, arabe, juif et castillan, qui ont servi à composer l'idiome espagnol, et sur la part des Juifs par les traductions des livres hébreux, arabes et même grecs, venus en Espagne par l'Afrique. Soit qu'il énumère, soit qu'il critique, M. Amador de los Rios discute toujours les appréciations littéraires, les jugements contradictoires, les opinions des Sanchez, des Rodriguez de Castro, des Emmanuel Aboab, des Mariana, des critiques israélites et des écrivains espagnols. S'il défend les théories d'un auteur, il en signale aussi les défauts. Partout, textes et preuves en main, il traite les questions de langage, d'art, de poésie, de versification, auxquelles donnent naissance les œuvres de Maïmonide, de Rabbi Zag de Sujurmenza, de Rabbi don santo de Carrion, d'Isaak Quanpanton, d'Alvar Garcia de Sainte Marie, d'Alphonse de Carthagène. Les commentaires de la Bible et des psaumes, du Talmud et de la Misnâh, les œuvres originales d'écrivains inconnus jusqu'ici, la Danse des Morts, le Cancionero de Baena et beaucoup d'autres qu'il serait trop long d'énumérer, rendent cet *Essai* intéressant et curieux et jettent un nouveau jour sur l'histoire de la littérature en Espagne.

Dans le troisième *Essai*, la méthode est la même, l'esprit critique de M. Amador de los Rios analyse toujours les qualités et les défauts. Après avoir montré les Juifs transportant, dans toutes les parties du monde, la langue et la littérature espagnoles; la protection qu'ils reçoivent au Nord comme au

Midi, en Hollande, en Angleterre, en Allemagne, en France, en Italie, dans les États du Pape et dans l'empire du Sultan, il nous fait assister à la décadence progressive de la langue castillane qui s'efface peu à peu de la mémoire des Juifs proscrits. Il nous montre leur ressentiment bien juste contre les persécutions si mal entendues du Saint-Office, et leurs amers souvenirs trouvant place, soit dans les versions des psaumes, soit dans les traductions des plaintes de Jérémie. En même temps nous assistons à la révolution de Gongora, et nous pouvons apprécier son influence sur les Miguel Silveyra, les Jonas Abarbanel, les Pédro Teixeira, les Enriquez Gomez et tant d'autres.

Tous ces aperçus sont parsemés d'appréciations critiques sur l'état de la société, sur l'influence que cet état a pu exercer sur la prospérité, la décadence de la littérature juive espagnole. Quand les témoignages du corps de l'ouvrage ne suffisent pas, des notes viennent appuyer, éclairer les assertions avancées dans les pages. Le lecteur trouvera encore dans ces notes l'indication des ouvrages consultés, tant imprimés qu'inédits; et, tout en lui montrant les sources où il peut puiser pour le complément de recherches originales, ces mêmes notes le convaincront du soin que M. Amador de los Rios a porté à la composition de son ouvrage.

Quant à nous, traducteur, nous avons cherché à être aussi exact que possible. La langue espagnole peut passer pour être très-facile, elle n'en a pas moins ses délicatesses et ses exigences. Nous avons fait ce que nous avons pu pour rendre le sens littéral, quand nous n'avons pas conservé la forme de la phrase espagnole, parfois trop longue. Dans les exemples cités par l'auteur, nous avons toujours conservé le texte, toutes les fois que les citations avaient pour but de faire connaître le style et la langue d'un écrivain, d'un poëte. Pour les vers, tout en nous attachant à être intelligible, nous les avons traduits en prose, mais en regrettant de ne pouvoir les traduire en vers, de ne point conserver le rhythme, la cadence et l'harmonie de l'original. Pour les comprendre, pour les rendre, nous avons fait ce que nous avons pu. Nous espérons donc que les lecteurs et les critiques nous tiendront compte de nos efforts, et que les uns et les autres ne trouveront pas d'obstacle à ce que l'on répète de notre traduction des *Études sur les Juifs d'Espagne*, ce que l'on a dit de notre traduction, *de la Condition sociale des Morisques* : « Ce travail a été transporté dans notre langue avec une élégante fidélité et une lucidité parfaite. »

J.-G. MAGNABAL.

Paris, le 10 octobre 1860.

NOTE DU TRADUCTEUR

La traduction que nous commençons de publier aujourd'hui n'est que la continuation du projet que nous avons conçu depuis longtemps, et que nous réalisons peu à peu, de faire connaître, en France, les œuvres littéraires de l'Espagne contemporaine. Ce n'est pas une tâche facile; il nous faut une conviction profonde pour poursuivre notre idée, au milieu du doute qui nous entoure de tous côtés sur la valeur de la mine que nous exploitons. Cette conviction est le résultat de l'étude de la littérature espagnole. Aussi, dût-on nous taxer d'esprit faux, d'esprit trop enthousiaste, nous continuerons notre ouvrage : car, ceux-là même qui auraient dû nous détourner de notre travail actuel, nous ont fourni les motifs plausibles de le terminer. Il nous eût été difficile, pour ne pas dire impossible, de publier, seul et à nos frais, notre traduction, malgré tous nos désirs : de là la nécessité de recourir à des éditeurs, à des libraires. Alors, après avoir soumis le livre à des savants compétents qui leur en ont fait l'éloge, les uns nous ont dit, les autres nous ont écrit que : « L'ouvrage aurait un nombre de lecteurs choisis, mais restreint; que, tout en obtenant un succès peut-être assez grand au point de vue littéraire, il n'en aurait aucun au point de vue commercial, et que, dès lors, ils ne pouvaient donner suite à notre proposition. » Que faire?... Nous désister de notre entreprise ? Tant s'en faut, mais nous réjouir de voir notre œuvre accueillie par le directeur de la *Revue des Races Latines*, et surtout nous estimer heureux d'avoir trouvé, au ministère de l'instruction publique, un généreux et intelligent Directeur du personnel, qui a bien voulu nous donner l'encouragement nécessaire pour en faire une édition. Par cet encouragement, dont toute l'initiative lui revient, M. Gustave Rouland augmente notre reconnaissance, comme il augmentera le nombre des lecteurs, et notre volume obtiendra, nous n'en doutons pas, un succès littéraire auprès du public, qui n'aura pas, pour lui, à se préoccuper de la raison commerciale.

J.-G. MAGNABAL,
Agrégé de l'Université.

A l'Illustrissime Señor

DON ANTONIO GIL Y ZARATE

TÉMOIGNAGE DE VIVE ET RESPECTUEUSE AMITIÉ

JOSÉ AMADOR DE LOS RIOS

AU LECTEUR

Plusieurs motifs, les uns de reconnaissance, les autres de point d'honneur littéraire, portent contrairement à mon but à écrire ici ces lignes. Le premier, c'est pour témoigner ma reconnaissance à l'illustre Académie royale d'histoire, pour l'indulgence avec laquelle elle a bien voulu accueillir l'*Essai historique et politique* mis en tête de ces *Études*. Elle a jugé ce travail digne de faire inscrire mon nom sur la respectable liste de ses membres titulaires. Or, comme je ne peux donner à cette société distinguée une autre preuve plus éclatante de ma profonde gratitude, je croirais manquer aux devoirs que nous impose le respect de moi-même, si je ne consignais ici la vénération qu'elle nous inspire. L'*Essai historique et politique* a, par conséquent, reçu de ses mains le plus haut prix, et il doit trouver sa protection et sa défense dans le prestige et le renom de cette Académie si célèbre.

Un autre devoir de conscience pour moi, dans ce siècle où l'on prodigue tant les distinctions et les honneurs, était aussi de rendre grâces au gouvernement qui, menant en compte les services littéraires que j'ai pu rendre par la composition et la publication de divers ouvrages, tels que *Séville pittoresque*, *Tolède pittoresque* et les *Études historiques et littéraires sur les Juifs d'Espagne*, alors annoncées au public, a cru devoir encourager ces travaux en m'accordant la croix de chevalier de l'ordre militaire et hospitalier de Saint-Jean de Jérusalem. Cette croix ayant été l'insigne récompense de mes faibles tra vaux littéraires et de ces *Études* en particulier, je n'ai pas voulu me montrer ingrat envers ceux qui, pour m'engager à les terminer, ont conseillé à Sa Majesté de daigner m'accorder cette grâce.

En 1847, le studieux et jeune littérateur don Adolphe de Castro a publié, à Cadix, un petit volume intitulé *Histoire des Juifs en Espagne*. Comme on pourrait croire que c'est dudit ouvrage que j'ai emprunté l'idée de mes *Études*, ce qui, soit dit en passant, m'honorerait très-peu au point de vue littéraire, j'ai jugé à propos de donner ici à mes lecteurs quelques explications sur le temps que j'ai consacré à cette tâche. Dès le 17 novembre 1845, j'ai commencé à donner, dans la *Revista del Español*, une série d'articles, dont le dernier parut dans le numéro du 16 février de l'année suivante. Voici ce que j'écrivais à la fin de ces articles : « Nous terminons cet Essai, en concluant le résumé historique et politique que nous nous sommes proposé de faire de l'histoire du peuple juif, qui a, pendant tant de siècles, vécu au milieu de nos ancêtres. L'examen littéraire de ce même peuple offre un champ trop étendu ; il nous ferait dépasser les bornes d'une publication hebdomadaire comme notre *Revue*; tel est le motif qui nous fait suspendre ici ces travaux, que nous nous proposons de publier séparément. »

Il est donc évident qu'avant d'insérer ces articles dans la *Revue*, j'avais déjà employé beaucoup de temps à recueillir des matériaux, des documents, et que je nourrissais, dès le principe, l'idée de composer un ouvrage sur la race juive en Espagne.

Mes travaux sur les Juifs furent connus, du reste, tant à l'intérieur qu'à l'extérieur de l'Espagne, avant que le curieux volume du Señor Castro vit le jour. Le fait suivant, qui donne à connaître, jusqu'à un certain point, l'état des Juifs espagnols dans les cités du Levant, le prouve aussi, et nos lecteurs ne le trouveront pas hors de propos. Le ministre anglais chargé à Constantinople de la propagande protestante sut, le 17 décembre 1846, que l'Excellentissime Señor don Antonio Lopez de Córdoba, notre ambassadeur dans cette ville, avait reçu, dans la *Revista del Español*, quelques opuscules relatifs à la race juive. Il les lui demanda pour les mettre en caractères rabbiniques, afin d'enseigner aux Juifs de ces côtes l'histoire de leurs pères. Tous les articles, traduits de cette manière, formaient un volume assez raisonnable, qu'il se préparait à faire imprimer quand le

Señor Córdoba quitta Constantinople. Nous passons sous silence le jugement porté par M. W. G. Schauffler sur notre travail ; mais nos lecteurs remarqueront, et c'est là surtout ce qui nous intéresse, que, loin que ce soit moi qui aie pris l'idée du Señor Castro, on pourrait plutôt prétendre que c'est ce dernier qui, en concevant l'idée de son livre, a eu présents mes articles.

Toutefois, le plan de mes *Études* ne ressemble en rien au plan suivi par le Señor Castro dans son *Histoire* abrégée : objet, méthode, distribution, ordre, tout, jusqu'aux opinions sur les principaux faits historiques ; tout, dis-je, est différent. Ainsi donc, on peut soutenir que la publication du Señor Castro ne manque pas d'originalité, sans que ces *Essais* lui enlèvent la moindre chose du mérite que nous avons été le premier à reconnaître en lui, ni qu'il y ait entre l'un et l'autre ouvrage le plus léger rapport.

ÉTUDES
sur
LES JUIFS D'ESPAGNE

INTRODUCTION

Objet de cet ouvrage. — Préjugés historiques. — Préjugés littéraires. — Les sénats et les académies de Perse. — Leur influence. — Les Juifs asservis et opprimés par les Arabes. — Influence de Haroun-al-Raschid et de Al-Mamoun sur la civilisation arabe. — Académies de Cordoue et de Tolède. — Caractère de la littérature rabbinique. — Sa condition au milieu des Arabes et des chrétiens. — Ages des Juifs d'Espagne. — Les Juifs ont manqué de beaux-arts. — Causes de ce fait. — Distribution et méthode de cet ouvrage.

On peut à peine ouvrir l'histoire de la péninsule Ibérique, considérée soit au point de vue politique, soit au point de vue civil ou littéraire, sans rencontrer, à chaque page, quelque nom ou quelque action digne de mémoire de cette race, qui, depuis deux mille ans environ, apparaît errante au milieu du monde, sans patrie, sans foyer, sans temple, pour l'accomplissement des *Saintes Écritures*. Les chroniques des rois, les histoires des villes, les annales des familles, sont pleines d'événements auxquels le peuple proscrit a pris une part plus ou moins active : on le voit tantôt tenir en main le flambeau de la civilisation, tantôt être l'objet de haines acharnées et souffrir toujours le sort amer que le ciel lui avait réservé en expiation de ses crimes. Du domaine de l'histoire, les descendants de la tribu de David et de

Juda (1) passèrent pendant longtemps, disons-le, dans le patrimoine des fables et des traditions du vulgaire. La poésie vint à son tour s'emparer de ces événements grossis, auxquels le peuple hébreu avait pris quelque part. Le théâtre et le roman vinrent enfin demander assez fréquemment au peuple proscrit des personnages qu'ils représentèrent, le plus souvent, sous les couleurs les plus sinistres. Il nous serait facile de dresser une longue liste des productions où l'on a peint des caractères vrais ou faux de cette race, où on leur a attribué des actions plus ou moins certaines, plus ou moins odieuses. Mais il y aurait une assez grande difficulté à trouver parmi nous un ouvrage où l'on ait voulu étudier les descendants du Roi-Prophète durant leur long séjour en Espagne, en tenant compte de leurs lois, de leurs mœurs, de leurs rapports avec le peuple chrétien. Ce travail n'a pas encore été essayé; il offre encore tout l'attrait de la nouveauté. Il convie les habiles et les studieux à pénétrer dans un champ plein de fleurs et d'épines, c'est vrai, mais où les parfums des premières séduisent et font oublier les dégoûts des secondes.

Ce que nous disons de l'étude historique et politique du peuple juif, étude d'autant plus importante qu'elle embrasse, pour ainsi dire, d'une manière générale, l'étude de la culture du peuple espagnol, peut, avec plus de raison, se rapporter à la littérature rabbinique ou judaïque, littérature que peu connaissent, que certains dédaignent, que presque tous jugent mal.

Deux préjugés, qu'il est nécessaire de combattre énergiquement pour parvenir à les dissiper, ont été en effet cause de l'indifférence, sinon du mépris, avec laquelle on a regardé tout ce qui a rapport aux sciences et à la littérature des Juifs espagnols. On a supposé que les descendants de Juda, toujours livrés à la cabale et au commerce, avaient fini par tomber, en Espagne, dans un degré de barbarie coupable. Cette croyance, engendrée, d'une part, par la haine que l'on professait pour les Juifs; de l'autre, par l'opinion d'écrivains respectables (2) qui avaient appelé *vipères parricides* les écoles fondées dans la Péninsule par les fils d'Hizkias, éloigna nos humanistes et nos lettrés d'une étude à laquelle se trouvait reliée l'étude de la

---

(1) Les Juifs d'Espagne appartinrent à cette tribu; aussi nous leur donnerons indistinctement ces noms. (Isahak Cardoso, *Excellences des Hébreux*.)

(2) George Ursin, *Antiquitates Hebraïcæ Scholastico Academiæ*, cap. II.

civilisation de nos pères, et ensevelit dans la poussière une multitude de titres glorieux pour la nation espagnole. Quelques bibliographes distingués reconnurent, à la fin, une si grande erreur, et, sans se lever pour protester énergiquement contre ces conséquences, ils firent quelques pas pour les combattre. Toutefois, la littérature rabbinique serait restée complétement inconnue, si un écrivain aussi actif que don José Rodriguez de Castro ne s'était appliqué à son étude, et ne lui avait consacré le premier volume de sa *Bibliothèque espagnole*. Dans le prologue, il ne put faire moins que d'accepter la responsabilité de l'observation que nous avons indiquée. Il attaqua l'opinion de George Ursin et des autres étrangers qui, par une prévention singulière ou par une ignorance insigne, avaient établi ou soutenu les mêmes faits et les mêmes doctrines. « Cette opinion d'Ursin, écrit-il, et d'autres opinions semblables de quelques étrangers ; l'idée générale, que l'on a eue des Juifs durant tout leur séjour en Espagne, idée qui les considérait comme de purs commerçants, des fermiers, des personnes consacrées au maniement de fonds, trésoriers des finances royales et exerçant d'autres emplois analogues dans le palais de nos rois et dans les maisons des grands, a donné lieu à la négligence de nos auteurs nationaux même, qui ne se sont jamais occupés d'eux comme de personnes adonnées aux lettres. Le laborieux et érudit Nicolas Antonio est le seul qui fasse exception, quand, dans sa *Bibliothèque espagnole*, il nous parle de quelques rabbins et de quelques convertis. » On le voit donc, jusqu'en 1781 environ, année où parut l'ouvrage de Castro, on n'avait pas pensé à réaliser un projet si louable. Depuis, personne n'a paru pour mettre à profit les matériaux réunis par ce laborieux écrivain, en faire l'application et en tirer les conséquences légitimes sur la marche progressive de la civilisation et de la culture du peuple castillan.

Le second préjugé que nous avons indiqué n'a pas certainement porté moins de préjudice à cette même étude. On a cru que toutes les productions, tant littéraires que scientifiques, dues aux rabbins espagnols, étaient toutes écrites en hébreu : l'inévitable nécessité d'une étude aussi profonde que difficile de cette langue, a distrait et éloigné d'elles tous ceux qui se sentaient peut-être des forces suffisantes pour entreprendre des travaux si importants. Mais ceux qui en ont ainsi jugé, outre qu'ils n'ont pas voulu se fatiguer par l'examen desdites productions, ont entièrement méconnu l'histoire du peuple juif qui fut accueilli dans la péninsule Ibérique. Poussés par l'épée vengeresse de Titus Vespasien et répandus dans tout le monde, les habitants de Jérusalem virent leur temple détruit, leurs foyers incendiés. Un grand nombre d'entre eux établirent leur domicile dans la Perse. La plus grande partie de leurs sages et de leurs docteurs se réunirent dans cette contrée pour y établir le sénat religieux (סנהדרים) qui interprétait les écritures, et éclaircissait les doutes qui pouvaient s'élever sur le dogme. Ce sénat, d'où sortirent bientôt les *Yésibot* ou *Académies* (ישיבות), étendit son influence sur toutes les régions où les Hébreux exilés avaient trouvé un asile. Les rabbins espagnols, qui ne s'occupèrent qu'à commenter les canons du *Talmud* (תלמוד), dans lequel on avait réuni les doctrines morales, religieuses et civiles du peuple fugitif (1); qui ne donnèrent aucune preuve d'illustration, ni de culture, dans les premiers siècles de leur séjour en Espagne, respectèrent, comme ceux des autres pays, les jugements des Académies de Nehasiâh et de Pombeditâh, où ils envoyaient leurs propres enfants pour qu'ils trouvassent chez elles instruction et amour des sciences. Il résulta de là l'effet qui devait nécessairement se produire : les Juifs d'Espagne commencèrent à savourer les plaisirs de la sagesse; mais, renfermés dans les études théologiques et dogmatiques, ils ne brillèrent que dans l'interprétation des prophètes et des commentateurs; ils n'aspirèrent qu'à instruire leurs compatriotes sur les explications de la *Misnâh* (מישנה) ou réunion des antiques traditions, dont l'étude avait donné naissance à la science des talmudistes.

Sur ces entrefaites apparut Mahomet, pour bouleverser l'Orient, pour porter sur ses étendards, déployés de l'une à l'autre partie du monde, sa religion et la puissance de ses sectateurs. Quand l'Asie fut remplie de leurs victoires, que l'Afrique fut assujettie au croissant, ses terribles bataillons tombèrent sur l'Europe et menacèrent de traîner les nations à leur char triomphant. L'Espagne fut inondée d'hommes et de chevaux, sans pouvoir, comme nous le ferons remarquer en temps opportun, s'opposer à tant d'impétuosité. Le monde,

---

(1) *Voyez* les chap. XXI, XXII et XXIII de la *Nomologie* d'Ismaël-Aboab, dans lesquels il est largement traité du *Talmud*.

qui dormait dans les ténèbres, frémit à des coups si inattendus. Les Arabes, portés, par leur imagination ardente et vierge encore, à payer l'hommage de leur admiration à tout ce qui produisait en eux des sensations inespérées, contemplèrent avec étonnement les restes de la civilisation grecque. Après avoir reconnu la sagesse de cette nation, ils voulurent en comprendre les sciences, et ils s'adonnèrent à leur étude avec le plus grand enthousiasme. Les califes Ali, Abou Jaafar, Haraoun-al-Raschid, et Al-Mamoun, animés d'un si noble désir, portèrent les sciences au plus haut degré de splendeur, firent traduire tous les volumes grecs, persans, syriaques qui tombèrent dans leurs mains, pendant leurs conquêtes, établirent des écoles pour l'enseignement, et firent enfin de leur cour, suivant l'expression de l'abbé André, une académie de sciences plutôt que le palais de califes belliqueux. C'est ainsi qu'ils payaient aux vaincus le tribut de leur reconnaissance, et qu'ils léguaient au monde, rempli d'ignorance, l'éclat et la vigueur de la riche imagination orientale. Des ruines de l'Archipel s'élevait cet esprit sublime qui avait animé Socrate et Platon, Euclide et Aristote.

Les Juifs qui habitaient la Perse ne purent s'empêcher, en se soumettant à l'empire des Sarrasins, de recevoir cette prodigieuse impulsion. Ils donnèrent plus d'étendue à leurs spéculations scientifiques, et contribuèrent pour leur part à l'illustration des sectateurs de Mahomet. Mais, poursuivis par les Arabes de l'Orient, ils durent, trois cents ans après s'être soumis à leurs dominateurs, chercher un nouvel asile pour y confier le dépôt de leur loi et de leur science. En 948, comme nous l'indiquerons dans le second chapitre de notre tableau historique et politique, ils transportèrent en Occident les restes des académies de Pombedităh et de Mehasiăh : Cordoue, séjour déjà des illustres Abd-er-Rhaman, reçut dans son sein Rabbi-Moseh et Rabbi-Hanoc. Ces doctes Persans, choisis comme maîtres principaux des rabbins de leurs synagogues, eurent la gloire d'y voir inaugurer une ère nouvelle. Les célèbres académies de l'Orient se reproduisirent et ceux qui les fréquentèrent en reçurent le nom de *rabanim* (רבנים), maîtres universels. Vers le milieu du treizième siècle, quand l'étendard de la croix avait déjà flotté sur Jaën, Cordoue et Séville ; quand don Alphonse X était déjà connu sous le titre de *Sage*, les Juifs de Cordoue transportèrent leurs académies à Tolède, séjour alors de la cour de Castille. Leur savoir s'étendit encore plus sur le domaine des chrétiens ; il en reçut une influence directe qui devint ensuite réciproque, et qui fut d'une grande utilité pour la culture et la civilisation espagnoles.

Durant leur séjour au milieu des Arabes d'Orient, des *ulémas* de Cordoue, les rabbins des académies s'étaient imbus, pour ainsi dire, de leur littérature et de leurs sciences. Sans autres études que les études *misnaïques* et *talmudiques*, privés déjà de l'esprit de nationalité et d'indépendance qui constitue la vie des nations, sans stimulant pour la véritable gloire, ces rabbins cultivèrent les sciences que possédaient les musulmans, et payèrent leur tribut d'admiration à leur littérature, la plus complète, la plus brillante de toutes les littératures de cette époque. Les Juifs de Cordoue écrivirent donc un grand nombre de leurs plus estimables ouvrages en langue arabe, et leur plume était conduite par le même esprit qui animait le peuple sarrasin. La littérature rabbinique, qui était née de la même manière que celle des Arabes, qui s'était exercée, comme cette dernière, sur les explications et les commentaires des livres sacrés, finit par être, à la cour des califes de Cordoue, entièrement musulmane, et ne put se soustraire à l'influence de ce peuple éclairé.

Elle devait éprouver le même sort en venant s'établir dans l'empire chrétien. Manquant de caractère national, et trouvant, comme nous l'expliquerons ailleurs, dans ce défaut même, le plus brillant titre sur lequel comptèrent les Juifs pour se concilier la bienveillance des Castillans, cette littérature ne pouvait aspirer à être originale, ne pouvait se refuser à subir l'influence du peuple dominant. Elle portait déjà en elle le germe de l'imitation. Son caractère était aussi dérivé que son essence et ses inspirations, et sa condition ne pouvait cependant se changer sans une secousse qui eût donné pour résultat l'indépendance politique du peuple hébreu. C'est là ce qui n'arriva pas, ce qui même ne pouvait facilement arriver, si l'on considère la situation des Castillans, et si l'on ne perd pas de vue l'état d'abattement et de servitude auquel ces derniers réduisirent les descendants de Juda. Il se passa en effet ce qui devait naturellement et logiquement avoir lieu : la littérature, qui s'était faite arabe à Cordoue, se fit castillane à Tolède ; on laissa seulement à l'idiome natif les discussions dogmatiques et l'explication de la morale, que l'on détachait du *Tal-*

mud et de la *Misnâh*. Ceux qui s'adonnèrent à la culture des lettres eurent recours à la fin aux idiomes latin et castillan, comme ils s'étaient auparavant servi de la langue arabe pour exprimer leurs pensées ; et leur littérature fut due à l'influence du peuple au sein duquel ils demeuraient. Cette observation, que nous nous proposons de justifier complétement plus loin, ne s'applique pas seulement à la littérature rabbinique : tous les peuples qui, sous un point de vue quelconque, vivent dans la dépendance physique ou morale d'un autre, se ressentent à la fin de cette même influence, et perdent l'originalité, tant dans les arts que dans les lettres. Quand, à l'époque de la Renaissance, l'Espagne reçut de l'Italie la littérature des Virgile et des Horace ; quand les poëtes castillans renoncèrent à leur poésie naturelle pour suivre les traces de Pétrarque et de Sannazar, la littérature espagnole cessa d'être originale et spontanée, parce qu'elle cessa de se nourrir des sentiments et des traditions qui lui avaient donné la vie : la littérature espagnole renonça à ses titres de gloire dont elle était auparavant si orgueilleuse. On peut en dire autant, si l'on examine l'histoire littéraire du dernier siècle, où la cour de Louis XIV exerça une si grande influence sur l'Espagne par l'avénement de Philippe V au trône, influence dont nous n'avons pas même pu nous défaire encore, tant au point de vue politique qu'au point de vue littéraire. Mais si nous donnions à ces considérations l'étendue qu'elles méritent, elles nous entraîneraient au delà de notre but : aussi croyons-nous que ce que nous avons indiqué suffit.

Ainsi donc, on le voit, ceux qui se sont laissé séduire par l'erreur de supposer que l'étude de la langue hébraïque (1) est en tout point nécessaire pour apprécier la plus grande partie des œuvres scientifiques et littéraires des rabbins espagnols, ont causé un dommage égal, sinon plus grand, aux gloires nationales, que ceux qui ont cru

---

(1) Quoique, pour les études que nous nous proposons de faire, nous ne croyions pas absolument indispensable la connaissance de la langue hébraïque, cette langue n'en est pas moins nécessaire pour tout littérateur qui veut examiner les éléments de culture qui ont été jetés sur notre sol, et qui ont produit la civilisation moderne. L'étude de la langue sacrée contribue, d'un autre côté, à faire connaître les trésors ignorés que renferme la Bible. Elle est la clef de nombreux et de précieux manuscrits, sur le droit et l'histoire, qui existent encore dans la poussière de nos bibliothèques.

que, durant le temps de leur séjour dans la Péninsule, les Juifs ne se sont occupés que d'affaires de commerce et n'ont été que de *purs traitants* et des *financiers*. La théologie, c'est-à-dire la science du dogme, était parmi eux aussi hébraïque que la religion : la littérature en général, la science profane, pour ainsi dire, finit par être essentiellement espagnole, alors même que les Juifs furent ses plus ardents cultivateurs.

A-t-on rempli le vide immense que l'on remarque dans l'histoire de la littérature espagnole, quand on considère les productions des rabbins ?... Un tel dédain, un tel abandon a-t-il été juste ?... Telles sont les questions que nous nous proposons de résoudre, nous autres, dans ces *Études*, que nous soumettrons à l'examen éclairé de la critique impartiale et expérimentée. Nous tâcherons de déduire en même temps l'influence que les Hébreux proscrits ont, pour leur part, exercée sur la civilisation espagnole. Mais avant d'entreprendre cette tâche, à présent que nous connaissons la forme sous laquelle se sont introduites, en Espagne, les fameuses académies de la Perse, il nous paraît convenable de donner une idée des époques les plus florissantes des rabbins espagnols. De cette manière, nous écarterons un grand nombre de difficultés que nous devrions rencontrer dans notre étude.

L'érudit don José Rodriguez de Castro, dans le Prologue de sa *Bibliothèque*, dont nous avons parlé, suit, dans cette division, Emmanuel-Aboab, et partage ces époques en neuf âges, de la manière suivante : « Le premier âge des *rabanim*, dit-il, se compose de Rab Semuel Ha-Lévi en Espagne, et de Rab Hananel, en Afrique ; le second, de Rab Joseph Ha-Lévi ; le troisième, de Rab Alphez ; le quatrième, de Rab Joseph Lévi ou Aben Mégas ; le cinquième, de Rab Mosèh-Bar-Maiemon, pendant lequel fleurirent avec une renommée particulière, en Espagne, Rab Abraham Aben Hezra, et son gendre Aben Hezra, Rab Isahak, Aben Giad, Rab Selemoh ben Gabirol, Rab Abraham Halevi ben David, vulgairement appelé Areabad, Rab Joseph Ha-Cohen et Rab Jeudah Aben Thibon. Le sixième âge fut celui de Rab Mosèh de Cotsi, et de Rab Mosèh bar Nachman ; et le septième, celui de Rab Selemoh ben Aderet, et de Rab Perez Ha-Cohen. Rab Aser commença le huitième âge. C'était un Allemand qui passa d'Allemagne en Espagne, l'an du monde 5060, de Jésus-Christ 1300. Il fut élu *rab* et principal maître de toute l'Espagne, dans la ville de

Tolède, où il mourut l'an du monde 5088, de Jésus-Christ 1328; la dignité et la maîtrise passèrent, par acclamation universelle, sur la tête de son fils Rab Jeudah, qui résida toujours à Tolède... Le neuvième âge fut celui de Rab Isahak Canpanton, vulgairement connu sous le titre de *Gaon de Castille*. Ce dernier vécut 103 ans, et mourut, l'an du monde 5223, de Jésus-Christ 1463. Ses disciples les plus remarquables furent Rab Isahak de Léon, Rab Abraham Zacut et Rab Isahak Aboab. Ce dernier fut son successeur dans la dignité de *Gaon* et, par antonomase, il était appelé le Rabbi. Il quitta la Castille en 1492, année où les rois catholiques don Ferdinand et doña Isabelle exilèrent les Juifs de tous leurs royaumes, et se réfugia en Portugal, où il mourut six mois après son arrivée, à l'âge de soixante ans. Les autres rabbins célèbres qui se trouvaient dans le royaume se dispersèrent de divers côtés. Rab Joseph Uriel et Rab Sem Tob passèrent en Afrique, et établirent leurs *yésibot* ou académies dans la ville de Fez; Rab Joseph Pesco fixa la sienne à Constantinople; Rab Samuel Serralvo, au Caire; Rab Jacob de Rab, dans la cité de *Saphet*, et Rab Jehudad Aboab dans la ville d'Alcazarquivir, en Afrique. »

Bien qu'on ne puisse parfaitement déterminer la durée des neuf âges ci-dessus, eu égard à l'époque de l'établissement de l'académie rabbinique à Cordoue, et de l'année de l'expulsion des Juifs, on peut facilement en déduire qu'ils embrassèrent un espace de cinq siècles et demi (1). Les sept premiers âges furent beaucoup plus courts que les deux derniers, qui durèrent environ deux cents ans. Pour nous, tout en respectant cette division, non-seulement parce qu'elle est la plus vulgaire, mais encore à cause du caractère historique dont elle est revêtue, nous croyons qu'on peut en faire une application avantageuse à nos études, en la réduisant à quatre époques, plus généralement connues des Espagnols, et qui sont en même temps plus en harmonie avec les grandes entreprises que nos aïeux menèrent à bonne fin. La première époque, qui embrasse le temps compris entre l'établissement des académies rabbiniques à Cordoue jusqu'au temps d'Alphonse le Sage, offre un vif intérêt, parce que c'est en elle qu'apparaissent les premiers essais que l'on suppose avoir été tentés par les Juifs dans la langue castillane, langue encore rude et grossière comme

---

(1) De 948 à 1492, c'est-à-dire 545 ans. (EMMANUEL ABOAB, *Nomologie*.)

les mœurs, et encore naissante, comme la civilisation espagnole. Tout en ouvrant un champ assez vaste à l'étude, elle présente aussi un bon nombre de productions, dont la plus grande partie roule sur le droit et sur la théologie. La civilisation espagnole, qui se détache de deux grands événements simultanés, la conquête de Tolède et le retour des croisés partis pour la guerre sainte, prend, dans cette période, un essor prodigieux, et se montre avec des caractères déterminés. La langue est notablement enrichie (1), et elle se prépare à abandonner la rusticité de sa première origine. La seconde époque commence de la manière la plus brillante qui pût être espérée pour le peuple juif. Don Alphonse convoque les sages de cette race, préside à leurs travaux, et, secondé par eux, exécute les entreprises les plus colossales. Cette période, à l'examen de laquelle nous pensons consacrer toutes nos forces, est indubitablement une des plus remarquables de la civilisation espagnole, et peut-être une des moins bien jugées ou des plus sommairement connues. Suivant notre division, cette époque s'étend jusqu'au règne du roi don Pedro. La mort d'un monarque, aussi illustre que calomnié, commence la troisième époque, qui s'étend jusqu'à la fin du XV° siècle. Cette période de dissensions et de bouleversements, de persécutions et de meurtres, appellera particulièrement notre attention dans notre *Essai historique et politique*. Au point de vue littéraire, elle offre, en vérité, un intérêt moins grand; car on peut dire que, dès les premières années du XV° siècle, les défenseurs les plus solides désertèrent les drapeaux rabbiniques pour aller grossir les rangs de ceux qui se consacraient, en Espagne, à la culture des sciences et des lettres. La durée de cette même époque se prolonge jusqu'au mémorable décret d'expulsion lancé par les rois catholiques. Mais cette étude resterait incomplète, si elle ne suivait les Juifs dans leur exil, afin de voir comment ils rendent universel un idiome qui,

(1) Dans un des articles écrits par D. Pedro José Pidal, et insérés dans *la Revista de Madrid* sous le titre de : *Recuerdos de un viaje á Toledo*, on émet l'opinion que c'est dans cette cité fameuse que la langue espagnole eut son berceau. Sur la place de Zocodover, le Franc et le Navarrais, l'Aragonais et le Castillan, le Mozarabe et le Maure se réunirent pour rédiger leurs contrats, et de cet amalgame de populations diverses, aux idiomes différents, naquit une langue rude et grossière qui devait être plus tard la langue de Solís et de Cervantes. Cette opinion nous paraît d'autant plus admissible qu'elle est conforme aux faits historiques et à la théorie que nous en déduisons.

après trois cent cinquante-quatre ans, se conserve et s'emploie familièrement partout où il existe des descendants de ces malheureux proscrits.

Telle est l'étude que nous nous proposons de faire de la littérature juive, sans perdre de vue sa comparaison avec la littérature castillane proprement dite. De cette manière, nous arriverons à toutes ses conséquences légitimes sur la marche progressive de la civilisation espagnole, but vers lequel doit tendre, selon notre opinion, cette espèce de travaux pour qu'ils ne soient pas entièrement infructueux. Partant de ce principe, nos observations se porteront de préférence sur l'examen des ouvrages composés en castillan, sans oublier, pour cela, de rendre compte des productions écrites en latin, en arabe ou en toute autre langue possédée par les rabbins. Les relations de ces derniers avec le peuple chrétien s'étudient et se comprennent plus facilement et plus pleinement, par la comparaison de deux objets d'un même genre, dont l'un est le produit de l'influence directe de l'autre. Ce fait, que nous avons établi plus haut, résultera infailliblement de notre étude, quoique nous n'ayons pas, nous autres, le bonheur d'arriver au succès : tant sont claires la ressemblance et le rapport entre les deux termes comparés; tant il y a de lumière, suivant nous, dans les questions que nous nous proposons d'élucider en traitant de la *littérature rabbinique espagnole*.

Avant d'entrer en plein dans ce sujet, il nous a paru à propos de dire quelques mots sur une matière qui se rapporte généralement à l'idée de la civilisation des peuples. Pour déterminer, en effet, le degré de culture et de progrès auquel une nation est arrivée, on considère toujours comme un baromètre infaillible l'état des lettres et des arts chez cette nation : c'est logique, c'est naturel. De là résultent indubitablement les conséquences que l'on désire. Peut-on faire cette application à la race juive d'Espagne? Nous ne croyons pas la réponse difficile, en amenant la question sur le terrain des beaux-arts, auxquels on fait nécessairement allusion. Un peuple qui manque de liberté politique, qui doit recevoir les lois des mains de ses dominateurs qui lui défendent expressément l'exercice de l'architecture, puisqu'on empêchait les Juifs de construire de nouvelles synagogues (1);

(1) Dans la loi IV du titre XXIV de la *Septième partie*, on autorise uniquement les Juifs à reconstruire leurs synagogues. On leur impose certaines restrictions dans

un peuple qui n'avait dans ses temples aucune représentation d'objets animés, bien que certains auteurs aient prétendu le contraire; ce peuple, dis-je, renonçait volontairement à la peinture, à la sculpture; il ne se trouvait pas en état de cultiver les beaux-arts, et tous ses efforts pour le faire eussent été probablement inutiles. Nous venons de dire que les Juifs ne représentaient dans leurs temples aucun objet animé, quoiqu'un grand nombre d'auteurs aient soutenu qu'ils payaient à certaines formes déterminées le tribut de leurs adorations. Pour démontrer l'exactitude de notre assertion, nous allons traduire ici ce qu'écrit le docte Isahak Cardoso, en réfutant les auteurs qui attribuent aux Juifs de *fausses adorations* d'idoles ou d'animaux. « Mais c'est une erreur que le grand témoignage de ces philosophes et de ces historiens, c'est-à-dire, Josèphe, Tacite, Appien, Justin et Diodore de Sicile; et elle est clairement prouvée par ce qu'ils écrivent sur les Juifs. Car les Juifs n'avaient point d'images, et Dieu, dans sa Loi, nous fait une sévère défense d'adorer ou d'honorer aucune chose, de faire la ressemblance de toute chose qui est dans les cieux, sur la terre ou dans les eaux; parce qu'une chose corporelle ne peut représenter une chose spirituelle ou invisible, deux contraires si opposés et si éloignés l'un de l'autre; parce que c'est une égale, et même une plus grande absurdité que de voir l'obscurité représenter la lumière, la cécité représenter la vue. Considérez, ajoute-t-il, toutes les calamités et les afflictions qu'ont éprouvées les Juifs pour n'avoir pas voulu accepter l'image de l'empereur Caligula sur la porte du temple. Quand Pompée, Crassus et Titus César prirent Jérusalem, ils ne trouvèrent aucune image dans le temple, et Antiochus qui le pilla, ce temple, n'y trouva autre chose, au dire de Polybe, de Strabon, de Nicolas Damascène, que respect et majesté. » Le témoignage de ce docte rabbin et l'observation constante de l'histoire, démontrent donc que les Juifs manquèrent toujours de peinture et de sculpture, attendu qu'ils regardaient la représenta-

---

l'ornementation qu'ils doivent employer. Dans la bulle de don Pedro de Luna de 1415, dont nous parlerons ailleurs, on leur enjoint, par le cinquième décret, de fermer les synagogues réparées dans ces temps, et on les confisque finalement par les dispositions de la quatrième Constitution du concile de Zamora de la même année. Les lois ecclésiastiques s'opposèrent donc avec autant d'efforts que les lois civiles à ce que les Juifs pussent avoir une architecture.

tion des images sacrées comme un attentat contre la loi de Dieu (1).

Ils pouvaient uniquement avoir fait des essais en architecture, mais ils n'en firent pas non plus, bien que des écrivains estimables soient tombés dans l'erreur d'une supposition pareille. L'art employé dans presque tous les édifices qui ont, en Espagne, servi de synagogues, est l'art *mahométan* ou l'art *mudejar*. Les Juifs qui, à Cordoue, s'étaient faits musulmans par la culture des lettres ; ceux qui, en Castille, avaient abandonné leur langue native pour adopter la langue des chrétiens, ne pouvaient certainement pas aspirer à l'indépendance, quand il s'agissait de beaux-arts, choses en vérité plus éloignées du cercle où ils vivaient que les sciences et la littérature.

Il reste donc établi que l'absence d'architecture, de sculpture, de peinture chez les Juifs fut une conséquence nécessaire de leur état politique et religieux; qu'on ne peut en aucune manière les accuser de ce défaut, sans perdre de vue ou sans méconnaître absolument ce qu'ils furent ou ce qu'ils durent être sur l'étendue de la péninsule Ibérique. L'erreur d'exiger d'eux ce qu'ils ne purent avoir ne serait pas moins déplorable, que de leur attribuer ce qu'ils n'eurent pas, accusation que l'on peut adresser à certains écrivains du XVII° siècle, et que nous avons cherché à détruire complétement (2). Les études que l'on a faites depuis cette époque, tant dans les arts que dans les lettres, ont contribué à donner à la critique un caractère différent, et l'ont placée sur un terrain plus avantageux. Plaise à Dieu que nous sachions nous y placer, en entreprenant l'ouvrage que nous commençons... Comme nous ne pouvons considérer la marche de la civilisation des peuples, sans examiner, en même temps, leurs arts, leurs sciences et leur littérature, nous avons cru

---

(1) Dans le chapitre XIII du livre de la *Sagesse*, l'idolâtrie est condamnée de la manière suivante : « Reliquum horum, quod ad nullos usus facit, lignum curvum, et vorticibus plenum, sculpat diligenter per vacuitatem suam, et per scientiam suæ artis figuret illud, et assimilet illud imagini hominis, aut alicui ex animalibus illud comparet, perliniens rubrica, et rubicundum faciens fuco colorem illius, et omnem maculam, quæ in illo est, perliniens : et faciat ei dignam habitationem et in pariete ponens illud, et confirmans ferro, ne forte cadat, prospiciens illi, sciens quoniam non potest adjuvare se : imago enim est, et opus est illi adjutorium. Et de substantia sua, et de filiis suis, et de nuptiis votum faciens inquirit. Non erubescit loqui cum illo, qui sine anima est. » (Versets 13, 14, 15, 16 et 17 de la *Vulgate*.)

(2) *Tolède pittoresque*, article sur Sainte-Marie-la-Blanche.

convenable d'exposer ces observations, qui nous aplaniront sans doute le sentier que nous nous proposons de suivre dans l'étude des Juifs d'Espagne.

Enfin, pour dérouler le plan que nous avons tracé de cet ouvrage, nous le diviserons en trois parties, auxquelles nous donnerons le titre d'*Essais*. La première partie comprendra une revue historique et politique de la nation juive, depuis sa venue en Espagne jusqu'à son expulsion par les rois catholiques. Nous chercherons à faire connaître les relations légales, pour ainsi dire, qui ont existé entre l'un et l'autre peuple. Nous présenterons les faits conformément au témoignage le plus autorisé des historiens et des documents originaux que nous avons consultés, nous les jugerons avec toute l'impartialité qu'il nous sera possible d'avoir, avec toute celle qu'exigent la vérité et la justice. Le résultat de cette étude devra être la connaissance de ce que fut le peuple juif, durant les longs siècles qu'il a vécu au milieu de nos pères, et de l'influence, soit directe soit indirecte, qu'il a exercée sur la culture des Castillans, des Castillans dont les haines terribles et les rancunes montrent en même temps l'état progressif par lequel a passé la société espagnole pour arriver aux temps modernes. Dans la seconde partie, nous nous proposons d'esquisser le tableau de la *littérature juive* durant les quatre époques que nous avons indiquées plus haut, tableau qui se terminera par l'expulsion des Juifs de la Péninsule. La troisième et dernière partie comprendra un résumé des écrivains les plus remarquables qui ont fleuri chez les autres nations de l'Europe après ce grand événement, et qui ont écrit en langue castillane, sans oublier ceux qui restèrent en Espagne et qui, par les poursuites de l'inquisition ou pour d'autres motifs, embrassèrent de nouveau le judaïsme, ou qui, fermes dans la foi catholique, consacrèrent au christianisme tous les efforts de leur intelligence.

Voilà donc à quoi se réduit cet ouvrage. Les hommes d'expérience et de sens n'ignoreront pas que nous sommes le premier à offrir au public d'Espagne un travail de cette espèce, et c'est cette pensée qui nous donne la confiance qu'il sera reçu, sinon avec estime, du moins avec indulgence.

ESSAI PREMIER

REVUE HISTORIQUE ET POLITIQUE

CHAPITRE I

Émigrations des Juifs. — Leur état sous la monarchie visigothe.
70-300-711

Venue des Juifs en Espagne. — Concile d'Elvire au commencement du IV° siècle. — Troisième et quatrième conciles de Tolède. — Édit de Sisebut. — Dixième concile de Tolède. — Recesvinthe. — Wamba. — Seizième concile de Tolède. — Égica. — Dix-septième concile. — Le roi Witiza. — Corruption des Goths. — Faux concile. — Don Rodrigue. — Invasion des Sarrasins. — Ingratitude des Juifs.

L'opinion de quelques auteurs d'une grande autorité, et à qui on ne peut aucunement refuser une immense érudition, est que les Juifs existèrent dès les premiers temps en Espagne. D'autres sont allés plus loin et ont affirmé, comme une chose prouvée, que leur venue date de l'époque de Nabuchodonosor. Ils soutiennent en outre qu'ils ont particulièrement établi leur demeure dans les villes de la province de Tolède, et surtout dans cette antique cité. Ces historiens ajoutent, pour appuyer leur assertion hasardée, que les Juifs fondèrent, dans cette partie de l'Espagne, une multitude de cités et de villes, telles que Escalone, Maqueda, Yepes, Noves, le Cerro del Aguila, Tembleque, la Guardia, en mémoire d'autres villes de la Syrie, Ascalon, Maquedâh,

Joppe, etc., et renforcent leur sentiment en faisant dériver le nom de Tolède du mot hébreu תולדות (*toledot*), qui signifie *générations*. Cette opinion, que ces écrivains cherchent à fortifier en disant que l'ancienne cour visigothe existait du temps d'Assuérus (1), n'a, selon nous, d'autre fondement que le désir de donner à certaines choses plus de vénération et de respect qu'elles n'en devraient avoir peut-être. Toujours est-il qu'elle a été cause que des hommes savants, tel que don Tomas Tamayo de Vargas (2), ont prétendu prouver que les Juifs avaient déjà leurs synagogues à l'ancienne cour des Visigoths quand le Rédempteur du monde fut condamné à mourir sur la croix. Ils supposent aussi que les Juifs de Tolède, moins préoccupés que ceux de Jérusalem, écrivirent à ces derniers pour désapprouver la sentence de mort prononcée contre Jésus ; ils vont même, dans leur ardeur, jusqu'à produire, comme document digne de foi, la lettre qu'ils leur adressèrent (3). Nous ne croyons pas, nous autres, qu'au point où

---

(1) Isahak Cardoso, *Excellences des Hébreux.* Première Excellence, page 17, colonne 2.

(2) *Novedades antiguas* de Tolède.

(3) Don Tomas Tamayo de Vargas et d'autres auteurs reproduisent ce document en lui donnant une grande importance. Ils supposent qu'il fut traduit de l'hébreu, où il était écrit, en castillan, quand Tolède tomba au pouvoir d'Alphonse VI. Mais, quoique les auteurs ci-dessus, parmi lesquels il y en a qui ont un nom respectable dans la république des lettres, veuillent, portés par leur bonne foi, donner à cette lettre plus de crédit qu'elle ne mérite, la saine critique répugne à l'admettre comme un témoignage irrécusable. Nous-même nous ne la considérons pas comme telle, et cependant nous croyons que nos lecteurs ne nous sauront pas mauvais gré de la citer ici : elle a du moins le mérite de l'originalité, si elle n'a pas le caractère de l'extravagance. Après un en-tête assez remarquable, où Lévi, chef de la synagogue, Samuel et Joseph, Juifs de Tolède, s'adressent au grand prêtre Éléazar, aux hommes sages Samuel Canut, Anne et Caïphe, Juifs de la Terre-Sainte, elle commence en ces termes :

« Azarias, voso ome, maeso en ley, nos adujo las cartas que vos nos embiabades, por las cuales nos faciades saber como pasaba la fasienda del profeta Nazareht que disqué fazie muchas señas. Coló por esta vila non ha mucho un cierto Samuel, fil de Amasias et fabló nusco el racontó muchas bondades deste ome que dis que es ome humildoso e manso, et fabla con los laceriados ; que fas á todos bien e que fasiéndo á el mal, el non fas mal á ningunt : e que es ome fuerte con superbos e omes malos ; él que vos malamente teniades enemigos con ele, por cuanto en faz el descubria vosos pecados ; eá por cuanto facia esto le aviades mala voluntat ; et perquerimos deste ome en que annio ó mes ó dia avia nascido, e que nos digese, fallamos que el dia de su natividade fueron vistos en estas partes tres soles que muelle á muelle se fisieron solmientre un sol ; e como nosos padres cataron está seña, armados

en est heureusement arrivée la critique, il soit nécessaire de nous arrêter sur ces faits qui, par leur étrangeté, ne peuvent ne pas paraître fabuleux. Il n'a pas cependant manqué d'écrivains juifs qui les tiennent pour historiques, comme Emmanuel Aboab, qui, dans son vingt-sixième chapitre de la seconde partie de sa *Nomologie*, s'exprime en ces termes : « Suivant les écrits de divers auteurs, tant hébreux que d'autres nations, au temps où Nabuchodonosor, roi de Babylone, vainquit les Juifs, et par trois fois, à différentes époques de son règne, les emmena en captivité, ainsi qu'on peut amplement le lire au dernier livre des *Rois*, au dernier des *Paralipomènes*, et dans les prophéties d'Irmeyahu, quelques-uns de ces Hébreux allèrent habiter le pays des Espagnes, soit que Nabuchodonosor les y ait envoyés en colonie, comme seigneur et monarque universel du monde, soit qu'il les eût donnés à Hispan, roi d'Espagne, qui l'avait aidé dans son entreprise contre la Judée, comme le rapportent certains historiens. Dès cette

digeron que cedo el Mesias nasceria e que por ventura era ya nascido. Catad, hermanos, si haya venido et non lo hayais acatado. Rellataba tambien el susodicho ome que el suo pai le recontaba que ciertos magos, omes de mucha sapiencia, en la sua natividade llegaron á tierra sancta, perquiriendo el logar donde el niño sancto era nado et que Herodes, voso rey, se asmó et depositó junto omes sabios de sua vila, et perquirió donde nasceria el infante por quien perquirian magos et le respondieron : *En Betlem de Iudah*, segun que Micheas de Pergino profetó ; e que dixeron aquele magos que una estrella de grand claridat de lueñe adujo á tierra sancta. — Catad non sea esta la profetia : *Cantarán reyes et andarán en claridat de la sua natividade*. Otrosi catad non persigades al que forades tenudos de mucho ondrar et rescebir de bon talante ; mas faser lo que tuvierdes por bien aguisado. Nos vos descimos que nin por consejo, nin por noso alvedrio vernemos en consentimiento de la sua morte ; cá si esto nos fisieremos logo seria nusco la profetia que dis : *Congregdranse de consuno contra el Señor e contra el su Mesias*. — E damosvos consejo, magüera sodes omes de muita sapiencia, que tingades grande afincamiento sobre tamaña fasienda ; por quel Dios de Israel enojado con vusco, nos destruirá casa segunda de voso segundo templo, cá sepades cierto cedo ha de ser destruido, et por está rason nosos antepasados que salieron de captiverio de Babilona, siendo suo capitane Pyrro que embió rey Ciro et adujo nusco muitas riquezas que tolló de Babiloña nel annio de sesenta y nueve de captividade e fueron reunidos en Toledo de gentiles que hi moraban et edificaron una grant aljama et non quisieron tornar á Jerusalem otra vegada. — De Toledo, xiv dias del mes de Nizan, era del César xviii y de Augusto Octaviano lxii. »

Ce document, inséré dans la *Chronique de Julien*, paraît inventé pour se moquer de la crédulité ignorante. Quiconque connaît l'histoire de notre pays et de notre langue jugera à première vue qu'il est entièrement apocryphe.

époque, notre nation est venue en Espagne et l'a habitée, etc.... (1).

Le témoignage d'Aboab ne nous paraît pas d'un tel poids qu'il puisse résoudre une question si obscure, favorablement à l'opinion qu'il soutient, en se basant sur le rapport de divers historiens dont il passe les noms sous silence.

Mais il est certainement plus probable de supposer que les Juifs vinrent en Espagne et y fondèrent des colonies, quand, se répandant à travers le monde, selon un grand nombre d'écrivains anciens, ils laissèrent à peine une ville sans y introduire leur commerce. Le savant géographe et historien Strabon, qui vivait du temps d'Auguste, donne de ce fait un témoignage irrécusable, lorsque, parlant de Cyrène, en Afrique, il écrit : « Il y a quatre espèces d'hommes dans la ville de Cyrène : des citoyens, des laboureurs, des étrangers et des Juifs. Ces quatre distinctions se trouvent dans toutes les villes. Il ne serait pas facile, poursuit-il, de rencontrer un endroit dans toute la terre où cette nation, une fois admise, ne finisse par prévaloir. L'Égypte, Cyrène, et beaucoup d'autres provinces, ont admis leur religion, et gardent de grandes congrégations de Juifs qui ont augmenté avec le temps et qui vivent avec leurs mêmes lois. » Nous pourrions ajouter bien d'autres preuves au témoignage d'un écrivain aussi respectable. Qu'il nous suffise toutefois de remarquer que Philon, en parlant de Jérusalem, assure que : « Cette cité était non-seulement la métropole de la Judée, mais aussi de nombreuses provinces où il y avait des colonies de Juifs, telles que l'Égypte, la Phénicie, la Syrie, la Cilicie, la Pamphilie, la Bithynie, le Pont-Euxin, enfin toutes les

---

(1) Le *Hakam* (sage) Rabbi Isehak d'Acosta, dans ses *Conjectures sacrées*, adopte cette opinion, et s'exprime de cette manière dans le commentaire xxv du livre des *Rois* : « On ne peut douter que, pour une si grande entreprise, le roi de Babylone n'ait eu pour auxiliaires beaucoup de rois et de princes qui lui étaient soumis comme tête d'Or. Cette raison serait suffisante, lors même que Dieu ne l'aurait pas dit par la bouche du prophète Irmeyahu. Entre autres princes, on croit qu'il en vint un Grec, de ceux qui possèdent l'Espagne. Ce dernier, désireux de la peupler plus grandement, emmena avec lui un grand nombre de Juifs qui le suivirent volontairement, et s'établirent dans les diverses parties de l'Espagne. Lors même que leur propre histoire ne prouverait pas la certitude de ce fait inévitable... l'ancien idiome espagnol, ayant plus de rapports que tout autre avec la langue sacrée, prouve que les Hébreux furent les fondateurs d'un grand nombre de cités, et démontre leur antiquité. » (Édition de Leyde par Thomas Van-Geel, an du monde 3482, et de Jésus-Christ 1719.)

riches et fertiles cités de l'Asie, de l'Afrique et de l'Europe (1). Philon écrivait du temps de Caïus, avant que la destruction éternelle ne fût tombée sur Jérusalem. Quoiqu'il ne détermine pas l'époque où les Juifs se répandirent dans l'univers, époque que Strabon ne fixe pas non plus; quoiqu'il n'indique pas l'Espagne comme une des provinces où ils établirent leurs colonies, nous ne croyons pas qu'il répugne, ni qu'il soit hors de propos de soupçonner qu'ils en eurent aussi dans la péninsule Ibérique, dans les parties du littoral toutefois, et jamais dans le centre du continent, comme il résulterait de l'admission que Tolède a été fondée par les Juifs que Nabuchodonosor (Nebuchadnesar) donna au roi d'Espagne, après la destruction de la ville sainte et l'incendie du temple. Cette conjecture, qui peut être appuyée par l'esprit de pérégrination qui anima les Juifs, dès les temps les plus reculés, ne se trouve pas d'ailleurs en contradiction avec les bons historiens, qui ne doutent pas de l'existence, dans la Péninsule, des colonies phéniciennes, avec lesquelles les Hébreux avaient de si étroites relations; et elle apparaît jusqu'à un certain point comme vraisemblable, sans que nous l'admettions, nous autres, comme un fait historique. Il n'existe sur ce point, en Espagne, aucun de ces monuments qui ne laissent aucun doute à la critique; s'il en existe, ils ne sont pas du moins parvenus à notre connaissance. Aussi ne pouvons-nous offrir à nos lecteurs qu'une opinion plus ou moins controversable, plus ou moins digne de foi.

Mais ce qui paraît hors de toute espèce de doute, c'est qu'après la destruction de Jérusalem par les bataillons de Titus, ses enfants, poursuivis par l'épée des Césars qui succédèrent à cet empereur, virent arriver l'heure de l'accomplissement des prophéties. Dès lors, cette nation riche, glorieuse et puissante dans un autre temps, fut arrachée de ses foyers, devint esclave et errante, se répandit dans tout l'univers pour boire jusqu'à la lie le calice d'amertume, et souffrir toute espèce d'injures et d'outrages. Le document le plus antique qui existe en Espagne de ce fait véritablement merveilleux, sans qu'il soit possible de le révoquer en doute, c'est le canon XLIX° du concile d'Elvire, tenu de l'an 300 à 301, et conçu en ces termes : « Que l'on avertisse les maîtres des fermes de ne pas per-

(1) Philon, *de Legatione ad Caium, epist. adversum Flaccum.*

mettre que les Juifs bénissent les fruits que Dieu leur donne, pour qu'ils ne rendent pas notre bénédiction inutile. » On le voit donc, déjà à cette époque les Juifs étaient regardés de mauvais œil par les prêtres chrétiens d'Espagne. Ces derniers ne se contentèrent pas d'avertir les maîtres des terres d'empêcher qu'elles ne fussent bénites par les Juifs; mais dans le canon suivant du même concile, ils défendirent, en ces termes, tout commerce familier avec eux : « Que le clerc ou le fidèle qui mange avec les Juifs soit éloigné de la communion, jusqu'à ce qu'il se corrige. » Rien ne pouvait être plus cruel que le châtiment auquel cette malheureuse race se vit dès lors immédiatement condamnée, traînant une existence odieuse à tout le monde, et soulevant la haine et l'indignation par sa présence.

Beaucoup d'années se passent, dans l'histoire de notre nation, sans qu'aucun document légal vienne à paraître contre les Juifs. Grâce toutefois à l'invasion des Barbares du Nord, qui étouffèrent les aigles romaines sous le poids de leur nombre, les anciens liens sociaux se rompent, et il semble naturel que les Juifs, qui n'aspiraient qu'à rencontrer un asile sûr, soient venus aux derniers confins du monde pour le trouver. Pour ce motif, l'Espagne souffrit une double invasion, parce que les Juifs, masse flottante et vague au milieu des autres populations, suivaient toujours l'impulsion du plus fort, et imploraient à la fois sa protection et son secours. Aussi leur nombre augmenta-t-il considérablement, durant la première période de l'irruption des Goths, quand ce peuple, après avoir accepté déjà la religion des vaincus, dans le troisième concile de Tolède, comprit la nécessité de veiller à sa conservation et à son agrandissement, et dut finir en même temps par mettre un terme aux excès des Juifs. La condition particulière de ces derniers, leurs connaissances dans les arts les plus nécessaires à l'usage de la vie; enfin, leur caractère et leur naturel audacieux et rusé les avaient placés dans une position avantageuse, position qui eût pu, peut-être, les conduire, avec le temps, à être les dominateurs des Goths mêmes. C'est pourquoi, dès les premiers conciles de Tolède, si célèbres dans toute la chrétienté, les grands et les prélats ne purent s'empêcher de porter leurs regards sur cette plaie qui les menaçait, et ils se virent dans la nécessité de dicter contre eux les lois les plus sévères. Ils les écartèrent des fonctions publiques, et leur défendirent d'avoir des femmes, des concubines ou des esclaves, selon les exceptions formelles du canon XIV dudit troisième concile.

Ces mesures, qui tendaient à séparer entièrement les deux peuples l'un de l'autre, irritèrent l'esprit des Juifs, dont les espérances s'évanouissaient. Ne comptant pas sur des forces suffisantes pour s'opposer à leur exécution, ils en appelèrent à la ruse, sentiment qui devait nécessairement se développer en eux, en raison directe de leurs souffrances et de l'aversion avec laquelle on les regardait. Ils ajournèrent leur vengeance à des temps meilleurs, et ils consentirent à accepter l'obligation de vivre dans des quartiers séparés de ceux qu'habitaient les chrétiens, quartiers reconnus plus tard sous le nom de *juiveries*. Ils se résignèrent à ce que le quatrième concile de Tolède décrétât, dans son LXe canon : « Que leurs enfants seraient séparés d'eux », pour être instruits dans la religion chrétienne. Le même concile stipula que : « Personne ne pourrait favoriser les Juifs ; » et l'on étendit à leurs enfants l'incapacité d'obtenir des charges publiques, par le canon LXV, pendant que d'autre part, dans le canon LXVII, on déclarait que « les Juifs ne pourraient pas être obligés à croire par force. » Les descendants d'Israël en vinrent au point de se juger excessivement oppressés, et, pour sortir de cet état, ils prirent le parti, principalement ceux qui habitaient Tolède, de tramer des conjurations impuissantes. Cette conduite fournit à Sisebut, poussé aussi par l'empereur de Constantinople, lui fournit, dis-je, l'occasion de tenter, vers l'an 620, leur expulsion de l'Espagne. Il lança contre eux un édit qui les obligeait à abandonner la Péninsule ou à embrasser la religion catholique. Écoutons quelques instants ce que dit notre judicieux Mariana, quand il raconte ce fait : « Sisebut agréa ce conseil de l'empereur Héraclius ; il alla même au delà. Car, non-seulement les Juifs furent bannis de l'Espagne et de tout le royaume des Goths, ce que demandait l'empereur, mais on les contraignit encore par menaces et par violences à se faire baptiser, chose illicite et défendue parmi les chrétiens, qui n'admettent pas que l'on violente, ni que l'on agisse contre la volonté. Cette détermination si hardie de Sisebut ne contenta pas même alors les personnes les plus sages, comme le témoigne saint Isidore. A la publication de ce décret, un grand nombre de Juifs se firent immédiatement baptiser, quelques-uns cédant à l'impulsion de leur cœur, les autres par ruse et pour s'accommoder aux circonstances. Un grand nombre sortirent d'Espagne et passèrent dans cette partie de la Gaule qui était au pouvoir des Francs (1). »

Cet édit, que Sisebut fit insérer dans le *Fuero juzgo*, pour lui donner le caractère et la force de loi, ne put d'aucune manière produire le résultat que ce roi se proposait. Ceux qui, suivant l'expression du P. Mariana, reçurent l'eau du baptême pour se délivrer de cette terrible persécution, embrassèrent de nouveau, avec plus de zèle, les croyances de leurs ancêtres, dès qu'arriva, l'année suivante, en 621, la mort du monarque visigoth. Cette apostasie exaspéra de nouveau les chrétiens et rendit la réconciliation des deux peuples de jour en jour plus impraticable (2). Aussi voit-on que dix-sept ans après, c'est-à-dire au commencement de 637, non-seulement on renouvelle et l'on remet en vigueur les canons des conciles précédents, mais on ordonne expressément, après avoir considéré les besoins de l'Église, dont il était nécessaire de réformer la discipline, « de ne laisser personne prendre possession du royaume, sans avoir, auparavant, formellement juré de n'accorder, en aucune façon, aucune faveur aux Juifs ; de ne permettre à personne, s'il n'est chrétien, de vivre librement dans le royaume (3). » On ne pouvait, en vérité, pousser la rigueur à une extrémité plus grande, ni rendre plus sacré l'engagement que contractaient les rois en acceptant la couronne. Mais on ne doit pas, d'un autre côté, imputer à nos législateurs une sévérité si excessive, quand l'audace et les efforts incessants des Juifs, pour sortir de leur état d'abattement, les poussaient à commettre des fraudes sans nombre et à provoquer ainsi le courroux de leurs maîtres. Les déceptions qu'ils éprouvaient continuellement les obligèrent à raffiner, pour ainsi dire, leur astuce naturelle. Seize

(1) Livre VI, chap. XI de son *Histoire générale d'Espagne*.
(2) Le docteur Isahak Cardoso, en mentionnant ce décret de Sisebut, s'exprime de la manière suivante, et repousse la note d'*impiété* et de *cruauté* qui était tombée sur les descendants de Juda : « Sisebut, dit-il, roi des Goths d'Espagne, obligea les Juifs à changer leur loi, sous peine d'être tous mis à mort, en l'année 4077 ; mais il ne jouit pas du pouvoir plus de huit ans. » — Rien de plus singulier que le contraste qui se remarque entre l'esprit qui anime cet écrivain juif et celui qui règne chez les historiens chrétiens, et qui le porte parfois à exagérer les faits. Toutefois son ouvrage des *Excellences des Hébreux* doit être mis sous les yeux pour rejeter quelques erreurs notables.
(3) D.xème concile de Tolède, convoqué par Chintila.

autres années après le dernier concile ci-dessus mentionné, ils obtinrent que le roi Recesvinthe, dans le huitième concile de Tolède, rendît compte d'une pétition où ils demandaient que, vu l'obligation dans laquelle ils avaient été mis par les rois Sisebut et Chintila, de renoncer à leurs lois, on les exemptât de manger « de la viande de porc, et cela, plutôt parce que leur estomac ne pouvait la supporter, attendu qu'ils n'étaient pas accoutumés à une telle viande, que par scrupule de conscience; s'offrant, comme preuve de bonne intention, à manger d'autres mets apprêtés avec elle (1). » Les prélats crurent la déclaration des Juifs sincère; ils espérèrent que tous reviendraient au christianisme, et que de cette manière se terminerait la lutte qui existait avec eux; mais leur espérance fut vaine. A peine le roi Wamba eut-il occupé le trône de Récarède, que la rébellion d'Hildéric et de Paul leur offrit le motif de manifester leur rancune. Les révoltés trouvèrent du secours dans un grand nombre de familles, de celles qui avaient été expulsées par les décrets cités plus haut et qui revenaient à l'empire visigoth (2). Wamba se contenta

(1) La haine que les Juifs ont pour la chair de porc ne provient pas seulement de ce que son usage est défendu par la loi. Isahak Cardoso dit de ce quadrupède : « Le porc est un animal sordide, des plus bas et des plus impurs : il crée et habite l'immondice ; sa récréation est la boue et sa vie la saleté ; il ne peut souffrir l'odeur de la rose ni d'autres fleurs suaves, habitué qu'il est aux odeurs infectes et immondes. Cet animal grogneur et criard porte toujours ses yeux en bas, et ne regarde le ciel que lorsqu'on lui met la tête en haut. Alors, dans sa muette stupidité, il craint le danger et la mort qui le menacent. » Cette description, indépendamment de plusieurs autres raisons, prouve que les Juifs ne mangeaient pas de la viande de porc par mesure hygiénique.

(2) Voici comment l'archevêque don Rodrigue s'exprime dans le chap. (II) du livre II de son *Histoire sur la rébellion*, dont nous parlons : « Sed quia novitas perturbationibus raro caret, in primo anno regni ejus (Wambæ), turbatio non modica excitatur. Nam Hildericus, qui Nemausensis urbis comitatum tenebat, faventibus sibi Gumildo pernicioso, Magalonensi episcopo, et Ranimiro abbate, *contra statuta Gothorum Judeos in patriam revocavit*, et virum venerabilem Aregium, Nemausensem episcopum rebelionis suæ vecordia nisus est irritare, quam quia non potuit laqueare; a sede expulsum, Francorum manibus tradidit illudendum, et Ranimirum, abbatem perfidiæ socium, in pontificatu exsulis subrogavit, et a duobus episcopis, proditionis consortibus, fecit, contra statuta canonum, consecrari. » Après la défaite du révolté Hildéric, après le châtiment du traître Paul, qui abandonna les drapeaux du roi et passa aux révoltés, l'archevêque don Rodrigue ne fait plus mention des Juifs, qui furent de nouveau appelés dans leur patrie. Le P. Mariana parle ainsi, en faisant le récit des victoires de Wamba : « Ces dépouilles et les richesses

du châtiment qu'il infligea à Paul et à ses principaux partisans, sans qu'on puisse trouver aucune donnée légale qui fasse connaître les mesures qu'il adopta à l'égard des Juifs mal pacifiés.

Les canons du seizième concile de Tolède, célébré en 693, continuent le système de bienveillance de Reçesvinthe, accordent aux Juifs convertis des priviléges dont ils ne jouissaient pas auparavant, rendent leur condition meilleure et les déclarent en même temps habiles à embrasser toutes les carrières de l'État. Égica essaya, de cette manière, d'utiliser les grands éléments de civilisation que le peuple hébreu renfermait dans son sein. Quand on eut reconnu déjà comme nobles et *horros de tributos* (1) tous ceux qui embrassaient la religion chrétienne, on eût pu recueillir peut-être les fruits abondants que le roi s'était promis, si la fatalité, qui pesait sur les descendants de Juda, n'eût contribué à changer, en quelques années, les bons désirs et les dispositions du monarque goth en haine et en aversion. C'est ainsi qu'en 694, Égica réunit le dix-septième concile de Tolède, le dernier de ceux qui se sont tenus dans cette cité célèbre, et lui présenta un *Mémoire* où il exposait la nécessité urgente d'expulser tous les Juifs d'Espagne, pour éviter qu'ils n'exécutassent le projet qu'ils avaient conçu de livrer la Péninsule aux Maures, d'accord en cela avec les Juifs qui demeuraient en Afrique. A la proposition du roi, vivement appuyée par la gravité du danger qui s'annonçait, les grands et les prélats répondirent, en accordant que tous les Juifs seraient réduits en esclavage ; que tous leurs biens seraient confisqués *para que con la pobreza sintiesen mas el trabajo*, pour que la pauvreté leur fît sentir davantage le travail; que leurs enfants leur seraient arrachés, dès qu'ils arriveraient à l'âge de sept ans (2), pour être élevés conformément aux pratiques de la religion chrétienne. Ce changement, survenu dans la conduite du monarque et du concile, ne peut en aucune manière être taxé d'inconséquence, quand la nécessité la plus impérieuse, qui s'offrait à leurs yeux, était celle de sau-

---

de France réjouirent et contentèrent les soldats du roi ; ils revinrent à Narbonne. Une grande partie des soldats et de l'armée se répartit dans les garnisons de France. On publia un grand nombre d'édits contre les Juifs, en vertu desquels ils furent expulsés de toute la Gaule gothique. (*Histoire générale*, liv. VI, chap. XIII.)

(1) Mariana, liv. VI, chap. XVIII.
(2) Chap. VIII dudit concile.

ver la nation, menacée d'une épouvantable catastrophe : les Juifs qui, l'année précédente, avaient reçu de la main d'Égica le présent le plus inestimable, pour ces temps et dans cet empire, le présent de la noblesse; qui se voyaient immédiatement placés au niveau des premières familles du royaume, parce qu'ils possédaient de grandes richesses, provoquèrent cette mesure extrême par leur conduite ténébreuse. Ce sont donc les Juifs que doit uniquement accuser la critique historique. Elle ne peut aucunement, en cette occasion, les affranchir du reproche d'ingratitude, à l'égard d'un roi qui leur avait montré tant de bienveillance.

La mort d'Égica et l'avénement au trône de son fils Witiza firent bientôt changer l'aspect que présentait cet événement. Il est vrai que les autres affaires de l'État ne prirent pas une meilleure tournure : toutes les classes tombèrent dans la plus honteuse corruption et dans le dernier avilissement. Voici comment un historien respectable dessine le sombre tableau qu'offrait l'Espagne dans ce temps, sans perdre de vue le monarque pervers : « Rien de plus difficile, dit-il, que d'arrêter le temps qui s'échappe et le pouvoir par la raison, la vertu et la modération. Le premier échelon par lequel il (Witiza) descendit dans le désordre, ce fut de se livrer aux adulateurs, engeance nuisible et abominable, qui d'ordinaire sont si nombreux et de si différentes espèces dans les maisons des princes. Ce chemin le conduisit à toute espèce de vices pour lesquels il avait, depuis longtemps déjà, un penchant, comprimé, en quelque sorte, dans les années précédentes, par respect pour son père. Il eut un grand nombre de concubines, qu'il traita et regarda comme si elles avaient été des reines et des femmes légitimes. Pour donner à ce désordre une certaine couleur, une certaine excuse, il commit un mal plus grand. Il promulgua une loi accordant à tous d'en faire autant : il donna en particulier aux personnes ecclésiastiques et consacrées à Dieu la permission de se marier; loi honteuse et abominable, mais qui fut du goût de beaucoup de personnes et même du plus grand nombre. Elles faisaient avec plaisir ce qui leur était permis, tant pour satisfaire leurs appétits que pour plaire à leur roi ; car c'est une espèce de service et de flatterie que d'imiter les vices des princes, et le plus grand nombre met sa félicité et son contentement dans la liberté des sens et des appétits. On fit aussi une autre loi où l'on refusa l'obéissance au saint-père. Dès lors tout frein disparut : le masque fut levé, le chemin fut direct pour faire tout marcher, dans le royaume, vers la ruine et la destruction. »

Tel était l'état de l'Espagne sous le règne de Witiza, dont la stupidité en vint au point de faire démolir toutes les forteresses du royaume, à l'exception de trois seulement. Sa lâche défiance redoutait que ceux qui voyaient avec indignation tant de scandale, ne vinssent avec les armes, qu'il fît aussi brûler sur les places publiques, apporter la réforme que réclamait le salut de l'État. Il suffisait au monarque égaré au milieu de ces désordres, il lui suffisait de savoir que son père, et les rois qui l'avaient précédé, avaient eu des motifs de réprimer les Juifs astucieux pour s'écarter d'une voie si salutaire, pour marcher à sa perte. Révoquant donc, au moyen d'un faux concile (1), les canons des conciles antérieurs, et les lois que la nation avait reçues avec enthousiasme, Witiza ouvrit les portes du royaume à ceux qui étaient passés dans d'autres contrées pour ne pas embrasser la religion catholique ; il releva de leur serment ceux qui avaient reçu l'eau du baptême, et, pour comble de folie, il plaça dans des postes élevés un grand nombre de descendants de cette race

---

(1) Les décrets de ce concile, qui fut le dix-huitième, ne se trouvent pas réunis avec les précédents ; ils ne sont pas regardés comme légitimes : on les tient, au contraire, pour opposés, en tout point, aux canons ecclésiastiques. Ils forment un grave chef d'accusation contre ce monarque, que quelques écrivains modernes ont essayé d'absoudre de ses erreurs et de ses égarements. Parmi ces derniers, l'érudit don Gregorio Mayans y Siscar occupe une place distinguée. Dans son essai, intitulé : *El rey Witiza defendido*, ouvrage d'un grand mérite sous d'autres points de vue, il disculpe, défend et loue un grand nombre d'actes et d'erreurs attribués audit prince. Le livre de Mayans prouve cependant plus le talent et l'habileté de l'auteur que la bonté de la cause, qu'il embrasse avec assez de chaleur. Les témoignages d'historiens aussi respectables que don Lucas de Tuy, qui écrivait vers 1235 ; de l'archevêque don Rodrigue, qui affirme en propres termes que le roi Witiza honora plus les Juifs que les églises et les prélats ; d'Alphonse le Sage ; et, dans des temps plus modernes, du si respectable Ambrosio de Moralès, docte en tout genre d'études, corroborent et confirment l'opinion de Mariana, dont nous avons donné le jugement. Il pourra y avoir peut-être quelque exagération dans l'exposé des faits ; on pourra peut-être découvrir quelque haine dans la manière de les présenter ; mais, bien que cela soit, jusqu'à un certain point, digne de blâme, nous ne devons pas toutefois en conclure que les faits sont entièrement faux, comme l'ont prétendu les défenseurs de Witiza. Ce n'est pas là la véritable manière d'examiner les événements, ni de découvrir la vérité historique.

proscrite. Ces mesures absurdes ne purent que donner les résultats qu'on devait en attendre. Les Juifs acquirent bientôt une prépondérance véritablement dangereuse, tournèrent à leur profit toutes les occasions qu'on leur présentait, et méditèrent de nouveaux plans de vengeance pour tirer satisfaction des offenses qu'ils avaient souffertes sous la domination gothe.

L'état efféminé et corrompu des petits-fils de Récarède et de Wamba ne pouvait être, d'autre part, plus lamentable. Tout était festins, mets et vins délicats; les forces s'énervaient ainsi et se perdaient au milieu de toute espèce de vices. A l'exemple des grands, la plus grande partie de la population menait une vie pleine de honte et d'infamie. On était très-propre à faire du tapage, à se livrer à des bravades, à la forfanterie; mais très-inhabile à courir aux armes, à en venir aux mains avec les ennemis. L'empire et le territoire, gagnés par la valeur et les efforts, se perdaient par l'abondance et les délices qui l'accompagnent. Toute cette vigueur et cette énergie qui avaient fait exécuter de si grandes choses, pendant la guerre et pendant la paix, s'éteignirent par le vice. La discipline militaire disparut en même temps ; de sorte qu'on ne peut rien trouver à cette époque de plus efféminé que les mœurs de l'Espagne, ni de nation plus appliquée à chercher toute espèce de volupté que la nation espagnole. Il nous paraît impossible de lire ces lignes, que nous extrayons d'un historien très-digne de respect, sans reconnaître qu'un peuple qui est arrivé à un tel état de démoralisation ne soit pas menacé d'une grande catastrophe. Aucun sentiment n'avait pu surnager dans une tempête si furieuse. Tout était bafoué et livré au plus outrageant mépris. Ces crimes, ces aberrations exigeaient de grandes expiations, de grands châtiments; et il ne s'écoula pas de nombreuses années sans que les *champs du plaisir* ne fussent inondés du sang des victimes, et sans que le feu ne dévorât les palais qu'avait élevés la mollesse.

Quand, sur le trône des Visigoths, se fut assis le fils de Théodofred, prince dont les excellentes qualités avaient fait concevoir aux hommes sensés les plus flatteuses espérances, ce peuple infortuné crut entrevoir une aurore de bonheur, qui se couvrit bientôt pour toujours de nuages. Les viles amours de don Rodrigue avec la fille du vindicatif comte don Julien, et, ce qui fut pire, la haine et les persécutions essayées contre les fils de Witiza, vinrent, aux premières lueurs de ce rayon de lumière, semer de toutes parts des rancunes et des désordres : des rancunes qui devaient produire des larmes de sang, des désordres qui ne servirent qu'à augmenter la corruption qui énervait déjà les cœurs des Visigoths dégénérés. Deux ans, don Rodrigue tint les rênes de l'État, sans que le bruit des armes mahométanes, ni les cris des combattants vinssent le tirer de sa léthargie profonde. Les étendards de Mousa et de Tarik volèrent enfin sur la Péninsule, portant partout l'épouvante et la désolation. L'amant inconsidéré de Florinde courut, quoique tard, au champ de bataille pour chercher la mort du guerrier, et sur son cadavre tomba renversé le superbe édifice de la monarchie d'Ataulphe.

Quelle fut la conduite que la population juive observa au milieu d'un tel désastre? Se prépara-t-elle, par hasard, au combat? Offrit-elle ses trésors à l'empire attaqué? ou bien garda-t-elle une attitude neutre, puisqu'elle ne pouvait résister à l'impétuosité des vainqueurs? L'amour de la patrie, c'est-à-dire l'amour du sol où l'on est né, la reconnaissance pour les dernières dispositions des rois goths semblaient exiger de ce peuple qu'il réunît ses forces à celles de la nation espagnole pour repousser l'invasion étrangère, et qu'il ouvrît en même temps ses coffres pour subvenir aux pressants besoins de l'État; mais, comme contre-poids à ces motifs, subsistaient les anciennes haines, le souvenir des outrages passés. La condition des Juifs, leurs mœurs, leurs intérêts particuliers, le genre de vie ambulante qu'ils menaient, les poussaient, d'un autre côté, à désirer des choses nouvelles. Le fanatisme religieux exerçait une assez grande influence sur eux pour les déterminer à se déclarer contre leurs anciens hôtes, et à voir leur ruine totale avec la plus grande indifférence. C'est ainsi que des villes et des cités qui eussent coûté beaucoup de sang aux Sarrasins furent mises entre leurs mains par les menées perverses et artificieuses des Juifs. La cour des Goths fut une des places fortes qui tomba de cette manière en leur pouvoir. Cordoue, Grenade et Séville furent habitées, en même temps, par les Juifs et les Sarrasins ; et l'on observa bientôt, entre l'un et l'autre peuple, une espèce d'accord qui paraissait résulter d'alliances antérieures (1). Les prédic-

---

(1) L'évêque don Rodrigue termine le chapitre xxii du livre III par la phrase suivante, en parlant de la perte de Cordoue : « Judæos autem, qui inibi morabantur

tions d'Égica, les mesures adoptées par le dix-septième concile, dont nous avons fait mention, n'étaient déjà plus de vaines terreurs, ne manifestaient pas une rigueur excessive : les Juifs nourrissaient une haine profonde contre les chrétiens, et soupiraient après le moment de pouvoir assouvir leur vengeance. Sans attachement aucun pour le sol sur lequel ils vivaient ; sans aucune de ces affections qui ennoblissent et élèvent un peuple; enfin sans aucun sentiment de générosité, ils n'aspirèrent qu'à satisfaire leur avarice, qu'à travailler à la perte des Goths. Le temps leur manqua pour manifester leur ressentiment et ils ne montrèrent que les haines que tant de siècles avaient amassées.

cum suis Arabibus, ad populationem et custodiam Cordubæ dimiserunt. » Et, dans le chap. XXIII, qui traite de la prise de Malaga, de Murcie et de Grenade, il dit, en parlant de Séville : « Ipse autem, captam Hispalim de Judæis et Arabibus populavit, et inde ivit Bejam, et cum dispendio simili occupavit. » (*Édition de Grenade*, 1545.)

CHAPITRE II

Les Juifs sous les monarchies chrétiennes d'Oviédo, de Léon et de Castille.

711. — 1284.

Nouvelle monarchie gothe. — Haine des chrétiens contre les Juifs. — Rapidité des conquêtes des rois d'Oviédo. — Nécessité des arts des Juifs. — Conquêtes de Ferdinand le Grand. — Prise de Tolède. — Privilèges des Mozarabes. — Assassinats de 1109. — Tributs que payaient les Juifs. — Leurs académies de Cordoue. — Triomphes des armes chrétiennes au XIIIe siècle. — Don Alphonse le Sage. — Rôle de Séville. — Ses synagogues. — Le Fuero Viejo de Castille. — Les Sept Partius. — Translation de l'académie de Cordoue à Tolède. — Rôle de Hicte. — Rébellion de don Sanche. — Mort de don Alphonse X.

Quand la ruine totale de l'empire des Goths fut consommée et que les sectateurs de Mahomet furent presque maîtres de toute la péninsule ibérique, alors commença pour les Juifs une ère nouvelle : leur commerce prit une plus grande extension et leurs richesses s'augmentèrent progressivement. Cependant, refoulés dans les montagnes des Asturies, le petit nombre de chrétiens qui n'avaient pas voulu courber la tête sous le joug du Maure s'y exaltaient par des souvenirs patriotiques et par des sentiments religieux. Ils jetaient les fondements de la nouvelle monarchie qui devait, plus tard, apparaître grande et puissante, et remplir de terreur ceux qui, dès le principe, la regardèrent avec un profond mépris. De victoire en victoire et de conquête en conquête, le valeureux et magnanime don Pélage laissa fondé, à sa mort, le royaume des Asturies, après un espace de vingt et un ans, pendant lequel les guerres civiles dévoraient, d'un autre côté, les Sarrasins. L'étendard de la croix flottait chaque jour sur de nouvelles forteresses; le grand œuvre de la *reconquista* jetait des racines plus profondes; de nouveaux territoires s'ajoutaient au trône vacillant d'Oviédo, et on finissait par imposer la loi aux sectateurs de l'islamisme. L'enthousiasme de ces valeureux champions de la patrie, de ces restaurateurs de la liberté, croissait à mesure que leur héroïsme s'exaltait au milieu des combats. S'emparaient-ils d'une forteresse, remportaient-ils un triomphe sur leurs implacables ennemis, non-seulement ils croyaient tirer ainsi vengeance des outrages qu'ils en avaient reçus, mais ils avaient la ferme conviction qu'ils tiraient satisfaction d'une offense faite au Dieu qui dirigeait leurs bras dans la mêlée. Pleins d'un zèle des plus ardents, ils immolaient leurs ennemis, et ils tendaient en même temps une main salutaire aux chrétiens mozarabes qui gisaient dans la captivité : c'est pourquoi le caractère que présente la première époque de la restauration chrétienne n'est pas en vérité celui de la tolérance. Une pareille disposition se devait aux excès soufferts et à l'état des mœurs de ces temps de rudesse.

Mais le noble caractère des chrétiens changea bientôt l'aspect des choses, quand cette première soif de vengeance fut apaisée. Les Juifs, qui avaient été, avec trop de justice peut-être, l'objet de leur haine, commencèrent à être admis dans les cités conquises, qu'habitèrent aussi les musulmans, sous le nom de *mudejares*, sans abandonner les erreurs du faux prophète. Ils se consacraient, comme les derniers, au commerce et à l'industrie, et ils suivaient partout les armées chrétiennes. Toutefois, soit que le peuple les regardât avec aversion, soit que, ne comprenant pas les sciences que cultivaient les Juifs, il les prit pour des nécromanciens et des magiciens, ils furent peu de temps après persécutés. En 845, on brûla vifs un grand nombre de ceux qui habitaient les villes chrétiennes, et c'était le vainqueur de Clavijo qui gouvernait alors cette monarchie comptant déjà un peu plus d'un siècle d'existence.

Le peuple de don Pélage avait cependant besoin de l'aide du peuple juif, parce qu'il ne se suffisait pas à lui-même. La guerre était son occupation la plus noble, sa nécessité suprême. Tous les arts qui n'avaient pas de rapport avec la guerre étaient regardés par lui avec un entier mépris, et considérés comme indignes de sa valeur. Le plébéien cultivait peut-être les terres; l'hidalgo seul savait tirer l'épée ou manier la lance. Les joies de la guerre et du camp finirent par ne pas être suffisantes pour satisfaire aux nécessités de la vie. Les éléments de culture, qui étaient entre les mains des Juifs, devinrent indispensables aux chrétiens, et voilà le motif qui diminua naturellement les haines et les rancunes, puisqu'elles ne parvinrent jamais à s'éteindre. Les Juifs, d'autre part, comprirent la situation dans laquelle ils se trouvaient; ils n'eurent d'autres moyens de vivre que de se soumettre au sort fatal qui les poursuivait. Les services qu'ils rendaient étaient payés par le mépris et vus avec défiance : leur industrie servait le plus souvent à satisfaire les caprices de quelques jeunes seigneurs; leurs sciences étaient l'aliment continuel de soupçons terribles. Et, cependant, ces Juifs étendaient leur commerce, développaient leur industrie (1), assuraient leur existence, à force de souf-

(1) Pour prouver qu'à cette époque, et même avant, les Juifs s'occupaient de la culture des arts les plus nécessaires à la vie, nous transcrirons ici l'inscription juive trouvée à Fuente Castro, province de Léon, qui appartient à don Tomas Rodriguez Monroy.

וה הקבר ל־...
מיוסף בן עוז הצוירף נ
בן חמש וששים שנה באחו
בשבת המשה עשר יום לי
לירה בליו שנת שמנה
מאות וששים ואחד למניו
ליון מתא הקבה יוכהו
ויסלה עונתיו ויכפר דט
חטאתיו וירהמהו ויעם
ויעמרהו לגרלו לקץ הימין
ויהיהו להיי העלם הבא

Voici la traduction de cette intéressante pierre, que nous avons déchiffrée avec le savant hébraïsant, notre maître et ami, don Antonio Maria Garcia Blanco :

    Voici le tombeau de...... (a)
    De Joseph, fils de Joziz, fondeur de..... (b)

(a) On pourrait peut-être lire ici לביחבתן du corps.
(b) Ce mot, dont l'initiale est un ב sur la pierre, devrait être peut-être בחשת, fondeur de brasse. Il nous paraît opportun d'avertir que les dernières lettres des lignes quatre, huit et neuf sont le commencement ou une partie du premier mot des lignes suivantes. Comme elles n'entraient pas dans la ligne, les Juifs les répétaient plutôt que de couper un mot, ainsi qu'on le fait dans les langues modernes.

frances, et venaient, par de fortes contributions, soutenir l'État militant.

Les Sarrasins voyaient se rétrécir de plus en plus le cercle de leur empire. Les victoires de don Ferdinand le Grand, du héros de Vivar, et d'Alphonse VI, les avaient dépouillés de provinces riches et étendues. Tolède, l'antique cité des conciles, la cour des Visigoths, qui avait été captive pendant l'espace de trois cent soixante-dix ans, se livrait, en 1085, à l'hôte de Al-Mamoun-Billah, et toutes les villes de ce royaume puissant se trouvaient ramenées sous le joug chrétien. Il y avait parmi ces populations un grand nombre d'Israélites. Les capitulations signées et jurées par le roi Alphonse accordaient aux Maures le droit de rester dans leurs foyers, de se gouverner par leurs propres lois, de conserver les rites de leur religion. Les Juifs obtinrent le même privilége, et, dans la ville chrétienne, on vit continuer de vivre, en même temps, les trois populations qui y avaient vécu durant son esclavage. Toutefois, comme il ne pouvait manquer d'arriver, quoique le monarque eût respecté la pratique de leurs coutumes religieuses, les Juifs ne furent pas traités avec les égards que réclamait le droit des gens, droit mal défini et plus mal compris, à cette époque. Dans le priviléges que le roi don Alphonse donna aux Mozarabes, le 13 des calendes d'avril, l'an de l'ère 379 (an 1091), privilége par lequel il leur confirme leurs antiques *fueros* et leurs *repartimientos* (impôts), on trouve une disposition remarquable qui montre jusqu'à quel point les descendants d'Israël étaient méprisés : « Quelque grande que soit la *caloña* qu'ils feront (1), qu'ils ne payent que le cinquième, suivant

De soixante et cinq ans d'âge, quand il est mort,
Le samedi, quinzième jour du mois
De casleu, l'an huit cent
Et soixante et un du comput.
Le peu de boue du caveau, il le purifiera ;
Il pardonnera ses méchancetés, et il couvrira
Ses péchés, et il aura pitié de lui,
Et après l'avoir rendu à sa condition,
Il le vivifiera pour la vie du siècle futur.

(1) Le mot *caloña*, que l'on rencontre si souvent dans le *Fuero Viejo de Castilla* et dans d'autres lois et fueros anciens, se trouve employé en des acceptions diverses. Tantôt il signifie *mulcta*, amende pour le crime de calomnie ; tantôt, *calumnia*, calomnie ; tantôt, *crime* ou *délit*. Dans le privilége auquel appartient la phrase que nous citons, c'est la première acception qu'il faut prendre.

le contenu de la charte des Castillans, extrait du *furto* ou de la *muerte* d'un Juif ou d'un Maure... » Cette phrase, citée par Mariana dans son premier appendice à la *Théorie des cortès*, ne peut être plus concluante. Les Mozarabes et les Castillans payaient au fisc, comme peine expiatoire, une somme fixée par les lois, pour certains délits déterminés, à l'exception des cas où, dans ces derniers, il s'agissait de mort ou de vol contre les Musulmans ou les Juifs. La condition de ces populations ne pouvait, par conséquent, être plus malheureuse : leur avilissement ne pouvait descendre à une extrémité plus grande. Comment donc châtiait-on le meurtrier d'un Juif? Les lois, jusqu'alors, ou n'étaient pas justes, ou n'étaient pas aussi précises que l'exigeait l'intérêt même de l'humanité (1).

Cet état de choses donna en effet le résultat qu'il devait produire, eu égard à tous les éléments qui conspiraient contre le peuple proscrit. Dix-sept ans après que le roi don Alphonse eut expédié le privi-

(1) Quinze ans avant d'accorder ce *fuero* aux Mozarabes, le roi don Alphonse avait accordé celui de Sépulvéda, adopté après par un grand nombre de villes, et des plus importantes, non-seulement de Castille, mais encore des autres royaumes dans lesquels se divisait l'Espagne durant le moyen âge. Quelques érudits doutent de son authenticité, et prétendent que c'est une compilation du commencement du xiv° siècle. Dans les titres 37, 38 et 39 du dernier fuero, on voit toutefois que, si la condition des Juifs n'était pas très-avantageuse, on les traitait avec plus d'humanité et d'égards. — « 37. Tout chrétien qui frappera un Juif, si le fait peut être prouvé par deux chrétiens et un Juif, payera quatre maravédis; sinon, que son serment le délie. — 38. Le Juif qui frappera un chrétien, si le fait peut être prouvé par trois habitants qui l'ont vu, dont un Juif, payera dix maravédis; s'il le tue, qu'il meure à son tour, qu'il perde tout ce qu'il possède, et que le tiers revienne aux alcaldes. — 39. Tout chrétien qui tuera un Juif, si les jurés et les alcaldes, tous d'accord, outre leurs serments, trouvent le fait vrai, payera cent maravédis par tiers, ainsi qu'il a été dit à ce sujet; et que l'on regarde toujours comme ennemi l'amour du plaignant et celui de ses parents. » La vie d'un Juif était donc taxée cent maravédis, tandis que le Juif homicide était non-seulement condamné à mort, mais qu'il perdait tous ses biens, et qu'une telle peine était de la plus haute importance pour ses enfants et pour toute sa famille. Le fuero de Sépulvéda était cependant un des plus raisonnables que les rois aient accordé, dans ces temps, sur le sujet qui nous occupe. Le fuero de Najera, donné par le même roi en 1076, punissait cependant l'homicide des Juifs de la même manière que celui des gentilshommes et des moines. « Pour le meurtre d'un *gentilhomme*, d'un *moine* ou d'un *Juif*, les habitants de Najera ne doivent pas donner plus de deux cent cinquante sols, sans infamie. » Il en dit autant des blessures : « Si quelqu'un vient à frapper un Juif, qu'il supporte entièrement les dommages qu'il a causés, comme s'il s'agissait d'un gentilhomme ou d'un moine. »

lége que nous venons de mentionner, en 1108, le 14 du mois d'août ceux qui, sous l'injuste protection de cette espèce de fuero, maltraitaient impunément les Juifs, se convoquèrent et se réunirent pour assouvir leur fureur sur eux, en donnant pour unique prétexte la haine de la religion que les Juifs professaient. Les rues de Tolède se virent inondées de sang, le feu consuma d'immenses richesses, et la violence laissa de toutes parts les traces les plus terribles d'extermination. Ce fatal exemple servit de cruel précédent aux excès, aux outrages et aux massacres qui ont répandu, durant le moyen âge, tant de taches dans l'histoire du peuple espagnol (1). En vain don Alphonse, jaloux de son autorité et animé de sentiments pleins d'humanité, cherche à châtier les coupables d'un attentat si repoussant. Les synagogues, en effet, avaient été pillées par la multitude; les rabbins immolés aux pieds de leurs chaires; rien, enfin, n'avait été respecté. Le peuple, dans sa soif de sang et de vengeance, avait porté ses excès au dernier point, excès que les lois auraient dû réprimer avec sévérité et énergie, si l'on désirait de ne pas les voir se répéter et même s'augmenter douloureusement. Les lois générales, cependant, gardèrent le silence sur un fait aussi intéressant pour ces temps, ou bien elles furent trop faibles et trop impuissantes pour guérir les blessures que les priviléges avaient ouvertes.

Malgré les vexations dont il était victime, le peuple juif aidait les rois et les églises par des impositions considérables. La tyrannie que les chrétiens finirent par exercer sur eux fut poussée si loin, qu'ils les obligèrent à payer un tribut ou cote personnelle, outre ceux qu'ils payaient déjà, pour vivre dans les cités et dans les autres villes de la Castille. Ce tribut était le plus souvent concédé aux grands, en payement de quelque action d'éclat, en échange de quelques priviléges et de quelques pensions dont ils jouissaient sur les revenus de la couronne (2). Par là, il arrivait souvent que les possesseurs de sem-

---

(1) *Voyez* l'évêque don Prudence de Sandoval, dans ses *Chroniques*, et le docteur Salazar de Mendoza, dans la *Vie de saint Ildefonse*.

(2) Dans les époques postérieures à celle dont nous parlons, il arriva plusieurs faits de ce genre. Le roi don Alphonse le Sage, dont le nom est célèbre à plus d'un titre glorieux, accorda, en 1251, à Juan Ponce et à Ponce Perez, mille maravédis alphonsins sur la juiverie de Tolède, en échange d'un autre legs. La cédule royale de cette concession est datée de Murcie le 12 juillet de ladite année. (*Voyez les Annales de Séville*, de don Zuñiga.) Cette espèce de rente s'accordait aussi par voie

blables impôts maltraitaient les Juifs pour obtenir de plus fortes rentrées, qu'ils augmentaient de cette manière l'oppression sous laquelle ils gémissaient et qu'ils rendaient leur condition plus amère. Cependant, par l'effet même de sa condition, ce peuple s'organisait, et quoique séparé du monde, pour ainsi dire, il vivait pour le travail et s'efforçait d'acquérir quelques titres de gloire qu'il pût opposer à la fureur de ses maîtres. Dès l'année 948, quittant les villes de la Perse, une multitude de rabbins avait passé à la fameuse cour des Abder-Rhaman; or, ces rabbins possédaient une science profonde qui fit la juste admiration des Arabes cultivés. Cordoue vit se reproduire, dans son sein, ces académies célèbres, et Tolède eut l'honneur d'offrir l'hospitalité à quelques-uns de ces doctes voyageurs. Les Juifs, de cette manière, rivalisant jusqu'à un certain point avec le peuple de Mahomet pour la soif de la gloire et l'amour de la science qui l'animaient, contribuaient, pour leur part, à les inoculer aux populations chrétiennes, bien que ces dernières s'inquiétassent peu de pareilles occupations, livrées, comme elles l'étaient, exclusivement à la guerre.

Le royaume castillan, dont les fondements avaient été si difficiles à jeter, acquérait sans cesse de nouvelles forces. Les triomphes d'Alphonse VI avaient été suivis de beaucoup d'autres victoires, d'autres conquêtes importantes qui rendaient les chrétiens maîtres de provinces vastes et fertiles. La bataille de *las Navas de Tolosa* vint enfin fixer le sort du christianisme; elle décida de la liberté de l'Espagne et convainquit les Sarrasins que le temps de leurs conquêtes prodigieuses était déjà passé. Le XIIIe siècle, qui s'annonçait partout comme l'époque de la restauration, comme l'aurore du beau jour qui allait briller pour les sociétés modernes, parut être pour la péninsule Ibérique un présage de bonheur prochain. En 1212, Alphonse VIII, aidé des rois d'Aragon et de Navarre (1), mettait en déroute le ter-

de priviléges aux Ordres militaires. Dans la chronique de l'*Ordre d'Alcantara*, écrite par fray Alonso Torres, on rencontre les lignes suivantes, parmi les priviléges dont jouissaient les chevaliers : « Que les Juifs ou les Maures qui passent par Brozas, n'étant pas de l'Ordre, payent *deux maravédis*, et qu'elle en paye douze la femme publique qui vient y fixer son domicile ; un marc d'argent, la femme qui se marie sans être un an et un jour après la mort de son mari; pour l'*aljama des Juifs*, cent vingt *maravédis*, et cinquante, les Maures de vingt ans qui vivent sous sa loi. » (Édition de Madrid, 1786.)

(1) Nous ne croyons pas hors de propos de traduire ici ce que conte Mariana, dans son livre XI, chap. XXII, sur ce qui se passa à Tolède lors de la réunion des armées

rible chef des Musulmans, aux gorges de Muradal ; en 1224, Ferdinand III inaugurait la conquête de l'Andalousie par la prise de Baeza et la reddition de toutes les villes de ce petit royaume ; en 1230, don Jaime Ier, d'Aragon, gagnait l'île de Majorque ; la cité de Cordoue, la patrie et la résidence des califes espagnols, succomba en 1236, et, deux ans après, Valence éprouva le même sort ; en 1248, la capitale de l'Andalousie tomba au pouvoir des rois de Castille avec toutes ses terres et ses forteresses, et le royaume de Murcie se mettait presque en même temps entre les mains de don Alphonse X. Le xiiie siècle n'était pas encore arrivé à la moitié de sa carrière, et déjà apparaissait comme probable, comme réalisable, le triomphe complet du christianisme, et déjà on nourrissait l'espérance de renverser sous peu la puissance musulmane.

Rien de plus souriant que la perspective que présenta alors la nation espagnole ; au triomphe des armes, la cause de la civilisation ajoutait des victoires non moins remarquables. Le roi don Alphonse, s'écartant un peu des croyances et des préjugés de ses ancêtres, doué d'un talent réel, d'un amour sans limites pour les sciences et les arts, seigneur enfin de tant de royaumes où ils florissaient, ne put s'empêcher de leur accorder une protection directe et plus active peut-être que ces temps ne le comportaient. Pour lui, les hommes consacrés à l'étude méritaient tout ; mais il ne méprisait pas pour cela, comme on l'a maladroitement prétendu, ceux qui aspiraient au laurier des batailles. A cette époque, les sciences restaient encore entre les mains des Arabes et des Juifs. Le roi Aphonse le Sage, dont la bienveillance et la modération naturelles, dont les sentiments humains avaient banni de son cœur toute espèce de haine et de rancunes, éten-

---

de ces rois. « Il s'éleva, dit-il, dans cette ville, une émeute des soldats et du peuple contre les Juifs. Tous pensaient être agréables à Dieu en les maltraitant. La ville allait être ensanglantée ; les Juifs couraient un grand danger, si les nobles n'avaient pas résisté à la canaille et n'avaient protégé de leurs armes et de leur autorité cette race misérable. » Contre un peuple qui croyait rendre service à Dieu en assassinant les Juifs, il n'y avait aucune législation possible. Il est vrai que, dans cette manifestation des chrétiens, les amours du roi don Alphonse pour une Juive de cette ville, du nom de Rachel, durent exercer une assez grande influence. C'est en haine de cette Juive que les nobles en vinrent à prendre les armes contre leur roi et assassinèrent sa maîtresse. Toutefois, il répugne de croire que, pour manifester au souverain de Castille leur mécontentement sur ce fait, il ait été nécessaire de verser un sang innocent : cela nous paraît monstrueux.

dit sa main amie sur les Juifs et sur les Arabes qui habitaient ses domaines. Il essaya d'améliorer la condition des deux peuples, du premier en particulier, et, pour atteindre son but, il mit en pratique tous les moyens qui étaient à sa portée.

Saint Ferdinand n'était pas encore décédé, et déjà son fils, en faisant la répartition de Séville, donnait des preuves signalées de sa bienveillance pour la race proscrite. Pour qu'elle restât, il lui concéda tout le terrain qu'occupent aujourd'hui Saint-Barthélemi, Sainte-Marie-la-Blanche et Sainte-Croix, et qui arrive jusqu'au couvent de la Mère de Dieu. Il donna aux Juifs, pour célébrer leurs cérémonies religieuses, trois synagogues, provenant des mosquées élevées dans cette ville par les Maures durant leur domination. Cette *juirerie* fut séparée du reste de la population par une muraille qui s'étendait de l'Alcazar jusqu'à la porte de Carmone (1), muraille dont on conserve encore quelques vestiges près du couvent ci-dessus, et non loin de l'arc appelé de *Toqueros*. La libéralité du roi don Alphonse ne se contenta pas de ces grâces ; il voulut donner aussi un héritage à beaucoup de Juifs, tant de ceux qui avaient habité Séville, sous la domination musulmane, que de ceux qui arrivaient attirés par la réputation d'opulence dont jouissait cette grande cité. Les Juifs se montrèrent reconnaissants pour des marques de sentiments si bienfaisants et si humains : ils manifestèrent au roi toute leur gratitude en lui offrant une clef, d'un travail exquis, et que l'on conserve dans la cathédrale de Séville, avec l'inscription suivante sur ses gardes : DIOS ABRIRA, REY ENTRARA (2). On voit autour de l'anneau une autre légende en hébreu qui a le même sens (3). Mais quoique don Alphonse travaillât

---

(1) *Vera y Rosales*, dans son *Discours historique sur l'image de Notre-Dame de la Iniesta*, liv. II, chap. I.

(2) C'est le sentiment d'Alphonse de Morgado, dans son *Histoire de Séville*; bien qu'Argote de Molina pense qu'elle fut remise à saint Ferdinand, et que d'autres auteurs croient que c'est la même que celle qu'Axataf mit entre les mains dudit roi. On a prouvé que cette opinion était fausse. Le sentiment d'Argote, qui a son poids pour nous, ne nous apparaît pas non plus entièrement justifié.

(3) Cette clef et la clef véritable que livra Axataf ont été gravées, dans les *Anales de Sevilla*, de Zuñiga, tome I, fol. 47, et dans l'ouvrage qu'a publié Daniel Papebrochio, à Anvers, en 1684, intitulé *Acta vitæ sancti Fernandi, regis Castellæ et Legionis*. Cet ouvrage est assez rare dans nos bibliothèques. La clef que les Juifs offrirent au roi don Alphonse porte l'inscription suivante : ROI DES ROIS OUVRIRA : ROI DE TOUTE LA TERRE ENTRERA. Cette légende, qui appartient à une des prières que

à améliorer, autant qu'il était en son pouvoir, la misérable condition du peuple proscrit, non-seulement en écoutant la voix de l'humanité, mais aussi en considérant le progrès et le développement des éléments de civilisation que cette race possédait ; qu'il poussât le zèle jusqu'à établir des chaires d'hébreu à Séville, à Tolède et dans d'autres points importants de son royaume, il ne parvint pas toutefois à le soustraire au joug qui pesait sur lui. Il se vit obligé, en 1256, d'expédier une lettre scellée, datée de Ségovie, le 16 décembre, et adressée aux alcaldes don Rodrigo Estevan et don Gonzalo Vicente, par laquelle il accordait à l'église métropolitaine de Séville le droit que les autres églises avaient sur chaque Juif habitant leur diocèse, droit qui consistait en un tribut de trente deniers que chacun d'eux devait payer depuis l'âge de dix-sept ans.

Ce roi juste, sage et chrétien ne put non plus, sur un autre terrain, délivrer les Juifs de l'animadversion et du mauvais vouloir avec lequel le peuple les traitait. Déjà, sous le règne d'Alphonse VIII, dans le *Fuero Viejo* de Castille, on avait adopté quelques dispositions qui favorisaient les Juifs, jusqu'à un certain point, les protégeaient dans la jouissance de leurs propriétés (1). Cependant on empêchait, en même

font tous les jours les Juifs, nous donne à connaître que les Juifs, en offrant la clef au roi don Alphonse, firent allusion plutôt à la venue de leur Messie qu'à la conquête du roi don Ferdinand, le Saint. Don Alphonse pouvait bien s'appeler roi des rois, parce que beaucoup de petits rois arabes, quelques seigneurs chrétiens indépendants, reconnaissaient sa suzeraineté et son domaine. Toutefois la phrase de *toute la terre* ne peut d'aucune façon s'appliquer à don Alphonse, même en supposant qu'au moment où il reçut la clef, il avait été déjà élu empereur d'Allemagne. Le fait de voir l'inscription ci-dessus appartenir à la prière du matin des Hébreux, démontre, d'un autre côté, que les Juifs de Séville ne furent pas, à l'égard de don Alphonse, aussi sincères qu'ils auraient dû l'être.

L'inscription de la clef qu'Axataf remit au roi don Ferdinand, d'accord avec la vérité historique, est conçue en ces termes : QU'ELLE DURE POUR TOUJOURS, CETTE CLEF, PAR LA GRACE D'ALLAH! ou, suivant une autre version castillane : QU'ALLAH PERMETTE QUE L'EMPIRE D'ISLAM, DANS CETTE VILLE, DURE ÉTERNELLEMENT! La tradition qui a existé jusqu'à nos jours, dans Séville, pour le sens de cette inscription, est détruite par l'interprétation que nous venons de lui donner, et que lui donne aussi un célèbre linguiste arabe, notre ami don Pascal Gayangos. Cependant, elle n'est pas moins exacte, moins rationnelle, et elle justifie en même temps la vérité historique.

(1) Non-seulement le *Fuero Viejo* protégeait et assurait la propriété des Juifs, mais il réglait en quelque sorte l'usure. Dans l'article 1ᵉʳ du titre IV, qui traite des *dettes*, se trouvait cette disposition : « Pour dette de l'hidalgo reconnue et jugée en faveur d'un Juif ou d'un chrétien, le créancier devra se saisir des biens meubles et

temps, l'exécution de toute vente entre chrétiens et Juifs, si, auparavant, la possession du bien-fonds ou de la chose vendue n'était pas légalement constatée. On avait dicté aussi d'autres dispositions relatives à la partie administrative et même à la partie contentieuse, qui semblaient, comme nous le verrons dans un autre chapitre, garantir la liberté individuelle des Juifs entre eux. Mais on ne leur avait pas ouvert les portes, ainsi que le firent les conciles, à une autre époque, pour qu'ils pussent aspirer à tous les honneurs, à toutes les charges publiques. Cette gloire était réservée à l'auteur des *Sept Parties*, quoiqu'il ne pût, comme nous l'avons déjà indiqué, se mettre en désaccord avec l'esprit de son temps, s'écarter des exigences de ses peuples, ni méconnaître les abus que commettaient continuellement les Juifs. C'est pourquoi, lorsqu'il arrive à parler d'eux dans le xxiv° chapitre de la *Septième Partie*, il ne peut s'empêcher de se montrer sévère contre ceux, qui, oubliant leur esclavage actuel, poussent le fanatisme jusqu'au point de prêcher publiquement les doctrines du judaïsme, et cherchent à faire des prosélytes dans la multitude. C'est pourquoi il prohibe

les vendre dans neuf jours : faute de biens meubles, des biens-fonds, qu'il gardera et dont il jouira jusqu'à parfait payement de la dette et des dépenses qu'il a faites en les travaillant; que s'il ne veut pas les travailler, il les garde en déduction sans les vendre. » Dans le troisième, il était ordonné : « Que l'hidalgo ou tout autre homme, qui devait à un Juif, bien qu'il y eût une lettre exprimant qu'il était son débiteur de tout ce qu'il avait de meubles ou de biens-fonds, pouvait les vendre et les engager avant que le Juif fût entré en possession, jusqu'à ce qu'il fût payé, mais pas après. » Dans le dix-neuvième, on détermine le mode de remplir les obligations contractées avec des Juifs de cette manière : « Si ce que demande le Juif, avec une lettre de change, est nié et que la dette soit prouvée, elle doit être payée; on doit même payer en outre soixante sous au juge : si le Juif ne peut produire la lettre, ni la prouver, suivant le fuero, qu'il paye soixante autres sous et que le débiteur soit libéré; s'il est prouvé qu'elle a été payée, qu'il en paye soixante autres, et que l'alcalde déchire la lettre, sans que, pour attester que le chrétien la fit, il suffise d'un autre Juif, car il faut le prouver par un autre chrétien et par un Juif. » Il y a aussi d'autres dispositions dans le *Fuero Viejo de Castilla*, relatives à l'usure sur gages, qui sont animées du même esprit. (Extrait des lois du *Fuero Viejo de Castilla*, par le lic. don Juan de la Reguera y Valdelomar; Madrid, 1798.) Dans le royaume de Navarre, on suivait sur ce point une conduite différente : non-seulement on ne permettait pas l'usure, mais les rois obtinrent d'Alexandre IV, vers 1251, une bulle qui les autorisait à s'emparer des biens acquis par cette voie pour les rendre à leurs anciens possesseurs. Ceux qui manquaient de maître revenaient au fisc. Dès cette époque, on obligea, en Navarre, les Juifs à observer les *ordonnances de saint Louis*, et ils n'avaient d'autre droit que de réclamer le capital prêté.

leurs réunions du vendredi saint, leur défend de sortir de leurs maisons ou de leurs quartiers dans ce jour-là, sous peine d'avoir à souffrir les insultes et les excès du peuple. C'est pourquoi il leur rend impossible l'accès aux fonctions publiques, s'ils persistent opiniâtrement dans leurs croyances; finalement, il ordonne des peines contre ceux qui vivraient avec les Juifs, n'accorde pas à ces derniers des chrétiens pour esclaves, et les oblige à porter un signe particulier qui les distingue du reste des vassaux (1).

Mais, en échange de ces lois, on consignait, dans la VIe loi du même titre, le respect avec lequel on devait regarder leurs coutumes religieuses; on les autorisait à reconstruire leurs synagogues, même en prescrivant certaines défenses et des châtiments sévères contre les chrétiens qui oseraient les profaner. En échange, ce respect était poussé si loin, dans la loi suivante, qu'on défendit d'appréhender, d'aucune manière, les Juifs le jour du sabbat, pour ne point troubler leurs cérémonies et leurs prières, à moins qu'il n'y eût quelque meurtre ou quelque vol de commis. Enfin, on insérait dans la IVe loi cette phrase remarquable : « Nous mandons aussi que, lorsque des Juifs seront devenus chrétiens, ils soient honorés par tous les habitants de nos domaines; qu'aucun d'eux ne soit assez

(1) En insérant cette disposition dans les lois des *Parties*, le roi Alphonse obéissait au quatrième concile général de Latran, célébré au commencement du xiiie siècle, bien que la bulle d'Honorius III, adressée à l'archevêque de Tolède, et datée des calendes d'avril de 1219, troisième année de son pontificat, dispensât le roi de Castille de cette obligation, tant que la cour romaine ne la lui imposerait pas expressément. Voici ce que dit sur ce point la bulle en question : « Quare nobis fuit, tam ex dicti regis (Fernando III), quam ex tua parte humiliter supplicatum, ut executioni constitutionis super hoc edictæ tibi supersedere de Nostra provisione liceret, eum absque gravi scandalo procedere non valeas in eadem, volentes igitur tranquillitati dicti regis et regni paterna sollicitudine providere, præsentium tibi auctoritate mandamus, *quatenus executionem constitutionis suprædictæ suspendas quamdiu expedire cognoveris, nisi forsan superexe quendam eamdem apostolicum mandatum speciale reciperes.* » En 1234, Grégoire IX exigeait de tous les rois de la péninsule Ibérique l'accomplissement du canon du concile général de 1215, relatif au signe distinctif et au costume des Juifs. Telle est la véritable cause qui a fait donner à cette mesure, par le roi Alphonse, le caractère de loi nationale, en l'insérant dans les *Sept Parties*. Grégoire IX ne se contenta pas de séparer ainsi le peuple juif du peuple chrétien, il adressa deux bulles, l'une au roi de Castille, l'autre aux prélats de toute l'Espagne, pour retirer le Talmud aux Juifs; mais cette exigence du pape ne put être exécutée, parce qu'elle était trop tyrannique. (Archives de la cathédrale de Tolède, placard *a*, cart. 4, liasse 1, pièces 1o et 2o.)

osé pour leur reprocher ni à eux, ni à leur famille, sous forme d'outrage, qu'ils ont été juifs ; qu'ils soient maîtres de leurs biens, et qu'ils partagent tous leurs objets avec leurs frères, héritant de leurs pères et mères et de leurs autres parents, tout comme s'ils étaient juifs, et qu'ils puissent avoir toutes les charges et tous les honneurs dont jouissent tous les autres chrétiens. »

Cette loi, où se révèlent, à première vue, les désirs que nourrissait le roi don Alphonse, d'attirer au sein du christianisme les Juifs qui florissaient si nombreux et si illustres, à cette époque, produisit, comme le roi lui-même l'attendait, les meilleurs résultats. Beaucoup de rabbins, distingués dans les lettres sacrées, dans l'astronomie, science dans laquelle le roi était très-versé, et dans la médecine, rabbins que l'on reconnaissait par le nom de SAVANTS, commencèrent dès lors à embrasser la religion chrétienne, et ouvrirent la voie que devaient suivre bientôt après d'autres personnages illustres. La tolérance de don Alphonse et le respect qu'il manifesta pour les rites religieux des Juifs étaient, d'un autre côté, la conséquence du respect qu'il professait pour la religion chrétienne, respect qu'il prit soin d'exprimer dans la Ire loi du titre précité de la dernière partie. Pour que les saintes Écritures soient accomplies ; pour que le peuple juif expie le crime de déicide commis sur le Golgotha, il faut qu'il soit errant dans l'univers *sans patrie, sans foyer et sans temple;* qu'il traîne une existence précaire et qu'il vive sous le joug de tous les peuples. C'est ainsi que le roi Alphonse, en ordonnant qu'on les respectât dans l'exercice de leur religion, en consentant à à la reconstruction de leurs synagogues, remplissait un devoir des plus sacrés, suivant sa conscience, et rendait le tribut le plus digne de sa foi et de son admiration au grand œuvre du Crucifié.

Mais les Juifs comptaient aussi sur d'autres titres pour devenir l'objet de la bienveillance, sinon de la prédilection du monarque castillan, comme nous l'avons indiqué plus haut. Les docteurs de la loi possédaient les sciences et les arts à un haut degré de perfection, et il était impossible qu'un roi qui consacrait les moments de repos que lui laissaient les affaires de l'État à l'étude des arts et des sciences, n'éprouvât pas de vives sympathies pour ceux qui les cultivaient d'une manière si distinguée. Don Alphonse employait tous les moyens qui étaient à sa portée, sans se mettre en contradiction directe avec ses vassaux, pour protéger les Juifs, parce que, par eux, il favorisait les progrès de l'esprit humain, et donnait, en même temps, une forte impulsion à la civilisation espagnole. Les académies, établies à Cordoue dès le milieu du x⁰ siècle, furent transférées par lui à l'antique capitale des Visigoths, dont l'importance était alors sans bornes : les savants rabbins, qui avaient rivalisé avec les ulémas arabes, firent entendre leur voix dans les *aljamas* de Tolède, et quand l'astre de la civilisation arabe s'éclipsait à la cour des califes d'Orient, le savoir des descendants de Juda semblait briller du plus vif éclat dans la première métropole de l'Espagne chrétienne.

Sous de tels auspices, les richesses que possédait déjà le peuple juif ne pouvaient que s'augmenter, son commerce, que s'étendre, et son industrie, que prendre un développement considérable, avantages qui tournaient tous immédiatement au profit du peuple chrétien. En effet, à mesure que les Juifs doublaient leurs capitaux, à mesure que leurs bénéfices devenaient plus sensibles, on augmentait les impôts qu'on exigeait d'eux, on leur adressait plus fréquemment des demandes de services et de demi-services, que le monarque leur répartissait. Nous avons une preuve irrécusable de ces observations dans la répartition (*repartimiento*) qui se fit, en la ville d'Huete, l'an de Jésus-Christ 1290, et du monde 5050. Ce document, d'un si grand intérêt et d'une si grande importance, nous fait connaître non-seulement le nombre d'*aljamas* qui existaient alors en Castille, mais nous révèle encore l'état des Juifs, leurs rapports avec le peuple chrétien, même après la mort du roi *Sage*, et prouve jusqu'à quel point arriva son influence protectrice, malgré les égarements de son fils. Ce *padron*, ce rôle, qui reproduit, d'une manière spéciale, la distribution que recevaient les impôts payés par la race proscrite aux prélats et aux grands de Castille; qui contient les noms des grands et des hidalgos qui, soit par droits acquis sur le champ de bataille, soit par donations des rois ou des prélats, soit enfin par commutation ou échange d'autres rentes, prenaient leur part des impositions et des contributions des Juifs, offre le résultat suivant :

LES JUIFS D'ESPAGNE.

RÉSUMÉ DU ROLE DES JUIFS DE CASTILLE
ET DES TRIBUTS QU'ILS PAYAIENT EN L'ANNÉE 1290, ÈRE DE 1328.

ÉVÊCHÉS ET ARCHEVÊCHÉS.	SERVICE	TAXE PAR TÊTE	SOMME TOTALE
Archevêché de Tolède, Tras-Sierra.	MRS.	MRS.	
JUIVERIES DE — Villréal		26 896	
Tolède et ceux qui y ont versé leurs contribut.		216 500	
Madrid		10 600	
Alcala		6 800	
Ucéda		2 816	
Salamanca		1 011	
Buitrago		6 075	
Guadalajara		16 946	
Alcoçarra		403 583	1 062 902
Hita		313 549	
Zorita		6 893	
Brihuega		201	
Talavera		21 771	
Maqueda		11 162	
Alcaraz		12 771	
Montiel		1 525	
Évêché de Cuenca.			
JUIVERIES DE — Cuenca		70 893	
Uclés		24 514	116 069
Huete et Alcocer		46 672	
Évêché de Palencia.			
JUIVERIES DE — Palencia	8 607	23 350	
Valladolid et toutes les aljamas qui contribuaient avec elle	16 977	69 320	
Carrion	19 567	72 490	
Sahagun	6 850	23 293	
Paredes de Nava	10 850	41 943	312 512
Toriega	600	2 020	
Becam	600	1 820	
Peñafiel	1 719	6 507	
Cea	1 213	4 923	
Total	65 473	246 933	
Évêché de Burgos.			
JUIVERIES DE — Burgos	22 161	87 760	
Castilla	2 520	4 900	
Pancorbo	6 615	23 833	
Lerma, Nieto et Palenzuela	1 950	9 900	
Villadiego	3 317	13 770	
Aguilar	2 119	8 600	270 492
Valmaseda	2 601	8 560	
Medina de Pumar, Oña et Frias		13 600	
Total	49 502	169 580	
Évêché de Calahorra.			
JUIVERIES DE — Calahorra	2 896	11 693	
Osmedo	922	3 617	
Vitoria	2 871	8 521	
Villanueva	5 961	23 773	
Miranda	711	3 312	
Alfaro	722	3 226	113 793
Nájera	4 789	19 319	
Albelda et Alfocet	2 553	9 110	
Logroño	5 739	23 009	
Total	26 193	119 069	
À reporter			1 875 828

ÉVÊCHÉS ET ARCHEVÊCHÉS.	SERVICE	TAXE PAR TÊTE.	SOMME TOTALE
	MRS.	MRS.	
Évêché d'Osma.			
Report.			1,876,655
JUIVERIES DE — Osma	4 536	11 510	
San-Estevan	5 271	16 861	
Aza	1 410	2 129	
Soria	8 541	31 251	96 863
Roa	1 365	6 096	
Agreda et Cervera	1 231	3 549	
TOTAL	22 377	71 496	
Évêché de Plasencia.			
Juiveries de — Plasencia		16 244	
Béjar		3 430	26 791
Trujillo et autres juiveries		7 117	
TOTAL		26 791	
Évêché de Sigüenza.			
JUIVERIES DE — Medina-Cœli et Sigüenza	8 382	23 835	
Atienza	10 431	42 428	
Almazan	8 148	27 093	123 401
Verlanga	1 273	3 347	
Cifuentes	1 143	2 029	
Aelion	1 719	6 561	
TOTAL	31 096	107 303	
Évêché de Ségovie			
JUIVERIES DE — Ségovie	9 893	10 806	
Pedraza	966	3 633	
Coca	»	990	56 652
Fuentidueña	»	4 463	
Sepulveda	5 046	18 912	
Cuellar	»	1 923	
TOTAL	15 905	40 747	
Évêché d'Avila.			
Juiveries de — Avila	14 550	50 592	
Piedrahita, Borjelia, Valdecorneja	»	21 026	
Medina del Campo	»	41 064	173 269
Olmedo	»	21 650	
Arevalo	»	12 377	
TOTAL	14 550	156 718	
Juiveries de — Royaume de Murcie	»	22 411	
Royaume de Léon	»	218 400	432 712
Frontières de l'Andalousie	»	191 898	
SOMME TOTALE			2 801 315

Ce document, que nous devons à l'intelligence du chapitre métropolitain de Tolède, et qui est en somme la reproduction de l'*ordonamiento* fait dans cette capitale, la dernière année de la vie du roi

Sage, fera comprendre aux personnes de sens le degré de prospérité auquel les Juifs étaient arrivés sous la prudente protection de don Alphonse (1).

Un de ces crimes que l'histoire offre rarement vint priver alors la Castille d'un de ses plus brillants monarques, et détruire la riante perspective que son avenir présentait dans ces temps. L'infant don Sanche, depuis surnommé le *Brave,* profitant de la mort de son frère aîné, don Ferdinand, pour exciter le mécontentement de la noblesse contre son père, finit par dépouiller le vieux roi de la couronne qui ornait sa tête, et ses neveux, les infants de Cerdas, du légitime héritage de leur père. Ce vieillard respectable, qui, pendant tant d'années, avait gouverné le royaume de Castille avec tant de gloire, descendit dans la tombe, dans sa cité loyale de Séville, en 1284, emportant l'amer regret d'avoir éprouvé l'ingratitude d'un fils, qu'il déshérita par son testament. Mais la destinée des choses s'était décidée pour l'usurpation, qui favorisait les intérêts des révoltés et qui faisait concevoir des espérances de progrès en tout. Le malheur des infants don Fernand et don Alphonse retomba aussi sur la monarchie castillane, et plus particulièrement sur les Juifs, qui, à la faveur des révoltes, furent de nouveau impunément maltraités.

---

(1) La répartition d'Huete est sans aucun doute la donnée la plus complète qui soit parvenue dans nos mains sur l'état de la population juive en Castille. Elle nous montre les résultats produits, et nous représente : 1° la forme sous laquelle se payaient ces contributions; 2° le total auquel s'élève la capitation, qui monte à la somme de 2,561,835 maravédis, y compris les contributions de Murcie, de Léon et de l'Andalousie; 3° la valeur de chaque maravédis, qui équivalait, dans ces temps, à dix deniers. On peut donc calculer que le nombre d'âmes qui, à la fin du xiii° siècle et au commencement du xiv°, s'élevait environ, dans les provinces de Castille, à 851,961, payait aux chapitres et aux prélats la somme de 25,618,350 deniers.

CHAPITRE III

Prospérité et malheurs des Juifs sous la branche de don Sanche.

1284 — 1388.

Jugement des historiens sur don Alphonse le Sage. — Cortès de Séville. — Doña Maria de Molina. — Minorités de Ferdinand IV et d'Alphonse XI. — Chapitres de Burgos. — D. Joseph d'Ecija. — Don Samuel Abenhuer. — Le roi don Pedro. — Protection qu'il accorde aux Juifs. — Synagogue construite à Tolède. — Ses inscriptions. — Guerre civile de Castille. — Événement remarquable de Burgos, raconté par un auteur français. — Part que prennent les Juifs dans les révoltes. — Massacres de Tolède. — Haine de don Henri contre les Juifs. — Cortès de Soria et de Valladolid. — Prédications de l'archidiacre d'Ecija et plainte du chapitre de Séville. — Réponse de don Juan I*er*.

Quelques historiens, qui ne se sont pas appliqués à faire un mûr examen des faits, ou qui n'ont pas été capables de comprendre la valeur des services rendus par Alphonse X à la cause de la civilisation espagnole, lui ont donné l'épithète de mauvais roi, et ont dit qu'il faisait plus d'attention aux choses du ciel qu'à celles de la terre, par allusion à ses connaissances en astronomie. D'autres, par des raisons qui ne sont certainement pas plus solides, ont vu dans sa disgrâce une espèce de châtiment de Dieu, parce qu'Alphonse avait osé contredire le système de Ptolémée, système qui jouissait seul à cette époque de l'assentiment de ceux que l'on regardait comme *savants*. Le père Juan de Mariana, entre tous, jugea à propos de consigner son opinion dans la forme suivante, en rapportant ce qui se passa aux cortès de Valladolid, convoquées par le rebelle don Sanche, en même temps que son père les appelait à Tolède. « L'affaire fut tellement poussée en avant, dit-il, que l'infant don Manuel, oncle de don Sanche, en son nom et au nom des grands, et par sentence publique prononcée aux cortès, priva de la couronne le roi don Alphonse; châtiment du ciel, mérité sans doute pour d'autres causes, et pour avoir osé, d'une langue déréglée et impudente, confiant dans son génie et dans son habileté, blâmer et trouver mauvaises les œuvres de la divine Providence, la construction et la composition du corps humain. » C'est là ce que crurent quelques-uns de ses contemporains, et c'est là ce que l'on répéta pour s'accorder ainsi avec les grands, qui donnaient un pareil scandale afin de payer les nombreuses faveurs que don Sanche leur avait accordées auxdites cortès. Les historiens auraient dû toutefois être plus prudents, et aller chercher les causes de la chute de don Alphonse là où elles existent véritablement. Nicolas Copernic, au commencement du XVI° siècle, et Galilée, à la fin, justifiaient les doutes de don Alphonse sur le système de Ptolémée, et déclaraient : que les études de ce roi savant l'avaient conduit à découvrir la vérité au milieu de tant d'erreurs. Voilà comment le fils de saint Ferdinand, se trouvant seul, avec sa science, au milieu de ce siècle de fer, paraissait en contradiction avec tout ce qui l'entourait, quand il portait tous ses efforts à dompter l'arrogance de la noblesse. Don Sanche, son fils, flattant les instincts guerriers de la multitude, calma l'ambition des grands, qui regardaient avec mépris les sciences et ceux qui s'y consacraient, et il résolut le problème en sa faveur. Mais, en échange, il enleva à la civilisation espagnole un de ses plus fermes défenseurs, et étouffa beaucoup de ces éléments qui commençaient déjà à se développer, bien que, par son propre exemple, il ait cherché, plus tard, à les faire renaître.

La mort de don Alphonse ne suffit pas pour éteindre la flamme de la discorde que son fils avait si imprudemment allumée. La libéralité forcée de ce dernier, pour certains grands, réveilla l'ambition d'un grand nombre d'autres, et les affaires en vinrent à une telle extrémité, que don Sanche lui-même se vit obligé d'annuler, aux cortès de Séville, tenues dans son Alcazar, les décrets, priviléges et pensions que *la nécessité et la violence des temps avaient obtenus plus violemment qu'ils n'avaient été gracieusement concédés* (1). Le règne de don Sanche fut cependant un règne de faveurs (*calimientos*). Il engendra des rancunes profondes, souvent entretenues par la reine

---

(1) Mariana, *Histoire générale*, liv. XIV, chap. viii.

doña Blanca, mère des frères Cerdas, femme d'une âme mâle et dont le cœur ne vit jamais s'éteindre l'espérance que ses fils recouvreraient le trône usurpé. A la fin, les sanglantes scènes d'Alfaro, où éclatèrent à la fois la colère du roi et la clémence de Doña Maria de Molina, décidèrent don Sanche à secouer le joug du favoritisme, bien qu'il ne pût se défaire des Lara, dont la privauté et l'ambition remplacèrent celles des seigneurs de Biscaye. La mort de don Sanche fut une nouvelle occasion de troubles cruels, de révoltes confuses qui inaugurèrent le xive siècle avec moins de bonheur pour la Castille que ne l'avait été le siècle précédent. Et cependant, par l'étude de la nature des choses, en ne perdant pas de vue le grand développement qu'avaient pris les royaumes chrétiens, en tenant compte des sciences et des arts, on avait tout lieu d'espérer que ce siècle seconderait les efforts du siècle précédent, et que l'Espagne se montrerait dès lors à la tête de la civilisation de toute l'Europe.

Une femme, dont nous, Espagnols, nous prononçons toujours le nom avec amour et respect, prit, au milieu de tant de bouleversements, les rênes de la monarchie castillane pour arrêter sa ruine et l'éloigner du précipice. Doña Maria de Molina, cette grande reine dont la prudence égalait la beauté, et le courage, la modération, apparut comme l'ange tutélaire de la nation et du trône (1); et, employant quelquefois la rigueur, plus souvent la piété, elle parvint à conserver à son fils, don Ferdinand IV l'*Emplazado* (l'ajourné), l'héritage de don Alphonse X. Les ambitieux et les mécontents retirèrent cependant d'assez grands avantages de cet état des choses, car la victime de tous ces mouvements désordonnés n'était autre que ce peuple sans défense qui réglait ses mouvements sur les cris des grands, et qui, sans volonté propre, servait d'aveugle instrument à leurs haines et à leurs vengeances. Les Juifs n'avaient pas, en vérité, plus

(1) Don Martin d'Ulloa a inséré un discours, dans le second volume des *Mémoires de l'Académie royale des belles-lettres de Séville*, sur la reine doña Maria. Les ouvrages dramatiques composés à différentes époques, pour tracer le caractère de cette grande femme, sont dignes de remarque. La *Prudencia en la muger*, de Tirso de Molina, nous paraît surtout mériter des éloges par la vérité des caractères, la couleur locale que l'on remarque dans tout le drame. Il n'y a pas de doute que fray Gabriel Tellez n'ait étudié et compris parfaitement les temps où vivait doña Maria pour s'emparer de leur esprit, étude sans laquelle il n'eût pu en aucune manière retracer si énergiquement cette grande figure.

de bonheur, soit qu'ils fussent les auxiliaires des grands, soit qu'ils vinssent au secours des besoins de l'État; ils étaient toujours enveloppés dans des trames, dans des conjonctures qui les rendaient plus odieux, alors qu'ils les regardaient, eux, avec la plus grande indifférence. Leur position les obligeait, en effet, à tenir une conduite équivoque qui engendrait des soupçons dans tous les rangs, dans tous les partis. Leur bien-être, leur tranquillité eût exigé une neutralité absolue; mais comme ils n'étaient pas maîtres de leur volonté, il leur était nécessaire d'embrasser un parti. Ils manquaient de foi dans tous ceux qui existaient, et alors ils inclinaient aussi promptement du côté des Lara que de celui des Benavides; ils obéissaient à la reine aussi promptement qu'ils exécutaient les ordres des infants, don Juan et don Henri.

Don Ferdinand IV, qui, suivant l'opinion de certains historiens (1), était conseillé par un Juif qui jouissait d'une grande faveur à sa cour, avait payé de la plus grande ingratitude les sacrifices de sa mère doña Maria, et il était descendu dans la tombe, en 1312, laissant le

---

(1) FLOREZ, *Reines catholiques*, XIe vol., folio 589 de la 3e édition. Voici un document remarquable, qui correspond au règne de ce monarque. Il fait connaître ce que les Juifs donnaient aux églises et aux chapitres, en même temps qu'il montre que Ferdinand leur fit payer ce qu'ils devaient. Cette pièce se rapporte à l'an 1302, et dit : « Don Fernand, par la grâce de Dieu roi de Castille, de Tolède, de Léon, de Galice, de Séville, de Cordoue, de Murcie, de Jaën, d'Algarbe, et seigneur de Molina, à l'aljama des Juifs de Ségovie et aux autres aljamas des villes et des lieux du même évêché qui verrez cette lettre ou sa traduction signée par un écrivain public : salut et grâce. Sachez que l'évêque et le doyen m'ont envoyé des plaintes; ils disent que vous ne voulez donner ni rendre, ni à eux ni à leur mandataire, les trente deniers que chacun de vous doit leur donner, en raison de la mémoire de la mort de Notre-Seigneur Jésus-Christ, quand les Juifs le mirent en croix. Et comme il faut que vous les donniez d'or; je tiens pour bien que vous les donniez de cette monnaie, qui a cours maintenant, comme les donnent les autres Juifs dans les autres parties de mes royaumes. A cet effet, je vous enjoins de donner, de rendre et de faire recevoir, chaque année, à l'évêque et au doyen, et au chapitre susdit, ou à l'un d'eux, ou à ceux qui doivent les toucher pour eux, les trente deniers de cette monnaie qui a cours maintenant, chacun de vous, bien et entièrement, de manière qu'il ne leur manque aucune chose. Si, pour cela, ils avaient besoin d'aide, j'ordonne aux conseils, alcaldes, jurés, juges, magistrats, alguazils et à tous les autres juges de paix qui verront cette lettre ou sa traduction certifiée par un écrivain public, ou à l'un d'eux quelconque, d'aller avec eux, et de les aider pour faire exécuter ce que j'ordonne. Et qu'ils n'agissent pas contrairement, etc. Donné à Palencia, le vingt-neuvième d'août, 1340e année de l'ère. »

royaume menacé de nouvelles révoltes. L'épouse de don Sanche, le *Brave*, abandonna de nouveau le repos et la tranquillité dont elle jouissait dans sa retraite, pour se charger de conduire encore le vaisseau agité de l'État. Les infants don Juan et don Pedro, oncles du roi don Alphonse, enfant d'un âge tendre, étaient appelés à partager avec doña Maria une charge si pesante. Soit que cette noble femme ait nourri contre les Juifs quelque haine, motivée sur ce que nous avons dit plus haut, soit que la conduite de ces derniers exigeât quelque juste repression, un fait digne de remarque, c'est que, dans un des Chapitres que les trois régents rédigèrent d'un commun accord, à Burgos, le 23 juillet de l'ère de 1352, c'est-à-dire de l'an 1315, trois années après la mort de don Ferdinand, et dans lesquels ils se donnaient de mutuelles garanties pour remplir entièrement leur charge, on trouve, dis-je, les phrases suivantes : « De plus, qu'à l'avenir, ni Juifs, ni Maures ne prennent des noms chrétiens, et que, s'ils les prennent, on fasse justice d'eux comme d'hérétiques. De plus, que les chrétiens ne vivent ni avec des Juifs, ni avec des Maures, ni qu'ils n'élèvent pas leurs enfants. » La première phrase suppose un abus qui ne pouvait que produire de graves inconvénients; la seconde, met en vigueur deux lois de la *Septième Partie* que nous avons indiquées dans le chapitre précédent, en signalant toutefois qu'elles étaient tombées en désuétude, ou pour mieux dire qu'elles n'avaient jamais été observées; ce fait arguait du moins contre les Juifs d'un certain mépris des lois. Doña Maria de Molina et les gouverneurs se contentèrent seulement de les reproduire.

Déjà don Alphonse XI était monté sur le trône; les partis étaient apaisés, à force de sévérité, et les Juifs semblaient respirer, après l'oppression qui les avait accablés, soutenus qu'ils étaient de toutes parts par les marques d'estime qu'ils recevaient du monarque (1). Les rentes royales étaient administrées par un Juif, appelé don Jusaph d'Ecijá, homme d'un grand talent, qui jouissait d'une grande

---

(1) Dès les temps les plus reculés, on avait coutume, en Castille, d'avoir dans les maisons des rois des receveurs juifs, pour les droits sur les marchandises. A cet effet, et sur la prière du roi don Philippe, son oncle, le roi prit pour receveur un Juif que l'on appelait don Jusaph d'Ecijá, qui occupa une grande position dans la maison du roi et eut un grand pouvoir dans le royaume, par la faveur que le roi lui accordait; car il le prit pour son conseiller et lui donna une charge dans son palais. (*Chronique du roi don Alphonse XI*, chap. XLIII.)

intimité auprès de don Alphonse (1), et qui devait pencher, comme c'était naturel, à protéger ceux qui professaient sa religion et qui avaient sa propre origine. C'est là ce qui fit élever jusqu'au roi une multitude de plaintes sur les excès commis contre les Juifs. Le recours qu'adressèrent les habitants des *aljamas* de Séville, en 1327, pour obliger le doyen et le chapitre à se contenter du tribut imposé, depuis l'époque de la conquête, par le roi don Alphonse X, mérite de fixer l'attention : cet impôt consistait en trente deniers que devait payer chaque Juif résidant dans l'archiépiscopat. Le roi, désirant qu'on respectât la justice, confia la vérification des faits à Ferran Martinez de Valladolid, notaire *mayor* de Castille, qui, le 10 novembre de l'année indiquée, prononça, dans cette affaire, la sentence définitive. Ordre fut donné à tous les Juifs, sans exception aucune, de payer, depuis l'âge de seize ans, trois maravédis par personne, de dix deniers chaque maravédis, ce qui formait la somme de trente, au payement de laquelle ils étaient seulement obligés (2).

Mais à mesure qu'ils obtenaient ces réparations de la part du souverain, ils attiraient sur eux l'animadversion des grands et des petits. Aussi, arrivait-il qu'en cette même année, 1327, on présentait aux cortès de Madrid diverses pétitions et des plaintes contre le protecteur de la race juive, don Jusaph d'Ecijá, et que le roi ne put s'empêcher d'ordonner, de Valladolid, que l'on fit le relevé des comptes pendant

---

(1) Les Juifs et même les vassaux mudejares ne se montraient pas moins reconnaissants envers le roi don Alphonse. Dans la *Chronique* de ce roi, *écrite en vers*, due à Rodrigo Yañez, et attribuée, par don Nicolas Antonio, Argote de Molina et le marquis de Mondejar, à don Alphonse XI lui-même, on trouve les vers suivants, qui sont une preuve de cette observation. Le roi revient victorieux de la bataille de Salado à Séville, et toute la population sort à sa rencontre avec la joie la plus grande.

> E los Moros e las Moras
> May grandes juegos fasian :
> Los Judios con sus toras
> Estos reys bien recebian.

Nous n'avons pas voulu renoncer à ce témoignage, que sa qualité de contemporain du roi don Alphonse rend digne de foi et d'estime. La *Chronique* ou *Histoire du roi don Alphonse XI* fut donnée à la bibliothèque de l'Escurial par don Diego Hurtado de Mendoza, et sur la première feuille on voit écrit, de sa propre écriture, le nom de cet illustre guerrier, de ce littérateur distingué.

(2) Don Diego Ortiz de Zuñiga, *Annales de Séville*, année citée, n° 6, tome II, folio 14.

tout le temps qu'il avait eu à sa charge les trésors de la couronne (1). Soit inimitié de la part de ceux qui étaient chargés de demander des comptes à ce Juif puissant, soit qu'il eût réellement fait un mauvais usage des rentes royales, Jusaph sortit de cette enquête fort compromis. Aussi don Alphonse le fit-il dépouiller des fonctions qu'il à exerçait, et voulut-il que, dorénavant, la charge de receveur ne revînt aucun Juif. Il créa en même temps la place de receveur général sous le titre de *trésorier*. Le mépris qu'inspirait sa race sauva don Jusaph de la mort (2). Les Juifs ne se découragèrent pas des revers qu'ils venaient d'éprouver; ils profitèrent même, pour s'agrandir, de la pénurie de l'État. Don Samuel Abenhuer, médecin du même roi don Alphonse, contracte peu de temps après l'obligation de battre monnaie, en payant au fisc une rente déterminée. Il obtient le privilége de pouvoir acheter le marc d'argent à un prix inférieur au cours, sans toutefois pouvoir excéder le prix marqué par l'ordonnance de Valladolid, de 1330, qui était de cent vingt-cinq maravédis (3).

Ce contrat qui, dans la pensée du roi, devait remédier à ses embarras, ne laissa pas que de produire un dégoût général. Tous les comestibles, tous les autres articles nécessaires à la vie renchérirent en conséquence, et une conjuration terrible aurait fini par éclater contre don Samuel et contre ses coreligionnaires, si le roi don Alphonse ne fût venu apporter le remède désiré.

Le roi don Pedro ne se montra pas moins dévoué que son père au peuple juif, en appelant à occuper les premiers postes du royaume les personnages qui se distinguaient le plus parmi les proscrits. Tout le monde connaît l'histoire de Samuel Lévi; tout le monde a connaissance de ses immenses trésors. Le roi don Pedro, s'écartant de la loi précédemment votée par les cortès de Madrid, et n'épiant que le moment, appela Samuel à ses côtés, et le chargea de prélever et d'administrer les revenus de la couronne. Samuel était rusé, qualité inhérente à toute sa race; Samuel comprit l'importance de sa position : il dirigea tous ses efforts vers la protection des Juifs, et mit à profit

---

(1) *Chronique du roi don Alphonse XI*, chap. LXXXV.
(2) Jusaph fut défendu par sa bassesse et par le mépris que l'on a communément pour cette nation. Il fut sauvé par ce qui eût pu causer la perte d'un autre. (MARIANA, liv. XV, chap. XX de son *Histoire générale d'Espagne*.)
(3) *Chronique du roi don Alphonse XI*, chap. XCVIII.

le caractère franc et ouvert du monarque (1). Le témoignage le plus authentique et le plus digne de foi des avantages que Lévi obtint pour son peuple, existe encore dans la ville de Tolède. Il excite à la

(1) Un des documents des plus remarquables de l'état où se trouvaient dans ces temps les rentes publiques, existe dans le *Rimado de Palacio*, poëme dû à Pero Lopez de Ayala, auteur de la *Cronica del rey don Pedro*, et chancelier de Castille après la mort de ce monarque. Pero Lopez de Ayala écrivit, comme il l'assure lui-même, ledit *Poema*, durant sa prison en Angleterre, après la bataille de Najera, où il resta au pouvoir de don Pedro. Mais il dut le terminer quelques années auparavant. C'est dans ce *Poëme* que se trouve ce passage énergique :

> Alli vienen Judios que estan aparejados
> para beber la sangre de los pueblos cuitados :
> presentan sus escriptos que tienen concertados,
> et prometen sus dones et joyas muy preciados. —
> . . . .
> Alli fasen Judios el su repartimiento
> sobre el pueblo que muere por mal defendimiento;
> et ellos le maltraptan entre si medio ciento
> que han de haber probados cual ochenta, cual ciento.
> . . . .
> Disen luego al rey : — « Por cierto vos tenedes
> Judios servidores et merced les fasedes,
> et vos pujan las rentas por cima las paredes :
> otorgadselas, señor, ca buen recabdo avredes. —
> Señor, disen Judios, servicio vos faremos :
> trescientos mas que antaño por ellas vos daremos
> et buenos fiadores llanos vos prometemos
> con estas condiciones que escripias vos trabemos. — »
> Dise luego el rey : — « A mi plase de grado
> de les faser merced : que mucho han pujado
> ogaño las mis rentas. » — Et non cata el cuitado
> que toda esta sangre cae de su costado.
> Despues desto llegan don Abrahan y don Simuel
> con sus dulces palabras que parescen la miel,
> et fasen una puja sobre los de Israel
> que monta en todo el reyno ciento è medio de fiel.
> Desta cosa que oyedes pasa de cada dia,
> el pueblo muy lasdrado llorando su malfia. —
> . . . .
> Aquellas condiciones Dios sabe quales son ;
> para el pueblo mezquino negras, como carbon : —
> « Señor, dicen, probados faredes grant rason
> de les dar estas rentas et encima galardon. » —
> . . . .
> Do moraban mil omes ya non moran trescientos ;
> mas vienen que granizos sobre ellos ponimientos:
> fuyen ricos et pobres con grandes escarmientos.
> Ca ya vimos se queman sin fuego et sin sarmientos.
> Tienen para esto Judios muy sabidos
> para sacar los pechos et los nuevos pedidos :
> non los dejan por lagrimas que oyan nin gemidos ;
> demas por las esperas aparte son oydos.

« Là viennent des Juifs qui sont préparés à boire le sang des peuples affligés ; ils présentent leurs écrits qu'ils ont concertés, et promettent leurs dons et leurs bijoux très-estimés. . . . . Là les Juifs font leur répartition sur le peuple qui meurt, par mauvaise défense; et ils en maltraitent entre eux un demi-cent, qui ont à payer pour quatre-vingts, pour cent. . . . .
Ils disent bientôt au roi : — « Certainement vous avez des Juifs pour serviteurs, et « grâces vous leur faites ; ils vous font monter les rentes jusqu'au haut des mu- « railles : accordez-les-leur, seigneur, car vous aurez un bon recouvrement. — Sei-

fois l'admiration des artistes, et sert de stimulant pour entreprendre les études qui ont pour résultat d'éclairer l'histoire d'Espagne sur le point que nous traitons. Nous parlons de la synagogue connue aujourd'hui sous le nom de *Transito*, et qui se trouve au pouvoir des chevaliers de l'ordre de Saint-Jean. Transgressant la loi IV du titre XXIV de la *Septième Partie*, dont les dispositions portaient que les rabbins ne pourraient jeter les fondements d'aucun temple, leur accordaient seulement la reconstruction de ceux qui existaient déjà, mais sans un luxe excessif, le roi permit que don Meir Aldeli élevât, vers 1360, cette somptueuse synagogue, où le style mudejar répandit toute la richesse dont il était alors susceptible. Les Juifs, de leur côté, voulurent donner au roi don Pedro une preuve de leur reconnaissance. Sur deux grandes pierres qui se conservent, quoique fort maltraitées, sur le mur oriental de l'édifice qui fut autrefois la synagogue, on lit deux inscriptions. Elles ont été traduites par un Juif

« gneur, disent les Juifs, nous vous rendrons service : pour elles nous vous donne-
« rons trois cents de plus que l'an dernier, et nous vous promettons clairement de
« bonnes cautions, avec les conditions que nous vous portons écrites. — » Le roi répond ensuite : — « Il me plaît, de bon gré, de leur faire des grâces ; elles ont monté
« beaucoup, mes rentes, cette année. — » Et il ne voit pas, le lâche, que tout ce sang
sort de son côté. Après cela arrivent don Abraham et don Samuel (*a*), avec leurs
douces paroles qui paraissent de miel, et ils font une telle enchère sur ceux d'Israël,
que, dans tout le royaume, la balance monte d'un cent et demi. Par cette chose que
vous avez entendue, chaque jour passe le peuple tout lacéré, en pleurant son malheur... . . . .
« Ces conditions, Dieu sait quelles elles sont ; pour le petit peuple, noires comme
charbon. — « Seigneur, disent-ils, vous aurez grand'raison de les éprouver et de
leur donner ces rentes, et, de plus, une récompense. » — . . . .
Là où demeuraient mille hommes, il n'y en a déjà plus trois cents ; les lettres de
change tombent sur eux plus que de la grêle ; riches et pauvres fuient avec grandes
souffrances. Car déjà nous voyons qu'ils se brûlent, sans feu et sans sarments. Ils
ont à cet effet des Juifs très-habiles (*b*) pour tirer les impôts et les nouvelles demandes ; ils ne vous quittent pas, pour larmes, ni pour gémissements qu'ils entendent ; d'ailleurs, pour les délais, on a des oreilles à part. » (Bibliothèque de
l'Escurial.)

Nous croyons qu'on ne peut donner une peinture plus vive de l'état où se trouvait l'administration au XIV° siècle. On ne doit pas cependant perdre de vue que
don Pedro Lopez de Ayala était partisan de l'infant don Henri, ce qui a pu le porter à charger un peu le tableau qu'il trace.

(*a*) Le manuscrit de l'Escurial termine le vers en mettant le nom de *Samuel* avant celui d'A-
braham. C'est une erreur évidente du copiste, qui l'a transcrite de l'original.
(*b*) Le même manuscrit porte dans le texte *sabidores*. Mais il faut *sabidos*, comme le réclame la
rime. Aussi n'a-t-on pas hésité à mettre dans le texte un mot pour l'autre. Le sens, du reste,
n'en est pas pour cela altéré.

à l'époque où Rades de Andrada composait sa *Chronique des trois ordres militaires*, elles sont insérées dans ledit ouvrage. Ces inscriptions ne tarissent pas en éloges sur le roi don Pedro. Nous ne pouvons résister au désir de les copier, mais nous omettons l'en-tête. Voici celle du côté de l'épître, car la synagogue a été transformée en église chrétienne.

« Les miséricordes que Dieu a bien voulu nous faire, en suscitant parmi nous des juges et des princes pour nous délivrer de nos ennemis et de nos oppresseurs. Comme n'y avait pas de roi dans Israël qui pût nous délivrer de la dernière captivité de Dieu, qui pour la troisième fois fut soulevée par Dieu dans Israël, nous répandant les uns sur cette terre, d'autres dans diverses parties où ils se trouvent encore désirant leur terre, et nous la nôtre. Et nous, ceux de cette terre, nous élevons cet édifice d'un bras fort et puissant. Le jour où il a été construit, a été un jour grand et agréable aux Juifs, qui, attirés par sa réputation, sont venus des extrémités de la terre pour voir s'il y avait quelque moyen de susciter au-dessus de nous quelque seigneur qui fût pour nous comme une forteresse, avec une perfection d'intelligence pour gouverner notre république. Un tel seigneur ne se trouva pas parmi ceux qui étaient ici; mais Samuel s'est élevé au-dessus de nous pour nous aider, et Dieu a été avec lui et avec nous. Et il a trouvé grâce et miséricorde pour nous. Il était homme de guerre et de paix, puissant dans toutes les villes et grand architecte. Ceci se passa au temps du roi don Pedro. Que Dieu lui soit en aide! Qu'il agrandisse son État, qu'il le rende prospère, qu'il l'élève et qu'il place son trône au-dessus de tous les princes! Que Dieu soit avec lui et avec toute sa maison! Et que tout homme s'humilie devant lui, et que les grands et les forts qu'il y aura sur la terre le connaissent! Que tous ceux qui entendent son nom se réjouissent de l'entendre dans tous ses royaumes, et qu'il soit manifeste qu'il a été fait pour être d'Israël le soutien et le défenseur! »

Les dernières paroles de cette légende manifestent clairement la protection que le roi don Pedro accorda aux Juifs, qui lui désiraient toute espèce de prospérité et de bonheur. Cependant les Juifs des derniers confins de la terre vinrent à la nouvelle de l'érection d'un nouveau temple, pour voir s'il y avait quelque moyen d'élever au-dessus d'eux un seigneur qui fût comme une tour de forteresse, avec une per-

fection d'intelligence pour gouverner leur république. Ces paroles mettent en évidence l'inquiétude de leur caractère et la haine qu'ils nourrissaient contre leurs dominateurs, au moment même où ils en étaient ostensiblement protégés. Dans l'inscription du côté de l'évangile, se voit confirmée, en termes plus formels, si c'est possible, la protection que leur accorda le roi don Pedro. La voici :

« Avec son secours et sa permission, nous nous déterminâmes à construire ce temple. Paix soit avec lui et avec toute sa génération, et allégement dans tout son travail! Aujourd'hui Dieu nous a délivrés du pouvoir de notre ennemi, et, depuis le jour de notre captivité, nous n'avons pas eu un autre refuge semblable. Nous avons construit cet édifice par le conseil de nos sages. Car la miséricorde de Dieu envers nous a été grande. Don Rabbi Myr nous a éclairés; que sa mémoire soit en bénédiction! Il était né pour être le trésor de notre peuple : car, avant lui, les nôtres avaient chaque jour la guerre à leur porte. Ce saint homme a donné un tel soulagement et un tel secours aux pauvres, qu'ils n'en avaient pas eu de pareil ni dans les premiers jours, ni dans les années anciennes. Il n'a pas été prophète, sinon de la main de Dieu : homme juste et qui marchait en la perfection. C'était un de ceux qui craignent Dieu et de ceux qui vénèrent son saint nom par-dessus tout; de plus, il ajouta qu'il voulait construire cette maison et sa demeure, et il l'acheva dans une très-bonne année pour Israël. Dieu augmenta onze cents des siens, après qu'on eut construit cette maison pour lui; et ceux-là ont été hommes et puissants, pour que cette maison se soutienne par une main forte et un haut pouvoir. On ne trouvait pas de nation dans les pays du monde qui fût, avant celle-ci, moins grande. Mais, salut, Seigneur notre Dieu : ton nom était fort et puissant, tu as voulu que nous achetions heureusement cette demeure, en de bons jours, en de belles années, pour que ton nom prévalût en elle et que le renom de ses constructeurs fût publié dans tout le monde, et que l'on dise : *Voici la maison de prière construite par tes serviteurs pour y invoquer le nom de Dieu, leur rédempteur* (1). »

---

(1) Quoique cette interprétation ne manque pas de mérite, par ce qu'on peut lire encore aujourd'hui desdites inscriptions, et plus encore par la copie qu'en a faite, en 1792, l'érudit Perez Bayer, nous osons assurer que les inscriptions des deux pierres de Tolède n'est jamais été traduites avec la fidélité nécessaire, en conservant cet

C'est un véritable motif de regret de voir comment le peuple juif se réjouissait d'avoir élevé un édifice dont la construction était due aux architectes mudejares de Tolède, et de faire ainsi ressortir leur manque d'indépendance. Ces pièces ne laissent pas de doute, d'un autre côté, sur l'état où se trouvaient les Juifs sous l'empire des chrétiens : ils avaient *toujours la guerre à la porte*. Elles font aussi connaître les grandes espérances de bonheur qu'ils avaient conçues, en se voyant ainsi accueillis par le fils d'Alphonse XI. Mais ils virent bientôt se dissiper ces illusions souriantes ; ces *bons jours*, ces *belles années* se changèrent bientôt en des jours de sang et de deuil, en

énergique sentiment par lequel les Juifs y ont consigné, gravé leur gratitude pour Dieu qui les réunissait dans ce temple, pour Rabbi Myr qui les éclairait (*alumbraba*) et qui construisait cet édifice, pour le roi don Pedro, parce que c'est lui qui *a été fait pour Israël le soutien et le défenseur*, ou, comme dit la copie de Bayer, *qui servit de sauveur à Israël*.

On lit la même chose dans la copie que prirent, à la fin du siècle dernier, les membres de la commission envoyée par l'Académie royale d'histoire. Mais, puisque nous avons touché ce sujet des pierres et des inscriptions de Tolède, nous émettrons ici notre opinion sur le bruyant débat élevé à cette époque entre ladite Académie royale et don Joan José Heydek, Juif converti, qui, sur l'institution du prince de la Paix, se chargea de les traduire et de les expliquer. Dans un opuscule qu'il publia à cet effet, en 1795, sous le titre de : *Ilustración de la inscripcion hebrea que se halla en Nuestra Señora del Transito de la ciudad de Toledo*, il a inséré une fausse copie desdites inscriptions, que nous ne transcrirons pas pour ne pas trop allonger cette note. Ladite copie est tellement pleine d'invraisemblances philologiques, de telles erreurs et de tels anachronismes, que ces fautes portèrent notre illustre Académie à faire un nouvel examen de ces pierres. Le résultat de semblables mesures, exécutées avec les scrupules les plus susceptibles, donna ce qu'on devait attendre, vu les fautes graves que l'on avait signalées. On connut avec évidence que le converti Heydek n'avait jamais vu les pierres de Tolède, ou que, s'il les avait vues, il n'avait pu ni su les déchiffrer. On aperçut clairement qu'il avait pris l'interprétation d'Andrada et l'avait traduite en hébreu, comme il avait pu, en y ajoutant de sa plume ce qui lui paraissait le plus convenable pour rendre plus vraisemblable cette supercherie littéraire. Parmi les erreurs auxquelles nous faisons allusion, nous citerons le mot םיתהב, au lieu de ידודפ ןודא ךלמ, que copia Bayer, ou ידודיפ ןודא ךלמה, comme le vit plus tard la commission de l'Académie. On peut aussi critiquer la date que suppose Heydek dans les mots בהתו םיידוהיל, grâce aux points dont il les couronne. Sur la pierre on lit seulement םידוהיל לדגו, *et grand pour les Juifs*, ou, comme dit Andrada, en parlant du jour de la construction du temple *grand et agréable pour les Juifs*. On aurait pu citer aussi d'autres erreurs. Heydek, craignant de voir son artifice découvert, poussa la hardiesse jusqu'à rendre ces pierres inutiles. Il les brisa, et y laissa de telles lacunes, qu'il a été impossible à l'Académie d'en présenter une traduction plus exacte, et nos efforts n'ont pas pu non plus vaincre ces difficultés.

d'insupportables années de captivité. Les frères du roi don Pedro et les grands, les premiers, ambitieux, les seconds, amis de nouveautés et de révolutions, convertirent promptement le royaume de Castille en un théâtre d'une guerre sanglante et fratricide qui vint se terminer ensuite par l'assassinat du roi, sous les murs de Montiel. Cette lutte où s'étaient engagés des intérêts si contraires et si irritants; où se débattaient les droits du trône affaiblis par les révoltes dont la Castille avait été victime, et les priviléges toujours augmentant d'une noblesse hautement anarchique, ne pouvait pas ne pas entraîner et enrôler les Juifs dans les partis qui se formèrent. Tantôt, donc, ils embrassèrent le parti des révoltés, tantôt ils restèrent fidèles aux bienfaits nombreux qu'ils avaient reçus des mains de don Pedro. C'était un sort certainement fatal que celui des descendants de Juda, qui ne pouvaient échapper à de si préjudiciables et si terribles engagements.

Au nombre des faits notables qu'on doit examiner pour connaître à fond la situation du peuple proscrit, il nous paraît juste d'inscrire celui que rapporte Jean d'Estouteville, qui, en 1387, écrivait l'histoire de Bertrand Duguesclin (1), si célèbre à plus d'un titre dans l'histoire de don Pedro et de don Henri. L'historien français raconte qu'après l'abandon de la ville de Burgos par le fils d'Alphonse XI, quand s'approchaient de ses murs les bataillons que commandait le Breton aventurier, après avoir déjà proclamé roi de Castille, à Calahorra, le comte de Transtamare, tous les habitants de cette noble cité se réunirent sur la place publique pour décider s'ils devaient ou non ouvrir les portes à don Henri. En effet, les chrétiens, les Juifs, les Mudejares qui habitaient les trois différentes parties par lesquelles la ville se trouvait divisée, se rassemblèrent, et l'évêque de Burgos, personnage d'une grande autorité, leur adressa ces paroles : « Señores, nous sommes réunis ici pour prendre le meilleur conseil sur la situation où nous nous trouvons. Vous voyez déjà les grands dangers qui nous menacent : le roi don Pedro nous a abandonnés, parce qu'il craignait ce conflit. » A son tour, un chrétien prit la parole; il montra une grande audace dans son langage et il fit la proposition suivante: « Puisque ceux qui sont ici réunis appartiennent à trois lois diffé-

---

(1) *Histoire de messire Bertrand Duguesclin, connétable de France, duc de Molines, comte de Longueville et de Burgos*, chap. XII.

rentes, qu'ils délibèrent séparément et qu'ils reviennent après pour adopter la détermination la plus avantageuse aux intérêts de tous. » D'accord sur ce point, les trois espèces de population se séparent pour délibérer avec toute la liberté possible. Les chrétiens seuls, après avoir entendu les raisons qui militaient, pour l'un et pour l'autre parti, résolurent de livrer la ville à don Henri, et, après avoir pris cette détermination, ils appelèrent les Mudejares, qui déclarèrent qu'ils n'avaient qu'un seul désir, celui d'obéir aux ordres qu'on leur donnerait. Vinrent enfin les Juifs, et un de leurs rabbins, prenant la parole, s'exprima en ces termes : « Avant de manifester notre opinion, nous vous prions de nous jurer et de nous promettre, au nom de votre loi et de votre loyauté, que si nous voulons partir de Burgos, vous nous laisserez aller, sains et saufs, avec tout notre avoir, passer en Portugal ou en Aragon, et nous établir là où il nous paraîtra le plus convenable. Nous vous déclarerons ensuite notre opinion avec la plus grande franchise. » Les chrétiens promirent et jurèrent tout ce qu'on exigeait. Le Juif poursuivit alors : « Nous disons, et en cela nous sommes tous d'accord, que l'homme qui manque à sa loi est méprisable; aucun bon chrétien n'a jamais manqué à la sienne. Et si un Juif venait dire qu'il évitera la compagnie des chrétiens, nous lui refuserions toute bonne foi. Nous ne dirons rien de plus. » Cette réponse parabolique, favorablement interprétée par les chrétiens, prouve que, soit par coutume, soit par conviction, les Juifs n'avaient pas la liberté, même dans des cas si pressants, d'exprimer leur opinion avec toute la fermeté et la sincérité que l'on aurait dû attendre peut-être.

La guerre civile s'allumait chaque jour avec plus de fureur. Don Pedro, exaspéré par l'infidélité de ses frères et de ses grands, en était venu au point de tout brusquer, tandis que ces derniers, prenant pour prétexte l'innocence de la reine doña Blanca, ne respectaient rien, et défiaient, disons-le, le jeune souverain d'entrer dans une lutte horrible qu'il ne pouvait en aucune manière éviter. Séville, où don Pedro avait, dans son magnifique Alcazar, déployé les merveilles de l'architecture, était livrée à don Henri par deux Juifs, Turquant et Daniot, qui faisaient entrer les Bretons de Duguesclin par la *juiverie* confiée à leurs soins. Les rues de Tolède étaient plus tard ensanglantées par les persécutions que les descendants de Juda souffraient des partisans de don Henri, et les champs de bataille étaient jonchés d'une multitude de Juifs qui suivaient, fidèles, les étendards du monarque légitime, bien qu'en différentes occasions il se fût montré trop sévère à leur égard (1). Douze mille périssaient par le fer et le feu dans l'antique capitale des Visigoths. Toutes les boutiques de l'Alcana furent rasées, et les aljamas eurent à souffrir un pillage épouvantable qui ne peut s'expliquer que par la haine que les Espagnols professaient pour les Juifs. Don Pedro succomba enfin sous les coups du poignard fratricide, et le sort des Juifs changea dès lors totalement; au lieu de la considération antérieure, on n'eut pour eux que mauvais traitements, qu'excès de toute espèce. La protection que le roi mort leur avait accordée devint un prétexte de vengeance (2); elle servit pour souiller sa mémoire par les qualifications les plus suspectes, comme l'indique l'auteur français que nous avons cité, dans différents endroits de l'histoire de Bertrand Duguesclin. Mais ces qualifications augmentaient en même temps la haine contre les Hébreux, et donnaient des armes à la multitude pour les insulter impunément. Don Henri, cependant, finit par reconnaître, quoique tard, le dommage qu'il avait causé à la nation entière par son fatal exemple et sa tolérance nuisible, et il s'occupa de porter remède aux désordres qui arrivaient chaque jour.

Ses efforts furent infructueux; l'aversion naturelle et juste, si l'on veut, avec laquelle les Castillans regardaient les descendants de Juda, s'était déjà changée en une espèce de fanatisme dont on ne pouvait arrêter le feu que par la ruine de l'objet qui l'enflammait. C'est ainsi que, six ans après la mort de don Henri, les députés aux cortès, non contents des dispositions des Chapitres de 1315, et des lois de Soria

(1) Samuel Levi fut accusé de s'être emparé des revenus royaux. Il fut mis à la torture dans les Atarazanas de Séville ; il ne put y résister et il mourut, et sa mort fut vivement sentie par les Juifs. (*Chronique du roi don Pedro*, chap. xv et xxii.)

(2) Don Henri les traitait avec une entière dureté. Dans la première année de son règne, en 1369, il imposa aux Juifs mêmes de Tolède, affligés par de si horribles massacres, une amende de 20,000 doubles d'or, ordonna que tous leurs biens fussent vendus, qu'ils fussent eux-mêmes donnés comme esclaves jusqu'à ce qu'on eût obtenu la somme indiquée. La manière dont de pareilles exactions étaient exécutées, exactions pour lesquelles on employait la torture, la faim et la soif, explique pleinement le misérable état des Juifs. La *albala*, ou décret du roi qui porte cet ordre, est datée du 28 juin 1407 de l'ère. (*Archives de la cathédrale de Tolède*, placard x, 2, 1° et 2°.)

de 1385, par une troisième pétition aux cortès de Valladolid, « ordonnèrent aux chrétiens de ne pas vivre avec les Juifs, de ne pas élever leurs enfants, soit à titre de bienfait, soit par salaire, ni d'aucune autre manière. » Par la loi VIII*, ils demandèrent et obtinrent « que les Juifs ne seraient plus officiers du roi, ni ses receveurs; ni de la reine, ni des infants, ni d'autres personnes, ni leurs percepteurs, ni leurs comptables, ni leurs collecteurs. » C'était fermer aux Juifs tous les chemins et les réduire à la dernière extrémité. Tout cela ne suffisait pas encore pour les perdre complétement, comme le désiraient les chrétiens : il fallait que, des mains des législateurs, de la place publique, la haine montât dans la chaire sacrée de la prédication. Rien de plus digne de remarque et de plus honorable pour le chapitre de la métropole de Séville, que la supplique que ce dernier adressa au monarque, en 1388, pour se plaindre de son archidiacre, don Hernando Martinez (1), qui excitait le peuple contre les Juifs, dans ses sermons (2). De semblables attaques n'étaient pas prévues par les lois, quelque peu favorables au peuple proscrit, et le roi don Juan I*r n'eût pas assez de courage pour les réprimer. La réponse faite au chapitre, judicieux et chrétien, se réduisait à déclarer qu'on *verrait, que, malgré la bonté et la sainteté du zèle* (de l'archidiacre), *on devait veiller à ce que ses sermons et ses entretiens ne troublassent pas le peuple* (3). Le zèle de l'archidiacre n'était ni saint, ni bon, comme le supposait le roi, et les faits le contredirent plus tard. Les conciles de Tolède, les lois des *Parties*, toutes les maximes de l'Évangile, défen-

---

(1) Don Christophe Lozano, dans ses *Reyes nuevos*, et d'autres auteurs l'appellent Fernand Nuñez.

(2) Non-seulement le chapitre de Séville fut animé de ces nobles sentiments, mais l'archevêque d'alors, don Pedro, adressa à Hernando Martinez une lettre ou décret, dans lequel il le blâmait de son opiniâtreté et de son faux zèle, l'accusait de n'avoir pas gardé le silence qu'il devait, pendant qu'une assemblée de théologiens et de juristes examinait ses propositions tendant à l'extermination des Juifs, puisqu'il cherchait à prouver que le pape ne pouvait permettre les synagogues. Il lui ordonna, en vertu de la *sainte obédience*, de ne point prêcher, de ne point écouter des querelles, de n'exercer aucune juridiction, en qualité de sujet sien. Ce décret, expédié à Carmone, le 2 août de l'an 1389, de la création 5776, fut notifié à Hernando Martinez, le 4 du même mois, par les greffiers du ressort ecclésiastique en due forme : il honore la charité évangélique de ce digne prélat. (*Archives de la cathédrale de Tolède*, placard 1, loi 2, 1-2.)

(3) *Annales de Séville*, par Ortiz de Zuñiga, t. II, fol. 229.

daient d'obliger les Juifs à recevoir le baptême contre leur volonté. C'était en vérité un moyen habile et honnête que celui de la prédication, s'efforçant de convaincre d'erreur ; mais non celui de la prédication dont le but était d'exciter des haines toujours de plus en plus vives ; mais non celui de la prédication qui proclame la mort et l'extermination. Cette conduite équivalait à changer le sacré ministère apostolique en la plus cruelle intolérance, et l'intolérance n'a jamais été, ni ne peut jamais être *sainte et bonne.* Ainsi donc le défaut d'énergie du roi Juan, ou d'autres raisons qui purent le porter à rester tranquille, à la vue des scandales et des massacres qui se préparaient, durent servir d'aliment nouveau aux sermons de l'archidiacre Martinez, qui en peu de temps souleva le peuple chrétien et le poussa à se souiller du sang des malheureux Juifs.

CHAPITRE IV

Les Juifs sous la branche de don Henri II. — Sanglantes persécutions qu'ils éprouvent.

1388 — 1413.

Mort de don Juan Ier. — Son testament. — Cortès de Madrid. — Plaintes des Juifs de Séville. — Prédications de don Hernando Martinez, archidiacre d'Ecija. — Soulèvement contre les Juifs en 4778 de la création, 1391 et 1392 de Jésus-Christ. — Résolution des cortès et du conseil : inutilité des perquisitions pour punir les coupables. — Les Juifs perdent deux aljamas à Séville. — Massacres de Burgos, de Valence, de Cordoue, de Barcelone et de Tolède. — Ruine du commerce, de l'industrie, des rentes royales et ecclésiastiques. — La reine doña Léonor. — Mort de don Henri le Doliente. — Nouveaux périls des Juifs. — Gouverneurs de Castille. — La reine doña Catherine et l'infant don Fernand d'Antequera. — Son ordonnance sur les Juifs. — Apparition et prédication de saint Vincent Ferrier. — Succès brillant et avantageux pour la chrétienté par la conversion d'une multitude de rabbins. — Jérôme de Sainte-Foi. — Don Pedro de Luna. — Assemblée de Tortose.

Le prince don Henri était à se divertir à Talavera de la Reina avec son frère don Fernand, au mois d'octobre 1390, quand il reçut un message que lui envoyait, d'Alcalá de Henarès, don Pedro Tenorio, archevêque de Tolède. Il lui faisait part de la mort malheureuse de son père, don Juan Ier, et l'invitait à se rendre immédiatement à Madrid pour être proclamé roi dans cette ville, et prévenir ainsi par le secret et l'activité tout obstacle qu'on pourrait susciter. A cette époque, le prince n'avait que onze ans. Outre que les minorités entraînent avec elles des révoltes et des troubles, en faisant naître des ambitions bâtardes, les blessures passées n'étaient pas encore assez cicatrisées pour qu'on ne jugeât pas à propos de prendre les plus grandes précautions. Le roi don Juan, devinant presque la catastrophe qui venait d'arriver, avait, quelques années auparavant, déterminé dans son testament la forme selon laquelle le gouvernement devait être organisé pour maintenir la tranquillité intérieure de la Castille, et la mettre à couvert de toute tentative étrangère. « En outre, disait le roi, le 21 juillet 1385, comme nous pouvons mourir avant que l'infant, notre fils, ait atteint l'âge de quinze ans, âge où il pourra gouverner le royaume, nous sommes tenu, puisque Dieu nous a fait roi de ce royaume, de le garder, de l'ordonner de manière que ce soit pour le service de Dieu et garde dudit infant, notre fils, pour l'honneur et l'avantage desdits royaumes; à ces causes, nous ordonnons que le gouvernement desdits royaumes soit de la manière suivante : Premièrement, que la direction du royaume soit entre les mains des personnes qui suivent, à savoir : don Alphonse, marquis de Villena et notre connétable; don Pedro, archevêque de Tolède ; don Juan, archevêque de Santiago ; don Pedro Nuñez, maître de Calatrava; don Alphonse, comte de Niebla, et Pero Gonzalez, notre majordome, auxquels nous confions et recommandons ledit infant, notre fils, qui, si Dieu le veut, sera roi. Ce sont ces six personnes que nous constituons les tuteurs de l'infant et les directeurs de nos royaumes, comme nous avons le pouvoir et le droit de le faire pour la bonne ordonnance, la bonne administration, et les bonnes coutumes de nosdits royaumes de Castille et de Léon. » Cette prévision de don Juan ne pouvait être en vérité mieux justifiée par les faits, ni offrir de plus heureux résultats.

Don Henri se rendit à Madrid; on réunit en même temps les gouverneurs nommés dans le testament de don Juan, et il fut proclamé roi de Castille sans la moindre opposition, en présence de la plus grande partie de la noblesse, au milieu de laquelle se trouvaient les infants, don Fadrique de Castille et don Pedro, ce dernier, fils de don Henri II, et le premier, fils de l'infant don Fadrique, mort à l'Alcazar de Séville. La première mesure de gouvernement adoptée par le conseil fut de fortifier, par le consentement général, les dispositions du défunt monarque sur l'existence et les attributions de ce même conseil. Pour obtenir ce résultat, on crut opportun de convoquer les cortès générales, sous prétexte de traiter et de disposer ce qui serait le plus convenable pour le gouvernement de la nation, durant la minorité du roi. Les députés des villes et des cités, qui avaient le droit de vote, ne tardèrent pas à se réunir à Madrid, ainsi que les représentants du clergé et de la noblesse. Cette respectable assemblée nationale n'avait tenu qu'un petit nombre de séances, quand les cris de l'humanité outragée vinrent interrompre ses graves délibérations. Les Juifs, qui étaient en ce moment à Madrid pour affermer les rentes royales, chose dont il n'avait pas été possible de les dépouiller, se présentèrent aux trois états, et se plaignirent des excès et des massacres dont ils avaient été l'objet à Séville. La *juiverie* avait été assaillie par la populace, les boutiques horriblement saccagées, les habitants assassinés sans pitié aucune, sans aucune distinction de personnes; le feu avait enfin dévoré ce que la fureur de la multitude avait épargné. Quel était l'auteur, quel était le mobile de cette épouvantable boucherie?... Quelques historiens ont essayé d'atténuer de semblables crimes: ils rapportent que les Juifs de Séville, jaloux de la prospérité à laquelle était arrivé, du temps de don Henri II, leur compatriote don Jusaph Picho, ou furieux contre lui de ce qu'il ne les avait pas protégés dans le degré d'intimité où il se trouvait avec son souverain, suivirent leur coutume si ancienne de disposer de la vie d'un homme en certains jours de l'année, désignèrent don Jusaph comme *malsin*, et lui donnèrent la mort. Cette conduite perfide des Juifs de Séville ne pouvait faire moins que d'attirer de la part du monarque le châtiment qu'elle méritait et d'exciter de plus en plus la haine du peuple. Don Jusaph Picho, par sa conduite exemplaire durant le temps qu'il avait été *almojarife* et grand comptable, par son extrême intégrité et par la sévérité de ses mœurs, s'était concilié la bienveillance et l'estime de tous les Castillans. Quand ces derniers apprirent que de semblables qualités lui avaient attiré la mort, ils maudirent le peuple juif et ranimèrent, pour ainsi dire, leurs rancunes inextinguibles. Mais cet événement, qui se passait en 1379, n'a jamais peut-être été le motif qui poussa la population de Séville, dont la fureur tenait de la frénésie, à immoler sans pitié plus de 4,000 Juifs, comme le rapportent tous les annalistes et tous les historiens (1).

La cause de cet attentat est donc tout autre: la matière inflammable était préparée d'avance; il ne manquait plus que d'y mettre le feu. Les persécutions de l'archidiacre d'Ecijá, dont le chapitre de Séville s'était plaint et auquel le digne archevêque de cette métropole avait imposé silence, furent la cause de cet horrible incendie. La contradiction du chapitre ecclésiastique avait exalté de plus en

---

(1) Ortiz de Zuñiga, *Annales de Séville*, an. 1391.

plus le zèle indiscret de ce prêtre fanatique. Le peuple, qui avait écouté ses sermons avec indifférence, voyant que l'on cherchait à favoriser les mécréants, finit par prendre parti dans la dispute. Il se réunit sur les places, il écouta, il applaudit le prédicateur intolérant et se répandit ensuite dans la ville, prodiguant les insultes et les menaces aux Juifs, qui se virent bientôt obligés de s'enfermer dans leurs quartiers. Mais ils n'y furent pas respectés davantage. La justice cependant accourait pour contenir ce soulèvement naissant. Le comte de Niebla et Alvar Perez de Guzman, alguazil major de la ville, se portèrent au lieu d'où partaient les cris les plus forts, saisirent deux des plus furieux et les firent fouetter publiquement pour servir d'exemple aux autres. Loin de l'apaiser, ce châtiment irrita la multitude éffrénée. Les armes couvertes du sang des Juifs se tournèrent contre le comte et les siens, et leur vie eût couru de graves dangers, s'ils n'avaient délivré les prisonniers et s'ils n'avaient abandonné cette lutte inégale. Les séditieux, toutefois, parurent se calmer quand ils eurent recouvré leurs amis, et la ville jouit quelques jours de ce calme qui précède toujours les grands désastres. En effet, quand le soleil parut, le 6 juin, sans que la cause en fût connue, on vit la population s'agiter et se porter ensemble à la *juiverie*, qui fut assaillie de toutes parts. Le fer exterminateur n'épargna ni ceux qui fuyaient, ni ceux qui imploraient miséricorde. Au-dessus des cris de la multitude, on entendait la voix de l'archidiacre Hernando Martinez qui semblait louer, par la prédication, ces scènes terribles d'extermination. C'étaient donc là les plaintes que les *postores* des rentes royales élevaient devant la représentation nationale au nom des lois outragées; c'étaient là les insolences qu'était appelé à réprimer le conseil de gouvernement créé par un roi dont l'indifférence en avait été peut-être une des principales causes. Le *zèle* de l'archidiacre, qui fut, en 1388, qualifié de *saint et de bon* par don Juan Ier, versa, en 1391, des ruisseaux de sang. Ce sont ces atrocités que ne pouvaient disculper ni l'humanité, ni l'Évangile, au nom desquels elles se commettaient. Et cependant il n'a pas manqué d'auteurs pour donner le titre de saint audit archidiacre, auteurs qui étaient, sans aucun doute, poussés par un même fanatisme (1). Mais les temps de l'intolérance sont passés, et ce

(1) Un de ceux qui ont ainsi outragé l'humanité, a été le célèbre Paul de Burgos, dans son *Escrutinium scripturarium*. Plus loin, nous aurons l'occasion de faire connaître cet écrivain distingué à nos lecteurs.

serait véritablement une tache pour la génération présente de regarder de la même manière des faits véritablement inqualifiables.

Les cortès de Castille, le conseil de gouvernement, avec moins de préjugés que la multitude et plus de zèle pour la justice que le roi don Juan, entendirent avec scandale la relation d'événements si sanglants. Le devoir contracté envers le monde et leur propre conscience leur imposait l'obligation d'apporter promptement le remède désiré à de si grands maux. A cet effet, ils envoyèrent des juges avec le titre de *priores*, titre qui avait alors une grande autorité et un grand prestige, pour passer par Séville et par les autres villes de ce royaume où le feu de l'insurrection avait couvé, et pour y châtier d'une main forte les séditieux et les fauteurs de ces crimes. Mais, quelles que fussent les perquisitions des juges, quelque activité qu'ils missent à découvrir les principaux coupables, ils n'obtinrent rien ou très-peu. La cause principale du soulèvement, l'archidiacre imprudent, resta impuni. Mais celui qui avait occasionné tant de meurtres ne finit pas ses jours dans la tranquillité, et, en cela, on crut voir la main de la justice divine. Le résultat de tout fut, en somme, comme il ne pouvait manquer d'arriver, préjudiciable au peuple juif. Malgré la droiture des juges, malgré les ordres sévères du gouvernement, les chrétiens s'emparèrent de deux synagogues de la *juiverie* de Séville et les convertirent en églises paroissiales, sous l'invocation de *Sainte-Croix* et de *Sainte-Marie-la-Blanche*. Les Juifs de cette capitale furent réduits à une seule *aljama*, maintenant connue sous le nom de *Saint-Barthélemi*. Il fallut, à ceux qui échappèrent avec la vie sauve, beaucoup de persévérance et de résignation, et toute l'activité dont ils étaient capables pour se refaire de si grandes pertes (1). Les chrétiens, au contraire, riches de leur butin et fiers de leur double victoire, crurent avoir fait un acte méritoire, et augmentèrent considérablement leurs richesses.

Ce fatal exemple d'impunité eut et devait avoir nécessairement les plus déplorables résultats. Un peu plus d'un an s'était à peine écoulé, quand, le 5 août, furent attaquées, presque en même temps, les juiveries de Burgos, de Valence, de Cordoue et de Tolède. La multitude pilla, saccagea les maisons et les boutiques, et mit à mort tous ceux qui opposaient la moindre résistance. Écoutons le récit de ces événements

(1) ORTIZ DE ZUNIGA, *Annales de Séville*, an. 1391.

par un écrivain qu'on ne peut, d'aucune manière, traiter de suspect :

« Dans chacun de ces endroits, la population était si mutine, si désordonnée, l'avarice si cupide, la voix du prédicateur si accréditée, la voix de don Hernando Martinez qui les avait assurés qu'ils pouvaient piller et massacrer cette race, que, sans respect ni crainte de juges ni de ministres, ils saccageaient, pillaient, massacraient à ravir. Chaque ville fut ce jour-là une Troie. Les cris, les lamentations, les gémissements de ceux qui, sans aucun crime, se voyaient ruiner et détruire, en même temps qu'ils déploraient le sort de ceux qui n'étaient pas victimes, inspiraient plus de rage et plus de cruauté aux persécuteurs. Ces persécuteurs ne témoignaient de clémence, ne conservaient la vie et les biens qu'à ceux qui voulaient être chrétiens et qui demandaient à grand cris le baptême ; jugement entièrement déguisé sous le manteau de la religion, erreur qui fut cause de mille erreurs. Un grand nombre de Juifs, s'apercevant que le baptême les faisait pardonner, demandaient saintement le baptême et restaient toujours d'intention dans leur secte ; chrétiens en apparence, ils observaient, chaque jour, la loi judaïque. Enfin, malgré les efforts des juges pour procéder au châtiment et à la recherche des coupables, on n'avança rien. On pensa qu'il y avait un grand inconvénient à punir et à détruire toute une ville, toute une population pour rétablir et sauver une *juiverie*, et cela quand l'émeute se couvrait du prétexte de la religion et affirmait, sur la foi de l'archidiacre, que « c'était bien fait. » Telle est la manière dont s'exprime le docteur Lozano dans ses *Reyes nuevos de Toledo*.

Presque au même moment où les malheureux Juifs de Castille étaient ainsi persécutés, les villes de la couronne d'Aragon assistaient aux mêmes scènes. On n'aurait pu croire que le peuple chrétien eût poussé si loin la haine qu'il professait pour les Juifs proscrits, ni que la fureur populaire se manifestât de toutes parts avec un si horrible carnage. Entre toutes les villes où la persécution fut le plus terrible, soit par son importance commerciale même, soit par le nombre considérable de Juifs qui y vivaient, l'antique capitale de la principauté d'Aragon appelle vivement l'attention. Cette cité si populeuse et si riche se vit noyée dans le sang des Juifs. Tant de cruauté et tant de barbarie paraîtraient de tout point incroyables, si on ne les trouvait confirmées par les témoignages les plus dignes de foi. « C'était au mois d'août de l'an de grâce 1391, écrit un auteur qui a eu l'occasion de consulter les anciennes archives de la couronne d'Aragon, et Barcelone achevait de célébrer la fête de saint Dominique, au milieu d'un grand concours d'étrangers, et à la grande satisfaction des habitants voisins du couvent de l'ordre. Mais, soit que la conspiration eût été ajournée jusqu'à ce jour, soit que la ferveur populaire se fût augmentée par la dévotion même de la fête, le lendemain, 5 de ce mois, au point du jour, il s'éleva un grand tumulte qui, par des cris terribles, troubla le silence des rues et demanda l'extermination des malheureux Juifs. L'alarme devint générale, des hommes de tout grade et de toute condition vinrent prendre part à l'émeute, citoyens, marins, esclaves femmes, espèce la plus entreprenante par l'appât du pillage et des richesses. L'heure avancée, la confusion qui ne cesse jamais de régner dans les premiers moments pour de tels faits, et l'incertitude du succès, durent, sans aucun doute, contribuer à retarder les dispositions du conseil et favoriser la criminelle entreprise des mutins, qui attaquèrent l'*aljama* ou *Calle-Mayor* et y pénétrèrent de vive force. Ils saccagèrent toutes les maisons et y semèrent les cadavres. Ce fut au milieu des soupirs des moribonds, des lamentations des veuves et des mères, à la vue d'une mort certaine, que les Juifs, qui n'avaient aucun autre moyen de salut, demandèrent le baptême : profanation horrible d'une religion toute d'amour, de liberté et de mansuétude ; saturnale sanglante dans laquelle le sacrement qui nous purifie de la tache originelle était mêlé au crime, au sang et à la violence. Quand tout le quartier fut pillé, alors arriva la milice bourgeoise (*fuerza ciudadana*), qui s'empara de plusieurs des assassins. Le conseil ordonna à plusieurs détachements de garder l'aljama, pendant qu'il veillerait lui-même à ce qui importait le plus, à l'honneur de la cité et de la justice. »

L'emprisonnement de ces assassins exaspéra la multitude au lieu de la contenir, ainsi qu'il était arrivé à Séville et en d'autres lieux. Le jour suivant, le tumulte augmenta ; les compagnies des *cincuantenes* et *deenes* furent mises en déroute ; les malheureux Juifs se virent de nouveau assaillis ; ils cherchèrent leur salut dans le *Castillo Nuevo* et abandonnèrent toutes leurs richesses à la rapacité de leurs persécuteurs, mais ils essayèrent vainement de mettre leur vie à couvert. Cette multitude effrénée, qui croissait par moments au rappel du *somaten*, attaqua le château, et, tombant avec une férocité inouïe sur les Juifs timides, elle renouvela toutes les scènes sanglantes du samedi, et fit durer une si barbare boucherie jusqu'au lundi à midi. « Trois cents cadavres, dit l'écrivain que nous avons cité, attestaient dans l'*aljama* et dans le *Castillo Nuevo* la férocité et la fureur de la populace ; les Juifs qui survécurent, forcés d'abjurer la religion de leurs pères et d'en embrasser soudainement une autre au milieu du sang et des angoisses de l'agonie, voyaient leurs maisons pillées et en partie détruites ; devant eux la misère ; à leurs côtés les menaces, les soupçons et la mort, et, dans leur cœur, l'abattement, le désespoir et l'épouvante. »

Les juiveries de presque toute l'Espagne furent donc entièrement détruites, tous les droits violés et la justice bafouée (1). Mais le peuple chrétien qui exerçait ainsi, sans pitié, sa fureur contre les Juifs, ne voyait pas qu'en détruisant leur industrie, en leur arrachant les moyens de la développer complétement, il rejetait sur lui-même des charges qu'il partageait auparavant avec eux, et qu'il étouffait dans le sang le germe de la prospérité et du bien-être. Que devinrent alors, en effet, les nombreux métiers de Tolède et de

(1) Les sanglants événements de Barcelone furent cependant châtiés avec une énergie remarquable par le roi don Juan Ier, surnommé l'*Amador de Gentileza*. Vingt-six criminels expièrent par la hache et la corde cet horrible attentat. Beaucoup d'autres furent mis en prison, et ce ne fut pas sans difficulté que d'autres obtinrent le pardon de la vie, grâce aux supplications de la reine et à la clémence naturelle du monarque. Au nombre des décapités, on cite le Majorquin *Beneure*, principal auteur de la sédition contre les Juifs de Majorque, sédition non moins terrible que celle de Barcelone. Parmi ceux qui obtinrent grâce, on rencontre le nom du célèbre sculpteur et architecte *Jaime del Mas*, qui dirigeait, à cette époque, les travaux du monastère de Monserrat. La juiverie de Barcelone resta, malgré tout, ruinée et déserte. Le domaine royal s'en empara ; il aliéna une grande partie des maisons qui la composaient, et en donna beaucoup d'autres à des personnes attachées au palais, à des courtisans. (Archivo de San Severo ; — Archivo municipal de Barcelona ; — *Id*. de la Corona de Aragon.) La justice exercée par le roi don Juan Ier ne fut pas, suivant quelques auteurs, entièrement désintéressée. On présume qu'à l'occasion du fait que nous venons de citer, le monarque voulut venger les outrages commis contre le bailli général, contre le receveur et l'administrateur des domaines royaux, dans la nuit du 8. Les mutins, en effet, avaient jeté aux flammes tous les livres, tous les registres de ces bureaux qui leur étaient tombés dans la main ; il voulut se venger de cette conduite, plutôt qu'il ne chercha à punir le massacre des Juifs. Quoi qu'il en soit, la sévérité de don Juan fut à ce moment salutaire, bien que la ruine des Juifs n'en ait pas été pour cela moindre.

Séville? Que devinrent ces riches marchés où les Juifs entassaient tous les produits de l'Orient et de l'Occident, où les soieries de la Perse et de Damas, les peaux de Tafilete et les bijoux arabes se faisaient concurrence? On brûla les boutiques de l'*alcana* à Valence, à Tolède, à Burgos, à Cordoue, à Séville, à Barcelone (1), et leurs rues devinrent désertes; les rentes des églises et des rois éprouvèrent un échec marqué, comme le prouve l'histoire de la célèbre chapelle des *Reyes Nuevos* de l'antique capitale des Visigoths. Quand Henri II construisit cette somptueuse sépulture pour lui et pour sa famille, il avait doté les chapelains avec une partie des tributs que lui payaient les Juifs de Tolède; mais la ruine presque complète de cette *juiverie* enleva à don Henri III les moyens de subvenir à l'entretien de la chapelle royale, et ainsi s'évanouirent les espérances du fondateur. Sa confiance illimitée dans l'exactitude et la certitude des payements l'avait engagé à imposer lesdites rentes sur la *juiverie*. Dans les grands et continuels embarras de la royauté, quand les guerres contre les Sarrasins épuisaient les impôts et les contributions, les coffres des Juifs étaient toujours ouverts. Par la ruine de

(1) Les Juifs de Navarre n'eurent certainement pas un sort meilleur que ceux de Castille et d'Aragon. Déjà, dès le commencement du xiv⁰ siècle, ils avaient été victimes de l'intolérance et du fanatisme religieux. Les rues d'Estella, de Funes, de Saint-Adrien s'étaient vues inondées de sang, et les juiveries saccagées par une multitude qu'excitaient à ces scènes féroces les prédications de fray Pedro Olligoyen. Dix mille Juifs périrent en 1329 sous les coups du fer, suivant l'expression de Moret dans ses *Annales*. Les revenus de la couronne éprouvèrent en conséquence une baisse considérable, quoique le roi ait puni d'une amende de 10,000 livres les villes où ces massacres avaient eu lieu, et qu'il se fût emparé de tous les biens des Juifs morts sans héritiers. Les juiveries de Pampelona, d'Estella et de Tudela, qui étaient les plus nombreuses de la Navarre, donnèrent cependant pour contribution à la couronne, en 1375, la première, 261 florins 11 sous 11 deniers; la seconde, 119 florins 9 deniers; la troisième, 525 florins 7 sous 2 deniers. L'horrible persécution de 1391 et de 1392, qui laissa à peine une ville de l'Espagne sans y verser de sang, fut aussi cruelle en Navarre qu'à Tudela, Pampelona, Cortes, Buñel, Ablitas, Pontellis, Montengudo, Cosconte, Centruenigo, Fustañona, Cabanillas et à Corella; il y périt une multitude de Juifs, dont les maisons furent pillées et livrées aux flammes. Il résulta de là ce qui devait naturellement avoir lieu : de 500 contribuables que la ville de Pampelona comptait avant cette catastrophe, il n'y en eut plus que 200, qui n'étaient certainement pas les plus riches. La même chose eut lieu dans le reste des autres villes. Les rentes royales furent réduites presque à rien. Les rois se virent obligés d'exempter les Juifs des impôts extraordinaires et même de les dispenser des contributions d'*encabezamiento*, capitation. (*Archives des comptes de Navarre*, papiers et documents divers. MS.)

leurs propriétés, par la destruction de leur industrie et de leur commerce, le peuple, dont l'occupation préférée était encore l'exercice des armes et qui se trouvait par ce fait même incapable de remplacer cette industrie par une autre industrie plus florissante, ce commerce par un autre plus actif et plus abondant, ce peuple porta non-seulement atteinte aux bonnes maximes sociales, non-seulement il fit une grave offense à l'humanité, à l'Évangile et aux lois du royaume, mais il fit encore un pas profondément impolitique et dont les conséquences ne pouvaient s'empêcher de se faire sentir plus tard. Les massacres de Séville, de Tolède, de Burgos, de Barcelone, de Valence et de Cordoue furent les prémisses naturelles du problème que les rois catholiques résolurent un siècle après. Qui la saine et impartiale critique doit-elle accuser de ces crimes et de ces attentats épouvantables ? Selon nous, on ne doit pas en rejeter toute la faute sur l'archidiacre d'Ecijá. La lenteur et l'indifférence de don Juan Ier sont pour le moins aussi coupables que le zèle indiscret et le fanatisme intolérant de don Hernando Martinez et de ceux qui le suivirent.

Les Juifs, cependant, recueillirent les restes de cet affreux naufrage, se résignèrent à leur malheur, et ne pensèrent plus qu'à reconstruire le vaisseau fracassé, exposé toujours à se briser et toujours agité par des vents contraires et furieux. Un des moyens qu'ils jugèrent le plus propre à les rétablir de cette catastrophe, ce fut d'en appeler à la générosité et à la clémence des grands, et de leur promettre, pour obtenir leur protection, de nouveaux impôts, de nouveaux tributs. La reine doña Leonor, épouse de don Juan Ier, était louée partout pour sa charité, vertu qui lui faisait dépenser la plus grande partie de ses revenus en aumônes, qu'elle repartissait de sa propre main aux nécessiteux. Les Juifs, soupirant après le patronage de cette reine respectable, vinrent lui offrir un don d'argent pour eux et pour leurs *aljamas*, pour qu'elle subvint à leurs nécessités et continuât ses œuvres de bienfaisance. Mais cette femme, qui montrait tant de douceur lorsqu'elle étendait sa main protectrice sur les pauvres qui professaient la religion du Christ, qui avait inspiré tant de confiance aux Juifs désolés, repoussa leur humble présent avec ces dédaigneuses paroles, déclarant que « jamais elle ne leur demanderait aucun service, pour qu'ils n'eussent pas à la maudire en secret (1). » Ainsi les Juifs perdirent toute espérance de secours; ils virent à chaque moment la guerre et la mort à leur porte, et ils furent forcés de courber la tête sous le joug pesant qui les opprimait.

Dix ans s'étaient écoulés sur ces entrefaites, pendant lesquels la fermeté et la sévérité de caractère de don Henri III étaient parvenues à mettre des bornes aux prétentions exagérées de la noblesse, prétentions qui acquéraient chaque fois plus de force, protégées qu'elles étaient par les *mercedes enriqueñas*, vil prix de la couronne du roi don Pedro. La tranquillité intérieure de la Castille s'était maintenue, et, à l'ombre de la paix, les Juifs ruinés commençaient à se refaire; leur commerce et leur industrie reprenaient un peu de vie, quand la mort du jeune souverain, survenue le dernier jour de l'année 1406, vint compromettre de nouveau leur tranquillité et amasser des haines et des vengeances. Don Henri avait pour médecin un Juif, appelé don Mayr, à qui son grand savoir et sa prudence avaient acquis une grande autorité dans le palais royal. Les continuelles maladies du roi, qui le firent surnommer le *Doliente*, avaient, depuis l'enfance, affaibli son corps : de là l'ascendant plus grand que le médecin avait sur l'esprit du monarque. Un fait aussi naturel et aussi innocent ne pouvait pas, dans l'état où en étaient venues les choses, ne pas réveiller des jalousies contre les Juifs, jalousies qui devaient se changer en vengeance ouverte dès qu'une occasion favorable se présenterait. A la mort prématurée de don Henri, qui comptait à peine vingt sept ans, on fit courir le bruit qu'il avait été lentement empoisonné par don Mayr, et la crédulité et la haine en vinrent au point qu'on le mit à la torture, et qu'il eut la douleur de confesser un crime qu'il n'avait réellement pas commis (2). Don Henri n'avait besoin en vérité ni

---

(1) Le grand dépensier de cette reine, dans le *Sumario de los Reyes de España*, et le maître Henri FLOREZ, dans ses *Reynas catolicas*, rapportent le fait de la même manière.

(2) Parmi les auteurs qui ont donné le plus de foi à cet empoisonnement, il faut citer l'auteur des *Reyes Nuevos*, que nous avons déjà indiqué. Don Henri se préparait à faire la guerre au roi maure de Grenade, qui avait rompu les trèves conclues entre les deux royaumes, quand la dernière attaque de son mal vint fortement le saisir. Prenant occasion de ce fait, ledit historien rapporte : « La guerre se publia dans tout le royaume avec tant d'appareil et un tel bruit de tambours, de trompettes et de clairons, tout le monde prit les armes avec tant d'ardeur, que la re-

de raisons ni de *pécimas* d'aucun genre pour mourir à la fleur de l'âge : ses langueurs fréquentes, langueurs qu'il prit du berceau, comme nous l'avons dit, et sur lesquelles sont d'accord un grand nombre d'historiens et les plus sensés, étaient suffisantes pour épuiser sa jeunesse et l'emporter au tombeau. Toutefois, les esprits des chrétiens s'irritèrent de nouveau contre les Juifs; et si aucun de ces mouvements terribles qui noyaient les cités dans le sang n'éclata pas alors, on ne leur épargna pas encore les insultes et les menaces, insultes et menaces qui ne furent suivies d'aucun effet, grâce à la résignation qu'observèrent les descendants de Juda.

La mort de don Henri laissait à la Castille un prince de vingt-deux mois, une guerre avec le roi de Grenade, et les grands portés à donner la couronne à l'infant don Ferdinand, nommé gouverneur pour son frère conjointement avec la reine doña Catherine, qui avait rétabli la *paix* et *la concorde pour toujours* entre les ducs de Guyenne et de Lancastre, qui descendaient du roi don Pedro et les petits-fils du comte de Transtamare. La résistance héroïque qu'opposa à cette prétention don Ferdinand, connu sous le nom d'Antequera, parce qu'il avait conquis cette ville sur les Maures; la droiture de son caractère et la sévérité de ses actes refrénèrent toutes les ambitions

---

nommée de ce bruit, portée dans les palais de Grenade, remplit le Maure d'épouvante. Il commença aussi à se reconnaître : il garnit ses frontières des Maures les plus vaillants, et leva le plus de troupes qu'il put. Mais, que savons-nous, si sa plus grande défense ne fut pas d'avoir recours à la trahison? Que savons-nous, si ce barbare ne fut pas la cause de la mort de notre roi, pour se délivrer de cette quantité de troupes qu'il voyait devant lui? Ce n'est qu'une conjecture que je fais; que le curieux y réfléchisse bien, et il verra que je ne suis pas hors du propos. Je le demande, la mort de notre roi ne fit-elle pas cesser la guerre, et le Maure ne resta-t-il pas libre et tranquille? Oui. Ne fut-ce pas le médecin de notre roi, Juif de nation, appelé Mayr, qui avoua sur le chevalet qu'il avait lui-même fait mourir le roi? Cela se passa, dit-on, ainsi. Déclara-t-il le motif d'une telle horreur? On ne le dit pas. Le Maure et le Juif ne sont-ils pas les ennemis du chrétien? Il n'y a pas de doute. Quand le médecin fit mourir le roi, n'était-ce pas quand le roi réunissait à Tolède toutes ses forces contre le Maure? C'est certain. Est-ce donc étonnant de pouvoir tirer de ma conjecture cette véritable conséquence, que cet infâme Juif, suborné par le Maure, ou pour lui être agréable parce qu'il était de sa race, ait commis une telle trahison? » Nous n'avons pas voulu renoncer au plaisir de transcrire ici les lignes ci-dessus, qui doivent appeler l'attention de nos lecteurs non-seulement par les doctrines et les croyances qu'elles révèlent, mais aussi par la manière dramatique de les exposer. On regrette d'y voir tant de haine contre les Juifs.

et conjurèrent l'orage qui se levait sur la Castille. Le fils de don Juan Iᵉʳ, en qui la Providence sembla récompenser tant d'abnégation, tant de noblesse d'âme par le trône d'Aragon, garda comme un dépôt sacré l'héritage de son neveu, jusqu'à ce qu'il le vit assis sur le trône de ses ancêtres. Les Juifs étaient, sur ces entrefaites, combattus avec la même constance, bien qu'on n'eût pas, comme auparavant, recours à la violence, *ultima ratio* du fanatisme religieux de ces temps.

Il y a cependant un document d'une grande importance qui mérite d'être examiné attentivement, document qui reflète la pensée dominante des chrétiens de cette époque, et qui fait connaître jusqu'à quel point se portait leur fureur contre les Juifs. Cette pièce, qui devait être bientôt après approuvée par les conciles de Tortose et de Zamora, est l'*Ordonnance de la reine doña Catherine sur la clôture des Juifs et des Maures* (*Ordenamiento de la Reina doña Catalina, sobre encerramiento de los Judios y de los Moros*), donnée à Valladolid le 2 janvier 1412. L'idée capitale qui ressort dans cette loi et qui a dû inspirer sa promulgation, c'est de restreindre de plus en plus le cercle où le peuple juif se voyait déjà comprimé. Depuis les premiers mots du préambule jusqu'à la dernière phrase de l'ordonnance, tout tend à resserrer la liberté des Juifs, tout conspire à les réduire à l'impuissance, tout démontre, enfin, les efforts pour en finir avec l'influence qu'ils avaient jusqu'alors exercée par leur savoir sur le peuple chrétien. C'est ainsi que le premier article ordonnait expressément que « tous les Juifs vécussent séparés des chrétiens, dans un lieu séparé de la ville, et qu'ils fussent entourés d'une clôture alentour, et qu'ils n'eussent qu'une seule porte par où ils passeraient dans ce cercle. » Dans le second, on leur défendait de vendre aux chrétiens ni viandes, ni comestibles d'aucune espèce ; on leur défendait d'avoir des boutiques ou tentes. Le cinquième les rendait inhabiles à exercer des fonctions publiques, telles que *procuradores*, receveurs de douanes, majordomes, fermiers, courtiers, changeurs, et leur prohibait l'usage (*usar ni llevar*) des armes en public. Le septième les obligeait à soumettre leurs procès, tant criminels que civils, aux alcaldes royaux, alors que ces derniers devaient observer dans les jugements les coutumes et les ordonnances adoptées par les Juifs. Le douzième leur défendait de prendre le *don*, soit par écrit, soit par paroles; et, dans les trois articles suivants, on leur interdisait l'usage des chaperons avec des *chias luengas* et des mantons; on leur enjoignait de porter en échange de grands manteaux descendant jusqu'aux pieds, sans frange et sans plumes, et toque sans or (*mantos grandes fasta en piés, sin cendal é sin pena, é toca sin oro*). Le Juif ou la Juive qui dépenserait du drap dont la valeur excéderait trente maravédis la vare, devait perdre tout l'habillement qu'il portait et jusqu'à la chemise (*que tragiera vestida y hasta la camisa*). L'article seize imposait à ces malheureux l'obligation de ne pas changer de demeure, et le suivant prévenait les seigneurs de villes et autres lieux de ne pas donner l'hospitalité à ceux qui chercheraient à passer d'un endroit dans un autre, et de les renvoyer au contraire là où ils habitaient précédemment, avec tout ce qu'ils auraient porté (*á donde eran de antés moradores, con todo lo que llevaren*). Dans le dix-huitième, on leur ordonnait de ne plus se couper la barbe, ni les cheveux, et le vingtième portait qu'ils ne seraient ni vétérinaires, ni charpentiers, ni tailleurs, ni tondeurs de draps, cordonniers, fabricants de bas, paussiers, ni bouchers; cette défense s'étendait, dans l'article vingt et unième, au commerce du miel, de l'huile, du riz et autres marchandises, et concluait enfin par leur fermer d'un seul coup tous les chemins. Mais, pour prouver jusqu'à quelle extrémité la reine Catherine porta son esprit d'intolérance dans cette ordonnance, il nous paraît à propos de citer ici l'article onzième : « Qu'aucune chrétienne, est-il dit, mariée ou célibataire, maîtresse ou femme publique, ne soit assez osée pour entrer, soit de nuit, soit de jour, dans l'enceinte qu'habitent lesdits Juifs; que la femme chrétienne, quelle qu'elle soit, qui y entrera, si elle est mariée, qu'elle paye cent maravédis pour chaque fois qu'elle sera entrée dans ladite enceinte; et, si elle est célibataire, si c'est une maîtresse, qu'elle perde l'habillement dont elle sera vêtue; si c'est une femme publique, qu'on lui donne cent coups de fouet pour la justice, et qu'on l'expulse de la cité, ville ou endroit où elle vivait (1). »

(1) Cette loi, malgré sa rigueur excessive, était une conséquence nécessaire de celles qui avaient été déjà établies dans les fueros d'un grand nombre de villes importantes, non-seulement de Castille, mais même d'Aragon et de Navarre. Dans l'article 76 du *Fuero de Sobrarre*, on poussait si loin cette idée de séparation, qu'on

On ne pouvait, en effet, porter plus loin les efforts pour ne pas communiquer avec un peuple qui, pendant tant de siècles, avait vécu au milieu du peuple castillan, quoique séparé de lui par les croyances religieuses. Mais les rigueurs excessives de la loi rendaient impossible son accomplissement en tout point, mettaient hors de ladite loi le peuple contre qui elle avait été faite. On en a une preuve dans la promulgation nouvelle qu'en fit faire, en 1414, don Ferdinand d'Antequera, avec aussi peu de probabilités de la voir exactement observée qu'il y en avait de la voir respectée. Si l'enthousiasme religieux, qui exaltait l'esprit de la multitude, ne s'était pas amorti au fond par les visibles progrès de la civilisation, il prétendait prendre du moins une forme plus noble et plus élevée, une forme qui, découlant de l'Évangile, se conformerait essentiellement à ses saintes doctrines, et c'était encore là un des motifs qui faisait que des lois si rigoureuses ne pourraient être exécutées. Saint Vincent Ferrier parcourut une multitude de villes, la foi dans le cœur, la persécution sur les lèvres, et il finit par arracher aux croyances judaïques un grand nombre de rabbins qui rendirent pour leur part les plus importants services à la cause du christianisme. C'était en 1107; ledit saint vint à la première métropole de l'Espagne, et obtint en un seul jour la conversion de plus de quatre mille Juifs de Tolède. Leur principale synagogue fut dès lors transformée en église, et la juiverie qui avait eu le plus d'importance peut-être dans tous les royaumes espagnols fut réduite à un petit nombre d'incrédules (1). Mais la prédication de

---

ordonnait de brûler vifs le Juif et la chrétienne dont le commerce illicite aurait été prouvé. Le titre 71 du *Fuero de Sepulveda* porte : « Tout Juif qui faillira avec une chrétienne sera *despenado* et elle brûlée. S'ils nient le fait et qu'on le leur prouve par deux chrétiens et un Juif qui le sait en vérité ou qui l'a vu, que la justice soit accomplie. » On trouve les mêmes dispositions dans beaucoup d'autres fueros.

(1) Le nombre total des convertis dans les royaumes d'Aragon, Valence, Majorque, Séville et Barcelone, de l'aveu de R. Isahak Cardoso, dépasse quinze mille. Dans les provinces de Castille, le résultat de la prédication ne fut pas moins heureux, et il atteignit peut-être un chiffre égal. L'apparition de saint Vincent Ferrier devant le peuple juif avait été un fait véritablement prodigieux. Il avait apparu à leurs yeux comme un ange sauveur, et cette circonstance ne pouvait qu'être favorable à sa haute mission évangélique. Le 8 juin 1391, les rues de Valence se remplissaient du sang des Juifs, les boutiques étaient brûlées, les maisons de la juiverie saccagées par une multitude effrénée, les malheureux Juifs couraient aux églises deman-

saint Vincent Ferrier n'admettant en aucune manière la discussion, étant inspirée, inflexible, comme la doctrine qu'il répandait, ne pouvait satisfaire tous ceux qui, parmi les Juifs, se glorifiaient du nom de *sabidores*. Aussi dut-il descendre de la chaire du Saint-Esprit pour compléter cette œuvre sublime, d'autant plus grande et plus méritoire, que les bienfaits que les Juifs en recevaient étaient aussi plus grands, soit que l'on examine ce sujet intéressant au point de vue social ou religieux.

Un rabbin de cette secte, natif de Lorca, appelé Iéhosuah par les uns, et Josué Halorqui par d'autres, avait abjuré les erreurs de cette secte. La renommée de sa science était parvenue aux oreilles de don Pedro de Luna, connu parmi les successeurs de saint Pierre sous le nom de Benoît XIII, et il le choisit pour son médecin. Iéhosuah, qui, avant d'embrasser la religion chrétienne, avait occupé un poste élevé chez les Juifs, était réputé comme un des plus savants docteurs et des meilleurs talmudistes. Avec une conviction des plus profondes et l'enthousiasme que pourrait éprouver un aveugle à qui l'on rendrait la lumière, il voulut suivre l'exemple de saint Vincent Ferrier, stimulé qu'il était, d'un autre côté, par le désir de donner à son peuple le salut de l'âme et la paix dont il manquait pendant la vie. Initié à tous les mystères et à tous les secrets de la théologie juive, professeur déjà de la vérité, il ne craignit pas d'ouvrir un concours académique où l'on devait discuter tous les principes, toutes les propositions qui établissent la différence entre la religion chrétienne et celle de Moïse, pour les comparer, les commenter avec la plus grande impartialité et la plus grande réserve. Iéhosuah pria donc le souverain pontife de lui permettre de convoquer les plus savants de l'Espagne pour argumenter contre eux en sa présence,

---

dant le baptême et ils étaient repoussés de toutes parts et ne rencontraient que la mort, quand, au milieu de la populace, saint Vincent Ferrier se présente, et, élevant sa voix inspirée, il met un terme à cet horrible carnage. La multitude se tait; les Juifs, appelés par ce nouvel apôtre, qui se donna plus tard à lui-même le nom d'*ange de l'Apocalypse*, écoutent la parole divine et se convertissent au christianisme. Saint Vincent Ferrier obtenait ainsi une double victoire : il méritait l'admiration des chrétiens moins fanatiques, et la reconnaissance des Juifs. Tout cela contribua puissamment aux merveilleux résultats de sa prédication. Le nombre des convertis atteignit un chiffre vraiment prodigieux. Il y en a même qui le font monter à 50,000. (Bréviaire de Valence, édit. de 1533.)

espérant leur démontrer, par l'examen de leur *même Talmud, que le véritable Messie était déjà venu* (1). Benoît XIII, satisfait de la sagesse de Jérôme de Sainte-Foi, qui était le nom du rabbin converti, consentit volontiers à sa demande, et lui fixa Tortose pour tenir cet espèce de concile, où l'on allait jusqu'à un certain point mettre sous forme judiciaire un grand nombre et des plus importantes des vérités de la religion chrétienne. Personne en effet, avec plus de probabilité d'un brillant succès, ne pouvait, mieux que Iéhosuah, se livrer à cette entreprise difficile; personne ne connaissait mieux que lui les livres sacrés des Juifs, dont une étude approfondie le plaçait dans une position avantageuse; personne, comme nous l'avons indiqué, n'était possédé d'une ardeur si vive de faire embrasser la religion du Christ à ses compatriotes, parce qu'en l'embrassant ils lavaient la tache qui était tombée sur cette race, et qu'ils expiaient le péché d'incrédulité qui les rendait errants, *sans patrie, sans foyer, sans temple*.

Un fait qui a peut-être alors appelé l'attention de certaines personnes et qui l'appellera peut-être encore, c'est de voir les docteurs chrétiens, au lieu de se charger de la défense de leur religion, céder cet honneur à un Juif converti, et de rencontrer, muets en sa présence, tous les grands théologiens et les cardinaux qui suivaient la cour de don Pedro de Luna. Nous répondrons, pour notre part, à cette observation judicieuse et fondée, par deux autres qui expliquent jusqu'à un certain point le fait en question : 1° Cette controverse avait été sollicitée par Jérôme de Sainte-Foi, poussé par l'enthousiasme religieux qui avait fait naître dans son âme la voix inspirée de saint Vincent Ferrier; 2° Le peu de rapports des théologiens chrétiens avec les talmudistes juifs, l'intolérance des premiers et la manière subtile d'argumenter des seconds, plus accoutumés à ce genre de disputes, eussent créé une multitude d'obstacles, rendu la discussion impossible, et mis nos docteurs en danger d'être enveloppés dans de spécieux sophismes. Un tel pas n'eût pas été seulement imprudent, mais impolitique, puisqu'on avait, quelques années auparavant, prêché dans la chaire sacrée de l'Évangile l'extermination et la

---

(1) R. Salomon Ben Virga, dans son *Histoire des Juifs*, traduite du latin en 1551, édit. d'Amsterdam.

ruine des juifs; il eût peut-être compromis le repos de la chrétienté, en obligeant le pontife romain et les rois mêmes à trancher un nœud dont la solution se fût peut-être rendue impossible d'une autre manière. Ainsi donc, la pensée d'ouvrir un semblable tournoi et l'idée de soutenir la lutte dans une lice si glissante durent être logiques. Benoît XIII pouvait ne pas provoquer un pareil débat, il aurait pu ne pas y donner son consentement; mais la résolution une fois prise d'entrer sur ce terrain, il devait, outre la force de conviction qui l'animait pour la cause du christianisme dont le triomphe et l'agrandissement lui étaient confiés, comme la prétendue tête visible des fidèles, avoir recours aux moyens les plus propres à obtenir la victoire. Les résultats justifièrent pleinement l'habileté de l'élection. Ils remplirent peut-être avec usure les désirs du pontife lui-même, et surtout ceux du rabbin converti, dont l'immense érudition, dont la foi sublime brillèrent dans une assemblée si respectable et éclipsèrent la gloire littéraire d'un grand nombre d'autres docteurs juifs.

Les historiens ne sont point d'accord sur le lieu où se sont tenues ces fameuses conférences. Quelques historiens juifs, tels que R. Salomon Ben Virga et R. Gédaliah, affirment, le premier, dans son *Historia judaïca*, et le second, dans sa *Cadena de la tradicion*, qu'elles eurent lieu à la cour romaine. Dans un autre chapitre, nous traiterons ce sujet, comme aussi des résultats que produisirent lesdites conférences, les propositions qui s'y discutèrent; nous parlerons aussi des rabbins qui y prirent part, et enfin des mesures que Benoît XIII adopta contre les Juifs incrédules qui persistèrent dans leur loi. Ici nous suspendons notre tâche.

CHAPITRE V

Les Juifs soumettent à la discussion les principes fondamentaux de leur loi. — Triomphe de l'Évangile sur le Talmud.

1413 — 1415.

Continuation du congrès théologique de Tortose. — Doutes sur le lieu où il a été tenu et auteurs juifs qui traitent de ce point. — Manuscrit de l'Escurial. — Rabbins qui argumentèrent contre Jérôme de Sainte-Foi. — Ouverture dudit congrès. — Propositions défendues par le médecin de Benoît XIII. — Effets de la discussion. — Conversion de tous les rabbins, et obstination de Rabbi Ferrer et de Rabbi Joseph Albo. — Détermination du pontife et bulle expédiée à Valence. — Son examen. — Ses résultats. — Concile de Bâle, Paul IV et saint Pie V. — Conversions nombreuses des Juifs d'Alcañiz, Saragosse, Calatayud, Daroca, Fraga, Barbastro et autres points de l'Aragon.

« Josué Halorqui, écrit Rabbi Salomon Ben Virga, demanda au pape, Benoît XIII, de convoquer les Juifs les plus savants, parce qu'il désirait argumenter contre eux, en présence de Sa Sainteté, et leur démontrer, par leur *Talmud* même, que le véritable Messie était déjà venu. En effet, le 1er janvier, se rendirent à Rome les rabbins les plus doctes de toutes les *aljamas* d'Espagne, et en particulier les savants des aljamas d'Aragon, que Josué avait nommés. Dès qu'ils arrivèrent à Rome, continue-t-il, après avoir rapporté les noms des Juifs qui prirent part à la dispute, ils choisirent pour orateur dans le congrès Vidael Benveniste, parce que c'était un sujet très-versé dans les sciences et qui possédait à la perfection la langue latine. Quand ils se présentèrent au pape, ce dernier les reçut avec la plus grande affabilité, les assura qu'il ne leur ferait aucune vexation, et les engagea à exposer avec liberté et sans aucune crainte tout ce qu'ils pourraient répondre aux arguments présentés par Josué Halorqui,

Halorqui qui s'était lui-même offert de les convaincre, par leur propre *Talmud*, que le véritable Messie était déjà venu. » Rabbi Gédaliah, qui florissait au XVIe siècle, s'exprime en ces termes dans la *Cadena de la tradicion*, livre que nous avons déjà cité en terminant le chapitre précédent : « En l'année 1413, Josué Halorqui, qui s'appelait maitre Jérôme de Sainte-Foi, obtint du pape de réunir tous les savants d'Israël, pour leur démontrer que la venue du Messie s'était déjà réalisée. Le pape, qui avait accordé la demande, fit venir d'Espagne les savants, et entre autres R. Todroz, fils de Jachia. On disputa plusieurs jours en présence du pape et sur plusieurs questions principales, comme il est dit dans le *Cetro de Juda*. »

Ces écrivains n'ont pas fait attention à l'état de schisme de l'Église dans ces temps ; ils n'ont pas eu non plus, dans leurs mains, les ouvrages que composa Jérôme de Sainte-Foi, l'année qui suivit la dispute. Dans leurs titres, où il fait observer qu'une de ses plus grandes actions, comme chrétien, était la victoire qu'il avait remportée sur les talmudistes, il prend un soin tout particulier de consigner qu'elle avait eu lieu à Tortose et non à Rome (1). Notre illustre historien, Jérôme de Zurita, dans ses *Annales d'Aragon* (2), détermine en ces termes ce même fait : « Comme l'opiniâtreté de cette nation, c'est-à-dire des Juifs, était grande, on voulut user de tous les moyens possibles pour les convaincre et les ramener à la vérité évangélique. Par ordre du pape, se rendirent dans la ville de Tortose et se trouvèrent réunis tous les plus grands docteurs et les rabbins des aljamas du royaume, pour qu'en sa présence et en présence de toute sa cour on les invitât à reconnaitre l'erreur et l'aveuglement dans lesquels vivait cette nation. » Mais la preuve la plus claire que la controverse dont nous parlons eut lieu à Tortose, est fournie par un manuscrit existant dans la bibliothèque de l'Escurial et écrit avec luxe sur parchemin. Ce manuscrit mérite d'être examiné avec le plus grand soin, comme l'observe don José Rodriguez de Castro dans sa *Bibliothèque rabbinique espagnole*, quand il traite des écrivains de cette race les

---

(1) Don Nicolas Antonio mentionne, dans le livre X de sa *Bibliothèque espagnole ancienne*, un manuscrit dont voici le titre : «Hieromini de Sancta Fide, medicinæ magistri, disputatio contra Judæos, Dertosæ habita, præsente papa Benedicto et ejus curia, convocatisque majoribus Rabbinis totius Hispaniæ, an. salutis MCDXIII. »

(2) Tome III, livre XLV de l'*Édition de Saragosse*, 1610.

plus distingués du XVe siècle, et qu'il indique tant ceux qui ne voulurent pas abjurer les erreurs des Juifs que ceux qui embrassèrent au contraire la foi des chrétiens (1). Dans l'introduction du premier discours que prononça Jérôme de Sainte-Foi, en langue latine, seul idiome dont on ait fait usage dans cette espèce de congrès, le nom de la ville ci-dessus s'y trouve formellement exprimé. En effet, après avoir mentionné l'année, le jour et le mois où a commencé le pontificat de don Pedro de Luna, il ajoute : « *Illustrissimo ac Serenissimo rege Aragonum Dño Fernando, sub anno primo sui dominici, principante in civitate Detusii, ejusdem regni, etc...* » Il ne reste donc plus, à notre avis, le moindre doute qu'un événement si célèbre n'ait eu lieu à Tortose, ni que les historiens juifs, cités plus haut, ne soient tombés dans une erreur grave, en affirmant que la controverse de Jérôme de Sainte-Foi s'est tenue à Rome.

La plus grande partie des historiens a donné moins d'importance qu'il n'en eut réellement à l'événement dont nous parlons. Ils ne se sont pas non plus accordés sur le nombre et sur les noms des rabbins qui soutinrent la discussion, ni sur le nombre des séances. Jérôme de Zurita, quand il rend compte de la manière dont se termina la controverse, dit seulement que la première réunion eut lieu le 7 février 1413, après avoir indiqué auparavant qu'il y vint huit Juifs des aljamas de Saragosse, Gérone et Alcañiz. « En présence du pape, de son collége et de toute sa cour, continue-t-il, on commença à proposer les questions et les articles sur lesquels devait porter la discussion et la dispute. Le pape assista à d'autres conférences et, en son absence, il commit pour les présider, en son lieu et place, le directeur général de l'ordre des prêcheurs et le maître du sacré palais. »

Les autres chroniqueurs et les autres écrivains qui racontent cet événement ne se montrent pas en vérité plus explicites (2). R. Salomon Ben Virga mentionne six rabbins espagnols et un Romain, et il

---

(1) Le titre du manuscrit dont nous parlons porte : « Hieronimi de Sancta Fide, medici Benedicti XIII, processus rerum et tractatuum et questionum 101, qui in conventu Hispaniæ et Europæ Rabbinorum ex una parte, ac catolicorum ex alia, ad convincendos Judæos de adventu Messiæ factus, anno 1413, Codex originalis. »

(2) Antoine Possevin, dans son *Apparatus sacer*; Bartoloccius, *Bibliothèque rabbinique*; Wolf, *Id.*; Albert Miæy et d'autres.

indique uniquement huit séances où, sous la présidence du pontife, ces derniers prirent part à la discussion solennelle ouverte pour tout le monde. Les rabbins qui discutèrent dans une controverse si soutenue furent, d'après le manuscrit de l'Escurial, extrait par Rodriguez de Castro, au nombre de quatorze, dont voici les noms : R. Abuganda, R. Aoun, R. Benastruc Abenabed, R. Astruc el Levi, R. Joseph Albo, R. Josué Messie, R. Ferrer, R. Mathatias, R. Vidael Ben Benveniste, R. Todroz, R. de Gerona, R. Saul Mime, R. Salomon Isahak et M. Zarachias Levita ; on ne peut pas affirmer toutefois que ce sont là les seuls Juifs qui ont argumenté contre Jérôme de Sainte-Foi.

Ce débat théologique s'ouvrit donc le jour marqué par Zurita, et dura jusqu'au mois de novembre de l'année suivante, 1414, espace pendant lequel se tinrent soixante-neuf séances, où l'on discuta seize propositions capitales et où l'on résolut d'une manière victorieuse les doutes des livres sacrés des Juifs. Rien de plus digne d'éloges que le discours latin prononcé par le mainteneur de cette dispute, après que le successeur de Saint-Pierre eut ouvert le congrès par une courte allocution où il expose les motifs qui l'ont porté à accéder à la demande de Jérôme de Sainte-Foi. Si nous ne craignions pas de fatiguer nos lecteurs, nous transcririons ici quelques morceaux originaux de ce document intéressant. L'ancien rabbin prend pour texte de sa harangue les paroles du chapitre Ier d'Isaïe : *Venite nunc et disputabimus ;* et il répand tant de savoir et tant d'érudition à la fois, que les maîtres et les talmudistes présents ne purent s'empêcher de témoigner leur admiration, témoignage que les théologiens et les lettrés chrétiens eurent à leur tour l'occasion de rendre à R. Ferrer, chargé ce jour-là de répondre aux arguments du médecin de Benoit XIII.

Nous serions trop prolixes peut-être, si nous nous contentions de faire une courte revue de tout ce qui se passa à Tortose durant les soixante-neuf sessions de ce congrès christiano-rabbinique, dont l'importance ne peut échapper même à ceux qui ne font que feuilleter l'histoire de notre Péninsule. Pour que l'idée que nous nous sommes proposé d'en donner ne soit ni si faible ni si imparfaite qu'on puisse nous accuser de légèreté, il nous paraît toutefois opportun de transcrire ici les questions qui s'élucidèrent alors, et de le faire en espagnol, pour que leur intelligence et leur lecture soit plus facile. Le nombre total de ces propositions est, avons-nous dit, de seize; et elles sont conçues en ces termes :

1° Des points relatifs à la foi sur lesquels chrétiens et Juifs sont d'accord, et de ceux sur lesquels ils diffèrent.

2° Des vingt-quatre conditions attribuées au Messie.

3° Comment les termes marqués pour la venue du Messie se sont depuis longtemps écoulés.

4° Si, au temps de la destruction de Jérusalem, le Messie était déjà né?

5° Que lorsque la destruction du temple de Jérusalem fut prédite, le Messie n'était pas encore né; que sa venue n'avait pas été non plus annoncée.

6° Que le Messie était déjà venu au monde l'année où arriva la passion et la mort du Sauveur Notre-Seigneur Jésus-Christ.

7° Que les prophéties qui parlent des œuvres du Messie, telles que de la réparation du temple, de la réduction d'Israël en un peuple, et de félicitations à Jérusalem, doivent s'entendre au moral et non au physique.

8° Des douze demandes adressées aux Juifs sur les actions du Messie, durant son séjour sur la terre.

9° Que la loi de Moïse n'est ni parfaite, ni perpétuelle.

10° Du sacré sacrement de l'Eucharistie.

11° Quand et pourquoi a été inventé le traité connu sous le nom de *Talmud?*

12° Si les Juifs sont obligés de croire toutes les choses contenues dans le Talmud, soit gloses de la loi, jugements, cérémonies, prières et annonciations, soit gloses ou inventions faites sur ledit Talmud, ou s'il leur est permis d'en nier quelque chose?

13° Ce que l'on doit entendre par article de la loi; preuve que ce n'est pas un article de la loi juive, l'article qui porte que le Messie n'est pas venu.

14° Qu'est-ce que foi, qu'est-ce qu'écriture, qu'est-ce qu'article?

15° Sur les abominations, les hérésies immondes et les vanités que contient le livre intitulé *Talmud.*

16° Que les Juifs ne se trouvent dans la captivité actuelle qu'à cause du péché de haine volontaire qu'ils nourrirent contre le véritable Messie Notre-Seigneur Jésus-Christ (1).

Telles sont les questions que Jérôme de Sainte-Foi se proposa de défendre, propositions dont la solution ne pouvait que procurer au christianisme un triomphe signalé; propositions qu'il n'était pas d'un autre côté facile de voir traitées avec probabilité de succès par quiconque n'eût pas été, comme Josué Halorqui, profondément initié à la connaissance des lois religieuses des Juifs. Jérôme de Sainte-Foi, en habile argumentateur, chercha, dans toutes ses plus fortes attaques, à détruire l'origine et la cause existante des préjugés et des croyances qui séparaient les Juifs du christianisme. Elles se trouvaient consignées dans le livre intitulé *Talmud :* on avait fait de son étude, de son interprétation et de son explication une science et un enseignement. Ainsi donc, combattre l'origine et l'apparition d'un livre semblable, c'était combattre la science créée à son ombre et ruiner la profession de *talmudiste*, profession sainte et respectable chez les Juifs, dans laquelle s'étaient distingués d'excellents rabbins, comme nous le prouverons plus tard à nos lecteurs. Jérôme de Sainte-Foi arrivait ainsi naturellement à traiter d'autres questions non moins intéressantes, non moins propres à la cause

---

(1) Les propositions originales étaient réduites aux termes suivants : « 1° De his in quibus christiani et Judæi circa fidem concordant et in quibus discordant ; 2° De viginti et quatuor conditionibus attributis Messiæ ; 3° De terminis assignatis in adventu Messiæ ; 4° Quod in tempore destructionis Jerusalem erat natus Messias ; 5° Quod quando fuit prædicta destructio templi, necdum natus erat Messias, quinimo venerat fueratque mostratus ; 6° Quod Messias illo anno venturus in quo fuit passio salvatoris nostri domini Jesu-Christi ; 7° Quod prophetæ de operibus loquentes Messiæ, sicut de templi reparatione et reductione in unum Israel atque de felicitando Jerusalem, debent spiritualiter et non materialiter intelligi ; 8° De viginti interrogationibus Judæis super actibus Messiæ factis ; 9° Quod lex Mosaica non est perfecta, neque perpetua ; 10° De sacro Eucharistiæ sacramento ; 11° Quomodo et quare fuit inventio tractatus libri vocati Talmut ; — 12° Quod Judæus, de necessitate, tenetur credere omnia Talmuto contenta, sive sint glosæ legis, judicia, ceremoniæ, vel sermones aut annuntiationes, sive sint glosæ, additiones vel intentiones factæ super dicto Talmuto, nec licet Judæo aliquid negare de illo. — 13° Quid est legis articulus, et probatur quod non venisse Messiam non est judaicæ fidei articulus. — 14° Quid fides, quid scriptura, et quid articulus sit. — 15° Abominationes, hæresiæ, immunditiæ et vanitates quæ in libro Talmuto continentur. — 16° Quod Judæi non sunt in captivitate presenti, nisi propter peccatum odium gratis quod habuerunt contra verum Messiam Dominum nostrum Jesum-Christum. » (*Codex de l'Escurial*, Est. J. S. — RODRIGUEZ DE CASTRO, *Bibliothèque espagnole*, tome I, pages 214 et 215.)

qu'il s'était aussi chargé de défendre. Présenter les aberrations dans lesquelles étaient tombés les partisans de cette loi; signaler les hérésies, les *vanités* que contenait ledit code théologique, devait être un autre des points capitaux vers lequel devaient tendre les efforts du fervent converti, qui, dans la quinzième proposition, répandit tout les trésors de science qu'il possédait sur ce point.

La discussion des questions que nous avons transcrites, leur comparaison avec les vérités de l'Évangile, ne pouvaient que produire de lumineuses conséquences qui n'échappèrent pas aux rabbins présents. L'Évangile était la pierre de touche à laquelle Jérôme de Sainte-Foi éprouvait toutes les croyances, toutes les traditions et toutes les prophéties que les Juifs proscrits respectaient comme autant de dogmes, et de l'Évangile ne pouvaient que résulter la vérité et le salut, la conviction et la foi. Les Juifs les plus savants de l'Espagne, réunis à Tortose pour défendre la loi de Moïse, sentirent naître le doute dans le cœur en entendant les accents inspirés du savant converti. Ils doutèrent d'abord, puis ils crurent. Mais ils crurent à d'autres mystères; ils virent les prophéties accomplies par la venue du Sauveur, et ils adorèrent en lui le véritable Messie. De cette manière on recueillait les fruits opimes de la prédication de saint Vincent Ferrier, dont les services rendus à la civilisation espagnole n'ont pas encore été considérés sous leur véritable point de vue. De cette manière, son inflexible et sublime doctrine, prenant une forme plus humaine, quoique non moins élevée, avait frappé aux portes de l'intelligence et était entrée dans une lutte contradictoire où elle devait supporter toutes les comparaisons, toutes les analyses, pour paraître plus brillante, pour sortir plus forte, plus épurée.

Deux rabbins seulement, de tous ceux qui assistèrent au congrès dont nous parlons, R. Ferrer et R. Joseph Albo, persistèrent dans leur opiniâtreté et dans leurs erreurs, opiniâtreté à laquelle se montrèrent sensibles, tant Jérôme de Sainte-Foi que le pontife romain, à cause du savoir profond et du prestige immense qu'ils trouvaient en eux deux. Néanmoins, le triomphe du christianisme ne put être plus complet. Dans la soixante-septième séance, Rabbi Astruc présenta une cédule où, en *son nom et au nom de tous les Juifs,* il s'avouait entièrement convaincu des erreurs de judaïsme, et il embrassait la religion que le Sauveur du monde avait scellée de son sang sur le Golgotha. Nous ne pensons pas que nos lecteurs puissent trouver mauvais que nous transcrivions ici, bien que traduit en castillan, ce document, dont la singularité ne peut faire moins que de lui donner une importance considérable. Il est ainsi conçu :

« Et moi, Astruc Lévi, avec l'humilité qui est due, la soumission et le respect de la révérendissime paternité et domination du seigneur cardinal et des autres révérends pères et seigneurs ici présents, je réponds, en disant : Qu'il est permis que les autorités talmudiques alléguées contre le Talmud, tant par mon révérendissime seigneur aumônier (1) que par le digne Jérôme de Sainte-Foi, telles qu'elles sont littéralement, soient repoussées, soit parce qu'elles paraissent en premier lieu hérétiques, soit parce qu'elles offensent les bonnes mœurs, et enfin parce qu'elles sont erronées. Et quant à tout ce que je pourrais savoir par la tradition de mes maîtres, à tout ce qu'eux-mêmes savent ou peuvent savoir, dans un autre sens, je confesse que je l'ignore. Par conséquent, je n'ajoute aucune foi auxdites autorités ni à toute autre autorité quelconque ; je ne crois pas en elles, ni ne cherche à les défendre. Je révoque toute réponse faite ici par moi qui n'est pas conforme à cette dernière réponse, et je la tiens pour non dite pour tout ce en quoi elle contredit la présente déclaration (2). »

(1) Il paraît qu'il parle d'Andrés Bertrand, qui occupa depuis le siège de Barcelone. Il assista à l'assemblée de Tortose, comme le rapporte Jérôme de Zurita. « Il se trouvait, dans cette réunion de lettrés, un certain Garci Alvarez de Alarcon, très-versé dans les langues hébraïque, chaldaïque et latine. Un de ceux qui contribuèrent le plus à convaincre et à ramener les principales familles du royaume, ce fut Andrés Bertrand, maître en théologie, aumônier du pape, qui était très-docte dans les lettres hébraïques et chaldaïques, et *fue del aquella ley* ; il était natif de Valence. Plus tard, à cause de sa religion profonde, de son grand savoir, le pape le pourvut de l'église de Barcelone ; son opinion, son avis dissipait les doutes relatifs à la version de la *Bible*, que les rabbins faisaient tourner à leur sens. » (*Annales d'Aragon*, tome III, liv. XII, chap. XLV de l'édition de Saragosse, 1610.)

(2) L'original de la pièce que nous venons de traduire est conçu en ces termes : « Et ego Astruch Levi, cum debita humilitate, subjectione et reverentia Reverendissimæ paternitatis et dominationis dominici cardinalis, aliorumque reverendorum patrum hic præsentium respondeo, dicens : Quod licet auctoritates Thalmudicæ contra Thalmud, tam per Reverendissimum meum dominum eleemosynarium, quam per honorabilem magistrum Hieronymum allegatæ, sicut ad litteram jacent, malè sonent ; partim quia primâ facie videntur hæreticæ, partim contra bonos mores, par-

Tous les Juifs et tous les rabbins de la réunion, excepté toutefois Rabbi Ferrer et Rabbi Joseph Albo, s'écrièrent et dirent à haute voix : « Et nous autres nous sommes d'accord avec ladite cédule et nous y adhérons. »

Après la lecture d'une confession si complète, expression naturelle du changement qui s'était produit dans les idées de ces savants, dont l'enthousiasme religieux, plus que tout autre raison, les avait poussés à prendre une part si active dans cette querelle si fameuse, le pontife romain crut opportun de déclarer, avant la dissolution de l'assemblée, que, s'il avait voulu montrer sa tolérance en permettant de soumettre à un jugement des choses que tout le monde chrétien regarde comme des dogmes sacrés, il ne pouvait s'empêcher de se montrer sévère contre ceux qui, fermant les yeux à la lumière, persisteraient dans ces erreurs reconnues, abjurées et condamnées par tous les Juifs qui s'étaient trouvés présents. Il fit, à cette intention, lire divers décrets contre les obstinés, et l'année suivante, le 11 mai, il expédia de Valence une bulle dont la stricte observation devait réduire le peuple proscrit à la dernière extrémité. Ce document contenait onze décrets. Le premier défendait la lecture du Talmud en public ou en particulier, ordonnait aux évêques et aux chapitres des cathédrales de ramasser, dans le délai d'un mois, tous les exemplaires de ce livre qui étaient dans les mains, ainsi que de ses gloses, notes, sommaires et autres écrits quelconques qui auraient le plus léger rapport avec une doctrine semblable. Le second arrêtait la circulation et l'usage de tout écrit contredisant les dogmes ou les rites de la religion chrétienne. Le troisième défendait aux Juifs de faire des croix, des calices et des vases sacrés; de relier des livres où se trouverait le nom de Jésus ou de sa Mère, et infligeait la peine de l'excommunication au chrétien qui contreviendrait à cette disposition. Le quatrième était conçu en ces termes : « Qu'aucun

---

tim quia sunt erroneæ; et quamvis per traditionem meorum magistrorum habuerint, quod illi habeant, vel possint alium sensum habere, fateor tamen illum me ignorare. —Ideo, dictis auctoritatibus nullam fidem adhibeo, nec auctoritatem aliqualem, nec illis credo, nec ea quidem defendere intento; et quacumque responsionem per me superius datam huic meæ ultimæ responsioni obviantem illam revoco, et pro non dicta habeo in eo solum in quo huic contradixit. » (Bibliothèque de l'Escurial, manuscrit cité plus haut.)

Juif ne peut exercer les fonctions de juge, pas même dans les procès qui peuvent s'élever entre eux. » Les dispositions du cinquième portaient que l'on fermerait les synagogues construites ou récemment réparées, qu'on n'en laisserait qu'une dans chaque ville où des Juifs habitaient; que si par hasard il était vérifié que la synagogue avait été auparavant une église, ladite synagogue resterait aussi définitivement fermée. Le sixième décret ou article tendait à séparer de plus en plus le peuple proscrit du peuple chrétien : « Qu'aucun Juif, est-il dit, ne puisse être médecin, chirurgien, boutiquier, droguiste, intendant, ni mariageur (*proveedor ni casamentero*), ni remplir aucune autre fonction publique pour laquelle il ait à se mêler des affaires des chrétiens ; que les Juives ne puissent être accoucheuses, ni avoir des nourrices chrétiennes, *amas de criar;* que les Juifs ne puissent se servir de chrétiens, ni leur vendre, ni acheter d'eux certaines viandes, ni assister avec eux à aucun banquet, ni se baigner dans le même bain (1), ni avoir pour majordomes ni pour agents des chrétiens, ni apprendre dans les écoles de ces derniers aucune science, aucun art, aucun métier. » Quelques-unes de ces dispositions avaient été déjà adoptées dans les lois de Castille, comme nos lecteurs ont déjà eu l'occasion de l'observer, mais jamais on n'avait porté si loin le désir de ruiner pour toujours les descendants de David et de Juda. Le roi don Alphonse X, le législateur le plus complet, pour ce qui regarde les Juifs, avait défendu dans la loi VIIIe du titre XXIV de la *Septième Partie*, de vivre avec eux, de prendre des remèdes de leurs mains *en dehors des recettes que faisaient les savants, préparées par les chrétiens (fueras de los recetas*

---

(1) Cette disposition de la bulle de Benoît XIII n'était pas nouvelle en Espagne : elle se trouvait consignée dans presque la plus grande partie des *fueros* et *cartas pueblas* des plus importantes villes de Castille et d'Aragon. Partout on regardait comme une chose digne de châtiment de se réunir à un Juif pour entrer dans un bain. Aussi arrivait-il que, dans les villes où il n'y avait qu'un seul lieu destiné à cet objet, l'on fixait des heures différentes pour les Juifs, et l'on infligeait des peines sévères aux *almutacenes* qui leur permettaient de se baigner en dehors des heures déterminées. Dans le livre premier, folio 2, du Fuero d'Albaracin, en traitant du bain et de son droit, il est dit : « Les hommes iront au bain commun, le jeudi et le samedi. Les femmes iront audit bain, le lundi et le mercredi. Les Juifs et les Maures y iront le vendredi et non un autre jour, d'après le fuero, sous aucun prétexte. » (*Voyez* aussi les *Fueros* de Teruel et de Cuenca.)

que piciesen los sabidores, aparejadas por los cristianos). Toutefois, dans les cortès de Soria et de Valladolid, on avait voté d'autres lois qui tendaient plus visiblement à réduire l'influence des Juifs sur la société espagnole ; mais jamais jusqu'alors on n'avait ordonné que les Juifs ne pourraient se consacrer à l'étude de la médecine ; au contraire, tous ceux qui, en Castille, cultivaient avec gloire et profit la science d'Esculape, appartenaient à cette race. Jamais on n'avait érigé en loi qu'ils ne pouvaient se consacrer à certains métiers ; jamais on n'avait repoussé avec autant de dédain et tant d'aigreur les secours que cette partie de l'humanité portait, dans certains moments, aux familles chrétiennes, secours qui, par leur nature même, ne pouvaient être condamnés par les lois, puisqu'ils avaient leur raison dans la nécessité suprême, plus supérieure et plus péremptoire que toutes les ordonnances et tous les décrets qu'auraient pu dicter les cortès et les rois.

Benoît XIII et ceux qui lui conseillèrent d'expédier le sixième décret de la bulle de Valence, avaient mis cependant le doigt sur la plaie. Le peuple juif avait compris, dans sa captivité, que le moyen d'améliorer son sort n'était pas de recourir à l'éventualité des armes, ni aux dangers des conjurations. L'unique voie qui lui restait, c'était de devenir le *maître* moralement, puisqu'au physique il subissait déjà le joug. Comme il ne pouvait aspirer à atteindre son but au moyen d'une religion fausse, surtout dans des temps où l'élément théocratique était tout, il se réfugia dans le domaine de l'intelligence, et il se livra entièrement à toutes les études qui pouvaient être les plus nécessaires à la vie, dans l'état que présentait la société. La médecine et la chirurgie furent les deux voies larges et libres par où il pouvait arriver au terme désiré, dans une époque où les mystères de la première science étaient inconnus aux Espagnols, et où tout se gouvernait par le *couteau* (*à cuchilladas*). Les Juifs parvinrent, par ces moyens et par leur constance et leur travail, à se rendre nécessaires au milieu d'un peuple qui les haïssait profondément ; et quand Benoît XIII leur eut arraché, au moyen de la discussion, leurs plus brillantes lumières, il pensa naturellement aux moyens de les plonger dans la barbarie, en les dépouillant de ceux qui, jusqu'alors, leur avaient donné une importance non médiocre. Le décret que nous examinons fut le coup de grâce donné aux Juifs d'Espagne. Abhorrés de tous les chrétiens, abandonnés par leurs plus illustres docteurs, écartés de l'unique route propre à leur ouvrir une autre porte, au milieu de tant de calamités que souffraient les descendants de Juda, ils n'eurent d'autres ressources que de se concentrer su eux-mêmes et de dévorer, en souffrant, leur isolement et leur malheur. Mais les étincelles de cet incendie secret durent s'enflammer plus tard, comme nous aurons l'occasion de le montrer dans le cours de la revue historique que nous faisons.

Le septième décret de la bulle de 1415, dont nous continuons l'examen, se bornait à rappeler l'accomplissement des lois qui obligeaient les Juifs à vivre dans des quartiers séparés des chrétiens. Avouons que de rencontrer, répétées si souvent et si distinctement, et en des époques différentes, les dispositions des rois et des cortès sur ce point; nous ne pouvons nous empêcher de remarquer que les Juifs étaient très-portés à les enfreindre, d'où il devait nécessairement résulter contre eux de fatales conséquences. D'un autre côté, cet état de choses manifestait une certaine tolérance de la part des rois à l'égard du peuple proscrit, tolérance que les Juifs payaient avec usure, quand les Castillans, prenant en main la justice, leur faisaient éprouver leurs sanglantes rancunes. La huitième disposition, dictée par Benoît XIII, obligeait les Juifs à porter sur leurs vêtements une espèce de signe distinctif (*divisa*) de couleur rouge et jaune, les hommes sur la poitrine, les femmes sur le front, marque qui finit, avec le temps, par prendre le nom de *croix de Saint-André*, nom qu'elle a conservé jusqu'à l'entière expulsion de cette race de la péninsule Ibérique. Cet article de la bulle ne faisait que reproduire la loi IXe du titre XXIV de la *Dernière Partie*. Le neuvième décret avait, en vérité, plus d'intérêt et plus d'importance : « Que les Juifs ne puissent commercer, ni faire aucun contrat avec les chrétiens, pour éviter, de cette manière, les fraudes qu'ils leur font éprouver et les usures qu'ils prennent. » Tels sont les termes dans lesquels il est rédigé. Don Pedro de Luna, non content de dépouiller les Juifs de la faible influence qu'ils pouvaient exercer, par les études, sur le peuple chrétien, essaya de rompre aussi les liens les plus immédiats qui existaient entre les uns et les autres. Quelle devait donc être la condition d'une race qui demeurait en pays étranger, au milieu de ses ennemis naturels, et à qui on enlevait toute espèce de communication ? De quoi pouvait lui servir son commerce? Quel besoin avait-elle de son industrie? Si le peuple juif s'était suffi à lui-même, on aurait pu comprendre encore quelque espérance de vie pour lui. Mais son industrie, son commerce, ses sciences n'étaient autre chose que ses moyens de subsister, que les véhicules qui l'approchaient des chrétiens et le rendaient moins odieux à leurs yeux. Sans sciences, sans commerce, sans industrie, il ne restait d'autres rapports entre les deux peuples que ceux qui existent entre l'aigle et sa proie.

Le dixième décret marchait vers le but commun des décrets précédents; il traitait des testaments et de l'habileté des chrétiens et des convertis à hériter des Juifs, dans l'intention de séparer de la masse totale de leurs richesses autant de capitaux qu'il serait possible. Le onzième ordonnait enfin qu'on leur prêchât tous les ans trois sermons, dans lesquels on les dissuaderait de vivre dans les erreurs où ils se trouvaient. Tels furent les décrets prononcés dans la dernière séance du célèbre congrès de Tortose, décrets que l'on dut observer dans tous les royaumes d'Espagne, seules contrées reconnaissant à cette époque don Pedro de Luna comme le chef visible de l'Église. Au concile de Bâle, dans sa dix-neuvième session, Paul IV, et, plus tard, Paul V, non-seulement approuvèrent la bulle de Benoît XIII, mais le dernier ordonna encore d'*observer ses décrets avec la plus grande rigueur dans tout le monde chrétien* (1).

L'exemple donné par les illustres rabbins qui avaient déposé entre les mains du pontife l'abjuration de leurs erreurs eut toutefois des imitateurs distingués qui entraînèrent la multitude après eux. Écoutons, sur ce point, un historien chrétien dont nous avons cité plus haut le nom. « Dans l'été de l'année passée (1413), plus de deux cents Juifs des synagogues de Saragosse, de Calatayud et d'Alcañiz se sont convertis, et, entre autres, il s'est converti un Juif de Saragosse, appelé Todroz Benveniste, qui était très-noble dans sa loi, avec d'autres de sa famille. Puis, successivement, dans les mois de février, mars, avril, mai et juin de cette année-ci (1414), pendant que le pape, avec sa cour, était dans la ville de Tortose, un grand nombre de Juifs des plus distingués des villes de Calatayud, de Daroca, de Fraga et de Barbastro se sont convertis et ont reçu le baptême au nombre de cent

---

(1) *Bibliothèque rabbinique*, de Rodriguez de Castro, tome I, liv. XIV, p. 221.

vingt familles qui étaient très-nombreuses. Toutes les aljamas d'Alcañiz, de Caspe, de Maella se sont en général converties à la foi ; il y avait plus de cinq cents personnes. Après elles, se sont converties les aljamas de Lérida, et les Juifs de la ville de Tamarit et d'Alcolea ; il y en eut trois mille qui se convertirent alors à la cour du pape et au dehors, et, à ce qu'il paraît, avec sincérité de cœur. » C'est ainsi que Jérôme de Zurita raconte cet événement. Au rapport de ce même écrivain, la plus grande part, dans cette œuvre de la conversion, revient à un Juif converti, appelé Garci Alvarez de Alarcon, qui jouissait d'une grande autorité et d'un grand renom parmi les chrétiens pour ses connaissances profondes dans la langue sacrée. Jérôme de Sainte-Foi composa, sur ces entrefaites, deux livres, intitulés : *El Azote de los Hebreos* (hebræomastix, le fouet des Juifs), dans lesquels il se proposait de réfuter les erreurs du Talmud, comme il l'avait déjà fait dans l'assemblée de Tortose. Mais nous rendrons compte de ces ouvrages dans notre second *Essai*, qui traite de la littérature rabbinique espagnole.

CHAPITRE VI

Les Juifs sous les règnes de don Juan II et de Henri IV.
1413. — 1474.

Concile de Zamora contre les Juifs. — Ses constitutions. — Don Juan II. — Don Alvaro de Luna. — Sacrilége à Ségovie. — Conversion d'un grand nombre de savants rabbins. — Aversion de ces derniers pour leur race même. — Henri IV. — Don Juan Pacheco et don Beltran de La Cueva. — Attentat d'Avila. — Réaction fanatique des Juifs opiniâtres. — Prétentions des grands de Castille. — Mort de Gaon. — Prédications pour et contre les Juifs. — Crimes de ces mêmes Juifs. — Rabbi Salomon Picho. — Persécutions contre les convertis. — Tumultes à Valladolid. — Massacre des Juifs en Andalousie, à Cordoue, à Jaën. — Révoltes de Ségovie et leur insuccès. — Mort de Henri IV.

En même temps que se tenait, dans le royaume d'Aragon, le fameux concile de Tortose, dont nous avons parlé précédemment, la Castille offrait un spectacle qui, tout en s'écartant de ce dernier par la forme, avait cependant par son essence de grands points de ressemblance et de contact. Le 10 janvier 1413, il s'ouvrit, dans la ville de Zamora, un concile convoqué par don Rodrigue, archevêque de Santiago, et auquel se rendirent les évêques de Soria, de Ciudad-Rodrigo, de Placencia et d'Avila. Son objet était de corriger les irrégularités que commettaient, en matière de religion, tant les chrétiens que la race juive. Là, les prélats réunis n'eurent peut-être pas la tolérance de Benoît XIII, bien qu'ils fussent animés du même zèle pour l'agrandissement de la religion catholique, et, loin d'entrer dans des disputes théologiques, loin de descendre sur le terrain de la discussion, ils crurent qu'ils devaient diriger tous leurs efforts à détruire les descendants de Juda qui persistaient *avec opiniâtreté* dans leurs doctrines, dans leurs croyances. Dans cette intention, qui ne pouvait être plus populaire en un pays où l'on avait donné de si tristes exemples d'intolérance, dans cette intention, dis-je, ils rédigèrent certaines constitutions, composées de treize articles, ayant une analogie des plus étroites avec ceux de la bulle de Valence, publiée deux ans auparavant. La pensée principale qui animait le concile était celle qui consistait à dépouiller les Juifs des immunités et des priviléges qu'ils avaient acquis à prix d'or, et quand l'État s'était vu dans de grands embarras, privés ainsi de toute défense, on pourrait les frapper, en toute impunité et sans crainte d'aucun châtiment. Cette idée, qui était aussi peut-être celle qui animait l'archevêque de Santiago en réunissant ses suffragants, ressort grandement de toutes les résolutions adoptées par le concile. On peut principalement le remarquer dans le préambule des constitutions dont nous parlons et dont nous prenons les lignes suivantes (1) : « Nous ordonnons, sur ce qui est ici contenu : premièrement, comme don Clément V, par la grâce de Dieu évêque de la sainte église de Rome, entre autres constitutions qu'il fit au concile de Vienne, où il ordonna que les Juifs ne feraient point usage des priviléges qu'ils avaient obtenus des rois ou des princes séculiers, qu'ils ne pourraient en aucun temps être *vencidos* en justice par le témoignage de chrétiens ; lesdits rois et dits princes séculiers sont avertis de ne point octroyer dorénavant de priviléges et de ne point observer ceux qui ont été octroyés. Et il nous ordonne, à nous et à tous les prélats qui se sont rendus audit concile, de considérer que cette même constitution, comme toutes les autres constitutions prises contre les Juifs, n'a été dictée que pour restreindre et arrêter leur méchanceté et leur arrogance, avec laquelle ils agissent (*se avuelven*) contre les chrétiens.... etc. » Rien n'est donc plus évident que la haine que cette race malheureuse inspirait à tous les peuples, à toutes les classes et à tous les ordres parmi les chrétiens. S'il restait quelques doutes sur ce point, l'examen des constitutions ci-dessus suffirait pour les dissiper complétement.

En effet, après avoir imposé comme châtiment la malédiction de Dieu, après avoir dit que les Juifs devaient être *conservés seulement*

---

(1) Les *Constitutions* de ce Concile furent écrites en latin, à cette même époque, par fray Pascual Gardeen, et traduites par Juan Alphonse Martinez, greffier de Medina del Campo, presque en même temps. On trouve, à la Bibliothèque nationale, les manuscrits de l'original et de la traduction, qui, selon nous, ne saurait être plus fidèle.

parce qu'ils étaient hommes (*mantenidos solamente porque eran omes*), le premier article commence par le résumé de tout ce qui est exposé dans le préambule, et détruit tous les priviléges qui avaient jusqu'alors garanti la liberté individuelle et la propriété des Juifs. Le second leur défend d'aspirer aux charges et aux dignités que peuvent dispenser soit les ecclésiastiques, soit les séculiers. Dans le troisième, on rétablit le canon du célèbre concile d'Elvire, tant de fois commenté et répété. On leur défend, dans le quatrième, de tester contre les chrétiens. Le cinquième les sépare de tout commerce avec les chrétiennes, et il défend en même temps à ces dernières d'élever leurs enfants. On leur enjoint, dans le sixième, de ne point sortir de leurs maisons le mercredi saint (*miercoles de tinieblas*) et de tenir le vendredi saint *leurs portes et leurs fenêtres fermées, pour ne pas exciter le mépris des chrétiens, qui sont pleins de douleur en ce jour*. Le septième leur rappelle de porter la marque distinctive indiquée par les lois des *Parties* (1). Le huitième leur défend l'exercice de la médecine. Le neuvième les empêche d'inviter des chrétiens. Le dixième leur impose de nouvelles dîmes sur les locations de leurs maisons. Enfin, les trois derniers portent que les synagogues élevées dans les derniers temps seront confisquées; qu'ils ne pourront prélever aucun intérêt sur les sommes prêtées aux chrétiens, ni travailler publiquement les dimanches, ni les autres jours de fêtes.

Telles sont en abrégé les constitutions du concile de Zamora. Cette simple exposition suffit pour faire remarquer que le souverain pontife don Pedro de Luna dut les avoir présentes quand il expédia la célèbre bulle de 1415. Toutefois, sans être entièrement stériles, les efforts des prélats de Castille ne purent produire les mêmes résultats que le congrès de Tortose. Les moyens employés de part et d'autre

(1) Dans ce même temps, on obligeait les Juifs de la Navarre d'obéir à la bulle d'Alexandre IV, expédiée en 1250, pour porter le costume et le signe distinctif spécifié par le quatrième concile de Latran, comme nous l'avons ailleurs remarqué. Ceci prouve que les Juifs n'observaient pas toujours avec la même exactitude les ordres des rois, et que ces derniers étaient parfois trop tolérants. Quoi qu'il en soit, il est digne de remarque de voir que, presque en même temps, on adopte, en différents points de la péninsule ibérique, les mêmes dispositions contre les Juifs pour les mêmes motifs et pour les mêmes fins.

avaient été différents. Mais passons à l'examen de l'état du royaume dont nous parlons, pendant la période que nous parcourons.

La minorité de don Juan II commença à l'âge où toutes les minorités que l'on avait vues en Castille s'étaient terminées. Tant que l'infant don Ferdinand tint les rênes de l'État, l'autorité royale fut crainte et respectée, l'altière arrogance des grands refrénée; tous ces intérêts, toutes ces passions bâtardes qui, depuis longtemps, bouleversaient la nation, qui luttaient pour se dominer et se détruire mutuellement, sévèrement renfermés dans leurs limites. Au mois de juin 1412, l'infant d'Antequera était élu roi d'Aragon; en 1418 mourait la régente doña Catherine, et, en mars de l'année suivante, don Juan II montait sur le trône de ses ancêtres; don Juan II que l'on avait tiré, pour le proclamer roi, de la reclusion où le retenait sa mère, et qui était encore à peine arrivé à l'âge de quatorze ans. A Madrid, on leva les étendards pour le nouveau roi, qui, peu de temps après, passa avec sa cour à Ségovie. C'est à Ségovie que commencèrent à se faire sentir les premiers effets de l'inexpérience de don Juan et les excès de ses partisans. « Il s'éleva tout à coup, dit le père Juan de Mariana, en racontant ces faits, il s'éleva des murmures de la part du peuple contre les gens du roi et contre ses courtisans. On fut même sur le point d'en venir aux mains et d'ensanglanter la ville. » Ce n'était que le prélude de ce qui devait arriver plus tard, et les faibles étincelles du feu caché qui menaçait d'embraser tout le royaume. Une année ne s'était pas écoulée depuis que le fils de Henri III avait ceint la couronne, quand il se vit, dans son palais de Tordesillas, assailli par l'infant don Henri d'Aragon, qui désirait à tout prix s'emparer du roi, pour disposer, contrairement à son frère don Juan, du sort de l'État. Afin de *guérir la plaie de Tordesillas, approuvant cette insulte par des solennités extérieures*, Don Henri fit convoquer les cortès à Avila. Cette convocation irrita la fierté naturelle de son frère et fut la déclaration de guerre entre eux deux. Les excès, les irrévérences commises alors contre le pouvoir royal sont sans exemple, même dans les révoltes les plus sanglantes. Le roi manquait de volonté; ses ordres étaient partout désobéis : misérable jouet des passions et de l'avarice des infants et de leurs partisans, il rencontrait à peine un sujet qui lui conservât la fidélité du serment. Pour donner à nos lecteurs une idée plus complète de l'état où finit par se trouver cet infortuné monarque, nous ne croyons pas hors de propos de transcrire ici les lignes suivantes, extraites de l'*Histoire de Ségorie*, par Diego de Colmenares (1) : « Il résulta des traitements, dit-il, des discordes plus grandes entre les deux frères, pour savoir qui des deux devait s'emparer de la personne du roi, qui, en peu de jours, se vit, dans le château de Montalvon, prisonnier de ses propres vassaux ; qui ne permettaient, pour toute provision, que l'entrée d'un pain, d'une poule et d'une petite quantité de vin, chaque jour, pour la personne royale. Les autres prisonniers furent réduits à manger les chevaux; et l'on dit que le premier mangé fut celui du roi lui-même, par son ordre, montrant déjà le courage de l'infortune et ordonnant de préparer les peaux pour le service commun. » C'est véritablement une honte de trouver à chaque pas, dans l'histoire de Castille, des récits si humiliants, qui, d'un autre côté, manifestent jusqu'à quel point était arrivée l'anarchie féodale, si souvent triomphante et si peu réprimée par les rois.

Au milieu d'une tempête pareille, sans secours aucun et à la merci de ses grands vassaux rebelles, don Juan II crut voir luire une espérance de salut, il s'y attacha de toute son âme. Don Alvaro de Luna, qui n'approuvait pas de semblables révoltes ni tant d'excès, offrit au roi son épée et ses conseils. Comme don Juan avait besoin de l'une et des autres, il n'hésita pas à accepter les services de don Alvaro; il suivit en tout ses inspirations, et il lui confia le sort de la Castille. Sans penser aux conséquences de cette mesure, sans soupçonner peut-être qu'il allait envenimer la lutte déjà commencée, le roi plaça don Alvaro dans la dure alternative de triompher ou de mourir, le revêtit de la dignité de connétable, mit dans ses mains les armées, et le fit maître de ses trésors publics. La guerre devint, en effet, une guerre à mort. On ne s'accorda de part et d'autre ni la plus légère trêve, ni le moindre répit. Les infants avaient pour eux la noblesse, un ascendant sans bornes sur la soldatesque, et, ce qui était encore plus important, d'immenses trésors. Don Alvaro comptait sur la justice de la cause qu'il défendait, sur la fidélité des villes royales, sur une valeur à toute épreuve et sur une ambition de gloire qui le poussait à affronter tous les périls, à entreprendre toutes les entreprises difficiles. Face à face avec ses ennemis, il n'éluda aucun danger, au-

---

(1) *Historia de Segovia*, de COLMENARES, chap. XXVIII.

cune difficulté; il fit respecter l'autorité du roi plus d'une fois, et il versa son propre sang pour atteindre ce but. Mais ils n'étaient pas encore arrivés, ces jours où le pouvoir monarchique devait régulariser tous les autres éléments sociaux, et la faiblesse et l'indécision de don Juan II n'étaient pas non plus propres à obtenir un triomphe complet. Ainsi, il arriva que don Alvaro souffrit l'exil quand le monarque avait le plus besoin d'appui; que ce monarque se trouva prisonnier et le jouet de ses avaricieux cousins; que son épouse et son fils même, don Henri, lui tournèrent le dos, prirent part dans les conjurations et les révoltes et le réduisirent à la dernière extrémité. Don Alvaro recouvra cependant plusieurs fois son crédit; il revint à la cour pour ranimer l'esprit troublé du roi, dont le pouvoir n'était plus qu'une ombre vaine; don Alvaro finit par terrifier ses ennemis, augmenter ses richesses et son pouvoir. Il gouverna, pendant un espace de plus de trente années, le royaume de Castille (1), sans que le roi eût d'autre volonté que la sienne, sans qu'il osât lui opposer la plus légère contradiction. Mais, fier de ses victoires et confiant dans l'affection constante du monarque, il oublia peut-être que la qualité la plus remarquable des grands hommes d'État consiste à savoir se retirer à temps. Il ne put que succomber dans une lutte qui avait coûté la vie au roi don Pedro, quoiqu'il se trouvât revêtu de la pourpre royale et que don Pedro de Luna travaillât en vertu des droits d'autrui. Le grand maître de Santiago, le connétable de Castille, l'ami et le protecteur de don Juan II, était enfin décapité sur la place publique de Valladolid. *Son corps resta exposé pendant trois jours sur l'échafaud, avec un plateau à côté pour recevoir les aumônes qui devaient servir à faire enterrer un homme qui naguère pouvait se dire l'égal des rois* (2). Le triomphe remporté par les grands sur don Alvaro était le triomphe de l'anarchie, qui devait, plus tard, attaquer le trône lui-même et jeter le masque du bien public dont elle s'était jusqu'alors couverte. Le roi don Juan quitta cette vie l'année qui

---

(1) « Pendant l'espace de trente ans, plus ou moins, il s'était tellement emparé de la maison royale, qu'il ne s'y faisait aucune chose, ni grande ni petite, que par sa volonté, à tel point que le roi ne changeait ni d'habit, ni de mets, ne recevait de domestique que par ordre de don Alvaro et de sa main. » (MARIANA, liv. XXII, chap. XII, de son Histoire générale d'Espagne.)

(2) MARIANA, *Id.*

suivit la mort de don Alvaro, dans la même ville de Valladolid et dans le même mois de juillet.

Durant les trente-cinq années de son règne calamiteux, que nous venons d'esquisser légèrement, les tentatives incessantes de la noblesse et la guerre contre les Maures, guerre entreprise avec autant de succès qu'imprudemment abandonnée, tout avait contribué à ce que la race juive se vît quelque peu délivrée des sanglantes persécutions qu'elle avait souffertes. On ne doit pas oublier, toutefois, à l'honneur de don Juan II et de don Alvaro de Luna, que, durant cette période de luttes et de soubresauts, il parut un document remarquable en faveur de ce peuple si malheureux, objet constant de la haine de la multitude. Nous voulons parler de la *pragmatique* donnée à Arévalo, le 6 avril 1443, par laquelle don Juan II prenait sous sa garde et sous sa protection, comme chose sienne et de sa chambre (*como cosa suya y de su camara*), les descendants de Juda. Cette loi, qui révoquait une des dispositions adoptées dans le concile de Zamora et dans le congrès de Tortose, forme un singulier contraste avec les ordonnances (*ordenamientos*) de la reine doña Catherine et de don Ferdinand d'Antequera. Elle semble une preuve d'indépendance espagnole, en même temps qu'elle découvre la pensée de contre-balancer les excès de l'anarchie, sur un terrain où elle s'était toujours montrée triomphante. Eugène IV avait ratifié, au moyen d'une bulle expédiée de Rome à cet effet, toutes les mesures oppressives dictées contre les Juifs. Il paraissait que l'Église romaine tendait aussi tous ses efforts vers leur extermination totale. Mais don Juan II se réserva de recourir au saint-père pour le supplier de limiter ces mesures, suivant ce qui concernait *le service de Dieu, le sien et le bien de ses royaumes* : il avait cru rencontrer dans ladite bulle une attaque contre les prérogatives de la couronne. Il ne perdit pas de vue *la défense de son droit*, et il lui observa que cette bulle fournirait un aliment à la noblesse trop turbulente, et exciterait de plus en plus les haines du peuple contre les Juifs. Ainsi donc, soit d'après les conseils de don Alvaro de Luna, ce qui est le plus vraisemblable, soit poussé par ses propres instincts, don Juan II crut qu'il devait s'opposer à un système d'oppression si cruel, et il engagea ses vassaux à les traiter *humainement, suivant que les droits et les lois l'ordonnaient*. Pour améliorer la condition des Juifs, il ne suffisait pas que le roi avertît de les traiter *buenamente.* On les avait empêchés d'exercer toute espèce de fonctions; on les avait privés de tous les moyens de commerce; on les avait renfermés dans leurs *aljamas*, sans presque aucune communication avec les chrétiens. Ce système, qui ne put, toutefois, être mis en pratique à cause de sa dureté excessive, avait produit des maux sans nombre, ruiné de nombreuses populations, opulentes en d'autres temps, et enlevé des milliers de bras au commerce et à l'industrie.

La pragmatique de don Juan II, sans contredire ouvertement l'esprit du peuple chrétien, sans donner aux Juifs une importance préjudiciable à l'État, leur ouvrait cependant les anciennes voies de prospérité, fournissait un aliment à leur activité et mettait à profit leurs connaissances des arts mécaniques. Elle leur permettait, en conséquence, l'exercice d'une foule de métiers qui leur avaient été expressément défendus depuis l'ordonnance de doña Catherine; elle les autorisait pour qu'ils pussent se livrer à certaines branches de commerce; elle leur accordait enfin une protection inusitée et les protégeait contre les caprices des seigneurs et des municipalités, à qui elle défendait, sous des peines sévères, de porter, comme ils en avaient la coutume, des ordonnances contre les Juifs; elle suspendait en même temps l'effet de celles qui existaient déjà, jusqu'au moment où elles seraient convenablement révisées et que le roi aurait résolu, à leur égard, les mesures qu'il était à propos de prendre. Mais toutes ces dispositions, si favorables aux Juifs, ne purent produire les résultats qu'on désirait, de même qu'étaient restées sans efficacité les bulles et les ordonnances dont nous avons parlé en temps et lieu. Nous l'avons indiqué et nous le répétons maintenant : la première vertu d'une loi, c'est d'être exécutable; la pragmatique de don Juan II ne remplissait pas cette condition. Eu égard à l'état de la politique de ces temps, il n'était pas possible de remplir toutes les dispositions qu'elle contenait. Faible par caractère, don Juan manquait aussi de la force matérielle nécessaire pour faire exécuter ses ordres et pour dominer l'anarchie féodale qui menaçait son trône : ainsi donc, la pragmatique que nous venons d'examiner ne peut se considérer que comme un éclair de la politique de don Alvaro de Luna, qui, combattant la noblesse et combattu par elle, *finit ses jours* sur l'échafaud.

La race juive ne put éprouver toutefois les grands bienfaits qu'elle eût pu retirer de cette loi, quoiqu'elle se soit vue plus humainement traitée pendant quelque temps.

Dans les premières vingt années du XVe siècle, il s'était néanmoins opéré des changements considérables, comme nous l'avons dit plus haut, et les prédications de saint Vincent Ferrier avaient prodigieusement augmenté le nombre des chrétiens. D'un autre côté, on avait, à Ségovie, accusé de sacrilége contre la religion chrétienne les rabbins d'une des synagogues de cette ville, et ils avaient été condamnés par l'évêque don Juan de Tordesillas à être traînés, pendus, écartelés, à voir leur synagogue confisquée et consacrée au culte catholique, sous l'invocation de *Corpus Christi*. Les Juifs, désireux de tirer vengeance d'une pareille offense, tentèrent d'empoisonner le prélat, et ils corrompirent à cet effet le maître d'hôtel dudit évêque. Mais le sort ne leur fut pas propice : le crime fut découvert, et les coupables furent condamnés au même supplice que les sacriléges. Cette conduite irrita la multitude contre les Juifs, et il fallut au pasteur offensé tout son prestige pour contenir la colère de son troupeau catholique, si prompt à passer aux voies de fait (1).

La conversion de Paul de Sainte-Marie, évêque de Burgos, celle de son frère Alvar Garcia, celle de ses enfants, Gonzalve Garcia, Alphonse et Pierre de Carthagène, chargés, le premier, par Benoît XIII de surveiller l'exécution de la bulle de Valence, et honorés, les deux derniers, de dignités civiles et ecclésiastiques ; celle de Jean Alphonse de Baena, de fray Alphonse d'Espina, de Juan le Vieux et d'autres illustres rabbins renommés par leur savoir et leur amour pour les lettres, donnaient une assez grande impulsion à la culture espagnole. On oubliait déjà les vieilles erreurs, les vieux préjugés ; on se défaisait du dédain avec lequel les grands avaient jusqu'alors considéré les sciences. Pendant que le règne de don Juan II était, sous le rapport politique, le reflet de toutes les misères, de toutes les ambitions, de toutes les faiblesses, il présentait, sous le point de vue littéraire, une brillante perspective. Depuis le roi lui-même, jusqu'au dernier seigneur de sa cour, tous cultivaient les lettres, tous essayaient leurs forces dans l'art enchanteur de la poésie, et, certes, les descen-

(1) Fray ALONSO DE ESPINA, dans son *Fortalitium fidei*; COLMENARES, *Historia de Segovia*, chap. XXVIII, paragraphe 8.

dants de Moïse ne retirèrent pas une faible partie de cette gloire, comme nous le démontrerons dans l'*Examen des œuvres littéraires des Juifs d'Espagne*. On aurait pu s'attendre, en voyant les rabbins convertis occuper des postes si distingués, qu'ils jeteraient un regard protecteur sur leur peuple, misérable troupeau qu'ils privaient de leurs pasteurs et qu'ils laissaient à la merci de ses instincts grossiers, mais il n'en fut pas ainsi : soit qu'à la vue de la lumière de l'Évangile, les convertis aient conçu une haine véritable contre le judaïsme, soit qu'ils aient cherché à se concilier la bienveillance publique par un excès de zèle pour la religion nouvellement embrassée, ce qui est certain, c'est que, par leurs actes, par leurs écrits, par leurs prédications, ils manifestèrent une intolérance plus grande que les chrétiens même, et ils furent cause du renouvellement des persécutions qu'ils autorisèrent par leur exemple. Déjà, dans le chapitre précédent, nous avons longuement parlé de Jérôme de Sainte-Foi, dont l'aversion pour le judaïsme ne pouvait être plus profonde. Paul de Sainte-Marie, dit de Burgos, allait encore plus loin, et donnait le titre de *saint* aux persécuteurs. Frère Alphonse d'Espina réunit dans un livre tous les excès commis par les Juifs contre la religion chrétienne, pour qu'ils pussent rester fixés dans la mémoire et augmenter ainsi la haine contre le peuple proscrit. Cette conduite des convertis, tout en leur assurant à eux des distinctions et des récompenses, ne pouvait que rejaillir au préjudice de leurs anciens compatriotes. La situation à laquelle ces derniers se voyaient réduits étaient la plus triste et la plus difficile. Les lois ne leur prêtaient déjà plus la moindre protection ; les tribunaux étaient composés d'ennemis déclarés ; leurs frères leur tournaient le dos et devenaient leurs plus terribles accusateurs ; le commerce et l'industrie avaient disparu au milieu des révoltes, et l'affermage des rentes royales avaient été arraché de leurs mains, l'année même où don Alvaro de Luna était décapité pour rassasier la vengeance des nobles (1).

(1) « Le roi, après avoir recouvré Escalone, ville de don Alvaro, vint à Avila, où il appela l'évêque de Cuenca et le prieur de Guadelupe, frère Gonzalve d'Illescas, et se détermina à les nommer gouverneurs. Il fut résolu que les villes se chargeraient de toucher les rentes royales, en écartant toute cette vermine infernale de fermiers et de receveurs. » (COLMENARES, *Histoire de Ségovie*, chap. XXX.) Cependant, il ne fut pas possible de dessaisir les Juifs de la perception et du fermage des rentes royales, à cause de l'état même de pénurie où se trouvait la nation.

Tel était l'état de la Castille, tel était l'aspect que présentait la nation juive au point de vue politique et religieux, quand monta sur le trône de saint Ferdinand un roi jeune, sans expérience ; un roi qui, livré aux suggestions du favoritisme, avait attenté contre le pouvoir royal, animé les seigneurs turbulents, et s'était plongé dans la boue des révoltes et des conjurations. Ce roi, c'était Henri IV, à qui l'histoire donne le surnom d'*Impotente* (Impuissant). Le favori était don Juan Pacheco, vieille créature du grand connétable don Alvaro, contre qui il avait aiguisé l'arme de l'intrigue, et dont l'ingratitude n'avait été rassasiée que lorsqu'elle avait fini par obtenir sa perte et sa ruine complète. Que pouvait-on attendre d'un roi qui avait caressé la sédition, brisé tous les liens, manqué aux devoirs que lui imposaient son sang, le bien-être de la nation, la religion et la morale? Que pouvait-on espérer d'un favori qui avait commencé sa carrière par vendre celui qui l'avait favorisé, par conspirer contre lui jusqu'à le mener sur l'échafaud? L'avenir de la Castille était couvert de nuages, les malheurs qui la menaçaient étaient grands; la Providence ne pouvait s'empêcher d'être juste envers un roi semblable, et celui qui avait une fois manqué à toutes les obligations d'un homme bien né, de tout noble chevalier, ne pouvait non plus s'assujettir à travailler toujours loyalement et pour le bien commun du souverain et de ses peuples.

Les événements qui se passèrent dès lors en Espagne ne purent être plus conformes à de si fatals précédents. Don Henri, qui ne pouvait ne pas voir le danger auquel il s'était lui-même exposé vis-à-vis des grands, chercha à neutraliser leur influence et à contenir leur arrogance. « Pour s'assurer des nobles mécontents et peu sûrs, écrit un chroniqueur respectable, il agrandissait des petits, sans réfléchir qu'il pouvait leur donner la fortune, mais non la valeur, et qu'il augmentait ainsi le ressentiment des mécontents. » C'est ce qui arriva en effet : les grands, qui avaient si souvent foulé le sentier de la révolte, comprirent à leur tour qu'on attentait aussi à leurs intérêts. Comme ils l'avaient fait contre le roi don Juan, avec don Henri à leur tête, ils se réunirent contre ce dernier, dès l'an 1460, pour lui imposer le joug de leurs caprices ; ils commencèrent, dès ce moment, la lutte opiniâtre tant de fois reproduite pour transpercer et combattre, en désespérés, l'autorité royale. A don Juan Pacheco, marquis de Villena, que la valeur, l'astuce et l'audace pour toute espèce d'entreprise rendaient terrible, avait succédé, dans la faveur du roi, don Bertran de La Cueva, qui fut honoré de la maîtrise de Santiago. Don Juan Pacheco ne put s'empêcher de s'associer aux révoltés, parmi lesquels il figurait en première ligne, et il poussa le désir de la vengeance jusqu'à tramer une horrible conspiration où son rival devait, dans le palais même de son souverain, payer de sa vie les grâces qu'il avait reçues de don Henri. Nous devrions longuement nous étendre, si nous nous étions proposé de tracer ici le tableau que présente la Castille dans ces temps calamiteux : les confédérations contre le roi, les dangers dont il se vit entouré, les insolences des grands, dont la discorde était habilement atisée, au détriment du ministère élevé qu'il exerçait, par don Alonso Carrillo de Acuña, archevêque de Tolède, sont autant de faits qui réclament en vérité plus de développement que ne le comporte le plan de ces *Études*. Toutefois, pour donner une idée du degré auquel s'élevèrent les excès commis contre la personne royale et contre la société entière par le pouvoir tyrannique des grands de Castille, il suffit, selon nous, de rappeler à la mémoire le scandale auquel assista la cité d'Avila le 5 juin 1463, et nous n'avons qu'à citer le passage de l'*Histoire générale* de notre sévère Mariana : « Les révoltés, rapporte-t-il, s'accordèrent pour entreprendre à Avila une action mémorable. Les chairs tremblent, quand on pense à un affront si grand pour notre nation. Mais il est bon de la relater, pour que les rois apprennent, par cet exemple, d'abord à se gouverner eux-mêmes, puis à gouverner leurs vassaux, et à voir combien grandes sont les forces de la multitude irritée ; que l'éclat du nom royal et sa grandeur consistent plus dans le respect qu'il inspire que dans les forces ; que le roi, si on le considère de près, n'est autre chose qu'un homme amolli par les plaisirs. Ses ornements, son écarlate, de quoi lui servent-ils, sinon de manteau pour couvrir les grandes plaies et les graves douleurs qui le tourmentent ?... Si les serviteurs l'abandonnent, il n'en est que plus misérable ; par l'oisiveté et les plaisirs, il sait plutôt commander qu'agir, mais il ne sait trouver un remède à ses besoins. La chose se passa de la manière suivante : hors des murs d'Avila, on éleva un échafaud de bois, sur lequel on plaça la statue du roi don Henri avec ses habits royaux et les autres insignes de la royauté, le trône, le sceptre et la couronne : les seigneurs se réunirent, une multitude infinie de peuple accourut.

Alors un héraut lut, à haute voix, la sentence qu'ils prononçaient contre lui (le roi), où étaient relatés les méfaits et les actes abominables qu'il avait commis, disait-on. Pendant qu'on lisait la sentence, on dépouillait, peu à peu et à certains intervalles, la statue de tous les insignes royaux; en dernier lieu, en la couvrant des opprobres les plus grands, on la jeta en bas de l'échafaud. » En vérité, on ne pouvait offrir un spectacle plus répugnant, ni, d'autre part, plus digne d'une noblesse habituée à de pareils crimes. Ceux qui avaient battu des mains avec un enthousiasme frénétique quand le bâtard de Transtamare retira fumante encore la dague fratricide des flancs du roi don Pedro; ceux qui, en voyant rouler sur l'échafaud la tête du connétable, avaient éclaté en cris d'allégresse, étaient certainement bien placés dans un tableau semblable à celui que nous a tracé notre illustre jésuite (1). Don Henri expiait à Avila le manque de respect et les excès auxquels il s'était porté contre son père : la Providence apparaissait dans sa justice.

Quel était alors le sort de la population juive ? Réduits à la dernière extrémité, privés de tous les moyens qui leur avaient rendu supportable leur existence précaire, les descendants de Juda éprouvèrent aussi de leur côté une réaction terrible. Le fanatisme religieux qui leur faisait supporter tant de peines, qui leur donnait quelque énergie au milieu de leurs fatigues et de leurs angoisses, ne put que s'exalter chez ces malheureux, quand ils rentrèrent en eux-mêmes. Il les poussa au crime et les fit se couvrir du sang de victimes innocentes, alors que le courage leur manquait pour lutter face à face contre les puissants. Dès les commencements de l'*impuissant* don Henri, les Juifs furent le point de mire de la fureur des révoltés. Il sembla que cette race malheureuse était condamnée à recevoir tous les coups et à servir d'enclume sur lequel toutes les colères venaient frapper. En 1460, les grands imposèrent au fils de don Juan II comme condition expresse pour déposer les armes, celle de *chasser de son service, et même de ses États, Juifs et Maures, qui souillaient la religion et corrompaient les mœurs* (2). C'est une chose certainement

---

(1) Liv. XXIII, chap. ix.

(2) Non-seulement on prétendait que les Juifs fussent expulsés de la Castille; mais, au mépris de la morale de l'Évangile, on les obligeait avec violence à recevoir les eaux du baptême, au milieu de la désolation dont ils étaient victimes. « Au temp

étrange que de voir ces hommes, si jaloux de la religion et de la morale, offenser en même temps l'une et l'autre. Mais ce n'était qu'un prétexte pour opprimer, plus qu'ils ne l'étaient, les descendants de Juda, et pour imposer la loi à don Henri en flattant les passions du peuple. Ce dernier ne négligeait pas, de son côté, les occasions d'offenser ceux que tout le monde abandonnait. Oubliant les dispositions que son père avait prises à l'égard des collecteurs royaux, don Henri avait de nouveau employé les Juifs à la perception des revenus de la couronne. La même chose était arrivée en Navarre. « A Tolosa, ville de la Guipuzcoa, le commun du peuple massacra, le 6 mai, un Juif nommé Gaon. L'occasion de ce meurtre fut que, pendant que le roi était dans le voisinage, à Fontarabie, le Juif se mit à percevoir une espèce d'imposition appelée le *pedido*, sur lequel il y avait eu anciennement de grandes altérations parmi ceux de cette nation, et qui, pour le présent, supportaient avec peine qu'on détruisit leurs priviléges et leurs libertés. » Tel est le récit d'un historien célèbre se rapportant à l'année 1461. L'assassinat de Gaon resta impuni; les collecteurs juifs de Navarre et de Castille souffrirent une persécution sanglante que l'on aurait pu considérer comme heureuse, si la populace, déjà échauffée, se fût contentée de maltraiter les percepteurs.

C'est ainsi que s'amoncelaient dans toute l'Espagne les éléments de combustion, en même temps que se préparaient les scènes que la Castille devait offrir plus tard aux regards du monde entier. Le roi don Henri se trouvait à Ségovie, quand, l'année même dont nous venons de parler, il s'éleva entre deux moines une discussion des plus ardentes sur le traitement que l'on devait faire aux Juifs, discussion qui s'empara de la chaire de l'Esprit-Saint, et mit la cour dans la consternation. L'un, avec l'acrimonie et la légèreté la plus grande, critiquait le *libre trato que con los de aquella nacion se tenia* (le libre

---

du roi don Henri, quatrième de ce nom, écrit l'auteur d'un livre très-rare intitulé *el Alborayque*, fils du roi don Juan II et frère de la reine doña Isabelle (qu'il ait une sainte gloire!), il y eut une destruction et un massacre en toute l'Espagne dans les aljamas des Juifs, lesquels furent passés au fil de l'épée. Un grand nombre de ceux qui survécurent se convertirent et furent baptisés, plus par force et par crainte que de bon gré. » Ces scènes, qui se reproduisirent durant tout le règne de don Henri, prouvent que l'esprit religieux et fanatique du siècle n'acceptait plus en Espagne la présence de la race juive, comme nous le remarquerons plus loin.

traitement dont on usait à l'égard de ceux qui appartenaient à cette nation) et prédisait des maux sans nombre à tout le royaume qui le tolérait ; pendant que l'autre prêchait et proclamait les maximes de l'Évangile, et que, protégé par les canons et les lois de Castille, il défendait cette race infortunée. Plus d'une fois, ces partisans des deux religions furent sur le point d'en venir aux mains. Le premier aurait fini par atteindre son but, si le roi ne se fût rangé du parti du second ; le roi, qui n'adopta cependant aucune mesure pour arrêter le feu qui se répandait dans tous ses domaines (1). Les Juifs, qui trouvaient tant de contradictions, qui voyaient partout se former des croisades pour leur extermination, guidés par un vif sentiment de vengeance et de fanatisme, hâtaient leur perte par les erreurs auxquelles ils se livraient, par les cruautés qui blessaient l'humanité, et ils donnaient une idée complète de leur avilissement général. Plusieurs fois, on les avait accusés de commettre des sacriléges contre la religion chrétienne, et ceux qui avaient été convaincus de délits si scandaleux avaient subi des châtiments exemplaires. On les soupçonnait d'immoler à leur fanatisme offensé des enfants ou d'autres victimes innocentes ; mais ces faits n'avaient pu se prouver et étaient restés à l'état de conjectures plus ou moins vraisemblables, jusqu'à ce qu'un acte cruel, et digne seulement d'âmes dépourvues de sentiments élevés, vint, à ce que l'on raconte, éclaircir les soupçons et donner le signal terrible attendu depuis longtemps par les ennemis du judaïsme.

On rapporte donc qu'en l'année 1468, au temps où toute la chrétienté célébrait la passion du Sauveur du monde dans la ville de Sépulvéda, les Juifs, conseillés par Salomon Picho, rabbin de leur synagogue, s'emparèrent, à ce qu'il paraît, d'un enfant, l'emmenèrent dans un lieu retiré, se livrèrent sur lui à toute espèce d'outrages, et finirent par lui enlever la vie sur une croix, comme leurs ancêtres avaient mis à mort le Rédempteur. Tel est le fait. Vrai ou faux, il fut bientôt divulgué, et il apparut aux yeux de la multitude comme un crime épouvantable. « Cette faute, comme beaucoup d'autres consignées dans les mémoires du temps, se répandit et parvint à la connaissance de l'évêque don Juan Arias d'Avila, qui, en qualité de juge

---

(1) Mariana, liv. XXIII, chap. vi de son *Histoire générale*.

suprême alors des affaires de la foi, instruisit cette dernière. Le crime fut prouvé, et le juge fit saisir, à Ségovie, seize Juifs des plus coupables. Les uns périrent par le feu, les autres furent traînés et pendus. » Tel est le récit d'un célèbre chroniqueur qui rapporte ce fait mémorable. Le châtiment infligé par le zélé évêque ne satisfit pas toutefois les habitants de Sépulvéda, outragés et tremblants pour la vie de leurs tendres enfants. Ils avaient juré l'extermination de ces Juifs fanatiques, et, animés du désir de la vengeance, ils s'en prirent à eux dès qu'ils surent que l'évêque don Juan Arias se contentait de l'exemple qu'il avait fait : ils les maltraitèrent dans leurs propres demeures, en immolèrent la plus grande partie à leur fureur, pendant que le reste prenait la fuite. Les Juifs coururent à d'autres villes pour rencontrer un asile, mais la renommée de leur crime, vrai ou supposé, avait donné de la force à tous les soupçons. Dans toutes les villes, on avait réveillé quelque tradition semblable à l'attentat de Sépulvéda, et tous les chrétiens se crurent obligés de renouveler les scènes qui, un siècle auparavant, avaient inondé de sang Séville, Cordoue, Burgos, Valence, Barcelone, Lérida, Tudela et d'autres cités de l'Espagne.

Jusqu'alors, tous les traits avaient été dirigés contre les Juifs qui persistaient dans leur opiniâtreté à nier la venue du Messie ; au milieu même des révoltes et des massacres, on avait respecté la vie et les biens de ceux qui embrassaient le christianisme. La persécution présentait déjà un autre aspect : jusqu'alors on n'avait abhorré que l'incrédule, déjà on haïssait le descendant de Juda pour le seul fait de l'être ; jusqu'alors on avait prodigué les honneurs et les récompenses à ceux qui abjuraient le judaïsme, à présent on ne les regardait plus qu'avec défiance, on doutait de leur sincérité, on ne leur dressait plus que des embûches. Ce changement radical dans l'opinion des chrétiens ne peut faire moins que de s'offrir comme digne d'un sérieux examen, examen qui sera d'autant plus facile à nos lecteurs, que, dans la narration des faits, nous avons pris un soin tout particulier d'en exposer les causes. Les chrétiens n'avaient plus besoin, en effet, du secours du peuple juif comme dans les siècles précédents : leurs conquêtes au dedans et au dehors de l'Espagne, l'étude et la connaissance des écrivains de l'antiquité, et beaucoup d'autres causes, avaient contribué à donner une grande impulsion à la civilisation espagnole, sans qu'on puisse nier toutefois, pour juger avec impartialité, l'influence exercée par les rabbins qui avaient reçu le baptême, comme nous l'avons observé plus haut et comme nous le dirons avec plus de détails dans l'*Essai* suivant. A ces raisons de conscience, venaient s'ajouter les haines récentes : le sort des Juifs, dans la péninsule Ibérique, était déjà jugé ; il ne restait plus qu'à exécuter le terrible arrêt qui pesait sur eux.

Les prétentions à la couronne de Castille de l'infante doña Isabelle, à qui les nobles l'avaient offerte plusieurs fois, fournirent l'occasion contraire aux Juifs, et l'on commença cette espèce de croisade qui se termina par leur expulsion de toute l'Espagne. Le roi don Henri se trouvait à Ségovie, sa ville favorite, quand il reçut une ambassade des Juifs et des convertis de Valladolid, qui lui demandaient son aide et sa protection contre les injures qu'ils souffraient de la part des partisans de ladite princesse, qui était venue pour sa part porter remède à tant de tumulte, quoique peu s'en était fallu que les révoltés *ne lui eussent manqué de respect, ne lui eussent fait quelque injure.* Le sang avait coulé, mais pas en abondance; on avait foulé aux pieds les lois, et il était nécessaire que l'impunité vînt sanctifier de pareils excès : en effet, don Henri se contenta de voir rentrer dans son pouvoir la ville qui était à la dévotion de doña Isabelle et de don Ferdinand. Il parvint à apaiser le tumulte, mais il n'offrit aucune satisfaction aux convertis, qui, en vertu des lois, jouissaient de tous les droits communs de Castille. Il s'écoula un peu plus de deux ans après cet attentat, quand la plus grande partie des villes d'Andalousie prit les armes pour en finir avec tous les descendants d'Israël, soit ceux qui avaient reçu le baptême, soit ceux qui restaient fidèles à la religion de leurs ancêtres. Certains historiographes, dignes sans doute de toute estime, se travaillent pour rechercher les causes de ces faits, et finissent par prétendre que l'avarice et la supercherie des Juifs furent le motif principal de la jalousie des chrétiens. Pour nous, nous croyons qu'il n'est pas nécessaire de se tourmenter pour trouver d'autres causes que celles que nous avons indiquées plus haut. Si l'on suit la loi naturelle des choses, sans perdre de vue les événements, il nous semble facile de deviner ce qui devait arriver en effet. Pour comprendre jusqu'à quel point fut poussée la rage des persécuteurs, nous ne croyons pas hors de propos de copier les lignes suivantes, extraites d'un auteur célèbre : « Cette tempête commença, dit-il, à Cordoue. Le peuple, furieux, se déchaîna contre cette malheureuse race, sans crainte aucune du châtiment. Les personnes sages regrettaient ces actes et disaient que c'était un châtiment de Dieu, parce qu'un grand nombre d'entre eux (des convertis) avaient quitté et apostasié la religion chrétienne qu'ils avaient auparavant embrassée. Cordoue fut imitée par d'autres populations et d'autres villes de l'Andalousie. Mais la violence de cette tempête tomba sur Jaën. Le connétable Iránzu prétendit protéger cette race, pour qu'on ne leur fît aucune injure; il voulut tenir tête à la fureur du peuple. Cette protection fut cause que la haine et la jalousie de la multitude se tournèrent contre lui; de telle sorte qu'il se trama, un jour, une conspiration contre lui, et qu'on le massacra dans une église où il entendait la messe. » Le vertige qui s'était emparé des chrétiens n'était certainement pas aussi facile à contenir que l'ont assuré quelques écrivains étrangers de notre époque; sa fureur n'épargnait rien, sa soif de vengeance ne respectait rien. Les lois n'auraient fait qu'augmenter les conflits, et la protection accordée déjà aux Juifs n'aurait fait que multiplier les victimes.

Le mouvement de l'Andalousie fut bientôt suivi par la Castille. Les grands, mécontents et inquiets, profitèrent de ce nouveau prétexte pour réaliser leurs éternelles prétentions. Parmi les faits qui appellent le plus l'attention sur ce point, on doit citer indubitablement ce qui se passa à Ségovie, en 1474. Il entrait dans les vues de don Juan Pacheco, qui pensait, à force d'intrigues, recouvrer son ancien crédit auprès du roi don Henri, d'expulser de l'alcazar de Ségovie son gardien, Andrés de Cabrera, époux de doña Béatrix de Bobadilla, dame d'honneur de la princesse doña Isabelle, auprès de qui elle jouissait d'une grande confiance. Pour atteindre son but, il séduisit un grand nombre de personnes distinguées de cette ville et se concerta avec elles. Sous prétexte de suivre l'exemple de ceux qui poursuivaient les Juifs convertis, on devait se réunir et s'armer, puis, quand le piège serait dressé, on devait tomber sur don Andrés de Cabrera, l'emprisonner, s'emparer du château, comme il le désirait, et peut-être du roi lui-même. On sut ce projet, par hasard, quelques heures avant sa réalisation, qui devait avoir lieu le dimanche 16 mai. Cabrera eut à peine le temps de se préparer et d'accourir à la défense des convertis de la ville. La sédition éclata enfin ; Ségovie tout entière se vit remplie de gens en armes qui tombaient sur les maisons des convertis, détruisaient tout et massacraient tous les malheureux qui se trouvaient sur leurs pas. Le massacre de cette race infortunée eût été immense, si le gardien du château ne fût arrivé avec une bonne poignée de soldats pour arrêter tant de carnage et comprimer les mutins. Les partisans des deux factions en vinrent enfin aux mains, et semèrent les rues de cadavres. La victoire parut longtemps indécise, quoique les soldats du roi combattissent avec plus d'ensemble et fissent une épouvantable boucherie. Ils triomphèrent enfin des conjurés partout où ils osèrent se montrer, et cette fois le sang versé des descendants de Juda fut un peu vengé, bien que leur condition ne fût pas pour cela améliorée. Tel est, en résumé, l'issue de la conjuration de don Juan Pacheco, qui n'eut toutefois à subir aucun châtiment pour un pareil attentat.

Le peuple chrétien, poussé par ses instincts de haine et de vengeance contre les Juifs, s'était couvert de leur sang parce qu'ils étaient les ennemis de sa foi et de sa religion, parce que, animé par ce noble sentiment que ses périls continuels dans la lutte constante avec les Sarrasins avaient exalté, il concevait des soupçons sur ceux qui n'adoraient pas le même Dieu que ses pères avaient vénéré. En cela, il faut confesser que le fanatisme agissait impérieusement ; mais il ne faut pas non plus perdre de vue qu'il y avait aussi quelque chose de sacré et de patriotique, et que, d'un autre côté, toute la responsabilité ne doit pas retomber sur la multitude. Ce qu'on ne saurait concevoir, c'est qu'au milieu du XVe siècle, siècle du marquis de Santillana et de Jean de Mena, de Georges Manrique et de don Henri d'Aragon, il se soit trouvé un grand de Castille qui, pour réaliser un froid calcul de son ambition et de sa politique, ait été prompt à immoler une multitude de familles vivant sous la sauvegarde des lois, et qui, séparées du milieu juif par une abjuration complète de leurs erreurs, ne pouvaient jamais s'attendre à des attaques de cette espèce. Ce fait explique le misérable état où en étaient venu les affaires à cette époque. Insister davantage sur son examen, ce serait peut-être détruire l'effet qu'il produit (1).

(1) La conduite de don Juan Pacheco, contre les convertis, est d'autant plus surprenante, qu'il coulait du sang juif dans ses veines. Doña Maria Fernandez Tavira,

Les Juifs qui habitaient les autres provinces espagnoles loin de la Péninsule, n'avaient pas une condition meilleure. « Cette année, 1474, fut particulièrement mémorable en Sicile, écrit le P. Mariana, pour le massacre que l'on fit des Juifs au sein des villes, au milieu des populations. La multitude, furieuse, sans en savoir la cause, prenait les armes sans tenir compte des ordres du vice-roi don Lope de Urrea, sans respect pour eux, sans être corrigée par la justice qu'il fit de quelques-uns des coupables. Elle immola un grand nombre de personnes de cette malheureuse race, saccagea et pilla leurs maisons (1). » Quand les lois ni les autorités ne pouvaient servir de digue à des inondations si sanglantes, il était facile de deviner ce qui était préparé aux descendants du peuple d'Israël.

La mort de don Henri, arrivée l'année même que nous venons de citer, changea entièrement l'aspect de la Castille. Mais nous devons considérer, dans le chapitre suivant, le règne heureux des rois catholiques, et de cette manière nous toucherons au terme de notre analyse historique.

qui contracta mariage avec Lope Fernandez Pacheco, souche de cette branche, était une descendante du Juif Rui Capon, dont parle le comte don Pedro de Portugal : don Juan était petit-fils de doña Maria; il n'était donc pas par conséquent si éloigné de la race juive, pour qu'il puisse en aucune manière se disculper, sous ce point de vue, d'un si cruel attentat. (*Voyez le Tizon de España*.)

(1) *Histoire générale*, liv. XXIV, chap. III.

CHAPITRE VII

Règne des rois catholiques. — Leurs conquêtes. — Leur politique.

1474 — 1492.

Répartition faite aux Juifs en 1474. — Son examen. — Résumé. — Proclamation de doña Isabelle Ire. — Plan de gouvernement des rois catholiques. — Union des couronnes d'Aragon et de Castille. — Création des conseils de Castille, d'État, de Finances, d'Aragon. — Établissement du Saint-Office. — Commencement de la conquête de Grenade. — Prise de Zahara. — La guerre éclate. — Surprise d'Alhama. — Batailles de Lucena et de Lopera. — Siège de Malaga. — Juifs brûlés, captifs. — Fermiers juifs. — Assaut et prise de Grenade. — Décret d'expulsion des Juifs.

Avant de passer à l'examen du règne du roi don Ferdinand et de doña Isabelle, il nous semble convenable d'étudier un document curieux et important qui fait connaître l'état des Juifs au milieu du XVe siècle. Nous voulons parler de la *répartition faite aux aljamas de la couronne de Castille, des service et demi-service* qu'ils devaient payer en l'année 1474, où le roi don Henri passa de vie à trépas. La première observation qui frappe les yeux, quand on a dans ses mains ledit document, ne peut que paraître contradictoire, si l'on se rappelle les dispositions répétées des cortès et des rois, sans oublier la bulle de Benoît XIII, que nous avons analysée dans notre avant-dernier chapitre. Les cortès de Valladolid avaient ordonné l'abolition des droits d'entrée (*almojarifazgos*); don Pedro de Luna, reproduisant les lois des *Parties*, avait interdit aux Juifs les fonctions publiques; don Juan II de Castille avait ordonné que les villes se chargeraient de la perception de toutes les rentes publiques; et cependant le *repartimiento* (la répartition) dont nous parlons, porte en tête ces mots : « Señores, receveurs généraux du roi notre seigneur, la répartition que moi, Rabbi Jacob Aben Nuñez, physicien du roi notre seigneur et son *juez major*, distributeur des services et demi-services que les aljamas des Juifs de ses royaumes et seigneuries doivent payer chaque année à sa seigneurie, je la porte à quatre cent cinquante mille maravédis, que lesdites aljamas doivent payer à Son Altesse pour les service et demi-service de cette année mil quatre cent septante-quatre. » Comment donc, contrevenant aux lois et décrets antérieurs, les Juifs étaient-ils non-seulement les *percepteurs et collecteurs du roi*, mais s'intitulaient-ils encore ses *jueces mayores* et les distributeurs des services ordinaires? Ces faits, qui apparaissent en contradiction flagrante avec l'esprit qui animait la masse commune des chrétiens, ne laissent pas de doute sur le misérable état où en étaient venues les affaires dans ces temps. Ni la certitude de la violation des lois, ni les menaces des grands confédérés, ne purent amener don Henri à se défaire des Juifs qui répartissaient et recevaient les impôts, quoique le peuple castillan protestât de toutes ses forces par les massacres contre cette race proscrite. Les Juifs montraient-ils, par hasard, plus d'intégrité ou plus d'exactitude dans la perception des contributions? On ne peut affirmer la première assertion sans faire une grave offense à nos ancêtres, offense qui tournerait peut-être à la calomnie. La seconde nous parait plus probable : les Juifs, enclins au gain passif, pour ainsi dire, plus accoutumés à souffrir les insultes et à supporter l'odieux de semblables fonctions, devaient offrir à l'État des résultats plus satisfaisants que les receveurs des villes, surtout à une époque où l'on n'avait encore établi, dans l'administration des finances publiques, d'autre système que celui qu'ils avaient eux-mêmes introduit dans les siècles précédents. C'est là une matière à laquelle on eût dû nécessairement réfléchir, avant que les rois et les cortés de Castille eussent promulgué les lois et décrets dont nous venons de parler. L'administration des Juifs était jusqu'à un certain point nécessaire au XVe siècle, comme elle l'avait été dans les siècles antérieurs. Don Henri, malgré ses faiblesses, malgré l'indolence de son caractère, ne put négliger l'état des revenus publics, ni penser à la création d'un nouveau système, lui qui n'avait pas même le temps de résister aux persécutions des grands de son royaume.

D'autres raisons, qu'on ne pouvait oublier d'aucune manière, existaient aussi pour que ce fût des personnes de la nation juive qui répartissent les contributions entre les aljamas. Il n'était pas possible de trouver chez les chrétiens toute l'impartialité nécessaire pour faire aux Juifs une répartition équitable et légale. La mesure qui empêchait les chrétiens d'être témoins dans les affaires et les procès des Juifs semblait l'avoir prévu (1). C'eût été détruire d'un seul coup la race proscrite, et priver l'État des richesses par lesquelles elle contribuait à son soutien, à son agrandissement. Cette mesure avait donc l'avantage de concilier la justice avec les convenances; et ces deux considérations devaient être d'un grand poids dans l'esprit des rois, que les révoltes, les séditions obligeaient parfois à violer le droit des gens et à laisser impunis les massacres des Juifs. Dans le document en question, Rabbi Jacob Aben Nuñez est appelé *juez mayor*. Ce titre ne laisse pas que de piquer vivement la curiosité. Dans la bulle de Valence, de 1415, nos lecteurs ont pu remarquer que l'article quatrième établit, pour les descendants d'Israël, l'impossibilité *d'exercer les fonctions de juge*, même dans les causes qui pourraient s'élever entre eux; ce qui équivalait à les livrer entièrement au pouvoir de leurs ennemis héréditaires. Comment se fait-il que, cinquante-neuf ans après, on trouve un *juez mayor* à côté d'un

(1) Rien de plus remarquable que les dispositions consignées, à cet égard, dans la plus grande partie des *fueros municipales* de nos anciennes villes. D'après quelques-unes de ces lois particulières, qui varient suivant que l'exige l'intérêt de la localité, les Juifs avaient des juges entièrement indépendants des chrétiens pour leurs procès et pour leurs causes criminelles. Dans d'autres *fueros*, l'indépendance des Juifs n'est pas si absolue; ils sont soumis à des juges, à des gouverneurs ou à des alcaldes chrétiens. Si on leur laissait la liberté de plaider avec des témoins de leur race et de leur loi, on ne permettait pas aux chrétiens de s'entremêler dans leurs disputes, dans leurs procès. Certains *fueros* et *cartas pueblas* déterminent aussi la forme sous laquelle on doit procéder dans les désaccords survenus entre Juifs et chrétiens, et fixent les droits réciproques des deux populations. Ici il fallait deux Juifs pour contre-balancer le dire d'un chrétien; là on requérait le témoignage de trois pour qu'il eût crédit légal contre un chrétien. Ailleurs, enfin, la loi exigeait le serment de cinq Juifs pour compléter la preuve juridique. Cette diversité de garanties était en tout point indispensable au moyen âge. Les municipalités accueillaient et traitaient les Juifs, non-seulement en raison des services qu'elles pouvaient en recevoir, mais aussi en raison de ceux qu'elles en avaient déjà reçus. Il résultait de là, comme nous l'avons déjà démontré dans cet *Essai*, qu'il y avait des villes où les Juifs jouissaient des mêmes prérogatives que les hidalgos (*Fueros d'Albarracin, de Ségovie, de Nagera, Sobrarve, Sépulvéda, Cuenca*, etc.)

roi de Castille. Benoît XIII avait mis un soin tout spécial à nommer les personnes qui devaient faire exécuter ses décrets dans ce royaume. Le décret dont nous parlons était tombé en désuétude, ou bien n'avait pas reçu d'exécution, pour des raisons analogues à celles qui obligeaient les rois d'avoir des Juifs pour répartir les impôts. Tout cela était, en somme, le résultat du temps où régnait la confusion la plus grande, où les faits, loin de s'accorder avec les principes, venaient, au contraire, contredire les lois reçues et jurées par l'État.

Dans l'examen du *repartimiento* (de la répartition), on doit observer un point principal, c'est que les Juifs payaient aux rois, pour lesdits *service* et *demi-service*, la somme annuelle de quarante-cinq maravédis par chaque habitant ou tête de famille. Cette contribution qui, dans les siècles antérieurs, avait produit au trésor public des sommes considérables, était, d'un autre côté, la plus sûre. Elle ne se trouvait sujette ni aux votes des cortès, ni aux fluctuations d'une politique absurde et le plus souvent contradictoire, ni aux calamités éventuelles du pays. Mais, en 1474, elle paraissait infiniment réduite, par suite des persécutions fréquentes et de la ruine qu'avait eues à souffrir une multitude de *juiveries* célèbres. C'est, effectivement, un fait assez remarquable d'observer, dans le document que nous avons sous les yeux, que les aljamas de Tolède, de Cordoue, de Séville, de Burgos et d'autres cités importantes à cette époque, produisaient au trésor des sommes insignifiantes jusqu'à un certain point, tandis que d'autres villes payaient des quantités considérables, tout en ayant une population bien plus réduite, et ayant à peine une signification dans la Péninsule. Toutefois, quand on se rappelle les désastres de 1391 et de 1392, où le fer et le feu désolèrent ces cités fameuses; que l'on se remet en mémoire les prodigieuses prédications de saint Vincent Ferrier, qui, dans quelques-unes d'elles, ramenèrent au sein de l'Église des milliers d'israélites; en jetant, enfin, un regard sur le spectacle auquel une grande partie de l'Espagne venait d'assister, on peut reconnaître aisément que les richesses dont les Juifs jouissaient dans ces capitales devaient avoir presque entièrement disparu, malgré la constance que la race proscrite avait déployée dans l'adversité, et que les Juifs avaient dû, par leur commerce et leur industrie, aller enrichir des populations ignorées.

La couronne de Castille, si l'on en juge par le *repartimiento* en question, comptait alors environ deux cent dix-sept aljamas, et c'était entre les habitants des villes où elles étaient que devait être répartie la somme totale de quatre cent cinquante mille maravédis demandée pour les *service* et *demi-service* de l'année précitée. En appliquant la règle ci-dessus mentionnée sur la contribution que les Juifs payaient au monarque, et en se représentant que chaque maravédis valait alors six deniers, on peut donc calculer avec quelque fondement que, vers le commencement du dernier tiers du XVe siècle, on comptait seulement dans les évêchés de Castille douze mille maisons juives, ou, ce qui revient au même, soixante mille âmes. La distribution, faite par Rabbi Jacob Aben Nuñez, donne le résultat suivant :

Les aljamas de l'évêché de Burgos	30,800 maravédis.
Celle de Calahorre.	30,100
Celles de Palencia.	54,500
Celles d'Osma	19,600
Celles de Sigüenza..	15,500
Celles de Ségovie.	19,750
Celles d'Avila.	39,950
Celle de Salamanque et de Ciudad-Rodrigo. . . .	12,700
Celles de Zamora.	9,600
Celles de Léon et d'Astorga.	37,100
Celles de l'archevêché de Tolède.	64,300
Celles de l'évêché de Placencia.	57,300
Celles de l'Andalousie (1).	59,800
TOTAL. . . .	451,000 marav. (2).

(1) Sous cette dénomination, Rabbi Jacob comprend toutes les aljamas de a Basse-Estramadure. Il prévient que celles de l'Andalousie étaient peu nombreuses et qu'elles produisaient peu, pour des causes que nos lecteurs connaissent déjà.

(2) Les mille maravédis qui excèdent ce résultat sont peut-être les droits du répartiteur Rabbi Jacob ou de son employé. Que l'on compare ce total avec la répartition de 1292 produite plus haut, et l'on reconnaîtra la décadence où était tombée la population juive, les pertes qu'avaient éprouvées les revenus de la couronne, des églises et de la noblesse par les fréquentes et sanglantes persécutions exercées sur les Juifs. Le commerce, auparavant prospère et puissant, était devenu de tout point insignifiant. Les marchandises les plus précieuses étaient réduites aux prix les plus infimes. Si nous ajoutons foi au témoignage de quelques écrivains, la vare de drap de Bruxelles ne se vendait que cinquante maravédis *vieux*; celle de Lombay, de quarante-huit à cinquante-deux, et celle de drap d'Échillon, soixante *nouveaux*, et soixante *vieux* les riches draps de Montpellier, de Londres et de

Telle est donc la somme par laquelle les descendants du peuple de Moïse contribuaient à supporter les charges de l'État, dans les temps ordinaires, quand la guerre avec les Sarrasins n'exigeait pas de nouveaux impôts. On ne peut nier que, même dans les temps de paix, ces contributions ne fussent considérables et n'eussent été véritablement importantes sous les règnes antérieurs. Quand les guerres avec les Maures mettaient les rois dans la nécessité de recourir aux cortés pour leur demander de nouveaux impôts, les juiveries, qui avaient toujours eu leurs richesses en vue, bien qu'elles eussent

---

Valence. L'écarlate de Gand n'était pas en plus grande estime. Tout était donc le résultat de l'intolérance des chrétiens, qui, dès le siècle précédent, avaient manifesté la pensée formelle d'en finir avec la race proscrite, sans réfléchir qu'ils tarissaient en même temps les sources de la prospérité publique. Ainsi, non-seulement le nombre des familles juives diminua considérablement en Castille, à force de massacres et de persécutions, mais un grand nombre de villes, où les *juiveries* étaient très-nombreuses, furent dépeuplées. Cette intolérance des Castillans contrastait toutefois avec les efforts que faisaient les rois de Navarre, après la mortalité de 1391, pour peupler de nouveau les aljamas incendiées. Non-seulement on avait dispensé les Juifs des impôts en différentes occasions, mais, à partir de 1430, Charles III accorda directement sa protection aux Juifs, grâce à la médiation de son médecin Rabbi Joseph Orebuena, *juez mayor* des aljamas de Navarre. Néanmoins, ses efforts pour rétablir le commerce des Juifs furent totalement infructueux. La même chose arriva en 1469 à la reine Leonor, qui offrit aux Juifs, *forajidos*, poursuivis de Castille, toute espèce de garanties et de sécurités. L'exemple des funestes excès dont ils avaient été victimes, la crainte de les voir répétés, les avaient remplis de frayeur. Les uns allaient chercher le repos dont ils manquaient chez les nations étrangères ; les autres enfouissaient leurs trésors dans les entrailles de la terre pour les mettre ainsi à l'abri de l'avarice et de la rapacité de la multitude. Il en résulta une rareté étonnante du numéraire, rareté qui obligea le négligent don Henri à augmenter la valeur de l'argent. « Au temps de ce seigneur et roi don Henri, écrit Gonzalez de Castro dans sa *Déclaration de la valeur de l'argent*, le marc d'argent augmenta, à ce qu'il paraît, de 1,250 maravédis, des maravédis de sa monnaie ; et, par ordre du roi, le marc valut 2,250 maravédis ; chaque réal valait dès lors 34 maravédis, et ledit marc d'argent 66 réaux et 6 maravédis, et chacun de ces maravédis valait un peu plus qu'un maravédis. » (Édition de Madrid, 1658.) Tout prouve jusqu'à l'évidence l'état de pénurie publique où se trouve la Castille dans ces temps. Cet état est pleinement confirmé par la lecture de la vingtième pétition des cortés de Madrigal en 1476, où l'on demandait avec instance aux rois catholiques de prohiber toute exportation d'espèces, leur déclarant que *l'impunité ferait sortir de leurs royaumes le peu de monnaie d'or, d'argent et de billon qui y était restée, et qu'ils seraient dès lors entièrement pauvres*. Les rois catholiques ne purent s'empêcher d'accorder ce que les cortés demandaient (*Cuadernos de cortés*, publiés par l'Académie royale d'histoire. — *Collection de documents pour l'histoire monétaire de l'Espagne*, par don Juan Baptiste Barthe ; Madrid, 1843).

caché les grands capitaux, les juiveries, dis-je, n'étaient certainement pas les moins chargées. La répartition dont nous parlons se termine de la manière suivante : « Ils sont complets lesdits quatre cent cinquante et un mille maravédis que lesdites aljamas desdits juifs doivent donner audit seigneur roi, pour lesdits service et demi-service de cette dite année de mil quatre cent soixante-quatre ans, de la manière qu'il a été dit : ce qui est écrit en quatre feuilles de papier de ce format, écrites des deux côtés, avec la page commencée où je signe mon nom. Cette répartition fut faite dans la ville de Ségovie. RABBI JACOB ABEN NUÑEZ. » Dans ce document, ne furent pas compris les droits et contributions que les Juifs payaient aux prélats et aux chapitres, sous la forme que nos lecteurs connaissent déjà.

Don Henri IV mort, presque tous les châteaux et toutes les cités de la couronne élevèrent les étendards royaux en faveur de sa sœur doña Isabelle, que la Providence avait élue pour guérir les blessures qui affligeaient la Castille. Les prétentions du roi de Portugal n'eurent pas plus de succès que ses armes n'eurent de bonheur pour défendre les droits de doña Jeanne, la *Beltraneja*, dont le parti affaibli n'eut d'autre ressource que de se soumettre à la loi de la force, tout en protestant contre l'usurpation que commettait l'épouse du prince don Ferdinand. La bataille de Toro et la bonne administration des nouveaux souverains assurèrent la paix à la Castille, et à Isabelle Ire la tranquille possession de la couronne, à laquelle vint bientôt se réunir, par la mort de Jean d'Aragon, cette monarchie qui avait porté déjà la réputation de son nom dans les pays les plus éloignés et conquis un royaume au centre de l'Europe. La réunion de l'Aragon et de la Castille ne put que produire les effets les plus favorables à l'agrandissement de l'Espagne et de l'autorité royale, jusqu'alors bafouée et outragée. Doña Isabelle était douée d'un cœur magnanime et d'un talent remarquable ; don Ferdinand, d'une énergie sans bornes, d'une pénétration qui tournait à l'astuce. Instruits tous deux dans l'art de gouverner par l'exemple des bouleversements et des révoltes passées, ils comprirent quel était le besoin le plus pressant de l'État, s'ils voulaient le voir délivré de petits tyrans, et ils dirigèrent tous leurs pas vers le but qu'ils s'étaient proposé. Quand la reine catholique s'assit sur le trône de saint Ferdinand, elle se vit dans l'obligation de flatter l'ambition d'un grand nombre de nobles par des dons et des honneurs, afin de fortifier son parti et d'assurer son triomphe : c'était là un obstacle contre lequel on ne pouvait lutter de front sans se contredire, et cet obstacle empêchait à son tour la réalisation de la pensée d'unité que l'autorité royale avait dû concevoir, dès qu'elle se vit forte et puissante. D'un autre côté, il était indispensable de jeter les fondements des grandes réformes qu'exigeait l'état général de la civilisation, et que l'état de la nation espagnole réclamait impérieusement. L'administration civile se trouvait dans un chaos épouvantable : on manquait, comme nous l'avons démontré, d'un système financier; le conseil des rois avait été jusqu'alors une institution informe, avec aussi peu d'influence que peu d'importance dans les affaires publiques; enfin, rien n'était solide ni stable, tout était sujet aux changements et aux caprices d'une oligarchie féodale, ambitieuse et turbulente qui, comme l'observent de graves historiens, ne respectait rien, et qui tenait la couronne dans l'impuissance. Dans la lice qui s'ouvrait devant les rois catholiques, d'agiles combattants avaient déjà succombé : elle était encore fumante du sang de don Alvaro de Luna, et la statue de Henri IV brûlait encore dans la plaine d'Avila. Mais il était aussi décrété que le siècle des grands crimes et des grands excès devait être aussi le siècle de l'expiation et des réparations; et doña Isabelle Ire et don Ferdinand furent appelés pour exécuter ce juste décret de la Providence.

L'impétuosité de certains rois et la faiblesse de quelques autres avaient toujours assuré le triomphe des grands de Castille. Doña Isabelle avait une valeur suffisante pour affronter les dangers d'une pareille lutte; don Ferdinand avait la réserve et la finesse indispensables pour cacher ses plans politiques, sans manquer, en outre, de la constance nécessaire pour les développer complétement. Deux athlètes formidables et de forces gigantesques s'étaient donc réunis pour entrer en lutte : séparés, ils auraient peut-être pu succomber en combattant comme des braves; réunis, il était impossible de les vaincre et de les humilier. Aussi, dès leurs premiers actes, ils comprirent la nécessité suprême d'organiser le pays, et ils donnèrent dès lors des preuves non équivoques de cette politique prévoyante, constante et inflexible qui devait soumettre à l'élément monarchique tous les éléments sociaux qui avaient jusqu'alors existé dans un divorce complet; ils élevèrent la nation espagnole au-dessus des autres nations de l'Europe, et firent voler ses étendards victorieux sur tout l'espace qui sépare les deux mondes. Depuis six ans, ils régissaient les destinées de la Castille; depuis un an, ils se nommaient rois d'Aragon, quand ils posèrent la pierre angulaire de ce superbe édifice. La création des conseils de Castille, de finances, d'État et d'Aragon, dictée en 1480, limita les attributions de l'administration en général, donna la vie à un nouvel ordre de choses, et dut produire les résultats les plus satisfaisants. Inutile, ce nous semble, de nous arrêter ici à énumérer les bienfaits que donna presque immédiatement l'installation des deux premières corporations. Le conseil de finances en finit, une fois pour toutes, avec la plaie des *receveurs* et des *collecteurs* juifs, ouvrit les portes à un système plus rationnel et en même temps plus conforme aux instincts et aux inclinations de la multitude, par le seul fait d'être purement chrétien, et ce système devait produire les plus grands biens, en évitant des abus considérables. Tout se soumit, dès lors, à des règles fixes et déterminées : les rois surent le chiffre auquel s'élevaient les rentes royales dans toute l'étendue de leurs domaines; les peuples ne se virent plus affligés, sans nécessité, d'impôts excessifs, et ils bénirent les souverains qui les allégeaient d'un poids semblable.

Mais pendant que les rois de Castille et d'Aragon déployaient tant de zèle, pendant qu'ils travaillaient de tous leurs efforts à la félicité de leurs vassaux, ils n'oubliaient pas, d'une part, la dette dont ils avaient hérité de leurs ancêtres à l'égard des mahométans; comme ils ne perdaient pas de vue, d'autre part, tout ce qui importait à la tranquillité de leurs royaumes, pour ne pas y voir se répéter les attentats de Cordoue, de Valladolid et d'autres villes contre la race juive. Les fréquents excès que commettait cette dernière, exaspérée par les persécutions et l'exaltation du fanatisme religieux des deux populations, exigeaient que l'on pensât à la création d'un tribunal qui résumât les pouvoirs des évêques, uniques autorités qui avaient jusqu'alors entendu des causes de la foi, et évitât en même temps les scandales de Sépulvéda et de Ségovie, et le crime qui, dans les années dont nous parlons, se consomma à Guardia (1), où les Juifs cru-

(1) Le martyre de l'enfant de Guardia est une des premières causes instruites par le tribunal de Tolède. Le résultat du procès fut de faire brûler vifs les Juifs et de placer sur les autels l'innocent martyr.

cifièrent un enfant, après lui avoir arraché le cœur, par le côté, pendant qu'il respirait encore; tribunal qui défendit ce peuple incrédule des excès et des injures des chrétiens. Cette pensée était juste, elle était impartiale et en rapport avec l'état prospère de l'Espagne. C'est ainsi que le comprirent les rois catholiques, et le *tribunal de l'Inquisition* fut créé, en même temps que les conseils ci-dessus mentionnés. Ce tribunal a eu, il a encore un grand nombre d'ennemis : condamnée par les uns, sa création a été jugée par d'autres comme l'unique moyen par lequel les rois d'Aragon et de Castille atteindraient le but qu'ils pouvaient et devaient se proposer. Nous nous arrêterions de bon gré ici pour exposer ce que nous en pensons; mais le désir de tracer le tableau complet du règne de ces princes, d'heureuse mémoire, nous porte à laisser cette importante question, étroitement liée avec celle de l'expulsion des Juifs, pour un autre chapitre.

« En l'année 1478 arriva, aux portes de Grenade, un cavalier espagnol au port orgueilleux, à l'allure des plus nobles, qui venait, comme ambassadeur des rois catholiques, réclamer l'arriéré du tribut (1). Il s'appelait don Juan de Vera; c'était un dévot et zélé chevalier, plein d'ardeur pour la foi et de dévouement pour la couronne. Il venait, parfaitement monté et armé de toutes pièces, accompagné d'une faible escorte, mais bien préparée. Les habitants maures regardaient ce petit, mais brillant échantillon de la noblesse castillane, avec un mélange de curiosité et de morgue, en le voyant entrer par la fameuse porte d'Elvire avec cette gravité et cette majesté qui distinguent les chevaliers espagnols. La fière contenance, la force et la constitution physique de don Juan, qui le rendaient apte aux entreprises militaires les plus ardues, les faisaient s'imaginer qu'il venait pour gagner renom et renommée en rivalisant avec les cavaliers de Grenade dans les tournois et dans les carrousels, qui étaient si célèbres chez eux. En effet, dans l'intervalle des guerres, les guerriers des deux nations se livraient ensemble à ces exercices chevale-

---

(1) Le tribut, auquel on fait ici allusion, consistait en deux mille doubles d'or par an que les rois de Grenade payaient à ceux de Léon et de Castille. Ils leur livraient en même temps six cents captifs chrétiens, ou, à leur défaut, un égal nombre de Maures en qualité d'esclaves. Jusqu'à l'époque ci-dessus, les stipulations consenties avaient été fidèlement remplies. Muley Hacen, en montant sur le trône de ses ancêtres, en 1465, s'était refusé à payer ce tribut; de là la réclamation des rois catholiques. (GAMBAY, *Comp.*, liv. IV, chap. XXV.)

resques. Mais quand ils apprirent qu'ils étaient venus pour demander le tribut, si odieux à leur fougueux monarque, ils dirent qu'il fallait bien un chevalier de la force et du courage semblable à celui que montrait Juan de Vera, pour avoir accepté une semblable ambassade.

« Assis sous un dais magnifique et entouré des grands du royaume, Muley Aben Hacen reçut don Juan de Vera dans le salon des ambassadeurs, salon des plus somptueux de l'Alhambra. Le Castillan exposa l'objet de son voyage, et, quand il eut fini, le superbe monarque lui répondit d'un air colère et d'un ton dédaigneux : *Allez, et dites à vos rois que les rois de Grenade qui payaient tribut aux chrétiens sont morts depuis longtemps, et qu'à Grenade on ne forge plus que des cimeterres et des fers de lance contre nos ennemis.* C'est avec cette réponse, messagère d'une guerre cruelle, que l'ambassadeur castillan revint se présenter à son monarque. »

Voilà comment un historien anglo-américain, Wasington Irving's, rapporte le principe de la conquête de Grenade, source inépuisable de souvenirs pour le peuple chrétien, merveilleuse épopée des temps modernes, où deux civilisations différentes entrèrent en lutte : l'une, riche et florissante, quoique énervée déjà par les délices et les joies sensuelles ; l'autre, dans un état de développement et d'agrandissement, après avoir admis l'influence de pays étrangers, après avoir ramené presque entièrement à un centre commun les éléments qui, jusqu'alors, avaient tourné dans des orbites différents et éloignés. Les rois catholiques eussent répondu à cette déclaration téméraire du roi de Grenade par le fracas des armes, s'ils ne s'étaient vus engagés alors dans la guerre de Portugal, s'ils n'avaient été occupés à faire taire les prétentions des grands. Mais quand ils furent débarrassés de ces dangers et que la noblesse fut tranquille, ils tournèrent leurs regards vers ce beau coin de l'Espagne, et se proposèrent, suivant l'expression du même roi Ferdinand, *de tirer, un à un, tous les grains de cette tant convoitée Grenade*. La prise de Zahara par le roi Hacen vint, en 1481, offrir aux souverains de Castille l'occasion, si désirée, d'entreprendre la guerre, sans rompre la trêve conclue entre les deux royaumes.

Le marquis de Cadix, don Rodrigo Ponce de Léon, que les écrivains contemporains appellent le *miroir de la chevalerie (espejo de la caballeria)*, fut le premier qui eut la gloire de donner aux mahométans une preuve de l'ennui des rois catholiques, en s'emparant d'Alhama, forteresse située au centre même du pays maure. Cette victoire fut suivie de beaucoup d'autres prouesses, de beaucoup d'autres conquêtes. Tous les grands de la cour d'Isabelle et de Ferdinand prirent pour eux l'offense de Zahara, et il tomba alors sur l'empire arabe de l'Andalousie une nuée d'armées qui se fondirent bientôt toutes en une seule, à la tête de laquelle se mit le roi Ferdinand. Ainsi la noblesse castillane, sans penser peut-être aux conséquences qui devaient en résulter, poussée par le sentiment et la soif de la gloire, contribuait à fortifier le pouvoir royal qu'elle avait, auparavant, combattu en désespérée; ainsi s'accomplissaient les lois du progrès de l'humanité, et l'unité triomphait; l'unité, cette pensée politique qui, dans les siècles antérieurs, avait coûté tant de victimes.

La surprise d'Alhama fut suivie de quelques événements plus ou moins favorables qui exaltèrent l'enthousiasme belliqueux des champions castillans et les engagèrent plus vivement dans la lutte déjà commencée. La malheureuse expédition de Loja, la désastreuse bataille d'Axarqia furent bientôt vengées par la bataille de Lucena, où Boabdil, le roi de Grenade qui devait succéder à son père Hacen, fut fait prisonnier; par celle de Lopera, où le marquis de Cadix vengea la mort de ses frères; par la prise de Zahara, assiégée par le même marquis, et par d'autres victoires non moins considérables. Coin, Cartama, Ronda, Cambil, Alhabar et Zalea, toutes places fortes de la plus haute importance, tombèrent sous l'empire de la croix, en l'année 1485. Dans les années suivantes, Loja, Illora, Moclin, Velez-Malaya et Malaga, un grand nombre d'autres châteaux et d'autres forteresses éprouvèrent le même sort. De toutes parts les étendards castillans triomphaient du croissant; partout les hymnes de victoire résonnaient, et à ces accents d'allégresse répondaient les bénédictions de ceux qui, voyant les liens de leur triste captivité brisés, couraient étreindre dans leurs bras leurs frères, leurs pères et ceux qu'ils saluaient du nom de libérateurs (1). Mais ces pathétiques et

(1) On voit encore, à l'extérieur de Saint-Jean des Rois, de Tolède, un grand nombre de chaînes que les chrétiens traînaient dans leur captivité, et qui, dans ces dernières années, ont été profanées par ceux qui auraient dû veiller à leur conservation avec le plus grand soin. (*Tolède pittoresque*, 1845.)

tendres spectacles ne se présentèrent pas toujours sans mélange de peines et de supplices. Quand Ferdinand se rendit maître de la dernière ville ci-dessus énumérée, il eut le regret de rencontrer, parmi la multitude mahométane, quelques chrétiens qui, abandonnant leur foi, désertant leur drapeau, avaient combattu avec un acharnement plein de rage pour la défense de ses murailles. Il en trouva aussi d'autres qui, après avoir abjuré le judaïsme dans les terres de Castille, avaient de nouveau professé leurs vieilles erreurs : les premiers furent condamnés à mourir à coups de roseaux pointus *(acañareados)*; les seconds périrent par le feu.

« Quatre cent cinquante Juifs mauresques qui se trouvaient dans la ville furent rachetés par un autre Juif, riche fermier de Castille, qui paya pour eux vingt mille doubles d'or, et il les prit sur deux galères armées. » C'est là ce que rapporte un historien respectable dans le récit de la conquête de Malaga. On pourrait en dire autant d'un grand nombre d'autres villes sarrasines, habitées par beaucoup de Juifs, qui vinrent augmenter le nombre des vassaux de Castille.

Quel était cependant le sort des Juifs qui demeuraient au milieu des chrétiens? A la faveur de la guerre, qui avait ébranlé tous les fondements de la société espagnole, absorbé l'attention générale, fortement engagé grands et petits, la condition des descendants de Juda s'était considérablement améliorée. Les armées, plus nombreuses, plus permanentes qu'elles ne l'avaient été jusqu'alors, avaient besoin de fournisseurs qui employassent longtemps à l'avance leurs capitaux à l'achat des vivres. Cette espèce de commerce entrait parfaitement dans le genre de spéculation à laquelle les Juifs se livraient constamment. Aussi répandirent-ils leurs trésors de toutes parts pour acquérir les fournitures, non sans recevoir, en échange de ces sacrifices, des profits exorbitants. De cette manière, la coopération des Juifs était nécessaire et utile à la réalisation des espérances des rois catholiques et de la nation entière. Il résulta de là que si les chrétiens ne les regardaient pas avec affection, ce qui était impossible, ils suspendaient du moins l'effet de leurs rancunes. Les Juifs donc, en suivant constamment les armées chrétiennes, en pourvoyant à leurs besoins, rendirent, grâce au zèle et à la prévoyance éclairée de la reine catholique, d'importants services à la cause du christianisme, bien qu'ils fussent toujours attirés par l'appât du gain (1). Cette condition pouvait-elle être durable? Voilà ce que nous nions, et ce que les faits démontrèrent plus tard.

Les rois catholiques étaient maîtres de Baza; Zagal, un des plus terribles ennemis des chrétiens, était soumis : ils avaient arraché un à un *les grains* de cette Grenade si chérie des Arabes; il ne leur restait plus qu'à faire un dernier effort pour lancer hors de l'Espagne les Maures décontenancés. A Baza, rien n'avait manqué à l'armée de Castille durant ce siége long et opiniâtre. « Ce n'étaient pas seulement les choses nécessaires à la vie qui abondaient dans le camp royal, mais même celles de commodité et de luxe, dit un chroniqueur célèbre. »

« Sous la protection des escortes, mus par leur intérêt, continue-t-il, les commerçants et les artisans accoururent de toutes parts à ce grand marché militaire, où s'établirent bientôt des magasins de toute espèce, des ateliers de divers genres : des armuriers qui travaillaient ces riches casques et ces cuirasses qui faisaient l'ornement des chevaliers chrétiens; des selliers et des bourreliers avec leurs harnais resplendissants d'or et d'argent; des marchands dont les boutiques renfermaient en abondance des tissus précieux, des brocarts, des toiles fines, des tapisseries; enfin tout ce qui peut flatter le goût d'une jeunesse adonnée à la magnificence. » C'est ainsi que les Juifs avaient servi la cause des rois catholiques : il n'était pas probable qu'à la vue de la métropole maure, ils se montrassent moins jaloux de leurs propres intérêts.

(1) Parmi les Juifs qui se distinguèrent le plus dans ces spéculations, on compte don Abraham Senior et don Isahak Abarvanel, qui jouissaient parmi leurs coreligionnaires d'une grande autorité non-seulement par leurs richesses, mais encore par leurs grandes connaissances, surtout le dernier, sur qui nous donnerons quelques détails dans l'*Essai* suivant. Ces deux Juifs, d'après le témoignage d'Emmanuel Aboab, auteur de la *Nomologie*, *prirent sur eux la masse des rentes royales*. Cette circonstance les mit en étroit contact avec les rois catholiques, qui leur accordèrent quelque temps leur confiance. Les moyens dont ils se servirent pour augmenter leur avoir, déjà considérable, et leurs gains illicites qu'ils ne cachaient pas même aux rois, leur fit à la fin perdre la faveur de ces souverains. Il ne manque pas d'écrivains qui attribuent aux méchancetés de ces Juifs, et surtout de don Isahak Abarvanel, la cause de l'expulsion décrétée en 1492. Pour nous, nous croyons que les rois catholiques voyaient avec aversion les usures des Juifs, mais nous ne pouvons accorder que ce fut là la cause exclusive d'une résolution si grande et si transcendante. Nous dirons en son lieu, sur cette question, ce que nous savons.

Ce siége opiniâtre dura plus d'un an. Chaque jour on bravait de nouveaux dangers, chaque jour amenait de nouveaux exploits. L'enthousiasme religieux enflammait la jeunesse de Castille, qu'animait la présence des deux rois. Rien ne manqua aux troupes royales : les convois allaient et venaient dans les délais fixés ; le prix des comestibles et même des objets de luxe restait invariable ; on jeta, au milieu de la plaine, les fondements d'une ville nouvelle, pour établir plus commodément les boutiques et les habitations. Dans tout cela, il faut bien l'avouer, les Juifs d'Espagne eurent une part active. S'ils ne s'étaient pas trouvés en Espagne, les chrétiens eux-mêmes se seraient bien consacrés à de pareils travaux, les chrétiens qui ne pensaient qu'à partager la gloire des batailles; mais il n'en fut pas ainsi, tant pour cette raison que pour bien d'autres analogues : aussi une multitude de Juifs s'enrichirent de plus en plus, et se rendirent, par ce fait même, plus incompatibles encore avec la population chrétienne.

Enfin, le 2 janvier 1492, succombait, en Espagne, le dernier boulevard d'un empire qui avait duré sept cent soixante-dix-huit ans. L'ambition, le beau idéal d'Isabelle et de Ferdinand par rapport aux Sarrasins, s'étaient accomplis : il leur restait quelque chose à faire pour réaliser leurs plans politiques, et jamais ils n'avaient eu mieux qu'alors l'occasion d'exécuter leurs projets. Cette conquête les entourait d'un prestige immense ; personne ne pouvait contredire leurs volontés, personne n'aurait osé s'opposer à leurs desseins. Il y avait à peine trois mois que les lions de Castille et les barres d'Aragon flottaient sur le palais de l'Alhambra, quand les rois catholiques prirent une de ces résolutions qui, sans la fermeté de caractère des deux, eût suffi pour effrayer d'autres monarques. C'est dans l'Alcazar des rois maures qu'Isabelle et Ferdinand signaient ce terrible décret qui condamnait à s'expatrier cent soixante-dix mille familles (1), habitant, d'après quelques historiens, dans l'étendue des domaines chrétiens. On leur donnait seulement un délai de quatre mois pour sortir d'Espagne, ou on les obligeait, dans l'autre cas, à recevoir le baptême. Ce décret remplit de consternation ceux qui,

---

(1) Plus tard, nous ferons quelques observations sur ce point. Mais on ne peut s'empêcher de faire remarquer ici que ce nombre est exorbitant.

naguère, pensaient que le temps des persécutions était déjà passé ; il fut même désapprouvé, en secret, par un grand nombre de chrétiens, chez qui le sentiment religieux n'avait pas dégénéré en fanatisme. La multitude y applaudit toutefois avec l'enthousiasme le plus vif, et les rois catholiques ne reçurent pas moins de bénédictions pour cette mesure que pour la conquête de Grenade.

CHAPITRE VIII

Les rois catholiques introduisent l'élément royal dans les tribunaux spéciaux de la foi.

1480.

Établissement de l'Inquisition. — Opinions diverses sur ce tribunal rapportées par le père Juan de Mariana. — Fut-il ou non utile à l'agrandissement de la nation espagnole? — Examen de cette question. — Jean Wiclef. — Jean Huss, Jérôme de Prague, prédécesseurs de Luther. — Unique moyen de constituer l'unité religieuse, comme garantie indispensable de l'unité politique. — Élément appelé à former un tribunal semblable. — Excès des premiers inquisiteurs. — Torquemada. — Instructions publiées par lui. — Effets du Saint-Office. — Résumé des doctrines exposées. — Pertes causées à l'Espagne par la durée du Saint-Office comme moyen de gouvernement. — Charles V. — Les trois Philippe. — Charles II, l'Ensorcelé.

« Mais ce qui donna à l'Espagne un sort plus heureux, une condition plus avantageuse, fut l'établissement qui se fit alors en Castille d'un nouveau et saint tribunal, composé de juges sévères et graves, pour rechercher et punir les crimes d'hérésie et d'apostasie, juges autres que les évêques, qui avaient anciennement charge et pouvoir pour de pareilles fonctions. A cet effet, les pontifes romains leur conférèrent autorité et commission, et l'on ordonna aux princes de les aider de leur crédit et de leur puissance. On appela ces juges *inquisiteurs*, à cause de l'office qu'ils remplissaient, de rechercher et d'enquérir; usage déjà reçu dans beaucoup d'autres contrées, telles que l'Italie, la France, l'Allemagne et même le royaume d'Aragon. Le principal auteur et l'instrument de cette institution si salutaire fut le cardinal d'Espagne. Il voyait que la grande liberté des années précédentes, la facilité avec laquelle Maures et Juifs se mêlaient aux chrétiens dans toute espèce de société et de commerce, portaient le désordre dans un grand nombre d'affaires du royaume. Cette liberté devait nécessairement corrompre quelques chrétiens, et surtout de ceux qui abandonnaient la religion chrétienne, qu'ils avaient volontairement embrassée, en quittant le judaïsme ; religion chrétienne qu'ils apostasiaient encore, en revenant à leurs anciennes superstitions... L'expérience a démontré que cette institution fut très-salutaire, bien que, dès le principe, elle parut très-pesante aux Espagnols. Ce qui leur paraissait surtout étrange, c'était de voir les fils payer les fautes de leur père ; qu'on ne connût, qu'on ne déclarât pas l'accusateur ; qu'on ne le confrontât pas avec l'accusé ; qu'on ne publiât pas les noms des témoins, usages entièrement contraires à ce qui se pratiquait, depuis les temps anciens, dans les autres tribunaux. Il leur paraissait, en outre chose nouvelle, que de semblables péchés fussent punis de mort, et, ce qui était plus grave, c'est que, dans ces perquisitions secrètes, on leur enlevait la liberté d'écouter et de parler entre soi, parce que dans les villes, les villages, les hameaux, il y avait des personnes préposées à donner avis de ce qui se passait, conduite que certains regardaient comme une servitude des plus graves et équivalant à la mort... D'autres pensaient qu'on ne devait pas punir de mort de pareils coupables ; mais, après cette peine, ils avouaient qu'il était juste qu'ils fussent châtiés par toute autre espèce de supplice. De cet avis fut, entre autres, Fernando del Pulgar, personnage d'un esprit fin et élégant, et dont l'histoire de la vie et des actions du roi don Ferdinand est imprimée. D'autres, dont l'avis était à la fois meilleur et plus juste, jugeaient que ceux qui osaient ainsi violer la religion et changer les cérémonies sacrées de leurs pères, n'étaient pas dignes de vivre. »

Voilà comment le père Juan de Mariana rapporte l'établissement du Saint-Office, dont nous nous proposons de parler dans ce chapitre. Il donne en même temps une idée des diverses opinions qui se manifestèrent à sa création, et il exprime aussi la sienne sur un sujet si important. Depuis cette époque jusqu'à nos jours, où ce tribunal si funestement fameux a été aboli, les opinions ont été indubitablement les mêmes, quoiqu'il n'ait pas été possible de les émettre en tout temps avec la même sécurité, ni la même sincérité. Toutefois, il a été nécessaire, de nos jours, de combattre fortement les opinions qui paraissaient favorables à l'Inquisition et à ses défenseurs, pour obtenir un triomphe complet et généralement désiré. Quand les passions politiques ébranlaient profondément les bases de la société, quand tous les efforts, tous les désirs tendaient à obtenir l'émancipation de la pensée, tristement enchaînée jusqu'alors dans les cachots du Saint-Office, il semblait naturel qu'on dirigeât, non-seulement de vigoureuses attaques contre le tribunal à l'ombre duquel on avait commis tant d'excès, mais même qu'on enveloppât dans un commun anathème la pensée qui lui avait donné naissance, et que certains noms, respectables à tant de titres, devinssent l'objet de l'exécration publique. A présent que ce dangereux et colossal ennemi est renversé, qu'il ne reviendra plus, pour le bonheur de l'Espagne, nous effrayer de ses terribles phalanges, la modération et l'impartialité de la critique doit succéder à l'exaltation des passions. Le but de la critique doit être la recherche de la vérité, et c'est à la trouver que doivent tendre les efforts de tous ceux qui comprennent l'importance de l'histoire et qui veulent prendre dans le *passé* des leçons salutaires pour l'*avenir*.

L'établissement de l'Inquisition fut-il contraire aux intérêts de la monarchie espagnole, ou plutôt ne contribua-t-il pas à la former, en resserrant autant que possible les liens qui venaient d'unir des provinces sans accord? Ce tribunal est-il sorti d'une pensée politique féconde en résultats, ou a-t-il été le triomphe de l'élément théocratique sur les autres éléments de la société? Telle est, à notre avis, la formule sous laquelle on doit présenter des questions aussi ardues, si l'on veut en retirer quelque lumière pour l'histoire. Le champ qui se déroule à nos yeux est grand et vaste, et nous devrions nous y arrêter longtemps, si nous nous proposions de donner toute l'étendue qu'il exige à l'examen des deux propositions ci-dessus. Dans la nécessité où nous sommes d'exprimer sommairement notre jugement sur cette institution, pour compléter l'étude que nous faisons des vicissitudes par lesquelles sont passées les Juifs d'Espagne, nous nous bornerons à exposer nos observations avec toute l'impartialité possible.

Certains auteurs renommés ont affirmé que frère Thomas de Torquemada, confesseur de Ferdinand V et premier inquisiteur général, avait arraché à Isabelle la Catholique, avant son mariage, la promesse formelle, si elle montait sur le trône, de poursuivre tous ceux qui ne croiraient point en Jésus-Christ. Nous ignorons, en vérité, sur quel fait ils ont pu s'appuyer pour penser ainsi. Isabelle la Catholique ne pouvait faire de semblables promesses à un moine obscur, comme l'était alors Torquemada; si elle les avait faites, nous ne pensons pas qu'elle se fût crue dans l'obligation de les accomplir, elle qui avait eu depuis assez de motifs pour déplorer les scènes sanglantes qui se passèrent en Castille. L'origine de l'établissement de l'Inquisition, contradictoire avec cette opinion inexacte, doit être, selon nous, recherchée autre part. La nation espagnole avait été composée, jusqu'au règne des rois catholiques, de divers royaumes indépendants, royaumes qui avaient des lois, des mœurs, et même des croyances religieuses différentes; royaumes qui, par leur situation géographique, pouvaient difficilement se considérer comme parties intégrantes d'un même empire. Vers la fin du XV° siècle, elle apparut avec une nécessité grande qu'elle ne pouvait s'empêcher de satisfaire, pour accomplir la loi du progrès de l'humanité, pour recueillir le fruit de tous ses efforts, de tous ses sacrifices. Dans la longue période de huit siècles, où les provinces combattirent isolément, quoique animées de la même pensée, l'élément politique avait fini par se fondre, pour ainsi dire, dans l'élément religieux. Les Espagnols, purifiant de plus en plus les croyances de leurs ancêtres, défendues avec une héroïque valeur sur les champs de bataille, avaient noyé les cités et les villes dans le sang infidèle, aiguillonnés qu'ils étaient par le cri de prêtres fanatiques. Les rois avaient à peine pu châtier de pareils excès, commis contre l'humanité au nom de la religion. Quand Isabelle et Ferdinand s'assirent sur le trône d'Aragon et de Castille, ils comprirent qu'ils avaient à remplir un devoir sacré, et à assurer en même temps le repos de la nouvelle monarchie.

Alors naquit la pensée de l'*unité politique* de l'Espagne, et elle y naquit comme elle ne pouvait s'empêcher d'y naître, enveloppée dans la pensée de l'*unité religieuse*. Pour créer, pour soutenir la première, la seconde condition était nécessaire. La première ne pouvait se défendre par les armes, appelées à étendre les limites de l'empire, parce que là où l'uniformité de croyances n'existe pas, là où il n'y a pas identité d'intérêts, tous les efforts humains se brisent contre l'impossible. C'était donc la seconde qui devait être le gage de la tranquillité intérieure de la monarchie, le lien commun de tous les intérêts : c'est elle qui devait porter la paix au sein des consciences timorées, la protection à ceux qui en avaient besoin, le repos à tous, et cicatriser les blessures encore ouvertes, faites à l'industrie par la bulle de Benoît XIII. Pouvait-on atteindre le but au moyen d'un édit? Au moyen d'une loi votée par les cortès, pouvait-on réaliser cette pensée naturellement née de la réunion des deux couronnes? Les rois catholiques, qui venaient d'apaiser à peine des révoltes opiniâtres, avaient-ils l'assurance que tous leurs vassaux contribueraient de la même manière à la développer, et qu'on ne viendrait pas du dehors troubler le repos de leurs peuples? Le premier moyen était irréalisable, vu la diversité de caractères, de mœurs et de coutumes, eu égard au grand nombre de Juifs et de Sarrasins qui vivaient alors au milieu des chrétiens. L'expérience vint bientôt démontrer le second.

Dès que les prédications de Jean Wiclef, en Angleterre, vers le milieu du XIV⁰ siècle, eurent troublé la paix du catholicisme, en proclamant que l'Église romaine n'était pas la tête des autres Églises; que le clergé ne pouvait posséder de biens temporels, et qu'on ne devait pas grever le peuple jusqu'à ce que les biens que le clergé possédait fussent employés à satisfaire aux besoins de l'État; en déclarant la confession nulle et ajoutant d'autres propositions de ce genre (1): ces idées, qui avaient été en apparence étouffées par l'autorité des rois, germaient sourdement et promettaient de détruire un jour l'unité du dogme. Ainsi, Jean Huss et Jérôme de Prague, s'emparant, peu de temps après la mort de l'hérésiarque anglais, de ses doctrines, jetèrent la consternation dans l'Église d'Allemagne. Ils entraînèrent, par l'attrait de la liberté qu'ils prêchaient, la multitude, qui accueillait, avec la même frénésie que le peuple anglais, les innovations qu'on lui offrait sous des formes si séduisantes. Jean Huss, il est vrai, fut brûlé vif sur la place de Constance, en 1415; Jérôme de Prague souffrit le même supplice un an après, par arrêt du con-

---

(1) Les propositions les plus remarquables étaient, en outre, que le pape, les archevêques et les évêques n'avaient aucune prééminence sur les autres clercs; que lorsqu'ils vivent dans le désordre, ils perdent tout pouvoir spirituel; qu'ils n'ont aucune juridiction temporelle d'aucun genre; qu'aucun évêque ni archevêque ne peut obtenir des dignités séculières; que J.-C. ne descend ni réellement, ni en vérité dans le pain, ni dans le vin de la consécration, mais seulement en figure; que, depuis Urbain VI, on ne devait pas reconnaître l'autorité du pape; qu'on devait vivre à l'exemple des Grecs, suivant ses propres lois. La manière dont Wiclef remplissait cet espèce d'apostolat était exemplaire. Il parcourut presque toute l'Angleterre déchaussé, et menant une vie véritablement ascétique, ce qui lui attira une multitude de partisans.

cile de Constance; mais on ne peut nier que la semence de leurs doctrines, loin d'être étouffée par les résolutions du concile et par les anathèmes de la cour de Rome, n'ait jeté des racines plus profondes, et que, soit par l'ordre naturel des choses, soit par décret de la Providence, les paroles du recteur de Prague, prononcées du haut du bûcher, ne se soient enfin accomplies (1).

Ainsi donc, considérant la tranquillité intérieure de la monarchie récemment constituée, se représentant les dangers qui la menaçaient au dehors, les rois catholiques ne purent s'empêcher de penser au choix d'un moyen qui remplît complétement leurs désirs et qui répondît à la nécessité urgente de l'époque où ils vivaient, et plus encore à celle du siècle qui allait bientôt s'ouvrir. L'autorité monarchique, raffermie par les triomphes qu'elle avait dernièrement obtenus, avait besoin de concentrer dans ses mains tous les pouvoirs, quelles que fussent leur origine et leur nature. Le pouvoir judiciaire, pour ce qui concernait les causes de la foi, appartenait exclusivement à l'épiscopal, qui l'exerçait sans aucune intervention de la couronne. Quel moyen pouvait-il y avoir de plus opportun et de plus simple, à une époque où l'on créait les tribunaux suprêmes, pour protéger la liberté civile de toutes les classes de l'État, que d'en établir un autre qui, reprenant ce fragment de juridiction, s'appliquât exclusivement à sauver l'État des dangers qui le menaçaient d'une dissolution complète? Voilà comment on peut expliquer, sans répugnance, l'établissement du tribunal le plus odieux qu'a eu l'Espagne, et qui, à des moments déterminés, lui a rendu, plus qu'aucun autre peut-être, des services des plus importants. Étant donnée la nécessité d'un tribunal nouveau, d'un tribunal qui vînt protéger et affermir l'*unité religieuse* de la monarchie, quelles étaient les personnes qui paraissaient appelées à le constituer? Les nobles? Non: il ne pouvait entrer dans les calculs de la couronne de leur rendre le pouvoir qui avait tant coûté à arracher de leurs mains. Les laïques? Non: on allait débattre les questions les plus élevées, et tout le sa-

(1) Les protestants rapportent que, lorsque Jean Huss monta sur le bûcher, il s'écria : « Maintenant ils me font rôtir comme un oiseau, mais dans cent ans il renaîtra de mes cendres un cygne qui soutiendra la vérité que j'ai défendue. » Luther, qui parut en 1515, prit pour fondement de ses protestations les doctrines de Jean Huss. Tout le monde sait l'histoire de ce célèbre augustin qui parvint à bouleverser l'ordre de choses existant alors dans l'Église romaine.

voir de ces temps était nécessaire pour faire face aux grandes et difficiles circonstances dans lesquelles le pays se trouvait. L'unique élément qui ne parût pas suspect aux rois catholiques, était l'élément *religieux*, et cet élément fut, en effet, appelé. On suivit en même temps l'esprit des canons, qui soumettait à son inspection exclusive l'examen des délits contre la foi, comme nos lecteurs ont pu le remarquer dans les paroles du P. Mariana, que nous avons citées (1).

Mais l'institution de ce tribunal donna-t-elle les résultats que s'en étaient promis doña Isabelle et don Ferdinand ? C'est là une question, à notre sens, plus difficile que celle qui a été précédemment posée. Du moment où le Saint-Office commença ses fonctions, du moment où il se fit connaître par ses actes à la face de la nation, il laissa voir que le fanatisme religieux, qui avait tant de fois répandu le sang de la race juive, était parvenu à prendre place dans ce tribunal, d'où il pourrait, en toute assurance, diriger ses coups, sans crainte d'éprouver le plus léger contre-temps. Frère Thomas de Torquemada, par bulle de Sixte IV, en date du 11 février 1482, fût nommé inquisiteur d'une des audiences qui s'établissaient, et, plus tard, président du conseil

---

(1) Dans le royaume d'Aragon, il existait, depuis la moitié du XIII° siècle, un tribunal de la foi; mais dont l'organisation avait une forme différente du Saint-office En Castille, comme l'observe Mariana, et comme nous l'avons déjà remarqué par quelques faits historiques précités, ce pouvoir fut confié aux évêques, qui jugeaient dans leur diocèse les crimes de la foi, et infligeaient aux coupables le châtiment qu'ils croyaient convenable. Avant que les rois catholiques eussent reconnu la nécessité de créer un tribunal suprême qui connût des délits contre la foi, les délits religieux avaient été punis par les prélats avec la plus grande sévérité, et ces actes avaient été vus avec le plus grand respect par le peuple chrétien. Les éléments qui devaient constituer le tribunal dont nous parlons, existaient donc dans les domaines des rois catholiques. Doña Isabelle et don Ferdinand ne firent que centraliser ces éléments de force qui se trouvaient disséminés dans le pays, séparés de la couronne, formant une juridiction particulière, au détriment du pouvoir royal. Cette juridiction atteignait, en effet, non-seulement les clercs et les autres membres de la société ecclésiastique; mais elle s'étendait encore à toutes les classes de l'État. Les rois catholiques, en organisant le tribunal en question et en ramenant à un centre commun les pouvoirs et les priviléges des évêques, fortifièrent le pouvoir royal, l'investirent d'attributions suprêmes dont il manquait, et ne firent autre chose que satisfaire à une impérieuse nécessité de l'époque où ils régnèrent, pour le bien de l'Espagne. Toutefois, ils n'inventèrent rien qui n'existât déjà dans la Péninsule. Voilà pourquoi on peut regarder comme gratuites, jusqu'à un certain point, les accusations que dirigent contre eux, avec tant de chaleur, des écrivains tant espagnols qu'étrangers.

de la suprême Inquisition. Le défaut d'impartialité et de modération le plus notoire avait été le caractère distinctif des premiers inquisiteurs, qui avaient grandement dépassé les bornes fixées par les rois catholiques. Leur conduite intolérante devint de jour en jour plus répréhensible; ils saisirent indistinctement des personnes de tout rang. Ils condamnèrent à être brûlés vifs un grand nombre de malheureux qui paraissaient innocents; ils semèrent la terreur, principalement à Séville, et ils poussèrent leur zèle jusqu'à *tirer des tombeaux les ossements pour les brûler*, soupçonnant que ceux à qui ils appartenaient étaient morts souillés par l'hérésie.

Les rois catholiques tremblèrent à la vue des désastres que produisait un tribunal qui, dans leur opinion, devait être un modèle de modération; mais ne pouvant reculer dans la voie où ils s'étaient engagés avec la cour romaine, ils eurent recours au saint-père pour porter le remède possible à de pareils excès. Ces démarches eurent pour résultat la formation des lois et des ordonnances que devaient observer les nouveaux juges, et dont la rédaction fut confiée à Torquemada. Tout cela ne remplit pas encore les désirs de la reine catholique. Pour exécuter l'œuvre qu'on lui avait confiée, l'inquisiteur général s'associa plusieurs lettrés et d'autres personnages remarquables de cette époque, et il se consacra immédiatement à la rédaction d'un code qu'il publia sous le titre d'*Instructions*, qui réglaient et marquaient les termes des procédures. Ces *Instructions* se composaient de vingt-huit articles. On y en ajouta onze en 1490, quinze en 1498, et la défense des accusés était ainsi réduite à la dernière extrémité : ils se voyaient dans la nécessité de confesser et d'abjurer des erreurs auxquelles ils ne s'étaient pas exposés, pour éviter l'infamie ou une mort épouvantable. Le code que l'on avait composé pour détruire l'arbitraire des inquisiteurs ne fit donc autre chose, en résumé, que l'appuyer et l'autoriser, en l'investissant du caractère de légalité et en laissant les opprimés sans défense. Pour que nos lecteurs puissent se former une idée de l'esprit qui y règne, nous ne croyons pas hors de propos d'en citer ici quelques articles.

Voici les termes de l'article 6 : « Puisque les hérétiques et les apostats sont infâmes de droit bien qu'ils se convertissent, qu'on leur impose la pénitence de n'exercer aucune fonction publique, de ne point porter des vêtements d'or, d'argent, de soie, ni de laine fine, du corail, des perles, des diamants, ni d'autres pierres précieuses ; de ne point monter à cheval, de ne point porter des armes : le tout sous peine de se voir tenus pour relaps en hérésie, s'ils viennent à enfreindre cette pénitence. »

Voici ce que dit le vingtième : « Que si l'Inquisition juge des procès d'où il résulte qu'un défunt a été hérétique ou est mort dans l'hérésie, se serait-il écoulé trente ou quarante ans depuis sa mort, que l'on ordonne au fiscal d'évoquer l'affaire, pour laquelle on citera les fils, petits-fils, descendants et héritiers du défunt, et que l'on continue jusqu'à l'arrêt définitif. S'il en résulte que l'accusation est bien prouvée, on le déclarera tel (hérétique) ; on *ordonnera de déterrer le cadavre;* on le placera dans un lieu profane, et l'on déclarera que tous les biens qui restent du mort, avec les fruits et les revenus postérieurs, à la restitution desquels les héritiers seront condamnés, appartiennent au fisc royal. »

C'est une erreur de croire que ceux qui poussèrent si loin leurs haines ne parussent pas comme ministres de féroces vengeances, eux qui ne devaient se montrer que comme des juges de paix, professant les doctrines de l'Évangile. L'Inquisition, par ses preuves de cruauté si signalées, ne put être considérée que comme une fille dénaturée qui oublie bientôt son origine pour ensanglanter le sein qui l'a, pendant un temps, réchauffée.

Toutefois, Torquemada servait peut-être avec trop de fidélité parfois l'habile politique du roi don Ferdinand, et suivait plus souvent ses propres instincts féroces. Il organisait de toutes parts ses phalanges, et il portait son audace jusqu'à faire sentir son joug pesant sur les plus hautes dignités, en faisant le procès aux personnages les plus distingués de l'État (1). Selon l'opinion de quelques historiens, c'est à lui qu'appartient le projet d'expulser des domaines espagnols tous les Juifs qui restaient fidèles à la foi de leurs pères, événement de la plus grande importance, que nous nous proposons d'examiner plus tard. C'est lui qui dicta l'ordre qui condamna au feu des milliers de bibles juives, comme préjudiciables aux bonnes doctrines, outrepassant, par cette mesure, les ordres donnés, en 1415, par Benoît XIII :

---

(1) *Voyez* LLORENTE quand, dans les *Annales de l'Inquisition*, il rapporte l'assassinat de saint Pedro de Arbues, arrivé à Saragosse.

c'est à lui qu'appartiennent d'autres dispositions qui manifestent la rancune profonde qu'il nourrissait contre la race juive.

La cruauté de Torquemada, cruauté qu'il semblait avoir inoculée à tous ses subordonnés, rendit commune à tous l'exaltation du fanatisme, finit par lui occasionner une grave accusation devant le saint-siége. Il envoya, pour se défendre, un des plus habiles de ses conseillers, et, soit par les raisons qu'il allégua, soit par d'autres causes inconnues, les foudres qui étaient sur le point d'être lancées du Vatican furent suspendues. Alexandre VI, qui gouvernait alors l'Église catholique, se contenta d'obliger les inquisiteurs généraux à se soumettre aux avis et aux résolutions du conseil suprême. Enfin, en 1498, mourut frère Thomas de Torquemada, génie né pour affaiblir et ensanglanter, dès son berceau, cette institution si réputée et si combattue dans un temps. Il avait gouverné et dirigé les affaires du Saint-Office pendant l'espace de seize ans, période où il avait déployé une sévérité de caractère et une énergie dignes d'être mieux employées. Pendant ce même temps, le nombre de ceux qui souffrirent le supplice du bûcher s'éleva à huit mille huit cents en personne, six mille cinq cents en effigie, et le chiffre de ceux qui ont été condamnés à l'infamie, à la prison perpétuelle, à la confiscation, à la privation des emplois publics, est de quatre-vingt-dix mille, suivant le calcul des écrivains les plus autorisés (1).

La simple exposition de ces faits, qui ne peuvent être révoqués en doute, paraîtra peut-être à nos lecteurs en contradiction avec les doctrines que nous avons émises dans ce chapitre. Mais si l'on examine la question avec la maturité et l'impartialité qu'elle mérite, les faits dont je parle, loin de nous contredire, nous servent d'appui jusqu'à un certain point. C'est pour cela que nous n'avons pas voulu les omettre, ni les dépouiller de leur véritable couleur. Nous avons dit plus haut que, pour sauver la nation espagnole des grands dangers qui la menaçaient, il était d'une nécessité urgente, vers la fin du XVe siècle, d'une nécessité qu'on ne pouvait éviter, de constituer *l'unité politique*, et que cette dernière ne pouvait exister sans *l'unité religieuse*, dans un pays où l'élément théocratique avait fini par être un véritable principe de gouvernement. Nous avons dit que, pour

---

(1) D. JUAN ANTONIO LLORENTE, dans ses *Annales de l'Inquisition*.

réaliser cette pensée qui ramenait à un centre commun tous les pouvoirs et toutes les juridictions de l'État, il était naturellement venu à l'esprit l'idée de l'établissement d'un tribunal suprême, et que le caractère de ce tribunal, pour être d'accord avec cette idée, devait être absolument *religieux*. Cette pensée était, sous ce point de vue, digne d'éloges, parce qu'elle apparaissait comme la conséquence d'une loi de progrès, comme le résultat d'un sentiment patriotique : les moyens de la réaliser ne paraissaient pas entièrement contraires au bien-être des Espagnols. Les espérances des rois catholiques ont-elles, dès le principe, été trompées? Les a-t-on imprudemment compromis, et a-t-on, en leur nom, commis un grand nombre d'excès dont le souvenir scandalise l'humanité?... Cela veut dire que la prudence manqua, et qu'il y eut excès d'intolérance et de fanatisme dans les personnes chargées de conduire à bonne fin une entreprise si délicate. Voilà pourquoi l'Inquisition, loin de soulever l'animadversion publique contre ceux qu'elle présentait comme l'objet de ses anathèmes et contre les partisans des nouveautés religieuses, s'attira promptement l'inimitié de tout le monde; voilà pourquoi on répète encore certains noms avec indignation et terreur, et que, finalement, l'inquisiteur général est l'objet de toutes les haines et de toutes les rancunes.

Mais, pourra-t-on dire que l'Inquisition ne répondit pas entièrement à la pensée qui lui avait donné la vie, parce qu'elle tira une si déplorable vanité de son zèle fanatique? C'est là une question que nous n'oserions décider, ni d'une manière affirmative, ni d'une manière négative. Nous devons toutefois observer, par impartialité, que la pensée des rois catholiques se réalisa, malgré les grands obstacles que lui opposèrent ceux-là mêmes qui devaient l'exécuter. L'Inquisition, malgré ses horreurs condamnées par l'esprit et la lettre de l'Évangile, assura l'*unité religieuse* de la péninsule Ibérique, contribua efficacement à fortifier, par ce nouveau tribunal suprême, cette monarchie qui devait se lever grande et puissante, sous le sceptre de Charles d'Autriche, pour aspirer à gouverner l'Europe. La monarchie espagnole, pourra-t-on dire, dut sa force et grandeur au grand talent du cardinal Cisneros, qui sut défendre les prérogatives du trône contre les attaques d'une noblesse ambitieuse. Nous pécherions contre le bon sens, si nous allions contredire en un seul point cette vérité historique. Cisneros eut la gloire de transmettre au petit-fils d'Isabelle Ire un royaume tranquille et respecté, royaume qu'il avait reçu, des mains de Ferdinand V mourant, ébranlé, bouleversé et menacé d'une dissolution complète au moindre mouvement. Mais, aurait-il pu accomplir une telle entreprise, s'il n'avait trouvé le terrain déjà préparé par de si grandes transformations? C'est là ce qu'on ne doit point perdre de vue dans une question de cette importance. Cisneros compta, pour l'œuvre si prodigieuse de sa courte régence, sur tous les éléments nécessaires : son grand mérite brille pour avoir su les combiner habilement et à propos, et pour s'être mis au-dessus de toutes les prétentions excessives.

Afin d'en finir avec ces observations, qui se sont étendues plus que nous ne pensions, nous résumerons, en peu de mots, tout ce que nous avons exposé. Mettons de côté les excès commis par les premiers inquisiteurs, et arrêtons-nous seulement aux questions formulées au commencement de ce chapitre. Nous croyons qu'on peut soutenir, avec une certaine probabilité de conséquence raisonnable, que l'Inquisition coopéra, comme pensée politique et religieuse, à constituer et à fortifier la double unité de la monarchie espagnole, qu'elle resserra autant que possible les liens qui unissaient alors des peuples de mœurs différentes, d'usages divers, parlant différents idiomes, et régis aussi par des lois et des fueros différents; que, malgré le caractère théocratique avec lequel ce tribunal apparaît, il ne blessa point immédiatement ni directement les intérêts de la population chrétienne; que, faisant disparaître le prétexte qui avait jusqu'alors existé contre les Juifs et les convertis, il évita les séditions où le sang de ces derniers inondait les rues, où le feu consumait leurs maisons, quoiqu'il ait lui-même offert d'autres spectacles terribles; qu'il détruisit l'anarchie qui régnait dans la juridiction particulière des causes de la foi ; enfin, qu'il sauva l'Espagne des épouvantables guerres de religion qui, plus tard, mirent en feu l'Allemagne, la France, l'Angleterre et les Pays-Bas, inondèrent de sang leurs plus belles cités et désolèrent leurs campagnes.

Néanmoins, nous ne quitterons pas la plume avant de consigner ici d'autres faits des plus importants. L'Inquisition espagnole, comme tous les moyens de gouvernement exigés par des circonstances données, aurait dû disparaître dès que ces circonstances cessèrent de réclamer son existence. Toutefois, l'inquisition survécut à la nécessité qui l'avait créée, et, dès ce moment, elle commença à être préjudiciable aux intérêts de l'État. Elle se présenta comme un obstacle terrible à la marche philosophique de l'esprit humain, et oppressa le cœur des Espagnols comme un horrible cauchemar. La monarchie espagnole passa des mains de Charles V à celles de Philippe II, et des mains de ce grand monarque, aussi habile en politique que fanatique en apparence, à celles des deux Philippe, qui étaient nés pour voir sa déplorable décadence. Charles II succéda à Philippe V, et, pendant que la nation était aux prises avec tous les malheurs, l'Inquisition planait sur la tête du souverain ; elle tirait vanité d'un pouvoir sans limites et d'une intolérance qui suffit seule pour faire connaître le tableau de cette misérable époque. Voilà où conduisent les abus ; voilà comment toutes les institutions humaines s'altèrent, se dénaturent et donnent des résultats contraires, résultats dont l'histoire des nations fournit à chaque pas des preuves abondantes. Voilà enfin ce qui a fait que, de nos jours, un écrivain célèbre (1) s'est écrié, en retraçant le règne d'Isabelle Ire et de Ferdinand, en ces termes : « En racontant, écrit-il, les circonstances qui ont contribué à former le caractère national, il serait impardonnable d'omettre l'établissement de l'Inquisition. Cet établissement est parvenu à faire un tel contre-poids aux bienfaits produits par le gouvernement d'Isabelle, qu'il a, plus qu'aucune autre chose, contribué à paralyser les brillants progrès de la raison humaine. Aspirant à imposer, par la force, l'uniformité des croyances, il est devenu une source féconde d'hypocrisie et de superstition ; il a empoisonné les doux sentiments d'amour et de charité de la vie humaine ; il a pesé comme une vapeur pestilentielle sur les jardins touffus de ce pays ; il a gelé les fleurs du savoir et de la civilisation qui se montraient déjà entièrement épanouies. Quels regrets qu'un semblable malheur soit tombé sur un peuple si noble et si généreux ! Quels regrets qu'il ait été attiré sur lui par une reine douée de sentiments si purs, d'un patriotisme aussi grand que celui de la reine Isabelle ! »

Prescott jugeait cette question par les derniers résultats qu'avait

---

(1) WILLIAM PRESCOTT, *Histoire du règne des rois catholiques*, IIe partie, chap. XXVI.

produits l'inquisition; de ce point de vue, il ne lui manque pas de raisons pour déplorer les excès que causa l'existence du Saint-Office au delà de l'objet qui l'avait fait naître. Prescott ne peut néanmoins s'empêcher de convenir que ce tribunal avait pour objet l'*uniformité des croyances*, c'est-à-dire, l'*unité religieuse*, gage indispensable et sûr, dans ces temps, de l'*unité politique* de la naissante monarchie espagnole.

CHAPITRE IX

Expulsion des Juifs d'Espagne.

1492

Examen de l'édit du 31 mars 1492, 5252 de la création. — Réflexions sur la pensée des rois en le dictant. — Avaient-ils le droit d'adopter cette mesure. — Lois qui protégeaient le séjour des Juifs en Espagne. — Nécessité d'opter entre l'expulsion et la continuation des massacres des Juifs. — Question d'économie. — Opinion des historiens. — Mariana. — Mot de Bazajet. — Jugement de l'édit relativement aux sciences et aux lettres. — Civilisation italienne. — Son influence sur la civilisation espagnole. — Y eut-il de l'ingratitude de la part des rois catho'iques à l'égard des Juifs? — Comparaison de l'édit de Grenade et du décret d'expulsion des Mauresques. — Défense des rois catholiques contre les accusations étrangères.

Il nous reste à examiner, dans le présent chapitre, l'édit du 31 mars, lancé par les rois catholiques, dans la métropole du royaume nouvellement conquis. Pour entrer dans cette question avec une parfaite connaissance de cause, nous avons, dans le chapitre précédent, exposé les motifs qui ont, selon nous, influé sur l'établissement du Saint-Office, motifs que nous n'avons pu nous empêcher de considérer sous un point de vue politique, puisque nous ne pouvons les expliquer que par là. Ces précédents établis, comme prémisses indispensables pour procéder avec un certain ordre dans notre entreprise, il nous semble plus facile de donner notre opinion sur les différentes questions qui doivent nécessairement s'élever devant nous. La publication de l'édit, ordonnant l'expulsion des Juifs qui habitaient la péninsule Ibérique, apparut donc comme une nécessité, résultat naturel de la création du tribunal de l'Inquisition. On ne laissa pas ignorer aux rois catholiques que cette publication était la conséquence nécessaire de cette mesure, et, si tous les vassaux ne l'approuvèrent point, aucun ne vint ouvertement la contredire. Mais le roi don Ferdinand, ferme dans la résolution de conduire à bonne fin les plans d'une politique inflexible; résolus, les deux monarques, à couronner le sommet du grand œuvre dont ils avaient chargé leurs épaules, ils mesurèrent le terrain, assumèrent la responsabilité des résultats, et ne crurent ni juste ni convenable au bien-être de la chose publique d'éviter les écueils contre lesquels ils devaient nécessairement se heurter, dans l'exécution de leurs projets. L'heure d'accomplir leurs desseins n'avait pas encore sonné, quand ils créaient, en 1480, le tribunal du Saint-Office. Il était nécessaire que le pouvoir royal se trouvât plus robuste et plus fort; il était nécessaire qu'il se vît entouré de tout le prestige possible; qu'il n'y eût en Castille d'autre volonté, d'autre pensée que la sienne; en un mot, que son triomphe fût une réalité, et non une espérance. La conquête de Grenade était l'unique moyen qui pouvait, dans une situation pareille, convenir aux desseins d'Isabelle et de Ferdinand. C'était une pensée hautement populaire, c'était la réalisation de tous les rêves des chrétiens, rêves alimentés par une guerre de huit siècles. Grands et petits, seigneurs et vassaux, devaient nécessairement embrasser, avec le plus grand enthousiasme et la foi la plus profonde, une si grande et si chevaleresque entreprise. Si la politique de ces heureux princes fut ou non juste, c'est ce que peuvent dire les nombreux combats que nos ancêtres soutinrent avec tant de gloire sur le territoire sarrasin; ce que peuvent dire ces haines éteintes à la vue des dangers de la croix (1); ce que peuvent dire, enfin, les mille tours de Grenade, qui assistèrent à de si hauts exploits.

Ainsi donc, ce fut quand les rois catholiques se virent déjà maîtres de l'opulente métropole arabe-andalouse, qu'ils crurent que le moment était naturellement arrivé de réaliser tous leurs plans, comme nous l'avons observé à la fin de l'avant-dernier chapitre. Quatre-vingt-neuf jours seulement séparèrent la reddition de ce dernier boulevard des Maures de la promulgation de l'édit contre les Juifs. Était-il pos-

(1) Tout le monde connaît les haines héréditaires qui existaient entre les ducs de Medina Sidonia et les marquis de Cadix, haines qui révolutionnaient toute l'Andalousie. En 1482, le marquis de Cadix était assiégé dans Alhama par Muley Hacen, et don Juan de Guzman volait à son secours et éteignait pour toujours des rancunes acharnées. Voilà comment les rois catholiques parvenaient à exalter les nobles sentiments que nourrissaient leurs vassaux. (WASHINGTON IRVING's, *Chronique de la conquête de Grenade.* — MARIANA, *Histoire générale d'Espagne.*)

sible que, dans un si court espace de temps, une telle pensée prît naissance, se développât et vînt se constituer en loi? Il faudrait nécessairement avoir une bien faible idée des rois catholiques pour opiner affirmativement, et, quand on n'aurait pas d'autres raisons, il suffirait de rappeler ce qu'ils disent eux-mêmes dans l'édit mentionné pour se convaincre du contraire. Après avoir employé les formes d'usage, ils écrivent : « Vous savez, et vous devez savoir, que nous ayant été informés qu'il y a, qu'il y avait dans nos royaumes quelques mauvais chrétiens qui judaïsaient de notre sainte foi catholique, fait dont la faute principale retombe sur la communication des Juifs avec les chrétiens; nous avons ordonné, dans les cortès que nous avons tenues en la ville de Tolède l'année dernière, 1489, nous avons ordonné qu'on séparât les Juifs dans toutes les cités, villes et lieux de nos royaumes et de nos seigneuries; qu'on leur donnât des juiveries et des endroits séparés où ils pussent vivre dans leur péché et en proie aux remords dans leur isolement; et nous avons aussi voulu et ordonné, que l'on fît inquisition dans nos royaumes et nos seigneuries, ce qui, comme vous le savez, n'avait pas été fait depuis plus de douze ans, et cette inquisition a rencontré de nombreux coupables, comme il est notoire et comme nous en ont informé les inquisiteurs et beaucoup d'autres personnes religieuses, ecclésiastiques et séculières; d'où il existe et apparaît un grand dommage pour les chrétiens, dommage qui résulte et a résulté de la participation, du commerce, de la communication qu'ils ont eue et qu'ils ont avec les Juifs, lesquels se piquent de travailler toujours, par toute espèce de voies et de moyens, à détourner de notre sainte foi catholique les fidèles chrétiens, etc. (1). » On déduit donc, de ces phrases du dé-

---

(1) Le docteur Isahak Cardoso, dans ses *Excellences des Juifs*, réfute ces assertions de l'édit, quand il traite de la *cinquième calomnie*. Il s'appuie sur les préceptes de sa loi, qui défendent toute persuasion pour faire des prosélytes. Le fait n'en paraît pas moins certain, si l'on considère que, depuis la formation des lois des *Parties*, on infligeait des peines sévères aux Juifs prêchant ou catéchisant. Cette mesure prouve qu'un semblable abus existait, et l'aveu d'Isahak Cardoso, relatif aux Juifs de l'Andalousie, prouve qu'il subsistait aussi du temps des rois catholiques. Un autre fait historique constate aussi, contre le même Isahak Cardoso, le peu de modération et de prudence des Juifs sur ce point. Nous voulons parler des cortès tenues à Tafalla, en 1482, auxquelles on présenta diverses pétitions contre les Juifs, pour éviter qu'ils cherchassent à faire des prosélytes en tournant les mystères de la religion chrétienne en dérision. Les cortès, prenant en considération ces irrévé-

cret en question, que les inquisiteurs avaient informé doña Isabelle et don Ferdinand du résultat général que présentaient les procès commencés et suivis contre ceux qui judaïsaient dans toute l'Espagne; que la connaissance de ces faits les avait convaincus du caractère inévitable des conséquences qu'ils durent prévoir en créant le Saint-Office, et en l'investissant d'une autorité absolue en matière de foi; enfin, que l'exaltation du fanatisme des Juifs, offensant et exaspérant celui des chrétiens, les entraînait chaque jour de plus en plus à une perte certaine.

Mais l'existence de cette pensée politique étant donnée, les rois catholiques avaient-ils le droit d'expulser du sol natal tant de milliers de familles, ou devaient-ils uniquement se borner à l'accomplissement des lois existantes en Castille? Ces questions, nous ne les avons vues traitées par aucun des écrivains qui se sont occupés de l'examen d'un événement si notable et qui a fait tant de bruit; aussi y entrerons-nous avec la plus grande circonspection et la plus grande défiance. Dès les temps les plus reculés du christianisme, on avait toléré partout l'existence du peuple juif, dispersé déjà et errant au milieu des nations, parce que partout on avait cru qu'en observant une conduite semblable, on respectait un des plus grands triomphes du christianisme. Il était écrit que le peuple déicide se verrait condamné à la proscription éternelle, qu'il épuiserait tous les dégoûts et toutes les amertumes de l'esclavage; que, sans foi et sans croyances véritables, il traînerait son front dans la boue; que ses expiations seraient vaines et ses souffrances inefficaces. Ces paroles, sorties des lèvres du prophète, qui étaient devenues pour les Juifs une réalité terrible, furent reçues par les chrétiens comme des doctrines saintes et inviolables. Quand cette race pénétra dans l'Espagne, elle ne reçut pas un accueil favorable, mais elle ne fut pas repoussée avec animosité.

rences des Juifs, adoptèrent, pour toutes les juiveries de Navarre, les mêmes dispositions qu'Alphonse le Sage avait dictées, deux siècles auparavant, à l'égard des aljamas de Castille. Non-seulement on ordonna, à Tafalla, que les Juifs ne pussent prêcher hors des juiveries, mais on leur défendit, sous des peines sévères, d'en sortir les jours de fêtes, pour éviter qu'ils se moquassent des cérémonies et des rites religieux des chrétiens, et l'on ralluma ainsi les haines mal éteintes de la multitude. On permit seulement aux médecins et aux chirurgiens juifs de traverser les villes les dimanches et les jours de fêtes pour exercer leur profession. (*Cortès de Tafalla.*)

Si elle n'avait pas aspiré à occuper une position qui ne lui appartenait pas, les conciles n'auraient pas lancé contre elle leurs anathêmes.

Nous avons vu, dans l'esquisse que nous venons de dessiner, que les successeurs de Pélage, cédant à l'influence des circonstances, et transigeant jusqu'à un certain point avec les rancunes et avec les haines qu'ils nourrissaient contre les Juifs, leur accordèrent non-seulement leur protection, mais leur assurèrent encore leur liberté individuelle et leur firent, dans l'ordre civil, de remarquables concessions. Don Alphonse VIII, dans le *Fuero Viejo de Castille*, mettait leurs propriétés à couvert d'injustes agressions. Don Ferdinand III leur accordait le privilége d'être jugés par des juges propres, *juzgados per jueces propios*, et défendait que les chrétiens pussent servir de témoins contre eux. Don Alphonse le Sage, dans la loi Ire du titre XXIV de la *Septième Partie*, ordonnait de respecter et de tolérer l'existence des Juifs au milieu des Espagnols, pour l'accomplissement des Écritures saintes. Don Alphonse XI s'exprimait en termes formels dans la première des quatre ordonnances qu'il publia à Alcala en 1348. Désireux de voir les Juifs ne quitter jamais l'Espagne et se convertir au christianisme, tout en leur défendant l'usure, il les autorisait à acquérir des héritages dans tous ses domaines, à l'exception seule des abbayes et des villes libres, *abadengos y behetrias*. Presque toutes les lois votées par les cortès, tous les priviléges et toutes les chartes expédiées par les rois et relatives aux Juifs, manifestent le désir de les voir demeurer en Espagne. On se flattait de l'espérance qu'ils abjureraient leurs erreurs, et qu'ils pourraient être d'une grande utilité à l'État. L'expérience avait démontré, d'autre part, qu'on n'avait pas retiré peu de fruits de cette politique, basée essentiellement sur des sentiments humanitaires au plus haut degré. Comment donc les Rois Catholiques, s'écartant des lois existantes, bannirent-ils d'un seul trait de plume les descendants de Juda de ces foyers, où ils vivaient depuis tant de siècles à l'ombre du trône? Nous ne voyons point qu'il soit possible de donner à la question, amenée sur ce terrain, une réponse satisfaisante. Doña Isabelle et don Ferdinand violaient les lois du royaume et n'avaient pas, par conséquent, le *droit*, pour mettre à exécution l'édit de Grenade. Mais était-il facile, dans l'état où en étaient arrivées les choses, de respecter ces dispositions sans se mettre en contradiction ouverte avec l'esprit général du peuple qu'ils gouvernaient? C'est là ce qu'on ne peut prouver, selon nous.

Les violentes persécutions que les Juifs avaient souffertes, comme nous l'avons remarqué précédemment, exaltaient le sentiment religieux des chrétiens, en même temps qu'elles exaspéraient les Juifs. Elles avaient ainsi élevé entre l'un et l'autre peuple des barrières insurmontables, et rendu de tout point impossible, je ne dis pas une réconciliation sincère et profonde, mais même un accord momentané. Ils étaient séparés par des fleuves de sang, au milieu desquels surnageaient de vieilles et héréditaires inimitiés. Le fanatisme croissait des deux côtés, se portait au comble et commettait les plus grands excès. Les faibles voulaient lutter contre les forts sans se présenter hardiment au combat, et recouraient au crime dans leur avilissement; les forts juraient l'extermination des perfides. Tel est l'état où les Rois Catholiques trouvèrent le royaume; pour arrêter la fureur des uns et mettre un terme aux haines des autres, il leur avait suffi de la persécution de ces derniers recommandée au Saint-Office. Mais ne devait-on pas craindre que, vainqueurs des Sarrasins, les descendants de Pélage ne tournassent leurs armes triomphantes contre les Juifs ennemis, comme les premiers, de la religion qu'ils avaient, eux, défendue pendant tant de siècles, et pour laquelle ils avaient versé tant de sang (1). Les massacres de Cordoue, de Jaën et de Valladolid n'étaient

---

(1) Cette pensée avait été déjà indiquée d'une manière assez significative, mais avec quelque tumulte, au roi Henri IV, par les nobles mêmes, en 1460. On lui avait imposé, comme condition nécessaire pour déposer les armes, *qu'il chasserait les Juifs de son service et de ses États*, comme nous l'avons dit en son lieu. Cette manifestation unanime des grands et des prélats représentait bien plutôt le vote universel de la nation que leurs propres désirs. Les Juifs, en effet, payaient aux prélats et aux grands des impôts immenses, et, souvent, on leur demandait des prêts considérables. Comment donc ces grands pouvaient-ils mettre pour condition nécessaire de leur obéissance *l'expulsion des Juifs*? Il n'y a pas à se faire illusion sur l'état de la Castille à cette époque. Les grands qui, en 1460, s'emparèrent de la volonté du roi et lui imposèrent l'obligation de bannir au moins les Juifs de *son service*, flattaient de cette manière les passions de la multitude, pour l'endormir et lui dérober leurs excès. L'expulsion des Juifs était donc une pensée populaire, qui devint plus forte et prit plus de développement à mesure que les triomphes des armes chrétiennes furent plus glorieux. Ce qui fut une mesure de prévoyance de la part des Rois Catholique eût été un acte de vengeance terrible de la part du peuple espagnol. Le fanatisme des chrétiens était exalté à tel point que les Juifs auraient été arrachés des villes où ils demeuraient d'une manière tumultueuse, ou ils auraient péri par le fer

pas si éloignés, qu'il n'existât pas quelque crainte sur ce point. Les Rois Catholiques s'étaient vus, d'un autre côté, obligés d'adopter des mesures sérieuses pour prévenir les excès que commettaient souvent les Juifs, et qui ne pouvaient qu'irriter la multitude. L'attention est frappée par les lignes suivantes de ce même édit de Grenade : « Et comme nous en avons été informés avant ce moment (des efforts des Juifs pour faire des prosélytes), et comme nous reconnaissons que le véritable moyen contre tous ces dommages et ces inconvénients consiste à séparer entièrement de toute communication lesdits Juifs des chrétiens, de les expulser de tous nos royaumes et seigneuries, nous qui nous sommes contentés de leur ordonner de sortir de toutes les cités, villes et lieux de l'Andalousie où ils avaient, paraît-il, causé de grands dommages, dans la croyance que cette expulsion suffirait pour que ceux des autres cités, villes et lieux de nos royaumes et seigneuries cessassent de faire et de commettre les susdits actes, et, comme nous sommes informés que, ni cet ordre, ni la justice qui a été faite de quelques-uns desdits Juifs, que l'on a trouvés coupables desdits crimes et délits contre notre sainte foi catholique, ne suffit pas pour un entier remède, etc. » On peut donc remarquer que doña Isabelle et don Ferdinand avaient, avant de recourir à cette mesure extrême, usé de tous les moyens possibles pour atteindre le but qu'ils se proposaient. Mais, instruits des excès que les Israélites commettaient continuellement contre la religion chrétienne, pouvaient-ils les regarder avec indifférence ? S'ils l'avaient fait, n'auraient-ils pas volontairement fait naître des conflits, où ils auraient perdu, peut-être, le trône et la vie, tout en livrant le peuple Juif à la fureur des chrétiens offensés ?

et le feu des Castillans. C'est là une considération qu'on doit avoir présente pour réfuter, comme il convient à la saine critique, les accusations qu'on a lancées avec tant d'imprudence contre les Rois Catholiques, sans remarquer que toutes les injures qu'on entasse et qu'on leur prodigue ne leur enlève rien de leur gloire. Le mérite de ceux qui dirigent le vaisseau de l'État, c'est de gouverner les peuples conformément à leurs croyances et à leurs instincts : les contrarier, c'est les jeter dans l'anarchie et le désordre. Cette manière de gouverner est un des plus brillants actes des Rois Catholiques. Les rois de France et d'Angleterre se virent obligés quelque temps après d'adopter les mêmes mesures, sans qu'il soit nécessaire de chercher l cause de ces événements hors de l'esprit de superstition religieuse de ces temps. (WILLIAM PRESCOTT, *Histoire du règne des Rois Catholiques*, II⁰ part., chap. XVII. — SAMUEL USQUE, *Consolation d'Israël*, Ferrare, 1553.)

Les sentiments religieux de ces princes illustres, leur sécurité même, leur conseillaient, d'une part, de penser à corriger ces excès, pendant que la tranquillité de leurs vassaux et les dangers auxquels s'exposaient les Juifs, avec aussi peu de prévisions que d'excès de zèle fanatique, leur prescrivaient, d'une autre, le devoir de chercher un remède efficace et durable à des maux si graves. Le choix ne pouvait être douteux entre les deux extrêmes qui s'offraient à la vue des conquérants et des vainqueurs des Arabes. Il suffit de jeter un coup d'œil sur tous les actes des Rois Catholiques pour comprendre que, suivant les plans de leur politique prévoyante, il n'y avait d'autre mesure convenable et possible que l'expulsion des Juifs, mesure dictée en 1492, mais indiquée déjà dès l'année 1460, dès l'installation du Saint-Office, et reconnue comme indispensable dès l'instant que l'on avait ordonné à la race proscrite de sortir des villes de l'Andalousie. Il n'eût pas été facile ni possible d'exécuter les lois du royaume, et quoique, dans la question présente, considérée dans son rapport avec ces mêmes lois, les Rois Catholiques n'aient pas eu le droit d'arracher de leurs demeures tant de milliers de familles, la force impérieuse des circonstances, la nécessité de leur propre conservation, du salut des Juifs même, les autorisaient à mettre à exécution l'édit du 31 mars.

Une autre des questions des plus importantes, qui s'offre à l'esprit dans l'examen de ce document, c'est la question économique. L'expulsion des Juifs lésa-t-elle les intérêts de l'État ? Un grand nombre des contemporains des Rois Catholiques opinèrent pour l'affirmative, comme le témoignent les historiens ; d'autres, et ce ne sont pas certainement les moins autorisés, affirment que les rentes publiques ne diminuèrent pas. Les premiers sont, pour la plupart, des écrivains étrangers, les seconds sont presque tous Espagnols. Il faut cependant compter, parmi les derniers, des plumes respectables, qui, sans combattre ouvertement l'expédition de l'édit, ont démontré que leur opinion ne lui était pas favorable au point de vue économique. Le père Juan de Mariana, par exemple, s'exprime en ces termes, quand il traite cette question si importante : « Le nombre des Juifs qui sortirent de la Castille et de l'Aragon n'est point connu. La plupart des auteurs prétendent qu'il s'est élevé au chiffre de cent soixante mille maisons; il n'en manque pas qui le portent à huit cent mille âmes ;

nombre très-grand sans doute, et qui fournit à plusieurs l'occasion de blâmer cette résolution prise par le roi don Ferdinand de bannir de ses terres une race si utile, si riche en propriétés et connaissant toutes les voies pour amasser de l'argent. Le profit qu'en retirèrent les provinces par où elles passèrent fut grand, du moins, parce qu'ils emportèrent avec eux une grande partie des richesses de l'Espagne, telles que, or, pierreries et autres bijoux de valeur et de prix. » Bien que ces lignes démontrent que Mariana ne désapprouvait pas l'opinion des auteurs auxquels il fait allusion, il ne nous paraît pas convenable d'aller plus loin, sans avertir que Mariana tombe dans une erreur grave, et prouve qu'en les traçant il avait oublié l'édit de Grenade. « Et pour que lesdits Juifs et Juives puissent, durant ledit temps, jusqu'à la fin dudit mois de juillet, mieux disposer de leur personne, de leurs biens, de leur avoir, par la présente, nous les prenons et nous les recevons sous la sauvegarde, la protection et la défense royale, et nous les assurons, eux et leurs biens, pour que durant ledit temps jusqu'audit jour, fin dudit mois de juillet, ils puissent aller et être en sécurité, qu'ils puissent vendre, troquer, aliéner tous leurs biens meubles et biens fonds, en disposer librement et à leur volonté, et nous ordonnons que, durant ledit temps, il ne leur soit fait aucun mal, ni dommage, ni tort aucun dans leur personne, ni dans leurs biens contrairement à la justice, sous les peines encourues par ceux qui violent notre royale assurance. Et par là même, nous donnons licence et faculté auxdits Juifs et Juives, pour sortir de tous nosdits royaumes et seigneuries, leurs biens et leur avoir, par mer et par terre, *en tant que ce ne sera ni or, ni argent, ni argent monnayé, ni autres choses prohibées par les lois de nos royaumes*, sauf les marchandises qui ne sont point choses prohibées et cachées. » Dans ces phrases, prises de l'édit dont nous parlons, nos lecteurs observeront, tout en remarquant l'inexactitude de Mariana, que les Rois Catholiques, en adoptant cette mesure ruineuse, eurent égard à la responsabilité qui pouvait peser sur eux, à cause des préjudices considérables qu'elle devait occasionner aux intérêts de l'État. Mais on ne doit pas non plus perdre de vue, que le dommage occasionné ne fut pas moins certain, quand les richesses de l'Espagne allèrent ainsi enrichir les nations étrangères, et que les descendants de Juda, qui avaient séjourné durant tant de siècles dans la péninsule Ibérique, se répandirent à travers le monde. L'empereur Bajazet, qui avait conçu une grande idée du talent du roi Ferdinand, s'écria, en voyant aborder dans ses domaines les Juifs expulsés : « C'est là ce que vous m'appelez un roi politique, lui qui appauvrit son pays et qui enrichit le nôtre? » Il n'y a donc point de doute, malgré les défenses de l'édit, malgré l'excessive vigilance que l'on mit à l'accomplir, les Juifs sortirent de l'Espagne des trésors immenses qui ne sont jamais revenus faire partie de sa richesse publique (1).

On a généralement cru, du temps des Rois Catholiques, et cru aussi à des époques plus rapprochées, que la monnaie, et particulièrement l'or et l'argent, étaient les uniques sources de la richesse publique et du bien-être général. Cette croyance erronée a donné lieu à un grand nombre de mesures que l'expérience a plus tard discréditées, et que le bon sens répudie. Voilà pourquoi, pendant que don Ferdinand laissait aux Juifs une entière liberté d'aliéner tous leurs biens, il leur imposait la condition de ne sortir du royaume *ni or, ni argent*, sans remarquer qu'avec leurs nombreuses marchandises ils emportaient aussi l'industrie et le commerce. Les revenus du trésor avaient, il est vrai, considérablement augmenté, parce que les rois trouvaient, pour avoir de l'argent, moins d'obstacles que dans les temps antérieurs. Mais la richesse d'une nation consiste-t-elle en ce que les difficultés qui existent relativement à la perception des impôts soient moindres? Nous ne le pensons pas; aussi, jugeons-nous digne de blâme, sous ce rapport, la conduite tenue à l'égard des Juifs par

---

(1) La plus grande partie des capitaux sortirent d'Espagne au moyen de lettres de change. Toutefois, il dut être soustrait à la vigilance des employés du fisc beaucoup d'or et d'argent monnayé, grâce à l'industrie et à l'astuce des Juifs. (WILLIAM PRESCOTT, *Histoire du règne des Rois Catholiques*.) A cet égard, on peut remarquer ce qui est dit dans une lettre insérée dans la *Centinela contra Judios*, lettre qui selon l'opinion de divers écrivains, fut adressée, par les Juifs résidant à Rome, à ceux qui, fuyant de l'Espagne, s'étaient réfugiés en Portugal. « Que les personnes qui doivent venir apportent avec elles tout ce qui est nécessaire à leur entretien; elles doivent le faire surtout en lettres de change sur Lyon (France), Venise, et autres lieux de l'Italie. Les lettres doivent être tirées sur deux personnes en qui vous avez le plus de confiance, et que chacune dise, *in solidum*, qu'elle payera tant de *cruzados* d'or en or, tant d'écus d'or en or, parce que, supposé qu'elles disent que l'on payera tant de cruzados, il y en a d'une manière qui ne valent pas plus, chacun, de 336 maravédis, tandis que les écus en valent 330 ; le *cruzado* d'or vaut 368 maravédis. »

ces illustres souverains. L'expulsion des Juifs tarissait dans les royaumes espagnols les véritables sources du bien-être des peuples. Le commerce et l'industrie reçurent donc un coup mortel, moins sensible, pour la dernière, que la récente conquête de Grenade faisait cultiver de nouveau par la Castille. Le commerce, au contraire, fermait les portes aux peuples vaincus; il perdait pour le moment presque toute sa vie, et les Juifs se virent remplacés par une autre race d'usuriers, que l'on a appelés longtemps du nom de Génois (*Ginoveses*).

La troisième observation qui se détache, selon nous, de l'examen de l'édit des Rois Catholiques, sans avoir un intérêt aussi direct que les deux observations déjà faites, ne peut faire moins que d'appeler l'attention, parce qu'elle se rapporte à un des éléments qui influent le plus directement sur la culture des peuples. L'expulsion des Juifs fut-elle nuisible au complet développement des arts, des sciences et des lettres? Quoique, en considérant les progrès que les Juifs d'Espagne firent dans ces diverses branches, il nous soit nécessaire de revenir sur cette question et de lui donner alors plus d'étendue, il nous paraît toutefois opportun de nous arrêter ici à son examen sommaire, pour que l'on puisse saisir toutes les conséquences légitimes du grand acte que nous analysons. Au premier coup d'œil, on ne laisse que pas d'entrevoir des raisons qui condamnent, comme nuisible aux sciences, aux lettres et aux arts, la conduite d'Isabelle et de Ferdinand. Les Juifs avaient fait, pendant de longs siècles, des efforts infinis pour acquérir par le savoir ce qui leur était défendu d'obtenir par d'autres voies; grands avaient été les triomphes qu'ils avaient remportés dans les sciences et la littérature; et le constant exemple de leur étude n'avait pas exercé une faible influence sur la civilisation espagnole. Depuis les auteurs de la plus haute antiquité, conservés par les savants arabes jusqu'aux écrivains les plus récents de ce dernier peuple, tous avaient été consultés et étudiés par les rabbins et les convertis. Un nombre considérable d'ouvrages sur toutes les sciences, tant arabes qu'hébreux, avaient été traduits en castillan, et, le plus souvent, en latin, langue constamment employée par les écrivains savants. Tous ces travaux supposaient une influence assez grande et assez directe, influence qui ne peut complétement s'examiner qu'à la vue des documents littéraires. Cependant, dès qu'on se rappelle les efforts des chrétiens du moment où ils commencèrent à savourer les fruits de la civilisation; dès qu'on apprécie justement la conduite de Benoît XIII au congrès de Tortose; que l'on reconnaît l'importance de la conversion de Jérôme de Sainte-Foi et de la multitude de rabbins qui l'imitèrent; enfin, dès qu'on considère l'état d'abjection dans lequel les Juifs avaient commencé de tomber, et que l'on contemple surtout le grand mouvement intellectuel qui se développe principalement en Italie, on finit par reconnaître que l'expulsion des Juifs ne fut pas aussi préjudiciable aux sciences et aux lettres qu'on le suppose généralement.

En effet, dès le XIII° siècle, et sur la terre chérie des arts et des lettres, les terribles accents de Dante avaient résonné, de Dante qu'avait précédé une foule d'autres génies dignes des plus grands éloges. Dans le siècle suivant, Pétrarque, Bocace, Léonce Pilate, Passavanti, Pandolfini et d'autres excellents poëtes, de doctes philologues, des humanistes érudits étaient parvenus à donner aux lettres une impulsion prodigieuse qui ne laissaient parfois rien à envier aux écrivains du siècle d'Auguste, comme l'affirment de graves critiques de cette nation. Les sciences éprouvèrent le même sort, bien qu'on ne vit pas fleurir, à cette époque, autant de philosophes que d'écrivains d'un autre genre. Les arts ne furent pas sourds non plus à l'appel qu'on leur faisait. L'amour de l'étude de l'antiquité porta naturellement les hommes instruits à fouiller les ruines des monuments dus aux arts grec et romain. De l'étude philosophique des choses, appliquée à la recherche de la civilisation détruite par les barbares du nord, on passe insensiblement à l'admiration des formes, et les arts modernes renaissent des décombres de ces édifices démolis. Ce mouvement, chaque jour plus notable, dut nécessairement appeler l'attention des Espagnols, qui avaient porté leurs armes victorieuses en Italie. Les vassaux d'Alphonse V d'Aragon, couronné roi de Naples au commencement du XV° siècle, durent éprouver un sentiment d'admiration plus fort que celui qu'avaient éprouvé précédemment leurs ancêtres, quand ils rencontrèrent cette civilisation si avancée et si éloignée de la leur. Son influence ne laissa pas de se faire sentir dans le royaume d'Aragon, et elle porta des fruits salutaires au centre même de la Castille. Bien avant l'époque de

Jean II, les écrivains les plus célèbres du Latium étaient connus, et l'on cherchait à traduire leurs ouvrages en langue vulgaire. Les créations de Dante étaient l'objet des versions et des imitations (1) des poëtes castillans, comme on peut le remarquer par la lecture des *Trescientas*, de Jean de Mena, et du prologue de la *Comedieta de Ponza*, de l'érudit marquis de Santillane. On le voit donc par ces indications, les chrétiens donnaient accès à l'étude, assimilaient tous les éléments de civilisation qui avaient été à leur portée durant de nombreuses années, et se trouvaient déjà dans un état d'indépendance intellectuelle qui rendait, jusqu'à un certain point, inutile l'influence des écrivains juifs. Faible fut donc le dommage que reçurent les sciences et les lettres de l'expulsion du peuple proscrit, et l'on doit remarquer que la conquête de Grenade compensait grandement la perte que purent éprouver les arts en général, ou, plus proprement, l'industrie. Car on ne doit pas perdre de vue que les Juifs manquèrent des arts libéraux, par les raisons que nous avons exposées en leur lieu.

Il résulte encore, de l'examen de l'édit du 31 mars, deux chefs d'accusation contre les Rois Catholiques, qui, à notre avis, ne manquent pas de fondement. Le premier peut être formulé de cette manière : Était-ce le digne payement des services rendus par les Juifs que de les expulser de l'Espagne, précisément au moment où l'on venait d'obtenir d'eux les résultats les plus plausibles? Il n'est pas difficile de réduire le second aux termes suivants : La mesure de l'expulsion fut-elle un précédent politique qui produisit des conséquences favorables ou défavorables aux intérêts de l'État? Pour apprécier la justice ou l'injustice des Rois Catholiques sur le premier point, il est bon de rappeler, comme nous l'avons déjà observé, que, malgré l'aversion avec laquelle Ferdinand regarda immédiatement les Juifs, malgré ses projets relativement à cette race ; soit par une nécessité impérieuse qu'il n'était pas possible d'éviter, soit pour d'autres raisons enveloppées dans le plan politique qu'il se proposait d'exécuter, ce qu'il y a de certain, c'est qu'il accepta leurs services. La conquête de Grenade, désir le plus constant et peut-être le plus

---

(1) Dans l'*Essai* qui va suivre, le second, nous traiterons ce sujet avec plus d'étendue.

plausible du règne des Rois Catholiques, suffit pour démontrer jusqu'à quel point les Juifs portèrent leur zèle ou leur soif inextinguible de l'or. Mais, lors même qu'ils n'auraient agi que poussés par le mobile de l'usure, et qu'il leur eût été égal de voir triompher les chrétiens ou les Sarrasins; supposé même qu'ils eussent plus de sympathies pour ces derniers, toujours est-il qu'il reste encore un fait, celui d'avoir pourvu abondamment de vivres et de provisions les armées conquérantes, et d'avoir grandement satisfait les désirs de la magnanime et prévoyante reine de Castille. Quand on reconnaît ainsi l'importance de la part que les Juifs prirent dans une si grande entreprise, on ne peut s'empêcher de convenir que Ferdinand, par l'oubli complet de pareils bienfaits, n'accorda pas aux Juifs la bienveillance que leur méritaient leurs récents services. Le roi catholique eût pu refuser les offres que lui faisaient les fermiers juifs : il n'eût, par ses refus, fait autre chose qu'user de ses prérogatives et suivre peut-être les plans de gouvernement qu'il méditait. Mais après les avoir acceptées, après avoir obtenu, en conséquence, des avantages incalculables pour la guerre et pour l'heureux terme de la conquête, il n'y a personne qui puisse absoudre le roi catholique de la note d'ingratitude qui résulte contre lui, ni qui essaye, sous ce rapport, dans un sens contraire, à présenter sa conduite comme un modèle digne d'être imité.

La seconde accusation est, selon nous, moins grave, quoique, au premier coup d'œil, elle paraisse avoir plus de force. Les arguments que l'on fait valoir pour la soutenir éblouissent plutôt qu'ils ne convainquent. On a dit qu'une conséquence nécessaire de l'édit de Grenade fut l'expulsion des Morisques, décrétée par Philippe III, en 1610. Quoiqu'il ne laisse pas d'y avoir une certaine analogie entre l'un et l'autre fait, pour les apprécier comme la critique l'exige, il est nécessaire de soumettre à un jugement séparé, toutes les causes qui ont pu avoir quelque influence sur les deux mesures. Nos lecteurs ont eu déjà l'occasion de remarquer l'impartialité avec laquelle nous nous sommes proposé de juger toutes ces questions. Nous avons blâmé, dans la conduite des Rois Catholiques, ces choses qu'ils auraient dû avoir prévues, pour que leur œuvre fut complète, et qu'ils oublièrent cependant. Nous reconnaissons, malgré l'accusation formulée dans le paragraphe précédent, que, lorsque de hautes raisons politiques l'exigent, et que la sécurité de l'État dépend du sacrifice des sentiments particuliers à la cause publique, les princes doivent se soumettre à la loi impérieuse des circonstances, préférer le bien-être général à la réalisation de leurs idées particulières et au développement de leurs intérêts. Notre avis ne saurait donc être, sur ce point, contradictoire ; ce que nous avons dit, au commencement de ce chapitre, suffit pour prouver que le pas fait par les Rois Catholiques était une conséquence des grands devoirs contractés envers la nation entière et envers eux-mêmes. Dans le chapitre précédent, nous avons soutenu qu'une des plus grandes nécessités de l'Espagne, au xv° siècle, c'était la constitution de son *unité politique*, unité qu'on ne pouvait obtenir sans assurer auparavant, comme lien commun des provinces, l'*unité religieuse*. L'établissement d'un corps, appliqué à l'exécution de cette pensée, semblait donc naturel et logique, alors qu'il n'était pas possible, pour créer l'*unité religieuse*, de maintenir d'un autre côté la tolérance de cultes qui existaient dans la Péninsule. Ainsi donc, les Rois Catholiques, en établissant l'Inquisition, en acceptant ensuite ses conséquences les plus immédiates, contribuèrent non-seulement à développer les plans que l'expérience leur avait fait concevoir, mais en donnant satisfaction aux besoins prévus, en évitant le développement des haines contre les Juifs par des scènes sanglantes (1), ils ouvrirent la voie du gou-

(1) Pour preuve de ces observations, nous pourrions citer ici quelques documents appartenant à cette époque, où l'on prodigue aux Juifs toute espèce d'invectives. La crainte d'être diffus nous oblige à les différer, sans renoncer à mettre en cet endroit des témoignages non moins dignes de foi et non moins agréables, sans doute, à nos lecteurs. Qu'on lise les stances suivantes, prises du *Tableau de la vie du Christ*, poëme dû à Jean de Padilla, moine chartreux, qui le composait au moment de l'expulsion des Juifs :

« Chiens cruels, que je ne me repens pas d'appeler chiens sous la forme humaine !... ô Satans! tyrans cruels!... comment avez-vous pensé une telle pensée? Vous avez demandé le dur larron, avaricieux, écorcheur de chairs humaines, et vous demandez le roi des cortés, qui sont souveraines, pour lui donner passion et tourment! O peuple à la cervelle dure et maudite, digne du gibet d'Aman! Il te donna la terre du Grand-Canaan, il te tira de la grande servitude d'Égypte ; pour don gratuit, il fit que tes habits ne se déchirèrent pas pendant quarante ans, et c'est à ton Dieu que tu fais outrage, un outrage de mort, ainsi qu'il est écrit! »

L'apostrophe ne peut être ni plus directe ni plus significative. Elle reflète toute la haine que le peuple chrétien professait pour le peuple juif. En 1622, Vicente da Costa Mattos publiait, à Lisbonne, un ouvrage intitulé : *Breve discurso contra la*

vernement, voie alors d'autant plus ardue et épineuse que l'anarchie, qui avait régné en Castille jusqu'à cette époque, était plus grande.

Les mêmes raisons militaient-elles en faveur de l'expulsion des Morisques? Nous supposons que nos lecteurs ont su apprécier le concours de circonstances qui motivèrent les révoltes de ces derniers et les causes qui dictèrent le fameux décret de Philippe III, pour nous arrêter ici à les exposer (1). Tout dépendait d'un sys-

herética perfidia del judaismo, bref discours contre l'hérétique perfidie du judaïsme. Il était traduit à Salamanque, et édité par fray Diego Gavilan Vela, en 1631. Ce livre est un tissu, fait à l'étranger, de superstitions, de fables, et même de faussetés, ayant pour objet l'extermination des descendants des Juifs qui étaient restés en Espagne et qui avaient embrassé la religion catholique. L'auteur pousse son fanatisme si loin, qu'il n'hésite pas à affirmer qu'on ne doit pas garder le secret de la confession à l'égard de ceux qui, après être tombés dans l'erreur de leurs pères, s'en repentent, et, après l'aveu, demandent l'absolution. Si le fanatisme aveugle conduisait à ce point, au XVII° siècle, les personnes chargées du ministère du sacerdoce, que seraient devenus les Juifs, si ce sentiment s'était élevé au plus haut degré d'exaltation par le triomphe décisif de la prise de Grenade? Nous laissons le soin de la réponse au bon sens des hommes expérimentés, et, pour terminer cette note, nous citerons un autre livre, qui parut dès les commencements du XVI° siècle, sous le titre de *Alborayque*, et qui traite des conditions et des mauvaises qualités des convertis judaïsant. L'auteur déduit que ces convertis ne sont ni juifs, ni maures, ni chrétiens, et qu'il faut, par conséquent, les livrer à la haine et à l'exécration publique, et travailler à leur extermination.

(1) Pour que les lecteurs qui ne sont point versés dans les études historiques puissent se faire une idée de ce que nous rapportons ici, nous ne jugeons pas inutile de traduire ce qu'écrit don Diego Hurtado de Mendoza, dans son *Histoire de la guerre de Grenade*, sur la révolte qui éclata chez les Morisques, en 1568. « L'Inquisition, dit-il, commença à les serrer plus que d'ordinaire. Le roi leur ordonna de cesser le langage mauresque, et, par là, tout commerce et toute communication entre eux : on leur enleva le service des esclaves nègres, qu'ils élevaient dans l'espérance des enfants ; l'habillement maure, où ils avaient employé beaucoup d'argent. On les obligea de se vêtir à l'espagnole, à grands frais ; les femmes d'avoir leur visage découvert, d'avoir leurs maisons ouvertes, maisons qu'ils tenaient fermées habituellement : toutes choses si dures à souffrir, les unes et les autres, au milieu d'une nation jalouse. On dit qu'on ordonna de prendre leurs enfants et de les faire passer en Castille. On leur défendit l'usage des bains, qui étaient leur propreté, leur entretien. On leur avait d'abord interdit la musique, les chansons, les fêtes, les noces conformes à leurs mœurs, et tout autre espèce de passe-temps. » On ne peut, en vérité, concevoir une oppression aussi tyrannique contre un peuple vaincu et humilié. Les Morisques ne purent la souffrir, et ils prirent les armes. Mais ils finirent par succomber, et ils furent en grande partie disséminés dans toutes les provinces intérieures de la Castille. L'oppression continua avec plus de fureur. Le décret auquel nous faisons allusion avorta, vers le commencement du XVII° siècle, alors que les Morisques étaient entièrement impuissants.

tême oppresseur, observé par le gouvernement contre un peuple qui, après s'être soumis au sort des armes, sacrifiait ses croyances religieuses à la paix de ses foyers et acceptait la religion des vainqueurs. Avec l'Inquisition, Philippe III héritait du même système que son père avait adopté dans un mauvais moment; mais, cœur faible et sans le talent prodigieux de Philippe II, il ne comprit pas que, pour excuser la rigueur dont on avait maladroitement usé, ces qualités étaient indispensables. Il se laissa entraîner par les conseils du fanatisme et de l'intolérance, et il fit un usage répréhensible du pouvoir qu'il avait dans ses mains. Quels bénéfices en retira la monarchie? Quelle fut la pensée politique qui présida à l'expulsion des Morisques, pensée dont on ne peut absolument se séparer? Ou nous sommes aveuglés par une erreur des plus graves, ou il n'y eut réellement aucune de ces grandes nécessités qui autorisent tout, excusent tout, parce que le salut de l'État en dépend. Si Philippe III ou ses ministres se sont proposé d'être les imitateurs des Rois Catholiques, ils se sont grandement trompés. Ils ont ignoré que toutes les mesures ne sont pas applicables à tous les cas, et qu'il n'est pas possible de prévoir tous les inconvénients du gouvernement, en se proposant d'imiter sans discernement, sans critique, les grands personnages dont l'histoire nous rappelle les actions. Quant à nous, nous admettons la théorie que, sans l'étude du passé, il n'y a pas, à proprement parler, de science du gouvernement; mais nous posons avant tout, pour condition à cette étude, d'être rationnelle, d'être philosophique, c'est-à-dire de distinguer les vérités éternelles des principes qui ne peuvent s'appliquer qu'à des époques déterminées. C'est là précisément ce que Philippe III perdit de vue. Il n'y a donc, entre les deux faits que l'on compare, d'autre analogie que celle de traiter de l'expulsion de deux peuples qui avaient, pendant de longs siècles, séjourné en Espagne, avec cette différence, que Ferdinand le Catholique absolvait de cet anathème ceux qui abjuraient le judaïsme, tandis que Philippe III condamnait tous ceux qui avaient du sang arabe dans les veines, soit que ce sang fût mêlé avec le sang castillan, soit que les bannis eussent embrassé la religion catholique.

Il ne nous reste plus qu'à réfuter une opinion que nous avons trouvée très-répandue chez les écrivains étrangers et même chez les auteurs de notre nation. On croit communément que les Rois Catholiques firent de grands efforts pour donner l'impulsion au fanatisme religieux, et, dans cette hypothèse, on leur adresse les plus terribles accusations. Le fait n'est pas exact : le fanatisme ne fut la conséquence de la politique d'aucun roi, mais bien plutôt l'esprit dominant du moyen âge, la pensée qui présida à tous les actes, et le sentiment unanime de nos ancêtres. Il se trouva naturellement établi, sans avoir nullement besoin que la politique contribuât à l'entraîner, par le seul fait d'avoir converti la religion en un pouvoir politique. Son influence ne laissa pas que de se faire sentir, avec des caractères différents, dans toutes les nations de l'Europe, parce que, dans toutes, se trouvaient réunis les mêmes éléments, dont le principal mobile était la religion catholique. En Espagne, le fanatisme religieux ne descendit pas, comme dans les autres pays du continent, des gouvernements aux peuples, mais, des peuples, il s'éleva jusqu'aux trônes. « En Espagne, écrit notre cher et illustre ami don Albert Lista, cette direction est évidente. Avant l'expulsion des Juifs par les Rois Catholiques, les Juifs avaient été poursuivis, massacrés dans beaucoup de villes, sous les règnes de Henri III, de Jean II, de Henri IV. Le pouvoir, loin de favoriser cet esprit fanatique, protégeait les persécutés, comprimait les persécuteurs, et parfois il les châtiait. Mais aucun peuple ne peut être gouverné contrairement au torrent de ses idées, et les Rois Catholiques ne trouvèrent d'autre moyen de conserver la paix que d'éloigner des yeux des objets si abhorrés (1). La politique, au lieu d'inculquer l'erreur, se vit obligée à la suivre. »

On le voit donc par ces observations, dont l'autorité reste affermie par le récit que nous avons fait dans les chapitres précédents, les écrivains qui accusent les Rois Catholiques (2) de fanatisme et d'into-

---

(1) *Essais critiques et littéraires*, Séville, 1844.

(2) Ce ne sont pas là les seules accusations dirigées contre les Rois Catholiques que la vérité et le bon sens repoussent. Depuis que Llorente a publié les *Annales de l'Inquisition*, il a passé de mode, chez les écrivains étrangers, d'inventer toute espèce d'impostures contre ces illustres souverains, et de souiller les noms des plus hauts personnages qui fleurirent sous un règne si heureux. Mais cette mode, qui est passée presque entièrement dans la nation voisine, s'est propagée chez nos compatriotes. Il ne manque pas d'écrivains qui ont attribué tous les grands projets d'Isabelle et de Ferdinand à l'avarice d'amasser de l'argent, *a la codicia de allegar*

lérance s'écartent du véritable terrain de la critique. Ou ils n'ont pas compris la marche de la civilisation dans le moyen âge, ou ils ont eu une excessive mauvaise foi quand ils ont dirigé de semblables attaques contre Isabelle et Ferdinand. On pourrait produire les mêmes arguments contre tous les rois les plus illustres de l'Europe.

Dans le chapitre suivant, nous allons raconter les faits relatifs à l'expulsion des Juifs de l'Espagne.

dinero, et qui ont qualifié la plus grande partie de leurs actes de fraudes, de brigandages, *supercherias y latrocinios*. Rien ne ressemble plus à un mensonge que de dire qu'il y a eu des Espagnols qui ont ainsi osé souiller les plus brillants exploits du nom castillan. Pour ces aristarques inconsidérés, toutes les idées des Rois Catholiques, réalisées avec tant de gloire, étaient le fruit de cette pensée et de cette *ambition bâtarde et inqualifiable*. Les Rois Catholiques avaient de l'ambition, c'est vrai; mais c'était la noble ambition de celui qui aspire à travailler au bonheur de ses semblables, l'héroïque ambition de celui qui désire voir son peuple le premier de l'univers; la glorieuse ambition de celui qui réalise ces projets gigantesques, et qui consomme le grand œuvre de la restauration de l'Espagne, œuvre qui avait coûté huit siècles de sacrifices, et que le sang de mille générations avait élevée. Poussés par l'ardeur inqualifiable de voir dans tous les actes des Rois Catholiques des *brigandages*, des *fraudes*, ils affirment aussi que l'expulsion des Juifs prit uniquement sa source dans le désir de dépouiller la race juive de ses richesses. Il n'y a aucune réponse à faire, aucun argument à produire à ceux qui tiennent de pareils discours, et qui voient, à travers ce prisme ténébreux, tout ce qui a rapport avec les grands événements que nous examinons. Leur école historique n'est pas la nôtre; nous ne leur ambitionnons pas la gloire qui peut leur revenir de ces opinions; nous ne nous croyons pas obligé de la leur disputer. Cependant, après les outrages de Clémencin, de Washington Irwing's, de Prescott, on ne pouvait guère attendre des attaques de ce genre contre les Rois Catholiques. Cette mode est déjà passée.

CHAPITRE X

Dispersion des Juifs d'Espagne dans le monde. — Résumé général de cet Essai.

1492.

Effet de l'édit sur les Juifs. — Alternative dans laquelle ils se virent. — Lettre des aljamas d'Espagne à celles de Constantinople. — Réponse. — Édit de Torquemada. — Abattement des Juifs. — Opinions sur le nombre total des Juifs qui sortirent de la Péninsule. — Juifs de Portugal. — Don Juan II les accueille. — Persécutions du roi don Manuel. — Les Juifs portent la langue espagnole chez tous les peuples. — Résumé général. — Liberté civile et religieuse. — Servitude politique. — Contradiction entre les lois et les privilèges des cortès et des monarques.

Nous avons exposé, dans le chapitre précédent, les questions dominantes qui ressortent de l'examen du fameux édit de Grenade; nous avons exprimé en même temps notre opinion sur chacune d'elles, avec l'impartialité et la circonspection que réclame un événement d'une si haute importance. Dans le présent chapitre, nous nous proposons de rendre compte à nos lecteurs de la manière dont l'édit en question fut exécuté, et de l'effet qu'il produisit sur les Juifs. Les Rois Catholiques publièrent donc le décret qui fixait le terme fatal pour quitter la péninsule Ibérique, terme qui ne pouvait être prolongé au delà de quatre mois; mais on ne peut s'imaginer l'abattement et la douleur qui s'emparèrent de ces malheureux proscrits. Tous les sentiments qui étaient restés comme éteints par les persécutions, durant tant de siècles; que le mépris et l'indifférence avaient, pour ainsi dire, étouffés, se réveillèrent tout à coup dans leurs cœurs. Ils virent, devant leurs yeux, l'immense sacrifice qu'on exigeait d'eux et les pertes incalculables dont on les menaçait. Ils étaient attachés au sol de l'Espagne par les traditions et les souvenirs de famille, souvenirs qu'exaltaient vivement l'amour qu'ils nourrissaient pour le foyer près duquel ils avaient passé leurs premières années, pour la ville où ils avaient augmenté leurs richesses, pour la douceur du ciel qui couvrait leurs têtes. D'un autre côté, les grands trésors, dont l'exportation était en partie prohibée, parlaient à leurs intérêts, et ils étaient individuellement réduits à la dernière extrémité. L'alternative était terrible : la situation des Juifs était de celles qui ne promettent pas un changement favorable, de celles que le moindre mouvement menace d'une catastrophe épouvantable. Le décret des Rois Catholiques les obligeait à sortir de l'Espagne ou à abjurer le judaïsme, la religion, pour laquelle ils avaient souffert tant de persécutions, pour laquelle leurs pères avaient versé tant de sang. Les Juifs pouvaient-ils se rattacher à cette espérance de salut, en recevant le baptême, comme un moyen d'éviter le désastre qu'ils voyaient sur leurs têtes? Ce n'était possible d'aucune manière. Outre les massacres que le peuple castillan avait essayés contre les convertis, au xve siècle, il existait aussi le tribunal du Saint-Office pour veiller sur la conduite de ceux qui judaïsaient, pour leur infliger les châtiments les plus sévères, toutes choses que les Juifs proscrits ne pouvaient ignorer, et qui n'eussent fait qu'empirer encore leur situation désespérée.

L'alternative se réduisait donc à embrasser le catholicisme avec toute la sincérité qui pouvait constamment se feindre, ou à abandonner pour toujours le sol de la Péninsule. Le découragement et l'affliction des Juifs ne pouvaient être plus digne de pitié. Où se tourner dans leur infortune? Quel parti prendre pour échapper à une mer furieuse dont les vagues allaient les envelopper? Manquant de force et de conseil, ils eurent recours, dans leurs angoisses, suivant l'opinion de quelques historiens, à leurs *frères* de Constantinople, pour les prier de leur venir en aide. Les docteurs et les rabbins des aljamas de Castille leur écrivaient, à ce que l'on suppose, en ces termes : « Comme frères et comme personnes de notre loi, que notre malheur touche également, nous vous faisons part de ce qui se passe ici pour connaître votre avis, et pour déterminer, d'après lui, la conduite que nous avons à suivre. Le roi d'Espagne a commencé, il y a peu de temps, à exercer sur nous de grandes contraintes, de grandes violences. Il profane nos synagogues, massacre nos enfants, prend nos biens, et, ce qui est pire, il nous ordonne d'être chrétiens dans quatre mois, ou de sortir de ses royaumes. Envoyez-nous votre opinion sur chacun de ces faits en particulier, parce que nous la suivrons. Le trouble où nous sommes ne nous permet pas de prendre une résolution. Que le Très-Haut Dieu Adonaï soit avec vous tous. » Les rabbins des synagogues de l'antique Byzance leur répondirent ce qui suit : « Nous avons reçu votre lettre ; vos soucis, vos inquiétudes, nous ont causé toute la peine et toute la douleur possibles. En ce qui touche à l'avis que vous nous demandez, après en avoir communiqué avec les plus savants rabbies et les hommes de bon sens de cette synagogue, ce qui nous semble le meilleur et le dernier remède par lequel vous en finirez avec tout, c'est de baptiser les corps et de conserver les âmes fermes, dans tout ce qui se doit, en notre loi, et de cette manière vous pourrez vous venger de tous les outrages qu'on vous a faits. Si l'on a profané vos synagogues, faites des prêtres de vos enfants, et vous profanerez leurs églises. On a massacré vos enfants, faites des médecins de vos enfants, et vous tuerez les leurs. On a pris vos biens, vous êtes des traitants, traitez-les de manière à ce que les leurs deviennent bientôt les vôtres, et, en agissant ainsi, vous vous vengerez de ce qui a été fait de ce qui est à faire. Que le Très-Haut Dieu Adonaï soit avec vous (1). »

(1) Bibliothèque de Madrid, manuscrits divers, recueillis par l'érudit Burriel. Ces documents, rassemblés avec tant de soin par le P. Andrés Burriel, pour former la collection donnée à la Bibliothèque de Madrid par Philippe V, voient leur authenticité révoquée en doute par quelques écrivains, fondés sur ce que ces mêmes lettres se trouvent rédigées de différentes manières. Sans nous arrêter ici à débattre cette question, qui n'est d'aucune utilité pour notre plan, puisque nous ne leur accordons pas un entier crédit, il ne nous paraît pas hors de propos de copier ces lettres, que nous avons entre les mains, pour l'instruction et le plaisir de nos lecteurs. Voici celle que les Juifs d'Espagne adressèrent à ceux de Constantinople : « Juifs honorables, salut et grâce. Sachez que le roi d'Espagne, par un crieur public, veut nous faire chrétiens, veut nous ravir nos biens; il nous enlève la vie, détruit nos synagogues, et exerce contre nous d'autres vexations qui nous troublent et nous rendent incertains sur ce que nous devons faire. Par la loi de Moïse, nous vous prions et supplions de vouloir bien réunir une assemblée, et nous envoyer, le plus rapidement possible, la délibération qui en sera résultée. — CHAMORRO, prince des Juifs d'Espagne. » La réponse est conçue en ces termes : « Bien-aimés frères en Moïse, nous avons reçu votre lettre, dans laquelle vous nous marquez les tourments et les infortunes que vous souffrez, et auxquels nous avons pris part autant que vous. Voici l'avis des grands satrapes et des rabbies : pour ce qui regarde ce que vous nous dites que le roi d'Espagne veut vous faire chrétiens, faites-le, puisque vous

Ce conseil, s'il est aussi certain que quelques auteurs le prétendent, ne pouvait être plus sinistre. Mais les Juifs, les rabbies et les hommes de bon sens de Constantinople ignoraient sans doute qu'il était impraticable, grâce à la prévision des Rois Catholiques, qui avaient assuré l'*unité religieuse* par la forme la plus appropriée aux circonstances et aux temps, comme nous l'avons longuement observé. Les mois d'avril et de mai s'écoulaient cependant, et chaque jour s'approchait le terme terrible, fixé par l'édit de Grenade (1). Thomas de Torquemada avait armé aussi ses phalanges contre les proscrits : dans le mois d'avril, il publiait un second édit défendant à tous les fidèles tout commerce, toute société avec les Juifs, dès que les quatre mois fixés seraient expirés, « sans qu'il fût permis à personne, suivant l'expression de Mariana, de leur donner dès lors aucune

ne pouvez agir autrement. Quant à l'ordre qu'il donne pour qu'on vous enlève vos biens, faites vos fils marchands, pour qu'ils leur enlèvent les leurs. Quant à ce que vous nous dites qu'ils vous enlèvent la vie, faites vos fils apothicaires et médecins pour leur enlever la leur. Ils détruisent, dites-vous, vos synagogues, faites des clercs de vos fils pour qu'ils profanent et détruisent leur religion et leur temple. Ils se livrent à d'autres vexations contre vous, travaillez à faire entrer vos enfants dans les emplois de l'État, pour qu'ils s'en emparent et que vous puissiez vous venger d'eux. Ne sortez pas de cet ordre que nous vous donnons, et vous verrez, par expérience, que, d'abattus que vous êtes, vous parviendrez à être tenus en certaine considération. — Ussef, prince des Juifs de Constantinople. »

Il ne manque pas d'auteurs pour soutenir que ces lettres furent inventées par le cardinal Silicéo, pour que les Juifs fussent plus détestés par la multitude, et pour avoir de nouveaux prétextes de sévir contre les judaïsans. D'autres supposent qu'elles furent trouvées par cet inquisiteur général dans les archives de la cathédrale de Tolède.

(1) Nous avons sous les yeux le deuxième volume de l'*Histoire du règne des rois catholiques*, composée par William Prescott et traduite par don Pedro Sabau et Larroya, où, en parlant de ce mémorable événement, il est dit que les Juifs, ayant recours à leur constante politique, offrirent au roi trente mille écus pour annuler cet édit : « L'inquisiteur général Torquemada, poursuit l'historien anglo-américain, entrant dans la salle du palais où les Rois donnaient audience au commissaire juif, et tirant un crucifix de sous ses habits, il le leur présenta, et s'écria : « *Judas Iscariote vendit son maître pour trente deniers d'argent ; Vos Altesses vont le vendre pour trente mille : le voilà, prenez-le, et vendez-le.* » Outre que cette anecdote nous paraît peu vraisemblable, nous croyons qu'elle est une offense à l'égard des Rois Catholiques, que l'on y juge assez faibles et assez misérables pour changer, au prix de trente mille écus, le plan d'une politique si mûrement réfléchie, si conforme à l'état de la nation. Nous croyons que ce que nous avons dit suffit pour réfuter cette anecdote, qui ne sera jamais autre chose qu'un conte, plus ou moins sujet aux commentaires des écrivains qui ne traitent pas ces faits avec une entière impartialité, et qui ne les étudient pas sous le rapport le plus philosophique.

subsistance, ni aucune des autres choses nécessaires à la vie, sous des peines sévères pour les contrevenants. » Il ne restait donc plus aucune espérance aux descendants de Juda. Les lois civiles et les lois ecclésiastiques étaient tombées sur eux pour les anéantir : personne ne pouvait leur venir en aide. Les peuples, qui naguère avaient projeté leur extermination, n'avaient d'eux aucune compassion, et, s'ils en avaient eu, ils n'auraient pu se porter à leur secours : car ils auraient attiré sur eux la colère du Saint-Office et l'indignation de leurs rois, qui, comme nous l'avons vu, ne faisaient autre chose qu'accomplir la loi de la nécessité la plus exigeante et la plus impérieuse.

Abandonnés de tout le monde, menacés de l'esclavage et de la mort, les Juifs d'Espagne comprirent enfin que l'expatriation, qu'on leur imposait comme un commandement, était l'unique voie de salut qui leur restait. Au milieu de ce naufrage universel, ils ne s'appliquèrent qu'à sauver, sur leurs épaules, les restes de leur opulence passée, qu'à porter leurs lares profanés, chez d'autres nations, où ils devaient être de nouveau souillés et bafoués. C'est une véritable pitié que de lire ce que nos chroniqueurs rapportent sur ce point, quoique presque tous accordent les plus grands éloges aux Rois Catholiques pour cette importante mesure. L'humanité ne peut, en effet, que tressaillir à la pensée de ce misérable troupeau, errant et abandonné, reportant ses regards sur ces lieux où il laissait ses plus doux souvenirs, où reposaient les cendres de ses ancêtres, et poussant de profonds soupirs et des cris lamentables contre ses persécuteurs. Quand nous lisons, dans l'*Histoire de Ségovie* de Diégo de Colmenares, que les malheureux Juifs qui avaient habité cette ville jusqu'à l'expiration du célèbre édit de mai, avant de se résoudre à abandonner leurs foyers, avaient passé trois jours dans le cimetière de leurs pères, arrosant leurs cendres de leurs pleurs, attendrissant par leurs gémissements tous ceux qui pouvaient les entendre, nous avouons qu'il y eut, dans l'accomplissement des ordres d'Isabelle et de Ferdinand plus de cruauté qu'on aurait dû en attendre, plus qu'il ne convenait peut-être à la pensée politique qui avait présidé à une mesure qui causait tant de bruit.

Quoi qu'il en soit, les Juifs, harcelés de toutes parts, abandonnèrent l'Espagne, s'embarquèrent sur différents ports et se répandirent dans toutes les nations. « Il en sortit, dans ladite année, dit l'annaliste

Abarca, quatre cent mille, suivant les uns; d'autres doublent le nombre. Qui pourrait le fixer? Le chiffre des maisons et des familles paraîtrait moins difficile : un grand nombre d'auteurs le porte à cent soixante-dix mille. De ce nombre, trente mille entrèrent en Portugal, d'autres en Navarre, d'où ils partirent pour l'Allemagne et pour diverses provinces du Nord. Une grande partie passa en Afrique (1), en Grèce, en Asie. Beaucoup d'autres abordèrent à Naples, avec la peste, et le royaume subit cette plaie pendant un an. Beaucoup d'autres, repoussés par la mer, revinrent en Espagne, où, de crainte et d'effroi, ils se firent chrétiens. » Presque tous les historiens sont d'accord sur la direction que prirent les Juifs dans leurs diverses expéditions. Il n'en est pas de même quant au nombre de ceux qui furent expulsés de la Péninsule : les uns prétendent que leur nombre ne monta qu'à cent vingt-quatre mille (2); d'autres fixent ce chiffre à quatre-vingt-dix mille; d'autres affirment, enfin, qu'il fut de cent cinq mille. Trois mille familles sortirent de l'Andalousie, vingt-sept mille de Léon, trente mille de Saragosse, vingt mille de Ciudad-Rodrigo et de Villar, quinze mille de Valence, d'Alcantara et de Malboan, dix mille de Badajoz et d'Yelves. La raison la plus sûre flotte entre cette diversité d'opinions, sans qu'il soit possible de fixer un nombre que l'on puisse regarder comme certain. Le curé de Palacios rabat considérablement ces totaux, en réduisant le nombre des bannis à trente quatre mille familles.

Les Juifs qui, perdant toute espérance de retourner dans leur chère patrie, s'en éloignèrent le plus et s'internèrent dans le nord de l'Europe, eurent un meilleur sort que ceux qui caressèrent l'idée

---

(1) La lecture de la narration que font les historiens du passage des Juifs en Afrique cause une pitié véritable. Assaillis par les tribus féroces du désert, quand ils allèrent d'Ercilla à Fez, ils éprouvèrent toute espèce d'insultes. « Ces barbares, sans loi et sans frein, dit Prescott, mêlant à l'avarice une concupiscence brutale, se livrèrent aux excès les plus odieux. Ils les volèrent; ils violèrent les femmes et les filles des Juifs sans défense, et ils massacrèrent de sang-froid ceux qui opposaient de la résistance. » Ceux qui échappèrent aux mains des sauvages périrent de faim en partie; une autre partie revint à Ercilla, et un grand nombre reçut l'eau du baptême, d'après le récit d'historiens accrédités.

(2) Fuentes, *Journal historique*, tome III. Hakam Rabbi Isahak d'Acosta, dans le chapitre xxv de la seconde partie de ses *Conjectures sacrées*, commente le *Livre des Rois*, sur ce point, de la manière suivante : « Là, en Espagne, une certaine providence rendit notre nation opulente, là fleurirent des hommes illustres, des académies célèbres, jusqu'à l'année de la création 5252, qui correspond à l'année 1492

de se voir rétablis sur le sol qui les avait vus naître, qui restèrent dans l'intérieur de la Péninsule et demandèrent l'hospitalité au Portugal. Abarca, que nous avons cité plus haut, raconte que les Juifs envoyèrent des émissaires dans ce royaume pour s'informer de l'état de l'esprit public à leur égard. Ces envoyés répondirent de la manière suivante : « La terre est bonne, le peuple est sot, l'eau est à nous, vous pouvez venir, tout nous appartiendra. » Ranimés par une semblable prophétie, les Juifs se rendirent en grand nombre en Portugal. Mais ils y rencontrèrent encore un nouveau sujet de tristesse. « Le nombre des Juifs qui restèrent en Portugal, avec la permission du roi Jean II, fut considérable. Ce roi mit pour condition que chacun d'eux payerait huit écus d'or pour le droit d'hospitalité, et qu'à une époque déterminée, qu'il leur fit connaître, ils sortiraient du royaume : leur faisant entendre que, ce délai passé, ils seraient donnés comme esclaves, ainsi que l'avaient été antérieurement un grand nombre d'entre eux. Plus tard, le roi Manuel leur rendit la liberté, dès les commencements de son règne. » Le prétexte auquel eut recours le roi Jean II de Portugal, pour tenir cette conduite, ne fut pas en vérité le plus humain, ni le plus juste. On avait fixé à six cents le nombre des familles spécifiées dans l'autorisation que le roi donna aux Juifs, pour entrer dans son royaume. Comme les réfugiés excédaient ce nombre, il leur prit les enfants, et, avec une cruauté digne de blâme, il les envoya aux îles désertes qu'on ve-

de l'ère chrétienne, année où ils furent expulsés par décret de Ferdinand et d'Isabelle, rois d'Espagne; décret qui s'accomplit le neuvième jour d'avril, jour fatal par la destruction des deux temples. La condition ne fut pas moins déplorable pour ceux qui durent sortir d'une terre où ils étaient habitués, depuis deux mille ans, au nombre de trois cent mille personnes. » Le nombre d'âmes indiqué par Isahak d'Acosta est bien supérieur à celui que donnent plusieurs de nos historiens et que l'on peut déduire de l'examen de certains documents contemporains. Rien de plus important sur ce point que le calcul que l'on peut faire de ce que dit le curé de Palacios. Cet écrivain affirme qu'un rabbin, ou un Juif converti, qu'il avait baptisé, lui avait confessé que les Juifs qui sortirent d'Espagne étaient au nombre de trente-six mille familles. Supposez que chaque famille se composât de cinq membres, ce qui n'a rien d'excessif, eu égard aux mœurs des Juifs, et l'on obtient le total de cent quatre-vingt mille âmes. On le voit donc, Isahak d'Acosta exagère grandement le nombre des expulsés, à moins qu'il n'y comprenne les Juifs qui, en 1498, sortirent de la Navarre, et ceux qui, en 1495 et 1506, furent bannis du Portugal. (BERNALDES, *Rois Catholiques*, manuscrit, chap. CX. — WILLIAM PRESCOTT, *Histoire du règne des Rois Catholiques*, première partie, chap. XVII.)

naît alors de découvrir, îles qu'on appela des *Lézards*, qui furent connues plus tard sousla dénomination de Saint-Thomas, et où ils devaient périr infailliblement. Il déclara, en outre, esclaves, ceux qui ne payeraient pas l'imposition décrétée, et quand il laissa le trône à son beau-père don Manuel, la condition des Juifs devint encore plus précaire et plus désastreuse. Ce roi ordonna, en 1495, de la création 5247, que, dans le délai de trois mois, ils sortiraient tous de ses domaines ou qu'ils recevraient les eaux du baptême; il leur offrait l'esclavage pour alternative et leur fixait les ports où ils devaient s'embarquer. Les Juifs infortunés s'y rendirent, et, soit dans le désir de les exterminer, soit pour d'autres raisons que l'on ignore, les vaisseaux disposés pour mettre à la voile ne se trouvèrent pas prêts au jour fixé. Ils furent alors réduits en esclavage; les pères furent séparés des enfants, dans la pensée de finir par les ramener de cette manière à la religion chrétienne.

Les persécutions des Juifs avaient, comme nous l'avons déjà indiqué, exalté au plus haut point leurs sentiments religieux; il n'était donc pas croyable que ceux qui abandonnaient les foyers de leurs ancêtres pour ne pas abjurer leur *Credo;* ceux qui s'étaient vus ruinés, massacrés au milieu des rues et arrachés à leur ancienne patrie d'adoption, reçussent le baptême en pays étranger, où ils n'avaient pas, en vérité, souffert la moindre offense. Les Juifs se refusèrent donc à recevoir l'eau du baptême, et cette conduite, que le roi de Portugal aurait dû respecter, n'attira pas moins d'anathèmes sur leurs têtes. La persuasion ne suffisant pas, on eut recours à la force, et les Juifs proscrits, sans aucune défense possible, furent conduits par milliers aux temples catholiques, où on leur *versa l'eau sur la tête,* et l'on crut que cette profanation pouvait s'excuser en déclarant qu'ils gagnaient de cette manière leur salut éternel. Un grand nombre de Juifs furent, dans cet attentat, victimes de leur constance ou de leur fanatisme; d'autres provoquèrent la colère de leurs persécuteurs jusqu'à recevoir la mort qu'ils regardaient comme l'ancre de salut, dans leurs tribulations si répétées et si sanglantes; beaucoup finirent leurs jours de leurs propres mains ou se précipitèrent dans des puits et dans des citernes, avant d'abandonner la loi de leurs ancêtres (1).

(1) Abraham Usque, Isahak Abarvanel, Rabbi Jehudá Hayat et Rabbi Abraham Zacuto, rapportent ces faits, comme témoins.

Notre sévère Mariana, en parlant de l'édit de Sisebut, désapprouve avec une honorable énergie la détermination anti-évangélique de ce monarque goth. L'évêque Jérôme Osorio, chroniqueur du même roi Manuel, ne se montre pas moins noble, ni moins digne de son haut ministère, quand il raconte les faits dont nous parlons. Dans le premier des douze livres qu'il composa sous le titre de : *De Rebus Emmanuelis*, il blâme un procédé si étrangement éloigné du nom chrétien, et il finit par dire « que cette action fut inique et injuste, que ce ne fût que tromperie et violences exercées à l'égard des Juifs, contrairement aux lois, contrairement à la religion même (1). » Cette persécution, la plus cruelle et la plus terrible de toutes celles que les Juifs avaient souffertes, en Espagne, ne put faire moins que d'attirer sérieusement l'attention du Saint-Siége. Le pontife Clément VII gouvernait alors l'Église. Quand il entendit le récit de si sauvages excès, il fut porté à étendre une main protectrice sur ce misérable troupeau. Il expédia une bulle que le Consistoire accepta pleinement, permettant à tous les Juifs, qui avaient embrassé la religion chrétienne par force de venir librement habiter ses domaines. Ce document déclarait qu'on n'inquiéterait aucunement ceux qui professeraient de nouveau la loi de Moïse, et qu'on ne chercherait pas à s'enquérir de leur manière de vivre. Paul III et Jules III, successeurs de Clément VII, confirmèrent la bulle. Alors une multitude de Juifs passèrent à Ancône, et trouvèrent dans le territoire de l'Église le port de salut que l'Espagne leur avait refusé.

Jean III de Portugal et son frère, le cardinal don Henri, s'opposèrent néanmoins à la volonté des souverains pontifes : ils firent proclamer, dans toute la monarchie, un édit qui défendait à tout Juif de sortir du royaume sous peine de mort. Ce décret donna lieu à de sérieuses altercations avec la cour de Rome. L'on vit prendre part à une question si importante des jurisconsultes célèbres, comme Alciat et le cardinal Parisius, qui prouvèrent, *de ratione* et *de jure*, que les Juifs n'avaient encouru aucune censure, puisqu'ils avaient été baptisés par la violence, et qu'ils n'avaient reconnu que le fait de la force. Le résultat de ces controverses fut enfin favorable aux Juifs : les princes d'Italie, le grand-duc de Toscane, Cosme de Mé-

---

(1) Facto quidem iniquam et injustam... Vis et dolus Judæis illata, fuit quidem hoc, neque ex lege, neque ex religione, factum.

dicis, Hercule de Ferrare, Emmanuel de Savoie, ouvrirent les portes de leurs domaines au peuple proscrit, qui y trouva protection et sécurité. Ceux qui, manquant de ressources ou trop attachés à la péninsule Ibérique, ne purent entreprendre le voyage, ni chercher un asile en Italie, continuèrent à souffrir toute espèce de vexations, jusqu'à ce que, en 1506, 5260 de la création, un moine de l'ordre de Saint-Dominique, un crucifix à la main, excita la populace au massacre, et renouvela, à Lisbonne, les scènes sanglantes de Séville, en 1392. Le roi don Manuel tira de cet attentat une vengeance convenable à son honneur, pour la satisfaction de l'humanité barbarement offensée. Le moine qui commandait les séditieux fut brûlé vif, et la capitale du royaume fut privée, pendant l'espace de trois ans, comme l'affirment tous les chroniqueurs de cette époque, du titre de très-noble et très-loyale, *muy noble y muy leal*. Mais écartons nos regards de ces horreurs et revenons à notre sujet principal.

Quand fut expiré le terme de quatre mois, les Rois Catholiques virent leurs dispositions souveraines accomplies, et l'Espagne compta, parmi ses enfants, un grand nombre d'âmes de moins. Mais le xve siècle, qui était appelé à assister à de si grands événements, à de si héroïques entreprises, menées à bonne fin par les fils de l'Ibérie, ne préparait pas, pour le xvie siècle, des conséquences moins favorables par l'expulsion des Juifs que par ces célèbres entreprises. L'Ibérie allait se lever grande, puissante et redoutée de tous les peuples du monde. L'Amérique, découverte par le savant et magnanime Christophe Colomb, la même année de 1492, devait ouvrir ses entrailles encore vierges et lui offrir ses trésors : l'Italie se disposait à lui présenter le riche hommage de ses sciences, de ses arts et de sa littérature; les étendards castillans se préparaient à voler avec leurs lions, de l'une à l'autre extrémité de l'Europe; et, par un secret inexplicable de la Providence, les Juifs se répandaient dans l'univers pour vanter leur puissance, et pour porter, chez tous les peuples, les traditions, les coutumes, la littérature et la langue que devaient immortaliser plus tard des génies sublimes, comme Calderon et Cervantes.

Ce phénomène, que personne n'a jusqu'ici examiné, parce qu'il n'a pas été jusqu'ici bien reconnu, a cependant une explication plus directe, plus naturelle et plus complète qu'il ne le paraît à première vue. Mais cette explication est entièrement littéraire, voilà pourquoi il nous paraît inopportun de l'amener sur le terrain où nous nous trouvons. Quand un peuple entasse de brillantes conquêtes et des lauriers, comme le fit l'Espagne, au temps de Ferdinand V et de Charles Ier, la gloire et l'éclat des batailles domine et obscurcit toutes les autres actions dignes d'examen, l'avenir ne se décide que par le sort des armes. La critique impartiale, sans se laisser éblouir par tant de grandeur, sans se laisser entraîner par le bruit des applaudissements, doit cependant peser les choses dans une autre balance et en déduire une vérité plus pure, plus éprouvée. Comme nous nous proposons de considérer plus tard l'influence que la race proscrite exerça sur l'Espagne, sous le rapport littéraire, qu'il nous soit permis de suspendre ici notre tâche, non sans reprendre auparavant les faits les plus importants que nous avons effleurés dans cette revue historique et politique, afin d'en présenter un résumé logique et exact.

Nous l'avons vu, au temps de la monarchie gothe, les prétentions des Juifs ont été réprimées par les Conciles nationaux, leurs erreurs ont été anathématisées. Ceux d'entre eux qui abjurèrent ces erreurs, qui ouvrirent les yeux à la lumière de l'Évangile, furent anoblis. L'ingratitude et le désir de la vengeance portèrent, à cette époque, le peuple d'Ataulphe et de Théodoric au précipice où le poussait sa corruption et sa mollesse. Fraternisant avec les Africains, dont les coups firent tomber le trône de don Rodrigue, les Juifs subissaient, plus tard, le joug des descendants de Pélage, victimes de leurs rancunes et immolés par le fanatisme religieux, qui n'observait pas alors l'intolérance prêchée par le Sauveur du monde. Les besoins du peuple chrétien devenaient ensuite les médiateurs qui apparaissaient, entre les deux races pour les réconcilier, autant que possible, quoique les haines héréditaires restassent dans toute leur vivacité, à cause de la différence de religion et de mœurs. L'industrie, la constance et l'astuce des Juifs leur gagnait enfin, sinon la bienveillance et l'amour des Castillans, du moins la sécurité individuelle, la protection pour leurs propriétés, et, plus tard, une certaine liberté civile qui ne pouvait laisser que de former un contraste surprenant avec le genre de vie que menaient les Juifs, avec les instincts du peuple chrétien, avec l'esprit des temps, quoique ce ne soit qu'à cette dernière cause qu'on doive attribuer cette espèce de phénomène.

Le peuple proscrit, comme nos lecteurs auront pu le déduire de tout ce que nous avons établi, se trouvait constitué d'une manière différente, se gouvernait par des lois distinctes et avait d'autres juges que le peuple castillan. Soit que sa constitution et ses lois fussent le résultat des priviléges que nous avons mentionnés, soit qu'elles fussent la conséquence de la séparation qui existait entre les deux nations, ou même de la haine que les chrétiens professaient pour les descendants du peuple déicide, le fait n'en est pas moins certain, ni moins digne d'une étude approfondie. La liberté civile existait pour les Juifs dans l'intérieur de leurs *juiveries*, parce que l'indépendance dans les tribunaux existait, parce que leurs arrêts étaient respectés, et que le pouvoir royal seul pouvait intervenir dans les affaires qui leur étaient particulières. La liberté religieuse n'était pas moins garantie par les lois. Ce n'était uniquement que dans les cas où les Juifs étaient soumis quelque sacrilége contre la religion chrétienne, qu'ils se soumettaient au jugement des évêques dans le diocèse desquels ils habitaient, et ils se résignaient alors à souffrir les peines imposées par les canons pour cette classe de délits. Dans l'ordre civil, dans l'ordre criminel, ils avaient leurs gouverneurs *adelantados*, leurs *rabbies*, leurs alcaldes et leurs *porteros* pour l'administration de la justice. Un code spécial (1), commun à toutes les *juiveries*, était la règle d'après laquelle les *adelantados* dictaient leurs sentences. On pouvait appeler de ces arrêts aux *rabbies*, et de ces derniers au roi, si l'une des parties, ne se conformait pas aux jugements d'un tribunal semblable. Dans l'ordre criminel, on allait encore plus loin; les rois d'Espagne, désireux de respecter les vieilles traditions des descendants de la tribu de David et de Juda, avaient toléré qu'ils jouissent du privilége de demander, un jour déterminé, la vie d'un homme. Les Juifs se maintinrent en possession de ce privilége jusqu'en 1391 : ils mirent à mort, à Séville, don Jusaph Picho, en lui reprochant d'être *malsin*, parce qu'il avait conquis le respect et l'estime des Castillans. Le roi don Henri II, pour les punir d'une conduite si perfide, « les priva de pouvoir exécuter la peine capitale (2), » et leur enleva en même temps le privilége ci-dessus.

(1) Ce code faisait partie de leur droit religieux, contenu dans le *Talmud*, pour lequel ils avaient leurs juges suprêmes, dans toute l'Espagne, juges qui recevaient le nom de *nassis* ou de *gaones*.

(2) Zuñiga, *Annales de Séville*.

A mesure que l'empire castillan avait étendu ses limites, les Juifs avaient aussi perdu leur représentation et leurs immunités. Les cortès de Soria, tenues en 1380, disposaient, par l'article 2, que les juges juifs ne pourraient prononcer de sentence que « dans les cas de mort ou de perte de membres; » qu'en toute autre matière, ils devaient se soumettre aux baillis et aux juges de Castille. Dans celles de Valladolid, tenues en 1385, on limitait encore plus ces priviléges par les pétitions quinze et seize : on leur enlevait *porteros*, *entregadores* et *alcaldes*. Dans la bulle de Benoît XIII, on les empêcha d'être juges, tant dans leurs causes que dans les causes d'autrui, et, pour comble d'oppression, on leur défendit, dans les *constitutions* du concile de Zamora, en 1413, de pouvoir servir de témoin. Ainsi, au commencement du XV° siècle, les Juifs, poursuivis à main armée, sans protection du côté des lois, ne formaient déjà plus ce peuple qui, dans les siècles antérieurs, apparaissait avec son opulence et son indépendance propre, mais bien un troupeau exposé à la rapacité de ceux qui s'étaient déjà baignés dans son sang; un troupeau abandonné par ses propres pasteurs, sans défense, sans union, sans espoir aucun de recouvrer son ancienne splendeur (1). L'organisation reli-

(1) Malgré cette observation, justifiée par les faits exposés dans le chapitre précédent, il est encore bon d'observer que, jusqu'à quelques années avant la publication de la bulle de Benoît XIII et du concile de Zamora, les Juifs conservaient leur liberté civile, comme on peut le remarquer dans divers documents de cette époque. Un de ces documents, qui doit appeler l'attention de tous ceux qui se consacrent à l'examen de ces importantes matières, c'est le testament public d'un riche Juif, habitant de la ville d'Alva de Tormes, appelé don Juda, écrit en 1410, et conçu en ces termes. « Gisant malade et au premier moment de sa dernière heure, couché dans son lit, et près de lui, faisant grand'pitié, doña Sol, sa femme, fille de Mosen Tiusillo; près de son alfolla, doña Jamelica, petite fille de dix ans, passés de son enfance, et Sadoy et Benjamin, ses fils, l'honorable vieillard, tournant les yeux vers eux, leur dit : Je fais mon testament en preuve; qu'une fois fait, il ait force comme chose faite dans le monde pour le siècle qui doit nous avoir. Je ne repousse pas la mort, puisqu'elle est certaine. Vous prendrez mes conseils de mes derniers jours, et, en les recevant, *je vous ordonne* qu'il n'y ait entre vous ni rixes, ni mauvaises paroles; je vous ordonne de conserver une bonne fraternité et une parenté qui ne soit point fictive, car vous êtes mes enfants, sinon que votre mère le dise, elle qui le sait bien... à laquelle vous donnerez toute confiance, bonne comme elle l'est : et que telle soit ma fin. — Je rends grâce au Très-Haut Seigneur Adonaï, qui a fait tout l'univers, qui nous conserve, qui ne m'a pas fait brute, et qui m'a conservé, jusqu'à présent, sous sa protection. Qu'il est bon et noble, l'homme qui, à sa fin et dans sa vieillesse, meurt pour vivre; Dieu l'a voulu ainsi, et mon

gieuse des Juifs d'Espagne, qui eut tant d'influence directe sur leur agrandissement, fut aussi cause de leur décadence, dès que l'élément religieux se changea, chez eux, en fanatisme aveugle, par les persécutions et les outrages qu'on leur prodiguait continuellement.

Nous avons observé, dans le cours de cette revue au terme de laquelle nous touchons, que les Juifs contribuaient également au soutien de l'État et au soutien de l'Église. Nous avons déjà examiné, pour preuve de notre assertion, la célèbre répartition de Huete; la lettre adressée par Ferdinand IV aux Juifs de Ségovie, en 1302, la répartition faite, en 1474, par Jacob Aben Nuñez, nous ont aussi fourni des données suffisantes pour connaître de quelle manière ils concouraient à remplir le service ordinaire. Quant au service extraordinaire, pour lequel la nécessité du moment était la loi suprême, ce n'était pas, en vérité, les Juifs qui y contribuaient pour la plus faible part. Ils avaient à peine des richesses territoriales, leurs capitaux étaient d'une espèce qui ne pouvait facilement se cacher; aussi, ils se prêtaient promptement à satisfaire aux besoins publics, et les trésors de

espérance a toujours été dans son amour! Et puisque je suis terre et que je reviens à la terre, j'ordonne qu'on ne me pleure pas, qu'on ne me brise pas. Pour moi, vous, doña Sol, ne vous faites aucun chagrin, car je vous tiens pour telle que, si je vous donnais la faculté du divorce, vous ne le voudriez pas; car vous me l'avez ainsi dit : *lors même que vous me la donneriez, je ne le prendrais pas; votre soulier est le ferme garant de mon cœur.* Et je vous ai dit : *Ainsi je le veux,* ainsi Dieu le veut; nous sommes mari et femme, et il y a trois fois vingt ans maintenant que nous sommes unis, que nous vivons ensemble; et que je meurs dans le temps aimé de tous. — Que mon corps soit enseveli et mis dans le suaire, et que l'on m'enterre ainsi dans le champ honoré, où reposent mes ancêtres; que Dieu donne un bon siècle dans une terre préparée, ni pressée, ni foulée; qu'on ne me pose ni debout, ni couché; que l'on fasse dans la fosse une sellette solide, où l'on assiéra mon corps, le visage tourné vers l'orient, incliné vers le soleil et vers son lever; que les trois aljamas de Bouilla, de Ségovie, d'Avra regrettent ma mort. J'ai été bien-aimé de toute ma parenté, et j'espère ainsi l'être dans la vie future. Que tous disent : *guay, guay,* hélas! hélas! il est déjà mort, celui qui faisait du bien! Namisanto et Moïsen Tiusillo et son fils porteront le *jabuti*, et Samuel les aidera tous, car ils sont mes parents. On leur donnera à chacun des *aljubas* en signe qu'on n'a pas oublié la parenté; ils chanteront le *jamul* en souvenir de l'Arche du testament des fils d'Israël, pour qu'on ne mette pas en doute qu'ils ont été tirés de leur terrible captivité. Ils feront du bien à toutes les synagogues; ils diront des paroles terribles, tristes de tristesse, et de bon gré; et avec grand deuil, comme les diront les fils et les filles d'Israël de notre loi, que je meurs en elle comme bon et honnête. Je fais un avantage à ma fille doña Jamelica des *mantaneduras,* sept ans encore outre ceux qu'elle a. Que celui que cela touche et quien dira du mal, le voie re-

leurs coffres allaient enfler les coffres du trésor public. Dans l'ordre politique, ils supportaient toutes les charges sans exercer aucun droit. Il est vrai qu'ils achetaient au prix de l'or, comme les peuples de Castille, les priviléges et les lois ; mais ils ne recevaient ces fueros que comme un présent dû à la munificence des souverains, alors que les peuples demandaient les lois, en échange de leurs services, non comme une grâce plus ou moins facile à accorder, plus ou moins facile à obtenir, mais comme un droit conquis par le sang, comme une garantie indispensable à l'existence de l'État. Les Juifs ne jouirent donc point, ne purent donc point jouir de la liberté politique ; s'il en avait été ainsi, ils n'auraient certainement pas joué le rôle de persécutés, et les étendards chrétiens n'auraient pas enfin flotté sur les minarets et les tours de Grenade. La constitution des Juifs, si l'on peut appeler ainsi le genre de vie qu'ils menèrent en Espagne, fut et dut être purement civile, et par conséquent incomplète. C'est un fait qui ne laisse pas que d'appeler l'attention, quand on considère que l'on put garder cette ligne de démarcation, particulièrement dans les siècles qui précédèrent le roi Alphonse le Sage, siècles où

tomber sur lui. Que ses frères lui accordent tout honneur, pour qu'ils se voient honorés, jusqu'à ce qu'ils lui donnent un mari de notre race, lequel la distinguera comme plus proche parent, frère ou cousin. Et outre la part d'héritage égale à celle de mes fils, elle aura de plus en dot, comme l'ordonnent ceux qui ont établi les lois, cinquante mille maravédis de la monnaie de notre roi Jean, que Dieu garde ! et, de plus, les vêtements évalués par les fondés de pouvoir. Et si Dieu ne lui donne pas des enfants, mon intention est qu'on n'en prive pas Sadoy, car il a été bon et agréable pour moi ; qu'il soit avantagé en cela, parce que je le veux, et qu'il le mérite ; qu'on l'a blessé à Tolède à la cuisse avec un couteau de boucher, et il ne s'en est pas plaint. Et que celui qui fait mal et verse du sang, qu'on lui fasse du bien, car il aurait pu mourir, et il n'est pas mort ; que Dieu le garde pour faire le bien. Mes maisons où je vis avec les ustensiles qui s'y trouvent, qu'elles appartiennent à ma femme, avec sa dot ; qu'il n'y manque rien, et qu'elle ait tout ce qui lui appartient. Que tous mes biens reviennent à Sadoy, à Benjamin, et à doña Jimelica, biens assurés par les personnes de qui ils doivent les recevoir, sans conteste ni fraude, car ce n'est pas bien, et Dieu ne le veut pas. — Nous, Juce, Aceba, Sevi, qui avons dressé cet acte, nous lui avons dit : « Que Dieu vous conduise dans le bon chemin de Juda, et vous donne une bonne fin ; vous avez agi comme un homme bon, et vous laissez le monde, sans convoitise aucune. » Et il dit : « Je le laisse ; que le monde agisse comme monde. » Il détourna la tête du côté de la muraille avec grand' peine, et il ne pleura pas, car il avait du courage. Que Dieu le garde ! car il est mort en l'an mil quatre cent dix, en la ville d'Alva de Tormes. Témoins Joide Galga, Lain Navi, Mosen Casa, Sozal Faya, voisins du testateur, et nous avons marqué l'acte de de notre sceau, et signé Juce, Acebi, Sevi. »

le droit était un chaos, où rien n'était défini, rien n'était réduit à ses propres termes. Après l'apparition des *Partidas*, le code le plus complet du moyen âge, l'entreprise était plus facile, plus réalisable.

En terminant ce résumé historique et politique, plus étendu peut-être que ne l'exige le sujet que nous traitons, nous ferons une dernière observation, c'est que, dans la longue période des contre-temps et des persécutions qu'éprouvèrent les Juifs, au milieu des grâces et des concessions des rois, des hostilités et des réclamations des cortès, l'histoire du peuple juif présente une multitude de contradictions et d'inconséquences dignes d'être attentivement étudiées pour être complétement comprises. Par ces motifs, rien n'est plus capable d'exciter la curiosité que de voir, à chaque pas, appropriées et refondues par les assemblées nationales, les mêmes lois qui étaient en vigueur, et que rien ne pouvait faire supposer, même de loin, être tombées en désuétude. Par ces motifs, rien n'appelle l'attention comme de trouver reproduits, priviléges, cédules, pragmatiques, chartes royales favorables aux Juifs; les rois de Castille ne paraissaient que vouloir imiter la célèbre épouse d'Ulysse, en faisant et défaisant cette toile interminable. Mais tout se ressentait de l'état où se trouvait alors la nation. La lutte sanglante de la noblesse et du pouvoir royal de l'État, lutte qui s'était si aigrie du temps du roi Sage, avait fait donner aux peuples les *fueros municipaux*, et, aux villes, le *fuero royal*, fueros qui mettaient les premiers à l'abri des excès des grands, et qui dépouillaient les secondes des *cartas pueblas*: cette lutte qui se renouvelait à chaque moment pour satisfaire des ambitions personnelles et des caprices blamables, changeait tout, confondait tout, renversait le lendemain ce qu'elle avait proclamé la veille comme sain et bon, et enracinait de cette manière les abus dans le sanctuaire même des lois, fréquemment profané par les scènes les plus repoussantes. Ainsi donc, les relations qui existaient entre le peuple castillan et la race juive, ne pouvaient avoir ce caractère circonspect que l'on aurait dû exiger, peut-être, de la marche logique des choses. On doit reconnaître, d'autre part, que les descendants de David ne contribuèrent pas peu, par leur manque de franchise, par leurs procédés astucieux, par leurs injustices continuelles à empirer leur sort, à finir, par légitimer à force d'abus, la haine du peuple, les restrictions des cortès, l'aversion du clergé, et enfin, la conduite d'Isabelle et de Ferdinand qui voulaient, avant tout, la paix et le bien-être de leur nation, et qui n'épargnaient aucun sacrifice pour obtenir des biens si désirables.

L'étude que nous venons de faire jusqu'ici a pour complément naturel *l'examen de la littérature rabbinique espagnole*. C'est une tâche difficile que nous nous proposons d'entreprendre, en commençant ce travail, mais pas aussi difficile qu'on le pense généralement, sans reconnaître les ouvrages sur lesquels doit retomber le jugement de l'historien. Quelque neuve qu'elle soit, elle ne l'est pas à un tel point que nous ne puissions avoir quelqu'un qui nous serve de guide.

ESSAI DEUXIÈME

ÉCRIVAINS RABBINIQUES ESPAGNOLS

CHAPITRE I

Première époque. — xie siècle.

Les livres d'Isaaque et de R. Samuel Jébudi. — R. Samuel ben Cophni. — R. Isahak bar Baruq. — R. Jéhuda ben Barsilī. — R. Selomoh ben Gabirol. — R. Isahak ben Reuben. — R. Joseph bar Meir Halévi. — R. Moseh aben Hezra et autres écrivains du même siècle.

« L'époque des écrivains rabbiniques espagnols est fixé, par les uns, au ixe siècle de l'Église, et, par d'autres, au xie. Les premiers se fondent sur l'autorité de *R. Saadias Gaon* qui prétend que l'Espagnol R. Menaschem ben Saruq a été un des quatre premiers grammairiens juifs ; qu'il a précédé d'un espace de deux siècles les *rabanim* ou commentateurs de la loi. Les seconds s'appuient sur ce que les premiers rabbins espagnols appartiennent à l'âge des premiers *rabanim*, âge qui commence au xie siècle de l'Église. » C'est ainsi que don José Rodriguez de Castro commence le premier volume de sa *Bibliothèque espagnole*. Il donne ensuite des notions sur les *tanayim* ou doctrinaires, les *emorayim* ou commentateurs, les *rabanim* ou maîtres, les *quenoyim* ou juges de la Perse, et nous fait connaître d'intéressants détails biographiques sur R. Menaschem ben Saruq, dont l'ouvrage le plus remarquable est un dictionnaire biblique, intitulé *le Livre des Racines* (Sepher hasseressim). Il n'y a pas le moindre doute que les critiques qui fixent l'époque des rabbins espagnols, c'est-à-dire le temps où ils commencèrent à se rendre remarquables par leurs études et par leur science, au xi° siècle, n'appuient leur opinion sur des preuves plus dignes de foi que ceux qui adhèrent à l'assertion contraire. Sans nous occuper du fait suivant, que nous avons établi dans notre Introduction, à savoir, que les Juifs ne purent s'empêcher d'obéir, dans la culture des lettres profanes, à l'impulsion des Arabes, dont la civilisation avait commencé à se développer, dans la Péninsule, vers le même siècle où l'on cherche à fixer l'époque de la culture juive (1), on doit se représenter que, jusqu'au commencement du second tiers du xi° siècle, on ne fait mention, dans l'histoire, d'aucun rabbin distingué par son savoir. Si l'on ne peut trouver dans ce fait une preuve concluante, il milite du moins fortement en faveur des raisons alléguées par ceux qui soutiennent que, jusqu'à l'année 1031, les Juifs ne commencèrent pas à donner le moindre signe de vie littéraire.

Quoi qu'il en soit, laissons pour le moment cette question, dont on ne peut s'empêcher de reconnaître l'importance, et observons que, dès les premiers pas faits par les rabbins, ou du moins dès que leurs productions sont connues, ils semblent abandonner leur langue naturelle. En effet, après les noms de R. Samuel ben Cophni, R. Isahak ben Baruq et Jéhudad ben R. Leví Barsilí, on trouve ceux de R. Samuel Jéhudí, le Juif, et de R. Isahak, qui fleurirent vers le milieu du xi° siècle. Ils s'écartèrent, le dernier surtout, connu dans les chroniques sous le nom d'*Isaaque*, de la route suivie par leurs prédécesseurs, et ils commencèrent à donner des preuves publiques de leurs études scientifiques. Rien ne mérite véritablement plus d'attention que de

---

(1) Dès le neuvième siècle de notre ère, commence à poindre, en Espagne, la lumière de la littérature sarrasine. Pendant cinq ou six siècles, elle conserve encore sa vive et brillante splendeur. Soixante-dix bibliothèques publiques étaient ouvertes, dans diverses cités d'Espagne et à l'usage du peuple, quand le reste de l'Europe, sans livres, sans sciences, sans culture, était plongé dans la plus honteuse ignorance. (L'abbé ANDRES, *Histoire de la littérature*.)

voir comment le premier maniait la langue arabe, comment le second aspirait à doter la Castille d'une langue propre aux sciences, alors que le langage vulgaire, décomposition et mélange informe d'autres idiomes, se montrait encore dans sa plus grande rudesse et son enfance la plus inexpérimentée. Mais ce qui, surtout, excite vivement la curiosité, ce qui est digne de l'examen le plus consciencieux, c'est de trouver déjà, dans leurs productions, cet idiome entièrement formé. Cette circonstance, qui passerait peut-être inaperçue, si nous manquions de termes de comparaison, fournit naturellement matière à une question philologique du plus grand intérêt. Si elle était résolue en faveur des œuvres de Samuel Jéhudi et de R. Isahak, elle renverserait toutes les théories exposées, comme probables, sur l'antiquité et l'origine de la langue castillane. Nous n'avons pas une présomption telle que nous nous supposions des forces suffisantes pour traiter cette matière avec la profondeur que son importance réclame; mais, puisque nous nous sommes engagé dans cette étude, nous exprimerons ici notre opinion, et nous laisserons aux érudits la liberté d'adopter le sentiment qui leur paraîtra le meilleur.

On croit généralement que le poëme du *Cid* est le plus ancien de tous les poëmes qui se soient écrits en langues vivantes (1), et l'on fixe l'époque de sa composition vers le milieu du xiie siècle. Don Tomas Antonio Sanchez, qui a fait une collection des *poésies castillanes antérieures au* xve *siècle*, s'exprime de la manière suivante dans l'introduction dudit poëme, pour déterminer ladite époque : « Si l'on observe avec soin le langage et le style du poëme, ses mots, ses phrases, la simplicité et la vénérable rusticité par lesquelles le poëte s'explique, on trouvera aussi dans lui des indices d'une antiquité plus grande que dans les poésies de Berceo. Tout cela me fait conjecturer que le poëme du *Cid* se composa vers la moitié ou un peu plus de la moitié du xiie siècle, à peine un demi-siècle après la mort du héros dont on célèbre les exploits. » Cette opinion de Sanchez, qui semble s'accorder entièrement avec d'autres observations que nous indiquerons plus tard, a été constamment suivie par les littérateurs, et elle détermine

---

(1) On a publié récemment, en France, un poëme provençal, que l'on suppose antérieur au xe siècle. Pour ajouter une foi entière aux observations de M. Raynouard, qui l'a édité, il faudrait examiner le manuscrit d'où il l'a pris.

la date ou l'époque d'où part le premier monument de la poésie espagnole. Le langage de ce poëme se montre encore dans l'enfance : la versification, la rime, tout ce qui, en un mot, a rapport à l'art, apparaît avec de tels caractères qu'il ne reste plus aucun doute sur l'état de la civilisation du peuple et du siècle auquel il appartient. Si nous nous étions ici proposé pour objet de donner une idée complète du poëme, nous nous étendrions en réflexions importantes sur son mérite littéraire ; nous le jugerions peut-être sous un point de vue sous lequel il n'a été encore considéré par aucun des critiques qui se sont consacrés à son examen. Ce poëme, que nous avons lu plus d'une fois avec plaisir, est, à notre sens, un riche arsenal où se trouvent déposés les matériaux qui doivent composer l'histoire civile, politique et religieuse du XIIe siècle. Nous nous proposons, toutefois, maintenant, de comparer sa langue avec la langue des ouvrages attribués aux rabbins Isaaque et Samuel Jéhudí. Après avoir ainsi déterminé l'époque de la composition du poëme, on voudra bien observer que les auteurs des *Bibliothèques rabbiniques* que nous avons consultés, prétendent que la production la plus importante d'Isaaque fut écrite en l'année 1070, c'est-à-dire, un siècle presque avant le poëme du *Cid*.

« Vers les années du Christ 1070, écrit Rodriguez de Castro, vivait en Espagne un célèbre médecin juif, appelé Izchaq, auteur d'un ouvrage de médecine en castillan, qui traite des diverses espèces de fièvres, des fièvres tierces et quartes, et que j'ai vu manuscrit dans un recueil in-folio de la bibliothèque de Saint-Laurent de l'Escurial. » Il n'y a pas de doute, Rodriguez de Castro a cru positivement à l'authenticité du manuscrit qui a pour titre : Les *Livres d'Isaaque*, sans quoi il eût, en l'examinant, éprouvé quelques soupçons sur l'état de progrès où apparaît déjà notre idiome. L'opinion d'un écrivain si laborieux est pour nous très-respectable, et cependant nous ne pouvons nous empêcher d'avouer qu'après un examen approfondi, nous pensons autrement. Pour que les lecteurs puissent se former, par eux-mêmes, une idée de la justesse avec laquelle nous avons douté de l'antiquité que l'on donne à l'ouvrage d'Isaaque, nous transcrirons ici les lignes suivantes, extraites du prologue qui précède les cinq livres dont il se compose, et où il explique longuement ce qu'est la faculté de médecine, et ce que l'on doit entendre par ces mots :

« Conviene, dice, que tornemos aquello de que es nuestra entencion et que commenzemos á saber de la fiebre que et el qual et como et porqué é donde nace é donde é como se cria. Ca en demandar de la fiebre si es, será gran sandes. Ca vemos é entendemos que fiebre es en muchas maneras; mas comenzemos á saber que es la su definicion, sabremos la su natura é la su sustancia qual es, ca asi se demuestra la sustancia cual es de las cosas (1). »

Le langage est, dans tout l'ouvrage, aussi nerveux, aussi correct, que dans cette citation : il apparaît absolument formé et très-éloigné du latin, tant dans la composition des mots que dans leur construction syntaxique. Pour que la comparaison soit plus exacte et plus immédiate, rapprochons un passage du poëme du *Cid*. Voici de quelle manière le poëte raconte comment Martin Antolinez reçut des Juifs, Rachel et Vidas, les six cents marcs pour lesquels il leur laissa en gage les deux coffres qu'il avait remplis de sable pour les tromper, et par ordre du héros (2).

« En medio del palacio tendieron un almofalla,
Sobrella una sabana de ranzal e muy blanca.
Atod' el primer colpe trescientos marcos de plata echaron (3)
Notólos don Martin, sin peso los tomaba,
Los otros trescientos en oro gelos pagaba.
Cinco escuderos tiene don Martino, á todos los cargaba.
Cuando esto ovo fecho, odredes lo que fablaba :
« Ya, don Rachel é Vidas, en vuestras manos son las arcas;
Yo que esto os gane, bien merecia calzas. »
Entre Rachel é Vidas aparte dixieron amos:
« Démosle buen don, ca el nos lo ha buscado. »

(1) « Il convient, dit-il, que nous revenions à ce qui est notre but, et que nous commencions à savoir de la fièvre ce qu'elle est, quelle elle est, comment, pourquoi, d'où elle naît, où et comment elle se développe. Car, démontrer si la fièvre existe, ce serait une grande simplicité. En effet, nous voyons et nous comprenons que la fièvre se produit de plusieurs manières; mais commençons par connaître sa définition, et nous saurons quelle est sa nature, quelle est sa substance. C'est ainsi que l'on démontre quelle est la substance des choses. »

(2) Nous avons préféré ce passage à tout autre, parce qu'il renferme un trait caractéristique de l'état des Juifs à l'époque du Cid, bien que ce fait ne soit qu'un fait de tradition.

(3) Nous ne pensons pas que le vers dût être ainsi écrit dans l'original : il est plus probable qu'il y avait *echaron de plata* pour conserver l'assonance, qui, sans cela, se trouve interrompue. Cette faute, assez commune, doit être uniquement attribuée aux copistes.

Martin Antolinez, un Burgales contado :
« Vos lo merecedes, darvos queremos buen dado,
De que fagades calzas et rica piel ó buen manto.
Damosvos en don ó vos treinta marchos,
Merecernos los hedes ; ca esto es aguisado :
Atorgarnos hedes esto que á vemos parado (1). »

On objectera, peut-être, à la démonstration qui résulte de l'examen des deux morceaux, que le manuscrit d'Isaaque a été plusieurs fois copié; qu'il a, par conséquent, subi d'importantes altérations, dues, tantôt à l'ignorance des copistes, tantôt au désir de donner plus de clarté au langage, et de le rendre par là d'une intelligence plus facile. Ces observations auraient assez de fondement, on ne peut le nier, si elles n'étaient aussi applicables au poëme du *Cid*. Ce dernier est un ouvrage populaire et éminemment espagnol; il se prête au chant, suivant l'opinion de littérateurs respectables; enfin, il est l'unique histoire poétique et vulgaire du héros de Vivar conservée durant le moyen âge; il a dû, par conséquent, être copié un plus grand nombre de fois que les *Livres d'Isaaque*, livres purement scientifiques et que les médecins érudits seulement devaient lire. Les altérations ont dû être donc plus nombreuses et plus fréquentes, dans les transcriptions du poëme, que dans les copies de l'ouvrage rabbinique. Cependant, il faut convenir que, si l'on remarque, dans le langage des deux productions, une distance raisonnable, il est nécessaire d'avouer aussi que les vers transcrits révèlent une bien plus haute antiquité que les lignes extraites des *Livres d'Isaaque*.

Mais, s'il existait quelques doutes encore sur les raisons qui nous ont porté à ne pas admettre l'époque de leur composition vers 1070; si les preuves que nous avons produites ne suffisaient pas pour rendre

(1) Au milieu du palais, ils étendirent un tapis, — et, sur ce tapis, un drap de fine toile et fort blanc. — Du premier coup, ils jetèrent trois cents marcs d'argent. — Don Martin les compta, sans peser il les prenait. — Les autres trois cents, ils les lui payèrent en or. — Cinq écuyers à don Martin, il leur donne à tous une charge. — Quand il l'eut fait, écoutez ce qu'il disait : — « Maintenant, don Rachel et Vidas, en vos mains sont les coffres; — moi, qui vous ai procuré ce gain, je mériterais bien des chausses. » — Rachel et Vidas se dirent tous deux à part : — « Donnons-lui un bon présent, car il nous a procuré cette affaire. » — Martin Antolinez, Burgalais renommé : — « Vous le méritez, nous voulons vous donner un beau don, — de quoi vous faire des chausses, une riche fourrure, un bon manteau. — Nous vous donnons en don, à vous, trente marcs. — Vous nous les gagnerez, et cela est juste; — vous nous ferez accorder ce dont nous sommes convenus. »

manifeste l'erreur où s'est laissé tomber Rodriguez de Castro quand il avance cette assertion, l'examen d'un des documents quelconques qui existent encore, du XI⁰ siècle, suffirait pour dissiper les scrupules qui pourraient nous rester sur ce point. Pour prouver ce que nous avançons, il ne nous paraît pas hors de propos de citer en cet endroit quelques phrases de la *Carta puebla* d'Avila, publiée il n'y a pas longtemps (1).

« E la villa del rei non pot aver vasallo sino el rei, si de casa non fuer e de sa manu posto ; et nul homine qui dentro in villa saclamar a senior de fora, qui pobladore vecino de la villa, pectet LX solidos al merino. E homine qui pindres tenga de homine de fora, e sos peines sacar li quisier, per juro, per iuditio, o per fabula e pendrar per illo, non compla iudicio a medianero, mais venga ad illa villa et prenda iudicio sobre sos pindres e firme sobre ellos qui los tener e non esca fora per ellos et meanedo. — Hospes qui pausa en *Kasa*, se so aver comendar ad ospet o a la óspeda, e en testigos poda haber de los vecinos de tanto que li dan a condesar, tanto li torne ; e si testigos non ada que li dar que vió a condesar, quándo illos per le tornal su aver l'óspes algo li quisir sobreponer, salve don de casa per sua cabeza, que mais non li deó daquello et parcasse el altre del ; et si quándo in sua casa intra é so aver mete de intra é á l'osped non dá é algo hi pierde é á l'ósped sospecta, á é demándalo, ó á el, ó á sua criation, per quantos si quier salvar lo doen de casa, jure per ellos que per él ne per illos, ne per sos consilios minos non á so aver é percasse dellos, etc. (2). »

Comme la question est uniquement philologique, nous avons tran-

---

(1) Elle a été publiée dans la *Revista de Madrid*, seconde époque, n⁰ˢ XXXI et XXXII, par don Rafael Gonzalez Llanos.

(1) « Dans la ville du roi, nul ne peut avoir de vassal que le roi, s'il n'est de sa maison et par sa main placé. Tout homme qui appellera dans la ville un seigneur du dehors, bien qu'il soit natif et habitant de la ville, il payera LX sous au juge royal. L'homme qui aura le dépôt d'un étranger, si ce dernier veut le retirer, par serment, par jugement ou par paroles, un jugement intervenant ne peut l'obliger, mais le demandeur doit venir à la ville et intenter une action sur son dépôt, tant que le dépositaire déclarera les avoir sans sortir et sans admettre de tiers. — Si un hôte qui loge dans une maison a confié son avoir au maître et à la maîtresse, s'il peut avoir des habitants pour témoins de ce qu'il a donné, qu'on lui rende autant ; s'il n'a pas de témoins qui aient vu rendre le dépôt, si, quand il lui est rendu, l'hôte

scrit le premier morceau qui s'est présenté à nous. Le *Fuero d'Avila* fut concédé par Alphonse VI, le conquérant de Tolède, vers la fin du xie siècle ou dans les premières années du xiie. Quel point de contact peut-on trouver entre la langue de cette *Carta puebla* et celle des *Livres d'Isaaque?* Dans le document municipal dont nous parlons, l'idiome est naturellement ce qu'il devait être, eu égard aux éléments qui devaient entrer dans sa composition. Les tournures, les mots, sont encore indéterminés. Altération informe d'un idiome dégénéré, il avait admis l'influence gothe, l'influence juive et l'influence arabe, pour recouvrer une nouvelle vie, pour aspirer à une nationalité fondée, pour ainsi dire, sur les ruines de monuments étrangers. Le latin l'emporte cependant au milieu de tant d'influences diverses; et un fait digne de remarque, c'est qu'en substituant à la déclinaison et aux désinences des noms l'usage des propositions, tout en les altirant et en les dénaturant en même temps, il tend à prendre un nouveau caractère qui finit par lui donner aussi un cachet particulier. Quelles sont les qualités que révèle le passage que nous avons copié des *Livres d'Isaaque?* La langue de cet ouvrage, nous le répétons, apparaît entièrement formée. La construction de la phrase est régulière et correcte, toutes les traces de l'*hyperbate* latine ont presque entièrement disparu, les mots sont déjà formés, et tels qu'ils se sont conservés ensuite pendant l'espace de plusieurs siècles. Sans crainte de nous tromper, sans crainte de passer pour audacieux, nous pourrions peut-être soutenir, avec chances de succès, que la langue de l'ouvrage d'Isaaque est à la même hauteur que la langue en usage, deux siècles plus tard, à la cour d'Alphonse le Sage. Pour qu'on n'aille pas croire que nous nous sommes hasardé à exposer cette opinion, sans donnée aucune sur cette intéressante matière, nos lecteurs nous sauront gré de copier ici quelques lignes du livre que ledit monarque fit traduire par le célèbre rabbin de Tolède, Jéhudad Mosca, livre qui traite des propriétés de toutes

---

demande quelque chose de plus, que le maître de la maison déclare qu'il n'a pas reçu plus qu'il ne rend, et que le demandeur soit débouté. Quand un hôte entre dans une maison et y dépose son avoir, sans le confier au maître, s'il perd quelque chose et qu'il soupçonne le maître, s'il demande ce qu'il a perdu au maître ou aux domestiques, si le maître de la maison veut sauver sa responsabilité, qu'il jure, par lui, par eux, que ni lui, ni eux, ni personne, par ses conseils, n'a touché le dépôt, et que les demandes cessent, etc. »

les pierres précieuses, et dont nous donnerons une notice plus étendue quand nous parlerons de cette époque importante.

« Aristotie, dit-il, que foé mas cumplido que los otros filosofos, é el que mas naturalmiente mostro todas las cosas por razon verdadera é las fiso entender cumplidamiente segund son ; dixo que todas las cosas que son so los cielos se mueven é enderezan por el movimiento de los cuerpos celestiales, por la vertud que han dellos, segun lo ordenó Dios, que es la primera vertud. El dónde la an todas las otras. Et mostró que todas las cosas del mundo son como travadas e resciben vertud unas dotras, las mas viles é las mas nobles, etc. (1). »

On voit donc combien est imperceptible la différence, s'il en existe une, entre l'un et l'autre passage dans la langue employée par R. Isahak et R. Jéhudad Mosca. L'on ne doit pas perdre de vue que, d'après les dates données par Rodriguez de Castro, ces deux productions sont séparées par un espace de cent quatre-vingts ans, longue période, durant laquelle la civilisation castillane, considérée sous tous les points de vue, prit un essor prodigieux.

Il ne nous paraît pas non plus que l'auteur de la *Bibliothèque espagnole*, que nous citons, se montre plus heureux quand, après avoir parlé de la lettre que Samuel Jéhudi, le Marocain, adressa au président de la synagogue du Maroc, en 1068, lettre écrite en arabe, et dans laquelle il lui expose les doutes qui s'élevaient dans son esprit sur l'accomplissement des Écritures et sur la venue du véritable Messie, il s'exprime en ces termes : « L'autre lettre, également adressée à Rabbi Zag, divisée en vingt-neuf chapitres et écrite en castillan, dans le même but que la précédente, est sans aucun doute de ce R. Samuel. L'auteur propose audit Rabbi Zag, comme doute, sur la question pour laquelle il le consulte, les raisons les plus solides par lesquelles les chrétiens prouvent aux Juifs leur incrédulité. » Rodriguez de Castro donne les détails les plus circon-

---

(1) « Aristote, dit-il, qui fut plus accompli que les autres philosophes, qui montra plus naturellement toutes les choses suivant la véritable raison, et les fit comprendre complètement comme elles sont, dit que toutes les choses qui sont sous le ciel se meuvent et se dirigent d'après le mouvement des corps célestes, par la vertu qu'ils en tirent, suivant l'ordre de Dieu, qui est la première vertu, et de qui la tiennent toutes les autres choses. Et il montra que toutes les choses du monde sont comme liées, et qu'elles reçoivent leur vertu les unes des autres, les plus viles et les plus nobles, etc. »

stanciés sur le manuscrit où se trouve ce monument, connu sous le nom de *Libro viridario*, et il transcrit ensuite le commencement de ladite lettre, conçu en ces termes :

« Hermano, guárdete Dios et mantengate fasta que encorde nuestro desterramiento et alumbre nuestros corazones, porque ajunte nuestra communidat et acerque nuestra esperanza et encinte nuestra vida en su gracia. Pues que yo sope que los sábios de nuestro tiempo fisieron por tí et los de nuestra ley se tienen con tu glosa, yo no puedo estar de te preguntar por algunas abtoridades de la ley et de profecía, por las cuales só caydo en dubda et tú, señor, fas me merced en darme rrepuesta en cada un capítulo dellos, despues que lo obieres entendido en esta mi carta (1). »

Rien ne nous paraîtrait plus prolixe, après ce que nous avons dit sur les *Livres d'Isaaque*, que d'insister sur cette lettre, pour démontrer qu'il est de tout point impossible qu'elle ait été écrite à l'époque indiquée par Castro. Cependant, il est bon d'avertir que le même auteur tombe dans une contradiction évidente, quand il affirme qu'elle fut adressée à Rabbí Zag, dans le XIe siècle, puisque ce rabbin, connu par le surnom de *Sujurmenza*, ne fleurit que vers le milieu du XIIIe. Cette erreur est d'autant plus remarquable, que l'entête de la lettre ci-dessus mentionnée ne laisse aucun doute sur ce point. « Ici, dit-il, commence la lettre que Samuel, Juif de Fez, envoya à Rabbí Zag de Sujurmenza, avant qu'il se fît chrétien dans la cité de Séville, sur les choses qu'il tira de la loi et des paroles des prophéties pour le confirmer dans la sainte foi, et dans laquelle il lui enseigna toutes les choses de vérité. » Mais le même Rodriguez de Castro semble vouloir corriger son erreur, quand, en parlant des rabbins qui fleurirent sous le règne d'Alphonse le Sage, il dit qu'il était question de savoir si le rabbin de Tolède avait appartenu à la famille de Rabbí Zag, de Séville, qui vivait vers l'année 1068, et que

---

(1) « Frère, que Dieu te conserve et te maintienne jusqu'à ce qu'il abrége notre exil et qu'il éclaire nos cœurs, pour que notre communauté réussisse et qu'il réalise notre espérance, et qu'il embellisse notre vie par sa grâce. Comme j'ai appris que les sages de notre temps se sont rangés de ton côté, et que ceux de notre loi s'en tiennent à la glose, je ne peux m'empêcher de t'interroger sur quelques autorités de la loi et de la prophétie, qui m'ont fait tomber dans le doute ; et toi, señor, fais-moi la grâce de m'accorder une réponse pour chacun des chapitres, après que tu en auras pris connaissance dans ma lettre. »

l'on connaissait par le surnom de *Sujurmenza*, et il ajoute que la lettre ou le traité dont il s'agit était une traduction castillane. Malgré tout, nous croyons, nous autres, que ce Rabbi Zag de *Sujurmenza* fut un seul individu qui vécut à ladite époque d'Alphonse X et qui prit part aux prodigieux efforts faits par ce grand roi en faveur de la civilisation en Espagne. Nous sommes loin de nier qu'il ait existé, vers le milieu du xie siècle, un autre rabbin qui abjura le judaïsme, comme ce dernier, et qui, comme lui, porta le nom de Rabbi Zag, mais nous ne trouvons pas une raison plausible pour fonder une théorie et pour altérer un fait historique dans l'hypothèse que tous les deux ont pu s'appeler de *Sujurmenza*. Peut-être si nous avions sous les yeux d'autres documents dont nous manquons, par malheur, cette question se trouverait-elle entièrement résolue.

Il reste donc démontré, selon nous, que les deux premiers ouvrages écrits en castillan par les Juifs ne peuvent être regardés comme antérieurs au xiiie siècle, et qu'ils peuvent moins encore être considérés comme les premiers que l'on rencontre, en langue vulgaire, ce qui résulterait infailliblement si l'on acceptait les faits, tels que les présente l'auteur de la *Bibliothèque espagnole*; car alors lesdits ouvrages offriraient non-seulement le singulier phénomène de précéder le poëme du *Cid* d'un siècle environ, mais ils prouveraient encore que le langage avait considérablement reculé dans cette période. Comme nous l'avons insinué plus haut, ce résultat viendrait renverser toutes les études que l'on a faites jusqu'ici sur l'origine et la formation de la langue castillane. Un autre phénomène non moins important résulterait de la vérité de cette supposition. On a dit, mais non avec un entier fondement, selon notre manière de voir, que le poëme du *Cid* fut composé quelque temps après sa mort par deux pages ou écuyers du même héros (1). Ce

---

(1) Nous avons vu, en examinant les critiques qui ont traité du poëme du *Cid*, que, sans rejeter ni combattre absolument cette opinion, ils lui accordent peu d'importance. Toutefois, bien que le *poëme* pût avoir pour auteurs quelques-uns de ses serviteurs les plus attachés à sa personne, cette conjecture, à laquelle donne quelque consistance l'esprit qui règne dans tout l'ouvrage, semble se fortifier davantage, quand on observe que, toujours avant le nom du *Cid*, on met le pronom possessif *mio*, ce qui n'arrive pas par rapport aux autres personnages, ce qu'on ne voit pas répété dans d'autres poëmes de l'époque. Le mot *cid* signifie *señor*, seigneur; de sorte que, chaque fois qu'on dit dans la légende *mio Cid*, ces mots équi-

poëme est la première œuvre littéraire qui éclaire les fastes de l'histoire de la civilisation espagnole; et si, comme quelques critiques l'indiquent, ces pages viennent de la race arabe; si les *Livres d'Isaaque* et la lettre de R. Samuel Jéhudi pouvaient être regardés comme des ouvrages antérieurs au xiie siècle, la littérature espagnole présenterait l'étrange spectacle de recevoir des deux peuples contre qui elle nourrissait les rancunes les plus vives, les premiers, sinon les plus brillants monuments de sa gloire. Mais ce fait qui, chez d'autres nations, ne serait rien moins qu'absurde, pourrait cependant s'être passé en Espagne, si l'on considère sa situation particulière et la manière dont ses villes étaient habitées par trois populations distinctes, parlant en même temps trois idiomes différents. Voilà pourquoi l'étude de la civilisation espagnole offre l'intérêt le plus vif. Toutefois, on ne peut aller au delà d'une conjecture plus ou moins érudite, en ce qui touche le poëme du *Cid*, et le fait ne peut avoir lieu non plus pour les Juifs, dans l'époque dont nous parlons. En effet, au xie siècle, ils avaient à peine eu le temps de s'initier aux sciences sacrées; ils n'avaient pu non plus se consacrer entièrement à d'autres études, bien qu'on ne doive pas oublier que la médecine fût toujours leur science favorite.

Telle est la question philologique que nous avons cherché à réduire le plus qu'il nous a été possible. Puisque nous avons parlé des *Livres d'Isaaque* et de la *Lettre* de Jéhudi, nous donnerons une idée sommaire des deux ouvrages. Le premier se compose de cinq livres, subdivisés en un nombre considérable de chapitres, dans lesquels Isaaque fait connaître les espèces de fièvres que soignait, et que reconnaissait alors la science de la médecine. Le premier livre traite de la fièvre éphémère, qu'il définit ainsi : « C'est une fièvre contre nature, qui, dans le commencement, vient au cœur par le

valent à *mi señor*, mon seigneur. Il semble donc naturel que, quiconque appelle toujours son seigneur le héros de Vivar, celui-là fut en effet son vassal. A cela l'on répondra que le poëme a été composé un demi-siècle après la mort de Ruy Dias, que, par conséquent, il ne peut être le travail d'un de ses amis, d'un de ses serviteurs. Les pages du *Cid* ne devaient pas être très-avancés en âge; ils étaient, au contraire, très-jeunes. Il n'y a donc rien de trop aventureux dans la supposition, qui consiste à croire que le *poëme* a été composé quarante ans après la mort du *Cid*. Le héros de Vivar mourut en 1109; ajoutez quarante ans, et il résultera que l'ouvrage dont nous parlons a été écrit vers 1149, c'est-à-dire vers le milieu du xiie siècle.

moyen des artères. » Il parle, dans le second, des coups de soleil, des fièvres causées par le froid, le bain, l'excès dans le manger, la faim, la continuation excessive du travail, les veilles, la rage, le chagrin, il le termine par les *signes de cette fièvre et sa cure*, et il observe la même méthode dans tous les autres cas. Le troisième contient l'explication de la fièvre appelée *phthisie*, considérée dans les symptômes qui précèdent son développement, les complications qui peuvent l'accompagner, et il propose les moyens de la traiter en temps opportun. Le quatrième est consacré à traiter de la fièvre appelée *causus* : il analyse les faits qui la produisent, observe les phases par lesquelles elle passe, son mode de développement, et marque particulièrement sa crise. Il y étudie aussi la *maladie appelée synoque, fièvre inflammatoire qui naît dans les vaisseaux, la pleurésie, le sconon, la périplémonie, la syncope, l'ictéricie*. Ce livre se termine par l'examen des causes des véroles, des fièvres tierces, après quoi on trouve ces mots : « Le quatrième livre d'Isaaque est achevé; béni soit le Seigneur. *Amen!* Et d'ici en avant, nous commencerons le cinquième livre, qui parle des pourritures (*podredumbres*) d'où elles naissent, ce qu'elles sont. » En effet, le dernier traité se trouve ramené à l'étude indiquée. Il commence par déterminer par *quelle cause naissent les pestes dans les quatre temps de l'année (cual razon nascen las pestilencias en los cuatro tiempos del año)*; il insiste sur d'autres points touchés dans les livres précédents; il rend enfin raison des autres maladies, telles que celles qui sont connues sous les noms de *emitreo, tetrateo, liparios*, de la complication ou *componimiento*, et du moment où les fièvres redoublent (*é cuando se doblan las fiebres*). Par la nomenclature que contient cet ouvrage, on peut connaître immédiatement les sources où les Juifs puisaient l'art de guérir. Presque tous les noms viennent du grec, et l'on voit clairement que les Arabes ont été, disons-le, le véhicule qui a servi à transporter la science du monde ancien.

La *Lettre* de R. Samuel Jéhudi fut premièrement écrite en langue arabe. Elle resta inconnue jusqu'au commencement du second tiers du xive siècle, où elle fut traduite en latin par Alphonse de Buen-Hombre. Elle était adressée à Rabbi Isahak, et non Zag, principal rabbin de l'aljama du Maroc : elle se compose de vingt-sept chapitres, et non de vingt-neuf, comme la lettre castillane dont nous avons parlé plus haut. La version de Buen-Hombre fut, à son tour, traduite en castillan. Son style doit appeler l'attention, et l'on doit toujours se souvenir qu'elle a été écrite vers l'année 1338. Pour que nos lecteurs jugent par eux-mêmes et voient combien nous avons eu raison de ne pas croire que le traité original castillan n'est pas du xi⁰ siècle, nous copions ici les lignes qui commencent ladite traduction.

« Yo, señor, dit-il, deseo ser por ti certificado por testimonio de la Ley é de los Prophetas; é de las otras scripturas : porque nosotros los Judios somos todos generalmente llagados por Dios en esta captividad; que se puede llamar perpetua é sin fin : ca hoy ha mil años ó mas que siempre habemos estado encativados (1). »

La différence que l'on peut remarquer entre les deux langues est faible, et cependant elles sont séparées par la distance énorme de trois siècles.

Le traité castillan contient une multitude de questions théologiques, dont l'examen donnerait lieu à de longues digressions, outre que ce n'est pas ici sa place. Il suffit de savoir que le simple exposé des chapitres fait remarquer beaucoup d'érudition, une grande connaissance des écritures, et qu'il détruit en même temps les préjugés des talmudistes et des commentateurs de la *Misnah*.

Nous avons mentionné, en commençant ce chapitre, les rabbins R. Samuel ben Cophni, R. Isahak bar Baruq et Jéhudad ben Barsili. Ces docteurs du judaïsme ont écrit sur des matières purement théologiques et dans la langue de leurs ancêtres. Le premier traite bien des matières civiles dans son livre intitulé *Achat et Vente*, (*Compra y Venta*), mais quand il débat cette question, il ne s'écarte pas des canons du Talmud. Les productions les plus remarquables de Cophni sont les Commentaires de la Loi (Medrassim hal Hathorah), les demandes et les réponses. Dans le premier livre, composé en 1047, il commente le *Pentateuque*, et, dans le second, il se propose de faire une espèce de catéchisme où, suivant Rodriguez de Castro, on trouvera peut-être l'attaque de la doctrine d'Haranac sur la manière de compter les années. R. Isahak bar Baruq, de Cordoue aussi,

---

(1) « Moi, seigneur, dit-il, je désire avoir de toi une assurance attestée par témoignage de la Loi et des Prophètes, et des autres écritures, que nous autres les Juifs, nous sommes tous généralement amenés par Dieu dans cette captivité, qui peut s'appeler perpétuelle et sans fin; car il y a aujourd'hui mille ans et plus que nous sommes toujours en captivité. »

et né en 1035, se distingua par ses études philologiques. Il composa un ouvrage de jurisprudence, intitulé : *Gareta de Mercaderes*, qui n'est, en somme, qu'une exposition du Talmud, et qui fut terminé par son fils R. Baruq. Jéhudah ben R. Lévi Barsili, natif de Barcelone, qui était regardé comme le plus savant juriste de son temps, composa divers ouvrages. Les plus remarquables, cités par Plantavicius, Buxtorfius et Castro, sont *la Descendencia de la carne* (Jégus Bascar), où il explique les droits du beau sexe; *el Ordenamiento de los contratos* (Thiqun Setaroth), où il explique les différentes manières des Juifs de compter les années, et *l'Arca del Testamento* (l'Arche du Testament), ouvrage philosophique, qui se conserve inédit dans la bibliothèque des Médicis.

D'autres Juifs, dignes d'être mentionnés, fleurirent aussi dans le xie siècle. Ceux qui se distinguèrent le plus furent toutefois R. Selomoh ben Gabirol, R. Isahak ben Reuben, R. Joseph ben Meir Halévi et R. Moseh Aben Hézra ben Isahak. Selemoh, de Malaga, qui écrivit sur des matières théologiques et philosophiques les ouvrages suivants : une exposition en vers des préceptes de la loi de Moïse intitulée : *Exhortations* (Azharoth); un poëme avec le titre : *Corona del reino*, (Couronne du royaume), qui consistait en divers chants et diverses oraisons pour la prière quotidienne des Juifs; un livre appelé Source des vies (*Fuente de las vidas*), où il éclaircit les commentaires de Aben Hezra; un autre sous le titre de Correction des coutumes de l'âme (*Correccion de las costumbres del alma*, Thiqun Meddoth hannephes), où il se propose de louer les vertus et de blâmer les vices; une grammaire hébraïque en vers (*Composicion de la meditacion plantada en quatrocientas casas*); un ouvrage du titre de *Estaciones Stationes*, composé pour indiquer la place que chaque prêtre avait dans le temple; et enfin un livre de philosophie morale en langue arabe, qui fut traduite en hébreu par Jéhudad ben Thibon, qui lui donna le nom de *Coleccion de Rubiés* (Mibgar hapenimin). Ce Juif célèbre, qui mérita de son temps le surnom de maître des cantiques, passe pour le restaurateur de la poésie moderne des Juifs, et Emmanuel Aboab dans sa *Nomologie*, que nous avons sous les yeux (1), l'appelle très-illustre poëte, *clarissimo poeta*. La dernière

---

(1) Édition d'Amsterdam, an 4887 de la création (1725).

production que nous avons citée prouve l'exactitude des observations que nous avons faites.

R. Isahak ben Reuben se distingua aussi par ses œuvres poétiques ; il naquit à Barcelone, en 1073. Il traduisit de l'arabe plusieurs traités ; il commenta la partie du Talmud qui traite des *cartas de dote* (1) ; enfin il composa divers poëmes intitulés : *Exhortations*.

R. Joseph ben Meir Halévi dut sa réputation à ses commentaires du Talmud. Il se distingua tellement dans cette partie, que Moseh Bar Mayemon dit de lui que tous ceux qui liront ses discours avec attention seront frappés d'étonnement. Dans la *Nomologie* d'Aboab, on lui accorde aussi les plus grands éloges. Moseh aben Hezra écrivit le *Livre du géant* (Sepher Hajauaq), œuvre poétique des plus estimées ; *le Patio del aroma* (2) (la Cour du parfum), recueil d'oraisons pour les principales fêtes des synagogues ; un traité dont le titre est *Controverse*, et dans lequel il est question *des obligations de l'homme qui aspire seulement à vivre suivant l'esprit* (3) ; d'autres productions en vers ayant toutes pour but l'agrandissement de la religion juive. D'autres écrivains se sont, dans ce siècle, rendus célèbres par leur talent et leur érudition, parmi les descendants de Juda. Mais leur littérature, comme nous l'avons précédemment indiqué, n'avait pas pu prendre part au mouvement intellectuel qui commençait à se développer chez le peuple chrétien. Cependant on ne laisse pas que de rencontrer quelques essais attribués à des rabbins, dans cette époque éloignée. On peut en admettre quelques-uns peut-être comme authentiques ; le plus grand nombre nous paraissent assez douteux.

(1) RODRIGUEZ DE CASTRO, *Bibliothèque rabbinique*. — EMMANUEL ABOAB, *Nomologie*.
(2) R. DAVID GANZ, dans sa *Descendance de David*.
(3) RODRIGUEZ DE CASTRO, *Bibliothèque rabbinique*.

CHAPITRE II

Première époque. — XIIe siècle.

Rabbi Moseh, le Converti. — Maïmonide. — Thibon Marimon. — R. Jonah ben Ganah. — R. Jehudah Lévi ben Saul. — R. Abraham ben Meïr Aben Hezra. — R. Abraham Halévi ben David ben Dior. — R. Joseph ben Caspi. — R. Jonah Mégirondi. — R. Jakacob ben Samson Antoli. — Réflexions générales sur le caractère de cette première époque.

Nous avons dit, dans le précédent *Essai*, qu'une des choses les plus avantageuses à la civilisation espagnole, ce furent les distinctions que les rois chrétiens prodiguèrent aux Juifs convertis. C'est une vérité reconnue depuis les temps les plus reculés. En effet, à peine le peuple juif commence-t-il à donner des signes de vie intellectuelle, dans notre Péninsule, qu'on voit les rabbins les plus distingués abandonner leurs erreurs pour consolider, par leur savoir et leur exemple, les étendards que les phalanges victorieuses de Mahomet n'avaient pu humilier.

C'était donc la sixième année du XIIe siècle, quand R. Moseh se sépara de la religion juive, embrassa le christianisme, et eut pour parrain, en recevant le sacrement catholique, le roi Alphonse Ier d'Aragon. Ce Juif était un des plus savants rabbins de toute l'Espagne : il touchait à la quarante-quatrième année, âge où les passions de la jeunesse sont amorties, où la lumière de la raison brille plus pure et où la conviction est par conséquent plus profonde. Quand son esprit fut éclairé par le flambeau de l'Évangile, il voulut que ses compatriotes reconnussent aussi leurs erreurs. Pour les leur démontrer, il écrivit, en latin, un traité sous la forme d'un dialogue avec les personnages de Moseh, qui était son nom avant sa conversion, et de Pierre Alphonse, qu'il avait adopté dans le baptême (1); il fit parler un *chrétien* et un *juif*, et fit réfuter par le premier les erreurs des rabbins.

Il divise ce traité en douze chapitres, dans lesquels il veut prouver que les Juifs n'entendent d'abord que charnellement et faussement les paroles des prophètes, méconnaissent les causes de leur captivité, répandent d'absurdes superstitions sur la résurrection des morts, n'observent que partiellement la loi de Moïse, et que ce culte est désagréable au Créateur suprême. Il touche en passant la loi de Mahomet, réfute ses faussetés et ses erreurs, et il passe ensuite, dans le chapitre six et les chapitres suivants, à l'explication de la *Trinité*, de la *Conception* de la Vierge Marie, de l'*Incarnation* du Fils de Dieu qui fut homme en même temps, et de l'*Accomplissement des prophéties* par la venue de Jésus-Christ. Dans les trois dernières parties, il embrasse les questions suivantes : le Christ fut-il spontanément crucifié par les Juifs? sa résurrection, son ascension. Le traité se termine par la démonstration que la loi des chrétiens n'est, en aucune manière, contraire à la loi de Moïse. Ces matières étaient du domaine exclusif de la théologie : le converti Pierre Alphonse se montra si profond dans chacune d'elles, qu'il mérita alors les plus grands applaudissements, et qu'il a obtenu depuis de non moins grands éloges de tous les auteurs de *bibliothèques*. D'après le témoignage de Tritemius, dans son livre des *Écrivains ecclésiastiques*, R. Moseh composa aussi un livre de philosophie. Ce livre fut traduit en diverses langues vulgaires, sous le titre de : Dialectique de Pierre Alphonse (*Dialectica de Per Alfonso*). Par sa Discipline cléricale (*Disciplina clericalis*), il donna en latin une précieuse collection d'apologues, à l'exemple des livres symboliques de l'Inde. Cet ouvrage de Pierre Alphonse est le premier de ce genre qui commença à ré-

---

(1) Dès les temps les plus reculés, l'usage constamment suivi a été de faire prendre aux Juifs convertis les noms des personnes qui leur servaient de parrains dans le baptême : ils prenaient aussi leurs écus d'armes. Cet usage a eu pour résultat de confondre entièrement les familles, de sorte qu'il a été difficile de vérifier celles qui se sont conservées pures de tout mélange avec la race juive. Le discours intitulé *Tison de España*, composé par le cardinal Robadilla, offre la preuve la plus palpable de ces observations. (*Voyez* aussi le tome XVI de l'*Espagne sacrée*, par Enrique Florez, fol. 375.)

pandre, parmi les érudits des contrées occidentales, le goût de cette espèce de production (1).

D'autres rabbins, remarquables par leurs études, fleurirent aussi en ce temps dans les royaumes chrétiens. La plus grande partie de ceux qui ont transmis leurs ouvrages à la postérité sont néanmoins Cordouans, et, comme tels, ils cultivent la littérature arabe toutes les fois qu'ils se sont exercés sur des sujets profanes. Ceux qui se sont le plus distingués par l'universalité de leurs connaissances sont R. Moseh ben Mayemon, généralement appelé Maïmonide, l'Égyptien; R. Moseh ben Jéhudad ben Thibon Marimon; R. Jonah ben Ganah; R. Jéhudah Lévi ben Saul et les Juifs de Tolède, R. Abraham ben Meir Aben Hezra et R. Abraham Halévi ben David ben Daor. De l'examen des ouvrages de ces Juifs célèbres on peut, à notre sens, déduire trois observations capitales, pour connaître leur degré de culture : 1° que la plus grande partie de leurs études étaient grammaticales ou religieuses; 2° que les bases de leurs spéculations scientifiques étaient l'astronomie et l'astrologie, ce qui s'étendit ensuite aux chrétiens; 3° que, dans la médecine, ils finirent par rivaliser avec les Grecs et même par les *éclipser*, comme l'affirment les écrivains juifs, quand ils comparent Maïmonide avec le célèbre Hippocrate, qui passe, chez les anciens peuples, pour le père de cette science bienfaisante. Nous devrions nous arrêter ici longtemps, si nous nous proposions de donner une idée détaillée des œuvres de chacun des Juifs que nous avons cités, pour démontrer l'exactitude de ces légères indications. Écoutons toutefois ce qu'en écrivent des auteurs respectables.

Le plus célèbre de tous, celui qui, au dire de Scaliger, cessa de divaguer en parlant de la loi de Moïse, celui qui fit preuve d'un talent véritablement prodigieux, ce fut Moseh ben Mayemon. Un grand nombre d'historiens rapportent « que, dans ses premières années, il eut un esprit si tardif, si peu enclin à l'étude, que son père, irrité de sa rudesse et de son inapplication, l'abandonna et l'expulsa de sa

---

(1) La *Disciplina clericalis* a été publiée, avec la traduction française, par la Société des bibliophiles, en 1824. Nous réservons l'examen de ce livre et des traductions qui en ont été faites dans la Péninsule pour l'*Histoire critique de la littérature espagnole*, à laquelle nous consacrons depuis longtemps tous nos efforts et toutes nos veilles.

maison (1). » Il était encore bien jeune, quand les Juifs furent persécutés par Abd-el-Moumen ben Ali Alkumi, qu'il se vit obligé à sortir d'Espagne et qu'il se dirigea vers la Terre-Sainte. « Mais le sultan du Caire, instruit de sa grande science et de ses qualités recommandables, dit Emmanuel Aboab, dans la seconde partie de sa *Nomologie*, se l'attacha par le titre de premier médecin et de conseiller... Moseh fut si remarquable, si supérieur dans toutes les sciences, continue-t-il, qu'on peut lui donner justement le titre de *prince* et de maître singulier dans chacune d'elles, ainsi que le prouvent les écrits qu'il nous a laissés. On trouve ses *Aphorismes médicaux*, que j'ai vus traduits en latin, et j'ai entendu d'excellents médecins et, en particulier, Jérôme Mercurial, prétendre qu'ils ne le cèdent en rien aux *Aphorismes* d'Hippocrate. On trouve aussi, en latin, ses lettres, sur la Conservation de la santé (*de Sanitate tuenda*), qu'il composa pour le calife de Babylonie. Sa *Logique* a été traduite en latin par Munster, et je présume que le livre intitulé : *Hortus sanitatis, de lapidibus et in terræ venis nascentibus* (Jardin de la santé, des pierres qui naissent même dans les veines de la terre), est un de ses ouvrages, du genre des auteurs arabes, à n'en juger que par l'invocation du commencement, et par les nombreux passages de l'Écriture sainte qu'il cite. Dans l'*Astronomie*, il n'a point d'égal, d'après ce qu'il a écrit dans le traité de *Hidushá Hodes*, et par la lettre qu'il adressa aux savants de Marseille... En *philosophie*, son *Directorium* prouve qu'il mérite le nom de grand, d'insigne philosophe que quelques auteurs lui donnent. Dans beaucoup d'autres sciences occultes, il a laissé de nombreux ouvrages manuscrits très-profonds, dont quelques-uns m'ont été communiqués par mes amis et seigneurs. Il appliqua par-dessus tout son intelligence à la théologie. » Emmanuel Aboab donne quelques détails sur les productions théologiques de Maïmonide, et il termine en disant qu'il mourut en 4964 de la création, 1204 de Jésus-Christ, à l'âge de soixante-treize ans.

On peut ajouter à ces détails ceux que nous transmet, dans sa chaîne de la tradition (*Cadena de la tradicion*), R. Gédaliah, quand il parle des écrits de Maïmonide : « Si je voulais les citer tous, je n'en aurais pas le temps, parce qu'il a composé une quantité de livres,

---

(1) Rodriguez de Castro, *Bibliothèque espagnole*, tome I, page 30, colonne 2.

Halacoth, institutions de droit, controverses, lettres et commentaires, si connus, que nous n'avons pas besoin de nous arrêter à les mentionner. Il y en a aussi beaucoup d'autres qui nous sont inconnus sur la théologie, la philosophie, la logique et la médecine, en diverses langues, c'est-à-dire, en arabe, en hébreu, en chaldéen, en grec. Pour ma part, je peux affirmer avoir vu de nombreux traités de médecine qui portaient son nom traduits en latin. J'ai entendu dire qu'il y en avait encore un nombre considérable en grec et en arabe, et qu'il existe aussi des Réponses (*Repuestas*), qu'il fit, en Égypte, aux savants de Lunel et à ceux d'autres lieux, réponses qui ne sont pas parvenues dans mes mains et que ceux qui en sont détenteurs n'ont pas voulu jusqu'ici publier. Dans la préface de la *Misnâh*, le même Maïmonide dit qu'il a commenté les trois parties de la *Gemara*; mais ces commentaires n'existent déjà plus. »

On le voit donc, par le témoignage de ces écrivains juifs, il y eut à peine une branche de la science où Maïmonide n'ait fait preuve d'un savoir profond, ni un idiome qu'il n'ait cultivé dans la perfection. Éloigné du sol castillan, où le langage se trouvait encore dans la plus rude enfance, comme nous l'avons vu dans le chapitre précédent, il n'y a rien d'étrange que cette brillante lumière de l'intelligence humaine n'ait laissé aucun ouvrage écrit dans un semblable jargon ou dans un pareil dialecte. Ce que ce dernier avait d'informe et de grossier, s'il l'eût connu, aurait certainement répugné à son bon goût littéraire et l'aurait naturellement détourné du but qu'il se proposait. Presque tous les ouvrages qu'il a composés sont en arabe, langue très-usitée alors, particulièrement dans les parties orientales, et plus propre aux sciences, parce qu'elle était cultivée avec plus de soin. Il n'y a que la seconde exposition, qu'il fit dans un âge déjà mur, des livres de la *Misnâh*, qui soit écrite en hébreu, langue dont la pureté avait déjà presque entièrement disparu de son temps, comme l'affirment un grand nombre d'auteurs contemporains. Les productions de Maïmonide ont mérité d'être traduites, à différentes époques, en latin, en hébreu et en d'autres langues : elles ont toujours obtenu de nombreux éloges, même de la part des chrétiens et des convertis qui ont montré le plus de rage contre les Juifs. Son livre intitulé Directeur de ceux qui doutent (*Director de los que dudan*), écrit en arabe, traduit en latin, par frère Augustin Justinien, évêque de

Nebis, arrache à Paul de Sainte-Marie et à frère Alphonse d'Espina, les plus grandes louanges. Voici comment ledit évêque l'a qualifié : « Ouvrage d'une doctrine profonde et qui n'a rien de vulgaire, où des raisonnements philosophiques donnent de la clarté à beaucoup de choses, et où l'on en produit un très-grand nombre qui conduisent d'une manière large à l'intelligence des livres sacrés. » Si nous nous occupions plus longuement de l'étude des ouvrages de Maïmonide, nous donnerions trop d'étendue à ce chapitre. Ce que nous en avons dit suffit à notre dessein. Nous allons faire connaître R. Moseh ben Jéhudah ben Thibon Marimon, non moins digne d'estime par ses écrits célèbres.

Ce Juif naquit, dans l'antique Elvire, vers 1134, de la création 4894; dès ses premières années, il se distingua par ses connaissances philosophiques. Il possédait particulièrement la langue arabe au plus haut degré de perfection, savoir qui lui valut parmi les siens le titre de *Père des traducteurs*. Versé dans ces études, il voulut faire connaître à ses compatriotes les ouvrages les plus célèbres des philosophes, des jurisconsultes et des médecins arabes, sans oublier ceux des fameux astrologues de Cordoue, que leur savoir rendait dignes d'estime, dans tout le monde. Il traduisit aussi en hébreu quelques-unes des plus importantes productions de Maïmonide, entre autres, le *Directeur de ceux qui doutent*. Il n'oublia pas, dans ses travaux, de recourir aux anciens philosophes grecs, pour léguer aux descendants de David le trésor inestimable de leur science. Aristote et Euclide furent traduits et commentés par les Arabes. Moseh ben Jéhudah interpréta les commentaires des ouvrages du premier et traduisit en hébreu les œuvres du second. Un grand nombre d'autres productions d'auteurs, tant rabbins qu'arabes, ont été éclaircies par Marimon avec la même sollicitude, avec le même soin. Néanmoins, il voulut aspirer à la gloire d'auteur, et, dans cette entreprise, il ne se montra pas moins érudit que dans ses traductions.

Il composa donc divers ouvrages de philosophie, étude vers laquelle il inclinait plus particulièrement. Cependant, il ne laissa pas que de payer le tribut de ses veilles aux matières théologiques, si étudiées dans ces temps. Les productions les plus remarquables que l'on a conservées de lui sont, selon Plantavicius et Castro, un traité de physique intitulé : *Fortaleza de la gracia* (Forteresse de la grâce), et un autre de philosophie, *Se juntaran las aguas* (Les eaux se joindront). Le premier fut traduit en latin par Jean Isahak et imprimé à Cologne. Le second se conserve manuscrit à la bibliothèque de l'Escurial : il est digne d'examen par la profondeur avec laquelle Thibon traite le sujet, résout les questions et explique pourquoi les eaux et la mer n'inondent pas la superficie du globe. La civilisation espagnole dut de nombreux travaux à l'illustre juif de Grenade dont nous parlons. En matière religieuse, il fit avec succès de nombreux commentaires sur le *Talmud*, et, dans toutes ses études, il prouva des connaissances très-étendues. Les lecteurs que ces courtes notices ne contenteraient point, peuvent consulter la *Chaîne de la tradition* et la *Descendance de David*, que nous avons déjà citées, où ils trouveront ces matières traitées plus longuement. L'auteur de la *Nomologie* ne fait cependant pas une mention particulière de cet illustre rabbin.

R. Jonah ben Ganah naquit dans la ville des califes, et fut très-estimé par ses profondes connaissances dans la médecine. Ses contemporains le connurent sous les noms de Abu Walid Marun ben Ganah. Au milieu des distinctions qu'il obtint à la cour musulmane, il mérita aussi les éloges de Quingi et d'Aben Hezra, qui l'appela l'artisan le plus savant de la langue et le maître de tout discours ingénieux : « *Artifice sapientisimo de la lengua y maestro de todo discurso ingenioso.* » D'autres auteurs, de date plus récente, lui ont prodigué les titres de « prince des grammairiens et médecin le plus parfait, » et ils ont ainsi fait allusion, par ces dénominations, aux études auxquelles il s'était plus particulièrement consacré. En effet, il a composé une grammaire divisée en deux parties, appelées, la première : *Livre des racines*, et la seconde : Travail de broderies (*Obra del recamo*). Dans l'une, il a rédigé une espèce de dictionnaire, le plus complet possible; dans l'autre, il a cherché à expliquer les rapports philosophiques des termes du discours, dans la construction des phrases. Il composa aussi un autre ouvrage sur le même sujet, intitulé : *Libro de la guia y de la direccion* (Livre du guide et de la direction), où il ne montre pas moins de connaissances. C'est uniquement de cette production que Buxtorfius fait mention dans *l'Appendice de sa Bibliothèque rabbinique*; il observe en même temps qu'elle fut traduite en hébreu par Jacob Roman, car cette dernière, ainsi que la précédente, est écrite en langue arabe. Rodriguez de Castro parle des diverses versions qui ont été faites, à diverses époques, du *Livre des racines* et du *Travail de broderies*, et il donne de curieux détails sur chacune d'elles. Comme nous devons traiter plus loin des traducteurs, nous nous abstiendrons de rien dire ici sur ces versions. R. Jonah ben Ganah fut enfin l'auteur d'un autre livre sur l'*Excellence et le pouvoir de la guerre*, ouvrage que cite D. Miguel Casiri dans sa *Bibliothèque arabe-espagnole* (1), et dont fait mention Ali ben Abdel-Rhaman ben Hazil, dans un livre qu'il composa sur la même matière et qu'il dédia, en 1365, de l'hégire 763, à Ismael ben Naser, roi de Grenade. L'ouvrage de Ganaj était, comme tous ceux qu'il composa, écrit en arabe.

Un autre des rabbins qui s'acquirent le plus de renommée, à l'époque dont nous parlons, fut R. Jéhudah Lévi ben Saul, remarquable poëte sacré né à Cordoue vers l'année 1126. Le savant Emmanuel Aboab fait de lui une mention toute spéciale dans sa *Nomologie* (2) : « Aben Hezra fut gendre et cousin germain, du côté de sa mère, de Rabbi Jéhudah Halévi, personnage des plus savants et poëte des plus excellents dans notre langue sacrée; ses œuvres sont si parfaites qu'on ne peut désirer plus de mélodie, ni plus de douceur, ni plus de propriété dans l'expression dont il se sert; tous ses vers sont à la louange du Seigneur béni. Nous en avons, dans nos oraisons, beaucoup de Ros Há Saná et de Kipur qui portent l'âme à la dévotion la plus grande, et en particulier, la Kedusá de la Hamidá du matin, où sont commentés les trois versets de David, du psaume 103 : « Bénissez le Seigneur, vous, ses anges... Bénissez le Seigneur, vous, ses armées... Bénissez le Seigneur, vous, ses ouvrages... » Ce divin poëte, continue Aboab, réunit le monde suprême des anges au monde céleste et à l'élément inférieur, et il les oblige tous à louer et à glorifier leur Créateur, tout-puissant, avec son merveilleux ouvrage. En somme, tous ses vers sont d'une science profonde, d'une conception des plus suaves et d'une supériorité rare. » Emmanuel Aboab parle ensuite d'autres poëtes, et il ajoute : « Mais, d'après mon faible jugement, les vers de Rabbi Jéhudah Halévi surpassent tous les autres en perfection et en art. » Il mentionne de nouveau ce rabbin qui com-

---

(1) Tome II, page 29.
(2) Chap. xx, pages 299, 300 et 301, édition d'Amsterdam, déjà citée.

posa, dit-il, en arabe, le *Livre de Cuzari*, dans lequel il explique la conversion du roi Cuzar au judaïsme et les disputes qu'il soutint auparavant avec deux Juifs. Il ajoute que c'est un ouvrage d'un *savoir des plus profonds* (altisima doctrina), dont le commentaire avait été fait du temps du même Emmanuel, par Rabbi Léon Moscato.

D'autres Juifs érudits ont aussi accordé de grands éloges à R. Jéhudah Halévi ben Saul, dont les ouvrages ont été, par quelques écrivains, comparés à ceux du célèbre Maïmonide, en disant que les paroles de ce dernier se *rapprochent plus de la vérité que de la fausseté*, mais que celles de Lévi Saul *sont toutes vérités*, comparaison par laquelle ils veulent prouver son profond savoir. Le *Livre de Cuzari*, que Saul a écrit en arabe, est composé de cinq parties, traitant, comme l'indique Rodriguez de Castro : « De Dieu, de son essence divine, de ses noms et de ses attributs; de la création du monde; des anges; des livres de l'Écriture sainte; de la tradition ou loi orale, son origine, son extension; de la Providence; du libre arbitre de l'homme; de la résurrection et de la vie éternelle; du culte que l'on doit à Dieu; de la prière; de l'idolâtrie; de la prééminence de la nation juive sur les autres; de la sagesse des Juifs et de leur instruction dans toutes les sciences, dans toutes les facultés et dans tous les arts libéraux et mécaniques; de l'excellence de la terre de Chanaan; de la noblesse de la langue hébraïque; de la musique et de la poésie sacrées; de l'âme, de son immortalité, de ses puissances; de la prophétie et des prophètes; avec une explication des mystères de la Cabale contenus dans le livre de la création *Jézirah*, composé par R. Hagiba. » Cette analyse fait comprendre la quantité de matières que traite Rabbi Jéhudah Halévi, dans son livre célèbre. Mais comme il a été traduit en castillan par R. Jacob Abedaña, en 1663, nous en parlerons plus longuement dans le troisième et dernier *Essai*. L'ouvrage de Saul fut aussi traduit en hébreu, en 1167, et, plus récemment, en latin, avec les éloges que les Juifs lui ont accordés.

Abraham ben Meir Aben Hezra naquit à Tolède, en 1119, et il fut un des plus fameux rabbins du XIIe siècle. Il se distingua en philosophie, en astronomie, en médecine, en poésie, en grammaire et dans les sciences sacrées, et tel fut son éclat dans toutes ces diverses branches du savoir, qu'il mérita, dans toutes, le surnom de *savant*, par lequel ses compatriotes le désignent. En astronomie, il fit surtout de tels progrès, que quelques auteurs lui attribuent l'invention d'avoir *divisé la sphère céleste en deux parties égales au moyen de l'équateur.*

Aben Hezra fut très-docte dans la connaissance des langues, et, comme la plus grande partie de ses contemporains, il composa presque tous ses ouvrages en arabe, langue alors préférable à toutes les autres par les raisons que nous en avons données. Voici les lignes que lui consacre, dans sa *Nomologie*, Emmanuel Aboab, que nos lecteurs connaissent déjà. « Alors fleurit, dans le xiie siècle, le fameux Rabbi Abraham Aben Hezra, qui commenta toute l'Écriture sainte, écrivit de nombreux livres d'astrologie et de philosophie occulte, dont plusieurs ont été traduits en latin par le très-savant et très-renommé Petrus Albanus. C'est à ce personnage si distingué, que notre rabbin Moseh ben Mayemon accorde, dans ses lettres, les plus grands éloges. Il ordonne à son fils, Rabbi Abraham, d'étudier continuellement dans ses ouvrages et il dit de lui qu'il avait une âme vaste, remplie de sagesse, comme saint Abraham, notre père. Il passa à une vie meilleure, en l'année 4954, le jour de lundi, premier d'Adar, à l'âge de soixante-quinze ans, et dix ans avant la mort de son ami intime, le seigneur Rabenu Moseh Mayemon (1).

L'œuvre la plus remarquable d'Aben Hezra est, suivant l'opinion de plusieurs écrivains savants, celle qu'il a intitulée : *Commentaire de tous les vingt-quatre*, où il explique tous les livres sacrés. Ses commentaires d'Abdías, de Jonás, de Sophonías ont été traduits en latin, comme tous les autres, et ont été publiés à des époques différentes. Le livre des *Secrets de la loi*, les poëmes intitulés : *Vive le Fils qui est ressuscité, Cantique de l'âme, du Royaume des cieux, Livre du nombre* et *Fondement de la crainte*, acquirent à Aben Hezra une grande et juste réputation, que ses ouvrages de grammaire et de théologie accréditèrent. Sa *Maison des mœurs*, ses livres de *la Logique* et des *Lumières* prouvèrent à quel degré il possédait la philosophie, comme ses livres de *Fraction* et de *la Valeur des nombres* firent connaître son savoir en mathématiques. Sa *Porte des cieux* et son livre des *Sorts*, la première sur l'astronomie et le second sur l'astrologie,

---

(1) Nous ne savons pas pourquoi nous trouvons altéré, dans Rodriguez de Castro, le texte d'Aboab : nous n'avons pas de raisons plausibles de le vérifier. Aussi, en prenant ce passage dans la *Nomologie*, nous le transcrivons fidèlement.

démontrèrent qu'Aben Hezra ne reconnaissait pas de rival, dans cette science, dont il possédait parfaitement les cabales. Son livre sur *l'Astrologie*, ouvrage plus complet que son livre des *Sorts*, fut traduit à cette époque en langue limousine, et l'on conserve deux exemplaires de cette traduction dans la bibliothèque de l'Escurial. Ces deux traductions commencent ainsi : « En nom de nostre Senyor Jhesu-Christ e de la Verge Maria comensa lo libre dels Juhins de las estelles, lo cual ha fet Abraham ha venazera Juhen, lo cual feu lany de nostre Senyor 1198. » L'ouvrage se trouve divisé en six livres, de dix chapitres chacun, quoiqu'ils ne soient pas partout marqués.

Un poëme sur le *Jeu des échecs* est enfin une autre des productions d'Aben Hezra. Cette composition, qui a été l'objet des plus grands éloges pour la beauté de son style et pour l'ingénieux artifice de la fable qu'invente le poëte, se trouve insérée et traduite en vers castillans dans la *Bibliothèque rabbinique* de Castro. Toutefois, le travail de ce curieux bibliographe ne répond pas de ce côté à ses bons désirs. Sa traduction ne donne pas, elle ne peut pas donner une idée du poëme, soit pour la versification, soit pour le style. Voilà pourquoi nous avons essayé nos forces pour donner aussi à nos lecteurs l'idée la plus exacte possible de ce précieux document littéraire, dont nous avons traduit les morceaux suivants, en nous écartant le plus légèrement possible de l'original hébreu, tant pour le mètre que pour la rime, ainsi que pourront en juger les personnes qui connaissent cette langue. Le poëme commence de la manière suivante :

אשורר שיר ומלחמה ערוכה
קדומה מן ימי קדם נסוכה
ערו כה מתי שכל ובינוהה
קבעוה עלי טורים שמונ
ועל כל טור וטור בהם הקוקות
עלי לוח שמונה מחלקות
יטורם מרב ים רצופים
ושני המחנות עומדים צפופים
מלכים נצבה עם מחניהם
להלחם והוא בין שניהם
פני כלם להרהם נכונים
והמה נוסעים תמיד וחנים

וְאֵין שׁוֹלְפִים בְּמִלְחַמְתָּם חֲרָבוֹת
וּמִלְחַמְתָּם מִלְחֶמֶת מַחֲשָׁבוֹת׃

En cántico entono batalla ordenada
De tiempos remotos antigua inventada :
Prudentes y sábios hombres la ordenaron
Y en órdenes ocho su marcha trazaron.
El órden en todo : que en ellos dispuestos
Se ven en la tabla, guardando sus puestos.
Con ocho distintas cuadradas secciones
En dos campamentos osados varones.
Sus fuertes reales los reyes colocan
Y á guerra segura sus faces provocan;
Y á veces continuo se ven caminando
Y firmes animan á veces su bando;
Mas en sus contiendas no sacan espadas
Pues son lides de ellos lides figuradas (1).

וְאָדָם יֶחֱזֶה אוֹתָם רְגוּשִׁים
דָּמָה כִּי אֲדוֹמִים הֵם וְכוּשִׁים
וְכוּשִׁים בִּקְרָב פָּשְׁטוּ יְדֵיהֶם
אֲדוֹמִים יֵצְאוּ אֶל אַחֲרֵיהֶם
וְהָרַגְלִים יָבוֹאוּ בַּתְּחִלָּה
לַמִּלְחָמָה לְנֹכַח הַמְסִלָּה

Tal vez quien revueltos los dos campos vea
Que son idumeos y cuscos crea
Menean cuseos en guerra sus manos
Y en pos idumeos se ostentan lozanos,
Y van los infantes siempre á la cabeza :
Que es guerra de frente, de hidalga nobleza (2).

(1) « Je célèbre en mes chants la bataille rangée, — antique invention de temps reculés ; — des hommes prudents et savants l'ont disposée, — et en huit rangs sa marche ont tracée. — De l'ordre en tout : placés dans leurs rangs, — on les voit (les combattants) sur la table garder leurs postes ; — huit cases carrées et distinctes forment les deux camps de nos audacieux champions. — Les rois dressent leurs forts royaux, — et ils provoquent leur vis-à-vis à une guerre certaine ; — tantôt on les voit continuellement marcher, — et tantôt on les voit, immobiles, animer leur bataillon ; — mais, dans leurs luttes, ils ne tirent point leurs épées, — parce que leurs combats ne sont que des combats figurés. »

(2) Parfois vous verriez les deux camps bouleversés, — et vous croiriez que ce sont Iduméens et Chuséens. — Dans la guerre, les Chuséens engagent la bataille, — et les Iduméens s'élancent hardiment à leur poursuite, — et les infants marchent toujours en tête : — c'est une guerre de face à face, de brave noblesse.

והפיל בקרב הולך וקרב
והוא נצב עלי חצר כאורב
כמו פרז הליכתו אבל יש
לזה יהרון למה שהוא משלש
והסוס בקרב רגליו מאד קל
יוההלך עלי דרך מעקל

Mas el elefante en guerra marchando
Se acerca el costado astuto á checando
Y va como el Pherez (que es su primacia),
En tanto que aquel por tres puntos guia.
En lid el caballo con planta ligera
Sigue, cual le place, camino cualquiera (1).

ועתים יגברו כושים צליהם
וינוסו אדומים מפניהם
וצתים כי אדום יגבר וכושים
ומלכים בקרב הם נחלשים

Ora prevalecen aqui los cuseos
Y huyendo á su vista van los Idumeos;
Y era Edom sobre ellos se mira triunfante,
Sus reyes vencidos con pena humillante (2).

Le poëme se termine ainsi :

ויוסיפו להלחם שניח
יוש צוד לתרוגיאם תחיה

Mas de nuevo al punto la guerra encendida,
Los ya degollados recobran la vida (3).

(1) Mais l'éléphant, qui marche en guerre, — s'approche des côtés qu'il épie avec ruse, — et il va comme le cavalier, c'est là son privilége, — pendant que celui-ci se guide sur trois points. — Dans la lutte, le cheval, de son pas léger, — suit, comme il lui plaît, le chemin qu'il veut.

(2) Tantôt les Chuséens l'emportent ici, — et, à leur vue, les Iduméens prennent la fuite. — Et tantôt Edom se voit sur eux triomphant, — il voit des rois vaincus la peine humiliante.

(3) Mais bientôt la guerre s'enflamme de nouveau, — et ceux qui étaient déjà massacrés recouvrent la vie.

Nous nous sommes arrêté pour faire connaître, par les morceaux ci-dessus, ce rare et ingénieux poëme, où se trouvent mêlées des pensées agréables et d'admirables finesses de style. La métrique de ses vers révèle un art supérieur et ressemble tout à fait à celle qu'employèrent plus tard nos poëtes, ce qui peut servir à faire connaître l'influence que les Juifs exercèrent sur notre littérature, point que nous traiterons plus tard. Les livres d'Aben Hezra, conservés en grande partie dans la bibliothèque du Vatican, ont toujours été très-estimés par les savants. Jean Pic de La Mirandole eut sous les yeux l'ouvrage que nous avons cité, pour composer le sien *Contre les astrologues*, et Gil Strauch n'hésite pas à appeler ce Juif *l'inventeur de la méthode rationnelle de l'astrologie*. La réputation d'Aben Hezra fut, enfin, si étendue, qu'il a été partout regardé comme un des plus profonds écrivains du moyen âge.

R. Abraham Halévi ben David ben Daor, de Tolède, comme Aben Hezra, et, comme lui, presque universel par son savoir, vit son premier jour en 1120. Il se signala particulièrement par ses études historiques et il composa un ouvrage intitulé : *l'Ordre du monde*, où il embrassa les siècles depuis la création jusqu'à l'époque des rois de Juda. Il se proposa de montrer *comment fut propagée la tradition de Moïse*, comme le même Abraham l'indique dans son histoire. Il écrivit aussi divers traités sur diverses matières, traités dignes d'être appréciés, tels que la *réponse* qu'il fit à Abu Alpharay, et que cite Zacut, sous le titre de : *Foi élevée*, et l'ouvrage sur *l'Astronomie*, qu'il composa, en 1189, sous le titre de : *Sur la Pesanteur*. R. Gedaliah et David Ganz font mention de cet illustre rabbin, et lui donnent le surnom de *Pieux*. Emmanuel Aboab confesse, dans sa *Nomologie*, qu'il a pris de lui des notices qu'il donne dans sa seconde partie, et il le fait en ces termes. « Un des contemporains de Rabbi Moseh fut aussi le célèbre Rabbi Halévi ben David, que nous appelons, par abréviation, Areabad. Il composa le livre de *la Cabale*, où il expose la succession de la loi mentale, depuis Moseh, notre maître, jusqu'aux derniers temps. C'est de son livre que nous avons extrait ce que nous avons dit dans ces derniers chapitres de la série et de la succession des quatorze âges de *Tanaim*, des huit des *Talmudistes*, des cinq de *Rabanim Seburae*, des huit de *Gueonim* et des *Rabanim*, jusqu'à Rabbi Joseph Halévi ben Mégas, auquel il s'arrête, et par lequel il finit son livre, qu'il a écrit, dit-il, contre ceux qui nient la loi mentale, afin qu'ils en voient la vérité. »

Un autre Abraham ben Dior Halévi fleurit à cette même époque à Naples. Aussi ses compatriotes donnèrent-ils à Halévi l'Espagnol le titre de *premier*. Son livre sur *l'Ordre du monde* a été plusieurs fois traduit et sous divers noms, particulièrement en latin.

Tels sont incontestablement les rabbins qui sont arrivés à la plus grande réputation, en Espagne, durant le XIe siècle. Il y en eut un grand nombre d'autres qui, florissant cependant à cette époque éloignée, eurent leur part dans la culture des sciences et se firent remarquer par leur savoir et par leur passion pour l'étude. Si nous avions l'intention de suivre leurs traces pas à pas, il nous faudrait des pages nombreuses pour faire seulement connaître leurs principales productions. Mais les écrivains que nous avons mentionnés sont plus que suffisants, selon nous, pour apprécier le cours que suivirent les études scientifiques des Juifs, durant la première époque que nous avons spécifiée plus haut. Nous croyons que lorsqu'on veut caractériser une période déterminée, soit pour les arts, soit pour les lettres, on ne doit pas faire attention seulement au plus ou moins grand nombre de ceux qui les ont cultivés, mais bien à la valeur de leurs ouvrages et à l'excellence de leurs doctrines. D'un autre côté, il ne faut pas oublier que, dans toutes les époques, chez toutes les nations, ce n'est qu'un petit nombre d'écrivains qui ont imprimé un caractère donné aux sciences et aux lettres de leurs peuples respectifs. C'est pour cette raison que nous jugeons aussi que les noms des rabbins que nous avons cités et les titres de leurs meilleurs ouvrages, tout en remplissant l'objet indiqué, suffisent pour rendre nos lecteurs capables de comprendre facilement les inductions naturelles que nous nous proposons de tirer dans ces *Études*. Cependant, nous devons observer que, si les descendants de Juda se répandirent dans toute l'Espagne, tout en relevant des académies de Cordoue, on vit aussi fleurir dans les royaumes chrétiens un certain nombre d'hommes éminents qui secondèrent les efforts des premiers, et préparèrent l'époque si brillante qui devait bientôt s'ouvrir.

A peine entrons-nous dans le XIIIe siècle, que nous trouvons aussi en abondance des écrivains rabbiniques; mais ces derniers se rendent promptement à la pensée de réunir tous leurs efforts sur un point commun, et ils ne sont pas si indépendants qu'ils ne payent l'ancien tribut que leurs ancêtres avaient offert à la littérature arabe. R. Joseph ben Caspi, éminent philologue et docte grammairien; R. Jonah Mégirondi, célèbre jurisconsulte; R. Jahacob ben Samson Antoli, profond philosophe, fleurirent à cette époque intermédiaire, pour ainsi dire, entre la littérature arabe-juive et la littérature rabbinique-espagnole, où se reflétait le savoir profond des Maïmonide et des Aben Hezra, et où l'on préludait à la nouvelle et plus durable influence que se préparaient à recevoir les lettres, cultivées par le peuple proscrit.

Nous l'avons vu, par l'examen sommaire que nous avons fait en ayant sous les yeux les auteurs les plus autorisés, les observations que nous avons exposées dans l'Introduction de ces *Essais*, sur l'influence exercée par les Arabes dans les académies rabbiniques de Cordoue, ne peuvent être plus exactes. Dans la longue période de trois siècles, la plus grande partie des écrivains juifs ont abandonné leur langue naturelle ou du moins celle qu'avaient parlée leurs ancêtres. Ils finirent par l'oublier presque entièrement, et, suivant l'aveu ingénu d'un grand nombre d'entre eux, cette langue perdit toute son élévation, toute sa pureté. La langue arabe était d'un usage plus familier, elle était plus correcte, plus élégante; elle se prêtait, comme elle devait se prêter, aux études littéraires et aux spéculations scientifiques. Et il ne pouvait pas en être autrement, par les raisons que nous avons longuement exposées dans l'Introduction. Sans indépendance politique, sans aucun de ces stimulants puissants qui engendrent et développent la nationalité des peuples, les Juifs ne pouvaient certainement pas aspirer à d'autres fins; et, pour cette cause, leurs études, leurs progrès furent logiques et parurent en rapport avec l'état social où ils se trouvaient. Peut-on observer la même conséquence, quand les sciences et la littérature arabe-hébraïque passèrent sous la domination castillane? Cette transition s'opéra-t-elle de la même manière, dans le cas où elle aurait produit des conséquences analogues? C'est là ce que nous nous proposons d'examiner dans le chapitre suivant, avec tout le soin qu'il nous est permis d'y apporter. Le fait existe, et il n'est pas possible de douter un instant de son existence. Mais il nous reste à voir comment il est parvenu à être une vérité historique ; il nous reste à connaître comment le peuple chrétien, sans sciences, sans littérature et sans une langue entièrement formée, put s'assimiler, pour ainsi dire, les efforts d'une race à laquelle l'unissaient des liens étroits, d'une race qu'il menaçait à chaque instant de l'incendie et de la mort. Pour mener à bout une entreprise si colossale, il est nécessaire de convenir qu'il fallait aussi des forces colossales, et que cette œuvre, si elle devait s'exécuter, était réservée à un homme du génie le plus élevé. L'Espagne du xiiie siècle eut, en effet, le bonheur de posséder cet homme privilégié.

CHAPITRE III

Deuxième époque. — XIII° siècle.

Alphonse le Sage. — Sa protection accordée aux Juifs qui se consacrent à l'étude. — Ses entreprises littéraires. — Les Tables Alphonsines. — Rabbi Zag de Sujurmenza. — Ses œuvres. — R. Jéhudah Ha Cohen. — R. Moseh et maître Daspaso. — Le livre de la Sphère.

Dans la première époque de la littérature rabbinique-espagnole, dont nous avons cherché à faire connaître les principaux écrivains, par les deux chapitres précédents, nos lecteurs auront eu l'occasion d'observer que presque toutes les études proprement rabbiniques avaient porté sur l'étude des livres religieux et spécialement sur l'interprétation de la *Misnàh* et du *Talmud*, et que les commentaires continuels desdits codes avaient été l'origine de beaucoup d'autres travaux plus étendus. Ils n'auront pas non plus perdu de vue un grand nombre de rabbins qui s'étaient crus obligés d'abandonner leur langue pour adopter celle de leurs dominateurs, fait que nous avons observé à la fin du dernier chapitre. Rien n'est aussi plus digne de remarque que la tendance qui poussait, au commencement du XIII° siècle, vers un autre genre de spéculations et qui étendait d'autant le cercle des connaissances que possédait la race proscrite d'Israël. Tout annonçait une transformation prochaine, tant pour le fond que pour la forme, dans ces laborieux essais renfermés jusqu'alors dans un cercle étroit ; tout présageait à ces écrivains un avenir différent, avenir que les armes castillanes allaient dessiner.

Nous avons esquissé, dans le second chapitre de l'*Essai historique et politique*, le tableau que présenta la civilisation espagnole, quand s'ouvrit le XIII° siècle. Les prodigieuses victoires obtenues dans ses deux premiers tiers, les rapides conquêtes de saint Ferdinand et de son fils Alphonse ajoutèrent de nouvelles provinces au territoire de la Castille, et ne purent faire moins que de donner une vigoureuse impulsion à l'état intellectuel du peuple vainqueur recueillant le fruit des progrès des peuples vaincus. La constitution particulière de la noblesse espagnole, son caractère altier et remuant, la poussaient à l'unique exercice des armes, la fortifiaient dans sa sauvage indépendance et l'avaient écartée jusqu'alors de la culture des sciences et des lettres. Ces dernières étaient le patrimoine du clergé et de la basse classe de la société, pendant que les premières étaient presque absolument abandonnées, sans culte, sans estime. Cet état de choses avait naturellement produit les résultats qu'on devait en attendre. Le clergé, fidèle aux traditions de l'Église, s'occupait, de préférence, d'études théologiques, qui étaient l'âme de cette société, où l'élément théocratique avait tant de force. Quand, pour satisfaire aux prétentions du siècle, il descendait sur le terrain des lettres profanes, il ne lui était pas permis de parler le langage du vulgaire, de peur de passer pour ignorant et de perdre tout le prestige que lui donnait son savoir. C'est ainsi que la langue castillane, quand l'esprit municipal venait d'un côté se superposer à l'intérêt commun de la nation qui commençait à se former, la langue castillane, dis-je, ne pouvait faire que des efforts isolés et le plus souvent stériles; elle ne pouvait obtenir que des triomphes insignifiants. Mais le XIII° siècle venait au monde avec la mission de modifier tous les éléments existants dans les siècles précédents. La langue vulgaire, méprisée jusqu'alors, fut élevée par le saint roi; elle servit de lien entre les citoyens, et elle fut aussi autorisée pour les contrats et les actes. Les priviléges, accordés aux chapitres et aux villes, ne furent plus écrits désormais dans le dialecte barbare, qui, à la honte des anciens Romains, portait le nom de *latin*. Les essais tentés par les poëtes du vulgaire furent encouragés par des hommes plus savants et plus érudits, en un mot on finit par croire, comme une conséquence peut-être des progrès politiques, que l'idiome de tous les peuples soumis à la Castille devait être unique. Les progrès qu'un changement si salutaire fit faire à la langue castillane sont incalculables. La couronne de saint Ferdinand passa enfin sur le front d'Alphonse, déjà justement honoré du surnom de *Sage;* et ce jeune monarque, si mal jugé par une postérité qui aimait peu la critique et les investigations philosophiques, était le bras choisi par la Providence pour conquérir à l'Espagne ses lauriers les plus brillants, quoique les plus oubliés, comme nous l'avons fait remarquer ailleurs.

Ce roi qui paraîtrait plus grand s'il n'avait pas été si grand, qui eût préféré naître simple particulier que de manquer de science (1), fut épris d'un amour sans bornes pour ses vassaux. Favorisé par le sort des armes, il ne pensa qu'à s'occuper de leur bien-être et de la félicité générale. Doué d'un talent prodigieux (après avoir compris les nécessités politiques et légales de son époque, après avoir sérieusement pensé à constituer une nationalité opiniâtrement combattue par des éléments contraires, ou du moins à en jeter les fondements en s'appuyant, pour l'obtenir, sur l'histoire), don Alphonse entre triomphant dans le champ immense des sciences et des lettres pour soutenir les faibles, donner l'exemple aux nonchalants, détruire les obstacles de ceux qui nourrissaient encore des superstitions, enfin, pour diriger les travaux de tous, leur donner le sceau de son approbation et leur imprimer en même temps son caractère. L'état où se trouvaient, en Castille, les sciences cultivées par les chrétiens, ne pouvait, d'aucune manière, satisfaire celui qui entrait dans la lice du savoir humain avec la bannière du novateur. Don Alphonse, qui reconnaissait cette vérité, eut recours, pour réaliser ses désirs, aux uniques sources des sciences qui existaient alors en Espagne, aux académies juives et aux ouvrages des Arabes célèbres qui avaient donné un si grand lustre à la cour des califes. Mais le roi de Castille n'appelait pas à son secours les Arabes et les Juifs pour se conformer aveuglément à leurs leçons; le petit-fils de l'éclairée doña Bérengüela les appelait pour leur soumettre la grande pensée qu'il avait seul conçue.

« Réunis dans la métropole pour la vaste entreprise de la construction des Tables Alphonsines, il les présidait; il corrigeait leurs travaux; il faisait faire des traductions de l'hébreu, du chaldéen, de l'arabe; il était le censeur; il les accompagnait dans les observations, but pour lequel il les avait auprès de sa personne, enfin il

---

(1) *Éloge du roi don Alphonse le Sage*, couronné par l'Académie royale d'histoire, en 1782, et composé par don José de Vargas y Ponce. — Madrid, 1782.

forma la première société que l'on vit en Europe pour le progrès des mathématiques, ou, ce qui est la même chose, pour le bien du genre humain. » Telles sont les expressions du savant académicien de l'Académie royale d'histoire, don José de Vargas y Ponce, dans son *Éloge du roi Alphonse le Sage*. C'est de cette manière qu'on pourra seulement comprendre comment la Castille put, dans ce siècle de fer, avoir une si grande part dans le développement des sciences, et une influence si immédiate sur la littérature des Juifs d'Espagne.

Le roi don Ferdinand n'était pas encore mort, et le prince don Alphonse, comme nous l'avons insinué dans l'Introduction, s'était placé à la tête des génies les plus célèbres, arabes et juifs, que la péninsule Ibérique comptait dans son sein. Il se livrait aux plus grandes entreprises scientifiques que l'intelligence humaine pût concevoir. Il n'a pas rencontré d'obstacles dont il n'ait heureusement triomphé, pas de difficultés qu'il n'ait aplanies par une volonté ferme et une âme résolue. La première année de son règne fut marquée par la publication des *Tables Alphonsines*, dans lesquelles les mouvements de la lune furent réglés et où l'on s'écarta des observations de Ptolémée, aveuglément respectées et suivies jusqu'à ce temps. Toutes les sciences, toutes les connaissances humaines furent appelées à contribuer aussi à ce prodigieux concert dont le roi *Sage* était l'âme (1). Les sciences

---

(1) Pour prouver l'exactitude de cette assertion, nous transcrirons ici ce qui est dit dans le prologue desdites Tables : « Le roi ordonna de se réunir à Aben Raghel et à Alquibicio, ses maîtres de Tolède; à Aben Musio et à Mahomat de Séville, et à Joseph Aben Ali, et à Jacob Abvena de Cordoue, et à plus de cinquante autres qu'il attira de la Gascogne et de Paris par de grands salaires. Il leur fit traduire le *Quadrepartitum* de Ptolémée, et réunir les livres de Mentezam et d'Algazel. Il confia ce soin à Samuel et à Jéhudah le Conheso, alfaqui de Tolède, pour qu'ils se réunissent dans l'Alcazar de Galiana, pour qu'ils discutassent sur le mouvement du firmament et des étoiles. Aben Raghel et Alquibicio présidaient quand le roi n'y était pas. Il y eut de nombreuses discussions depuis 1258 jusqu'en 1262. » Le témoignage que l'on trouve dans un des livres de *la Sphère* n'est pas moins authentique. Nous nous proposons de parler de ce livre dans ce chapitre. Mais voici le passage : « É lo enderezo é mandó componer este rey sobre dicho, é tolló las razones que entendió eran sobrejanas é dobladas é que no eran en Castellano derecho, é puso las otras que entendió que cumplia, é quanto en el lenguage, enderezólo el por sí. » Et le susdit roi le corrigea et le fit composer; il détruisit les raisons qu'il comprit être excessives et doublées, et qui n'étaient pas en pur castillan; il mit les autres, celles qu'il comprit convenir, et quant au langage, il le fixa par lui-même. »

naturelles et les sciences philosophiques, la jurisprudence et l'histoire, la poésie, enfin, toutes les branches du savoir reçurent le culte le plus profond. Le monarque intelligent allait toujours chercher, partout où ils se trouvaient, les hommes et les ouvrages qui devaient contribuer au complet développement de ses projets grandioses. Enfin, une époque d'éclat et de grandeur semblait s'ouvrir pour l'Espagne, époque semblable à celle que les illustres califes du Caire avaient offerte au monde. La cour de don Alphonse X ne le cédait en rien à la cour du grand Al-Mamoun, appelé par divers historiens l'*Auguste des Arabes.*

Ainsi donc se réalisait un des phénomènes les plus extraordinaires qu'offre l'histoire de la civilisation des peuples, phénomène qu'il est nécessaire de considérer sous un double aspect, si l'on veut comprendre toute sa grandeur et toute son importance. D'un côté, le peuple castillan paraissait avec ses mœurs rudes, ses préjugés, ses instincts belliqueux, s'emparant, sans s'en apercevoir, des sciences et des peuples très-avancés dans les spéculations philosophiques. De l'autre, la langue vulgaire, encore dans les langes, encore vague et indéterminée, était employée dans le langage des abstractions philosophiques, et elle mettait ainsi les mystères de la science à la portée de tout le monde. Rien ne paraît certainement plus invraisemblable que de prétendre que le roi Alphonse ait pu porter à un si haut point ses vues philosophiques, et qu'il ait, bien plus encore, obtenu des fruits si abondants de ses efforts bien dirigés. Sa postérité, plus incrédule qu'il ne convenait à la gloire de l'Espagne, ou peut-être plus ignorante qu'on ne devait s'y attendre, ne sut pas comprendre ses généreux sacrifices, et elle fut même assez insensée pour les mépriser. Mais ces temps sont heureusement passés; et l'impartial examen de la critique ne peut que protester contre des accusations aussi absurdes. La réhabilitation doit être complète quand des preuves sont si claires et si abondantes, quand la justice n'hésite pas à faire pencher sa balance sous le poids de la gloire et du patriotisme.

Les rabbins vinrent en grand nombre élever, sous la protection d'un prince si éclairé, ce temple somptueux de la prospérité et du savoir. Nous pourrions écrire de gros volumes, si nous nous proposions d'examiner toutes leurs productions. Mais nous ramenons ces travaux au plan que nous avons exposé dans notre Introduction, et il ne sera pas difficile à nos lecteurs de connaître que notre dessein n'est pas si vaste. Aussi, nous contenterons-nous de citer les ouvrages les plus remarquables, ouvrages qui, presque tous inédits, ne laissent pas d'offrir quelque intérêt et quelque nouveauté en même temps. Nous traduirons aussi les morceaux qui peuvent le plus contribuer à donner une idée de l'état progressif du langage et des matières traitées dans ces livres. Mais avant de passer à cet examen, nous copierons ici les lignes suivantes, où Rodriguez de Castro cherche à esquisser le mouvement littéraire qui se remarque à l'époque du roi don Alphonse. « En ce temps, dit-il, il y avait, à Tolède, plusieurs Juifs convertis, mathématiciens si remarquables en *astronomie*, que le roi don Alphonse X se servit d'eux et de quelques chrétiens pour leur faire traduire en castillan les livres arabes les plus spéciaux sur cette science, et pour leur en faire composer de nouveaux. Il chargea R. Jéhudah Ha Cohen, R. Moseh et le maître Jean Daspaso de la traduction du volume où Acosta traite de la *Sphère céleste*. Il ordonna à Rabbi Zag de Sujurmenza d'écrire sur l'*Astrolabe rond* et ses usages, sur l'*Astrolabe plan*, sur les *Constellations*, sur la *Planche universelle*. Il chargea maître Ferdinand de Tolède de la traduction du livre arabe de Azarquel, où il explique son *Azafeha* ou *Planche*, et il fit ensuite traduire ce même livre à Burgos par maître Bernard et par don Abraham. Il ordonna aussi au même Rabbi Zag de traduire l'ouvrage des *Sphères* de Ptolémée et d'en composer un sur la *Pierre de l'ombre*, sur l'*Horloge d'eau*, d'*Argent* vif ou de mercure, et de la *Chandelle*. »

On peut donc déduire, des observations de Castro, que Rabbi Zag de Sujurmenza, converti comme les autres savants dont il fait mention, fut incontestablement un des plus remarquables rabbins qui fleurirent auprès du roi don Alphonse. C'est pour ce motif, qu'intervertissant l'ordre dans lequel se trouvent les traités cités par Castro, nous placerons les œuvres de ce Juif célèbre avant celles des autres, sur lesquelles nous donnerons quelques détails. Les ouvrages les plus importants sont, sans aucun doute, les livres qu'il consacre à l'explication et à l'usage de l'*Astrolabe rond*, et à l'astrolabe connu sous le titre d'*Astrolabe plan*. L'*Astrolabe rond* se compose de deux livres, divisés, le premier, en vingt-cinq chapitres seulement, et le second en cent trente-cinq. Si nous ne craignions pas de trop nous étendre, nous donnerions ici une analyse détaillée de tous ces chapitres. Mais il suffit toutefois à notre but de savoir que les vingt-cinq chapitres du premier livre contiennent les avis et les observations nécessaires à la construction et à l'application de l'astrolabe, pendant que, dans le second livre, l'auteur s'élève aux considérations scientifiques les plus hautes, et prouve les grandes et non équivoques connaissances qu'il possédait dans les sciences exactes. Vérifier la *hauteur du soleil* dans toutes ses situations, marquer celle des étoiles, déterminer le mouvement des astres en général, fixer la durée du temps, désigner ses altérations et leurs causes, expliquer la déclinaison d'un des signes du zodiaque et leurs rapports, indiquer la manière de connaître les latitudes et l'orientation, donner une règle pour comprendre les révolutions des années, mesurer la durée d'un objet donné, soit absolument, soit comparativement, telles sont quelques-unes des questions élucidées par Rabbi Zag avec autant d'abondance d'érudition que de savoir. Ses études sur tous les systèmes astronomiques jusqu'alors connus, ses propres observations et les remarques des autres savants avec lesquels il se consultait pour ses travaux, le rendaient capable de donner un nouveau caractère à la science astronomique et de contribuer puissamment à ses progrès, sans perdre de vue les études des savants arabes, soit pour suivre leurs traces, soit pour les contredire, soit pour dissiper leurs erreurs (1).

Le livre de l'*Astrolabe plan* n'est pas en vérité moins important ni moins digne d'estime. Il se compose de vingt-cinq chapitres. Après avoir expliqué, dans le premier, les causes qui le font connaître sous le titre d'*Astrolabe plan*, à la différence de l'*Astrolabe rond*, il cherche à fixer son usage et son application ; il pose et résout d'une manière profonde et étendue une multitude de questions du plus grand intérêt pour ceux qui se livrent aux études astronomiques, même après les progrès gigantesques que cette science a faits dans les temps modernes. Le second traité de l'astrolabe plan, qui est intitulé : *Ce livre traite de la manière dont on doit se servir de l'astrolabe*, l'importance

---

(1) Un fait digne de remarque, c'est que Rabbi Zag adopte, généralement parlant, la nomenclature arabe, et cela paraît d'autant plus naturel que la Castille manquait de langage scientifique, et qu'il était indispensable ou de l'importer ou de le créer ; le premier était plus facile. Dans le chapitre cxxxv du livre II de l'*Astrolabe sphérique*, Rabbi Zag contredit les doctrines de Ab-Nalazor.

des matières qu'il renferme, et l'abondance d'érudition qu'il révèle, contribuent à rehausser le nom de Rabbi Zag de Sujurmenza, et donnent en même temps les idées les plus favorables sur le règne d'Alphonse le Sage. La circonstance toute particulière de voir ce livre contenir l'explication d'un grand nombre de mots arabes et la réduction des mois de ce peuple éclairé au calcul des chrétiens, fait aussi lire les chapitres de cet ouvrage avec assez de plaisir, quoique l'idiome se trouve encore dans son enfance. Néanmoins, on ne doit pas, comme nous l'avons déjà remarqué ailleurs, laisser inaperçus les pas que la langue avait faits : elle avait acquis plus de régularité et de fixité; elle avait gagné plus de nerf et plus d'énergie, et elle s'était enfin éloignée de plus en plus du dialecte corrompu auquel elle devait ses premiers éléments. Pour preuve de ces observations, pour que nos lecteurs puissent connaître le style du Juif célèbre dont nous parlons, nous allons copier une partie du prologue du premier livre de l'*Astrolabe plan*.

« Porquell arte de abstrologia non se puede tanto entender é saber por otra causa cuemo por catamiento é por vista; por ende avemos fablado primeramientre de esphera, que es el primero estrumento, é mas noble, é mas cumplido que los atros et en que se mejor é mas manifiestamientre se demuestran las figuras que son en el cielo, é en que se mejor entienden, é con menos trabajo, é en que podra home imaginar mas aym porque es tal como la forma del cielo. Et por ende es cuemo madre de los otros estrumentos. Mas agora queremos desir del *astrolabio* que fué fecho primeramientre redondo, cuemo la sphera. Et porque oro Ptolemeo que era estrumento muy grave de traer de un lugar á otro por la grandez dell et otrosi de faser de redondo que era tornó la llana in el lugar do eran los signos é las otras estrellas que eran cerca dellos. Et cuemo quier que nos oviesemos fablado en otro logar del *astrolabio*, fablamos de las estrellas fixas que apartó Ptolemeo par poner en el (1). »

---

(1) « Comme l'art de l'astrologie ne peut se connaître et se savoir autrement que par observation et par vue, nous avons, par conséquent, parlé de la sphère, qui est le premier instrument, plus noble, plus parfait que les autres, sur lequel on démontre mieux, et d'une manière plus manifeste, les figures qui sont dans le ciel; sur lequel on comprend mieux et avec moins de travail; et sur lequel l'homme pourra plus aisément imaginer que telle est la forme du ciel. Elle est, par consé-

Voici comment il explique l'équivalence des mois arabes et des mois chrétiens dans le septième chapitre du second traité de l'*Astrolabe plan*, après avoir exposé dans le sixième la manière de compter les derniers.

« Estas son (dice) las señales de los comenzamientos de los meses moriscos : à Almoharran non ponemos señal, por la rason mesma que avemos dicha de Yenero ; la señal de Saphar es III, la de Rabed primero, IIII, de Rabed segundo, II, de Razab, III, de Xahben, V, de Ramadan, VI, de Savel, I, de Dequihda, II, de Haja, IIII. Quando quisiéres saber el comenzamiento de algunos destos meses sobre dichos, sepas primero qual dia entra Almoharran en aquel anno, é annade sobre la hima del mes que quisiéres saber su comenzamiento, é comienza á contar del dia que comenzo Almoharran en esse anno, assi como te mostramos en los meses cristianos, ni mas ni ménos ; é do se acaba el cuento en esse dia, comienza el mes morisco que tu quisieres, é en saber los comenzamientos de los meses moriscos ; ni fas fuerza el anno visiesto, porque crescen el dia de visiesto en la fin del anno (1). »

Nous croyons ces exemples suffisants pour faire connaître l'état de la langue et le style de Rabbi Zag. Dans les traités de la *Planche universelle* et dans la traduction du livre des *Sphères*, il ne se montre pas

---

quent, comme la mère de tous les autres instruments. Mais, à présent, nous voulons parler de l'astrolabe, qui fut fait premièrement rond comme la sphère. Et comme Ptolémée vit que c'était un instrument très-lourd à porter d'un endroit à un autre, à cause de sa grandeur, et aussi de le faire rond, il tourna le plan sur le lieu où étaient les signes et les autres étoiles qui les environnent. Et puisque nous avons, dans un autre endroit, parlé de l'astrolabe, parlons des étoiles fixes que Ptolémée a détachées pour les y mettre. »

(1) Voici, dit-il, les signes des commencements des mois morisques. Nous ne mettons point de signes à Almoharran, par la raison que nous avons dite à l'égard de janvier. Le signe de Safar est III, celui de Rabed premier, IIII, de Rabed second, II, de Razab, III, de Xahben, V, de Ramadan, VI, de Savel, I, de Dequihda, II, de Haja, IIII. Quand vous voudrez savoir le commencement de quelqu'un des mois ci-dessus, sachez d'abord quel jour entre Almoharran dans cette année, et ajoutez-y la hima du mois dont vous voulez savoir le commencement, et commencez à compter du jour où Almoharran commence dans cette année, ainsi que nous vous l'avons montré dans les mois chrétiens, ni plus ni moins ; et là où le calcul finit, ce jour-là commence le mois morisque que vous cherchez, pour connaître les commencements des mois morisques. Ne vous tourmentez point de l'année bissextile, parce que les jours bissextils s'ajoutent à la fin de l'année. »

moins habile, comme écrivain castillan. Le livre de la *Planche* est divisé en cinq parties ; les deux premières se composent de soixante-deux chapitres ; la troisième, de cinquante-huit ; la quatrième, de soixante-quatre, et la cinquième, de douze. Elles embrassent toutes un grand nombre des questions déjà résolues ou discutées dans le traité de l'*Astrolabe*. Les autres ouvrages de Rabbi Zag, sur la *Pierre de l'ombre*, l'*Horloge d'eau*, celle d'*Argent vif*, et celle de la *Chandelle*, sont moins étendus, mais ne manquent pas de mérite.

L'importance que prirent ces études, à cette époque, et le dédain avec lequel on a jugé les travaux de ces écrivains, exigent certainement que l'on consacre quelques veilles pour les connaître et pour apprécier les bonnes doctrines qu'ils contiennent. La science astronomique des Juifs, fille de la science arabe, ne pouvait, d'aucune manière, se délivrer des excès que celle-ci avait soufferts. « Toutes les connaissances positives des Arabes, écrit un auteur moderne, étaient corrompues par leur penchant invétéré à la science mystique et cabalistique. Fréquemment, ils consumaient leur santé, leurs trésors en d'inutiles recherches de l'élixir de vie et de la pierre philosophale ; leurs prescriptions médicales se réglaient sur l'inspection des étoiles ; leur physique s'avilissait par la magie ; leur chimie dégénérait en alchimie ; leur astronomie en astrologie (1). » Ces mêmes inconvénients se retrouvèrent donc dans les sciences entre les mains des Juifs espagnols, comme nous l'avons indiqué dans l'Introduction de nos *Essais*. Mais doit-on, par ce motif, laisser dans l'oubli leurs productions, fruits de veilles profondes et filles d'une époque où le peuple chrétien n'avait pas encore secoué l'ignorance des siècles antérieurs ? C'est là ce que nous nions ; mais notre étude est purement littéraire, et nous manquons, d'un autre côté, des connaissances nécessaires pour entrer en plein dans le jugement des questions sur une science si peu cultivée parmi nous. Aussi laissons-nous à ceux qui se consacrent à des tâches si difficiles le soin de résoudre le problème que nous avons proposé.

En même temps que florissait Rabbi Zag, d'autres rabbins studieux, comme nous l'avons observé, ne se montraient pas moins dignes de l'estime du roi don Alphonse. R. Jéhudah bar Moseh Ha Cohen,

---

(1) WILLIAM PRESCOTT, Ire partie, chap. VIII de ses *Rois Catholiques*.

R. Moseh et maître Daspaso, recevaient l'ordre de traduire en castillan, suivant l'expression de l'érudit Castro, le traité de *la Sphère céleste*, du savant Arabe Acosta. Le premier traduisait, en outre, les œuvres astronomiques d'Ali Aben Ragel, écrivait un volume sur les *Quarante-huit constellations*, et rendait dans l'idiome savant, cultivé alors avec soin, quoique avec peu de pureté, le traité d'Avicenne sur *Les mille vingt-deux Étoiles* connues de son temps. Pour que nos lecteurs puissent se former un jugement exact du style adopté par Jéhudah Ha Cohen et ses compagnons, nous transcrirons ici quelques morceaux du prologue dudit livre de *la Sphère*.

«Esto libro(1), dice, es el del Alcora, que es dicha en latin Alcora, que compuso un sábio de Oriente que ovo nombre Costa. El fabla de todo ell ordenamiento dell esfera á que disen en arábigo del Alcorey que quer tanto desir sobre la espera que está sobre la siella. E feso este libro en arábigo, et despues mandólo transladar de arábigo en lenguage castellano el rey don Alonzo, fijo del may noble rey don Hernando é de la reina doña Beatrez... en era de mill é dossientos é noventa é ciete annos. » Plus loin il continue : « En esta Alcora paresce la forma é el estado del cielo é la diversidad de los movimientos del sol é de la luna é de los planetas é de las otras estrellas, segund las ladesas de las villas, é porque rason mengua el dia é cresce por

---

(1) « Ce livre, dit-il, est celui de l'Alcoran, en latin *Alcora*, que composa un savant d'Orient, qui avait nom Costa, et il parle de toute l'ordonnance de la sphère, que l'on dit en arabe *alcorey*, qui veut dire, sur l'observation qui porte sur la *siella*. Il composa ce livre en arabe. Plus tard, il fut traduit de l'arabe en langue castillane par ordre du roi don Alphonse, fils du très-noble roi don Fernand et de la reine doña Béatrix... l'an de l'ère mil deux cent et quatre-vingt-dix-sept. » Plus loin, il ajoute : « Dans cet Alcoran paraît la forme et l'état du ciel, et la diversité des mouvements du soleil et de la lune et des planètes et des autres étoiles, suivant les *ladesas*, l'inclinaison des villes; il est expliqué pour quelle raison le jour diminue et croît, en chaque lieu et dans chaque inclinaison, et pour quelle raison il est toujours égal sur la ligne équinoxiale, où le jour est toujours de douze heures et la nuit d'autres douze heures; et pour quelle raison il se fait dans un lieu, pour toute l'année, un jour naturel, qui est un jour et une nuit; car tous les six mois ne font qu'un jour, et tous les autres six une nuit... Et pourquoi, dans d'autres lieux, il arrive que quatre mois font un jour, et quatre mois une nuit ; que, dans d'autres, deux mois font un jour, et deux autres mois une nuit; et, dans d'autres, un mois fait un jour, et un mois une nuit, un peu plus ou un peu moins; que dans d'autres lieux, le plus grand jour est de vingt-quatre heures, et la plus grande nuit de vingt-quatre heures aussi, un peu plus ou un peu moins. »

todo lugar é por toda ladesa ó porque rason es siempre egual en la linna equinoctial, do es siempre el dia de doce horas é la noche otras doce horas, et porque rason se fas en un lugar todo el anno un dia natural : que es un dia é una noche. Ca todos los seis meses son un dia é los otros seis una noche... Et en otros lugares porqué acaesce que quatro meses son un dia é quatro meses una noche et en otros dos meses son un dia é otros dos meses una noche, et en otros un mes un dia é un mes una noche é mas desto que es dicho, é otrossi ménos et en otros lugares llegua el mayor dia á viente é quatro horas é la mayor noche otrossi á veinte é quatro horas, é mas desto ó ménos desto... »

Ce passage fera facilement comprendre l'objet que se proposa le roi Sage, par la version d'un ouvrage si important. Ce dernier se trouve divisé en soixante-neuf chapitres, à la différence du livre arabe, qui n'en a que soixante-cinq. Mais voici comment les traducteurs expliquent cette innovation à la fin du prologue :

« Ce livre était divisé, comme l'avait divisé le savant Costa, en soixante-cinq chapitres; mais nous y avons fait ajouter quatre autres chapitres, qui conviennent beaucoup: ce sont les premiers, et tous les autres viennent après eux, et sans eux le livre ne pourrait être bien ordonné; et voilà pourquoi nous les avons placés de cette manière. »

Quand les soixante-neuf chapitres furent terminés, le roi Alphonse ordonna, pour que *cet ouvrage de la Sphère fût plus complet*, à Jéhudah Ha Cohen d'écrire un autre chapitre, en forme d'appendice, pour *construire des sphères* et *pour savoir ell atazir egualar los casas, suivant l'opinion d'Hermès*.

Dans le chapitre suivant, nous terminerons l'esquisse que nous nous sommes proposé de faire de cette époque si glorieuse pour le nom castillan, époque que notre estimable ami don Albert Lista qualifie de la manière suivante en parlant des *Sept Parties*. « Le livre des *Parties* parut dans le XIIIe siècle : livre admirable, tant par la matière que par la manière de la traiter, si l'on considère l'époque où il fut composé; plus admirable encore par la langue, supérieure en grâce, en énergie à tout ce qui se publia depuis jusqu'à la moitié du XVe siècle. » Ces courtes lignes, qui honorent tant la mémoire du roi Sage, sont aussi applicables aux efforts que firent, sous sa protection, les rabbins illustres dont nous parlons. Jamais on n'avait vu à la cour de Castille un mouvement intellectuel plus fécond. Il faut arriver jusqu'au règne de Jean II pour rencontrer quelque chose qui puisse être comparé à cette magnifique et brillante période. Tant il est vrai que le xive siècle ne fut pas pour les lettres aussi stérile qu'on le suppose, sans examiner les monuments sur lesquels la critique doit retomber.

CHAPITRE IV

Deuxième époque. — xiiie siècle.

Don Alphonse le Sage — R. Jéhudah Mosca. — Ses traductions. — R. Moseh de Zaragua. — R. Jihacob ben Meir ben Tiibon. — R. Moseh ben Migori Sépharardi. — R. Ishak ben Latiph. — R. Selemoh ben Abraham ben Adereth. — Babenu Perez Hariaf. — Réflexions sur la décadence de la littérature et des sciences au commencement du xive siècle.

Chaque fois que l'on médite plus profondément sur les grands services rendus par le roi Sage à la civilisation espagnole, on trouve de nouveaux motifs de gratitude et d'éloges. En effet, pendant que presque toute l'Europe est plongée dans un état complet de barbarie, il est beau de voir comment ce bon monarque faisait les plus grands sacrifices pour éclairer ses peuples et rendre heureux ses vassaux. Aucun des ressorts qui pouvaient produire des résultats si prospères ne resta inconnu à l'intelligence supérieure de don Alphonse; aucun des efforts qui pouvaient conduire à un but si désiré ne resta sans être essayé, dans cette cour fortunée. Nos lecteurs ont déjà vu, dans le chapitre précédent, comment elle sut s'assimiler et se rendre propre la science des Juifs les plus doctes; nous n'avons qu'à continuer dans celui-ci l'examen que nous avons commencé.

Au nombre des savants rabbins dont nous avons parlé, dont les œuvres restent inédites, et qui ont été entièrement inconnues jusqu'à l'époque de l'actif Rodriguez de Castro, il en est qui méritent une mention spéciale, tels que Rabbi Jéhudah Mosca, médecin du roi don Alphonse, Moseh Azan de Zaragua, et d'autres, non moins habiles, qui fleurirent à cette époque. R. Jéhudah Mosca, surnommé parmi les siens le *Qaton*, à cause de la petitesse de son corps, se distingua par la culture des mathématiques, de l'astronomie et de la médecine, et ne montra pas moins de connaissances dans l'étude des langues orientales; car il possédait le grec, l'hébreu, l'arabe, et il parlait ces idiomes avec une entière correction et une entière pureté. C'était en l'année 1250, époque où le roi Sage n'était pas encore monté sur le trône de Castille, que ce rabbin, connu déjà par son savoir et converti au christianisme, comme tous les Juifs distingués de son siècle, reçut la charge spéciale de traduire en castillan un ouvrage arabe que l'infant avait acquis à grand prix, et qui traitait *de la Propriété des pierres*, titre que ce même Rabbi Jéhudah Mosca mit en tête de sa traduction. Cet ouvrage se composait de trois parties ou *Lapidaires*. Dans la première, on traitait des trois cent soixante pierres qui forment ce catalogue, subdivisées en douze autres parties, d'après le signes du zodiaque. La seconde partie était consacrée à faire connaître les vertus desdites pierres, d'après l'influence du soleil sur les phases des signes. Par là on arrive à traiter des figures des étoiles, du temps où les pierres ont plus ou moins de vertu, et enfin du moment où ces vertus se transforment ou se changent. Dans la troisième partie, l'auteur cherche à démontrer les causes qui font que les pierres modifient leur vertu suivant l'état des planètes, et à expliquer les figures qu'il y a dans le *huitième ciel*, expression dont se sert Rabbi Mosca pour signifier le firmament; enfin il détermine l'influence que ces planètes exercent sur les pierres.

Nous avons déjà donné, dans le premier chapitre de ce second *Essai*, un exemple du style qu'emploie cet illustre rabbin dans l'ouvrage dont nous parlons. Pour que nos lecteurs puissent s'en former une idée plus complète, nous transcrirons ici les lignes suivantes où le même Jéhudah Mosca rend compte de l'auteur du manuscrit arabe et de l'objet qu'il s'est proposé en écrivant son livre:

« Et entre los sábios que se mas desto trabaiaron (il veut parler des pierres et de leur influence), fué uno que ovo nombre Abolays. Et como quier que el tenie la ley de los moros; era home que amaba mucho los gentiles e señaladamientre los de la tierra de Caldea, porque dalle fueran sus abuelos. Et porque el sabie fablar aquel lenguaje é leye la su letra; pagábase mucho de buscar los sus libros et de estudiar por ellos; porque oyera desir que en aquella tierra fueran los mayores sábios que en otras del mundo. Mas por las grandes guerras é las otras muchas ocasiones que hi acaecieron;

muriera la gente é fincaron los saberes como perdudos; assi que muy poco se fallaba dello. Et este ABOLAYS avie un su amigo quel buscaba estos libros é gelos fasie haber. Et entre aquellos quel buscó falló este que fabla de trescientas é sesenta piedras, segund los grados de los signos que son en el *cielo ocharo*. Et dixo de cada una qual color, é qual nombre, é que vertud, é en qué logar es fallada, é de la estrella de la figura que es en el grado daquel signo, donde ella recibe fuerza é vertud. Et esto segund el sol corre en todo el año por los grados de las figuras de los doze signos que se fasen por todos tresientos é sesenta que son todos figurados de estrellas menudas é otras figuras muchas; que estan en el *ocharo cielo* que son figuradas otrossi de estrellas; las unas á parte del septentrion que es á la estrella que llaman trasmontana é las otras á parte de mediodia, que son dellas dentro en los signos, é las otras de fuera dellos assi que se fasen por todas con los signos quarenta é ocho (1). »

Plus loin il ajoute, dans le même prologue, en parlant du roi D. Alphonse :

« Et despues quel murió (Abolays) finó como perdudo este libro muy grant tiempo, de guisa que los quel avien no le entendien, nin

---

(1) « Au nombre des sages qui travaillèrent le plus ce sujet, il s'en trouve un qui avait nom *Abolays*. Et, quoiqu'il suivît la loi des Maures, c'était un homme qui aimait beaucoup les gentils, et singulièrement ceux de la terre de Chaldée, parce que c'est là que vécurent ses aïeux. Et comme il savait parler leur langue et lire leur écriture, il se plaisait beaucoup à la recherche de leurs livres et à leur étude ; car il avait entendu dire que, dans cette terre, il y avait un plus grand nombre de savants que dans d'autres pays du monde. Mais que, par suite de grandes guerres et de beaucoup d'autres événements qui s'y passèrent, la population avait péri, et les sciences s'étaient comme perdues; qu'en conséquence, on trouvait très-peu de choses sur elles. Et cet ABOLAYS avait un ami qui cherchait ces livres et les lui faisait parvenir. Et parmi ceux qu'il chercha, il trouva celui qui parle de trois cent soixante pierres, suivant les degrés des signes qui sont dans le *huitième ciel*. Et il dit de chaque pierre quelle couleur, quel nom, quelle vertu elle a, en quel lieu elle a été trouvée, et quant à l'étoile, quelle est sa figure dans le degré du signe d'où elle reçoit sa force et sa vertu. Et cela suivant le cours que suit le soleil, pendant toute l'année, à travers les degrés des figures des douze signes, degrés qui se font au nombre de trois cent soixante, et qui sont tous figurés par de petites étoiles et par beaucoup d'autres figures. Elles sont dans le *huitième ciel*, et sont aussi figurées par des étoiles; les unes, du côté du septentrion, vers l'étoile appelée *trasmontana* ; et les autres, du côté du midi, quelques-unes d'elles en dedans des signes et d'autres en dehors, ainsi qu'il arrive pour toutes avec les quarante-huit signes. »

savien obrar del, assi como conviene; fasta que quiso Dios que viniese á manos del noble rey don Alfonso, fijo del muy noble rey don Fernando é de la reyna donna Beatriz et sennor de Castiella; est, et... Et fallol en seyendo infante, en vida de su padre en el anno que gaño el reyno de Mursia. Et ovol en Toledo de un Judio quel tenie abscondido y se non queria aprovechar del, nin que á otro oviese pró (1). »

Nous serions prolixe à l'excès, si nos essayions d'examiner longuement le long catalogue des pierres et d'apprécier particulièrement les qualités que l'auteur du *Lapidaire* remarque dans chacune d'elles. Nos lecteurs savent bien, du reste, que ce n'est pas là l'objet de nos *Essais*, dont le but principal tend à faire connaître les progrès que firent les Juifs dans les lettres, en cultivant la langue de nos ancêtres. Nous ne pouvons toutefois nous empêcher, puisque nous avons transcrit quelques morceaux du prologue, de copier le chapitre IV du *Lapidaire*, composé par Mahomet Abenquich, dans lequel il fait la description de la *pierre qui attire l'or*. C'est ainsi que nous donnerons à connaître la méthode adoptée par l'auteur dans l'explication de chaque pierre :

« Del quenceno grado del signo de aries, es la piedra que tira el oro. Et es de sa natura caliente et seca. Et de color amariella que tira ya cuanto á parda é cuando la home toma en la mano, sientela lesne é como blanda. Esta tira el oro é fasle quel obedesca; bien como la ayman tira al fierro. Et si limaren el oro e mesclaren las linaduras del con tierra é tanxiese la piedra á ello, apartarse ha el oro de las otras cosas con que estuvier mesclado é apegarse ha todo á ella. E desta piedra usan mucho los orebres ó aquellos que quieren el oro apurar. E si la queman, assi como la que dixiemos que tira el fierro, habrá mayor poder de quemar quella. Et aun ha esta piedra otra vertud : que da muy gran alegria al corazon... Et la estrella me-

---

(1) « Et quand il fut mort (*Abolays*), ce livre fut, pendant longtemps, comme perdu; de sorte que ceux qui l'avaient ne le comprenaient pas, ni ne savaient s'en servir comme il fallait, jusqu'à ce que Dieu voulût qu'il tombât entre les mains du noble roi don Alphonse, fils du très-noble roi don Ferdinand et de la reine doña Béatrix, seigneur de Castille, et .... Et il le trouva étant enfant, pendant que son père vivait encore, et dans l'année qu'il gagna le royaume de Murcie. Et il l'eut à Tolède d'un Juif qui le tenait caché, et qui ne voulait pas en profiter lui-même, ni qu'un autre en profitât. »

diana de las tres que son en el espacio del retornamiento del ryo ha poder sobre esta piedra é della rescibe su vertud. Et cuando esta estrella fuera en el ascendente, muestra esta piedra mas manifiestamente sus obras (1). »

Par ce traité de Mahomet Abenquich, Jéhudah Mosca complète son importante traduction des trois cent soixante pierres d'ABOLAYS. Son style, la multitude de connaissances que demande une semblable entreprise, l'époque où elle fut commencée et terminée, tout rendait cet ouvrage digne du plus grand prix ; et il nous semble que, même dans le temps où nous vivons et même avec les progrès qu'ont faits les sciences naturelles, sa lecture ne doit pas être entièrement inutile à ceux qui se consacrent à cette étude des pierres. Pour nous, il ne nous appartient de juger cette traduction qu'au point de vue littéraire, et nous pouvons dire que, sous ce rapport, la version de Jéhudah Mosca est profondément digne du siècle et du règne où elle a été faite, puisqu'on peut déjà y voir autant, sinon plus, de progrès de langage que dans les livres de Rabbi Zag de Sujurmenza.

Le célèbre médecin du roi Sage composa et traduisit aussi d'autres ouvrages qui ne lui acquirent pas moins de réputation et d'estime auprès des docteurs qui illustraient la cour de D. Alphonse. Malheureusement, on a conservé peu de détails sur ces productions originales. Le livre le plus important qu'il traduisit, après le traité *de la Propriété des pierres*, roule sur l'*Astrologie judiciaire*. On le doit à l'Arabe Ali Aben Ragel ben Abreschi, astronome très-célèbre parmi ses compatriotes, tant par les études qu'il fit des anciennes doctrines des savants que par ses propres spéculations. Il se composait de huit

---

(1) « La pierre qui attire l'or est du quinzième degré du signe du bélier. Et elle est de sa nature chaude et sèche ; elle est de couleur jaune tirant sur le gris, et quand l'homme la prend dans la main, il la rend polie et douce. Elle attire l'or et le fait obéir comme l'aimant attire le fer. Et si l'on vient à limer de l'or, et que l'on mêle la limaille avec de la terre, et que la pierre touche le mélange, l'or se sépare des autres matières avec lesquelles il a été mêlé, et vient s'attacher à elle. Cette pierre est très-employée par les orfèvres et par ceux qui veulent épurer l'or. Et si on la brûle, comme celle qui, avons-nous dit, attire le fer, elle aura plus de pouvoir de brûler que celle-ci. Cette pierre a encore une autre vertu, c'est qu'elle donne une très-grande joie au cœur..... Et l'étoile qui est au milieu des trois qui sont dans l'espace compris dans le retour du fleuve, a un pouvoir sur cette pierre, qui reçoit d'elle sa vertu. Et quand cette étoile est à son ascension, cette pierre montre plus facilement ses effets. »

traités, divisés en trois cent trente-huit petits chapitres. Dans les deux premières parties, il parlait des signes et de leur nature, des planètes et de leurs propriétés, et des choses qu'il faut savoir, comme éléments indispensables de l'étude principale de l'astrologie. Il s'occupait, dans les traités trois, quatre et cinq, à expliquer les *connaissances*; il mettait dans le sixième les *nativités* ou *naissances*; il traitait dans le septième des *révolutions des années*, et il consacrait le huitième à montrer les *révolutions du monde*, étude où il déployait une grande érudition et une abondance non moins grande de connaissances spéculatives.

Du temps du roi Alphonse, on fit deux traductions latines de cet ouvrage d'Ali Aben Ragel, traduit en castillan par Rabbi Jéhudah Mosca. L'une est due à D. Pedro del Real et à Gil de Tebaldos, et l'autre à un serviteur du roi Sage, appelé Alvaro. Toutes deux furent faites par ordre de ce monarque éclairé, et toutes deux sont heureusement conservées manuscrites dans deux différents recueils de la Bibliothèque de l'Escurial. Le recueil qui renferme la première contient, outre l'ouvrage d'Aben Ragel, un autre livre qui semble être dû au même auteur et qui roule sur *l'astrolabe*; un traité intitulé: *Index des chapitres d'Almanzor*, et quelques *Observations* sur le meilleur emploi de la science astrologique. La seconde traduction est précédée de trois prologues différents : celui qu'Aben Ragel mit en tête de l'original, celui qu'écrivit Jéhudah Mosca et que nos lecteurs connaissent déjà, et un autre, en latin, composé par ledit Alvaro. Ce dernier contient seulement les éloges que mérite le roi don Alphonse pour la protection qu'il dispensait aux sciences et aux lettres, et pour la part qu'il avait prise aux travaux des savants qu'il avait réunis à sa cour. Si nous ne craignions pas de nous étendre trop longuement, nous donnerions ici quelques exemples de ces versions latines, puisque l'ouvrage de Ragel et la traduction de Jéhudah Mosca semblent perdus. Mais les lecteurs qui désireraient plus de détails peuvent consulter les recueils indiqués, marqués des numéros dix et douze dans la Bibliothèque de l'Escurial, ou voir au moins les exemples qu'en cite Rodriguez de Castro dans l'ouvrage que nous avons mentionné plus haut (1).

---

(1) *Bibliothèque rabbinique-espagnole*, pages 114 et 115.

Rabbí Moseh de Zaragua, Juif catalan, très-estimé parmi les siens par son grand savoir, fleurit aussi en Castille à cette époque. Par imitation d'Aben Hezra et de R. Gédaliah Hapenini, qui avaient composé divers ouvrages et divers poëmes sur le jeu d'échecs, il écrivit dans sa langue naturelle un traité en vers sur le même jeu, désigné par Gédaliah sous le nom de *Délices du roi*. Ce poëme, qui répétait, avec la plus grande élégance, les règles données par les auteurs ci-dessus, était extrêmement estimable par la saine morale qu'il respirait. Dans son introduction, il traitait de la création du monde, puis il s'appliquait à relever l'obligation qu'ont tous les hommes de respecter et de vénérer le Créateur suprême par la pratique des vertus. Il condamnait en outre les jeux, comme pernicieux ; il sévissait spécialement contre les cartes, et il calculait les excès qu'elles causent quand on s'y livre, ce qui ne laisse pas que d'appeler l'attention, à une époque où les mœurs devaient être plus simples et plus sévères en même temps. Vers l'année 1350 (4737 de la création), ce poëme fut traduit en castillan par un écrivain dont le nom ne s'est pas malheureusement conservé. Le manuscrit de la traduction est toutefois conservé dans l'Escurial, et il est joint à d'autres écrits non moins estimables. Pour que ceux qui liront ces *Études* puissent se former une idée de cet ouvrage, nous transcrirons ici les vers qui commencent le poëme (1) :

> En el nombre de Dios poderoso que es
> é fué en ante que cosa que fues
> é será postrimero otro que sin
> et non ovo empiezo nin nunca avrá fin ;
> el que fiso el mundo todo de la nada,
> é sobre los abismos tierra firme fundada ;
> et non avie hi ninguna criatura,
> é la tierra era cubierta de agua é escura.

---

(1) « Au nom de Dieu, qui est tout-puissant, — et qui a été avant qu'aucune chose fût, — et qui sera le dernier sans qu'il y en ait d'autre, — et qui n'a pas eu de commencement et qui n'aura jamais de fin ; — lui qui fit tout le monde de rien ; qui a sur les abîmes établi la terre ferme. — Et là il n'y avait aucune créature, — et la terre était couverte d'eau et de ténèbres. — Et le premier jour, il créa la lumière et le *firmament*, — et partant tout a été meilleur. — Et Dieu, dans sa grande bonté, a séparé — la grande obscurité de la clarté. — Et il lui a plu que le monde fût ainsi, — et que la nuit fût séparée du jour. »

É el primero dia crió lus é resplandor,
por tal que es de todo mejor.
É apartó Dios por su grant bondat
la grant escuresa de la claritat
é plugot quel mundo fuese por tal via,
é que fuese apartada la noche del dia.

La circonstance de voir cette traduction reproduire, quoique imparfaitement, le même mètre employé par les Juifs, et de conserver aussi dans la rime le même ordre que l'on trouve dans les poëmes dus aux plus célèbres rabbins, nous porte à soupçonner que cette version fut l'ouvrage de quelque Juif ou de quelque converti, malgré le doute que nous avons manifesté plus haut sur le nom de son auteur. Rabbi Moseh Azan de Zaragua s'est livré aussi à d'autres travaux dignes de la plus grande estime, à n'en juger que par l'appréciation de ses contemporains. Mais aucun n'a obtenu la réputation du poëme ci-dessus, et, d'un autre côté, on n'a pas conservé les recueils qui renfermaient ces écrits.

Nous aurions de quoi nous étendre longtemps, si nous nous proposions de donner un compte détaillé de tous les rabbins qui illustrèrent la cour d'Alphonse X par leur savoir et par leurs études. L'examen que nous avons fait jusqu'ici, les œuvres littéraires dont nous avons parlé suffisent, selon nous, pour justifier tout ce que nous avons dit sur cette brillante époque de la civilisation espagnole. Toutefois, nous n'irons pas plus avant sans observer que, si les écrivains mentionnés contribuaient à réaliser les projets d'illustration du roi Sage par leurs louables efforts et par la culture de l'idiome castillan qui naissait et acquérait chaque jour des qualités plus précieuses, un grand nombre de rabbins fleurirent aussi, qui, gardiens zélés de leur religion, de leurs mœurs et de leurs anciens usages, se consacrèrent à la culture de leur littérature et continuèrent l'interminable tâche du commentaire du *Talmud* et des autres livres sacrés. Parmi ceux qui se distinguèrent le plus dans ces travaux et dans des travaux analogues, on doit comprendre, à notre avis, R. Jahacob ben Meir ben Thibon, juif de Séville, commentateur du *Pentateuque*, traducteur d'Averroës et auteur de divers livres sur l'astronomie ; R. Moseh ben Migozi Sépharardi, natif de Tolède, grand prédicateur et grand talmudiste ; R. Isahak Aben Latiph, grand théologien, illustre philosophe, médecin, astronome, géographe, auteur de la *Porte des cieux*, du *Livre des Trésors du roi*, de la *Figure du monde*, et d'autres nombreux traités sur le Talmud et la philosophie, qui lui donnèrent une grande renommée; R. Selemoh ben Abraham ben Adereth, remarquable jurisconsulte et philosophe catalan, et un des maîtres (*rabanim*) de la loi, qui, vers la fin du treizième siècle, fut reconnu universellement pour tel dans toutes les synagogues d'Espagne (1); Rabenu Perez Ha Cohen, par abréviation *Hariaf*, cité par Emmanuel Aboab, dans sa *Nomologie*, comme l'auteur de l'*Ordonnance de la Divinité*; beaucoup d'autres, enfin, qui, avec non moins d'amour pour les sciences, se livrèrent à leur culture.

Les progrès ne furent cependant pas aussi remarquables qu'on avait raison de l'attendre, vu l'état où se trouvaient ces sciences dans le siècle précédent. Les sciences des Juifs, présidées par l'élément théocratique qui les dominait, furent l'arbre dont l'autan dessèche la fleur, quand elle apparaît dans sa beauté la plus grande et dans tout son épanouissement. Elles eurent le même sort qu'elles ont éprouvé chez les autres peuples, dès que le sentiment religieux est venu se changer en fanatisme aveugle.

Les scandales de don Sanche le Brave et les révoltes qui suivirent sa mort prématurée furent cause, d'autre part, comme nous l'avons déjà remarqué dans le troisième chapitre de notre premier *Essai*, que les haines mal éteintes se ravivèrent et que l'on vit se renouveler les persécutions que les Juifs souffraient trop fréquemment. Soit en haine du roi don Alphonse qu'ils avaient tant aidé dans sa gigantesque entreprise d'illustrer la nation espagnole, soit par aversion naturelle, les Juifs savants de Tolède se virent, c'est certain, obligés d'abandonner leurs travaux, et dès lors commença, pour eux et pour les études qu'ils cultivaient, une véritable époque de décadence.

Cependant, la littérature espagnole, grâce aux efforts du roi Sage

---

(1) Le docte Emmanuel Aboab fait ainsi mention de ce rabbin dans sa *Nomologie* : « Le septième âge des rabanim rendit célèbre l'excellentissime savant Rabenu Selemoh ben Adereth, que nous appelons par abréviation Hariaf, disciple et successeur du señor Rabenu Moseh bar Nehman. Il écrivit beaucoup de conseils merveilleux et d'autres ouvrages d'un grand savoir; il fleurit vers l'an 5040, à Barcelone, où il vécut de longues années. »

et aux exemples de Berceo et d'Astorga (1), avait déjà fait de notables progrès. La langue employée par ces poëtes, bien que grossière et rude encore, s'éloignait beaucoup du langage du poëme du *Cid*. La versification et la rime étaient plus convenablement réglées. Si l'on peut s'en rapporter aux ouvrages de ce genre, attribués au roi don Alphonse, non-seulement la langue, la versification et la rime avaient gagné, mais encore l'harmonie et le coloris poétique apparaissaient déjà clairement et distinctement dans ces compositions, où l'on s'exprimait presque toujours sur un ton digne et en rapport avec le sujet. Pour prouver l'exactitude de notre assertion, nous transcrirons ici les strophes qui commencent le *Livre des Plaintes* et le *Livre du Trésor*, vers connus de tout le monde :

> A ti, Diego Perez Sarmiento leal,
> cormano é amigo é firme vassallo,
> lo que á mios homes de cuita les callo
> entiendo decir, plañendo mi mal :
> á ti que quitaste la tierra et cabdal
> por las mis faciendas en Roma y allende,
> mi péndola vuela, escóchala dende,
> ca grita doliente con fabla mortal (2).

Voici le commencement du *Livre du Trésor*, sur l'authenticité duquel nous avons toutefois de violents doutes :

> Llegó, pues, la fama á mis oidos
> que en tierra de Egypto un sábio vivia
> é con su saber oí que facia
> notos los casos ca no son venidos :
> los astros juzgaba, é aquestos movidos
> por disposicion del cielo, fallaba

---

(1) Poëtes du xiii° siècle, dont Sanchez a inséré les œuvres dans son estimable collection, éditée en 1778.

(2) « A toi, Diego Perez Sarmiento fidèle, — cousin et ami et ferme vassal. — Ce qu'à mes hommes je cache avec soin, — à toi j'entends le dire en plaignant mon malheur; — à toi, qui as quitté la terre et ton bien — pour mes intérêts à Rome et ailleurs. — Ma plume vole, écoute-la; — car elle pousse des cris de douleur en langage mortel. »

los casos que el tiempo futuro ocultaba,
bien fuesen antes por ese entendidos (1).

C'est certainement un phénomène digne de la plus grande étude de trouver, vers la fin du treizième siècle, l'art poétique déjà si avancé, le langage si formé et la littérature dotée de caractères si distingués et si purs; quand, au commencement du siècle suivant, tout se trouvait bouleversé, indéterminé, et qu'il semblait qu'il s'était opéré une épouvantable réaction. La chose avait eu lieu en effet de cette manière : les lettres qui, sous le règne du roi Sage, avaient commencé à sortir du cercle étroit des cloîtres pour aspirer à une juste indépendance des vieilles traditions monacales, durent se retirer de nouveau dans ces enceintes sacrées, unique asile que respectait la fureur des puissants et qu'épargnait la vengeance des fanatiques. Les traditions poétiques des cloîtres furent donc les sources qui donnèrent la vie à l'aimable littérature de ces temps critiques, littérature qui conserva son influence jusqu'au milieu du quatorzième siècle (2).

(1) « Il arrive donc à mes oreilles le bruit — que, sur la terre d'Égypte, vivait un sage, — et j'apprends que par son savoir il faisait — connaître les événements qui ne sont pas encore réalisés; — qu'il appréciait les astres, et que ces derniers, emportés — par la disposition du ciel, lui faisaient trouver — les événements que le temps futur cachait, — et qu'il les connaissait bien avant qu'ils fussent arrivés (a). »

(2) On peut ajouter à ces raisons une observation qui est, selon nous, de la plus grande importance. Les études faites par Alphonse le Sage, exclusivement dirigées sur le développement des sciences, ont bien donné un nouveau caractère à la langue et une impulsion prodigieuse à la littérature; mais elles se trouvèrent réduites, par leur propre nature, au cercle des personnes que ce célèbre monarque employait sous sa direction pour mener à bout les ouvrages qu'il avait conçus. Ces entreprises si utiles furent donc délaissées, alors que les connaissances des Juifs savants et des Arabes expérimentés qui s'y étaient consacrés, n'avaient pas pu être encore générales. La multitude ignorait encore les progrès faits, tant dans les ouvrages purement scientifiques que dans les travaux de législation et de littérature. Il ne fut donc pas possible de voir acceptées par tous les innovations introduites dans la langue, et les fleurs nouvelles dont elle avait été parée se trouvèrent renfermées dans l'enceinte des murs de Tolède. Les efforts d'Alphonse le Sage ne produisirent leurs résultats naturels que lorsque les révoltes qui suivirent sa mort furent apaisées, et que les hommes consacrés à l'étude purent les reconnaître et les apprécier tranquillement. La multitude ne participa point à ces progrès; il n'en fut pas de même des grands ni de don Sanche, qui finit par se distinguer lui-même, comme un heureux cultivateur de la langue castillane, par ses productions très-remarquables.

(a) Nous ne croyons pas hors de propos d'avertir que l'auteur des Essais est persuadé qu'il convaincra les érudits que ce poème est apocryphe, comme il le démontrera dans l'ouvrage dont on a déjà parlé, et qui a pour titre : *Histoire critique de la littérature espagnole.*

Quand tous les éléments sociaux éprouvaient les secousses les plus cruelles, quand les lois finissaient par être presque oubliées, et que l'anarchie triomphait de toutes parts, il n'était pas possible que la lumière des sciences et des lettres brillât, ni qu'un peuple esclave, vivant sous le caprice d'une infinité de seigneurs, pût se consacrer à leur culture. C'est ainsi que le peuple juif eut à souffrir, quand le roi don Alphonse descendit dans la tombe, la même réaction que le peuple castillan. Les persécutions l'éloignèrent des persécuteurs au plus haut point; elles l'écartèrent de l'étude des sciences qui pouvaient être de quelque utilité à la cause de la civilisation espagnole, et le renfermèrent de nouveau dans le cercle de son extravagante théologie. Les vieilles traditions de la *Misnàh* et du *Talmud* formèrent donc de nouveau toute leur science, quoique l'esprit investigateur qui avait toujours animé les descendants de Juda les poussât à suivre les pas de la civilisation arabe, par les traductions et les commentaires des productions des Sarrasins les plus expérimentés.

CHAPITRE V

Deuxième époque. — XIVe siècle.

Décret des rabbins défendant l'étude de la philosophie jusqu'à l'âge de vingt-cinq ans. — Rabbi Abner, le converti. — Le Livre des Batailles de Dieu. — Le Livre des Trois Grâces. — Rabbi don Santo de Carrion. — Ses poésies. — La Danse générale, dans laquelle entrent tous les états des nations. — Son analyse.

Le quatorzième siècle, siècle de révoltes et d'épreuves cruelles pour la nation espagnole, devait être aussi le fléau du peuple Juif, comme nous l'avons fait remarquer dans le précédent *Essai*, quand nous avons légèrement esquissé les bouleversements des minorités de Ferdinand IV et d'Alphonse XI, minorités qui virent paraître la reine doña Maria de Molina, aussi grande gouvernante de Castille que persécutrice cruelle du peuple proscrit. Jouets des vainqueurs et des vaincus, au milieu de ces troubles, objets constants de la haine commune, les savants rabbins ne prirent aucune part au développement progressif de la civilisation espagnole, alors en décadence et dévoyée. Leur théologie et leur mystique législation furent de nouveau, comme nous l'avons indiqué dans la fin du chapitre précédent, leur patrimoine scientifique et littéraire. Ils poussèrent l'aversion qu'ils éprouvaient, à force de persécutions, jusqu'à renoncer aux études qui leur avaient donné tant d'influence à la cour de Castille, durant le XIIIe siècle, et à mettre de nouvelles entraves à ces mêmes études théologiques et cabalistiques qui avaient constitué leur science favorite. C'est pourquoi, dès les premières années du XIVe siècle, en 1304 de l'ère chrétienne (5064 de la création), R. Asser, maître et juge principal de tous les juifs d'Espagne, promulgue un décret signé aussi des plus illustres rabbins, décret qui défendait sévèrement l'étude de la philosophie jusqu'à l'âge de vingt-cinq ans. Par ce décret, qui fut accueilli de tous les docteurs de la loi juive avec la plus profonde vénération, on essayait de renouveler la défense du onzième chapitre de la *Misnàh*. Ce chapitre défendait à tout Juif de se consacrer à toute autre étude qui ne tendrait pas à l'exposition de l'*Écriture sainte*, et il avait pour unique et principal objet d'attirer ceux qui cultivaient les sciences sur le terrain des spéculations *talmudiques*. Ces spéculations, outre qu'elles étaient infructueuses, ne pouvaient que contribuer à exalter parmi les Juifs l'élément théocratique, un tant soit peu affaibli par les conversions fréquentes des plus savants philosophes.

Mais ce décret, qu'on ne peut faire moins que de considérer comme un effet du fanatisme et comme une conséquence nécessaire des persécutions, qui, à la mort du roi Alphonse le Sage, retombèrent sur le peuple de Moïse, fut bientôt modifié : les docteurs et les commentateurs de la loi disposèrent que les Juifs pourraient étudier toute espèce de sciences dès l'âge de 22 ans (1). En effet, l'impulsion était donnée ; ni les révoltes de Castille, ni l'acharnement contre les Juifs, ni les efforts visibles de ces derniers pour se renfermer dans leurs aljamas et leurs synagogues avec leur science et leur culture, ne pouvaient être des barrières assez puissantes pour arrêter les lois que la Providence avait déjà dictées. Il arriva ce qui ne pouvait pas ne pas arriver : le peuple juif suivit le sort du peuple castillan : de même que la littérature espagnole sembla rester quelque temps stationnaire avec les autres branches du savoir qui éprouvèrent le même sort ; de même, les sciences cultivées par les Juifs tombèrent dans un remarquable abandon, et ils virent eux-mêmes s'affaiblir la salutaire influence qu'ils exerçaient sur la civilisation de leurs dominateurs.

Cependant, les ambitions des grands de Castille se calmèrent un peu, le trône recouvra son prestige, quand Alphonse XI ceignit la couronne ; les lois qui étaient tombées en désuétude ou qui avaient été violées furent enfin respectées ; la civilisation espagnole apparut animée d'une séve nouvelle et forte, et ce peuple, condamné à travailler, au milieu de la proscription, au profit de ses persécuteurs, prit de nouveau une part active dans l'édifice dont il avait contribué à élever les

---

(1) UGOLINUS, *Trésor*, liv. XXI. — GEORGES URSIN, *Antiquitates Hebraicæ, scholastico-academiæ*, chap. X.

fondements. Un grand nombre des rabbins les plus illustres par le prestige que leur donnait leur science embrassèrent la religion chrétienne. Parmi ceux qui se distinguèrent le plus et qui fleurirent au commencement du XIV° siècle, on doit indubitablement citer Rabbi Abner, Juif, natif de Burgos, qui, en 1295, abjura les erreurs du judaïsme. Il composa en hébreu, et il le traduisit en castillan, suivant le témoignage du savant Ambrosio de Morales, qui eut l'occasion d'examiner le précieux recueil qui le renfermait, un ouvrage contre R. Quingi, intitulé : *Livre des Batailles de Dieu,* dont le but était de réfuter les erreurs dans lesquelles était tombé ce célèbre rabbin, en écrivant son traité des guerres du Seigneur, où il s'emportait contre les chrétiens. Nous ne connaissons malheureusement pas, nous autres, cette production de Rabbi Abner, qui existait manuscrite dans les archives des bénédictins de Valladolid, au temps de l'illustre historien que nous avons cité. Mais, si l'on en juge par le titre conservé dans le *Voyage sacré* de Morales, dans la *Bibliothèque ancienne* de Nicolas Antonio, et dans la *Bibliothèque rabbinique* de Rodriguez de Castro, on ne peut nier que ce converti érudit ne soit parvenu à posséder l'idiome castillan dans toute la perfection dont il était alors susceptible. Pour que nos lecteurs puissent s'en former un jugement plus complet, il nous a paru convenable de transcrire ici ce titre :

« Este es el libro de las Batallas de Dios, que compuso el maestro Alfonso converso, que solía haber nombre Rabbi Abner, cuando era Judío. Y trasládolo del hebráico en lengua castellana por mandato de la infanta doña Blanca, señora del monastera de los Huelgas de Burgos (1). »

Ce Juif soutint différentes disputes avec les plus doctes rabbins sur les points où ces derniers différaient le plus du christianisme ; il eut le bonheur d'en rappeler quelques-uns à la vérité, et il mérita, en échange, beaucoup d'honneurs et de distinctions de la part des chrétiens. Ainsi engagé, et dans le désir de laisser une preuve non équivoque de la sincérité avec laquelle il avait reçu les eaux du baptême, il composa aussi un autre traité intitulé : *Livre des Trois Grâces,* où

---

(1) C'est le *Livre des Batailles de Dieu,* que composa maître Alphonse le Converti, que l'on avait coutume d'appeler Rabbi Abner, quand il était Juif. Il le traduisit de l'hébreu en langue castillane par ordre de l'infante doña Blanca, señora du monastère de los Huelgas de Burgos.

il se propose d'expliquer les paroles du *Credo*. Il y déploie une érudition biblique digne des plus grands éloges, et il y donne à connaître qu'il possède, dans la plus grande perfection, l'idiome des Castillans, non encore entièrement formé. Ni don José Rodriguez de Castro, ni les autres bibliographes que nous avons consultés sur cet important ouvrage, dont la Bibliothèque nationale possède le manuscrit dans le meilleur état de conservation, n'en font mention. Ce silence, qui nous est un tant soit peu favorable, nous porte à donner ici une idée sommaire du *Livre des trois Grâces*. On ne peut méconnaître le but moral que s'est proposé l'auteur en le composant, dès qu'on lit la première page :

« Il convient de savoir, dit-il, quels sont les sages et quels sont ceux que nous devons croire; car ceux des Juifs qui s'appellent sages font croire les Juifs d'une manière ; et ceux des chrétiens qui se disent sages, font croire les chrétiens d'une autre manière. Mais il est un point sur lequel ils sont tous d'accord : car tous conviennent que Dieu est un; et, hors de là, ils varient et ils sont opposés, dans leur foi, les uns aux autres ; car les sages des chrétiens, qui furent les douze apôtres, disciples de Jésus-Christ, leur maître, ont fait et font croire à leurs chrétiens cette croyance qu'ils appellent *Credo*, et où il y a douze versets ; chacun dit le sien (1). »

Et plus loin il ajoute :

« Et cette foi et cette croyance, ils l'ont laissée écrite dans leur vie et ils l'ont prêchée et ils l'ont donnée et démontrée sainte et vraie, et pour élever cette croyance, ils ont exposé leurs têtes (2). »

Il continue ensuite :

« Et, outre cette raison, je dis, moi, maître Alphonse de Valladolid,

---

(1) « Conviene saber (dice) quales son los ssabios é quales devemos creer ; ca los que se llaman ssabios de los Judios facen creer é los judios de una manera ; é los que se dicen sábios de los cristianos á los cristianos de otra manera. Pero quanto es en un punto todos conciertan en uno, ca todos otórgan que Dios es uno é de aqui adelant devarian é son contrarios en su fé unos de otros ; ca los sábios de los cristianos, que fueron los doce apóstoles, discípulos de Jhu Xpo, su señor, fizieron é fazen creer á sus cristianos esta creencia que llaman *Credo* en que ay doce viessos ; que dijo cada uno el suyo. »

(2) « É esta fé é esta creencia dexaron ellos escripta en su vida é esta predicaron, dieron é demostraron por santa é por verdadera ; é por ensalzar esta creencia pusieron las cabezas. »

qui, auparavant, avais nom Rabbí Abner de Burgos, quand j'étais dans la loi sans salut, que tout ce que quelqu'un doit ou veut demander à tout autre, etc (1). »

On voit donc, par ces paroles, que Rabbí Abner ou Amer avait non-seulement pour objet de rehausser, dans ce livre, la religion qu'il avait embrassée, mais encore de prouver qu'elle est aussi la plus sainte et la plus vraie. Pour le démontrer, il en appelle aux prophètes du peuple d'Israël, et il établit, par leurs propres paroles, que ces prophètes avaient prédit tout ce que les apôtres ont consigné dans le *Credo*. Le *Livre des Trois Grâces* en est une paraphrase complète. L'auteur explique ensuite les *Sacrements* et s'arrête à réfuter les objections que les docteurs rabbins adressaient, dans son temps, aux mystères de la religion chrétienne. Nous transcrivons ici quelques lignes de ce précieux manuscrit qui permettront à nos lecteurs de juger le mérite littéraire du *Livre des Trois Grâces*, tant pour le langage que pour la clarté avec laquelle les idées sont exprimées. Pour leur donner aussi une preuve de la manière d'argumenter de Rabbí Abner, nous citerons encore le passage où il cherche à dissiper les doutes des Juifs sur les circonstances qui accompagnèrent la mort du Sauveur, mort que les Juifs ne croient pas que le Sauveur ait reçue par les pécheurs.

« Lo primero que dezimos que por quál razon querie Dios tomar muerte, respondo é digo que por que nos prometio en una sentencia que dixo Isaias por mandado dél, en que dixo. Saldrá de mi boca palabra derechurera : yol fiz el ome, yol crie, yol redemiré ; pues conviene que lo cumpliese é si non sus palabras é su ley non serien verdaderas. Pues sabedes que dize en la ley que Dios nunca mentió, nin mentirá é por esto lo cumplió. E pruebo mas con otra razon que sabedes que vos prometió Dios en la ley justicia é misericordia : justicia quiere dezir cosa derecha : pagar debda por debda é pena por pena. E que esto sea verdat así nos los envió dezir nuestro Señor con Moisen en el libro de los juizios que pidiese ome muerte por muerte, cabeza por cabeza, oro por oro, miembro por miembro. E misericordia es pagar la debda é pedir la pena un amigo por otro. E por

---

(1) « É sobre esta razon digo yo maestro Alfonso de Valladolit, que ante avia nombre Rabi Amer de Burgos, quando era en la ley de syu salvacion, que todo aquel que algun debdo ó alguna demanda quiera á otro demandar, etc. »

nos mostrar nuestro Señor Jhu Xρs, que vos ya probé que fizo el ome por que fizieze servicio á Dios padre é á el mismo que gelo fizo é á el Sprito Santo que son tres personas é un Dios ; por nos mostrar que en el mundo non podié ser amigo que mas fisiese por otro, nin señor que mas fiziese por sus fijos, quiso el que por la su mucha et por la su grant misericordia venyr á pagar por nos las nuestras debdas é rescebir por lo que nos merescimos por nuestros merescimientos é las debdas quel vino á pagar por nos fueron los mandamientos de la ley que nos Dios padre envió con Moysen é con los sus profietas santos quel guardesemos é quel pagasemos. ¡ E nos mal pecado ! guardámosle é pagámosle muy mal, é oy dia fazemos. E por este debdo que non pagamos como deviemos, e que quebrantamos los mandamientos de Dios, quel mas e quel menos, merescemos penas cada uno segunt su merescimiento ; en guisa que los unos merescien ser encarcelados, é los otros azotados é los otros muertos. E por esto quiso nuestro Señor venyr, como dixe, á pagar por nos las dichas debdas é padescer por nos las dichas penas. Et por estas razones susodichas é por que avie mandado profetizar á sus profietas, segunt vos lo ya prové con veinte e cinco pruebas de vuestra ley é vos probarie aun muchas mas, sinon por no alongar el sermon. E por todas estas razones vino á tomar la muerte (1). »

(1) « Sur la première chose que nous disons, quant au motif qui porta Dieu à vouloir recevoir la mort, je réponds et je dis que c'est parce qu'il nous le promit dans une maxime qu'Isaïe dit par son ordre, où il s'exprime ainsi : « Il sortira de ma bouche une parole légitime : moi, j'ai fait l'homme ; moi, je l'ai créé ; moi, je le rachèterai. Il convient donc qu'il accomplit sa promesse, sinon ni ses paroles, ni sa loi ne seraient véritables. Apprenez donc qu'il est dit dans la loi que Dieu n'a menti, ni ne mentira jamais, et voilà pourquoi il a accompli sa parole. Et je prouve encore, par une autre raison que vous savez, que Dieu vous promit, dans la loi, justice et miséricorde : justice veut dire chose droite, payer dette pour dette et peine pour peine. Et cela est vrai, parce que notre Seigneur nous l'a envoyé dire par Moïse au livre des Juges, afin que l'homme demande mort pour mort, tête pour tête, or pour or, membre pour membre ; miséricorde, c'est quand un ami paye la dette pour un autre et demande la peine. Et Notre-Seigneur Jésus-Christ, pour nous montrer, comme je vous ai déjà prouvé, qu'il a fait l'homme pour qu'il rendît service à Dieu le père, et à lui-même qui l'a fait, et au Saint-Esprit, qui sont trois personnes en un seul Dieu ; pour nous montrer que, dans le monde, il n'y a pas un ami qui fît plus pour un autre, ni seigneur qui fît plus pour ses enfants, il a voulu, lui, par sa nombreuse et par sa grande miséricorde, venir payer pour nous nos dettes et recevoir ce que nous méritions par nos mérites ; et les dettes qu'il est venu payer pour nous

En transcrivant ces lignes, nous n'avons d'autre but que de faire connaître principalement l'état de la langue et l'influence que les Juifs ont exercée sur son développement. Nous nous abstiendrons donc d'analyser plus longuement le *Livre des trois Grâces* ; mais nous affirmerons toutefois à nos lecteurs que, dans tous ses chapitres, on voit grandement ressortir le bon goût de Rabbi Abner; la sincérité avec laquelle il a défendu la religion chrétienne, une érudition saine, dont l'à-propos facilite et adoucit la lecture de l'ouvrage. Rabbi Abner, comme il le dit lui-même et comme nos lecteurs ont eu l'occasion de le voir, fut connu, après sa conversion, sous le nom d'Alphonse de Valladolid. Il mourut vers l'année 1349 ; il était né en 1270. Outre les ouvrages que nous avons cités, il a composé un traité intitulé : *Concordance des lois* ; il a aussi écrit un autre livre qui n'est qu'une glose du *Commentaire* de R. Abraham Aben Hezra, sur les *Dix Préceptes de la loi*. Enfin, il exerça la médecine avec un grand succès ; il fut aussi, pendant de longues années, sacristain de la cathédrale de Valladolid, ainsi que l'affirme frère Alphonse d'Espina dans son *Fortalitium fidei*, dans lequel il donne une légère notice sur ses écrits.

En même temps que ce docte converti faisait les efforts les plus signalés pour ramener à la religion chrétienne les maîtres et les principaux sectateurs de la loi, qu'il contribuait à développer les éléments de culture qui existaient en Castille ; en même temps, dis-je, florissaient d'autres cultivateurs des sciences et des lettres, non moins zélés et non moins ardents. Pendant que le prince don Juan Manuel, l'archiprêtre de Hita, Pero Lopez d'Ayala, et beaucoup d'autres, faisaient, comme écrivains chrétiens, les plus grands efforts pour reli-

---

sont les commandements de la loi que Dieu le Père nous a envoyée par Moïse et par ses prophètes saints, pour que nous l'observions et que nous le payions. Et nous, mauvais pécheurs! nous l'avons observée, et nous l'avons payée très-mal, et nous le faisons aujourd'hui. Et c'est pour cette dette que nous ne payons pas comme nous devions, parce que nous violons les commandements de Dieu, qui plus, qui moins, nous méritons des peines chacun selon notre mérite. De sorte que nous méritions, les uns, d'être mis en prison, les autres flagellés, et les autres mis à mort. Et c'est pour cela que Notre-Seigneur a voulu venir, comme il l'a dit, payer pour nous lesdites dettes et souffrir pour nous lesdites peines. Et c'est pour les raisons ci-dessus, et parce qu'il avait ordonné à ses prophètes de prophétiser, comme je vous l'ai déjà prouvé par vingt-cinq preuves de votre loi, comme je vous le prouverai encore par un plus grand nombre d'autres, si ce n'était pour ne pas allonger ce discours. Et pour toutes ces raisons, il est venu recevoir la mort. »

rer la langue et la poésie de l'état dans lequel elles étaient malheureusement tombées, depuis la mort du roi Sage, un pauvre Juif, né à Carrion des Condes, se levait parmi les poëtes castillans pour aspirer à la gloire et à la palme du génie et à l'immortalité consacrée. Rabbi don Santo de Carrion (1) fut, à ce qu'il semble, le premier écrivain juif qui fit hommage de son talent aux muses castillanes ; et ce n'est pas sans justice que ses contemporains le regardèrent comme un des poëtes les plus remarquables du XIV⁰ siècle. Le célèbre marquis de Santillane, dans sa fameuse *Lettre* adressée au connétable de Portugal sur l'origine de la poésie, lui consacra déjà, dès le XV⁰ siècle, les lignes suivantes : « Dans ces temps vivait un Juif appelé Rabbi Santo ; il écrivit de très-bonnes choses, et entre autres des *Proverbes moraux* renfermant, en vérité, des maximes assez recommandables. Il passe aux yeux de si nobles personnes, les poëtes les plus distingués du XV⁰ siècle, pour un grand troubadour ; et, comme il le dit:

    Non vale el azor ménos
      por nascer en vil nio,
      nin los exiemplos buenos,
      por los desir Judio (2).

Il y aurait eu honte, en effet, pour un personnage aussi éclairé que le marquis de Santillane, don Iñigo Lopez de Mendoza, à partager les préjugés du vulgaire de son temps. Le peuple, en effet, non content de sévir contre ceux qui professaient le judaïsme, commençait déjà, après avoir brisé le frein de la loi et au mépris de l'humanité, à poursuivre et à inquiéter ceux qui avaient abjuré ses doctrines. Rabbi don Santo de Carrion, comme poëte piquant et versificateur estimable, méritait une place distinguée dans l'histoire de la poésie castillane, et l'illustre auteur de la *Lettre* ci-dessus fut le premier à lui assigner le poste qui lui convenait.

Don Tomas Antonio Sanchez, dans sa *Collection des poésies castil-*

---

(1) Nous donnons le nom de ce poëte tel qu'il a été écrit par ceux qui se sont occupés jusqu'ici de critique littéraire. Toutefois, nous devons avertir que, dans le manuscrit des *Conseils et Enseignements au roi don Pedro*, que nous avons sous les yeux, il est écrit de cette manière : *Rab don sem Tob,* qui signifie en hébreu *maître don Bon-nom.* La corruption de ce nom, véritablement juif, aura indubitablement produit Rabbi don Santo.

(2) « Le faucon n'a pas moins de valeur parce qu'il naît dans un vil nid, et les exemples ne sont pas moins bons parce que c'est un Juif qui les dit. »

lanes, antérieures au xve siècle ; don José de Rodriguez Castro, dans sa *Bibliothèque* et don Léandre Fernandez Moratin, dans le catalogue qu'il a ajouté à ses *Origines du théâtre*, ont fait mention de ce rabbin, ainsi que d'autres critiques. Ils ont émis des opinions diverses sur les ouvrages qu'on lui attribue, avec plus ou moins de fondement. Don Tomas Antonio établit, dans le premier volume de la *Collection* ci-dessus mentionnée, que ces productions sont : *Les Conseils et Enseignements au roi don Pedro*, *la Doctrine chrétienne* et *la Danse générale*, où entrent tous les états des peuples (1). Don Tomas insère quelques strophes de chacune d'elles pour faire connaître le mérite de ce poëte. Mais, dans le volume IV de la même *Collection*, il semble se repentir d'avoir attribué à un Juif *la Doctrine chrétienne* et *la Danse générale*, et il affirme que ces deux compositions n'ont d'autre rapport avec Rabbí don Santo que d'être encadrées dans un même tome avec les *Conseils et Enseignements*. Cette opinion ne semble pas s'appuyer sur des raisons assez solides pour ne pas laisser quelque place au doute. Elle n'en a pas moins été suivie par Moratin, dans les *notes* dont j'ai parlé plus haut. « Cet ouvrage, dit-il en parlant de *la Danse générale*, existe dans la Bibliothèque de l'Escurial, manuscrit en écriture ancienne et dans un volume in-quarto. On croit que l'auteur est Rabbí don Santo, Juif qui florissait au temps de don Pedro de Castille ; mais, en examinant le recueil avec plus d'attention, on a vu que cette composition n'est pas dudit Rabbí. L'auteur qui écrivit *la Danse générale* est absolument inconnu et l'on peut seulement inférer qu'il vivait vers le milieu du xive siècle. » Quiconque aura lu le prologue du tome IV de la *Collection* de Sanchez, re-

---

(1) Nous avons entendu dire qu'un curieux bibliophile de Barcelone a, dans ses mains, un poëme limousin, dû au célèbre chroniqueur Carbonnell, intitulé *la Danse de la Mort*. D'après les assurances que nous a données une personne érudite, qui a eu l'occasion de l'examiner, bien que le possesseur le garde plus qu'il ne convient aux gloires littéraires de cette principauté, l'idée du poëme est, au fond, la même que celle de Rabbí don Santo. Et un fait digne de remarque, c'est que Carbonnell a pris son idée d'un autre poëme écrit en français par Jean de Limoges, chancelier de Paris. Ce fait n'a certainement rien qui doive étonner les érudits. Durant une longue période du moyen âge, cette pensée a été la pensée favorite des peintres et des poëtes. A peine trouve-t-on en Europe une nation qui n'ait pas sa *Danse de la Mort* peinte ou décrite. Nous regrettons que l'amour du bibliophile auquel nous faisons allusion, pour *la danse limousine*, nous prive de satisfaire le désir que nous éprouvons d'en donner ici une idée plus étendue.

connaîtra que Moratin n'a fait sur ce point que répéter les raisons alléguées par ce dernier. Il copie les couplets que le même Sanchez a transcrits dans les *Notes à la Lettre du marquis de Santillane* et il les insère dans le susdit tome Ier. C'est pourquoi le jugement de Moratin sur cette question ne mérite pas le respect qu'on lui devrait : toute la responsabilité en retombe sur don Tomas Antonio Sanchez, qui, à notre avis, n'a pas eu, en parlant de Rabbi don Santo, autant de finesse ni de maturité que dans le reste de ses savantes notes. Les principales raisons sur lesquelles cet habile bibliographe s'appuie, consistent dans la *répugnance que l'on éprouve à voir un Juif judaïsant parler comme un chrétien*, ainsi qu'il arrive dans *la Doctrine chrétienne* et dans *la Danse générale*; et il tient pour démontré que Rabbi don Santo n'abjura pas le judaïsme. Pour le prouver, il cite le quatrain que transcrit le marquis, et il en tire un autre du même genre de composition, extrait des *Conseils et Enseignements*, dans lequel l'auteur se borne à indiquer qu'il est digne de quelque récompense :

« Car ils ne sont pas moindres les autres de ma loi, qui ont eu de grands et bons présents du roi (1). »

Don Tomas Antonio suppose que Rabbi don Santo fait allusion, dans ce passage, aux *emplois lucratifs et honorifiques qui, sous ces règnes, se donnaient ordinairement aux Juifs, même de préférence aux chrétiens, au grand scandale des fidèles.* Ne pouvait-il pas, au contraire, faire allusion aux donations et aux bienfaits que tous ceux qui abjuraient le judaïsme recevaient des rois? Les exemples étaient-ils si peu nombreux à cette époque, qu'un Juif aussi distingué par son talent que Rabbi don Santo ne pût s'y rapporter, en se séparant du sein des incrédules? Les ouvrages des rabbins qui fleurirent sous le siècle d'Alphonse le Sage et de ceux qui illustrèrent la cour de Jean II, étaient-ils si inconnus à don Tomas Antonio? Nous avouons que, plus nous avons réfléchi sur cette question importante, moins nous avons pu comprendre comment les raisons de Sanchez *sont assez puissantes pour ne pas laisser la moindre prise au doute*, expression qu'il em-

(1) Ca non so para menos
  que otros de my ley,
  que ovieron mucho buenos
  donadios del rey.

ploie dans le prologue dont nous parlons. Don José Rodriguez de Castro ne dut pas les connaître quand il parle en ces termes dans sa *Bibliothèque:* « R. don Santo de Carrion, ainsi appelé parce qu'il était originaire de Carrion des Condes, ville de la Vieille-Castille, naquit vers la fin du xiii⁰ siècle ou au commencement du xiv⁰. Il fut un philosophe moraliste remarquable et un des troubadours les plus célèbres de son temps. Il abjura le judaïsme et donna des preuves qu'il était bon chrétien, comme il résulte des ouvrages qu'il composa sous le règne de don Pedro I⁰ʳ, c'est-à-dire vers l'an de Jésus-Christ 1360 lorsqu'il était déjà avancé en âge. » On le voit donc, Sanchez, si porté à changer d'opinion, comme on peut le remarquer dans la note du tome I⁰ʳ de sa *Collection* et dans le prologue du tome IV, perdit non-seulement de vue les raisons indiquées, mais il ne fit pas attention que le Juif habile dont nous parlons a pu composer les *Conseils et Enseignements* avant sa conversion, et *la Doctrine chrétienne* et *la Danse générale,* après avoir reçu les eaux du baptême.

Quoi qu'il en soit, car pour tout il y a des raisons, un point hors de doute, c'est que Rabbi don Santo fut un des poëtes les plus remarquables de son temps. *La Danse générale* a été généralement reconnue par tous les littérateurs comme son ouvrage; et l'obstacle n'est pas venu de ce que don Tomas Antonio avait dit et de ce que Moratin avait répété que le caractère de l'écriture était différent du caractère que présentait l'écriture des *Conseils et Enseignements.* En effet, les copies ont pu être faites à différentes époques et les originaux peuvent néanmoins appartenir au même auteur, chose qui se trouve confirmée, à chaque instant, par nos vieux manuscrits. Don Tomas Antonio et don Léandre Fernandez Moratin conviennent, malgré tout, comme l'affirme le marquis de Santillane, que cette intéressante composition fut écrite vers le milieu du xiv⁰ siècle. Tous ces dires divers, joints aux observations que nous avons indiquées, nous engagent à donner ici, de cette œuvre si vantée et si peu connue, une idée plus étendue que ne le comporte le plan de ces *Essais* (1).

La Danse générale est une espèce de pièce dramatique composée de soixante-dix-neuf couplets d'art majeur ou de quatre cadences. Tous

---

(1) On peut lire, sur *la Danse de la Mort,* un savant article de M. Hippolyte Fortoul dans ses *Études d'archéologie et d'histoire.*

les *états du monde* y prennent part. La *mort les appelle ou les requiert de venir, soit de bon gré, soit contre leur volonté*. Chacun apparaît successivement sur la scène, suivant son rang. Ainsi, deux interlocuteurs seulement se présentent aux yeux du spectateur, excepté dans le chœur final que chantent tous ceux qui *doivent passer par la mort*. Cette simplicité de distribution fait connaître l'état de l'art à cette époque.

La scène s'ouvre par *la Mort*, qui démontre la faiblesse et l'instabilité des choses humaines et qui accuse l'homme de la folie dans laquelle il vit, dans ces termes :

> Oh! penses-tu, pour être un vigoureux jeune homme,
> ou un enfant de quelques jours, que je serai bien loin,
> ou que, jusqu'à ce que tu arrives à la vieillesse impuissante,
> je m'attarderai dans ma venue ?....
> Prends bien garde, j'arriverai
> sur toi à l'improviste : je ne m'inquiète pas
> si tu es un jeune gaillard ou un vieux fatigué ;
> tel je te trouverai, tel je t'emporterai (1).

Le poëte introduit ensuite un prédicateur, qui admoneste ceux qui doivent entrer en danse, pour qu'ils se repentent de leurs *fautes* et de leurs *péchés*. La *Mort* convoque tout le genre humain ; elle commence par les jeunes filles, qui ne prennent pas part à la représentation, bien qu'elles reçoivent le titre d'*épouses* que leur donne *la Mort*, la Mort qui dit d'elles :

> A elles et à tous, pour beautés,
> je donnerai la laideur et la mort,
> et pour vêtements la nudité,
> qui n'aura jamais été plus tristement abhorrée.
> Pour palais, je leur donnerai, suivant la mesure,
> des sépulcres obscurs, au dedans fétides,

---

(1)   ¿O piensas por ser mancebo valiente,
ó niño de dias que á luene estaré,
ó fasta que liegues á viejo impotente
en la mi venida me detardaré ?...
Avisate bien, que yo liegaré
á ty á dessora : que non he cuydado
que tu seas mancebo é viejo causado;
que qual te fallaré, tal te levaré.

et, pour mets, des vers rongeurs,
qui mangeront au dedans leur chair pourrie (1).

La peinture ne peut être plus terrible. Le premier personnage qui entre en *danse*, c'est le *Saint-Père*, qui s'écrie plein d'affliction :

Hélas ! quelle est ma tristesse !... Quelle chose si dure
pour moi, qui exerçais une si grande prélature !...
falloir passer maintenant à la mort,
et voir, sans valeur pour moi, ce que j'avais coutume de donner !
Bénéfices et honneurs, et grande seigneurie
j'ai eu dans le monde; je pensais vivre ;
puisque je ne peux te fuir, ô mort !
Que Jésus-Christ et la Vierge Marie me protégent (2) !

Successivement se rendent à l'appel de *la Mort* l'empereur, le cardinal, le roi, le patriarche, le duc, l'archevêque, le connétable, l'évêque, le chevalier, l'abbé. L'on compte ainsi trente-cinq personnages qui, comme nous l'avons indiqué, représentent toutes les classes de la société, ou, pour le moins, les classes les plus remarquables dont elle se composait, quand ledit ouvrage fut écrit. Parmi ceux qui sont appelés, se trouvent aussi un rabbi et un alfaqui, pour désigner sans doute les Juifs et les Mudéjares qui vivaient au milieu des chrétiens. Voici les strophes que récitent ces personnages :

Le Rabbi :

Héloim !... Héloim ! et Dieu d'Abraham !
Qui as promis la rédemption,

(1) A estas y á todos por aposturas
daré fealdad, la vida partida,
é desnudedad por los vestiduras.
Por siempre jamas muy triste aborrida.
E por los palacios daré por medida
sepulcros escuros, de dentro fedientes,
é por los manjares gusanos royentes
que coman de dentro su carne podrida.

(2) ¡Ay de mi triste !... Que cosa tan fuerte
á yo que tractaba tan grant prelascia !
¡ haber de pasar agora la muerte
é non valer lo que dar solia !...
Beneficios é honras é gran señoria
tobe en el mundo, pensando vevir :
pues de ti, muerte, non puedo fuyr,
valme, Jesuchristo é la virgen Maria.

Je ne sais ce qui m'arrive dans un si grand travail ;
on m'ordonne de danser, je n'entends pas le son.
Il n'y a pas d'homme au monde, de tous ceux qui y sont,
qui puisse éviter son injonction.
Veillez sur moi, dayanes ; mon intelligence
se perd entièrement, avec une grande affliction (1).

La Mort dit :

Don Rabbi barbu, qui as toujours étudié
dans le Talmud et dans tes docteurs,
et ne t'es jamais inquiété de la vérité,
voilà pourquoi tu auras des peines et des douleurs.
allez-vous-en par là avec les danseurs,
et vous direz pour chants votre *berahá* :
on vous fera habiter avec Rabbi Azá ;
venez, Alfaqui, laissez les plaisirs (2).

L'Alfaqui dit :

Qu'Allahá me protége ! car c'est une dure chose
que celle que tu m'ordonnes de faire maintenant ;
j'ai une femme discrète, gracieuse,
avec qui je me suis réjoui, dont j'ai usé à plaisir ;
tout ce que j'ai, je veux le perdre ;
laisse-moi seulement rester avec elle (3).

(1) ¡ Heloim !... Heloim, é Dios de Abraham !
que prometiste la redempcion,
non sè que me faga con tan grand afan,
mandanme que danze, non entiendo el son.
Non ha ome en el mundo de cuantos hi sson
que pueda fuir de su mandamiento ;
veladme, dayanes, que mi entendimiento
se pierde del todo con grand aflixion.

(2) Don Rabbi barbudo, que siempre estudiastes
en el Talmud é en sus doctores,
é de la verdad jamas non curastes,
por lo qual habredes penas é dolores ;
llegad vos acá con los danzadores,
é diredes por cantos vuestra berahá,
dar vos han posada con Rabbi Azá ;
venit, Alfaqui, dejad los sabores.

(3) Sy Allahá me valá que es fuerte cosa
esto que me mandas agora facer :
yo tengo mugier discreta, graciosa
de que he gazajado é usar á placer ;
todo quanto tengo yo quiero perder ;
dexame con ella solamientre estar.

Dès que je serai vieux, fais-moi enlever,
et elle avec moi, si cela te plaît (1).

La Danse générale, par sa forme et surtout par l'esprit qui règne dans toute sa composition, est un des plus remarquables documents historiques du XIV° siècle. Son auteur se propose de présenter dans cette œuvre une esquisse de l'état de relâchement dans lequel se trouvaient toutes les classes de la société espagnole, par la critique des vices qui s'y développaient. Doué d'un talent fin et pénétrant, il cherche à donner à ses tableaux le même coloris que d'autres poëtes chrétiens de cette époque donnèrent à leurs productions. On comprendra facilement que nous faisons allusion ici à don Pedro Lopez d'Ayala, dans son *Rimado de Palacio*, et à l'archiprêtre de Hita, dans sa *Pelea de don Carnal é doña Quaresma*, et à plusieurs autres de leurs estimables ouvrages. Lopez d'Ayala, plus sévère sans être plus caustique que l'archiprêtre, atteint, dans le poëme ci-dessus, le plus haut point de l'indignation. Après avoir montré que le *vaisseau de saint Pierre* se trouvait en grand *danger de périr* par les vices et les crimes des prêtres de son temps, il s'écrie :

Ils ne savent pas les paroles de la consécration ;
ils ne s'inquiètent pas de les savoir, ils ne l'ont point à cœur.
S'il peut avoir trois chiens, un lévrier et un dogue,
le curé du village se tient pour un gentilhomme :
bientôt les ouailles observent son union
avec une de ses voisines : mauvais péché !... Je ne mens point,
et pour un tel fait, ils ne reçoivent point de châtiment ;
car monseigneur l'évêque est frappé du même vent.
. . . .
Si ce sont là des ministres, ils le sont de Satan ;
car jamais tu ne les verras faire de bonnes œuvres (2) ;

----

(1) De que fuero viejo, mandame levar,
é à ella con migo, sy à ty ploguier.

(2) Non saben las palabras de la consagracion ;
Nin caran de saber, nin lo han à corazon.
Si puede haber tres perros, un galgo y un furon,
Clerigo de la aldea tiene que es infanzon.
Luego los feligreses le catan casamiento
d'alguna su vecina (mal pecado!)... Non miento ;
et nunca por tal fecho resciben escarmiento ;
ca el señor obispo ferido es de tal viento.
. . . .
Si estos son ministros, sónlo de Satanás,
ca nunca buenas obras tu facerles veras.

tu leur trouveras toujours un grand troupeau d'enfants
autour de leur feu, et tu ne pourras jamais y avoir place.
. . . .
Les prélats devraient gouverner leurs églises;
par désir du monde, ils veulent demeurer ici,
et ils aident à bouleverser encore plus le royaume,
comme les tourdes bouleversent le pauvre colombier (1).

Rabbi don Santo, qui, en portant ses regards autour de lui, rencontrait les mêmes vices, après avoir exhalé sa fureur contre les empereurs, les rois, les ducs et les cardinaux, faisait comparaître devant lui les archevêques, les évêques, les doyens, les abbés, les chanoines et les curés, pour blâmer les uns de leur ambition, les autres de leur gourmandise; ceux-ci de leurs désirs charnels, et leur montrer à tous l'impureté de leurs mœurs et le désordre de leur vie. Rien de plus remarquable sous ce point de vue que les strophes où *la Mort* répond à l'abbé et au doyen. Comme je ne les juge pas moins dignes de cet endroit-ci que les vers de Pero Lopez d'Ayala, insérés plus haut; je vais les transcrire. Voici la première strophe :

Don abbé bénit, fainéant, vicieux,
qui peut vous inquiéter de vêtir cilice,
embrassez-moi maintenant, vous serez mon époux,
puisque vous avez désiré plaisirs et vice;
car je suis bien prête à vous servir.
Prenez-moi pour vous, défaites-vous de votre colère :
votre compagnie me plaît beaucoup (2).

Voici la seconde. C'est *le Doyen* qui parle :

Qu'est ceci? je perds la cervelle (3)?

(1)   Gran cabaña de fijos siempre les fallarás
derredor de su fuego; que nunca hi cabrás.
. . . .
Perlados sus iglesias debian gobernar :
per coldicia del mundo alli quieren morar,
et ayudan revolver el reyno a mas andar,
como revuelven tordos el pobre palomar.
(2)   Don abad bendito, folgado, vicioso,
que poco curaste de vestir cilicio,
abrazadme agora, seredes mi esposo,
puesque deseaste placeres é vicio.
Ca yo só bien presta á vuestro servicio.
habedme por vuestra, quitad de vos saña :
que mucho me place la vuestra compaña, etc.
(3)   ¿Qué es aquesto que yo de mi seso salgo?...

J'ai voulu fuir, et je n'ai point trouvé de chemin.
J'avais une belle rente et un bon doyenné,
et beaucoup de blé dans mon grenier.
Outre cela, j'étais dans l'attente
d'être promu à quelque évêché;
à présent, la mort m'envoie un ordre;
je vois un mauvais signal, puisqu'on prépare la cire (1).

La Mort lui dit:

Don riche avare, doyen plein de présomption,
qui avez changé votre argent en or;
qui avez fermé votre main aux pauvres et aux veuves,
et qui avez mal dépensé votre trésor.
Je ne veux pas que vous soyez davantage dans le chœur.
sortez immédiatement dehors, sans autre retard;
je vous montrerai à venir dans la pauvreté.... etc. (2).

Un fait digne de remarque, c'est que tous les poëtes du xive siècle, dont les noms sont parvenus à la postérité, ont consacré quelques pages à déplorer la corruption des mœurs qui avait aussi souillé le clergé, sans respect pour les plus saintes maximes de l'Évangile. Ce mérite, on ne peut s'empêcher de le reconnaître dans l'auteur de *la Danse générale,* quoique son langage ne soit pas aussi énergique que celui de Lopez d'Ayala, diversité qui pourrait tenir à la position différente que l'un et l'autre occupaient. Mais Rabbi don Santo ne blâme pas seulement les enfants du clergé, comme nous l'avons observé ci-dessus, il fait comparaître devant *la Mort* beaucoup d'autres classes de l'État, qu'il tance plus vertement peut-être. Jugez-en par la strophe suivante, qu'il adresse aux usuriers:

(1) Pensé de fuyré, é non fallo carrera:
gran renta tenia é buen deanasgo
é mucho trigo en la mi panera.
Allende de aquesto estaba en espera
de ser provehido de algund obispado:
agora la muerte envióme mandado:
mala señal veo, pues facen la cera.

(2) Don rico avariento, dean muy ufano,
que vuestros dineros trocastes en oro,
à pobres, à viudas cerrastes la mano,
é mal despendistes el vuestro tesoro,
non quiero que estedes ya mas en el coro;
salid luego fuera, sin otra pereza:
yo vos mostraré venir à pobresa.

Traitre d'usurier, à la conscience perverse,
vous allez voir maintenant ce que j'ai la coutume de faire ;
dans le feu infernal, sans plus de retard,
je plongerai votre âme en proie à la douleur.
Là vous serez où est votre aïeul,
qui voulut faire comme vous faites ;
pour un faible gain vous avez gagné un mauvais siècle... etc (1).

La Danse générale, si précieuse au point de vue philosophique, n'offre pas moins d'intérêt, considérée au point de vue littéraire. Les passages que nous en avons cités permettront à nos lecteurs de se former une idée de son mérite, et l'on peut dire qu'un auteur qui, vers le XIVe siècle, composait des vers si remarquables, s'élevait au-dessus de tout ce qui l'entourait, et celui-là qui maniait si habilement la langue, méritait bien le titre de poëte. Toute la composition se trouve parsemée, en effet, de pensées et de phrases extrêmement poétiques. Son auteur rivalise avec tous ses contemporains pour la simplicité et la force de l'expression, qui est très-rarement triviale et qui ne paraît jamais affectée. Un fait digne aussi de remarque, c'est que, quand l'archiprêtre de Hita, Berceo, et d'autres troubadours de ce temps, employaient dans beaucoup de leurs productions les vers alexandrins de Berceo et de Juan Lorenzo d'Astorga, Rabbi don Santo de Carrion employait les vers d'art majeur, si peu cultivés depuis l'époque d'Alphonse le Sage. Il ne manque cependant pas d'auteurs, comme nous l'avons indiqué, et entre autres le respectable Léandre Fernandez Moratin, qui pensent que les livres des *Querellas* et du *Tesoro* sont postérieurs de deux siècles au règne de ce monarque si éclairé. Mais si cette opinion reposait sur un tel fondement, comme on le suppose, le mérite de l'auteur de *la Danse générale* serait incontestablement plus grand. Il écrivait vers l'année 1360, et il faudrait lui attribuer, sinon la gloire d'avoir inventé, la gloire au moins d'être un des premiers qui ont cultivé le genre de rime connu sous le nom de

---

(1) Traidor usurario, de mala conciencia,
agora veredes lo que facer suelo :
en fuego infernal, sin mas detenencia,
pernê la vuestra alma, cubierta de duelo.
Allá estaredes do está vuestro abuelo,
que quiso osar segund vos usastes :
por poca ganancia, mal siglo ganastes... etc.

LES JUIFS D'ESPAGNE. 273

maestria mayor (1), si habilement employée dans ledit ouvrage, comme on peut le voir par les morceaux cités, comme on peut le remarquer plus clairement dans la strophe suivante, mise dans la bouche de *l'Évêque:*

> Je joins mes mains, de mes yeux je pleure,
> parce que je suis réduit à tant de tristesse :
> j'étais pourvu d'argent et d'or,

---

(1) C'est une hypothèse que nous faisons, pour rendre plus manifeste l'erreur dans laquelle sont tombés quelques critiques, en affirmant qu'aucun des contemporains de l'archiprêtre de Hita n'a fait usage de cette métrique, qui n'a pas été non plus employée par Juan Ruiz, quoiqu'il se fût proposé d'écrire dans tous les mètres alors connus. Ceux qui ont écrit cette assertion n'ont pas examiné un document littéraire du xiv° siècle, qui, par son importance et le rang de son auteur, suffit pour dissiper tout esprit de doute sur ce point; nous parlons du *Rimado de Palacio*, du chancelier Pero Lopez d'Ayala, et composé en partie durant sa prison en Angleterre, vers le milieu du xiv° siècle. Dans ce rare poëme, où Ayala se propose de censurer les mœurs dépravées de son temps, on trouve employé, entre autres mètres, celui de douze syllabes, sans qu'on puisse croire qu'il fût de l'invention du chancelier, ni un mode de versification étranger aux troubadours de cette époque. Pour que nos lecteurs puissent avoir une preuve de cette vérité, nous copierons ici les strophes où il fait allusion au schisme qui affligeait l'Église, qu'il décrit de la manière suivante, en la représentant sous la forme d'un navire :

> Veo grandes olas é onda espantosa,
> el pielago grande, el maste fendido :
> seguro non falla el puerto do pasa,
> el su gobernable está en flaqueza
> de los marineros é puesto en olvido.
> Las anclas muy fuertes non tienen provecho :
> sus tablas por fuerza quebrantan de fecho,
> falléscenle cables, paresce perdido.
>
> La nao de la Iglesia de órden tan santa,
> el su gobernable es nuestro periado,
> el maste fendido que á todos espanta,
> es el colegio muy noble é honrado
> de los cardenales que esta devisado
> por nuestros pecados et nuestros desmanos :
> las áncoras son los reyes cristianos
> que la sostenian et la han dejado.

Sans parler du mérite de ces vers, on ne peut nier que leur lecture ne détruise l'opinion de ceux qui ont affirmé que les œuvres attribuées à don Alphonse le Sage ne sont pas de lui, par le fait seul qu'on n'a pas connu des vers de douze syllabes contemporains de l'archiprêtre de Hita. Les vers de Pero Lopez d'Ayala et ceux de Rabbi don Santo détruisent entièrement cette assertion hasardée, sans que pour cela nous déduisions, nous autres, que les poésies regardées comme appartenant au roi Sage soient réellement de lui. Nous nous bornons à exposer le fait historique, qui peut contribuer faire à découvrir la vérité, et cela suffit à notre objet. Toutefois, il serait bon de laisser établi ici que le même Pero Lopez d'Ayala donne le nom de ver-

de nobles palais, de beaucoup d'aisance.
Maintenant la Mort, de sa main dure,
me traîne, avec mon opulence, dans sa danse terrible :
parents, amis, donnez-moi un conseil :
comment puis-je sortir d'une telle détresse (1) ?

Si, comme le dit notre honorable ami, don Albert Lista, observation que nous avons faite à la fin du chapitre III de cet *Essai*, il faut arriver jusqu'au milieu du XVe siècle pour rencontrer, dans la littérature espagnole, un ouvrage qui puisse se comparer, pour la grâce et l'énergie du langage, aux *Sept Parties*, nous pouvons, nous aussi, affirmer que, jusqu'à l'arrivée de Juan de Mena, on ne trouve pas, dans la poésie castillane, un morceau dont la limpidité, l'harmonie, la légèreté l'emportent sur cette strophe et sur beaucoup d'autres strophes de *la Danse générale*, strophes que nous omettons. Nous nous sommes

sets, de *antiquo rimar*, aux vers alexandrins qu'il emploie dans une *requesta* soutenue contre frère Diego de Valence, poëte du XIVe siècle, et qu'il le fait en vers d'art ou de *maestria mayor*, employés aussi sous cette forme :

> Dexando este estilo casy comenzado,
> quiero vos, amigo, de mi confesar
> que quand vuestro escripto me fué presentado
> leyera en un libro do fuera á fallar
> *versetes* algunos de *antiquo rimar*,
> de los cuales luego mucho me pagué
> é si rudos son, a vos rogaré
> que con paciencia vos pleya escuchar.

Les versets auxquels il fait allusion commencent ainsi :

> Desirte hé una cosa, de que tengo grande espanto :
> los juicios de Dios alto ¿quién podria saber quanto
> son escuros de pensar? sin saber dellos un tanto?...
> Quién cuydamos que va mal, despues nos paresce santo.

Il est donc hors de doute que, si Pero Lopez d'Ayala appelle vers antiques des *alexandrins*, ces derniers devaient être déjà très-peu en usage de son temps. Si ce n'est pas là une preuve concluante que, vers la fin du XIIIe siècle, on employait plus fréquemment les vers d'*arte mayor*, c'en est une toutefois pour établir qu'au commencement, ou du moins vers le milieu du XIVe siècle, ils l'étaient tellement, que l'on allait chercher dans les manuscrits ceux qu'employaient Berceo et Astorga, et qui sont aussi ceux que l'on trouve dans le poëme du *Cid*.

(1)
> Mis manos aprieto, de mis ojos lloro
> porque soy venido á tanta tristura :
> yo era abastado de plata é de oro,
> de nobles palacios é mucha flogura.
> Agora la Muerte con su mano dura,
> tráhame en su danza medroza sobejo :
> parientes, amigos, ponedme consejo :
> que pueda salir de tal angostura.

trop étendu déjà peut-être dans cet examen, poussé par le désir de faire connaître complétement cet inestimable bijou de notre Parnasse.

Nous terminerons donc cette analyse, en observant qu'il n'est pas possible, dans le moment actuel, de déterminer si les personnages qui prennent part à cette pièce récitaient seulement les vers dont elle se compose, ou s'ils les chantaient accompagnés de quelque instrument. Toutefois, si l'on doit en juger par quelques phrases que l'on trouve dans les strophes que dit *la Mort*, il ne paraît pas qu'on puisse douter qu'elles n'aient dû être chantées. Dans la strophe consacrée à réprimander les marchands, se trouve le vers suivant, le dernier de la même strophe, pour appeler les personnages qui vont entrer en scène :

Et vous, archidiacre, venez toucher de l'instrument (1).

Dans la strophe où *la Mort* répond au curé, on lit aussi ces vers :

Je vous montrerai un ré mi fa sol
que j'ai maintenant composé d'un chant très-fin (2).

Quand elle appelle le sacristain, elle dit cependant :

Passez-vous, sacristain; je verrai ce que vous direz (3).

Ce qu'il nous paraît impossible de nier, c'est que, dans la représentation, le chant et le récitatif devaient alterner avec la danse au son de la musique. C'est un fait qui résulte naturellement du contexte de la plus grande partie des strophes, et encore du titre même de la composition; aussi, nous ne nous arrêterons pas à le démontrer. Enfin, nous croyons que *la Danse générale*, considérée, soit comme œuvre de génie, soit comme document historique, relativement à la poésie ou à la civilisation castillane, est une œuvre digne de la plus grande estime et qui mérite d'être étudiée; aussi, nous ne pouvons nous empêcher de la recommander aux lecteurs. Dans le chapitre suivant, nous continuerons l'examen des productions de Rabbi don Santo de Carrion.

(1) E vos, arcediano, venid al taner.
(2) Yo vos mostraré un re mi fa sol
que agora composo de canto muy fino.
(3) Passad vos, santero : veré que diredes.

CHAPITRE VI

Deuxième époque. — XIVe siècle.

Continuation de l'examen des œuvres de Rabbi don Santo de Carrion. — La Prophétie ou Vision de l'ermite. — Les Conseils et Enseignements au roi don Pedro. — La Doctrine chrétienne. — R. Joseph Métotitolah. — R. Jéhudah bar Aser. — R. Quesdras Sidal de Quislad. — R. David Gédaliah ben Jachia. — R. David ben Abudraham. — R. Isabak Qanpanton.

« Cet ouvrage terminé, dit Rodriguez de Castro, après avoir inséré dans sa *Bibliothèque* les strophes de *la Danse générale*, que cite don Tomas Antonio au folio, 129 du même recueil, on lit aussi une autre composition morale, en vingt-cinq octaves. Elle est sans nom d'auteur; mais, par son style, par son rapport avec celle qui précède, parce qu'elle est écrite dans la même espèce de vers, il est vraisemblable qu'elle appartient au même Carrion. » Don Tomas Antonio, d'après ce qu'il dit dans le prologue du quatrième volume de sa *Collection*, examina, en 1786, le manuscrit qui contient les poésies de Rabbi don Santo, et il ne mentionne pas cette composition, parce qu'il crut qu'elle faisait partie de *la Danse générale*. Don José Rodriguez de Castro n'en donne pas non plus une idée très-exacte, n'en produit aucun spécimen qui puisse faire connaître son mérite. Cette circonstance donne un plus grand intérêt à la production dont nous parlons, sans qu'on puisse se ranger à l'opinion de l'auteur précité (1), et nous porte à nous arrêter quelques instants pour en faire l'examen.

(1) En effet, la date se trouvant fixée dans la composition même par ces vers :

Despues de la prima, la ora pasada
en el mes de enero, la noche primera,
en CCCC e veynte durante la era, etc.,

années qui répondent à 1382, il est évident que cette composition ne peut être l'ouvrage de Rabbi don Santo.

C'est une espèce de *Vision* ou *Songe* d'un ermite, après qu'il est resté en prière jusqu'à minuit. Le poëte imagine qu'il lui apparaît un *corps mort*, puant déjà et rongé par les vers; tout autour vole un oiseau blanc, symbole de l'*âme*. L'âme adresse des malédictions et des imprécations au corps, cause de sa condamnation aux tourments éternels de l'enfer, parce qu'il s'est prêté facilement à ses complaisances pendant la vie. Le corps répond à ses malédictions par des plaintes non moins terribles; il lui reproche de n'avoir pas eu assez de force pour l'éloigner des plaisirs et des vices, et, par conséquent, de l'avoir livré aux mêmes souffrances. Après le dialogue entre l'*âme* et le *corps*, l'auteur introduit un *diable* qui vient emporter la première; et cette âme, en se voyant délivrée par un *ange* de ses griffes et de ses étreintes, se plaint de la fragilité des choses humaines, et elle accuse le monde de ses erreurs, de ses faussetés et de ses crimes. Cette fiction poétique où, comme dans *la Danse générale*, l'auteur montre du penchant à adopter la forme dramatique; cette fiction, écrite avec la même simplicité, la même force de coloris, la même abondance de brillantes images, révèle le même génie, la même étendue de vue religieuse, et les mêmes efforts pour corriger les mœurs, certainement assez dépravées du xive siècle, mœurs retracées dans *la Danse générale*. La pensée surtout est la même au fond : le style, la métrique, c'est-à-dire les instruments employés par le poëte, ne peuvent être plus identiques. Telles sont les observations qui nous ont porté à croire que la *Vision* dont nous parlons ne peut être, comme l'affirme Rodriguez de Castro, d'un autre que de l'auteur de *la Danse générale*. Nous avons cru aussi convenable d'insérer ici quelques strophes de cette composition remarquable. On n'en a publié encore aucun fragment, et nous sommes sûr que nos lecteurs les accueilleront avec plaisir. Voici comment *l'Ame* gourmande *le Corps :*

> O corps maudit, et vil ulcère,
> plein d'infection et de grande vermine,
> on t'a mis dans une fosse et on t'a promptement couvert;
> on t'y a laissé dedans bien malgré toi.
> Par conséquent, tu penses que tu es déjà délivré (1);

(1)
>> O cuerpo maldito, é vil enconado,
>> lleno de fedor é de grant calabrina,
>> metiéronte en foyo, cobriéronte ayna,
>> dexaronte dentro à mal de tu grado.
>> Por ende tu piensas que has ya librado.

premièrement, tu viendras devant la justice (1),
à qui tu rendras compte de toutes les actions
que tu as commises dans le monde, où tu as peu duré.

Le Corps lui réplique :

Pourquoi, madame, plus d'ennuis (2),
voulez-vous encore me causer en ce moment?
Dans tout ce que vous dites, vous n'avez pas raison.
Retirez-vous, à la bonne heure, et laissez-moi tranquille.
Le Seigneur doit nous juger;
il donnera à chacun selon son mérite.
Mais il me semble bien que vous êtes la cause,
puisque, pour vos méfaits, vous allez être punie

L'Ame, se voyant délivrée par *l'Ange*, s'écrie:

Je dis : monde faux, de grande mesquinerie,
et vil, brouillon, de peu de valeur,
je tiens pour fou quiconque en toi se fie,
et qui fait son trésor de ta vanité.
Dans le cas où tu mets en grand pouvoir
quelques personnages, à l'instant tu retournes la roue ;
il n'y a pas de langue assez habile pour qu'elle puisse
dire tes folies et ta grande fausseté.

. . . .

Suivant mon jugement, ceux-là sont ignorants
qui suivent la trompeuse route,
et qui ont confiance en toi chaque jour (3).

(1) Primero serás delante el derecho,
donde daras cuenta de todo tu fecho
que en el mondo feziste de poco has durado.

(2) ¿Porqué, sennora, mas enojar
me quieres agora en esta sazon?...
Que en cuanto dexiste non tienes rason ;
vete en buena hora é dexesme estar.
Pues el Sennor nos ha de juzgar
é dará á cada uno su merescimiento,
mas bien me parece que eres cimiento,
pues por los malos fechos has de penar.

(3) Dixo, mundo falso, de grand mesquindad,
é vil, revoltoso, de poca valia,
juzgo por loco quien mucho en ti fis,
nin faz su thesoro de tu vanidad.
Que en caso que pongas en gran potestad
á algunos, en punto trastornas tu rueda :
non ha tan discreta lengua que pueda
dezir tus locuras é gran falsedad.

. . . .

Segund mi juicio, son ignorantes
aquellos que siguen la tu falsa via
é tienen fianzas en ti cada dia.

en toi gémissements durent très-peu (1).
Supposez qu'on soit assez pourvu
de grande richesse et de grand pouvoir,
tout est nuage, vent et rosée
qui passe et court par tes tempêtes.
Des corbeaux, des milans, des hibous tristes (2),
je vois en leur vol élevé ; tu les portes
avec des ailes solides jusqu'aux nues,
jamais, jamais leur état ne cesse de monter.
Nobles gerfauts, bals et danses
tu renverses et tu jettes dans une mer profonde.
De tels jugements de toi, monde faux,
qui les jugera pour bien ordonnés ?...
. . . .
Je vois que rois et empereurs,
papes, seigneurs et cardinaux ;
leurs magnificences et leurs pontificats,
tous finissent en de vains plaisirs.
Comtes et ducs, évêques et prieurs,
suivant leurs œuvres, seront récompensés,
et les lettrés verront alors
leurs mauvais jugements tourner en sueurs.

(1)   en tu ximonias muy poco durantes.
Que puesto que sean assaz abastantes
de mucha riqueza é gran sennorio,
todo es niebla, viento é rocio
que pasa é corre por sus temporantes.
A cuervos, milanos, mochuelos cuitados
en alto trevol veo que los subes
con tan firmes alas hasta las nubes,
jamas, nunca cesan subir sus estados.
Nobles gerifaltes, bayles é sarados
derribas é abajas en mar muy profundo
los tales juicios de ti, falso mundo,
¿quién los judgará por bien hordenados?...
. . . .
Veo que reyes, é emperadores,
papas, maestres, é cardenales
sus magnificencias é pontificales
todos fenescen en vanos sabores.
E condes é duques, obispos, priores,
segund obraren ansy gozarán,
é los letrados entonces verán
los malos juicios tornar en sudores.

(2) Le poëte fait allusion, dans ce vers, aux âmes déjà avilies par le vice, et il poursuit sa fiction en les représentant par des oiseaux, comme il le fait de l'âme avec laquelle il parle.

L'Ame continue à dévoiler les faiblesses et les misères de la chair; elle rappelle la passion et la mort de Jésus-Christ, et elle termine en s'adressant ainsi aux pécheurs :

> Tu dois remarquer ces paroles
> que sa sainte Église te dit et te rappelle :
> souviens-toi, frère, que tu es cendre,
> et qu'en pure cendre tu dois revenir;
> car tu ne sais pas le jour où elle doit t'appeler
> pour aller rendre compte de tout ce que tu as fait;
> et si tu as mérité d'être condamné,
> il n'y a ni Chino, ni Bartole à alléguer (1).

Tel est le *Songe* ou *Vision* de l'ermite. Il nous reste à faire connaître les *Conseils et Enseignements* et *la Doctrine chrétienne*, ouvrages composés tous deux en petits vers, avec des combinaisons de rimes et de nombre différents, et qui précèdent, dans le manuscrit de l'Escurial, les productions que nous avons examinées en peu de mots. Ni don Tomas Antonio Sanchez, ni aucun des autres critiques qui ont fleuri après lui, ne doutent que les *Conseils et Enseignements* ne soient l'ouvrage de Rabbi don Santo. Il est vrai qu'il ne pouvait en être autrement, puisque l'auteur lui-même a pris un soin tout particulier à mettre son nom en tête dudit ouvrage dans la première strophe du prologue, et de la manière suivante :

> Seigneur roi, noble élevé
> écoutez ce sermon
> que vous dit don Santo,
> Juif de Carrion (2).

---

(1)
> Aquellas palabras debes notar
> que su sancta Eglesia te dice é atiza :
> reconocete, hermano, que eres ceniza
> et en ceniza pura te has de tornar.
> Ca non sabes el dia que te ha de llamar
> que vayas dar cuenta de quanto feziste,
> é si condepnado ser merciste,
> Chino nin Bartolo non cabe alegar.

(2)
> Señor rey, noble alto (a),
> oid este sermon,
> que vos dice don Santo,
> Judio de Carrion.

(a) Ce vers est écrit ainsi dans le manuscrit de la Bibliothèque nationale.

Il n'en est pas de même de *la Doctrine chrétienne*, que Sancho attribue, comme *la Danse générale*, à un poëte chrétien, *non judaïsant*. Mais si cet érudit bibliographe n'a pas montré, relativement à ce dernier ouvrage, toute la circonspection que l'on aurait pu désirer, il n'a pas été plus heureux en affirmant d'une manière aussi absolue que *la Doctrine chrétienne* ne peut être la production de Rabbi don Santo. Quiconque lira les *Conseils et Enseignements* et les comparera ensuite avec *la Doctrine* en question, comprendra sans aucune difficulté, par le style, la langue, les pensées et les autres beautés poétiques qui se distinguent dans l'un et l'autre livre, qu'on peut bien les attribuer à un même auteur, sans que les observations de don Tomas Antonio, dont nous avons tenu compte dans le chapitre précédent, soient pour cela des obstacles insurmontables. Mais il y a plus : si, en tête des *Conseils et Enseignements*, Rabbi don Santo dit que cette composition était son ouvrage et qu'il l'adressait au roi don Pedro ; dans *la Doctrine chrétienne*, le poëte montre aussi qu'il dédiait cette production au même monarque, circonstance dont on ne peut pas ne pas tenir compte, quand on s'occupe d'un écrivain qui appartenait à une race proscrite ; qui adopta, pour ses œuvres, la langue de ses dominateurs, et qui implora la protection d'un roi chrétien pour la délivrer du mépris. La strophe à laquelle nous faisons allusion, et qui est la dernière du poëme, est conçue en ces termes :

> Funestes vices, loin de moi
> avec tout ceci, je n'augmente pas
> excepté ce nom de Pedro (1).

Quel était donc ce poëte qui, écartant de lui les mauvais vices, grandissait seulement en invoquant le nom de *Pedro*, nom que portait alors le monarque de Castille ? Selon nous, il n'y a aucune répugnance à croire que ce troubadour fût le même que celui qui adressait au souverain ci-dessus les *Conseils et Enseignements*. On doit même remarquer, ce que Sanchez semble avoir oublié, que, tant dans le prologue de *la Doctrine* que dans les vers cités, l'auteur se montre grandement repentant de ses péchés et désireux de faire une pénitence complète.

---

(1) Ma'os viclos de mi arriedro
é con todo esto non medro,
sy non este nombre Pedro.

Après avoir ainsi démontré qu'il n'y a ni violence, ni invraisemblance à supposer que la *Doctrine chrétienne*, soit l'œuvre de Rabbi don Santo, il nous paraît convenable de donner ici une légère idée de ses deux productions, en commençant par les *Conseils et Enseignements au roi don Pedro*. Cette dernière est un poëme composé de quatre cent soixante-seize strophes, de quatre vers chacune, précédées d'un prologue qui en contient trente-quatre, où se manifeste immédiatement l'objet que se propose Rabbi don Santo, en écrivant cet ouvrage. Partout abondent des pensées morales, de la saine philosophie; dès les premières strophes, on voit que si l'auteur appartenait à une race proscrite et décidée, ses principes religieux ne pouvaient être plus purs, ni plus en harmonie avec ceux que professaient les Castillans. Ces faits appuient l'opinion de Rodriguez de Castro et les observations que nous avons faites plus haut, sur les autres productions que ce dernier attribue à notre poëte. Sans sortir du prologue des *Conseils et Enseignements*, nous trouverons des preuves évidentes de cette assertion. Il suffit, à notre avis, des deux quatrains suivants que nous tirons du même prologue :

> Homme stupide et sans cervelle,
> ce serait pour Dieu un affront
> de mettre en balance
> la méchanceté et son pardon.
> C'est lui qui t'a fait naître ;
> tu vis par sa grâce.
> Comment pourrait vaincre
> son ouvrage, le tien (1) ?

Tout l'ouvrage de Rabbi don Santo se trouve parsemé de pensées religieuses, poétiques et morales d'une égale importance, d'un égal mérite. Le poëte adresse la parole à un roi chez lequel il voyait les plus brillantes qualités pour gouverner la Castille. En échange de

---

(1)
> Ome torpe é sin seso
> seria á Dios baldon
> la tu maldad en peso
> poner con su perdon.
> El te fiso nascer :
> vives en merced suya
> ¿cómo podria vencer
> á su obra la tuya ?

conseils respectueux et d'avis salutaires, le poussant à suivre les traces de son père, don Alphonse XI, il n'hésite pas à lui rappeler la petitesse des choses humaines, la vanité des richesses et des plaisirs, et il insiste longuement pour lui montrer les périls qui environnent les hommes devenus la proie de l'ambition et de l'avarice. Ce poëme, si sa forme peut permettre de lui donner ce nom, n'offre pas cependant un plan raisonné et constant, dans lequel la pensée du poëte se développe convenablement. C'est ainsi que les mêmes idées se répètent fréquemment; il n'y a pas entre toutes les parties une étroite connexion; enfin, on peut aisément remarquer une tendance particulière à l'amplification. Tout cela prouve jusqu'à un certain point que l'auteur avait fait ses premières études dans les livres sacrés de la Bible, et qu'il n'avait pu se défaire de l'influence des écrivains rabbiniques proprement dits, écrivains extrêmement adonnés à toute espèce d'amplifications. Malgré tout, Rabbi don Santo de Carrion se trouvait doué d'excellentes qualités poétiques, comme nous l'avons déjà indiqué, et il ne les a montrées dans aucune autre composition avec plus d'abondance que dans les *Conseils et Enseignements*. Mais avant d'offrir à nos lecteurs diverses preuves de cette vérité, il nous paraît convenable de transcrire ici quelques morceaux, qui feront connaître le style et la langue de la composition dont nous nous occupons. Le corps du poëme commence ainsi :

> Puisque le travail me manque (1),
> d'où je puisse avoir
> profit, je dirai de ma langue
> quelque chose de mon savoir.
>   Quand ce n'est pas ce que je veux,
> je veux, moi, ce qui est ;
> si d'abord j'ai de la peine,
> j'aurai du plaisir après.
>   Mais, puisque cette roue

(1)   Pues trabajo me mengua,
    de donde pueda aver
    pró, diré de mi lengua
    algo de mi saber.
        Cuando non es lo que quiero
    quiera yo lo que es :
    si pesar hé primero
    plaser habré despues.
        Mas pues aquella rueda

du ciel une heure (1),
jamais ne reste tranquille
meilleure ou pire ;
 ce repos même
renouvellera l'esprit ;
ce doux tambour
son tintement encore
 fera entendre, et un jour viendra
que sa livre aura tel
prix qu'avait coutume
de valoir son quintal.

Il continue plus loin :

 L'homme entendu (2),
pour être trop timide,
on l'a pris pour pusillanime,
pour petit et misérable.
 Et s'il voyait l'occasion,
meilleure et plus appropriée
il dirait sa raison
 que celui qui l'outrage.
 Je veux parler du monde
et de ses manières,
et c'est à peine que de lui je fonde
des paroles très-justes.

(1)   del cielo una hora
jamás non está queda,
mejora é peora ;
 aun aqueste laso
renovará el espirito ;
este pandero manso
aun el su retinto
 Sonara y verná dia
que avra su libra tal
prescio, como solia
valer el su quintal.

(2)   Al ome entendido
por ser muy vergonoso,
hanle por encogido,
para poco y astroso.
 E si viese sazon,
mejor é mas apuesta
diria su razon
que aquel que lo denuesta.
 Quiero decir del mundo
é de las sus maneras
que apenas del fondo
palabras muy certeras.

Je ne sais faire des essais (1),
ni faire des promesses ;
des conseils, plus de cent
chaque jour m'environnent ;
ce que l'un blâme,
je le vois loué par un autre ;
ce que celui-ci embellit,
je le vois enlaidi par un autre.
La vare que diminuée
dit être l'acheteur,
la même, allongée,
dit être le vendeur.

Ces deux morceaux suffisent, croyons-nous, pour l'objet que nous nous sommes proposé en les citant. Voyons maintenant quelques exemples des sentences et maximes morales dont Rabbi don Santo assaisonne les *Conseils et Enseignements*.

Sèmo tant de sagesse (2),
qu'il ne naisse point paresse,

(1) Que non sé tomar tiento,
nin faser pleitesia :
de acuerdos mas de ciento
me torno cada dia.
 Lo que uno denuesta
veo a otro loallo ;
lo que este apuesta
veo a otro afeallo.
 La vara que menguada
la dis el comprador,
esta mesma sobrada
la dis el vendedor (a).

(2) Siembra cordura tanto
que non nasca peresa

(a) Nous croyons convenable de déclarer à nos lecteurs que l'on remarque quelques différences de la plus grande importance entre les deux manuscrits des *Conseils et Enseignements*, que nous avons consultés et qui existent, l'un à la Bibliothèque nationale, l'autre à celle de l'Escurial. Outre les variantes, assez fréquentes, il y a des strophes entières et des morceaux qui manquent à l'un et qu'on trouve dans l'autre, et qui prouvent l'inexactitude d'une des deux copies ou des deux à la fois. Pour preuve de l'importance des variantes, nous copierons ici la strophe citée par le marquis de Santillane, strophe si connue de tout le monde :

MANUSCRIT DE L'ESCURIAL.
Non vale el azor ménos
porque en vil nido figa
ni los exemplos buenos
porque Judio los diga.

MANUSCRIT DE MADRID.
Non val el azor ménos
por nascer de mal nido
ni los exemplos buenos
por los decir Judio.

Cet exemple et beaucoup d'autres que nous pourrions citer, prouvent que les vers de Rabbi don Santo sont venus, dans nos mains, après de nombreuses altérations que les manuscrits dont nous parlons ont subies au XVe siècle. Dans la nécessité de suivre l'un des deux textes, nous nous sommes arrêté au manuscrit de Madrid, que nous avons pu examiner et avoir plus longtemps à notre disposition.

et prends garde à ce que (1)
on ne l'appelle point maladresse.

. . . .
La rose ne se peut cueillir
sans toucher aux épines ;
le miel est douce chose,
mais il a d'aigres voisines.
  La paix ne s'obtient
sinon avec la guerre ;
on ne peut gagner repos
sinon par le labeur.

. . . .
Ne peut un homme faire
en l'avarice essais :
c'est une mer profonde
sans bords et sans port.
  Quand le peu arrive,
le désir du plus augmente :
plus un homme possède,
plus il lui manque.

Nous pourrions multiplier ces citations à l'infini ; tout le poëme n'est, en somme, qu'une collection de sentences morales, exprimées avec une certaine force épigrammatique qui leur donne beaucoup de vivacité et de grâce en même temps. Mais la crainte de rendre ces *Essais* trop volumineux nous oblige à nous restreindre aux morceaux cités, pour passer à l'examen sommaire de la *Doctrine chrétienne*. L'ob-

(1)
é berguen-a en cuanto
non la llamen torpesa.

. . . .
Non se puede coger rosa
sin pisar las espinas ;
la miel es dulce cosa,
mas tiene agras vesinas.
  La pas non se alcanza
sinon con guerrear :
non se gana folganza
sinon con el lazrar.

. . . .
Non puede ome tomar
en la codicia tiento :
es la profunda mar
sin orilla é sin puerto.
  cuando la poco viene,
cobdicia de mas cresce :
cuanto mas ome tiene
tanto mas le fallesce.

jet que le poëte se proposa, en composant cet ouvrage, ne pouvait être plus louable :

> Ceci j'ai voulu ordonner
> pour l'enfant enseigner (1),

dit-il dans la troisième strophe de l'introduction qui suit un prologue, écrit en prose, où il se montre repentant de ses péchés, et où il fait aussi connaître la pensée qui l'a poussé à rimer *la Doctrine*, touché de compassion pour son prochain, et découvrant les piéges dans lesquels il était tombé (*adolesciéndose de sus proximos y descubriendo los lazos en que el habia cado*), afin qu'il les évitât avec résolution. La première composition qui se trouve dans cet ouvrage, c'est le *Credo*. Le poëte avertit que le désir de graver profondément dans la mémoire des enfants les dogmes catholiques qu'il renferme, lui ont fait donner à la versification une certaine monotonie qui se prête avec facilité à la récitation, mais qui diminue toutefois l'effet poétique. Pour que nos lecteurs puissent se former une idée complète de la forme, de la structure, du caractère et de la langue de ces poésies, nous transcrirons ici intégralement la composition précitée, qui est conçue en ces termes :

Saint Pierre dit (2) :

> Je crois en un Dieu admirable,
> Père et tout-puissant,
> dans le ciel et sur la terre, efficace
> Créateur.

Saint Jean l'Évangéliste dit :

> Je crois en Jésus-Christ :
> sous la forme de pain il est vu

---

(1)   Esto pensé ordenar
      Para el nino administrar.

(2) Dixo *sant Pedro* :

> Creo en un Dios maravilloso,
> padre et todo poderoso,
> en cielo é tierra virtuoso
> criador.

Dixo *sant Johan Evangelista* :

> Creo en Jesuchristo ;
> en forma de pan es visto

Fils éternel et uni (1)
  avec le Père.

Saint Jacques, fils de Zébédée, dit :

De l'Esprit Saint conçu,
et de la Vierge né;
ce (fils) nous fut promis
  dès le commencement.

Saint André dit :

Il fut crucifié,
mort et enseveli;
par Pilate fut accordée
  la sentence.

Saint Philippe dit :

Il descendit à l'enfer,
et ses portes il brisa;
les saints Pères il délivra,
  qui l'attendaient.

Saint Thomas dit :

Il souffrit comme un agneau;
après le troisième jour,

---

(1) eternal fijo é misto
       con el padre.

Dixo *Sanctiago*, fijo de Zebedeo :

De esprito sancto concebido,
é de la virgen nascido
este nos fué prometido
  de abenecio.

Dixo *sancti Andrés* :

Este fué crucificado,
muerto é sepultado;
de Pilato otorgado
  la sentencia.

Dixo *sant Felipe* :

Al infierno descendió
é sus puertas quebrantó;
los santos padres libró
  que le esperaban.

Dixo *santo Tomás* :

Padesció como cordero;
despues al dia tercero

Dieu et homme véritable (1)
il ressuscita.

Saint Barthélemi dit :

Pour un autre père très-haut,
de ce monde il monta au ciel.
Dans la Trinité il est le second
à la droite.

Saint Mathieu dit :

Ce grand Seigneur tout-puissant,
un jour, certainement,
jugera bien diligemment
les morts et les vivants.

Saint Jacques, fils d'Alphée, et *saint Simon* dirent :

Je crois au Saint-Esprit
et à l'Église, pour qui je vois
être le catholique désir
des saints.

Saint Barnabé dit :

Je crois à la rémission
que Dieu fera, par sa passion,

---

(1)
Dios é ome verdadero
resurgió.

Dixo *sant Bartolomé* :

Por otro padre profondo
subió al cielo deste mundo;
en Trenidad es segundo
á la diestra.

Dixo *sant Matéo* :

Este grand señor potente
en un dia ciertamente
juzgará bien diligente
vivos é muertos.

Dixo *Santiago*, fijo de Alfeo é *sant Ximon* :

En el santo espírtu creo
é en la Eglesia, por quien veo
ser católico deseo
de los santos.

Dixo *sant Bernabé* :

Yo creo la remision
que Dios fará por su pasion

> à ceux qui donneront raison (1)
> et pénitence.

Saint Mathias dit :

> Tous nous ressusciterons
> dans les corps qu'aujourd'hui nous avons,
> et un compte nous rendrons
> très-sévère.
> Dieu montrera sa victoire :
> aux bons il donnera gloire,
> et aux méchants, pour mémoire,
> une peine éternelle.

Cette composition est suivie des *Dix Commandements*, des *Vertus* tant *théologales* que *cardinales*, des *Œuvres de miséricorde*, des *Péchés capitaux*, des *Cinq Sens du corps* et des *Sacrements*, et elle se termine par les *Travaux mondains*. Dans ce dernier sujet, l'auteur donne les conseils particuliers (*singulares consejos*) pour vivre chrétiennement. C'est la composition la plus longue de toutes celles qui forment *la Doctrine chrétienne*; elle contient cent cinquante-sept strophes de quatre vers, rimés comme ceux du *Credo*. Pour donner à nos lecteurs une idée complète du mérite de ce *traité*, titre que lui applique l'auteur lui-même, nous citerons ici, en finissant, quelques strophes des *Travaux*, remarquables par la philosophie chrétienne qui s'en détache :

> De la mort, grande dame (2),
> pécheur et pécheresse,
> crains toujours cette heure
> épouvantable.

---

(1)   à los que darán razon
     é penitencia.

Dixo santo Mathía :

> Todos resucitarémos
> en las carnes que hoy tenemos
> é por cuenta pasarémos
> muy estrecha.
> Dios mostrará su vitoria
> á los buenos dando gloria
> é á los malos por memoria
> pena siempre.

(2)   De la muerte, gran señora,
     pecador é pecadora,
     teme siempre aquella hora
     espautable.

Rappelle-toi que tu dois mourir (1),
et pense à l'avenir.
Ainsi tu pourras bien régir
    ta vie.

. . . .

Quand tu auras le pouvoir,
ne suis pas le mauvais vouloir,
sinon tu pourrais avoir
    par lui du mal.
Observe bien ce que je dis :
si tu trouves un bon ami,
garde-le, et de l'ennemi
    tu te défendras.
Ne crois jamais à la légère :
abhorre le flatteur ;
jusqu'au dernier jour
    sache t'en défendre.

. . . .

Prends le bien quand il vient ;
si ta faute le perd
après qu'on t'en aura averti,
    pleure en vain.

. . . .

(1) Miémbrate que has de morir,
é piensa lo porvenir :
asi podràs bien regir
    la tu vida.

. . . .

Quando tuvieres poder,
non sigas el mal querer ;
sy non, podrias aver
    mal por ello.
Para mientes lo que digo :
si tovieres buen amigo
guárdale, é del enemigo
    te velarás.
Nunca creas de ligero :
aborresce al lisonjero ;
para el dia postremero
    le guarnesce.

. . . .

Toma el bien cuando viniere ;
sy tu mengua lo perdiere,
despues que se te entendiere,
    l'ora en vanó.

5 . . . .

> Celui qui, dans ce monde pervers, désire (1)
> honneurs, richesses et rire,
> d'hériter du paradis
> perd l'espoir (2).

Nous pourrions continuer de copier, sans crainte que les strophes qui restent soient indignes d'être transcrites. En les lisant, nous n'avons pu nous empêcher de rappeler à notre mémoire les célèbres chants funèbres (*Endechas*) de Georges Manrique, composés, un siècle plus tard, par un poëte si distingué. Dans les stances de *la Doctrina*, l'art apparaît moins formé, luttant contre les obstacles de la versification et d'une rime peu sûre et contre le manque d'exemples. Dans celles de Georges Manrique, se montre déjà la poésie revêtue de tous ses ornements. Cependant, on ne pourra nier que, tant par le ton que par la simplicité et l'énergie des pensées, il n'y ait de nombreux points de contact entre l'une et l'autre composition, et, en particulier, entre les élégies que Manrique consacre à pleurer la *mort de son père*, et les *Travaux mondains*, qui terminent, comme nous l'avons déjà dit, *la Doctrine chrétienne*, attribuée à Rabbi don Santo de Carrion.

Nous achevons d'examiner, le plus brièvement possible, les œuvres poétiques que l'on a, non sans quelque fondement, revendiquées pour cet illustre Juif, bien que, faute de témoignages authentiques, on ne puisse catégoriquement soutenir qu'elles soient toutes le produit de son imagination ou de son génie. Nous n'insisterons pas nous-mêmes pour démontrer que ce doute est plus ou moins fondé. Les qualités poétiques qui les relèvent, le langage qui s'y trouve employé, la profondeur des pensées et l'énergie de leur expression, fournissent en vérité assez de motifs pour qu'on flotte entre les deux opinions. Nos lecteurs pourront donc adopter celle qui leur paraîtra la plus vraisemblable ; pour nous, il nous restera la satisfaction d'avoir tiré de l'oubli ces compositions que nous avons analysées, compositions certainement dignes de l'étude de nos littérateurs, qu'elles soient dues ou non à Rabbi don Santo de Carrion.

(1)
> El que en rayn mundo quiso
> honras, riquesas é riso,
> de heredar el paraiso
> se despidi.

(2) Don José Rodriguez de Castro, en transcrivant l'introduction de *la Doctrine chrétienne*, omet les vers coupés de chaque strope, don Tomás Antonio Sanchez les a mal placés ; pour nous, nous les copions tels qu'ils se trouvent dans le manuscrit.

Pendant que ce poëte distingué cultivait avec tant de succès les muses castillanes, il ne manquait pas d'autres écrivains rabbiniques qui se consacraient à l'étude de leur langue naturelle et qui l'employaient à des traités sur le thème, toujours inachevé, de la théologie et de la cabale. Parmi les plus remarquables, on distinguait les Juifs de Tolède, R. Joseph Métolitolah, juriste et commentateur estimable parmi les Juifs, qui composa un rituel intitulé : Gouverneur du monde (*Gobernador del mundo*); et R. Jéhudah bar Aser, auteur des *Statuts de la loi* et des *Statuts du ciel*. En même temps fleurirent aussi R. Quesdras Vidal de Quislad, traducteur du célèbre ouvrage de médecine de Villanova, à laquelle il donna le nom de *Régime de la santé;* R. David Gédaliah ben Jachia, savant juriste qui composa une espèce de commentaire ou exposition de la Gemara, en l'appelant la Composition des jugements (*Composicion de los juicios*); R. David ben Abudraham, philosophe et astronome distingué, qui, dans son *Commentaire des oraisons de toute l'année,* dans son *Explication de la fête de Pâques,* dans ses *Tables d'astronomie* et dans son *Traité des Solstices et des Équinoxes,* a laissé d'abondantes preuves de son érudition historique et biblique, et qui manifeste surtout ses connaissances profondes en astronomie, études depuis longtemps dominantes chez les Juifs. Mais celui qui a mérité la première place parmi tous les rabbins qui, dans cette période, se sont consacrés aux sciences, c'est R. Isahak Qanpanton, généralement appelé le *Gaon de Castille*. Emmanuel Aboab (1) le comble d'éloges et le cite comme le fondateur du neuvième âge des *Rabanim* espagnols. Ce Juif, qui obtint la dignité de maître universel, qui porta le nom de *Rabbi* par excellence, vécut pendant le long espace de cent trois ans. Il fut le maître de R. Isahak Aboab, qui hérita de son autorité et de son savoir, et de R. Isahak de Léon, non moins célèbre parmi ceux de sa loi. L'ouvrage qui acquit le plus de réputation à R. Isahak Qanpanton, fut une espèce de clef universelle pour interpréter plus facilement le style du *Talmud,* intitulée : Livre des chemins du Talmud (*Libro de los caminos del Talmud.*)

(1) *Nomologie,* chap. xxv, page 306, édition d'Amsterdam.

CHAPITRE VII

Troisième époque. — xive et xve siècles.

Don Paul de Sainte-Marie (Selemoh Halévi). — Ses œuvres théologiques. — Ses poésies. — Histoire universelle en vers. — (Jehosuah Halorqui). — Jérôme de Sainte-Foi. — Ses discours. — Ses œuvres. — Recueil de Ségovie. — R. Vidal ben Lévi. — R. Isahak Natham.

La mort du roi don Pedro fut, pour les Juifs, une perte d'autant plus irréparable, que la protection que ce monarque leur avait accordée avait été plus visible. Quand expira le roi don Alphonse le Sage, victime de l'ambition et de la fierté des grands de Castille, un fils de cet infortuné monarque s'était assis, par la révolte et le parricide, sur le trône de Saint-Ferdinand. Les œuvres colossales, consommées par un souverain si éclairé, furent regardées avec un entier dédain, avec le plus grand mépris, et ses protégés furent livrés à l'ignorante fureur d'une troupe de grands, mal contenus, qui se déclarèrent leurs ennemis les plus impitoyables. La lumière des sciences et des lettres avait brillé néanmoins d'une splendeur si vive qu'au milieu même des longs bouleversements et des révoltes qui attristèrent la Castille, leur éclat ne s'éteignit pas entièrement. L'exemple donné par le roi Sage, germe fécond de prospérité chez un peuple de mœurs douces, d'instincts éclairés, ne put faire moins que de produire des résultats satisfaisants, même dans ce siècle de fer. Quand le roi don Pedro succomba sous les coups du poignard fratricide, une bande affamée d'aventuriers environnait le trône, pour exiger le prix de leur déloyauté, et le manteau d'Alphonse XI était mis en morceaux pour assouvir des ambitions si adulées. Don Pedro de Castille avait protégé les Juifs ; mais sa protection n'était pas le résultat de l'exemple ; elle était bien plutôt l'effet des nécessités qui le subjuguaient que d'une prédilection particulière pour leurs sciences. Aussi la persécution éprouvée par les descendants de Juda, vers le milieu du xiv° siècle, ne pouvait être moins violente que celles qu'ils avaient souffertes vers la fin du xiii° siècle, comme nous l'avons longuement exposé dans l'*Essai* précédent. Ceux qui professaient la religion de Moïse n'eurent plus d'autre recours que de l'abjurer ou de renoncer à la culture des sciences, et de chercher, dans l'obscurité, le salut qu'ils désiraient en vain.

Parmi les docteurs rabbiniques qui suivirent le premier chemin, deux Juifs, nés vers le milieu du xiv° siècle, et dont nous avons déjà fait mention en temps et lieu, doivent appeler notre attention par leur savoir, leur talent et la brillante position qu'ils occupèrent. Le premier était natif de Burgós, très-estimé des Juifs par la noblesse de sa race, puisqu'il descendait de la fameuse tribu de Lévi; et il était connu parmi ses coreligionnaires par le nom de R. Selemoh Halévi, qui confirmait le fait. Le second, plus connu par les célèbres conférences de Tortose, n'était pas moins érudit : il était né à Lorca : il jouissait, parmi les maîtres de la loi, d'une autorité sans limites, et s'appelait R. Jéhosuah Halorqui, nom qui fut changé par les Juifs, après sa conversion, en celui de *Blasphémateur*, à cause du grand enthousiasme avec lequel il embrassa la religion chrétienne et combattit les erreurs du judaïsme.

Le premier comptait déjà quarante ans d'âge quand il reçut les eaux du baptême, en 1390, et qu'il prit le nom de *Paul de Sainte-Marie*. Il a été peut-être plus connu par le surnom de *el Burgense*, de Burgos, sa ville natale. Désireux de donner une preuve solennelle de la sincérité avec laquelle il avait embrassé le christianisme, il reçut, à Paris, le grade de maître en sacrée théologie. Il entra dans la carrière ecclésiastique; il obtint d'abord l'archidiaconat de Treviño; il fut ensuite élu évêque de Carthagène, mérita d'être transféré au siége de Burgos, et fut nommé grand chancelier des royaumes de Léon et de Castille. Ses plus proches parents suivirent son exemple et se convertirent au christianisme; par-dessus tous, se signalèrent ses frères et ses fils, dont nous aurons l'occasion de parler plus loin. Non content de ces marques d'adhésion à la cause nouvellement embrassée, ou poussé même par un ardent enthousiasme religieux, don Paul de Sainte-Marie écrivit un ouvrage intitulé : *Scrutinium Scriptu-*

rarum, dans lequel il se propose de combattre et de détruire les sophismes sur lesquels s'appuyaient les rabbins pour attaquer les dogmes du christianisme. Il porta cette ardeur jusqu'au point de louer le fanatisme religieux des chrétiens, fanatisme qui s'était déjà plus d'une fois souillé du sang des Juifs, et qui avait rempli de deuil les cités les plus populeuses du royaume. Il composa aussi, en langue latine, divers autres traités sur des matières théologiques, et il écrivit plusieurs discours sur *la Cène du Seigneur*, sur *la Génération du Christ*, discours sur lesquels donnent des détails maître Gil Gonzalez Davila, dans son *Théâtre ecclésiastique* (1) et Fernan Perez de Gusman, dans ses *Générations et Ressemblances* (2). Pour nous, nous ne pouvons juger ces productions, parce que nous n'avons pu avoir, dans nos mains, les manuscrits qui les contiennent, et qu'elles n'ont pas été, à ce que nous croyons, livrées à la presse. Don Paul de Sainte-Marie fit aussi des additions à quelques ouvrages importants : il mit des notes étendues à Nicolas de Lira ; il mérita par tous ses écrits, et principalement par le *Scrutinium Scripturarum*, les éloges de nombreux auteurs très-érudits, parmi lesquels se trouvent les noms respectables de l'Espagnol Louis Vivés, Jean Morino, Casaubon, Titenmann et notre Mariana qui lui a consacré plusieurs pages dans le XIXe livre de son *Histoire générale d'Espagne*. Le soigneux Étienne de Giraba y(1) lui consacre aussi quelques lignes, et il esquisse son caractère de la manière suivante : « Il fut, dit-il, un excellent prélat, un grand philosophe et un grand théologien, un prédicateur singulier, d'un grand conseil, d'une prudence et d'un silence merveilleux. Il écrivit un grand nombre d'ouvrages, et en particulier le livre qui s'appelle *Escrutinio de las Escrituras*, qui est très-volumineux ; les additions à *la Postilla*, de Nicolas de Lira sur la Bible ; un traité de *la Cène du Seigneur* ; un autre de *la Génération de Jésus-Christ*, et d'autres encore. Ce prélat illustre, don Paul, a été, continue Garibay, évêque de Burgos, voilà pourquoi il est appelé *el Burgense* (*de Burgos*) par les théologiens. Ce converti, par des motifs particuliers qui durent l'y pousser, conseilla au roi don Henri III de n'ad-

---

(1) Tome III, page 76.
(2) Chap. XXVI.
(3) *Compendio historial de las crónicas y universal historia* de tous les royaumes d'Espagne, liv. XV, ch. XLVIII.

mettre aucun Juif, ni aucun converti au service de sa maison royale, ni dans le conseil, ni dans d'autres charges royales publiques de ses royaumes. Chose remarquable ! que ce même prélat si sage, qui était un des leurs, ait eu une opinion semblable contre ceux de sa nation. »

On le voit donc, Paul de Sainte-Marie parvint non-seulement à occuper, par son talent et par ses vertus, un poste éminent pendant sa vie, mais la postérité lui a rendu l'hommage de son admiration pour le savoir qui brille dans tous ses ouvrages. Aucun des auteurs que nous avons eus dans nos mains ne fait mention de ses compositions poétiques, aucun n'indique même que ce docte écrivain se soit adonné à la culture des muses. Cependant, il existe encore quelques-unes de ses productions, qui méritent d'attirer l'attention de ceux qui se consacrent à l'étude de notre histoire littéraire, et qui sont dignes, sous plus d'un rapport, de figurer dans notre Parnasse. Malheureusement nous ne les connaissons pas toutes. Son *Histoire universelle*, qu'il composa en vers d'art majeur, quoique inférieure aux productions des autres genres de son temps, nous servira toutefois pour faire connaître à nos lecteurs le mérite de don Paul de Sainte-Marie, dans cette belle branche de la science humaine. Ledit ouvrage se compose de trois cent vingt-deux octaves ; il contient toutes les choses qu'il y a eu et qui sont arrivées, dans le monde, depuis la formation d'Adam jusqu'au roi don Juan II, *todas las cosas que ovo é acaescieron en el mundo desde que Adam fué formado fasta el rey don Juan segondo*. D'où l'on déduit que Paul de Sainte-Marie dut l'écrire peu d'années avant sa mort, survenue en 1432, ou la terminer au moins, après l'avénement du fils de Henri III au trône de Castille (1).

(1) Nous avions écrit ce chapitre, quand la précieuse collection des poésies anciennes, publiée à Paris, en 1844, par notre ami, le savant don Eugenio de Ochoa, nous est parvenue. Le livre ci-dessus a pour titre : *Rimas inéditas de don Iñigo Lopez de Mendoza, marqués de Santillana, de Fernan Perez de Guzman y de otros poetas del siglo XV*. Il contient ce poëme que l'auteur de la collection attribue audit marquis de Santillane. Le señor Ochoa s'appuie sur les détails que donne don Tomas Antonio Sanchez touchant un poëme écrit par don Iñigo Lopez de Mendoza sur la création du monde. Toutefois il s'écarte de l'opinion de ce savant bibliophile quant à l'époque où le marquis l'a composé, et il dit : « En 1426, le marquis avait vingt-huit ans et le roi don Juan vingt-deux. En effet, l'incorrection et la rudesse de cette œuvre font déduire que l'auteur était très-jeune quand il la composa et que

Dans tout le poëme, le célèbre évêque de Burgos se montrait pourvu de grandes connaissances historiques, et il témoignait qu'encore ne s'était pas éteinte, en lui, cette imagination orientale, patrimoine du peuple Juif, qui enrichissait et animait tant les descriptions poétiques, même quand la forme de la pensée était un peu rude et incorrecte. Tous les événements les plus remarquables, tous les faits de quelque importance dans l'histoire, sont en effet présentés par le docte chan-

son goût n'était pas encore formé. Comme le contexte du prologue indique *qu'il l'écrivit pour l'instruction du roi don Juan*, il faut supposer que ce dernier était encore assez jeune quand le marquis la lui adressa.... Que le marquis n'écrivit pas son livre dans les *deux* ou *trois dernières années de sa vie*, comme l'avance Sanchez, ce qui ressort évidemment du fait seul que ce prologue est adressé au roi don Juan, qui n'existait plus dans les dernières années de la vie du marquis. » On voit donc, d'après ces observations, que Sanchez n'a pas examiné avec soin le poëme qu'il attribue au marquis de Santillane, ou qu'il ne s'est pas, du moins, arrêté à méditer convenablement sur l'époque où le marquis dut l'écrire. Quant à la supposition du señor Ochoa, comme elle repose sur le dire de Sanchez, ainsi qu'il a le bon sens de l'avouer lui-même, nous observerons seulement, qu'en admettant les âges de don Juan II et de don Iñigo Lopez de Mendoza, il résultera toujours que ce dernier n'avait que six ans de plus que le roi, différence qui, en se représentant les mœurs guerrières de ces temps, n'autorisait certainement pas ce dernier à s'adresser à son souverain, sur un ton aussi magistral qu'il le fait dans le prologue de l'ouvrage. Il ne nous paraît pas non plus vraisemblable qu'à vingt-huit ans un seigneur fût aussi versé dans l'histoire sacrée ; alors que ce seigneur devait consacrer beaucoup de temps à l'exercice des armes, surtout quand poëme et prologue le montrent trèsadonné à l'étude de l'*Écriture sainte*, et qu'il suit l'*ordre hébraïque* dans la narration et l'exposition d'un grand nombre d'événements. On peut, à ces observations naturelles, ajouter les suivantes : 1° que don Paul de Sainte-Marie ayant écrit, en vers, une histoire depuis Adam jusqu'à don Juan II, il l'adressa à ce même roi, et qu'il n'y a que quelques indices qui prouvent que c'est ce poëme-ci qu'on lui attribue ; 2° que, tant à la fin de la *Suma de las crónicas de Aragon*, qui existe à la Bibliothèque nationale, que dans le manuscrit des *Rubricæ Chronicarum Regnorum Aragoniæ et Comitum Barchinonensium*, on donne ce poëme sous le nom de don Paul de Sainte-Marie, comme le remarqueront plus tard nos lecteurs ; 3° que le grand chancelier étant mort en 1432, il put composer cet ouvrage en 1426, suivant le calcul que fait le señor Ochoa, sans que, dans ce cas, l'opinion de l'érudit Sanchez apparaisse sans fondement, de Sanchez qui dut s'appuyer sur l'autorité avec laquelle le poëme était composé ; et 4° que Paul de Sainte-Marie, si versé dans les saintes Écritures, put interpréter de nombreux passages, conformément au texte hébreu, et traduire les mots hébraïques de la manière la plus naturelle, en disant *que la lumière soit, et la lumière fut*, ce que n'aurait pu dire quiconque n'était pas comme lui versé dans la langue des Juifs. Toutes ces raisons nous font croire que ledit poëme appartient à don Paul de Sainte-Marie, et non à don Iñigo Lopez de Mendoza.

celier, qui montre parfois une élocution des plus choisies et qui prouve qu'il ne méconnaissait pas l'art poétique, tel qu'il était cultivé, vers la fin du xiv° siècle ou au commencement de xv°. Pour que nos lecteurs puissent juger plus facilement de tout ce que nous avons avancé, nous transcrirons aussi les strophes suivantes qui commencent le poëme :

> Au temps marqué par le Seigneur (1)
> pour envoyer naître son fils pour nous,
> sans prendre aucun autre conseil,
> il créa, par ordre, les cieux et la terre.
> Comme le tout se trouvait réuni
> avant d'être par parties réparti,
> les eaux avait en haut retirées
> un vent de la bouche de Dieu exhalé.
>   Après qu'il eut, le premier jour, la lumière
> formé, pour nous éclairer dans le monde,
> il créa les cieux, dans la seconde journée,
> et la mer et la terre, dans le troisième jour.
> Dans le quatrième, il fit un grand luminaire,
> le soleil, qui, du ciel, éclairât pendant le jour,
> et ensuite la lune, qui régnât
> la nuit, et les étoiles avec tous les astres.
>   Le cinquième jour, il ordonna aux eaux
> de créer, en elles, divers poissons,
> engendrés, chacun suivant ses semences :
> à la terre de même, des oiseaux qui volent.

(1)   A tiempo que fué del Sennior ordenado
       por nos el su fijo enviar á nacer,
       sin otro consejo ninguno tener
       los cielos é tierra crió por mandado.
       Lo qual como todo estuviese ayuntado,
       antes que por partes fuese repartido,
       era por encima las aguas traido
       un viento por boca de Dios espirado.
         Despues que la luz en el dia primero
       formó por á nos alumbrar en el mundo,
       los cielos crio en el dia segundo
       et mar et la tierra en el dia tercero.
       En el cuarto fizo un grand candelero;
       el sol, que d'el cielo en el dia alumbrasse
       et en pos la luna que sennoriasse
       la noche, y estrellas con todo lucero.
         En el quinto dia mandó que criassen
       las aguas en sí diversos pescados,
       segunt sus simientes cada uno engendrados;
       la tierra eso mesmo aves que volassen.

Dans le sixième jour, les êtres qui rampent (1)
il ordonna à la terre d'engendrer, et à
ces nombreux animaux, l'un avec l'autre,
il ordonna de croître et de multiplier.
 Puis, en ce jour, notre Créateur,
dès qu'il eut achevé toutes ces choses,
les voyant bonnes et si belles,
voulut qu'elles eussent toutes un seigneur.
Étant poussé par un grand amour,
de sa bouche il dit bientôt, sans retard :
« Faisons l'homme, à notre ressemblance,
et que toutes ces choses l'aient pour seigneur. »

Le poëte raconte ensuite comment Dieu fit le premier homme, se reposa le septième jour, le sanctifia, et il continue en ces termes :

Créé fut l'homme pour qu'il ne péchât point (2)
du limon de la terre, comme voulut le Seigneur.
Il le plaça bientôt dans le paradis,
pour qu'il le travaillât et qu'il le gardât.
Et il lui donna des fruits en abondance à cueillir,
excepté de cet arbre de la science ;
que, s'il venait à en manger, en ce jour
il lui jura qu'il n'échapperait jamais à la mort.
 Tant qu'il se trouva ainsi constant,
en lui n'habitaient ni tromperie, ni ruse,

(1) En el sesto dia cosas que rastrassen
mandó que la tierra engendrasse, los quales
en uno con otro muchos animales
mandó que cresciesen et multiplicassen.
 Luego en este dia nuestro Criador
desque ovo acabado todas estas cosas,
veyendo ser buenas é tanto fermosas,
quiso que tuviesen todas un sennior.
Seyendo movido con un grand amor
por su boca divo luego sin tardanza :
« Fagamos el ome a nuestra semblanza,
à quien todas ellas hayan por Senior. »

(2) Criado fué el ome porque non pecasse
del limo de tierra como el Sennior quiso,
é púsole luego dentro el paraiso,
para lo labrar et que lo guardasse.
É dióle de fructas assaz que tomasse,
sinon d'aquel arbol de sabiduria,
del qual si comiesse, luego en esse dia
juró que de muerte jamas escipasse.
 En tanto que asi constante estoviera,
en él non moraba engannio nin dolo,

et il dit : « Il n'est pas bien que l'homme soit seul (1) ;
il vaut mieux que nous lui fassions une compagne. »
Immédiatement, le Seigneur un grand sommeil envoya
à Adam, le premier homme engendré,
et il prit une côte d'un de ses côtés,
de laquelle il forma la première femme.
 Après que la femme fut ainsi formée
de cette côte que Dieu lui prit,
devant Adam le Seigneur l'appela,
Pour voir comment il voulait qu'elle fût nommée.
Et il dit : « Puisqu'elle est de mes os tirée
et de ma chair faite, pour une telle paye,
que son nom soit dit *virago*,
puisque de *varon* elle a été tirée.

Plus loin, don Paul de Sainte Marie continue :

Ce serpent, grand Lucifer (2),
les voyant si bien persévérer ;
dans un grand désir de les tromper,
de la femme bientôt vint s'approcher.
Il lui dit : « Si, vous autres, vous voulez bien savoir,
ainsi que les anges, le bien et le mal,
mangez de cet arbre, du fruit duquel
votre Seigneur Dieu vous a défendu de manger. »

(1) et dixo : « No es bien que el ome esté solo,
mas que le fagamos una companniera. »
Et luego el Sennior gran suennio posiera
en Adam, el ome primero engendrado,
é tomó costiella d'el un su costado,
de la qual formó la mugier primera.
 Despues que mugier asi foé formada
de aquella costiella que Dios le tomó,
delante de Adam el Sennior la llamo,
ver como queria que fuesse llamada.
É dixo : Por ser de mi hueso sacada
é de la mi carne fecha, tal por pago
sea el su nombre llamado *virago*,
porque de varon ella foé tomada.

(2) Aquella serpiente, grande Lucifer,
veyéndolos tanto bien perseverar,
con muy grant desseo de los engannar,
ella se foé luego para la mugier,
E diz : « Si vosotros quereis bien saber,
asi como ángeles, de bien et de mal;
comet d'aquel árbol, del fructo del qual
vuestro sennor Dios vos vedo comer. »

Puis la femme, comme elle est désireuse (1)
de savoir ce qu'elle ne connait point,
elle va très-promptement vers son mari
avec grande allégresse non moins joyeuse.
Elle dit : « Seigneur, écoutez-moi une chose :
mangez une bouchée de cette pomme,
vous n'avez jamais vu une chose meilleure,
ni aucune autre être plus belle. »
 Quand ces paroles le bonhomme entendit,
il crut tout ce que celle-ci lui dit,
et seulement pour voir le goût qu'avait (le fruit),
une bouchée très-grande en lui mordit.
Et dès qu'il eut ainsi de manger achevé
cette (bouchée) qu'il avait du fruit retirée,
il sentit qu'il avait très-gravement péché
contre le Seigneur, et il s'en repentit.
 Après qu'il eut péché, de Dieu il fut appelé,
qui lui dit : « Où es-tu ? pourquoi te caches-tu ?... »
Il répondit : « Seigneur, la femme que tu m'as donnée
a fait que contre ton ordre je suis allé,
et comme je me suis vu entièrement dépouillé,
et que j'ai entendu ta voix, voix qui m'a épouvanté,
pour cela, Seigneur, de ton visage je me suis caché,
tout nu, avec crainte et plein de honte. » —
 « Quel motif, dit Dieu, t'a fait craindre

(1)   Luego la mugier, como es cobdiciosa
de saber aquello que no ha conocido,
fuesse muy apriesa para su marido
con grant alegria non menos gozosa.
E dixo : « Sennior, oidme una cosa ;
comet un bocado d'aquella manzana ;
que vos nunca vistes cosa mas lozana :
nin otra ninguna seer mas fermosa. »
 Quando estas palabras el buen ome oyó,
creyó todo aquello que ella le decia;
é solo por ver el sabor que tenia,
en ella un bocado muy grande mordió.
E luego que así de comer acabó,
aquella que habia del fructo tomado,
sintió como avia muy grave pecado
contra el Sennior é se arrepintio.
 Despoes que peccara de Dios fué llamado
et dixol : ¿Do estas ? ¿por qué te escondiste ? »
Respondió : « Sennior, mugier que me diste,
me fizo que fuera contra tu mandado :
é como del todo me vi despojado,
é oí la tu voz, la qual me espantara,
por esto, Sennior, me escondi de tu cara,
desnudo, con miedo, muy avergonzado.
 ¿ Qué fué, dixo Dios, porqué tu temiesses

de te trouver dans un lieu où moi-même je t'ai placé (1)?...
Pourquoi ensuite, au moment où je t'ai appelé,
as-tu cherché, en courant, un endroit pour te cacher?
Qui t'a dit que tu étais nu,
ou qui t'a montré que tu étais dépouillé,
si ce n'est parce que tu as mangé du fruit défendu,
dont je t'ai ordonné de ne jamais manger?
  Par conséquent, tu sauras que maudite sera,
devant toi, la terre que tu laboureras,
et que, quand partout de pain tu la sèmeras,
épines et chardons elle te donnera.
Et toujours, toujours cela durera,
jusqu'au temps où tu rentreras
dans la même terre d'où l'on te tira,
en laquelle ta chair se résoudra.

Nous avons copié ce passage en entier, parce que sa lecture contribuera, plus que toutes nos observations, à faire connaître don Paul de Sainte-Marie comme poëte castillan. Versification harmonieuse et facile, légèreté et naturel parfois dans la narration, vérité assez grande dans le coloris et dans les images, énergie dans l'expression, qui est très-fréquemment simple, telles sont les qualités que les esprits intelligents trouveront dans le poëme dont nous parlons. Ils y rencontreront aussi fréquemment des mots et des phrases qui dénotent trop de trivialité et trop de bassesse, conséquence peut-être de ce qu'il ne s'était pas encore formé un langage poétique convenablement séparé du langage vulgaire, employé dans les autres ouvrages qui se composaient alors. Nous devons avertir cependant qu'un petit nombre des poëtes qui ont fleuri au xive siècle l'ont emporté par

(1)   de estar en logar que yo te mandé ?...
    ¿ Qué despues, al tiempo que yo te llamé,
    buscaste corriendo donde te scondiesses ?...
    ¿ Quién te dixo que desnudo stuviesses,
    ó quién te mostro estar despojado
    sinon que comistes del fruto vedado,
    del cual yo mandé que nunca comiesses ?...
      Por ende sabrás que maldita sera
    delante de ti tierra que labrares,
    é que quando quier de pan la sembrares,
    spinas é cardos ella te dara.
    Por siempre jamas esto durará
    fasta en aquel tiempo que sias torna
    á la mesma tierra do fuiste tomado,
    en la cual tu carne se resolverá. »

cet avantage sur don Paul de Sainte-Marie. C'est un fait que nos lecteurs peuvent avoir apprécié par les passages que nous venons de citer. On pourra nous dire peut-être que tout le poëme n'est pas écrit de la même manière; que l'on remarque dans l'ensemble une grande inégalité, résultat naturel sans doute de l'étendue que le chancelier a donnée à cet ouvrage. Il n'était pas possible, en vérité, dans le récit d'événements historiques qui ne se prêtent pas tous à la description poétique, de conserver toujours le même ton et d'employer le même langage. La vérité historique n'est pas, d'un autre côté, la vérité poétique; l'histoire n'admet pas non plus les ornements de l'épopée. Ainsi donc, puisque don Paul de Sainte-Marie ne se proposait pas d'écrire un poëme épique, mais uniquement un livre didactique, un abrégé de l'*Histoire universelle*, le plan de son ouvrage ne pouvait avoir la régularité exigée par ce genre de productions, ni déployer tout le luxe d'imagination que la fiction poétique aurait réclamé. La manière dont les faits sont enchaînés et exposés démontre toutefois que, si le dessein eût été différent, l'évêque de Burgos aurait, sans aucun doute, pu donner à son poëme un plus grand intérêt, un plus grand lustre.

A la fin de ce poëme, don Paul de Sainte-Marie a mis une relation chronologique de tous les Seigneurs qu'il y a eu en Espagne depuis que Noé sortit de l'arche jusqu'à don Juan II : *Relacion cronológica de los Señores que ovo en España desde que Noé salió del arca fasta don Juan el II*. Cette relation a été copiée par don Juan Pedro Pellicer de Ossau, dans la traduction qu'il a faite de la somme des chroniques d'Aragon : *Suma de las crónicas de Aragon*, par Mossé Pere Tomich, dont le manuscrit se trouve à la Bibliothèque nationale de Madrid. Le peu d'exactitude de Pellicer, ou, ce qui paraît plus probable, l'ignorance du copiste, est cause que les quatre-vingt-cinq octaves de art majeur, qui forment la relation ci-dessus mentionnée, fourmillent de fautes considérables. Tantôt la consonnance est changée dans une même strophe, ce qui suffit pour tronquer le sens et le défigurer, tant on rencontre des vers entièrement défaits ; la rime apparaît au milieu et est en désaccord avec la finale, d'où il résulte un préjudice notable pour la versification et la cadence ; parfois, à la fin du vers, il manque deux syllabes ou plus, ou elles sont au contraire en trop, ce qui ne peut laisser que de produire un dégoût assez grand à la lecture. Malgré de semblables négligences, qui auraient été impardonnables chez le poëte et qui étaient très-communes avant la découverte de l'imprimerie, la relation dont nous parlons brille par de nombreuses qualités poétiques. Pour preuve de ce que nous avançons, nous transcrirons ici les strophes où le poëte parle des amazones. Après avoir expliqué les causes qui font vivre ces femmes seules, il continue de cette manière :

> Porque convenia á quien acatassen
> entre sí ficieron reynas que rigiessen,
> para que despues, luego que muriessen,
> una de las otras el regno heredassen.
> Las quales tambien assí mesmo tomassen
> de salir el cargo luego á pelear;
> porque desta guissa podrian enojar
> á todos aquellos que las enojassen.
>
> Aquella que el regno en commienzo tomó
> luego fué Lampeta la primera dellas,
> ó despues Marsipa, Sinope tras ellas,
> á la qual Erdica despues succedió.
> Por cuyo fin luego en el regno quedó
> la Pantasilea, que yendo ayudar
> á Etor, oyendo su fama sonar,
> por le socorrer en Troya murió (1).

Dans la strophe suivante, il mentionne la reine Thomyris qui vainquit Cyrus, et il ajoute :

> Asi que ya fueron tan acrescentadas
> en esta manera que quando querian
> iban á sus omes, con quienes dormian;
> pero todas eran muy luego tornadas.
> É quando despues que estaban prennadas,

(1) Et comme il convenait qu'on respectât quelqu'un, — elles firent entre elles des reines pour gouverner, — afin qu'immédiatement après leur mort, — l'une d'entre elles héritât du trône sur les autres, — qui, elles aussi, prirent — la charge de sortir pour combattre, — afin de pouvoir, de cette manière, ennuyer — tous ceux qui voudraient les ennuyer.

Celle qui commença à saisir les rênes du gouvernement, — la première d'entre elles fut Lampeta, — et puis Marsipa, après elles Sinope, — à qui Erdica ensuite succéda, — dont la fin fit bientôt arriver au trône — Penthésilée, qui allant aider — Hector, après avoir entendu son nom résonner, — pour le secourir mourut à Troie.

si fijos parian, luego los enviaban
á sus padres dellos, allá donde estaban.
É la las fembras eran entre ellas criadas (1).

Nous croyons aussi les strophes suivantes dignes d'être citées. Après avoir énuméré tous les rois goths qui ont régné en Espagne jusqu'à Recesvinthe, il dit :

En tiempo de aqueste dió la vestidura
á santo Illefonso la virgen María,
porque en sus oficios siempre la servia,
seyendo arzobispo, con casidad pura.
Mas porque abreviemos aquesta scriptura
del otro rey noble tras esto dirémos,
del qual por las buenas leyes que tenemos
sa noble memoria en el regno dura (2).

Il rapporte les bonnes œuvres du roi Wamba, et il continue plus loin :

Mas en fin de todo como se moviera
Hervigio por causa de lo suceder,
dióle en manjares yervas á bever;
de guissa que luego la fabla perdiera.
El qual en Pampliega despues estoviera
en el monasterio de los del Cistel,
siete años, fasta que regó despues del
este que las yerbas primero le diera.
El qual ya despues que acabó de regnar,
Egica, su yerno, luego sucedió,
tras quien el malvado Vetiza regnó,
que todas las armas fizo desatar
ó los muros de las villas derribar;

(1) Elles allèrent ainsi s'augmentant, — de manière que, lorsqu'elles voulaient, — elles allaient vers leurs époux, avec qui elles dormaient; — mais elles étaient toutes bientôt revenues. — Et quand elles étaient ensuite enceintes, — si elles enfantaient des mâles, elles les envoyaient immédiatement — à leurs pères, là où ils étaient, — et les filles étaient élevées parmi elles.

(2) Au temps de ce roi, la Vierge Marie donna le vêtement à saint Ildefonse, parce que, dans ses offices, il l'avait servie, étant archevêque, avec la chasteté la plus pure. Mais, pour abréger cette composition, de l'autre roi noble, après celui-ci, nous parlerons; duquel roi les bonnes lois que nous avons feront durer sa noble mémoire dans le royaume.

mas otro que despues del ovo regnado
los ojos le ovo por fuerza sacado
como él á su padre fiziera sacar (1).

Dans toute cette *relation*, comme dans tout le reste de l'ouvrage, l'évêque de Burgos suit la plus exacte chronologie. Il témoigne d'un bon jugement historique, puisque la briéveté avec laquelle il raconte les faits ne lui laisse pas le temps d'exposer ses doctrines avec plus de fixité. Pour terminer l'examen que nous faisons de cette rare composition, nous copierons les strophes où il parle de saint Ferdinand et du roi don Alphonse le Sage, et où il montre le même bon sens :

Este sancto rey, desque ya poseía
en pas é sosiego el regno de Castilla,
ganó de los Moros la noble Sevilla,
con toda la tierra del Andalusia.
Nunca despues, como ántes solia,
regnó mas de uno en Castilla é Léon,
porque este juntó los regnos por accion
é grandes derechos que en ellos avia.
El fijo fue deste en discordia elegido,
para que fuesse emperador de Alemaña,
aquel don Alfonso que por guerra extraña
el regno de Mursia le fué sometido.
Et despues que todo fué del poseydo
facer mando en Lorca la torre alfonsí
é *Siete Partidas* de ley otrosí
por donde su regno fué bien regido.
Quando de la yda que este rey fiziera
pensando en aver el imperio, tornó
falló que don Sancho, su fijo, se alzó
con todo su rregno por saña que oviera.

(1) Mais, en fin de tout, comme se remuait — Hervigius pour lui succéder, — il lui donna, dans des mets, des breuvages à boire, — de sorte que bientôt il perdit la parole. — Lequel ensuite alla à Pampliega, — dans le monastère de ceux de Citeaux — pendant sept ans, jusqu'à ce que régna après lui — celui qui, d'abord, les herbes lui avait donné.
Auquel, après qu'il eut fini son règne, — Egica, son gendre, succéda ensuite, — après lequel le méchant Vitiza régna; — Vitiza, qui fit détruire toutes les armes — et renverser toutes les murailles des villes ; — mais un autre, qui après lui eût régné, — lui eût, par force, tiré les yeux, — comme il les fit tirer lui-même à son père.

É despues que el padre en Sevilla muriera
é el ovo el regne, segund dicho es,
la villa ganó de Tarifa despues
por muchos combates grandes que le diera (1).

Don Paul de Sainte-Marie termine son histoire de la manière suivante, en faisant allusion à don Juan II :

Aqui concluyendo, finco la rodilla,
besando la tierra, como natural
delante su grande poderio real,
de aqueste alto rey de Leon y Castilla (2).

Nous avons déjà fait quelques observations sur les défauts et les beautés qui se trouvent dans cet ouvrage, uniquement considéré sous le point de vue poétique. Nous pourrions en ajouter d'autres à celles que nous avons indiquées, et qui n'ont pas moins d'importance relativement à l'art métrique. On pourrait les appliquer non-seulement à don Paul de Sainte-Marie, mais encore aux poëtes qui ont composé des vers de *maestria mayor*, d'art majeur, tant de ceux qui l'ont précédé que de ceux qui lui ont succédé, soit de race juive, soit chrétiens, comme nous aurons l'occasion de le remarquer dans les chapitres suivants. On peut donc observer que, fréquemment, certains vers manquent d'harmonie, quoiqu'ils se composent des douze syllabes qu'exige la métrique. Ce défaut de cadence que l'on peut, à première

---

(1) Ce saint roi, dès qu'il posséda en paix et tranquillité le royaume de Castille, gagna, sur les Maures, la noble Séville, avec toute la terre de l'Andalousie. Jamais depuis, comme il arrivait auparavant, il n'a régné plus d'un maître en Castille et en Léon, parce que ce roi a réuni les royaumes par ses actes et par les grands droits qu'il avait sur eux.

Le fils de ce roi fut élu au milieu de la discorde, pour être empereur d'Allemagne, don Alphonse qui, dans la guerre étrangère, soumit le royaume de Murcie. Et puis, quand il eut tout possédé, il ordonna la construction, à Lorca, de la tour Alphonsine ; il fit aussi la loi des *Sept Parties*, qui servit à bien régler son royaume.

Quand ce roi revint du voyage qu'il avait fait, dans la pensée d'avoir l'empire, il trouva que don Sanche son fils s'était soulevé, avec tout le royaume, dans une sédition qui avait éclaté. Après que le père fut mort, à Séville, et que le dernier eut le royaume, comme il a été dit, il gagna la ville de Tarifa, après avoir livré de nombreux et grands combats.

(2) Ici il finit, il fléchit le genou, baisa la terre, comme c'est naturel, devant le grand pouvoir royal de ce puissant roi de Léon et de Castille.

vue, attribuer au poëte, en le qualifiant de peu harmonieux, provient indubitablement de la mesure que l'on donnait alors à cette espèce de vers. Les études qui se faisaient en Castille, à l'époque dont nous parlons, sur les poëtes classiques, et le penchant naturel à les imiter, avaient fait que la poésie savante, qui ne put jamais se dessaisir de l'influence latine, prit un caractère dérivé, non-seulement dans la langue, mais encore dans les formes. C'est ainsi que la métrique latine se voyait très-souvent imitée, et que les vers castillans recevaient leur dénomination du genre de vers employé par les poëtes de la cour d'Auguste (1). Nos versificateurs aspiraient à leur donner les mêmes césures, ou ils désiraient, pour le moins, se rapprocher d'elles autant que possible, ce qui était visiblement contraire à la prosodie de notre langue. Il résulte de là que, dans beaucoup de vers du poëme du chancelier, nous ne trouvons maintenant aucune harmonie, bien qu'on ne puisse douter que celui qui a écrit les vers que nous avons cités plus haut n'eût une semblable qualité. Le vers suivant ne peut être en vérité moins harmonieux :

É los muros de las villas derribar (2).

(1) Pour preuve de cette vérité, nous citerons ici ce que Juan de Lucena, dans son *Traité de la vie heureuse*, met dans la bouche de Juan de Mena et dans celle d'Alphonse de Carthagène, évêque de Burgos, dont nous examinerons les œuvres. Invités tous les deux par le marquis de Santillane à entrer *dans le camp des philosophes*, Juan de Mena lui dit : « Si quereis pero que riñamos esta quistion por metros *heróicos o coriámbicos versos* : quando querreis armemos sendos problemas en esta manera; el uno retórico y el otro gran orador é yo con mi poesia seremos quasi á la igualada. — EL OBISPO. — No cabe dudar, Juan de Mena, si contigo nos envolvemos, iremos bien motejados : mas dexando las burlas y hablando de veras, ni entremos en puntas diamantinas como el quiere, ni como tu dices, por versos *trocaydos*, ni *saphíricos metros;* mas hablemos á la llana por nuestro romance y el señor marques, pues movió la question, la mantenga. — Si vous voulez que nous vidions cette dispute en mètres *héroïques* ou en *vers coriambiques*, posons, quand vous voudrez, chacun en particulier, des problèmes de cette manière : l'un rhéteur et l'autre grand orateur, et moi, avec ma poésie, nous serons presque égaux. — L'ÉVÊQUE. — Il n'y a pas de doute, Juan de Mena, si nous nous engageons avec toi, nous serons bien raillés ; mais laissons les plaisanteries, parlons sérieusement, et ne marchons pas sur des pointes de diamant, comme il le veut, ni comme tu dis, avec des vers *trochaïques*, ni des mètres *saphíriques*, mais parlons simplement avec notre romance, et que le seigneur marquis maintienne la question, puisqu'il l'a soulevée. » On le voit donc, les vers employés par ces illustres écrivains pouvaient recevoir leur nom de la langue latine.

(2) Et les murs des villes renverser.

Il en est de même du vers qui suit :

Siete años fasta, que regno despues del (1).

Mais dès que l'accentuation se rétablit de la manière dont Paul de Sainte-Marie dut le faire, ces vers apparaissent avec la cadence des autres, et ils rendent plus évidentes les observations que nous avons indiquées. Il suffit de lire, pour le prouver, les deux vers ci-dessus de cette manière :

É los muros de las — villas derribar.
Siete años fasta que — regno despues del.

Il n'y a donc pas de doute que les fautes qui apparaissent maintenant, dans la versification de l'époque dont nous parlons, ne soient le résultat de l'effort visible pour imiter la métrique latine (2). Ce-

(1) Sept ans, jusqu'à ce qu'il régnât après lui.
(2) Quoiqu'on ne puisse nier l'influence de la littérature latine sur les études qui se faisaient en Castille, vers la fin du xıv° siècle et au commencement du xv°, on ne doit pas perdre de vue que l'influence qu'elles reçurent des connaissances des rabbins dût être aussi très-grande. Pour nous borner aux considérations que nous avons faites, il convient de remarquer que la métrique employée par don Paul de Sainte-Marie pourrait être considérée comme d'origine hébraïque. En effet, quiconque a quelques notions de la langue hébraïque, s'il examine tous les poëmes composés au moyen âge par les rabbins les plus fameux, trouvera dans leurs vers la même structure, la même cadence que dans les vers d'*art majeur* employés par nos poëtes. Pour preuve de cette assertion, il suffit de considérer les vers que nous avons extraits du célèbre poëme du *Jeu des échecs*, dû à Rabbi Abraham Aben Herra, qui, en commençant la description du mouvement des pièces, suppose, comme nous l'avons remarqué, que, sur l'échiquier, paraissent deux camps ennemis de Chuséens et d'Iduméens.

וכושים בקרב פשטו ידיהם
אדומים יצאו אל אחריהם

dont la lecture est :

W — cusim — loqquerab — pasta — ydehém
bedomin — yetsehu — hel — hajarehém.

Mais ce qui appelle encore plus l'attention, en examinant l'étroite analogie qu'il y a entre ces vers et les vers de notre *art majeur*, c'est de trouver cette versification déjà formée, dès les temps les plus reculés de l'hébreu. Quiconque s'est consacré à l'étude de cette langue, aura lu, au chapitre iv de *la Genèse*, la révélation que

travail portait nos poëtes jusqu'à dénaturer en quelque sorte le langage, à renverser les lois de la prosodie, à renoncer, en partie, à l'harmonieuse flexibilité d'un idiome qui se prêtait déjà à toutes les modifications, et qui pouvait donner tous les tons de la poésie. Et cependant l'imitation était la condition expresse de la littérature savante ; il n'était pas possible que cette loi, imposée par l'esprit de développement et de progrès, trouvât de l'opposition chez aucun des écrivains des siècles XIV et XV, écrivains qui poussèrent le religieux respect qu'ils professaient pour l'antiquité romaine, jusqu'au point

fait Lamec à ses femmes des crimes qu'il a commis, révélation qui est le premier vestige de poésie qu'on trouve dans les temps anciens. Lamec dit :

עדה וצלה שמען קולי
נשי למך האזנה אמרתי:

Voici comment on peut lire ces vers :

Jádih w — Tsillah smajím qoli
ensé Lemec, habazenna limrati.

Celui qui se proposerait uniquement d'établir une théorie, trouverait sans doute ce rare exemple suffisant pour donner lieu à de grandes investigations. Mais nous ne voulons pas nous arrêter ici plus longtemps que ne l'exige notre plan, et ce que nous avons dit nous paraît suffisant pour démontrer que la poésie, cultivée par les rabbins, put et dut avoir une grande influence sur la poésie castillane, de la même manière qu'on ne peut en refuser une à la langue latine, dans l'époque où nous parlons. Il ne manque pas non plus d'écrivains remarquables qui attribuent à la poésie arabe une égale influence sur la poésie castillane ; il y en a même qui affirment que les vers d'art majeur furent imités par nos poëtes, des vers que les mahométans composaient dans le même mètre. L'habile Gonzalo Argote de Molina semble être de cette opinion, quand, dans son *Discours sur la poésie castillane*, il dit, en parlant des vers de quatre cadences : « C'est là la quantité de certains vers plaintifs que nous avons entendu chanter aux Morisques du royaume de Grenade, et qui commencent ainsi :

« Alhambra hannina gualcozor taphqui
Alamayarail ia Muley Boabdeli :
Ati ni firazi quadargati alhojda
Vix nanci nicatar guanabod Alhambra. »

ce qui veut dire en castillan :

¡Alhambra hermosa!... tus Castillos lloran
de ti abandonados, o Muley Boabdeli :
dadme mi caballo y mi adarga blanca,
para que yo pelee y libre la Alhambra.

(Édition de Séville, par HERNANDO DIAZ, 1575.)

extrême d'adopter, dans leurs ouvrages écrits en prose, une multitude de tours entièrement latins, de perdre de vue le caractère propre de notre langue et d'essayer d'une syntaxe qui répugnait à l'état de cette même langue, comme nous l'observerons dans un autre chapitre. Pour être aussi exact que nous le désirons, il convient de dire toutefois que don Paul de Sainte-Marie n'est pas un des auteurs qui sont tombés le plus souvent dans le défaut que nous avons remarqué; si l'on peut, d'après les raisons que nous venons d'exposer, appeler défaut ce qui alors ne passait point pour tel, ce qui était le produit naturel du système d'études généralement adopté. Nous pourrions faire d'autres observations, quoique moins importantes, sur les poésies de ce docte converti, mais nous nous sommes seulement proposé, dans notre ouvrage, d'offrir un résumé des œuvres composées par des auteurs juifs. Nous nous sommes, du reste, arrêté longtemps à faire connaître spécialement le poëme de l'évêque de Burgos; nous nous croyons donc obligé de les omettre en faveur de la brièveté, et pour être conséquent avec le plan que nous avons adopté dès le principe. Don Paul de Sainte-Marie écrivit enfin un discours sur l'Origine et la Noblesse de sa famille (*Origen y Nobleza de su linage*), dont le manuscrit est conservé avec soin à la Bibliothèque nationale. Il montre, dans cette production, la même profondeur de connaissances que l'on remarque dans les autres ouvrages qu'il composa.

Jérôme de Sainte-Foi fut, comme nous l'avons dit dans le chapitre V de notre premier *Essai*, un des convertis qui exercèrent le plus d'influence sur le développement de la civilisation espagnole. Triomphant, dans la célèbre dispute de Tortose, des plus doctes rabbins accourus pour prendre part à une controverse qui faisait tant de bruit, caressé par la cour du pontife don Pedro de Luna, et poussé par un sentiment de reconnaissance, il se proposa d'exterminer ses compatriotes incrédules, et, pour atteindre son but, il écrivit un ouvrage auquel il donna le titre d'*Hebræomastix* (Fléau des Hébreux). Il se compose de deux livres ou traités, divisés, le premier en douze chapitres, et le second en six. Dans le premier, qui avait pour objet de convaincre les Juifs de leur perfidie (*convincendam perfidiam Judæorum*), il se proposait de traiter les points sur lesquels ils sont d'accord ou en désaccord avec les doctrines des catholiques. Il développe l'explication des mystères du christianisme avec une érudition et une clarté telles qu'il ne laisse aucun doute sur la sincérité de sa conversion, ni sur l'étude profonde qu'il avait faite des livres sacrés et du *Talmud* en particulier. Le second livre qui, de l'aveu de l'auteur lui-même, avait été écrit, à la hâte, pour accomplir les ordres de Benoît XIII (*apresuradamente en cumplimiento de las órdenes de Benedicto XIII*), et comme pour prouver la nécessité de détruire les erreurs des Juifs, tendait plus particulièrement à combattre le code moral et religieux respecté par les rabbins et commenté à satiété, dans toutes les époques. Ainsi donc, expliquer l'excellence du christianisme et rendre manifestes les *aberrations et les absurdités du Talmud*, tels furent les points principaux que Jérôme de Sainte-Foi se proposa de développer en composant ces deux traités. Il atteignit tellement son double but, que, par leur lecture, plus de cinq mille Juifs se convertirent à la religion du Christ (*ultrà quinque millia Judæorum conversi sunt ad fidem Christi*). Si nous n'éprouvions la crainte de nous étendre trop longtemps, nous citerions ici quelques passages de ces livres, qui ne laissent pas que d'appeler l'attention pour avoir produit un effet si merveilleux. Mais ils sont écrits dans un latin qui a peu d'élégance et de pureté; ils sont exclusivement consacrés aux matières ci-dessus indiquées; on ne peut donc les offrir comme des modèles achevés, quoiqu'ils révèlent l'état de culture où se trouvait, en Espagne, la langue du Latium vers le commencement du XVe siècle.

Désireux de voir lire ses livres par tout le monde, Jérôme de Sainte-Foi les traduisit aussi en castillan, le premier surtout, dont le manuscrit s'est heureusement sauvé de la bourrasque que ce genre d'objets précieux a éprouvée dans ces derniers temps, et qui se conserve dans la bibliothèque provinciale de Ségovie, formée par le zèle de la Commission des monuments historiques et artistiques. Ce manuscrit se compose de douze chapitres, comme nous l'avons remarqué plus haut; ils sont précédés d'une espèce de prologue ou de préambule, dans lequel l'auteur expose les motifs qui l'ont poussé à écrire son livre. Comme nos lecteurs connaissent déjà les matières dont il traite, nous nous contenterons de transcrire ici les lignes suivantes, extraites du premier chapitre, et d'où l'on pourra déduire les études que cet auteur fit aussi de notre langue:

« É que los principios otorgados por todos é las cosas en que todos somos concordes, de lo cual facemos pie ó fundamento principal son tres. Lo primero por autoridad é plenaria fó á todas las profecias así de los cinco libros de Moisen, como de todos los otros profetas, en tanto que cualquier cristiano ó judio que nada de aquello niegue es dado por herege. El secundo principio es creer que Dios habia de enviar Mesías para salvar, porque aqueste es uno de los diez y ocho articulos puertós entre los Judíos, segun que los escribe Rabbi Moisen de Egipto é otros muchos entre los cristianos que non vale decir, porque toda la santa fó católica es fundada sobre aquellos. El tercero principio es que el dicho rey Mesias habia de ser del linage del rey David en esto tampoco non vale alegar ; que manifesto es é otorgado por todos. Propuestas las cosas en que somos concordes conviene ver aquellas en que somos discordes, por los quales se sigue la grand diversidad ó tan esquiva separacion entre nos otros é ellos (1). »

Jérôme de Sainte-Foi, mieux inspiré et peut-être plus érudit, dans les discours prononcés au congrès de Tortose, que dans les livres que nous venons d'examiner, s'exprime de la manière suivante dans son premier discours, après avoir invoqué la protection du souverain pontife, de ses cardinaux et des prélats :

« Occurrunt mihi verba ipsa, primo capitulo scripta : « *Venite et ar-* « *guite me,* » dicit Dominus. Si fuerint peccata vestra ut coccinum quasi nix dealbabuntur, et si fuerint rubra quasi vermiculus, velut lana alba erunt. Si volueritis et audieritis me, bona terræ comedetis, sed si nolueritis et me ad iracundiam provocaveritis, gladius devorabit vos. Quod os Domini locutum est. Cuncti sacræ Scripturæ doctores,

---

(1) « Et que les principes accordés par tous, et les choses sur lesquelles nous sommes tous d'accord, et qui nous servent de base et de fondement principal, sont au nombre de trois. Le premier : autorité et foi entière dans toutes les prophéties, tant des cinq livres de Moïse que de ceux de tous les autres prophètes, en sorte que tout chrétien ou tout juif qui en nie quelque chose passe pour hérétique. Le second principe consiste à croire que Dieu devait envoyer le Messie pour sauver les hommes; parce que ce principe est un des dix-huit articles convenus entre les Juifs, comme les a écrits Rabbi Moisen d'Égypte, et beaucoup d'autres d'entre les chrétiens qu'il est inutile de nommer; parce que toute la sainte foi catholique est fondée sur eux. Le troisième principe est que ledit Messie devait être de la race de David, principe sur lequel il est aussi inutile d'insister, car il est manifeste et accordé par tous. Après avoir ainsi proposé les choses sur lesquelles nous sommes d'accord, il convient de voir celles sur lesquelles nous sommes en désaccord, et qui font la grande diversité et l'immense séparation entre nous et eux. »

tan catholici quam rabini hebraici concorditer proclamant verba de Deo per prophetas dicta, necdum sensum litteralem, verum etiam allegoricum indubitanter habere, quod secundum catholicos claret. Fidei autem catholicæ est fundamentum Vetus Testamentum esse figuram, seu speculum ubi omnia post Messiæ adventum sequentia eminent, vel relucent. Hebraici vero idem scribentes textus propheticos plures habere sensus; unum hebraice pessat quod sensus litteralis, alium vero continet *midras*, quod moralis interpretatur : apellant concorditer dicentes sensum moralem contineri litteralem quod Rabbi Abraham Aben Hezra exponens, ait sensum litteralem sicut corpus, sensum vero moralem, velut indumentum existere. Sed erravit non leviter in similitudine. Quum veritas est litteralem sicut corpus, moralem velut animam, fore quemadmodum enim anima excellentior est corpore, sic moralis litterali sensu. Ad hoc notabilis apud vos fulget auctoritas Rabini Moyse de Egipto in prologo cujusdam libri vocati *More Sapientis* verba, parabol. cxxx capitulo declarantis, mala aurea in lectis argentus, sic inquiens : Sic sunt verba profetiæ sicut pomum aureum insertum reti argenteæ, quod cum homo viderit judicio primo, totum videtur argenteum et reputat optimum magnique pretii fore. Cum autem plus approximatur eidem, efficaciusque per foramina intuetur preciosius latere ab intus considerat (1). »

(1) Les paroles mêmes écrites au premier chapitre se présentent à moi : « Venez et accuez-moi, » dit le Seigneur; si vos péchés ont été comme écarlate, ils deviendront blancs comme neige, et s'ils ont été rouges comme vermillon, ils seront blancs comme la laine blanche. Si vous le voulez et si vous m'écoutez, vous mangerez les biens de la terre; mais si vous ne le voulez point, et si vous me provoquez à la colère, le glaive vous dévorera. C'est là ce qu'a dit la bouche du Seigneur. Tous les docteurs de l'Écriture sainte, tant les catholiques que les rabbins juifs, sont d'accord pour proclamer que les paroles de Dieu, dites par les prophètes, ont indubitablement un sens que je ne dis pas seulement littéral, mais même allégorique, ce qui est évident d'après les catholiques. Or, c'est un des fondements de la foi catholique que l'Ancien Testament est une figure ou un miroir où tout ce qui doit suivre l'arrivée du Messie se détache et brille. Mais les Hébreux écrivent aussi que les textes des prophètes ont plusieurs sens : l'un, en hébreu, *pessat*, que l'on interprète par le sens littéral; l'autre, *midras*, que l'on interprète par le sens moral; ils sont d'accord en disant que le sens moral est renfermé dans le sens littéral, ce que pose Rabbi Abraham Aben Hezra, quand il dit que le sens littéral est comme le corps, et le sens moral comme l'habit. Mais son erreur dans la comparaison n'a pas été légère. La vérité est que le sens littéral est comme le corps, le sens moral comme

Ce passage, que nous avons transcrit avec toute la fidélité possible, fera connaître à nos lecteurs le genre d'argument que soutenait le médecin de prédilection de don Pedro de Luna. Ils reconnaîtront en même temps la profondeur et la subtilité de son talent, l'étendue de ses études et jusqu'à quel degré il possédait la langue du Latium. Sans crainte qu'on nous taxe d'exagération, nous croyons pouvoir affirmer que peu de ses contemporains possédèrent aussi bien que lui l'éloquence, dans l'acception propre du mot, quoique l'instrument dont il fit usage dans ses discours, c'est-à-dire la langue latine, malgré le soin avec lequel on la cultivait, apparut encore dans un état de corruption notable.

Divers rabbins écrivirent contre Jérôme de Sainte-Foi, tant pour réfuter les doctrines qu'il avait avancées dans l'assemblée de Tortose que pour neutraliser l'effet produit par son traité connu sous le titre d'*Hebræomastix* (le Fléau des Hébreux). Nicolas Antonio et Rodriguez de Castro mentionnent, parmi ceux qui se sont le plus distingués, R. Vidal ben Lévi et R. Isahak Natham. Le premier composa un ouvrage, en hébreu, intitulé : le Saint des Saints (*Santo de los Santos*); le second écrivit un traité, en langue hébraïque aussi, composé de diverses lettres, et il l'intitula : le Livre de l'opprobre (*Libro del oprobio*), ou, suivant Hottinger, la Réfutation du Séducteur (*Refutacion del Seductor*). Mais, comme nous ne nous sommes pas proposé de faire connaître la littérature purement hébraïque, nous ne nous arrêterons pas ici à l'examen de ces productions, et nous renverrons aux auteurs ci-dessus ceux qui désirent les connaître.

---

l'âme. De même, en effet, que l'âme est plus noble que le corps, de même le sens moral est plus noble que le sens littéral. Vous avez chez vous une autorité remarquable, ce sont les paroles du rabbin Moïse d'Égypte, qui déclare, dans le chapitre CXXX des *Paraboles*, que ce sont des pommes d'or *in lectis argenteis*, en disant : « Les paroles des prophéties sont comme une pomme d'or mise dans un filet d'argent. Si l'homme le voit, au premier abord il voit tout l'argent, et il le regarde comme ce qu'il y a de meilleur et du plus grand prix; mais dès qu'il s'approche plus près du même objet et qu'il regarde avec plus d'attention à travers les trous, il voit que l'objet le plus précieux est caché à l'intérieur. »

CHAPITRE VIII

Troisième époque. — xve siècle.

Observations générales sur l'état de la littérature au commencement du xve siècle. — Son caractère. — Alvar Garcia de Sainte-Marie. — Ses chroniques. — Don Gonzalve Garcia de Sainte-Marie. — Ses productions.

Nous avons dit, dans le chapitre vi de notre premier *Essai*, que, pendant que la cour de don Juan II de Castille était, politiquement parlant, comme le miroir de toutes les misères, de toutes les ambitions et de toutes les faiblesses, elle offrait, au point de vue littéraire, une perspective brillante. En effet, jamais ne s'étaient trouvés réunis tant d'éléments de culture semblables à ceux que renfermait l'Espagne chrétienne, quand don Juan II s'assit sur le trône de Castille, et que don Ferdinand d'Antequera prit, en Aragon, les rênes de l'État. Les efforts de l'archiprêtre de Hita, de don Juan, fils de l'infant don Manuel, de Pero Lopez d'Ayala, de Rabbí don Santo de Carrion, de don Paul de Sainte-Marie, de Jérôme de Sainte-Foi et de tant d'autres qui s'étaient consacrés à la culture des lettres, durant le xive siècle, ne pouvaient faire moins que de produire les plus salutaires résultats. La prédication de saint Vincent Ferrier et la prodigieuse conversion des plus savants des Juifs, événements simultanés qui se réalisèrent dans les premières années du xve siècle, étaient, d'un autre côté, des causes qui influaient puissamment sur ce brillant développement de la littérature. Ce dernier siècle ne paraissait donc être destiné qu'à recueillir, en partie, le fruit des pénibles labeurs des siècles précédents, alors que commençait à poindre la grande époque de la Renaissance, dont les splendeurs brillaient déjà de la manière la plus vive sur le sol de l'Italie, libre des barrières qui s'étaient opposées, en Espagne, à toute sorte de progrès. Les études classiques qui, jusqu'à cette époque, s'étaient bornées à de pâles et singuliers essais, prenaient une extension inusitée. Non-seulement on étudiait déjà les écrivains les plus distingués du siècle d'Auguste, mais leurs productions étaient traduites avec soin, commentées avec une érudition profonde; et l'influence de tous ces essais devint très-sensible, dans tous les ouvrages qui furent alors composés. Les rabbins qui embrassaient la religion chrétienne, versés dans des études si favorites, initiés à la connaissance des langues orientales, stimulés par l'aiguillon des honneurs et des distinctions, poussés enfin par l'impulsion commune, ne pouvaient s'empêcher de prendre part à un mouvement si grandiose. C'est ainsi qu'aux efforts du marquis de Villena, de Fernand Perez de Gusman, de Fernand Gomez de Cibdareal, répondirent ceux d'Alvar Garcia de Sainte-Marie, d'Alphonse de Carthagène, de Gonzalve de Sainte-Marie, de Juan le Vieux, de frère Alphonse d'Espina et de beaucoup d'autres; aux poétiques accents du marquis de Santillane, de Juan de Mena et de Georges Manrique, ceux de tant de convertis célèbres dont les traces furent suivies par Juan Alphonse de Baena, Mosseh Zurgiano, François de Baena et par d'autres moins remarquables dont nous omettons les noms.

Mais, tant les poëtes chrétiens que les poëtes de race juive, tous regardèrent avec un entier mépris la littérature populaire; ils accordèrent une préférence marquée à la littérature savante qui s'était entièrement emparée des palais des rois et des grands, oublièrent le dédain dont elle avait été l'objet dans les siècles précédents, et se montrèrent les serviles imitateurs des beautés classiques qu'ils comprenaient difficilement et qu'ils ne pouvaient sentir d'aucune manière, plutôt que les fidèles partisans des véritables muses castillanes. De là, il résulta nécessairement que la littérature cultivée à la cour de don Juan II, et plus particulièrement la poésie, ne pouvait non plus se trouver en harmonie avec tout ce qui l'entourait dans ce siècle. D'un côté, elle était en contradiction manifeste avec l'état politique de la Castille; de l'autre, elle était en désaccord avec l'état même de la cour. Don Juan II, faible par caractère, pusillanime et irrésolu par éducation, n'avait pas assez de valeur pour porter encore en avant la conquête commencée et continuée par ses ancêtres; il n'avait pas, sur ses grands, assez de pouvoir pour être respecté ; et, dans sa propre maison, il ne jouissait pas du prestige d'époux, ni de l'autorité de père. C'est ainsi qu'il négociait la paix avec les Sarrasins, concluait trêves sur trêves, accords sur accords, d'où le nom castillan ne sortait pas toujours le plus honoré ; que ses grands étaient fréquemment en opposition avec lui, et lui faisaient la guerre. Enfin, soit qu'il se livrât aux bras du favoritisme, soit qu'il fût accablé par les coups de l'anarchie féodale, il se trouvait toujours hors du poste où la Providence l'avait placé. Et, cependant, don Juan II professait un amour sans bornes pour les lettres et pour la poésie, son palais ressemblait continuellement à une docte académie ; et, cependant, don Alvaro de Luna s'essayait aussi dans cet art enchanteur, et ses traces étaient suivies par les courtisans qui reconnaissaient son omnipotence et qui courbaient la tête en sa présence, par ceux-là même qui détestaient et qui combattaient sa faveur.

Ce mouvement, où l'état social apparaissait en divorce complet avec l'état intellectuel, avec les tendances de ce dernier, ne pouvait produire une littérature ni une poésie qui reflétât directement la véritable situation de la Castille. Il n'était pas possible non plus que les hommes sensés qui la reconnaissaient eussent assez de courage pour révéler toutes ses misères, ni que ceux qui vivaient grâce à elle eussent assez d'abnégation pour renoncer aux avantages qu'ils obtenaient à son ombre. Par conséquent, la littérature, née d'une imitation, peut-être peu réfléchie, obligée de faire antichambre et de s'incliner devant un trône peu respecté, quoique couvert d'une pourpre brillante, ne put s'empêcher de se couvrir du masque d'une feinte félicité. L'on peut dire que la poésie castillane se montrait sous des couleurs entièrement fausses, quand on faisait les plus grands efforts pour l'élever à son apogée, et qu'elle s'éloignait de plus en plus des sources où elle avait puisé l'inspiration à laquelle elle devait son existence.

Peut-être, pour combattre les observations que nous venons de faire, on nous objectera un fait qui, à première vue, ne laisse pas que de paraître fondé, quoique en réalité on ne puisse l'admettre que comme une preuve de plus de tout ce que nous avons avancé. Nous parlons des élégies de Georges Manrique, *Sur la mort de son père (à la muerte de su padre)*, élégies tant vantées par les critiques et si dignes de la célébrité dont elles jouissent. Mais, en examinant cette composition qui respire tant de tendresse et une tristesse si sympathique, il est nécessaire de tenir compte surtout de la situation particulière du poëte. Georges Manrique, qui fleurit déjà en dehors du règne de don Juan II, exprimait en elle un sentiment profond, le sentiment le plus enraciné dans le cœur de l'homme : il pleurait la perte d'un père, et d'un père illustre, brave, généreux. Par cela même, sa situation n'était pas égale à celle des autres poëtes ses contemporains ; par cela même, les accents qu'exhala son cœur furent vrais, pathétiques et inspirés par l'amour filial, sentiment indépendant, dans tous les siècles, des causes qui contribuent à leur imprimer un caractère déterminé. Georges Manrique, qui a montré de si brillantes qualités poétiques dans les élégies *sur la mort de son père*, témoigne toutefois, dans les autres productions dues à sa plume qui nous sont parvenues, de tous les défauts de goût que l'on remarque dans ses contemporains. Il apparaît parfois pâle et décoloré, et l'on regrette toujours en lui cette tendresse et cette douce tristesse qui nous cause tant de charme dans les stances en question. Ainsi donc le fait que l'on pouvait nous objecter, parce qu'il est partiel, qu'il est unique, qu'il se trouve aussi en contradiction avec les ouvrages du même Georges Manrique, loin de diminuer la force de nos observations, contribue grandement à les fortifier.

Tous les efforts réalisés pour donner à la littérature une plus grande impulsion prenaient et devaient nécessairement prendre, vu l'état de la Castille, la direction que nous avons indiquée. Mais, non-seulement on imitait et on traduisait les ouvrages des écrivains classiques de l'antiquité, mais on en faisait autant, avec plus de profit peut-être pour notre littérature, des poëtes italiens et plus particulièrement de Pétrarque et du Dante, dont les œuvres étaient traduites et copiées avec le plus grand soin. Juan de Mena imitait avec trop d'excès peut-être la *Divine Comédie* dans son Labyrinthe (*Laberinto*) ; le marquis de Villena traduisait avec le plus grand soin ce livre immortel ; don Iñigo Lopez de Mendoza, marquis de Santillane, l'avait présent, dans sa Petite Comédie de Ponza (*Comedieta de Ponza*), et dans cent autres de ses productions. Le nombre des compositions alors écrites, et dans lesquelles on a également payé le tribut au sol de l'Italie, est bien faible, quoique ces imitations restent toujours, tant pour le fond que pour la forme, à une distance énorme de ces grands modèles. Tel était donc le caractère et la tendance de la littérature savante au commencement et vers le milieu du xv⁰ siècle, époque que nous esquissons. Les écrivains rabbiniques qui fleurirent dans ce temps ne purent, en embrassant la religion chrétienne et en s'enrôlant sous les drapeaux littéraires de la cour de don Juan II, ne purent suivre d'autres traces, sans attirer sur eux-mêmes le mépris de ceux qui passaient pour habiles, sans se priver des moyens d'obtenir les distinctions qu'ils désiraient. Aussi les rangs des imitateurs des latins et des italiens se grossirent-ils de remarquables renforts, car la littérature et la poésie des salons avaient trouvé, dans les Juifs que nous avons mentionnés plus haut, des cultivateurs résolus et des partisans ardents.

Après avoir tracé ce léger tableau, qui suffit, à notre avis, pour faire connaître à nos lecteurs les causes qui influèrent le plus puissamment sur le caractère que reçut la poésie savante dès le commencement du règne de don Juan II, il nous paraît convenable de montrer, par l'examen des ouvrages, jusqu'à quel point les Juifs ont contribué à cette entreprise, les Juifs qui, par leur situation particulière au milieu des chrétiens, par la condition ambiguë dans laquelle ils vivaient, se trouvaient obligés de consacrer tous leurs travaux intellectuels à l'étude de la littérature érudite, cultivée déjà par les grands de Castille. Dans le chapitre précédent, nous avons parlé des œuvres de don Paul de Sainte-Marie, et nous avons tiré, de la poussière des archives, ses productions politiques qui y étaient oubliées. Nous allons, dans le chapitre actuel, juger les ouvrages de son frère et de ses enfants.

On a généralement cru qu'Alvar Garcia de Sainte-Marie était le fils du célèbre évêque de Burgos qui s'acquit une si grande autorité parmi les chrétiens. Cette opinion a été cause que, entre autres écrivains, le soigneux Étienne de Garibay s'exprime de la manière suivante sur lesdits fils, en parlant de don Paul de Sainte-Marie dans son *Compendio historial* : « Non-seulement ce même don Paul de Sainte-Marie fut un grand littérateur ; mais, pendant le temps de son judaïsme qu'il fut marié, il eut trois fils, grands lettrés (1), dont le

(1) Le maître Enrique Florez, dans le tome XXVI de son *Espagne sacrée*, donne des détails sur quatre fils de Paul de Burgos, savoir : don Gonzalo, don Alonso, don

plus distingué fut don Alonso de Carthagène, doyen de Ségovie, qui succéda, dans l'évêché, immédiatement à son père, fut évêque de Burgos, écrivit en langue latine la *Généalogie des rois de Castille et de Léon*... L'autre fut don Gonzalo, évêque de Palencia, prélat de beaucoup de savoir et d'érudition. Le troisième fut Alvar Garcia de Sainte-Marie, qui a écrit, à ce que l'on rapporte, la *Chronique du roi don Henri*, chronique que je n'ai pu voir jusqu'à présent, et une partie de la *Chronique* de son fils don Juan II. » Alvar Garcia de Sainte-Marie, dans l'opinion de quelques autres auteurs non moins dignes de respect, au nombre desquels se trouve le P. Juan de Mariana (1), était, comme nous l'avons montré, frère du célèbre chancelier de Castille. Mais l'écrivain qui a le plus soigneusement éclairci ce point, sans laisser prise au moindre doute (2), c'est, par-dessus tous,

Pedro, don Alvar Sanchez. Le nom de ce dernier, qui ne s'est pas distingué dans la culture des lettres, a été peut-être cause de l'erreur dont nous parlons.

(1) Livre XIX, chapitre VIII de l'*Histoire générale*.

(2) Nous avions écrit ces lignes, quand sont parvenus dans nos mains trois mémoires, composés par les descendants de don Paul de Sainte-Marie, pour établir sa noblesse, et ces informations ne laissent aucun doute sur don Paul. Dans la première, faite en la ville de Burgos sur l'instance de don Juan de Velasco, archidiacre de Valpuesta, en l'année 1594, se présentèrent comme témoins don Pero Fernandez de Villegas, abbé de Cervatos; frère Christophe de Sanctotis, de l'ordre de Saint-Augustin; Antonio de Salazar, régidor de Burgos; Antonio de Léon, demi-prébendé de la sainte église de la même ville; Pedro de Las Torres Ortes, Gabriel Melendez, frère Lorenzo de Gauna, de l'ordre des Prêcheurs; Francisco de Cuevas, courrier mayor de Burgos; Francisco Martinez de Lerme et son frère Juan; Pedro de La Torre, régidor de ladite ville; Agustin de Torquemada et frère André de Médina, de l'ordre de Saint-Dominique. De toutes les déclarations de ces témoins, il résulte que don Paul de Sainte-Marie eut seulement pour fils don Gonzalo, don Alonso et don Pedro, de qui descendait l'archidiacre de Valpuesta. Pour que nos lecteurs soient entièrement convaincus de l'exactitude de tout ce que nous avons dit ici, nous copierons la phrase où frère Christophe de Sanctotis, qui écrivit la vie de l'évêque don Paul, fait mention de ses enfants. « Ledit patriarche eut pour fils légitimes don Gonzalo, don Alonso de Sainte-Marie et de Carthagène, et don Pedro de Carthagène, desquels ledit don Gonzalo fut archidiacre, etc. » Sanctotis s'étend longuement sur la relation des dignités qu'obtinrent les trois frères, et dont nos lecteurs sont déjà instruits. Les deux autres informations furent faites à Valladolid et à Madrid : la première, en l'année 1691, et, la seconde, en 1621 et 1625. Dans l'une et dans l'autre figurent don Pedro d'Osorio et ses enfants comme intéressés, et ils obtinrent qu'il fût déclaré que les statuts de pureté de sang ne s'opposassent pas à la noblesse des descendants de don Paul de Sainte-Marie : *no obstar los estatutos de pureza de sangre á la nobleza de los descendientes de don Pa-*

l'érudit don Raphaël de Floranes, señor de Tavaneros, dans *la Vie et les Œuvres MS. du docteur don Lorenzo Galindez de Carvajal*. Il nous semble opportun de copier ici quelques-unes des lignes qu'il consacre à ce sujet, lignes qui suffisent, selon nous, pour démontrer que Garibay et ceux qui suivent son opinion ont manqué des données nécessaires ou ont accordé peu d'importance à cette question qui, sans être immense, en ce qui touche la partie purement littéraire, ne laisse pas que de blesser l'exactitude historique. En parlant de la *Chronique de don Juan II*, qu'Arnao Guillen de Brocar publia à Logroño, en 1517, don Raphaël de Floranes dit : « Alvar Garcia de Sainte-Marie, frère et non fils du néophyte don Paul de Carthagène, évêque de Burgos, et celui qui, comme lui converti, fut fait par le roi don Juan II, par privilége de l'année 1410, noble citoyen de Burgos *su registrador escribano* de sa chambre et de son conseil et fut revêtu d'autres charges honorables, etc... » Il cite ensuite le testament des deux frères, document qui s'est conservé jusqu'à nos jours dans le monastère de Saint-Jean de Burgos ; il donne d'autres détails non moins curieux, qui se rapportent aux ouvrages composés par Alvar Garcia et qui méritent par conséquent d'être traduits ici. « Ce dernier, dit-il, écrivit les vingt-huit premières années de son règne (de don Juan II), et, en outre, la dernière maladie de son père, don Henri III, pour faire partir de là l'Introduction. C'est ainsi que, du mois de décembre 1406, année où il mourut, le jour de Noël, jusqu'à l'an 1434 inclusivement, il composa deux gros volumes : *ahugereados los pliegos*, comme un registre ou en style de comptabilité. Le premier énumère longuement les faits qui se sont passés jusqu'à l'année 1419 inclusivement, et le second les quinze années suivantes, avec moins d'étendue, jusqu'à l'an 1434, où cessa son travail, et céda la place à un autre pour la continuation. A ce moment, il alla écrire l'histoire de don Alvaro de Luna, publiée déjà deux fois, histoire qui est certainement de ce même Alvar Garcia, quoiqu'on en ait jusqu'ici ignoré l'auteur, sans que l'on sache le mystère de cet échage : à moins que ce même don Alvaro du Luna, qui commandait tout alors, ait été confondu avec Alvar Garcia, qui était

---

blo de Santa-Maria. La première de ces informations fut imprimée, à ce qu'il paraît, la même année de 1591 ; les deux autres sont restées manuscrites.

gentilhomme de sa maison, de qui il recevait un salaire, et qui le servait, comme il le dit à la fin de sa propre chronique. En outre, il avait un talent et une intelligence comme peu d'hommes, à cette époque, en avaient, et il voulut pour lui la meilleure part, disant que le roi s'arrangerait comme il pourrait, ou bien qu'il y pourvût d'une autre manière. Ce qu'il y a de certain, c'est que ce ne fut ni une longue maladie, ni la mort qui empêcha Alvar Garcia de continuer, puisqu'il resta à la cour et qu'il vécut aussi jusqu'en 1460, année où il mourut, le 21 mars. C'est ce qui résulte de l'ouverture de son dernier testament, qu'il fit ce même jour, testament qui s'est conservé au monastère de Saint-Jean (1), non de l'ordre de Saint-Augustin, comme l'écrit Ustarroz, mais de l'ordre de Saint-Benoît, comme le dit formellement le P. Guardiola (2), qu'il cite dans un sens opposé, et qui pouvait l'avoir vu à Yepes (3).

« De ces deux volumes d'Alvar Garcia, Zurita a vu, dit-il, le second original, sous ladite forme de registre, dans les archives de Simancas, d'où il a été transporté, avec d'autres manuscrits, à la Bibliothèque de l'Escurial. Il a trouvé aussi une relation complète des deux dans la librairie du monastère de *las Cuevas* de Séville ; c'était un don du vieux marquis de Tarifa, et avec ces trois tomes il arrangea une copie qu'il prit et qu'il eut sous les yeux pour écrire ses *Annales d'Aragon*. Sur cette copie, il a laissé des notes mises de sa main qui constatent le fait, ainsi que l'atteste un chroniqueur postérieur de ce royaume, Ustarroz, qui vit ses notes et les imprima dans la notice des livres manuscrits, à la fin de son édition des *Couronnements d'Aragon*, par Jérôme Blancas, où l'on peut les voir. »

Des observations ci-dessus il résulte, si on y ajoutait entièrement foi, qu'Alvar Garcia de Sainte-Marie écrivit, non-seulement la *Chronique de don Juan II*, que Garibay avoue ne pas même avoir vue, mais qu'il composa aussi celle de don *Alvaro de Luna* qu'il servait et dont il recevait un salaire. Il ne termina pas celle du roi, pour se consacrer à écrire celle de ce célèbre personnage. On en déduit également qu'Alvar Garcia de Sainte-Marie dut mourir dans un âge

---

(1) Burgos.
(2) *Noblesse espagnole*, chap. vii, fol. 15.
(3) *Chronique de saint Benoît*, tome VI, page 420 et 421. — Sanctotis, *Vie de Paul de Burgos*.

très-avancé, puisqu'il survécut de vingt-huit ans à son frère don Paul, qui était probablement bien moins âgé que lui, et qu'il arriva jusqu'aux règnes de don Henri III et de don Juan II, qui mourut six ans avant la mort de ce Juif érudit. Quelques écrivains, suivant en cela Galindez de Carvajal, ont eu des doutes sur la question de savoir si les quinze dernières années de la *Chronique de don Juan*, jusqu'à l'an 1434, sont ou non dues à Alvar Garcia de Sainte-Marie. Ils se sont aussi appuyés, peut-être, sur l'indication suivante du P. Mariana, qui dit, à ce sujet, dans le chapitre cité plus haut, de son *Histoire générale* : « Cet Alvaro fut, à ce que l'on pense, celui qui écrivit la *Chronique de don Juan II* de Castille, chronique assez longue, d'une composition et d'un style agréables. Il ne l'écrivit pas toute, mais en grande partie. La vérité, c'est qu'Alvar Garcia de Sainte-Marie, le chroniqueur, ne fut pas le fils de Paul de Burgos, mais bien son frère. D'autres mirent la main au reste de cette chronique, et en particulier Hernan Perez de Gusman, seigneur de Batres, qui la termina. » Don Raphaël de Floranes ne semble pas être de la même opinion, quand, après les paragraphes que nous avons cités, il ajoute: « Et je fais une mention si particulière de ces chroniques, parce que le señor Galindez ne reconnut point que ces quinze dernières années du tome second fussent écrites par Alvar Garcia, et il ne paraît pas qu'il le sût de son temps par ceux qu'il put consulter sur ses doutes, faute de détails sur le véritable auteur. On assure fermement que le premier volume lui appartient, parce que, comme premier volume, il porte son nom, qui n'a pu être répété sur le second. Quant à cet autre fils, d'un père inconnu, on s'est livré à des subtilités pour savoir s'il serait du célèbre poëte de ce temps, Juan Fernandez de Mena, poëte de Cordoue de ce nom; et l'on s'est, selon moi, laissé guider par deux principes: l'un, que ce poëte fut des plus dévoués, dévoué même jusqu'à la superstition, aux affaires du connétable don Alvaro du Luna, comme il l'a déjà trop donné à entendre dans ses stances, et que l'auteur de ce volume et de ces quinze années de suite se représentait comme tel à peu de différence près. L'autre principe, c'est qu'il est en effet constant, et par le témoignage du chroniqueur particulier de don Alvaro de Luna, dans le chapitre xcv, et par les détails que lui envoyait des événements de la cour le bachelier Cibda-Réal, médecin de la chambre du roi, dans les années 1429, 1430 et 1435, qu'il était nommé chroniqueur et qu'il était chargé, par ledit connétable, d'écrire l'histoire du roi et du royaume; qu'on lise les lettres 23, 24 et 67 dudit bachelier, dans lesquelles on trouve des relations identiques aux détails qu'on lui adressait dans ces dernières années-là, par conséquent, le jugement du señor Galindez et de ceux de son temps n'avaient rien de téméraire. Mais, aujourd'hui, le doute cesse par la découverte postérieure de Zurita, qui explique très-clairement que l'un et l'autre volumes, que le récit de ces diverses années, continué jusqu'en 1435, appartiennent exclusivement à Alvar Garcia de Sainte-Marie. Les exemplaires d'un même original, distribués de divers côtés, ont d'ordinaire divers signes caractéristiques ; voilà pourquoi la postérité porte aussi sur eux des jugements divers. Galindez put voir un exemplaire du tome second, sans nom d'auteur; Zurita a pu avoir, non pas une copie, mais l'original, tel qu'il sortit de la main de l'auteur et avec le nom de ce dernier, ainsi que la copie qui passa à Séville, comme il l'observait dans l'un et l'autre volume. »

Il est donc hors de doute que la partie de ladite *Chronique* écrite par Alvar Garcia comprend jusqu'à l'année 1434 inclusivement. Le reste des chapitres sont le fait d'un des principaux génies de la cour de don Juan II, sans qu'on puisse, selon nous, établir avec certitude le nom de l'auteur en question. Notre but n'est pas, du reste, de vérifier ce fait en ce moment. Ledit ouvrage d'Alvar Garcia place donc cet érudit converti au nombre des premiers écrivains de son temps. Plus philosophe cependant qu'il ne convenait peut-être aux simples fonctions de chroniqueur, il s'écarte parfois de l'exactitude historique, et il se voit très-souvent obligé de brûler un encens immérité devant la faiblesse du roi et l'immense pouvoir du favori, conduite que l'on peut et que l'on doit, sans doute, attribuer à la condition où il se trouvait. Alvar Garcia, malgré tout, ne manque pas d'indépendance pour qualifier et caractériser certains actes; il ne manque pas non plus d'énergie pour flétrir quelques-uns des vices qui souillèrent les personnages et la société de son temps. Mais les qualités qui brillent le plus dans ses écrits, ce sont les qualités purement littéraires. Au bon ordre et à l'excellente méthode de la narration, à la juste distribution des parties qui composent le discours historique, Alvar Garcia réunit un langage presque toujours pittoresque, un style naturel et souvent élégant. On remarque fréquemment que ses premières études étaient dues à la littérature rabbinique, par les hébraïsmes qu'il sème dans ses productions. Pour que les lecteurs de ces lignes puissent se former une idée exacte de tout ce que nous venons d'indiquer, nous transcrirons ici le discours que don Fernand d'Antequera adresse à la reine doña Catherine, aux grands et aux députés des cités et des villes, dans la séance des cortès tenues à Ségovie, au commencement de l'année 1407, dans le but d'entréprendre la guerre contre les Maures. Voici comment il s'exprime :

« Muy poderosa señora, é vos los perlados, condes, é ricos homes, procuradores, caballeros y escuderos que aqui estais : dias ha que sabeis como ante del fallescimiento del rey mi señor é mi hermano, yo estaba en proposito de le servir con mi persona y estado en esta guerra, como la razon é lealtad y debdo me obliga : é agora non esto ménos, ante mucho mas, porque me paresce ser agora mas necessario que en la vida suya, é ya vedes como el verano se viene, é seria razon que yo estuviese ya en el Andalucia : por ende á vos, señora, suplico é pido por merced que dedes órden como yo me pueda partir : é todos vosotros, asi perlados, como caballeros, llameis vuestras gentes é trabajeis como los maravedis que se han de coger, ansi de las rentas del rey, mi señor, como del pedido é moneda, se cobren con muy grant diligencia, porque la gente que á la guerra fuere, sea bien payada é no haya falta alguna en las cosas necesarias, para que la guerra se faga, como debe, á servicio de Dios é del rey, mi señor, é á bien de los sus regnos. — É ninguno sea osado de turbar nin estorbar que lo debido al rey, mi señor, se deje de pagar en los tiempos que ordenado está; porque quien quiera que el contrário ficiese, seria digno de muy graves penas; las cuales sea cierto quien quiera que tal yerro ficiese, gelas mandarémos dar muy crudamente la reina, mi señora, é yo, como tutores é regidores de estos regnos. — Y esto sea lo mas justo que ser podrá, porque con la bendicion de nuestro Señor, podamos partir en tal manera que la guerra se faga con la diligencia que debe (1). »

(1) Très-puissante dame, et vous, prélats, comtes et richommes, procureurs, chevaliers et écuyers qui êtes ici, il y a longtemps que vous savez qu'avant la mort du roi, mon seigneur et mon frère, j'étais dans l'intention de le servir de ma personne et de mon état, dans cette guerre, comme la raison, la fidélité et la reconnaissance m'y obligent : et maintenant je n'y suis pas moins, mais, au contraire, bien plus, parce qu'il me semble que c'est maintenant plus nécessaire que pendant sa vie. Vous voyez comment le printemps s'avance déjà, et il serait raisonnable que je fusse déjà en Andalousie. Par conséquent, je vous supplie, madame, et je vous prie en grâce de donner des ordres pour que je puisse partir ; et vous tous, tant prélats que chevaliers, d'appeler vos gens et de travailler aux moyens de recouvrer, tant les maravédis que les rentes du roi mon seigneur, et l'impôt, et l'argent, pour qu'ils

Ce passage, que nous empruntons au chapitre VI de la *Chronique de don Juan II*, imprimée à Logroño, en 1517, par Arnao Guillen de Brocar (1), met en évidence l'exactitude des observations que nous avons consignées plus haut relativement à la langue employée par Alvar Garcia de Sainte-Marie. Rien ne nous semble moins prouvé que ce qu'affirme Floranes, relativement à la *Chronique de don Alvaro de Luna*, dont le style et le langage, ainsi que le système d'exposition, s'écartent si visiblement de la sobriété d'Alvar Garcia de Sainte-Marie. Puisque nous ne pouvons débattre minutieusement cette question, nous ne proposerons pour exemple que le morceau suivant, dans lequel l'auteur fait la description de ce célèbre favori (2).

« Descirte puedo yo que el nuestro maestre fué muy animoso é esforzado é dígote verdad : que era cosa maravillosa el grant tiento con que apoderaba el caballa en que cavalgaba é la manera como tomaba la lanza é como se ponia el espada en la mano, quando avia de ferir, é cómo le estaban las armas, é que ayre é continencia de caballero levaba con ellas. Estó ¿quién tambien te lo sabrá descir como el lo sabia fascer ? ¿Nin cómo podrás tú considerar quanta abtoridad tenia el maestre quando estaba assentado é quanta gracia quando estaba levantado é qué continencia, cuando se passeaba, si tu non lo ovieses visto ? Ca en todo esto parescia que la naturaleza le habia dado alguna vertud é perficion sobre los otros homes. Nin porque te diga yo que el maestre era muy humano é gracioso ¿cómo podrás tú comprender el su donaire en los tiempos de burlas ?

soient perçus avec la plus grande activité, pour que les gens qui seront à la guerre soient bien payés, et qu'il ne manque aucune des choses nécessaires, pour que la guerre se fasse, comme elle doit se faire, pour le service de Dieu et du roi mon seigneur et pour le bien de ses royaumes. — Et que personne ne soit assez osé pour jeter le trouble et empêcher que ce qui est dû au roi, mon seigneur, ne soit pas payé, dans les temps ordonnés ; parce que quiconque voudrait que le contraire arrivât, serait digne des peines les plus graves, peines dont nous ordonnerions que fût très-cruellement frappé, soyez certain, quiconque voudrait qu'une telle faute fût commise, la reine ma souveraine, et moi, comme tuteurs et gouverneurs de ces royaumes. — Et que cela soit avec toute la justice possible, pour que, avec la bénédiction de Notre-Seigneur, nous puissions partir de telle manière que la guerre se fasse avec toute la diligence que l'on doit. »

(1) Nous avons sous les yeux l'édition de Valence, revue, corrigée et augmentée sur le texte de Logroño, par le docteur don Lorenzo Galindez de Carvajal, que nous avons déjà cité.

(2) Nous prenons cette description de la page 386 de ladite *Chronique*, publiée à Madrid, en 1784, par don José Miguel de Florès. Elle est, en vérité, digne d'être comparée avec celle que fait, du même don Alvaro, Fernan Perez de Guzman, au chapitre XXXIV de ses *Générations et Ressemblances*, édition de Madrid, 1798.

¿ Et la su gravedad en los tiempos de los grandes fechos? ¿É el su reposo, é mansedumbre quando estaba posado? ¿É el su muy temido acatimiento quando estaba sañoso? Pues ¿ cómo te puedo por escriptura mostrar, nin bien significar la virtuosa vida de aquel que fablando pronunciaba sabiduría é callando denotaba prudencia é en todos tiempos é en todos sus actos daba de sí á todos doctrina muy virtuosa? Tomad ejemplo en el nuestro maestre é muy magnífico condestable los que ovieredes grant privanza é cercania con los reyes ó príncipes (1). »

De quelque manière que ce soit, il convient d'avertir que, difficilement, on pourra trouver parmi les écrivains de cette époque un autre auteur qui soignera mieux le style de ses ouvrages qu'Alvar Garcia. Aussi, quelques critiques ont-ils observé qu'il préféra la pureté, l'harmonie et l'élégance du langage aux principales qualités de l'historien, et la *Chronique de don Juan II*, dont on ne connaît pas encore les originaux, a mérité d'être regardée comme la *plus ponctuelle et la plus sûre de toutes les vieilles chroniques qui nous sont conservées*, ainsi que l'affirme l'intelligent marquis de Mondejar.

Alvar Garcia de Sainte-Marie suivit l'esprit de son temps, et il cultiva aussi l'art de la *poésie*. Il se montra, sur ce terrain, aussi habile, aussi versé que dans l'histoire. Aucune de ses œuvres poétiques n'est malheureusement tombée dans nos mains; nous avons seulement pu vérifier que, dans la bibliothèque du marquis de Montealegre, que

---

(1) Je peux te dire que notre maître fut très-brave et très-courageux, et je te dis la vérité. C'était une chose merveilleuse que la grande habileté avec laquelle il s'emparait du cheval sur lequel il chevauchait, et la manière dont il saisissait la lance, et dont sa main prenait l'épée quand il devait frapper; de voir comme les armes lui allaient, et quel air, quelle contenance de chevalier il avait avec elles. Et qui pourra te le dire aussi bien qu'il savait le faire? Et comment pourrais-tu comprendre l'autorité qu'avait le maître quand il était assis : sa grâce, quand il était levé; sa contenance, quand il se promenait, si tu ne l'as pas vu? Car, en tout cela, il semblait que la nature lui avait donné quelque vertu et quelque perfection de plus qu'aux autres hommes. Et si je ne te dis, moi, que le maître était très-humain et très-gracieux, comment pourrais-tu comprendre sa gentillesse, dans les temps de plaisanterie; sa gravité, dans les temps des grandes choses; sa quiétude et sa douceur, quand il était tranquille; son regard terrible, quand il était en courroux? Enfin, comment pourrai-je te donner par écrit et te faire bien connaître la vertueuse vie de celui dont les paroles exprimaient la sagesse, dont le silence dénotait la prudence, et qui, dans tous les temps et dans tous les actes, donnait de lui à tous un enseignement si vertueux? Prenez exemple sur notre maître et très-magnifique connétable, vous qui approchez des rois et des princes, et qui jouissez de leurs grandes faveurs.

possède aujourd'hui, à Majorque, le marquis de la Romane (1), il existait un volume in-folio, manuscrit, contenant, entre autres poésies de Fernan Perez de Gusman et du marquis de Santillane, quelques compositions de cet érudit converti (2). Mais, s'il ne nous est pas possible de reconnaître le mérite d'Alvar Garcia de Sainte-Marie, comme poëte, par l'examen de ses productions, les éloges de ses contemporains et le respect avec lequel ils se rapportent à lui, en le considérant comme troubadour, sont des motifs suffisants pour croire, comme nous l'avons déjà donné à entendre, qu'il occupa une place distinguée parmi les poëtes de son temps. Parmi ceux qui ont fait mention de lui, se remarque sans doute Fernan Perez de Gusman, qui lui dédie son *Traité des vices et des vertus*, et qui lui donne les épithètes de savant, de magnifique, de vertueux. Pour que nos lecteurs puissent comprendre l'opinion que l'on avait d'Alvar Garcia, nous copierons ici quelques strophes de la dédicace en question, insérée, comme tout le traité, dans le *Romancero de Ramon de Llavia*, adressé à doña Franciquina de Bardagi, et imprimé à Saragosse, par Jean Hurus, en 1489. La dédicace commence ainsi :

> Amigo sábio y discreto,
> pues la buena condicion
> precede á la discrecion,
> en público y en secreto ;

(1) Catalogue imprimé de la bibliothèque du marquis de Montealegre, folio 109.

(2) Animé du désir et de l'espoir de pouvoir un jour publier dans cet ouvrage quelqu'une de ces productions, nous avons écrit, il y a plus d'un an, aux señores don Joaquin Maria Bover et don Francisco Manuel de los Herreros, personnes qui aiment beaucoup les lettres et qui jouissent d'un grand renom dans ces îles, pour qu'ils eussent la bonté de nous en procurer des copies. Ces deux messieurs, à qui nous rattachaient déjà les liens de l'amitié, ont fait les plus grands efforts pour nous satisfaire ; mais toutes leurs recherches ont été de tout point inutiles. Après avoir retourné plus de vingt-cinq mille volumes, ils nous ont déclaré que le susdit recueil n'existait pas, et don Joaquin Maria Bover s'est exprimé en ces termes : « J'ai, mon ami, le regret de vous dire que le manuscrit d'Alvar Garcia de Sainte-Marie ne se trouve pas dans les vingt-cinq mille volumes que nous avons déjà parcourus. Je me complaisais dans l'idée que nous pourrions vous procurer la gloire d'être le premier qui publierait les œuvres poétiques de cet illustre rabbin ; mais, malgré nous, nous nous voyons privés de ce plaisir, et vous de la juste récompense que vous attendiez. Ce qui sera toujours pour nous une consolation, c'est que vous sachiez que nous n'avons négligé aucune recherche pour vous être agréable et pour contribuer au mérite le plus complet de votre estimable ouvrage. — Palma, le 28 août 1847.

mas claro nombre y mas neto
es bueno que sabidor
de cual muy me resceder
vos juzgo por mi discreto.
Aunque bueno solo Dios
es dicho por excelencia,
segund aquesta sentencia,
ninguno es bueno entre nos.
Yo faciendo *ubert lo clos*,
llamo á Dios summa bondat
et quanto á la humanidat
oso decir bueno á vos (1).

Il termine de la manière suivante :

Et porque sin compañia
no hay alegre posesion,
pensé comunicacion
haber en está obra mia
con busco, de quien confia;
mi corazon no engañado
que sea certificado
si es tibia, caliente ó fria.
Rescibit, pues, muy buen ombre,
las coplas que vos presento :
et aceptad el renombre
de qual bien digno vos siento.
Si vedes que azoto el viento
con sones desacordados
luego sean condenados
al fuego por escarmiento (2).

(1) Ami sage et discret, puisque la bonne condition précède la discrétion, en publie et en secret; c'est un nom plus clair et plus net, celui de bon, que celui de savant, dont je vous juge très-digne, vous, pour moi si discret. — Quoique bon Dieu seul soit dit par excellence, d'après cette sentence, personne d'entre nous n'est bon. Pour moi, rendant ouvert ce qui est fermé, j'appelle Dieu, souveraine bonté, et, quant à l'humanité, c'est vous que j'ose dire bonté.

(2) Et comme sans compagnie il n'y a pas de joyeuse possession, j'ai pensé faire en communication cet ouvrage avec vous; mon cœur, qui ne se trompe pas, a la confiance qu'il sera certifié chaud ou froid, s'il est tiède. Recevez donc, très-excellent homme, les stances que je vous présente, et acceptez la renommée dont je vous juge très-digne. Si vous voyez que le vent souffle avec des sons discordants; (ces pages) qu'elles soient bientôt condamnées et au feu vite jetées pour châtiment.

Tel était le prestige dont jouissait Alvar Garcia, que l'illustre auteur des *Générations et Ressemblances* n'hésita pas à le choisir pour juge et arbitre d'un de ses ouvrages poétiques les plus remarquables.

Presque en même temps qu'Alvar Garcia, florissait son cousin don Gonzalo, fils aîné de Paul de Sainte-Marie, non moins digne de louange qu'eux deux pour son savoir, et non moins connu dans l'histoire d'Espagne par les dignités qu'il obtint et les charges particulières qu'il remplit. « Don Gonzalo, dit don Pero Hernandez de Villegas, abbé de Cervatos, dans l'instruction qu'il fit à Burgos pour don Juan de Velasco, archidiacre de Valpuesta, don Gonzalo fut archidiacre de Bribiesca, dignité de la sainte église de Burgos et depuis évêque d'Astorga, Placencia et Siguënza, auditeur apostolique et ambassadeur dans les conciles de Constance et de Bâle, et à Rome, auprès du pontife, pour les royaumes d'Aragon et la province de Santiago. Il fut du conseil du roi, et le pape Benoît XIII lui accorda le châtiment des Juifs qui contrevenaient aux décrets de Sa Sainteté. Ce fut un homme qui jouit d'une grande autorité, de beaucoup d'estime, un lettré qui occupa des postes importants, des emplois difficiles, et qui remplit des missions pour les rois de son temps. » En effet, don Gonzalo Garcia de Sainte-Marie montra, tant par ses actions que par ses écrits, qu'il méritait l'estime de ses contemporains et les égards de la postérité. Les ouvrages qu'il a composés et qui se sont conservés jusqu'à nos jours, sont tous des ouvrages historiques, et nous font connaître que ce savant converti consacra la plus grande partie de ses travaux à tracer l'histoire du royaume d'Aragon, dont il avait habité longtemps la capitale. Ses principales productions sont : *Histoire ou Vie de don Juan II*; la composition latine qu'il écrivit sous le titre de : *Aragoniæ regni Historia*, que mentionne Jérôme de Zurita au livre XII, chapitre LV de ses *Annales*. La traduction en castillan de la *Chronique de frère Gembert Fabricius de Bagdad* (1), citée par l'intelligent Dormer, dans ses *Progrès de l'histoire d'Aragon*, comme un livre excessivement utile et n'étant pas apprécié, comme son importance le mérite. Les œuvres de Gonzalo Garcia de Sainte-Marie révèlent que cet écri-

---

(1) Cette traduction fut imprimée à Saragosse en l'année 1499, in-folio, avec le titre suivant : *La esclarecida Crónica de los muy altos y muy poderosos príncipes y reyes christianos, de los siempre constantes y fidelísimos reinos de Sobrarve, de Aragon, de Valencia y otros.*

vain érudit s'était consacré, plus que son père et son oncle, aux études classiques de l'antiquité latine, non sans perdre de vue les écrivains rabbiniques. La *Vie de don Juan II d'Aragon* (1), dont le manuscrit, en écriture du XV⁰ siècle, existe à la Bibliothèque nationale de Madrid, est une preuve palpable de la justesse de cette observation, qui caractérise principalement les travaux de don Gonzalo. Voyons donc le commencement du premier livre de ladite chronique, où il est question de la prison du prince de Viane et de la guerre des Catalans.

« Partió el rey de Barcelona por cosas generales á los Aragoneses en Fraga facer (2). Otras en Lérida á los Catalanes asignó; á los cuales de un predestinado fin conducido, vino el principe de Viana. Subitamente palabras de grandes sospechas al rey fueron dichos; juicios ó crueles tratados descobiertos, el ánimo del qual por las cosas pasadas cayó en nuevos pensamientos. Era la triste ora llegada, los cielos dispuestos á toda desolacion. El rey con ánimo conturbado, solos, en su palacio retraidos, dixo : Conviene á mi uzar de justicia, principe y fijo mio, segun las cosas á mi referidas, ca los padres mayormente los reyes, así facerlo acostumbran. La honra con la vida dejar ó ante de fenescer mis dias no presuncion

---

(1) Ce manuscrit, qui forme un volume in-folio cartonné, a pour titre : *Vida de don Juan II de Aragon, por Gonzalo de Santa-Maria, vecino* (habitant) *de la ciudad de Zaragoza.* Il se compose de soixante-neuf feuilles, et le commencement et la fin manquent. Il n'y a de moins, selon nous, que quelques pages du prologue, puisqu'il est entier depuis le livre premier jusqu'au livre quatrième, où il finit, et auquel il manque aussi quelques feuilles. Voici le commencement de ce manuscrit tel qu'il est aujourd'hui : « Amené à la paix par des ambassadeurs, la Navarre rendue à l'obéissance du père, il lui baisa les pieds et les mains, etc. » Et la fin, à la page 69 : « La fortune usant de son empire, ébranla tout ce qui était solide; elle changea nos richesses en pauvreté, les honneurs en opprobres, les libertés en injustices, et troubla nos pensées, etc. » Ce précieux document, inconnu jusqu'ici dans l'histoire de notre littérature, est véritablement digne d'appeler l'attention de nos lettrés et de nos bibliophiles. C'est pourquoi nous n'avons pas voulu renoncer à donner ici les détails ci-dessus.

(2) Le roi partit de Barcelone pour s'occuper, à Fraga, des intérêts généraux aux Aragonais. Il en assigna d'autres aux Catalans, à Lérida, vers lesquels, conduit par sa fin prédestinée, vint le prince de Viane. Subitement des paroles qui inspiraient de grands soupçons furent dites au roi; des jugements et de cruels traités furent découverts, et son âme, en vertu des événements passés, tomba dans de nouvelles pensées. L'heure triste était arrivée; les cieux étaient disposés à toute désolation. Le roi, dont l'âme était troublée, seul, retiré dans son palais, se dit : « Il me convient d'user de justice, prince et mon fils, d'après les choses qu'on m'a rapportées; car les pères, et principalement les rois, ont coutume d'agir ainsi. Laisser l'honneur avec la vie, et, avant de finir mes jours, n'avoir pas de présomption plus

mayor de mi ser. Aquello que la natura me ha encomendado, con su órden me place dejar. Mis actos no se mueven, salvo vencidos de razon. Y ordenado que detenido fuese, el príncipe los ojos al cielo volviendo : venidos son los últimos é afortunados dias en los cuales nin de la justicia, nin de la misericordia es de haber esperanza, con lágrimas tristes respondió. La tristeza del pueblo, puesto que muy grande, no ménos aquella de la reyna con sus damas fué. Toda la noche en lágrimas pasaron pronosticando el fin de la tal prision doloroso ser. Egualmente todos la liberacion suya deseaban. Don Juan de Beamunte por esto al príncipe por amor é sangre muy caro é de las cosas pasadas principalmente consegero. El rey de Aytona el príncipe á Miravete queriendo levar : á suplicaciones de los Aragoneses en la aljaferia le metió. Eran los animos de los militares catalanes á nuevos deseos aparejados, los pueblos é ciudadanos á insultos é malignas cogitaciones despuestos. Llegado el tiempo por ellos deseado, con sombra de libertades, puesto que sus fines á otros respectos tirasen. Quince principales embajadores ó grandes ficieron, uno de ellos mas venerable por dignidad, arzobispo de Tarragona, en público á ver al rey ansi fabló, se dice. Si *la justicia* constrenye, excelentisimo Señor, padecer deba tu hijo, príncipe de Viana, no deliberamos siendo tu padre, suplicar de misericordia; mas acerca de nosotros es la razon que la piedad. El á la noticia nuestra es pervenido, por el conocimiento tuyo toda observancia, toda fidelidat que á ti se debe, es primera. Lo que á nosotros mueve es la su honra que de ti procede. Deseamos saber cual causa movió á tus manos usar contra tí mesmo. De obras de tanta admiracion, por cierto bien es cosa de maravillar, menguar de clemencia de tu propia sangre. Aquellas

grande de mon être; ce que la nature m'a confié, c'est là ce qu'il me plaît de laisser par son ordre. Mes actes ne s'accomplissent, si ce n'est quand la raison triomphe. » Et après avoir ordonné que le prince fût arrêté, en tournant les yeux vers le ciel : « Ils sont venus, les derniers jours, et les jours funestes dans lesquels il n'y a aucune espérance à avoir, ni de la justice, ni de la miséricorde, répondit-il avec de tristes larmes. » La tristesse du peuple, quelque grande qu'elle fût, n'égala pas celle de la reine et de ses dames. Elles passèrent toute la nuit en larmes, en pressentant quelle devait être la fin d'une si douloureuse prison. Tous désiraient également sa mise en liberté. Don Juan de Beaumont était, par amour et par le sang, très-attaché au prince et son principal conseiller pour toutes les choses passées. Le roi, voulant transférer le prince d'Aytona à Miravete, le mit dans l'aljaferia, sur supplications des Aragonais. Les esprits des militaires catalans étaient préparés à de nouveaux désirs, les villes et les citoyens disposés à des insultes, à de mauvaises pensées. Le temps désiré par eux était arrivé avec l'ombre des libertés, puisque leurs vues tendaient à d'autres fins. Vinrent quinze principaux ambassadeurs et grands; et l'un d'eux, plus vénérable par sa dignité, archevêque de Tarragone, parla, dit-on, en public au roi de la manière suivante : « *Si la justice* oblige, très-excellent seigneur, ton fils le prince de Viane à souffrir, nous ne cherchons pas, puisque tu es père, à supplier la miséricorde; la raison est plus pour nous que la pitié. Et il est parvenu à notre connaissance, par l'opinion que nous avons de toi sur la pré-

cosas son admirables que sobre natura son vistas. Asi como es fuerte danyar, así mesmo es suave perdonar la culpa de sus yerros. Nosotros tememos lo porvenir. Nuestros pensamientos pronostican cosas de mucho dolor. Los ánimos tristes de lamentar no se fartan, y no fallamos la propia causa de nuestra desaventura. Una voz egualmente entre los pueblos é regnos anda. Sin culpa padesce el fijo, Carlos principe de Viana : sabemos perdonaste lo pasado; ignoramos que te movió á facer lo presente. O Señor, quieraste suplicamos en unidad conservar aquellos regnos, que los tuyos en paz que dejaron. »

Nous ne jugeons pas opportun de continuer la citation pour donner à connaître le caractère des ouvrages que Gonzalo Garcia de Sainte-Marie écrivit en langue vulgaire. Les lignes précédentes suffisent pour faire apprécier et comprendre le style et le langage de cet auteur, comme l'école qu'il adopta dans ses livres. Tite Live était, des historiens latins, le plus généralement connu et étudié par ceux qui, à la cour de don Juan II, se consacraient à la culture des lettres. Don Gonzalo de Sainte-Marie suivit donc les traces de cet écrivain romain. Si, dans ses narrations et dans les discours qu'il mit dans la bouche des personnages historiques, il donna à entendre que la lecture de Tacite lui était aussi familière, il laissa voir qu'il ne s'éloignait pas de son modèle. Son livre latin, intitulé : *Aragoniæ regni Historia*, est la preuve la plus forte de cette assertion, également justifiée, comme nos lecteurs instruits ont pu l'observer, par celles qu'il composa en Castillan.

Dans le chapitre suivant, nous donnerons une courte analyse des ouvrages de don Alonso de Carthagène, frère de l'illustre évêque de Sigüenza.

---

mière chose est le respect et la fidélité qui t'est due. Ce qui nous pousse, c'est ton honneur, qui procède de toi. Nous désirions savoir quel motif a porté tes mains à se tourner contre toi-même. Parmi tant de choses qui excitent l'admiration, certainement une des choses les plus étonnantes, c'est de manquer de clémence pour ton propre sang. Ces choses sont admirables, qui sont vues comme surnaturelles. Ainsi, comme il est fort de frapper, de même il est doux de pardonner la faute de ses erreurs. Nous autres, nous craignons l'avenir; nos pensées pronostiquent les choses les plus douloureuses. Les âmes tristes ne se lassent pas de se lamenter, et nous ne trouvons pas le véritable motif de notre infortune. Une voix court également à travers les villes et les royaumes ; sans être coupable, il souffre, ton fils Carlos, prince de Viane ; nous savons que tu as pardonné le passé, nous ignorons ce qui te pousse à ta conduite présente. O seigneur, veuille, nous t'en supplions, conserver unis ces royaumes que les tiens t'ont laissés en paix. »

CHAPITRE IX

Troisième époque. — xv⁵ siècle.

Don Alonso de Carthagène. — Ses traductions. — Ses poésies.

Don Alonso de Carthagène était le second fils de don Paul de Sainte-Marie ; il n'eut pas moins d'autorité parmi les chrétiens, et il ne jouit pas de moins de réputation pour ses ouvrages et pour ses vertus. Comme on peut le déduire de son épitaphe, conservée dans la chapelle de la Visitation de la cathédrale de Burgos, il naquit vers l'année 1385. Il se convertit à la religion chrétienne en même temps que son père, se consacra à la culture des sciences avec la plus grande ardeur, et il donna des preuves non équivoques d'un talent singulier dans l'étude de la philosophie, du droit civil et des canons, talent qui lui fit obtenir bientôt le doyenné de Ségovie, qu'il échangea plus tard pour celui de Santiago. Distingué par son intelligence, par la droiture de son caractère, il attira bientôt sur lui l'attention de la cour, et le doyen de Santiago fut appelé, comme médiateur, dans les discordes civiles de Castille. Plus tard, il mérita d'être envoyé en Portugal, pour préparer et conclure la paix avec le monarque de ce royaume. L'importance politique de don Alonso de Carthagène alla dès lors en augmentant, en Castille, à tel point que don Alonso Carrillo, évêque de Sigüenza, étant mort au concile qui se tenait en ce moment à Bâle, le roi n'hésita pas de l'envoyer à cette respectable assemblée, où il devait acquérir autant d'honneur pour sa patrie que de gloire pour son nom. On agitait dans ce concile les questions les plus importantes, relatives tant aux hérésies de Jean Huss et de ses sectateurs qu'à l'ordre et à la discipline de l'Église. Don Alonso de Carthagène prit part à ces mémorables sessions avec la foi d'un néophyte et l'ardeur d'un chrétien ; il se montra si profond et si éloquent dans ses discours, qu'il obtint les titres, dignes d'envie, de *délices de la religion* et *d'unique miroir de la sagesse;* qu'il fut, en outre, distingué par le souverain pontife Pie II par les expressions poétiques de *l'allégresse des Espagnes et l'honneur de l'épiscopat.* Mais, en même temps que don Alonso de Carthagène acquérait de si brillants lauriers par sa piété chrétienne, il s'attirait aussi la reconnaissance de la Castille pour son enthousiasme patriotique. Il s'éleva, dans le concile de Bâle, une dispute des plus passionnées touchant la prééminence du siége royal de Castille sur celui d'Angleterre. Pendant que les ambassadeurs britanniques défendent avec feu la prétendue suprématie de leur roi, l'évêque de Burgos, Alonso, qui avait obtenu déjà cette dignité par la renonciation de son père, soutint les droits de la Castille avec tant de dignité et par des raisons si puissantes, que le concile, auparavant hésitant entre l'un et l'autre parti, ne put s'empêcher de prononcer son arrêt en faveur de l'Espagne. « Il défendit, à Bâle, avec courage, devant les prélats et le concile, dit le P. Mariana (1), la dignité de la Castille contre les ambassadeurs anglais, qui prétendaient être préférés et avoir une meilleure place que la Castille. Il fit une information sur ce cas et la mit par écrit; il la présenta aux évêques, et il brisa et abattit l'orgueil des Anglais. »

Ce ne sont pas là les seuls honneurs que don Alonso devait obtenir hors de sa patrie. De Bâle, il se rendit à la cour de l'empereur Albert, qui, par la protection du schisme qui se répandait déjà, provoquait les États de Pologne par ses vexations répétées. L'arrivée de l'évêque de Burgos à la cour d'Albert changea l'inimitié de ce prince en une étroite union avec l'Église. Albert rendit au souverain pontife la tranquillité qu'il désirait tant pour gouverner le vaisseau de saint Pierre, et donna la paix aux provinces qu'il combattait. En 1440, don Alonso de Carthagène revint en Espagne, environné de l'auréole de science et de vertu, pour recevoir, en Castille, de nouvelles distinctions. Doña Blanca, princesse de Navarre, devait se rendre dans ce royaume pour contracter mariage avec don Henri, prince des Asturies, et l'évêque de Burgos mérita l'honneur de présider le cortége

---

(1) *Histoire générale d'Espagne,* liv. XXI, chap. VI.

des grands et des seigneurs qui devait s'avancer jusqu'à Logroño pour la recevoir ; il rivalisa avec tous en magnificence, en urbanité, en galanterie. Don Juan II désirait établir la paix avec le roi de Navarre d'une manière solide et honorable ; les fondements en avaient été jetés déjà par les fiançailles des princes ; il crut que l'occasion favorable d'atteindre son but était arrivée, et il envoya à cet effet l'évêque de Burgos à la cour de Navarre. L'entente fut si bonne, qu'il obtint bientôt tout ce qu'il se promettait de sa prudence et de son savoir. Ce fut la dernière fois que don Alonso de Carthagène intervint dans les affaires politiques de la Castille ; il se consacra ensuite avec le plus grand zèle à l'accomplissement de ses devoirs, sans oublier pour cela de cultiver les sciences et les lettres en particulier. Don Alonso *confessait, prêchait, faisait dans son diocèse toutes ces choses qu'un prélat est obligé de faire, il distribuait les aumônes*, et, dans ses moments de loisir, il se consacrait entièrement aux exercices littéraires. Il prenait part aux joutes poétiques de la cour ; il traduisait et commentait les auteurs du siècle d'Auguste, donnait des règles de politesse et de courtoisie ; enfin, il défendait avec une ardeur, une énergie digne des plus grands éloges les droits de la Castille. Les fruits de ces agréables travaux furent le *Doctrinal de Caballeros*, le *Livre des Femmes illustres*, qu'il composa sur la demande spéciale de la reine doña Maria, épouse de don Juan II ; le *Mémorial des Vertus*, la traduction du livre *sur la Vieillesse*, de Marcus Tullius Cicéron (1), la *Généalogie de tous les rois d'Espagne*, et beaucoup d'autres ouvrages, tant théologiques que philosophiques, qui prouvent son érudition profonde. Il ne faut pas, entre tous, perdre de vue la *Version des cinq livres de Sénèque*, imprimée à Séville, en 1491, par Bernard Ungut, Allemand, et Stanislas, Polonais,

---

(1) Quelques-unes de ces œuvres, qui n'ont pas été imprimées, ont été dévorées par la poussière et les vers. Avec elles, on peut compter encore sans doute la traduction du livre *de Senectute*, que nous avons vu cité dans le *Nobiliaire véritable* de Fernan Arias Mexia, imprimé à Séville en 1492, et le livre des *Femmes illustres*, dont Floranes fait mention dans le manuscrit dont nous avons parlé au chapitre précédent. Au nombre des ouvrages théologiques et philosophiques d'Alonso de Carthagène, on peut mettre le *Defensorium fidei*, le *Conflatorium*, l'*Apologie du psaume Judica me, Deus*, les *Écritures diverses*, les *Declamaciones sobre la traslacion de las Eticas*, l'*Oracional*, et beaucoup d'autres que nous omettons, parce qu'ils ont moins d'importance. Son discours sur le *Droit de la Castille à conquête des Canaries et de l'Afrique* est remarquable sous plus d'un rapport.

avec des commentaires très-utiles. Il faudrait nous arrêter longtemps, si, après les courtes observations que nous venons de faire sur la vie de don Alonso de Carthagène, nous nous proposions d'analyser avec soin chacune de ses productions. Mais, outre que cet examen n'est pas l'objet de ces *Essais*, toutes les productions que nous avons citées ne se prêtent pas à une analyse agréable, et la diversité des matières qu'elles embrassent ne nous permet pas non plus de porter sur elles un jugement complet. Ainsi donc, il suffira de faire quelques observations générales sur le caractère de cet écrivain, de noter, en même temps, les développements et les progrès de la langue qu'il a employée et que nous avons remarqués, en le comparant aux autres écrivains ses contemporains.

Penseur profond, moraliste rigide, don Alonso semble plus digne d'éloges quand il disserte sur des matières abstraites, que lorsqu'il parle sur des faits historiques. Ses études sur l'histoire, sans avoir rien de commun, ne se trouvent pas en effet subordonnées à une pensée féconde, ni soumises à une critique sévère, donnant pour résultat la connaissance de la vérité. On ne rencontre donc, dans ses œuvres historiques, qu'une agglomération de faits, de notices disposées avec plus ou moins d'exactitude chronologique, sans que l'on aperçoive la liaison naturelle des événements, et, en conséquence, il reste à faire l'explication des grands phénomènes moraux qui s'opèrent sur le grand théâtre du monde. Or, ces défauts, que l'on peut attribuer non-seulement aux historiens et aux chroniqueurs du temps de don Alonso de Carthagène, mais aussi à tous ceux qui lui succédèrent dans le siècle suivant, se trouvent en partie compensés par la simplicité de l'exposition et de la narration des faits. Il ne laisse pas que de s'essayer à suivre parfois les historiens latins, qu'il connaissait à fond, et cette même simplicité qu'il affecte le porte, dans beaucoup d'occasions, à ajouter foi à des inventions irréalisables et à des fables que la saine critique ne peut s'empêcher de répudier. Son *Doctrinal de Caballeros*, son *Mémorial des Vertus*, ses *Versions de Cicéron et de Sénèque*, témoignent que si don Alonso ne put s'élever au-dessus de la crédulité de son temps, et séparer, par une droite raison, l'or pur de la vile scorie ses essais historiques prouvent qu'il avait un fonds de connaissances assez grand, surtout assez de lumières pour signaler, dans ses premiers traités, le chemin de la noblesse et de la vertu ; tandis qu'il prouvait, dans les seconds, par des commentaires étendus, que tous les auteurs les plus choisis du siècle d'or de Rome lui étaient très-familiers. Son éducation littéraire avait été en quelque sorte classique ; ses voyages, son séjour en Italie avaient achevé de former son goût, et il ne retira pas, en vérité, peu de gloire, à son retour en Castille, du développement que prenait déjà la littérature savante. Mais, malgré l'effort visible que l'on remarque dans les livres que don Alonso de Carthagène a écrits en prose, pour manifester ses connaissances dans la littérature classique, il est bon de remarquer que son langage est plus simple et plus coulant que celui qu'a employé son frère don Gonzalo, et l'on peut ajouter aussi qu'un très-petit nombre de ses contemporains ont donné à la phrase autant de précision, d'élégance, de souplesse. Pour que nos lecteurs puissent se former une idée exacte sur ce point, nous croyons à propos de citer ici quelques passages des ouvrages en prose de l'évêque converti. Voyons donc le commencement du prologue qu'il a mis en tête du *Livre de l'Oraison*, que quelques critiques respectables supposent écrit en vers (1). Il l'adresse au magnifique Fernan Perez de Gusman, à la prière duquel il composait ledit ouvrage :

« Podré dezir á vos (2), estudioso cavallero, lo que Jerónimo escrivió al papa Damaso, començando á responder á una qüestion que le fiçó sobre declaracion de aquella evangélica parábola que Nuestro Señor puso del fijo pródigo que penitente al padre tornó diciéndole asy : « La question de tu Santidat, papa bienaventurado, disputacion fué ; ca preguntar asi lo que se pregunta, es dar via para responder á lo preguntado. Et á sabiduría es de reputar el preguntar sabiamente. Et asy diré yo á vos, considerando la manera en que preguntades, porque por ella bien paresce que queristes abrir el camino para que mas ayna podiesse fallar lo que á lo preguntado

(1) CLASIS. *Tableau de la littérature espagnole au moyen âge.*
(2) « Je pourrais vous dire, studieux caballero, ce que Jérôme écrivit au pape Damaso, en commençant à répondre à une question qu'il lui fit sur l'éclaircissement de cette parabole de l'Évangile que Notre-Seigneur raconte du fils prodigue, qui, repentant, revint vers son père, en lui disant : « La question de Votre Sainteté, bienheureux pape, a été l'objet d'une dispute ; car demander ainsi une telle demande, c'est fournir le moyen de répondre à la question ; et c'est une science, que de penser à interroger savamment. Et c'est ainsi que je vous dirai, en considérant la manière dont vous m'avez questionné, parce que, par elle, il semble que vous avez voulu ouvrir le chemin pour que je puisse trouver plus facilement ce que je dois

responda; ca proporcionades actos vyrtuosos unos con otros, poniendo en cada una la cabra que le podria traher, por que á virtud atribuir non se deva, é donde se podria mesclar alguna ficion : lo mal de la oracion apartades, con quien simulacion alguna non ternia tan presto de fallar compañia, etc. »

Alonso de Carthagène expose ensuite les causes qui l'obligent à satisfaire les désirs du docte seigneur dont l'amitié lui faisait tant d'honneur. Il entre en matière, et il définit l'oraison, non sans établir un nombre considérable de distinctions qui forment en réalité toute la matière d'un livre si étrange. Les lignes que nous venons de copier suffisent sans doute pour faire connaître son style. Pour que nos lecteurs le jugent comme traducteur, et pour prouver les observations que nous avons faites, nous transcrirons ici un autre passage de la traduction des livres de Sénèque, passage qui servira en outre à faire apprécier l'exactitude de la version. C'est le chapitre XIX du livre Ier de *la Vie heureuse*.

« ¿ Que maravilla es (1) que no subau del todo en lo alto estos que prueban las cosas altas é que acatan é otean las virtudes, aunque no las alcancen del todo? Ca cosa noble y fidalga es probar las cosas grandes é acatar, no á sus fuerzas propias, mas á la fuerza de la natura. É cometer é esforzarse hombre á subir en lo alto é pesar en su voluntad siempre las cosas mayores é contemplar en si mesmo como el varon guarnido de grand corazon podria decir asi : yo con ese mesmo rostro oiré de la muerte que la veré ; yo sufriré qualesquier trabajos que me vengan por grandes que sean y es-

répondre à la question ; car vous m'avez fourni des actes de vertu les uns avec le autres, en mettant dans chacun la chèvre qui pourrait le tirer, pour que l'on ne doive pas l'attribuer à la vertu, et où l'on pourrait mêler quelque fiction. Vous avez écarté le mal de l'oraison, avec lequel aucune simulation ne pourrait sitôt trouver compagnie (a). »

(1) « Quelle merveille de ne pas voir s'élever en haut ceux qui éprouvent les choses élevées, et qui regardent et observent les vertus, quoiqu'ils ne les atteignent pas entièrement? Car c'est une grande et noble chose que d'éprouver les grandes choses, et de considérer non ses propres forces, mais la force de la nature. Et l'homme qui cherche et s'efforce de monter en haut et de peser dans sa volonté toujours les choses plus grandes, et de contempler en lui-même comme un homme doué d'un grand cœur, pourrait dire ainsi : « Moi, avec ce même visage, j'entendrai parler de la mort que je verrai ; je souffrirai toutes les fatigues qui me viendront,

(a) *Bibliothèque de l'Escurial*, recueil T, iij. 4.

forzaré mi cuerpo con mi corazon; yo egualmente menospreciaré las riquezas, quier sean presentes, quier venideras; ni me contristaré, aunque los vea estar en casa agena, ni me ensobervesceré aunque esten en derredor de mí; yo no faré mencion ni sentiré la fortuna, si llegare á mi, ni curaré si se partiere; yo otearé todas las tierras, como si fueren mias; y otearé las mias, como si fueren de todos; yo viviré de tal manera, como aquel que sabe que es nascido para los otros é daré muchas gracias por esto á la natura de todas las cosas : ¿Ca qué cosa mas bien puede facer la natura que darme á todos y darse todos á mi? Cualquier cosa que tenga ni la guardaré escasamente ni la esparciré desordenadamente. »

Ces deux morceaux suffisent, à notre avis, pour faire apprécier don Alonso de Carthagène, comme prosateur, et pour justifier nos observations relatives à son style et à son langage. Il nous reste encore à l'examiner comme poëte. Quand nous ferons cet examen, nous aurons l'occasion de remarquer l'influence qu'il exerça sur les poëtes de son temps, et nous compléterons ainsi le tableau que nous nous sommes proposé de faire de ses ouvrages.

Rien ne cause un plus véritable étonnement que de contempler un personnage aussi distingué que don Alonso de Carthagène, un prélat qui a été tant de fois le médiateur des rois, et qui est, d'un autre côté, un modèle de vertus, de le contempler se livrant aux joutes et aux divertissements poétiques où l'amour était l'unique idole; parvenant, enfin, à mériter le nom de *rendido amador*, réputation qu'il a conservée jusqu'au siècle suivant, dans lequel l'aimable Castillejo lui adjuge la palme de *entendido en amores* (passé maître en amours). Cette contradiction entre l'état social de don Alonso et le caractère de ses poésies, entre la dignité dont il se trouvait revêtu, les austères vertus qui l'ornaient et l'esprit de presque toutes ses compositions,

---

quelque grandes qu'elles soient, et je ferai mes efforts par le corps et par le cœur; je mépriserai également les richesses, soit présentes, soit futures; je ne m'attristerai pas si je vois qu'elles sont dans la maison d'autrui; je ne m'enorgueillirai pas si elles sont autour de moi; je ne parlerai point de la fortune; je ne la sentirai point si elle vient à moi, je ne m'en inquiéterai pas si elle s'en va; je considérerai toutes les terres comme si elles étaient à moi, et je regarderai les miennes comme si elles appartenaient à tous; je vivrai de la manière que vit celui qui sait qu'il est né pour les autres, et je rendrai grâces, pour cela, à la nature de toutes choses; car quelle chose meilleure peut faire la nature que de me donner à tous, et de faire que tous se donnent à moi? Quoi que ce soit que je possède, je ne le garderai pas parcimonieusement; je ne le répandrai pas avec prodigalité. »

devient une preuve irrécusable de toutes les observations que nous avons faites dans l'introduction du chapitre précédent, relativement au caractère général de la littérature et de la poésie au xve siècle. L'évêque de Burgos n'est pas le seul, en vérité, qui soit tombé dans la déplorable contradiction de demander à sa lyre des sons qui étaient en désaccord complet avec son ministère en particulier, avec les sentiments de son époque et même avec ses devoirs. Ce fut la maladie commune de cette cour efféminée et capricieuse, de feindre une félicité dont elle ne jouissait pas; et l'on était forcé de se soumettre à cette loi arbitraire pour mériter les applaudissements de la multitude des esprits de goût. Ainsi donc, quand, après avoir examiné les écrits en prose de don Alonso de Carthagène, nous l'entendons parler tantôt le langage de la vérité, montrer tantôt le ton simple de la vertu et de la science, nous jugeons que ses poésies doivent participer de ces mêmes qualités, et nous ne pouvons nous empêcher d'éprouver une répugnance, qui ne nous cause aucune surprise, en le voyant livré aux mêmes délires amoureux qui semblaient, à cette époque, constituer l'idéal de la passion. Don Alonso de Carthagène n'est point, dans les poésies qu'on peut légitimement lui attribuer, le converti qui embrasse la religion chrétienne pour se consacrer exclusivement à son service ; c'est, comme l'appelle Fernan Perez de Gusman, le caballero castillan de la cour de don Juan II, pour qui l'amour est tout. Comme le marquis de Santillane, le seigneur de Batres, le comte de Mayorga, don Juan Pimentel, le courageux Juan de Merlo, le brave Juan de Padilla, l'intrépide Diego de Faxardo, l'élégant don Fernando de Guevara et tant d'autres qui brillèrent dans cette cour, il écrit des dialogues, des cantilènes et des compositions de toute sorte où l'amour joue le principal rôle. Et de l'étude de toutes ces poésies, excepté de celle qu'il consacre à son père, on ne pourrait inférer que l'auteur est un prélat aussi accompli que le démontrent les vers suivants de Fernan Perez de Gusman, que nous avons déjà cité, vers qu'il a écrits après la mort d'Alonso :

> La Iglesia, nuestra madre,
> hoy perdió un noble pastor,
> las religiones un padre,
> y la fé un grand defensor (1).

(1) « L'Église, notre mère, — aujourd'hui a perdu un noble pasteur, — la religion un père, — et la foi un grand défenseur. »

LES JUIFS D'ESPAGNE.

Les compositions poétiques de l'évêque de Burgos sont presque entièrement inconnues, parce qu'elles n'ont été publiées (1) que dans *le Cancionero général* de Hernando de Castillo, collection digne de toute estime, tant par sa richesse que par la rareté des exemplaires qui sont arrivés jusqu'à nos jours. Nos lecteurs ne nous sauront donc pas mauvais gré si, après avoir apprécié leur caractère, nous nous arrêtons quelque peu pour les faire connaître, et si nous transcrivons ici les passages qui nous paraissent les plus propres à atteindre notre but. Tout le monde a lu les strophes d'art majeur, si célèbres au xv° siècle, parce que la glose en a été faite par Francisco Hernandez Coronel et par d'autres poëtes non moins habiles. La glose de don Alonso de Carthagène commence de la manière suivante (2):

> La fuerza del fuego que enciende, que quema
> las tristes entrañas rompidas de acero,
> es fuerza terrible d'amor que s'extrema
> en mi, porque viven las ansias que muero.
> Este es un fuego tan disimulado
> que claro se siente y escuro se vee,
> por donde cualquiera que del es llagado,
> su fuerza le pone en mal tan doblado
> cuanto es sencillo el bien que posee.
>   Que alumbra, que ciega, que ciega que alumbra
> al triste constante que amor le es forzoso
> que agora le abaxa y luego le encumbra
> y agora le alegra y hace lloroso.
> Alumbra al desseo que siempre desseo,
> alumbra y conforma mi firme aficion,
> ciega mis ojos, por donde no veo

(1) Le señor Bhol de Faber a inséré, dans sa *Floresta española*, quelques petites compositions qui peuvent servir à enrichir cette précieuse collection, mais qui ne suffisent pas pour faire connaître Alonso de Carthagène. Toutes les pièces insérées sont, toutefois, amoureuses.

(2) « La force du feu qui brûle, qui consume les tristes entrailles déchirées par le fer, c'est la force terrible de l'amour qui s'obstine en moi; car elles vivent, les peines qui me font mourir. Et c'est un feu si dissimulé, que clair on le sent, et obscur on le voit. Si quelqu'un vient à en être frappé, sa force lui donne un mal d'autant plus double, que le bien qu'il en possède est simple. — Il éclaire, il aveugle, il aveugle, il éclaire la triste constance qui doit forcément l'animer; maintenant il l'abaisse, et bientôt il l'élève; maintenant il la remplit de joie ou lui fait verser des pleurs. Il allume le désir, qui toujours désire; il allume et renforce ma ferme affection; il aveugle mes yeux, et je ne vois point où trouver un remède pour le

do halle remedio del mal que posseo
que es ver me libre de tanta ocasion.
 Mi alma, mi cuerpo sufriendo tal pena
han ya concertado partirse de en uno,
sentiendo el engaño que amor les ordena,
Hallando, ni viendo remedio ninguno.
pues ven, ven ya, muerte; seras bien venida
y consolarás al desconsolado
que entrambos le piden aquesta partida,
el alma por verse del cuerpo solida
y el cuerpo por verse de amores librado.
 Mi muerte, mi vida la piden sin duda
passiones tan crudas, por ver en si moran;
y ella cruel, por serme mas cruda,
me niega cegar mis ojos que lloran.
Al tiempo que tuve de gloria esperanza
temi á la hora sentir su ferida;
agora que hizo fortuna mudanza,
alarga mi vida con cruda tardanza
magüer que bien vee no ser gradescida.

Don Alonso continue à manifester, par cette amoureuse métaphysique, les mêmes douleurs et la même passion, sans que les quatorze strophes qui restent parviennent à toucher les véritables cordes du sentiment. Son amour était un amour fictif; il ne pouvait par conséquent être rendu par les couleurs de la vérité; de là la nécessité qui le portait fréquemment à chercher les artifices les plus ingénieux, comme on peut le voir dans les strophes suivantes, qui forment un dialogue entre *le Cœur* et *la Langue* :

LE CŒUR.
No sé quien pueda valerme
de mi secreta fatiga :

mal qui me possède, qui est de me voir libre de tant de pression. — Mon âme, mon corps, en souffrant une telle peine, ont déjà résolu de se séparer, en sentant les ruses que leur ordonne l'amour, et ne trouvant aucun remède, aucun. Viens donc, viens donc, ô mort! tu seras la bienvenue, et tu consoleras l'infortuné; tous deux demandent cette solution, l'âme pour se voir dégagée du corps, et le corps pour se voir libre d'amours. — Ma mort, ma vie, voilà ce que demandent sans doute des passions si cruelles; pour voir, elles demeurent en soi; et elle, la cruelle, pour m'être plus terrible, me refuse de fermer mes yeux qui pleurent. Dans le temps où j'avais quelque espoir de la gloire, j'ai craint alors de sentir ses coups. Maintenant que la fortune a changé, elle allonge ma vie par de cruels retards, bien qu'elle voie qu'elle ne m'est pas agréable. »

pues tú, mi lengua enemiga (1),
hecha para obedecerme,
no has curado
del oficio que te es dado,
con que puedes socorrerme.
 Si viesses que mis porfias
fingidas podian ser,
en callar y enmudescer
digo que razon tenias.
Mas bien sabes
que aunque hables y no acabes,
no dirás las ansias mias.
 ¿Quién quitó tu atrevimiento?...
pues claro se está y de suyo
no ser del oficio tuyo
sino decir lo que siento.
¿Como agora
delante de esta señora
se turba tu sentimiento?
¿De quién me debo quejar
sino de tu encogimiento?
que mientras mas pena siento
mas te precias de callar?...

LA LANGUE.

Habeis dicho ;
sabed que pone entredicho
el dolor en el hablar.

LE CŒUR.

¿Quién puede pensar de ti,
qu'en aquel tiempo mas callas
quando mas que decir hallas?...
Nunca tal contrario ve.

---

(1) « Je ne sais qui peut me savoir gré de mes fatigues secrètes, puisque toi, ô ma langue ennemie, faite pour m'obéir, tu ne t'es pas inquiétée du devoir qui t'est imposé, et par lequel tu peux me secourir. — Si tu voyais que mes efforts pouvaient être fictifs, oui, tu avais raison de te taire et d'être muette; mais tu sais bien que, malgré tes paroles, tu ne tiniras, tu ne diras jamais mes tourments. — Qui t'a enlevé ton audace?... Il est bien évident que tu t'arrêtes, et comme ce n'est de toi-même, puisque ton devoir n'est que de dire ce que je sens, comment maintenant, devant cette dame, tes sens se troublent-ils? — De quoi dois-je me plaindre, sinon de la retraite, puisque plus je souffre, plus tu t'obstines à te taire?... — LA LANGUE. Tu as dit : Sache que la douleur met la parole en interdit. — LE CŒUR. Que puis-je penser de toi, qui te tais d'autant plus au moment où tu as plus à dire?... Jamais je n'ai vu un tel contraste. — LA LANGUE. Attends, attends,

LA LANGUE.

Cata, cata :
agora sabes que ata
la mucha pasion á mi ?

LE CŒUR.

Nunca podré perdonallo,
puesque mis congojas cresces,
porque siempre t'enmudesces
cuando en mas pena me hallo.

LA LANGUE.

¡ Como, como !
sabed que los males tomo
tan en grueso que los callo.

LE CŒUR.

Bien paresce qu'es ageno
y de tí mi mal extraño,
¿ Puede ser mas claro engaño
que callar, cuando yo peno ?...

LA LANGUE.

No es cautela :
que lo que á vos es espuela
aquello me es á mi freno.

Don Alonso de Carthagène a écrit un autre dialogue non moins ingénieux et beaucoup plus long, dans lequel il introduit *le Dieu d'Amour* et un *Amoureux*, qui est l'auteur lui-même. Ce dernier imagine que *l'Amour* lui apparaît pendant son sommeil, et, dès qu'il l'aperçoit, il se dit en lui-même :

Mi lengua tornada muda (1),
dixe entre mi con temor :
el que dicen Dios de amor
este debe ser sin duda.

tu sais maintenant qu'une passion forte m'attache? — LE CŒUR Jamais je ne pourrai lui pardonner ; tu augmentes mes douleurs, puisque tu restes toujours muette lorsque je suis le plus en peine. — LA LANGUE. Comment! comment! apprends que je trouve les maux si grands, que je les tais. — LE CŒUR. Il paraît bien que mon mal extraordinaire t'est tout à fait étranger. Peut-il y avoir tromperie plus forte que de se taire quand je suis dans la peine? — LA LANGUE. La précaution est inutile ; ce qui pour vous est éperon, cela même est un frein pour moi. »

(1) « Ma langue est redevenue muette, ai-je dit en moi-même avec effroi : ce doit être celui-là, sans doute, qu'on appelle le Dieu d'Amour ; c'est lui certainement qui nous ordonne de regarder comme bonne la vie pénible et cruelle. Ce doit être celui-là

> Este es cierto quien ordena
> que tengamos por muy buena
> la vida mala y cruel :
> este debe ser aquel
> por quien hay gloria en la pena.
> Este es quien hace y deshace
> todo nuestro bien y mal;
> este es el rico caudal
> que el deseo ssatisface.
> Por quien es bien empleado
> qualquier penoso cuidado
> que nuestro sentido pruebe
> porque en su gloria s'embebe
> lo que nos ha sido dado.

Après cette description, où l'on remarque assez de finesse, le dialogue s'établit, et *l'Amour* s'exprime en ces termes :

> Yo soy quien á la fortuna
> truxe y traigo á mi mandar ;
> yo soy quien puedo tornar
> dos voluntades en una.
> Yo soy aquel que podré,
> galardonar quien querré.
> y pagar á los que yerran :
> y sabe que en mi se encierran
> Deseo, esperanza y fé (1).

Tout le reste de cette composition, où les formes dramatiques se trouvent assez prononcées, car il n'y a rien d'impossible qu'elle ne fût faite pour être récitée, ce reste, disons-nous, se réduit à amplifier la froideur de la dame à qui Alonso consacrait ses pensées et à qui il donne le nom poétique d'Oriana. Mais quelque ingénieuses que soient ces compositions, dont le thème obligé est toujours la dureté et l'ingra-

---

qui trouve gloire dans la peine. — C'est lui qui fait et défait tout notre bien, tout notre mal. C'est lui le riche capital qui nos désirs peut satisfaire; pour qui est bien employé, quel qu'il soit, le soin pénible que notre âme éprouve, parce que, dans sa gloire, va s'imbiber tout ce qui nous est donné. »

(1) « Je suis celui qui mène la fortune et qui l'ai sous mes ordres ; je suis celui qui peut mettre deux volontés en une ; je suis celui qui pourrait récompenser qui je voudrais, et payer ceux qui errent ; l'on sait qu'en moi sont renfermés désir, espérance et foi. »

titude de la dame à qui elles sont adressées, quelque brillantes que puissent y paraître les beautés de poésie et de style, il faut convenir qu'il règne, dans toutes, une certaine monotonie, résultat sans doute du manque de foi du poëte. Quand on lit ces productions, en apparence si pleines de passion, et que l'on se rappelle qu'elles sont dues à un prélat qui passait la plus grande partie du temps dans la méditation et dans l'exercice des devoirs que lui imposait son ministère, on ne peut s'empêcher de reconnaître que don Alonso de Carthagène suivait en cela l'esprit de la mode et payait ainsi son tribut à la cour où il vivait. On ne peut nier néanmoins un fait, qui rend encore plus sensibles toutes les observations que nous avons relevées sur le caractère de la littérature, au commencement et vers le milieu du xv⁰ siècle, à savoir que, dans les compositions poétiques de l'évêque de Burgos, il y a des pensées exprimées avec la légèreté et la grâce la plus grande. Je n'en veux pour exemple que la cantilène suivante:

> Partir quiero yo,
> mas no del querer :
> que no puede ser.
>   El triste que quiere
> partir y se va,
> á donde estuviere
> sin sí viverá.
>   D'aqueste partir
> la vida procede ;
> partiendo morir
> la vida bien puede.
>   Mas no que no quede
> con vos el querer ;
> que no puede ser (1).

Nous avons indiqué plus haut que l'évêque don Alonso de Sainte-Marie s'exerçait aussi dans les joutes poétiques qui servaient d'agréable passe-temps à la cour de don Juan II. Si nous n'éprouvions pas la crainte de trop nous étendre, nous ferions ici une description

---

(1) « Quitter je veux, mais non l'amour, ce qui ne peut être. — Le malheureux qui veut partir et s'en va, partout où il sera, sans lui-même vivra. — De ce départ, la vie procède, et, par ce départ, la vie peut bien mourir. — Mais non, sans que ne reste avec vous l'amour, ce qui ne peut être. »

un peu détaillée de cette espèce de jeux floraux, si communs alors en Castille, et auxquels prenaient part tous ceux qui se croyaient quelque talent. Toutefois, nous ne pouvons passer sous silence, en parlant de don Alonso de Carthagène, que ce personnage, si respecté des grands et des petits, jouait d'ordinaire dans de semblables joutes un rôle distingué, non-seulement par la dignité dont la était revêtu, mais encore par le prestige que son bon savoir lui donnait parmi les troubadours les plus subtils. Pour démontrer jusqu'à quel point don Alonso était considéré dans ces matières, il nous paraît à propos de copier ici l'introduction d'une desdites joutes, que Castillo a insérée dans le *Cancionero general* que nous avons cité plus haut.

« Alors commencent, dit-il, les inventions et les lettres des jouteurs, et aussi ce que don Alonso de Carthagène dit à quelques-uns d'entre eux en leur déclarant son avis :

« Le roi, notre seigneur, tira une grille de prison, et pour lettre :

> Qualquier prision é dolor
> que se sufra es justa cosa ;
> pues se sufre por amor
> de la mayor y mejor
> del mundo y la mas hermosa (1).

A cela, don Alonso de Carthagène répond :

> La red de cárcel primera
> de nuestro señor, el rey,
> bien parece darnos ley
> en sentencia verdadera (2).

Don Henri, peut-être le marquis de Villena ou l'infant d'Aragon, tira une maison avec des cadenas et il dit :

> Si de mis secretos fueran,
> los canados
> no pudieran ser quebrados (3).

---

(1) « Quelque prison et douleur — que l'on souffre, c'est juste chose, — quand on la souffre pour amour — de la plus grande, de la meilleure — du monde, et de la plus belle. »

(2) « La grille de la prison d'abord — de notre seigneur, le roi, — nous paraît nous donner loi — par un arrêt véritable. »

(3) « Si de mes secrets c'étaient les cadenas, ils ne pourraient être brisés. »

Alonso de Carthagène répond :

> La casa de los canados
> del segundo justador
> no me paresce primor
> de los bien enamorados.
> Que muestra tener trabados
> tales secretos con quien
> debieran, mirando bien,
> no avisar los no avisados (1).

Le comte d'Ureña tira des urnes dont deux enfants tiraient des sorts et dont les paroles étaient :

> Bien amando sin mudanza
> fué mi suerte como vedes,
> do salieron las mercedes
> en blanco, sin esperanza (2).

Don Alonso de Carthagène dit :

> Este que en blanco decia
> ser su suerte por las plazas,
> nadador con calabezas
> digo yo que parecia.
> Mas pues su tema le guia
> á ser bien enamorado;
> debe ser galardonado
> quien tal cimera traía (3).

Don Alvaro de Luna tira une fontaine et il dit :

> Fué entendido mi querer,
> ántes que yo lo dixese,
> en mandarme que os sirviese. (4)

(1) « La maison des cadenas — du second jouteur — ne me semble adressé — de ceux qui sont bien épris d'amour. — Il montre avoir relié de tels secrets avec lesquels — devraient, en bien regardant, — ne pas distinguer ceux qui ne sont pas habiles. »

(2) « Bien aimer sans changement — fut mon sort, vous le voyez, — d'où des grâces sont sorties, — sans être réalisées, sans espérance. »

(3) « Celui-ci qui disait que frustré — était son sort pour les places, — nageur avec des citrouilles, — je dis, moi, qu'il paraissait. — Mais puisque son idée le pousse — à être bien amoureux, — il doit être bien récompensé, celui qui porte un tel cimier. »

(4) « Ma volonté a été comprise — avant que je la traduise ; — en m'ordonnant de vous servir. »

Don Alonso de Carthagène répond :

> Dégase mi sentenciar
> de la fuente do manó
> frialdad, la cual templó
> el dia para justar.
> Y es mi determinar,
> pues su vergüenza procura,
> la joya le deben dar,
> pues grano de oro figura (1).

Ces joutes littéraires, où chacun tirait, pour devise, une pensée ingénieuse, chose qui arrivait aussi dans les tournois où l'on déployait un autre genre de forces, se réduisaient en général à voir des jouteurs proposer à d'autres des questions de différents genres, dont la réponse devait être faite en vers, comme on faisait la demande. Entre les nombreuses énigmes déchiffrées par les poëtes de la cour de don Juan II, dans ce genre d'exercices, se trouve la demande suivante, adressée par Alonso de Carthagène à Garci Sanchez de Badajoz :

> ¿Quál nueva al preso llegó
> con que mayor placer haya
> que soltalle y que se vaya
> á las tierras do salió?...
> Pues nuestra alma está en cadena
> desterrada en tierra agena,
> decidme ¿por cuál razon
> siente tanta turbacion,
> al tiempo que Dios ordena
> que salgó de la prision?... (2)

Garci Sanchez lui répliqua de la manière suivante :

> El ciego que nunca vió,
> como no sabe que es ver (3),

---

(1) « Que l'on dise ma pensée — sur la source d'où coule — la fraîcheur, qui tempère — le jour pour la joute. — Et ma détermination est, — puisque sa bonté il produit — le joyau, on doit lui donner, — puisque grain d'or elle figure. »

(2) « Quelle nouvelle au prisonnier arrive — qui lui fasse plus grand plaisir — que de le délivrer et de le laisser partir — pour les terres d'où il est sorti? — Puisque notre âme est dans la chaîne, — exilée sur la terre étrangère, — dites-moi pour quelle raison — elle éprouve tant de trouble — au moment où Dieu lui ordonne de sortir de sa prison? »

(3) « L'aveugle qui n'a jamais vu, — comme il ne sait pas ce que c'est que de voir, — ne vit pas avec tant de déplaisir — que celui qui devient aveugle. — De même,

No vive tan sin placer
como el que despues cegó,
y así el alma en morir pena
porque tiene por muy buena
la vida que es la pasion,
y aun porque vá en condicion
si salva ó se condena,
si habrá pena ó galardon.

Nous nous sommes arrêté un peu trop peut-être à l'examen des œuvres poétiques de l'évêque de Burgos. Nous pouvons avoir pour excuse deux motifs qui ne laissent pas d'avoir quelque poids dans ce genre de travaux. Les poésies de cet illustre converti sont généralement peu connues, et leur importance est telle, dans l'histoire de la littérature espagnole, qu'elle suffit pour justifier toutes les observations que nous avons faites sur son état, sous le règne de don Juan II. Nous l'avons déjà observé, il nous semble incroyable que, dans cette brillante époque où tout le monde cultivait les lettres, où l'imagination trouvait de puissants aiguillons et un aliment continuel pour ses élans fantastiques, l'on ait à peine entendu un accent véritablement inspiré. Georges Manrique seul a su pleurer sur la tombe de son père, et interrompre cet éternel concert de fictifs chagrins de cœur, qui devaient se reproduire un siècle plus tard, au milieu des bois et des forêts.

Alonso de Carthagène voulut adresser aussi la voix à Paul de Sainte-Marie, son père; et c'est là la seule fois qu'il ne traite pas, dans ses vers, d'amours imaginaires. Cependant cette composition, où brille une pensée philosophique, puisqu'il s'agit de conseiller au célèbre chancelier de s'éloigner des affaires du monde, de se reposer sur son gain, ne se trouve pas empreinte de cette douce philosophie et de cette tendresse qui caractérisent les stances de Georges Manrique que nous avons citées. Malgré tout, on peut dire que, si elle n'est pas la plus estimable, elle est au moins la plus importante et la plus grave de toutes celles que nous a laissées Alonso de Carthagène. Après avoir

---

l'âme, en mourant, souffre, — parce qu'elle regarde comme bonne — la vie, qui est la passion, — et aussi parce qu'elle s'en va, ignorant — si elle est sauvée ou condamnée, — si elle recevra peine ou récompense. »

comparé l'homme fortuné au navigateur qui a heureusement échappé au naufrage, il s'écrie :

> Pues vemos, yerro segundo,
> que el primero no atajemos;
> con mi poco saber fundo
> que dest' arte naveguemos
> en el mar y mal del mundo.
> Con esta carne robusta,
> para bien ó mal pasalle
> Dios nos dió manera justa :
> la libertad es la fusta,
> la razon el gobernalle.
> En estas barcas traemos
> nuestras almas y passamos :
> si á la fusta obedecemos,
> es forzado que perdamos
> lo que nunca cobrarémos.
> Y pues la vida es pasage
> que tan presto pasa y vá
> aunque nadie no lo atage,
> passar bien este viage
> en el gobernalle está (1).

Il s'arrête pour démontrer que l'homme agit toujours d'après son libre arbitre, et il ajoute :

> Palabras son muy sabidas
> que tenemos los mortales
> en nuestras manos metidas
> nuestras muertes, nuestras vidas,
> nuestras culpas, nuestros males (2).

---

(1) « Puisque nous voyons, deuxième erreur, — que nous ne triomphons pas de la première, — avec ma faible science, j'établis — que c'est avec cet art que nous naviguons — sur la mer et sur les maux du monde. — Avec cette chair robuste, pour bien ou mal passer, — Dieu nous a donné une juste manière. — La liberté est le navire, et la raison le gouvernail.

« Dans ces barques nous amenons — nos âmes, et nous passons; — si au navire nous obéissons, — il arrive que forcément nous perdons — ce que jamais nous ne recouvrerons. — Et d'ailleurs la vie est un passage, — qui passe si vite et s'en va, sans que personne ne l'arrête; — bien passer, dans ce voyage, est le fait du gouvernail. »

(2) « Ce sont paroles très-connues, — que nous, mortels, nous tenons — dans nos mains mises, — notre mort et notre vie, — nos fautes et nos maux. »

Plus loin il continue :

> Ser hijo y consejador,
> si al revés os parescere,
> mirad primero, señor,
> que aquel os sirve mejor
> que mejor consejo os ciere (1).

Puis il termine :

> Quien de tan buena carrera
> la mitad andado tiene,
> mudar su vida y manera
> para este mundo conviene,
> quanto mas para el que espera.
> Y aun por fama sostener
> de vuestra discrecion tanta
> y no la dejar caer;
> pues la gloria del saber
> al fin de gloria se canta (2).

Tel est le caractère des poésies de don Alonso de Carthagène. La seule chose que l'on regrette, c'est de ne pas le voir appliquer son talent à un autre genre de compositions plus en harmonie avec la dignité dont il était revêtu, et avec la nature de ses premières études. L'évêque de Burgos n'eut pas assez de force d'âme pour s'élever au-dessus de l'esprit de son siècle, ou bien, entraîné par le courant général, il se contenta d'unir sa voix au concert qu'entonnaient ses contemporains (3), et il perdit de vue que ses exemples devaient être

---

(1) « Être fils et conseiller, — si c'est le contraire qui vous semble (bon), — considérez d'abord, seigneur, — que celui-là est serviteur meilleur, — qui conseil meilleur vous donne. »

(2) « Quiconque d'une si bonne carrière — la moitié a déjà fourni, — à changer sa vie et sa manière, — pour ce monde consent, — combien plus celui qui espère! — Et même pour le renom soutenir — de votre discernement si grand, — pour ne pas le laisser tomber; — car la gloire du savoir — se chante enfin comme une gloire. »

(3) Pour comprendre parfaitement l'esprit qui animait la poésie savante, qu'on peut aussi appeler poésie de cour, à l'époque dont nous nous occupons, il ne nous paraît pas hors de propos de donner ici les titres des ouvrages qui se sont acquis le plus de réputation. Garci Sanchez de Badajoz composa l'*Enfer d'amour*, les *Leçons de Job appropriées à ses passions d'amour*, les *Fantaisies d'amour*; don Diego

nuisibles aux lettres et aux mœurs. On peut à peine concevoir une telle conduite, quand on se rappelle que don Alonso de Carthagène était ce même prélat qui s'était acquis une si grande réputation au concile de Bâle, qui avait mérité qu'Eugène IV, apprenant qu'il se rendait dans la capitale du monde chrétien, s'écriât : « Il est certain que, si l'évêque de Burgos vient à notre cour, il y aura une grande honte pour nous à nous asseoir sur la chaire de Saint-Pierre (1). »

Lopez de Haro, *le Testament d'amour*; Luis de Vivero, *la Guerre d'amour*; Juan Rodriguez del Padron, *les Sept jouissances d'amour*, et *les Dix Commandements*. Don Georges Manrique publia trois productions, dont les titres étaient : *la Profession*, *l'Echelle*, et *le Château d'amour*; Guévara, *le Sépulcre d'amour* et *l'Enfer des amours*; Alvarez Gato, *le Défi d'amour*; Barba, *le Combat d'amour*; le commandeur Escriva, *le Jugement d'amour*, en prose et en vers; Vazquez, *le Modèle d'amour*; Nicolas Nuñez, *les Heures d'amour*, ou *les Prières d'amour*; Salazar, *le Pater Noster des femmes*. On peut assurer que ces auteurs ont écrit très-peu de compositions, que nous sachions, dont le sujet n'ait été la beauté ou le dédain de quelque belle de la cour.

(2) Le P. Mariana, *Histoire générale d'Espagne*, liv. XXI, chap. VI. — *Chronique de don Juan II* (Logroño, 1519).

CHAPITRE X

Troisième époque.

Jean Alphonse de Baena. — Son Cancionero.

Le *Cancionero* de Baena jouit d'une grande réputation parmi les lettrés, mais tous ceux qui ont fait quelques observations sur l'histoire de notre poésie n'ont pu l'étudier, encore moins le faire connaître avec l'étendue nécessaire. Tous ces faits ont sans doute leur cause dans ce que le *Cancionero* dont nous parlons n'a pas été donné à la presse: ils ont contribué aussi à laisser dans l'oubli, quand on a écrit sur notre littérature, une multitude de poëtes certainement dignes de figurer sur notre Parnasse ; d'où il résulte encore que nous ne savons rien ou très-peu de chose de la vie de ce Juif intelligent qui a consacré, par de si nobles efforts, une grande partie de sa vie à réunir, en un livre, un grand nombre de productions des poëtes les plus distingués de son temps, et même des siècles précédents. Ce ne sont pas là les seuls préjudices qu'a causés à la littérature espagnole l'apathie qui, jusqu'au siècle dernier, s'est emparée de nos érudits, et qui a laissé disparaître, dans la poussière des archives, les trésors les plus précieux.

Le *Cancionero* de Baena, à peine connu de quelques curieux, a, comme beaucoup d'autres perles inestimables de notre histoire et de notre littérature, franchi les Pyrénées pour ne jamais revenir dans la Péninsule; et aujourd'hui il nous faut mendier à l'étranger quelque copie incorrecte, si nous voulons examiner et apprécier les nombreuses beautés qu'il contient (1).

(1) Nous avons entendu dire que M. Michel, professeur de littérature espagnole au collège de Bordeaux, travaille à publier, ou a publié, quelques feuilles de ce

Jean Alponse de Baena, qui mérite d'occuper une place si distinguée dans notre histoire littéraire, nous a laissé cependant, dans le prologue qu'il a mis en tête du *Cancionero* quelques détails sur sa personne. Il est probable qu'il était natif de Baena, riche et populeuse cité de la province de Cordoue, alors frontière du royaume de Grenade. En effet, c'était l'usage, au moyen âge, et même encore dans les derniers siècles, de voir nobles et plébéiens adapter à leurs noms le nom de la ville où ils étaient nés, du moment où ils se trouvaient éloignés d'elle, ou qu'ils se distinguaient sous quelque rapport que ce fût. Cette coutume a donné naissance à des noms illustres qui ont honoré notre Espagne. Ainsi donc, rien ne paraît moins hasardé que la supposition qui donne à Jean Alphonse de Baena cette ville pour patrie, quand, en faveur de cette opinion, milite un usage si généralement adopté, et que nous voyons Jean Alphonse lui-même, dans le prologue du *Cancionero*, prendre le surnom de *Baenensis*. Voici ce qu'il y dit en parlant de cette collection inestimable (*coleccion inestimable*) (1) :

« En el cual libro generalmente son escriptas é puestas et asentadas todas las cantigas muy dulces é graciosamente assonadas, de muchas é diversas artes. E todas la preguntas de muy sotiles invenciones, fundadas é respondidas; é todos los otros muy gentiles desires muy limados é bien escandidos é todos los otros muy agradables é fundados procesos é requestas que en *todos los tiempos pasados fasta aqui* ficieron é ordenaron ó composieron é metrificaron el muy esmerado é famoso poeta, maestro é patron de la dicha arte, Alfon Alvares de Villasandino é todos los otros poetas, frailes é religiosos, maestros en theologia é caballeros, é escude-

---

manuscrit. Nous le félicitons de grand cœur, et nous l'engageons à continuer et à donner cette publication. Un écrivain distingué, don Eugenio de Ochoa, possède aussi une copie du *Cancionero*, que nous avons pu examiner. Les lettres gagneraient beaucoup s'il l'éditait en Espagne, ainsi qu'il l'a annoncé dans le prologue qu'il a mis en tête des *Poésies inédites du marquis de Santillane*, et publiées à Paris en 1844. — Ce vœu a été réalisé, et don Eugenio de Ochoa a publié le *Cancionero* en 1856.

(1) « Dans ce livre sont généralement écrites, mises et placées, toutes les chansons très-douces et gracieusement rimées, de nombreux et divers arts. Et toutes les demandes des plus subtiles inventions, posées et répondues; et tous les autres très-gentils dires, bien limés et bien scandés, et tous les autres très-agréables et très-bien fondés procès et requêtes que, *dans tous les temps passés jusqu'ici* ont faits, ordonnés, composés, versifiés le très-soigneux et fameux poète, maître et patron dudit art, Alphonse Alvarez de Villasandino et tous les autres poëtes, moines et

ros, é otras muchas é diversas personas sotiles que fueron y son muy grandes desidores é homes muy discretos é bien entendidos en la dicha graciosa arte ; de los quales poetas é desidores aqui adelante por su órden en este dicho libro serán declarados sus nombres de todos ellos é relatadas sus obras de cada uno bien por estenso ; el cual dicho libro con la gracia é ayuda é bendiciones é esfuerzo del muy soberano bien, que es Dios nuestro señor, fizo é ordenó é compuso é acopiló el Judino Johan Alfon de Baena, escribano é servidor del muy alto é muy noble rey de Castilla, don Johan nuestro señor, con muy grandes afanes é trabajos é con mucha diligencia é afection é grand deseo de agradar é complaser é alegrar é servir á la su gran Realesa é muy alta Señoria. »

On déduit de ces lignes que Jean Alphonse de Baena, greffier ou secrétaire de don Juan II, mit beaucoup de temps à rassembler les poésies qu'il a insérées dans le *Cancionero*. Il était poussé par le désir de se concilier la bienveillance de ce prince qui, pour s'être déclaré protecteur universel des poëtes de son temps, ne pouvait s'empêcher d'accueillir avec plaisir l'offrande d'un rabbin si actif. On remarque aussi qu'Alphonse de Baena avait conçu la plus haute idée de l'art poétique, qu'il aspirait lui-même au titre de troubadour, et qu'il convoitait la gloire de ceux qui, par leurs *très-doux et très-gentils dires*, attiraient sur eux l'admiration générale d'une cour qui, comme nous l'avons dit, dans les chapitres précédents, se trouvait

religieux, maîtres en théologie, chevaliers, écuyers et autres nombreuses et diverses personnes subtiles qui ont été et qui sont très-grands diseurs et hommes très-distingués et très-entendus dans cedit art gracieux ; de ces poëtes et diseurs ici dans leur ordre dans cedit livre, seront les noms d'eux tous déclarés et leurs œuvres relatées (a) chacune *in extenso* ; lequel livre par la grâce, l'aide, les bénédictions et l'effort du très-souverain bien qui est Dieu notre Seigneur, a fait, ordonné, composé, assemblé le Juif Johan Alfon de Baena, secrétaire et serviteur du très-haut et très-noble roi de Castille, don Juan notre seigneur, par de grands efforts et travaux, avec grand soin et affection et grand désir de charmer et de délecter, de réjouir et de servir sa grande Majesté et sa très-haute Seigneurie.

(a) Jean Alphonse de Baena comprit dans son *Cancionero* quelques-uns des poëtes que nous avons mentionnés dans l'article précédent, beaucoup d'autres dont les œuvres sont inconnues et les noms ignorés dans l'histoire de la littérature, sans qu'il y ait pour cela d'autres motifs que de n'avoir pas été imprimés. De ce nombre sont incontestablement Alphonse Alvarez de Villasandino, appelé avec justice, *maître et patron* de la poésie, Ferrant Manuel del Lando, Diego Martinez de Medina, Suero de Ribera, Alonso de Moraña, Pedro Gonzalez de Mendoza, Ferrant Perez de Illescas, Ruiz Paez de Ribera, Gonzalo de Quadros, Juan de Viena, Ferrant Sanchez Talavera, le maréchal Pero Garcia, Alvaro Ruiz de Toro, Garci Fernandez de Jerena, Alonso Alvarez, Pedro Ferrus, don Guttierre de Tolède, don Juan de Tordesillas et beaucoup d'autres qu'Alphonse de Baena fait connaître dans son *Recueil*. Le nombre total des troubadours dont ce Juif a inséré les compositions dans son *Cancionero* est de cinquante-cinq. Il y en a un bon nombre du XIVe siècle, ce qui détruit, par conséquent, l'erreur où l'on a vécu jusqu'ici, que, dans ce siècle, la poésie n'a eu que peu de représentants dignes de quelque estime.

livrée aux plus étranges extravagances, et flattait sa petitesse présente par les rêves fantastiques d'une félicité qui était bien loin d'être véritable. Placé au milieu de ce concert, Baena comprenait cependant que ce n'était pas le langage employé par ses contemporains qui était la langue propre à la poésie. Il donna à cette dernière plus d'importance qu'elle n'en avait réellement dans les antichambres des princes et des grands, et il exigea de ceux qui portaient le nom de poëtes, ce *mens divinior*, si fortement imprimé par le célèbre précepteur des Pisons. Écoutons donc la définition qu'il donne de la poésie, et voyons les qualités nécessaires, selon lui, à quiconque veut la cultiver :

« El arte de la poetria é gaya sciencia es una escriptura é composycion muy sotil é bien graciosa. — E es dulce é muy agradable á todos los oponientes é respondientes della é componedores é oyentes. — La qual sciencia é avisacion é dotrina que della depende, es avida é rescebida é alcanzada por *gracia infusa del Señor Dios* que *la dá é la envia é influye* en aquel ó aquellos que bien é sabia é sotil é derechamente la saben facer é ordenar é componer é limar é escandir é medir por sus piés é pausas é por sus consonantes é silabas é acentos é por artes sotiles é de muy diversas é singulares nombranzas. — E aun assi mesmo es arte de tan elevado entendimiento é de tan sotil engennio que la non puede aprender nin haber, nin alcanzar, nin saber bien, nin como debe, salvo todo ome que sea de muy altas ó sotiles invenciones, de *muy elevada é pura discrecion, é de muy sano é derecho juysio*, é tal que haya visto é oido é leydo muchos é diversos libros é escrypturas é sepa de *todos lenguages* é aun que haya cursado cortes de reyes é con grandes señores é que haya visto é platicado muchos fechos del mundo. — E finalmente que sea *noble*,

(1) « L'art de la poésie et de gaie science est une écriture et une composition très-subtile et bien généreuse. — Elle est douce et très-agréable à tous ceux qui posent (des questions) ou qui répondent à tous ceux qui jugent et qui écoutent. — Cette science et le savoir et la doctrine qui en dépendent, on la reçoit, on l'obtient par *grâce infuse du Seigneur Dieu* qui *la donne et l'envoie et qui influe* sur celui ou sur ceux qui bien, savamment, subtilement, droitement la savent faire, ordonner, composer, limer, scander, mesurer par ses pieds et pauses et par ses consonnances, syllabes, accents et par ses arts subtils, aux dénominations si diverses et si singulières. — Et c'est en même temps un art d'une intelligence si élevée et d'un esprit si subtil, que nul ne peut l'apprendre ni le posséder, ni y arriver, ni le savoir bien, ni comme on le doit, à moins qu'il ne soit homme de très-hautes et très-subtiles inventions de *très-élevé et très-pur discernement et de très-sain et très-droit jugement* et tel qu'il ait vu, entendu et lu nombreux et divers livres et écritures, et qu'il sache *tous les langages*, et qu'il ait encore pratiqué les cours des rois, les grands seigneurs, et qu'il ait vu et connu les actes nombreux du monde. — Et enfin

fidalgo é cortés é mesurado é gentil é gracioso é polido é donoso é que tenga miel é azúcar é sal é aire é donaire en su razonar. »

On pourrait difficilement trouver, dans la plus grande partie des *poétiques*, composées depuis l'innovation de Garcilaso jusqu'à nos jours, une définition plus ingénieuse et plus compréhensive, ni un portrait plus gracieux et plus fidèle que celui qu'offrent les lignes ci-dessus. Telles sont les qualités qu'Alphonse de Baena exigeait de ceux qui doivent cultiver la poésie. Si de notre temps on en faisait quelque cas, il est bien certain qu'on ne verrait pas notre Parnasse assiégé par ces rimeurs qui sont dépourvus de toute instruction et qui sont certainement privés des autres qualités qu'il mentionne. Baena, cependant, vivait au xv° siècle, et c'était un pauvre Juif. Mais revenons à son *Cancionero*.

Nous avons vu, par la déclaration de Jean Alphonse de Baena lui-même, que cet intelligent converti se proposa de réunir en *un volume* tous les dires et toutes les chansons que les troubadours de Castille avaient composés *dans tous les temps précédents*. Et, de cette manière, il a sauvé de l'oubli un bon nombre de compositions certainement dignes d'être connues et étudiées par nos critiques et nos littérateurs. Nous avons indiqué aussi, dans une note, le nombre des troubadours compris dans le *Cancionero*. En examinant leurs noms, nos lecteurs auront pu observer que la plus grande partie d'entre eux sont Castillans. Par là se trouve justifié, comme l'observe l'unique historien qui a examiné jusqu'ici cette abondante collection, « le goût des Espagnols de ce siècle et des siècles précédents pour ce genre de poésie. » Dix-huit poëtes précèdent dans le *Cancionero*, Jean Alphonse de Baena, qui voulut, comme un troubadour passionné pour cet art enchanteur, laisser aussi dans ce précieux livre divers témoignages de ses études poétiques. Les principaux ouvrages qu'il composa et qu'il inséra sont, d'après les titres qu'il leur donne lui-même : *Les requêtes de Jean Alphonse de Baena, les Dires généraux dudit Jean Alphonse, et les dires des rois, que fit ledit Jean Alphonse.*

La plus grande partie des compositions de ces poëtes offrent, en vérité, tant d'intérêt, que nous nous arrêterions volontiers à les faire

---

qu'il soit *noble, gentilhomme, courtois, mesuré, gentil*, gracieux, poli, agréable et qu'il *ait miel*, sucre, sel, grâce et gentillesse dans sa manière de raisonner. »

connaître ici l'une après l'autre, si le plan de ces *Essais* le permettait. Mais, quoiqu'il ne nous soit pas permis de satisfaire ce désir si naturel, de crainte de dépasser les bornes qui nous sont fixées, nous ne croyons pas hors de propos d'observer qu'un grand nombre des compositions indiquées ont un certain intérêt historique. En effet, les unes se rapportent aux personnages qui ont le plus brillé à la cour de don Henri II, de don Juan I*er*, de don Henri III, de don Juan II, et les autres forment une espèce de couronne funèbre pour les trois premiers souverains. La plus grande partie des poésies que contient le *Cancionero*, se bornent cependant à célébrer la beauté de quelques dames de la cour, à déchiffrer, et c'est certainement le moins grand nombre, toute espèce de questions que, sous le nom de *requêtes*, se proposaient mutuellement les troubadours; enfin, à solliciter la protection des grands, des infants, du connétable don Alvaro de Luna, et celle même du roi don Juan II. Jean Alphonse de Baena apparaît sur tous ces terrains; il est véritablement un des plus hardis et des plus fermes paladins de la poésie, et peut-être un de ceux qui obtiendront le plus de triomphes dans ce genre de défis, où l'on mettait à l'épreuve toute la subtilité imaginable, où les adversaires s'appuyaient sur toute espèce d'arguties pour soutenir leurs allégories et leurs requêtes. Mais, avant d'offrir à nos lecteurs quelques exemples de ces compositions, il nous paraît à propos d'insérer ici quelques morceaux de la poésie que, sous le titre de *Dire*, Alphonse de Baena consacra à la mort du roi don Henri III, mort arrivée à Tolède, en l'année 1407. Cette composition qui, dans le *Cancionero*, se trouve accompagnée d'autres pièces diverses sur le même sujet, commence ainsi (1):

>El sol innocente con mucho quebranto
>dexó á la luna con sus dos estrellas;
>á muchos señores, dueñas e doncellas
>por ser fallescido los puso en espanto.
>Por ende, señores, faciendo grant llanto
>en altos clamores, de densas querellas
>á Dios é á la Virgen, lanzando centellas,
>con grandes gemidos, fagamos su planto.

(1) « Le soleil, innocent et plein de compassion, laissa la lune avec ses deux étoiles; de nombreux seigneurs, des dames et des donzelles, par sa disparition il mit en épouvante. Par conséquent, seigneurs, versons des larmes, poussons de hauts cris, des plaintes répétées à Dieu, à la Vierge, lançons les éclats de nos grands gémisse-

La reina muy alta, planiendo sus ojos
de lágrimas cubra su noble regazo;
las otras doncellas se fagan retazo
los rostros á manos e tomen enojos.
Las suas vias sean por sendas dabrojos,
vestida con luto de roto pedazo,
las dueñas ancianas la tomen de brazo
é lloren con ella de preces é hinojos.

Le poëte excite l'infant, le connétable et les grands de Castille à se livrer à la douleur, et il poursuit (1) :

Los nobles maestres en Andalucia
fagan su llanto muy fuerte, sobejo,
é digan : « amigos sabet que el espejo
de toda Castilla que bien relucia
é tantas mercedes á todos facia
vos es fallecido » — é tomen consejo,
juntando comunes de cada concejo,
é llore con ellos la grand clerecia.
Los otros señores asaz de Castilla,
llorando muy fuerte, se llamen cuitados :
vasallos, fidalgos, obispos letrados,
doctores, alcaldes con pura mancilla
aquestos con otros llamando mesylla;
é guayen donceles sus lindos criados,
pues quedan amargos, de lloro bastados :
con mucha tristeza irá esta cuadrilla.
Fagan grant llanto los sus contadores :

ments, déplorons son malheur. — Que la reine très-haute, mouillant ses yeux de larmes, inonde son noble sein; que les autres donzelles se déchirent le visage et les mains, et prennent le deuil. Que sa marche soit par des sentiers scabreux; que, vêtues de deuil avec les habits déchirés, les vieilles duègnes la soutiennent par les bras et qu'elles pleurent avec elle, et qu'à genoux elles adressent des prières. »

(1) « Que les maîtres en Andalousie fassent leur deuil très-fort, et qu'ils disent : « Amis, sachez que le miroir de toute la Castille qui si bien brillait et tant de grâces à tous faisait, n'est plus pour nous, » — et qu'ils prennent conseil, en réunissant les membres de chaque municipalité, et qu'avec eux pleure le grand clergé. — Que les autres seigneurs de Castille pleurent aussi très-fortement, se disent accablés de chagrins : vassaux, nobles, évêques, lettrés, docteurs, alcaldes, avec une pitié sincère, les uns et les autres en criant repos mesylla; et que les pages pleurent, ses beaux serviteurs; qu'ils soient dévorés d'amertume, inondés de pleurs, et que toute cette troupe marche accablée de tristesse. — Que ses caissiers se livrent aux larmes;

con ellos consientan los sus tesoreros,
porteros é guardas é sus despenseros
con estos reclamen sus recabdadores,
maestres de sala y aposentadores
é otrosi lloren los sus camareros ;
tambien eso mesmo los sus reposteros
de estrados é plata, é sus tañedores.
En fin de razones, con poco consuelo
todos los dichos farán su devisa
de gergas é sogas, tambien de otra sisa
cabellos é barbas lanzar por el suelo
alzando clamores, cobiertos de duelo,
por ser mal logrado, segunt la pesquisa,
el rey virtuoso de muy alta guisa.
los lloros é llantos traspasen el cielo.

Les strophes qui précèdent ont pu faire remarquer à nos lecteurs que la sensibilité et la tendresse n'étaient pas les qualités caractéristiques de Jean Alphonse de Baena, pas plus qu'elles ne le furent des autres poëtes de son temps. Le langage employé dans cette composition manque du véritable ton de l'élégie ; le poëte s'est vu obligé d'établir de vaines et de triviales relations, étrangères à la situation et au sujet, pour donner quelque intérêt à ses vers. Mais ce défaut de vérité poétique, on ne doit pas le reprocher seulement au secrétaire de don Juan II, c'était le défaut commun à tous les troubadours de cette cour, qui, exercés de préférence aux allégories amoureuses, dans les joutes poétiques, dont nous avons précédemment parlé, s'inquiétaient fort peu de donner à leurs œuvres un coloris plus simple, un style plus conforme aux sentiments qu'ils voulaient exprimer en elles. Alphonse de Baena, soumis à la loi générale, parvint très-rarement à produire l'effet qu'il recherchait tant. Son champ naturel était cependant la discussion, et, comme cette dernière avait déjà des

qu'avec eux s'unissent ses trésoriers, ses huissiers et ses gardes et ses dépensiers ; qu'avec eux fassent leurs cris entendre ses percepteurs, maitres de salles et d'appartements, et qu'ils pleurent aussi, ses chambellans ; qu'ils en fassent autant, ses tapissiers et ses argentiers et ses musiciens. — En fin de raisons, avec peu de consolations, tous les susdits feront leur partie de pleurs et de sanglots, qu'ils s'empressent de couper cheveux et barbe et de les jeter à terre en poussant des cris et couverts de deuil, parce que, suivant la nouvelle, est très-malheureux le roi vertueux de ce noble sang ; que les larmes et les gémissements franchissent le ciel. »

règles déterminées, il dut y obéir avec une telle exactitude, qu'il parvint à obtenir des victoires signalées, parmi les esprits les plus célèbres. Une de ces luttes fut soutenue contre le poëte de Séville, Ferrand Manuel de Lando, et contre Alphonse Alvarez d'Illescas, qui n'avaient pas, à la cour de don Juan II, la réputation de troubadours moins subtils. Alphonse de Baena s'adresse au roi, avant de descendre dans la lutte, en ces termes :

> Señor alto, rey de España,
> pues Illescas, viejo é cano,
> é Manuel, el sevillano,
> amos tienen de mi saña;
> con mi lengua de guadaña,
> magüer tengo fea vista
> é non so gran coronista,
> juró á Dios que yo los vista
> de paño de tiritaña
> é veamos quién regaña (1).

Puis, variant le mètre, il parle, dans une autre composition, au comte don Fadrique et à don Alvaro de Luna, que l'on avait choisis pour juges du débat. Il le fait dans les termes suivants, et l'on trouve le nom de Villasandino au lieu de Illescas (2) :

> Señores discretos á grant maravilla,
> el muy noblescido conde don Fadrique,
> primo del muy alto, el rey don Enrique
> que yace en Toledo en rica capilla.
> E vos muy leal, sin otra mansilla,
> lindo é fidalgo, Alvaro de Luna,
> fecho é crianza sin dubda ninguna

---

(1) « Haut seigneur, roi d'Espagne, puisque Illescas, vieux et blanchi, et Manuel de Séville, tous deux contre moi sont en fureur ; avec ma langue de faucheur, bien que j'aie laide figure et ne sois pas grand chroniqueur, je jure Dieu de les habiller avec du drap de tiretaine, et nous verrons qui se fâchera. »

(2) « Seigneurs choisis d'une manière admirable, très-noble comte don Fadrique, cousin du très-puissant roi don Henri qui gît à Tolède dans une riche chapelle. Et vous très-loyal, sans aucune tache, beau et noble, Alvaro de Luna, fait et créé, sans

del rey poderoso de muy alta silla.
. . . .
Señores; sostune quistion e rensilla
el muy sabio grande de Villasandino,
tambien el fidalgo poeta muy dino
Ferrand Manuel, gentil de Sevilla,
con migo Baena, persona chiquilla,
por ende vos nobles, graciosos corteses
seredes los jueces daquestos pleiteses,
oyendo sus metros en esta grant villa.

La question entre Alphonse de Baena et Ferrand Manuel de Lando se réduit à déclarer quel est celui des sens corporels qu'on trouve le meilleur et que l'on doit préférer. Le tribunal décida que la *vue* était *le sens le plus nécessaire*, et adjugea à Alphonse de Baena une *guirlande de très-belles fleurs*, en même temps que l'on absolvait *la partie adverse des frais pour avoir eu raison dans le débat*. La dispute soutenue contre Villasandino présente un résultat analogue. Alphonse de Baena ne parut pas satisfait de l'issue de ces deux disputes. En effet, à peine furent-elles terminées, qu'il pria le roi et le connétable de faire prendre copie de ses vers et de ceux de ses adversaires, afin que le roi lui-même fût le juge et l'arbitre entre eux, et *déclarât lequel des trois était le plus subtil poëte*. Jean Alphonse de Baena soutint beaucoup d'autres disputes, se confiant à la subtilité de son esprit, à son expérience de l'art et de la versification, et cette confiance le porta jusqu'au point de répliquer à Juan Garcia de Ria, maître d'hôtel du roi, qui l'excitait à lutter contre lui :

Pues mi lengua es barrena
que cercena
cuanto falla, segun vedes,
mal facedes
en picar asi en mi vena (1).

doute aucun, par le roi puissant au trône élevé......... Seigneurs, question et dispute soutient le très-savant et grand Villasandino, ainsi que le noble poëte très-digne Ferrant Manuel natif de Séville, avec moi, Baena, personnage chétif ; par conséquent, vous autres nobles, gracieux et courtois, vous serez les juges de ces débats en écoutant leurs vers, dans cette grande ville. »

(1) « Puisque ma langue est une trille qui perce tout ce qu'elle rencontre, comme vous voyez, mal vous faites de piquer ainsi ma veine. »

Les plus fameux défis poétiques furent cependant les défis qu'Alphonse de Baena adressa aux maréchaux Pero Garcia et Diego d'Estuñiga, défis dans lesquels le roi lui-même dut intervenir et nommer pour juge et arbitre Pero Lopez d'Ayala. Pour rendre la joute plus solennelle, le laborieux converti assigna (*emplazó*) tous les troubadours de la cour et les invita à entendre la sentence d'Ayala, qui ne dut pas lui être aussi favorable qu'il se l'était promis, puisqu'il ne l'a pas insérée dans son *Cancionero*. Le secrétaire de don Juan II a composé beaucoup d'autres *requêtes* pour prouver son habileté dans l'art de la *poetria*. Parmi les sujets de controverse les plus remarquables proposés à différents troubadours, ceux qu'il adressa à don Juan de Gusman et à Alvaro de Cañizares méritent d'attirer l'attention. Le premier se réduit à discuter sur la question de savoir quelle est la plus puissante de la *volonté* ou de la *raison*: le second, à résoudre ce problème: si un homme qui aurait trois qualités bonnes et trois mauvaises, pourrait être reconnu par ces mêmes qualités. Pour que nos lecteurs puissent comprendre le caractère et la forme de ces discussions, véritablement scolastiques, nous citerons ici la première. Jean Alphonse de Baena dit (1):

> Señor Valentino diz que el papagayo
> es mas generoso que non gavilan :
> asi vos el noble e lindo don Juan
> sois mas gracioso que flore de mayo.
> Alegre vivades sin otro desmayo
> é siempre vos guarde la virgen Maria
> para que floresca la nuestra alegria
> con alta excelencia de muy alto rayo.
> Señor, yo leyendo en mi Clementina
> fallé una dubda de grant sotileza :
> por ende suplico á vuestra noblesa
> que le remiredes por ser pelegrina.

---

(1) « Seigneur Valentin, tu dis que le perroquet est plus généreux que n'est l'épervier. Ainsi vous, noble et beau don Juan, vous êtes plus gracieux que la fleur de mai. Vivez joyeux sans autre malheur et que toujours vous garde la Vierge Marie, pour que notre joie fleurisse sous la haute excellence d'un très-puissant rayon.

« Seigneur, en lisant dans ma *Clémentine*, j'ai trouvé un doute de la plus grande subtilité; par conséquent, je supplie votre noblesse de l'examiner de nouveau, vu

E que leyendo la grant Pastolina,
me dedes notable, famosa respuesta
á una cuestion de yusso propuesta,
guardando las causas de vuestra Ambrosina.

FINIDA.

Señor, yo demando pregunta fermosa
¿ qual es mayor e mas poderosa
voluntad ó rasson? Solucion famosa,
vos pido respuesta por lengua ladina.

Voici la réponse de don Juan de Gusman (1):

Invencion dilecta á guisa de gayo
veo que se fase, segun don Tristan
en la grant floresta del noble rey Wan
poniendo los fechos segun Guimen Cayo.
Diré retratando del salmista ayo
que fuistes igual en sabiduria
vos, noble amigo, de grant poetría
ca vuestra voz suena en grant desacayo (2).
Amigo discreto, estimando en digna
palabra muy buena de gran profundesa,
falle una diccion que por ylidesa
declaraba en si respuesta muy fina.
De vuestra pregunta muy clara é aina
segun la palabra de como esta puesta,
luego vos digo sin otra compuesta

---

son étrangeté. Et qu'après avoir lu la grande *Pastoline*, vous me donniez une remarquable, une fameuse réponse à une question ci-dessous posée, en observant les raisons de votre Ambrosine. — CONCLUSION. — Seigneur, je vous adresse une belle demande : quelle est la plus grande et la plus puissante de la volonté ou de la raison ? Proposition fameuse ; je vous demande la réponse en langue latine. »

(1) « Invention charmante comme invention gaie, je vois que l'on fait, suivant don Tristan, dans la cour grande et agréable du noble roi Jean, en posant les faits suivant Guimen Cayo. Je dirai, par imitation du maitre psalmiste, vous avez été égal en sagesse, vous, noble ami et si grand poète, dont la voix résonne avec grand retentissement.

« Ami discret, en appréciant dignement une parole très-bonne, pleine de profondeur, j'ai trouvé une expression qui, par *ylidesa*, démontrait en elle très-fine réponse. De votre demande très-claire et très-serrée, comme les mots qui l'ont composée, je vous

poniendo mis fechos en alta regina.
FINIDA.
Amigo, respondo á la vuestra prosa
que mas, es potente voluntat raigosa
que non la rasson buena ó dubdosa,
segun que lo fallo en diccion benigna.

Jean de Baena, qui employa une grande variété de mètres dans ses compositions, disait à Alvar Ruiz de Toro, en réponse à un de ses *Discours* :

Muy alto, benigno (1),
pues este mohino
esta muy canino
é busca requesta,
señor, determino,
si anda el malino
que el mi torbellino
le dé mala fiesta.
 Ca el se confiesa
en lo que procesa
por arte confesa
de las de Abravalla
que lo pon en priesa,
é mal lo remesa
mi lengua profesa
por arte de talla.
 Pues juro sin arte
al rey Lisuarte
que luego lo encarte
en pocos renglones;
é digo al picarte

dis donc sans autre détour, en confiant mes actes en la haute reine — CONCLUSION. — Ami, je réponds à votre prose, que bien plus puissante est volonté bien enracinée que raison bonne ou incertaine, ainsi que je le trouve en douce expression. »

(1) « Très-haut et très-bon, puisque ce hargneux est très-chien et qu'il cherche requête, seigneur, je décide que, s'il fait le malin, mon tourbillon lui fasse mauvaise fête. — Car il s'avoue, dans le procès qu'il intente, par art converti de ceux d'Abravalla, qui le fait agir ; et mal le traite, ma langue, professe dans l'art de tailler.

« Donc je jure sans art au roi Lisuart que bientôt je l'inscris en peu de lignes : et je dis au grand fourbe que je le mets à l'écart....... Car j'ai du mépris

que yo le descarte
. . . .
. . . .

Ca tengo despecho
del vil contra fecho
qui non guard derecho
en eso que rasa.
Por ende del fecho,
sin otro cohecho,
al mango rechecho,
puer ora se besa.

. . . .

Señor mas diria
de su astrosia
ó vil poetria
en cuanto rasona;
mas yo non queria
con este ave fria
poner en valia
mi rica atahona.

La critique ne peut être plus aigre.

Un des poëtes dont Alphonse de Baena mentionne les ouvrages dans son *Cancionero*, c'est le Juif Rabbí Mosséh, chirurgien du roi Henri III; on ne déduit aucune autre circonstance de sa vie, en examinant la collection ci-dessus. Il est probable que ce descendant de Juda fut compris dans la disgrâce qu'attira sur don Meir, médecin de ce même roi, la mort prématurée de don Henri. Quoi qu'il en soit, il est hors de doute que Rabbí Mosséh jouissait d'une certaine faveur au palais du roi de Castille, quand le prince don Juan naquit, en 1405, dans la ville de Toro. En effet, en même temps que Micer Francisco Impérial, Diego de Valence, Bartholomé Garcia de Cordoue et d'autres esprits distingués célébraient cet événement, il consacra ses vers

---

« pour ce vil contrefait, qui n'observe pas le droit dans ce qu'il demande. En conséquence du fait, sans autre artifice, au manche robuste il vient se heurter. — Seigneur, je dirais plus de sa sordide et vile poésie, en tant qu'elle résonne; mais je ne voudrais pas, avec cet oiseau glacial, mettre en comparaison mon riche moulin »

à chanter la naissance de ce prince. Rabbi Mosséh s'exprimait en ces termes :

> Una estrella es nacida
> en Castilla, reluciente ;
> con placer toda la gente
> roguemos por su vida.
> De Dios fué muy venturoso
> aquel dia, sin dubdanza,
> en cobrar tal alegranza,
> deste rey tan poderoso.
> Por merced del pavoroso
> este señor que cobraste,
> Castilla, que deseaste
> noble rey ó generoso.
> De reyes de tal natura
> ciento en toda partida
> de realesa complida
> non nasció tal criatura.
> Con beldat é fermosura
> non es visto en lo poblado,
> nin tan bien aventurado :
> Dios le dé buena ventura.
> A Aragon é Cataluña
> tenderá la su espada
> con la su real mesnada :
> Navarra con la Gascueña
> tremerá con gran vergüeña ;
> el regno de Portogal
> é Granada otro que tal,
> fasta allende la Cerdeña (1).

On a considéré aussi comme sienne une autre composition sur le

---

(1) « Une étoile brillante est née en Castille ; avec joie, peuple entier, prions pour sa vie. — Ce jour fut sans doute un jour béni de Dieu, qui donna tant d'allégresse à ce roi si puissant. — Grâce à ta frayeur, tu as, Castille, reçu ce seigneur, toi qui désirais un roi noble et généreux. — De cent rois de cette nature, dans une race de royauté parfaite, une telle créature n'est pas née. — Avec cette grâce et cette beauté, on n'en voit pas chez les peuples, on n'en voit point d'aussi bien partagés : que Dieu lui donne le bonheur ! — En Aragon, en Catalogne, il étendra son épée avec sa royale armée : la Navarre et la Gascogne trembleront avec vergogne, et le royaume de Portugal, et Grenade, tout comme un autre, jusqu'à la Cerdagne éloignée. »

même sujet, en vers d'art majeur, et calquée sur les modèles des *Prophéties de Merlin*, qui ont été si à la mode, dans la littérature castillane, à partir du milieu du xive siècle. Elle commence de cette manière :

> Salga el leon que estaba encogido
> en la cueva pobre de la gran llanura ;
> mire florestas, vergeles, verdura ;
> muestre su gesto muy esclarecido :
> abra su boca et dé grand bramido
> asy que se espanten cuantos oyrán
> la vos temerosa del alto Soldan
> ó goze del trono de que es proveido.
> El águila estraña trasmude su nido
> ó pase los puertos de la grant friura,
> del valle rompiendo la grant espesura
> asiente en la casa del fuego escondido :
> visite el grant poyo enfortalecido,
> pueble los campos ó selvas del pan,
> coma en la mesa dó comen ó están
> millares de bocas, sin cuento sabido (1).

Dans les strophes suivantes, il continuait à développer la métaphore qui donne à connaître le caractère de ses premières études. Une ou deux compositions de Mosséh Zurgiano, car c'est ainsi qu'on le nomme dans le *Cancionero*, respirent un certain orientalisme né, sans doute, de la poésie hébraïque, qui exerçait une si grande influence sur la poésie castillane. Les vers d'*art majeur* nous paraissent cependant avoir plus de mérite que les vers octosyllabiques, mérite que

---

(1) « Qu'il sorte, le lion qui était enfermé dans la pauvre grotte de la grande plaine ; qu'il admire et forêts et vergers et verdure ; qu'il montre ses nobles ébats ; qu'il ouvre sa gueule, et qu'il fasse entendre un grand rugissement, et tel qu'en soient épouvantés tous ceux qui entendront la voix terrible du puissant sultan, et qu'il jouisse du trône dont il est pourvu. — L'aigle étranger transporte son nid et passe les ports de la grande froidure ; et de la vallée, traversant l'immense profondeur, il s'établit sur la maison du feu caché ; qu'il visite la grande roche fortifiée ; qu'il peuple les champs et les forêts de pain ; qu'il mange à la table où mangent et prennent place des milliers de bouches, sans nombre connu. »

l'on peut attribuer sans doute à l'usage plus fréquent de ce mètre et à l'analogie plus grande qu'il avait avec une autre métrique employée par les écrivains rabbiniques dans tous leurs poëmes, comme nous l'avons observé ailleurs.

Parmi les autres productions du *Cancionero* de Baena, la Réponse (*Respuesta*) que firent les *rabbins* d'Alcala à la chanson de Pero Ferrus, mérite d'appeler l'attention. Elle prouve que ces rabbins étaient habiles dans l'art poétique, et qu'ils possédaient la langue castillane avec la même perfection que les autres troubadours de l'époque de don Juan II. Pour que nos lecteurs puissent juger cette composition, il nous semble à propos de citer ici et de copier aussi la chanson de Ferrus, conçue en ces termes (1) : »

Con tristeça ó con enojos
que tengo de mi fortuna,
non pueden dormir los ojos,
de veinte noches la una.
Mas desque á Alcalá llegué,
luego dormi et ffolgué,
como los niños en cuna.
 Entre las signogas amas
estó bien aposentado,
dó me dan muy buenas camas
ó plaser é gasajado.
Pero cuando vyene el alva
un rabbi de una grant barba
oygolo al mi diestro lado.
 Mucho en antes que todos
vyeno un grant judio tuerto
que en medio daquesos lodos
el diablo lo oviese muerto;
que con sus grandes bramidos

---

(1) « Avec la tristesse et les ennuis que j'éprouve de ma fortune, mes yeux ne peuvent dormir, sur vingt nuits, une. Mais, dès qu'à Alcalá j'arrival, bientôt je m'endormis et folâtrai, comme l'enfant dans son berceau. — Au milieu des deux señoras, je me suis bien reposé, et l'on me donne bons lits, et plaisir et joie. — Mais quand l'aube vient à paraître, un rabbi à grande barbe j'entends de suite à mes côtés. — Mais, bien avant tous, arrive un grand Juif borgne, qu'au milieu de cet embarras le diable eût bien pu emporter : ses grands mugissements, frappant

ya querrian mis oydos
estar allende del puerto.
   Rabbi Jehudah el tercero,
do posa Tello, mi fijo,
los puntos de su gargüero
mas menudos son que mijo.
E tengo que los baludos
de todos tres ayuntados
derribaryen un cortijo.

Voici la réponse des rabbins :

   Los rabies nos juntamos (1),
Per Ferrus, á responder;
é la respuesta que damos,
queredla bien entender.
E desimos que es probado
que non dura en un estado
riquesa nin menester.
   Pues alegrad vuestra cara
é parad de vos tristessa :
á vuestra lengua juglara
non le dedes tal probessa.
E aun creed en Adonay :
quel vos sacará de ay
ó vos dará grant riquessa.
   El pueblo é los hasanes,
que nos aqui ayuntamos,
con todos nuestros afanes
en el Dios siempre esperamos

mes oreilles, me font désirer d'être bien loin du port. — Rabbi Jéhudah vient troisième, où pose Tello, mon fils; les points de sa gorge sont plus petits que le millet, et je crois que les bêlements de tous trois réunis renverseraient une métairie. »

(1) « Nous, rabbins, nous nous sommes réunis pour répondre à don Ferrus; la réponse que nous lui donnons, qu'il veuille bien l'écouter, car nous disons qu'il est prouvé que ne restent pas toujours dans le même état ni richesse, ni pauvreté. — Ainsi donc, réjouissez votre visage, éloignez de vous la tristesse. A votre langue badine, ne donnez pas telle pauvreté. Croyez-en Adonaï, qui vous tirera du malheur et vous donnera de grandes richesses. — Le peuple et les habitants qu'ici tous nous réunissons, avec tous nos grands efforts, en Dieu toujours nous espérons, avec sin-

> con muy buena devocion
> que nos lleve á remission,
> porque seguros vivamos.
>   Venimos de madrugada
> yuntados en grant tropel
> á faser la matinada
> al Dios santo de Israel,
> en tal son, como vos vedes,
> que jamas non oyredes
> ruyseñores en vergel.

Jean Alphonse de Baena insère aussi dans son précieux *Cancionero* diverses compositions poétiques qui, si elles sont dues à des troubadours chrétiens, ont une étroite analogie avec les descendants de Juda. Les plus remarquables sont les *Désires*, les dires d'Alphonse Alvarez de Villasandino contre Alphonse Fernandez Samuel, Juif qui, à quarante ans, abjura ses croyances, et qui fut *el mas donoso loco que ovo en el mundo* (le fou le plus enjoué qu'il y eût au monde). Frère Diego de Valence de Léon, maître en théologie sacrée, composa deux *dires*, adressés, le premier, au converti Juan d'Espagne, et, le second, à don Samuel Dieu-Aide, riche Juif d'Astorga, appelé Garcia Alvarez Delcon, après qu'il eût embrassé la religion chrétienne. L'érudit don José Rodriguez de Castro copie, dans sa *Bibliothèque espagnole*, le *dire* où Villasandino fait le testament de Fernandez Samuel, commençant de la manière suivante (1) :

> Amigos, cuantos ovistes
> plaser con Alfon en vida,
> de su muerte tan plañida
> sed agora un poca tristes;
> ó reid, como reistes

cère dévotion, qu'il nous accordera rémission, et qu'en sûreté nous vivrons. — Nous venons de très-bonne heure, réunis en grand troupeau, pour célébrer la matinée du Dieu d'Israël avec de tels chants, comme vous voyez, que jamais vous n'entendrez de rossignols semblables dans les vergers. »

(1) « Amis, vous tous qui avez eu du plaisir avec Alphonse en vie, de sa mort si pleurée, soyez maintenant un peu tristes; ou riez, comme vous avez toujours ri de

siempre de su desatento,
oyendo su testamento,
quiza cual nunca lo oistes.
   Testamento et codecillo
ordenó como cristiano
é mandó luego de mano
mandas de muy grand cabdillo.
   Que le fagan un lusillo
en que sea debujada
toda su vida lastrada,
sus correnciss é omecillo.

Et, après avoir burlesquement disposé de tous les biens qu'il lui suppose, il termine en ces termes :

Face su testamentario
para cumplir todo aquesto
un judio de buen gesto
que llaman Jacob Zidario :
al cual deja su sudario
en señal de cedaqua (*),
porque reze tefilá (**)
cuando sea en su fonsario (1).

Le *dire*, que F. Diego de Valence de Léon adressa au converti Juan d'Espagne, est remarquable, parce qu'il contient une satire assez piquante contre les mariés. Il est ainsi conçu :

Johan de España, muy gran saña
fué aquesta de Adonay (a),

---

son étourderie, en entendant son testament, tel que jamais vous n'en avez entendu. — Testament et codicille, il a disposé comme un chrétien, et de sa main il a donné des ordres, ordres d'un grand capitaine. — Qu'on lui fasse un petit monument, où sera bien dessinée toute sa vie agitée, ses pérégrinations et sa mort. »

* Sainteté.
** Oraison.

(1) « Il a fait son exécuteur testamentaire, pour remplir toutes ces dispositions, un Juif de bonne condition, que l'on nomme Jacob Zidario ; à qui il laisse son suaire, en signe de sainteté, pour qu'il fasse la prière, quand il sera dans son tombeau. »

(a) Dieu.

pues la aljama se derrama (1),
por culpa de Barcelay (b).

Todos fuemos espantados (c)
maestros, rabies (d), cohenim (e);
ca les fueron sus pecados
de este sofar ahonim (f).

Pues quien non tieno becim (g),
quiso infinta faser,
hora finque por mansel (h)
pues tan mal pertrecho tray.

E los sabios del Talmud,
á que llaman cedaquim (i),
disen que non ha salud
el que non tiene becim.

Antes tienen por royn
el que non trae milá (j):
quien non puede babelá (k)
non lo cumplo matanay (l)

Fallamos en el pellim (m)
por pezuquen (n) ó por glosa,
el que non tiene becim
non tome muger fermosa.

E pues vos en esta cosa,
non quisistes el caham (ñ)
yredes con el quehynam (o)

---

(1) « Jean d'Espagne, grande a été, contre celle-ci, la colère d'Adonaï, puisque l'aljama se dissout par la faute du démon. Tous nous avons été épouvantés, maîtres, rabbies et prêtres; car ce sont les péchés de tous, depuis le savant jusqu'à l'ignorant. Ainsi donc, quiconque n'a pas de virilité et veut en faire simulacre, passe maintenant pour contribuable, puisqu'il a un si mauvais instrument. Et les savants sur le Talmud, que l'on appelle les saints, disent qu'il n'y a pas de salut pour celui qui n'a pas de virilité. Avant ils tiennent pour misérable celui qui n'a pas d'abondance: qui ne peut se marier, n'a pas besoin de contrat. Nous trouvons, dans le livre des *Jugements* par traductions et par glose, que celui qui n'a pas de virilité ne prenne femme gentille. Et puisque vous, sur cette chose, ne voulez point vous arrêter, vous

(b) Le démon.
(c) Comme on le déduit de ces deux vers, fray Diego de Valence était aussi un converti.
(d) Docteurs.
(e) Prêtres.
(f) Depuis le savant jusqu'à l'ignorant.
(g) On peut le traduire par *virilité*.

(h) Contribuable.
(i) Saints ou pieux.
(j) Abondance.
(k) Se marier.
(l) Arra, contrat.
(m) Livre admirable de jugement.
(n) Versificateurs.
(ñ) Élever, subsister.
(o) Le diable.

con la ira de Saday (*p*)
Barcelay (*q*) en este fecho
contra vos fué el magual (*r*)
ó non corria por derecho
la rueda de guygal (*s*).
Sofar (*t*) fino, natural
nos dirán, é conadat (*u*)
pues se fiso mi somat (*x*)
vuestra muger por tanay (*y*).

Le mérite est bien plus grand dans le *dire* où le même frère Diego de Valence demande assistance et aumône à don Samuel Dieu-Aide, connu des chrétiens sous le nom de Garcia Alvarez. Il nous paraît convenable d'en citer ici quelques strophes, soit parce que nous avons inséré les vers qui précèdent, soit parce que ce poëte peut être incontestablement regardé comme un poëte de race juive.

Loar vos querria en arte de trobas (1),
señor don Simuel, por vuestra nobleza
ó non con malisia nin por sotileza,
por que vos me dedes reales, nin doblas;
sinon solamente por las vuestras obras
que son cimentadas en grant cortesia
et contra natura de la judería,
en todos los fechos llevades sozobras.
. . . .
Creo que nasciste en signo de leon,
é Júpiter era el su ascendente,

---

rez avec le diable, avec la colère du Dieu puissant — Le démon dans ce fait contre vous fut la serpette et la roue du monde ne marchait pas en droit chemin. Fin savant naturellement nous dira avec subtilité : votre femme pour argent s'est faite de moi la marchandise. »

(1) « Je voudrais vous louer dans l'art des vers, seigneur don Samuel, pour votre noblesse, et non par malice ni par subtilité, parce que vous me donnez réaux ou doubles; mais seulement pour vos œuvres, qui sont fondées sur la plus grande courtoisie, et, contrairement à la nature juive, dans toutes vos actions, vous portez votre sollicitude...... Je crois que vous êtes né dans le signe du lion ; Jupiter était votre as-

(*p*) Du Dieu immense.   (*t*) Sage.
(*q*) Le démon.   (*u*) Finesse.
(*r*) La serpette.   (*v*) Marchandise.
(*s*) L'univers.   (*x*) Prix.

cuando concebido fuestes en el vientre,
contados los puntos de la conjuncion.
Synifica esto vuestra condicion,
pues sodes muy franco dador, sin dubdanza;
é Mars ovo parte en vuestra juntanza,
pues sodes ardido, de grant corazon.

Si fué por natura ó por accidentes,
sabed, don Simuel, en toda manera
que sy mas seguides por esta carrera,
que nunca fué tal en vuestros parientes,
pueden vos llamar con razon las gentes
de Dios demandado, segunt Simuel,
ó Fanec llamado de los de Israel
Juzaf, salvador de muchos pedientes.

Muchos son llamados por un solo nombre
que su buen-andanza non es sola una;
ca son desyguales en toda fortuna,
pues uno es vil, el otro es muy nobre.
Non fas la ventura ser rico nin pobre
sinon solamente las buenas costumbres;
vileza fué causa de las servidumbres
noblesa demuestra fidalgo-rico-hombre.

Nul doute que frère Diego de Valence de Léon ne paraisse plus digne d'éloge dans les vers d'art majeur, quoique les deux compositions offrent assez d'intérêt, relativement au but que nous nous sommes proposé, puisqu'elles font connaître les étroites relations qui existaient entre juifs et chrétiens, et qu'elles manifestent en même temps la vérité des œuvres poétiques du *Cancionero* de Baena. Après nous être étendu dans ce chapitre sur ce sujet, il nous reste à exposer dans le chapitre suivant notre jugement sur cette précieuse *Collection*.

cendant quand vous fûtes conçu dans le ventre, quand furent comptés les points de la conjonction. Cela manifeste votre caractère, puisque vous êtes un très-franc donneur, sans aucun doute. Et Mars eut aussi part dans votre conception, puisque vous êtes hardi, vous avez un grand cœur. — Que ce soit par nature ou bien par accident, sachez, don Samuel, de toute manière, que, si vous poursuivez cette carrière, qui n'a jamais été telle chez vos parents, les nations peuvent avec raison vous appeler, envoyé de Dieu suivant Samuel, ou vous appeler Fanec de ceux d'Israël, Jusaf, sauveur de beaucoup de demandeurs. — Beaucoup sont appelés d'un seul nom, et leur félicité n'est pas seulement une, car ils sont inégaux dans toute fortune; car l'un est vil, et l'autre est très-noble. Ce n'est pas le bonheur qui fait le riche, ni le pauvre, mais seulement les bonnes mœurs; la bassesse a été cause de l'esclavage, la noblesse prouve noble et riche-homme. »

CHAPITRE XI

Troisième époque. — xv⁰ siècle.

Continuation de l'examen des écrivains du règne de don Juan II. — Juan le Vieux. — Frère Alphonse d'Espina. — Rémon Vidal de Besaduchen. — Mosséh Zarfati. — Don Jahacob Zadique d'Uclès.

Nous avons consacré le chapitre précédent à faire connaître les poésies que contient le *Cancionero* de Jean Alphonse de Baena, et qui sont, ou relatives au peuple juif proscrit, ou qui sont dues aux Juifs qui ont joui des plus grandes distinctions à la cour de don Juan II. De l'examen attentif de ces compositions poétiques, il résulte, selon nous, les preuves les plus palpables de tout ce que nous avons dit sur la littérature du xv⁰ siècle. Tantôt elles offrent des grâces naturelles et brillantes; tantôt elles reflètent un coloris des plus riches; toujours elles étalent une grande variété de mètres et montrent les progrès que l'on a faits déjà dans l'art poétique. Mais elles ne sont point le produit de la spontanéité du sentiment, elles ne donnent point, dans leur ensemble, pour nous servir de l'expression d'un écrivain contemporain, la plus haute idée du goût, ni du talent poétique de leurs auteurs. « Les heureux génies de cette époque, poursuit William Prescott, en esquissant le tableau que présentait alors la civilisation espagnole, se trompèrent sur le chemin de l'immortalité. Ils dédaignèrent la simplicité naturelle de leurs ancêtres; ils s'imaginèrent les surpasser par un étalage d'érudition, et en voulant former une langue plus classique. — Ils obtinrent ce dernier résultat; ils améliorèrent beaucoup les formes extérieures de la poésie et leurs œuvres, comparées avec celles qui les ont précédées, présentent un haut degré de perfection littéraire. — Mais leurs plus heureuses pensées sont, d'ordinaire, enveloppées d'un nuage de métaphores qui les rend inintelligibles. •

Ce jugement, si conforme aux observations que nous avons présentées dans l'introduction du chapitre IX du présent *Essai*, convient parfaitement aux productions poétiques contenues dans de *Cancionero* de Baena. Il n'était pas possible que les compositions recueillies par cet érudit converti pussent se soustraire à la loi commune qui dominait alors les lettres, cultivées par une cour adonnée à une pompe excessive et égarée, afin d'oublier le dénûment et le manque de virilité où l'on vivait. Toutefois, comme le secrétaire de don Juan II a inséré, dans son précieux *Cancionero* des ouvrages dus à un grand nombre de poëtes du siècle précédent, il est bon d'avertir qu'un grand nombre des productions qu'il contient sont en dehors des observations ci-dessus et du jugement de William Prescott, de ce critique que le caractère particulier de ses travaux n'a pas fait s'arrêter, pour remarquer cette importante différence. Par ce motif, le *Cancionero* de Baena est doublement digne de l'examen et de l'estime des érudits; il doit être considéré comme un des plus estimables monuments de notre histoire littéraire. Enfin, Jean Alphonse de Baena mérite les louanges de la postérité, non-seulement pour s'être consacré, avec le plus vif enthousiasme, au culte des muses castillanes, mais encore pour avoir eu l'heureuse idée de réunir en un seul volume des compositions poétiques si précieuses. Nous n'avons qu'un regret, c'est de voir que, pour les étudier maintenant dans l'original, on soit obligé de passer dans des contrées étrangères.

Parmi les écrivains de l'époque de don Juan II, on doit aussi distinguer deux convertis qui se sont consacrés à des études plus graves, et ne se sont pas montrés moins doctes que les fils de don Paul de Sainte-Marie, sur lesquels nos lecteurs ont déjà d'abondants détails. L'un, c'est Juan le Vieux, auteur que citent Perez Bayer et Nicolas Antonio, sans donner une idée sommaire de ses productions; l'autre s'appelle frère Alonso d'Espina, personnage assez connu dans l'histoire d'Espagne, pour avoir accompagné au supplice don Alvaro de Luna. Le premier naquit à Villamartin vers le milieu du XIVe siècle, sans doute, et, convaincu des erreurs du judaïsme, il embrassa la religion chrétienne, en entendant la voix inspirée de saint Vincent Ferrier. Dès lors, il consacra ses efforts à la défense de la vérité évangélique. Ce converti avait été un des docteurs les plus distingués de la loi mosaïque. Il s'était fait remarquer entre les rabbins de Tolède par la sévérité de ses doctrines et l'austérité de ses mœurs. Dès qu'il fut chrétien, il se rendit célèbre par son zèle ardent, et il composa un livre intitulé : *Mémorial des mystères du Christ*, pour donner aux catholiques une preuve de sa foi pure, et pour démontrer aux Juifs la nécessité d'abjurer les erreurs où ils vivaient. Ce livre, composé, comme l'affirme Juan le Vieux lui-même, en l'année 1416 dans la ville de Tolède, quand il était déjà avancé en âge, se divise en dix-sept chapitres de peu d'étendue, et dans lesquels brille une science des plus grandes et des plus piquantes.

Juan le Vieux composa aussi une autre traité dont le titre était: *Declaracion del Salmo* LXXII *del Salterio*, Commentaire du psaume LXXII du psautier, ouvrage où il se montre si érudit et si versé dans l'étude des livres sacrés de la Bible, que sa lecture ne laisse aucun doute que l'auteur n'ait été un des plus doctes rabbins de son temps. Juan le Vieux réunit à ces qualités une grande force de logique dans la manière de présenter les questions. Exercé déjà dans les discussions et dans les disputes talmudiques, il se montre parfois comme un habile argumentateur. Pour que nos lecteurs puissent apprécier le mérite des ouvrages que nous venons d'indiquer, nous transcrirons ici le chapitre VI du *Mémorial des mystères du Christ*, où il parle d'Isaïe et des autres prophètes qui ont traité de la Vierge. Il s'exprime ainsi:

« Les chrétiens éclairés par le Seigneur, notre Sauveur, trouvent toutes les prophéties accomplies dans Notre-Seigneur le Christ; et les Juifs n'ont d'autre espérance, ni d'autre consolation, que de croire que le Messie viendra et qu'il les délivrera ; et les Maures disent que le Fils de Marie est Fils de Dieu. Les Maures disent aussi, qu'au jour du jugement, il doit juger les vivants et les morts ; et puis c'est un arbre qui a produit du fruit, et tous les mortels ont mis en lui leur espérance, avec cette différence, que le chrétien en mange chaque jour et en jouit; et que le Juif espère en manger, et que le Maure regarde le fruit sans en manger, car il n'a ni la foi ni la croyance, excepté qu'il reconnaît que c'était le Messie : c'est donc avec raison qu'on donne gloire et louanges à un arbre si saint, et qu'on l'aime parce qu'il est l'espérance des vivants et des morts. C'est avec raison que David a dit dans son psaume LXXXVII : *On raconte de toi de glorieuses choses*, cité de Dieu. Nous pouvons bien dire à la Mère de Dieu, cité de Dieu ; et pour moi, avant de commencer à éclaircir la prophétie qui est dite sur elle, j'ai voulu contribuer quelque peu à sa louange ; or, la langue n'a pu raconter, ni le cœur comprendre, combien nous devons louer la Vierge glorieuse, sainte Marie, qui est l'arbre de vie et de consolation pour les vivants et pour les morts, et combien d'actions de grâces nous devons rendre à mon Seigneur Jésus-Christ, son Fils béni, qui m'a fait parvenir dans ma vieillesse, assez à temps pour parler à sa louange, moi qui avais été créé dans les ténèbres, qui avais mangé de l'arbre d'Ève ; et je demande à la Sainteté que, puisqu'elle est la Mère de pitié et la Reine des anges, elle me serve d'avocate auprès de son glorieux Fils, Jésus-Christ, Fils du Dieu vivant, pour qu'il veuille me recevoir dans son saint royaume, lorsque je quitterai ce siècle, par mon âge et d'ici à peu de temps. Venons au but, il trouvera que les prophéties qui ont prophétisé sur le fruit glorieux, ont aussi prophétisé sur l'arbre qui le produit ; et Isaïe a prophétisé sur la glorieuse Vierge, d'après les paroles de l'ange à Joseph, lorsqu'il lui apparut et lui dit : « Sache, Joseph, que Marie, ton épouse, a conçu du Saint-Esprit, qu'elle enfantera un fils, qu'elle l'appellera du nom de Jésus, qui veut dire *Sauveur*, car il sauvera son peuple de ses péchés, afin que s'accomplisse ce qui est écrit de la part de Dieu par le prophète : que la Vierge mettra au monde un fils, dont le nom sera *Emmanuel*, qui veut dire : « Dieu est avec nous. » Et il dit après, dans le verset suivant : *Il mangera du beurre et du miel par son savoir, et il abhorrera le mal, et il choisira le bien :* et le manger se prend ici pour la science, ainsi que nous le trouvons dit par Salomon, au *Livre des Proverbes* : « Allez, mangez de mon pain et buvez de mon vin ; » il le dit pour apprendre sa doctrine ; de même que : *il mangera du beurre et du miel*, veut dire que sa doctrine est beurre et miel, toute charité, et toute piété et toute miséricorde, qui fut dans le Seigneur. Il dit ensuite que, *par son savoir, il abhorrera le mal et qu'il choisira le bien*. Le prophète a dit *par son savoir*, pour donner à entendre par son savoir, comme Dieu, et qui n'a pas été enseigné par un autre, comme on dira à son titre. — On entend aussi, par *beurre* et *miel*, ce que la vieille loi doit accomplir avec la nouvelle, car la loi est comparée au miel et au beurre. C'est ce que dit David dans le psaume XIX, et Salomon de même dans *le Cantique des Cantiques*. »

Il explique de la manière suivante le second verset du Psautier dans le commentaire du psaume LXXII :

« *Il jugera ton peuple avec justice, et les pauvres avec jugement.* La justice est une vertu générale qui consiste à donner à chacun suivant son mérite, récompense au bon et châtiment au méchant : c'est ainsi que David prophétisa que notre Sauveur Jésus-Christ doit, au jour du jugement juger tous les mortels, vivants et morts, suivant ce qu'a dit le prophète Joël, chapitre IV : *Je réunirai toutes les nations dans la vallée de Josaphat, et là je les jugerai.* De même le prophète Sophonias, chapitre III, disait du peuple : *Corrigez-vous avant qu'arrive le jour du jugement, car je réunirai toutes les nations et tous les royaumes, et je donnerai à chacun suivant ses œuvres.* De même nous pouvons dire que, dans ces deux versets, le premier qui dit : *Seigneur, donne les jugements au roi,* et le second : *Je jugerai ton peuple avec justice,* David a prophétisé ce que Notre-Seigneur Jésus-Christ dit à ses apôtres : *La puissance m'a été donnée sur le ciel et sur la terre.* Car la Divinité a donné à l'humanité le pouvoir de juger les vivants et les morts, car il est Dieu et homme. »

Nous ne croyons pas nécessaire de citer ici d'autres passages pour faire connaître l'esprit qui anima Juan le Vieux, quand il composa les traités que nous venons de mentionner, ainsi que les connaissances qui les embellissent. Le langage employé par ce fervent converti, sans être aussi élégant que celui des ouvrages d'Alvar Garcia et d'Alonso de Carthagène, qui florissaient à la même époque, égale en simplicité et en pureté la langue des autres écrivains de ce même temps. Le recueil (1) qui contient lesdits livres est, par ce motif, un précieux document de notre histoire littéraire, et il mérite l'estime de ceux qui se consacrent à l'examen des progrès que la langue castillane a faits, au XVᵉ siècle. Juan le Vieux, qui montra tant d'ardeur à défendre le christianisme, termina ses jours dans les distinctions que les prélats de Castille accordèrent à son mérite.

Frère Alonso d'Espina fut plus renommé et plus chéri du clergé et de la cour de don Juan II. C'était un religieux de l'ordre de l'observance mineure des moines Observants, et, avant de se convertir au christianisme, il était un des plus doctes rabbins de son temps. Après

---

(1) Ce curieux document était, en 1780, la propriété du collège de la Mère de Dieu des théologiens de l'université d'Alcala de Henares. Dans ladite année, il fut copié, avec le plus grand soin, par un prêtre éclairé, don Francisco de La Cuerda. Il passa aux mains de l'érudit bibliophile don Benito Maestre, qui, avant sa mort, nous en a facilité l'examen. Il y a aussi d'autres manuscrits des ouvrages de Juan le Vieux à la Bibliothèque nationale.

avoir embrassé la religion catholique, il parvint à être recteur de l'Université de Salamanque, honneur alors réservé au plus haut mérite. Quand il fut d'un âge avancé, on le nomma à l'une des places de la table du conseil suprême de l'Inquisition ; il dut cette nomination à la haine qu'il déploya contre le peuple juif, en combattant, soit au moyen de la chaire, où il jouissait d'un grand prestige et d'une grande renommée, soit au moyen de ses écrits, les erreurs de la religion juive. Dans ce but, il composa un livre en latin, qu'il termina, comme il le dit lui-même, en 1458. Il lui donna le titre de *Fortalitium fidei*. Tout en y faisant preuve d'une érudition extraordinaire, il fit connaître qu'il n'épargnait aucun moyen pour confondre et exterminer la race à laquelle il devait son existence. Le laborieux don José Rodriguez de Castro donne, dans sa *Bibliothèque espagnole*, les détails suivants sur ce livre, qui est assez estimé (1) par la rareté des exemplaires qui se trouvent entre les mains des érudits et des bibliographes. Il s'exprime en ces termes :

« Cet ouvrage, dont l'objet est d'attaquer le judaïsme en découvrant les astuces et les ruses perverses dont les Juifs se prévalent contre les chrétiens, se compose de douze considérations, distribuées en cinq parties ou livres. Le premier traite des armes spirituelles que les chrétiens ont contre les Juifs, et dont les prédicateurs évangéliques doivent se servir; de la meilleure manière de prêcher la parole divine; de la noblesse et de l'excellence de la foi catholique, et de l'accomplissement des prophéties anciennes sur le Messie, dans Notre-Seigneur Jésus-Christ. Dans le second, il parle de l'origine, de la nature et des progrès de chacune des quatorze hérésies connues de son temps; il traite longuement de la confession sacramentelle et de

---

(1) Bien qu'il soit très-rare, on en a fait plusieurs éditions : la plus ancienne que nous ayons sous les yeux remonte à l'année 1485; elle est faite aux frais d'Antonio Kromberger. Il fut ensuite imprimé à Nuremberg, en 1494. Plus tard il s'édita de nouveau à Lyon, en France, sous la direction de frère Guillaume Totano, de l'ordre des Prêcheurs, en l'année 1511. En 1525, il fut de nouveau mis sous presse dans la même ville. Le *Fortalitium fidei* est cité par Mariana dans son *Histoire d'Espagne*; par frère Lucas Wandinzo, dans sa *Bibliothèque des écrivains religieux obsercants*; il l'est dans l'*Apparatus sacer* de Wolfius, dans sa *Bibliothèque hébraïque*; dans l'*Histoire littéraire des écrivains ecclésiastiques*, de Guillaume Cave. Il en est aussi fait mention par les célèbres écrivains Bartholoccius, Ricard Simon, Jean et Henri Mayo, le fils.

l'absolution des péchés. Dans le troisième, il énumère les arguments des Juifs contre les chrétiens, en matière de religion; il rapporte les diverses grossièretés des mêmes Juifs; il raconte les malheurs qu'ils ont soufferts, la ruine de Jérusalem, les bannissements des Juifs des pays des chrétiens; leurs châtiments, leur conversion future et la venue de l'Antechrist. Dans le quatrième, il fait le récit de la vie de Mahomet; il décrit alors sa secte, il attaque sa doctrine, il expose les dogmes de la religion chrétienne; il rapporte les guerres qui ont eu lieu entre les chrétiens et les Maures depuis le règne de Mahomet. Dans le cinquième, il traite de l'existence des démons, de leur ordre, de leur différence, de leur conduite, de la haine qu'ils éprouvent contre les chrétiens, des tourments qu'ils souffrent et du lieu qu'ils habitent.

Frère Alonso d'Espina, malgré l'acharnement dont il fait preuve pour mettre en évidence les aberrations des Juifs, démonstration où il apparaît parfois comme un habile ergoteur, est plus estimable quand il raconte les faits que quand il combat les doctrines. C'est ainsi qu'à notre avis le troisième et le quatrième livres du *Fortalitium fidei* sont préférables à tous les autres. C'est dans ces livres qu'il raconte, comme l'indique Rodriguez de Castro, les vicissitudes que le peuple hébreu a souffertes jusqu'à son époque, qu'il fait connaître la vie de Mahomet, les progrès de sa secte qui finit par s'étendre à travers le monde entier et par inonder notre Espagne. Dans le troisième, qui se divise en douze considérations (1), la septième, la neuvième, la dixième et la onzième sont remarquables sous le point de vue que nous avons indiqué. En parlant de *l'état des Juifs en Castille*, Espina examine les lois qui ont été dictées pour tenir à distance la race proscrite. À cet effet, il insère l'ordonnance de la reine Catherine et de don Ferdinand d'Antequera, que nos lecteurs connaissent déjà, et il poursuit en déclarant que, malgré la sévérité de cette ordonnance, malgré d'autres dispositions prises par les rois et les prélats, pas un

---

(1) Ces considérations sont : 1° aveuglement des Juifs; 2° leur parenté, d'après le Talmud; 3° leurs croyances; 4°, 5°, 6° la guerre que les Juifs font à la religion chrétienne; 7° cruauté des Juifs; 8° leur fatuité et leur orgueil; 9° leurs quatre bannissements de la Terre Sainte, de la France, de l'Angleterre, de l'Espagne; 10° des choses les plus remarquables des Juifs; 11° de leur état dans le royaume de Castille; 12° de leur perversité jusqu'à la consommation des siècles.

ou au moins très-peu de ces règlements se voyaient observés. Il cherche à prouver que les Juifs d'Espagne recevaient, de la part des chrétiens, plus d'égards que dans les autres royaumes, et spécialement en France et en Angleterre, où ils menaient une vie d'esclaves; qu'en conséquence, ils méritent l'épithète d'ingrats. Pour faire connaître complétement l'état et la conduite des Juifs en Castille, il s'exprime ainsi :

« Ainsi donc, dans ce royaume, la captivité des Juifs n'est pas aggravée; ils mangent la graisse de la terre et ses biens, et ils ne travaillent pas la terre, ils ne la défendent pas. Mais, par leurs malices et par leurs astuces, ils dévorent les labeurs des chrétiens, et ils sont les héritiers de leurs biens, ainsi qu'il est écrit, dans Jérémie, chap. V, verset 27 : *Sicut decipula plenæ avibus, sic domus eorum plena dolo : ideo magnificati sunt et ditati. Incrassati sunt et impinguati.* Ainsi donc, les trahisons et les méchancetés des Juifs passent, comme il est dit, sans châtiment, et, bien que leurs crimes se commettent souvent dans ce royaume, plusieurs d'entre eux ont une puissance excessive auprès des rois, et traitent les affaires qui regardent les rois, et s'y immiscent de telle sorte qu'ils ont des chrétiens sous leur joug et sous leur domination. Voilà pourquoi, dans ce royaume, dans presque tous les temps, ils obtiennent des priviléges suivant leur volonté, souvent même dans la maison royale, et qu'ils trouvent quelque grand militaire, ou même plusieurs, pour être leur avocat et leur défenseur, si quelqu'un vient à les accuser. Et c'est ainsi que les Juifs aveugles, rendent aveugles les chrétiens de ce royaume. D'où vient ce proverbe des anciens : *Vous avez vu ici un aveugle, qui a rendu aveugle un clairvoyant.* Alors qu'il est écrit, cependant, au livre des *Proverbes,* 19 : *Il ne convient pas que l'insensé ait des richesses, ni que l'esclave domine les grands.* »

Nous ne croyons pas nécessaire de continuer les citations, pour que nos lecteurs puissent se former une idée de l'esprit qui guida la plume de frère Alonso d'Espina, dans la composition de son *Fortalitium fidei.* Tout ce que nous avons dit prouve l'exactitude des observations que nous avons faites dans notre premier *Essai* sur l'objet et la tendance de cet ouvrage, dont on ne peut méconnaître le mérite littéraire dans le morceau que nous avons cité. Le P. Juan de Mariana, dans le chapitre XIII du livre XXII de son *Histoire générale,* l'apprécie de la manière suivante, en racontant la mort de don Alvaro de Luna : « Don Alvaro de Luna fut accompagné, dit-il, durant le chemin, jusqu'au lieu du supplice, par Alonso d'Espina, moine de Saint-François, qui composa un livre intitulé : *Fortalitium fidei*, titre magnifique, quoique peu élégant, ouvrage érudit et excellent par la connaissance qu'il donne et la démonstration des choses divines et de l'Écriture sacrée. » Le jugement du P. Mariana nous paraît entièrement digne de respect. Toutefois, comme nous l'avons indiqué plus haut, le livre d'Alonso d'Espina est meilleur dans la partie historique où son langage apparaît plus dégagé et plus simple, bien que, dans l'ensemble, il révèle de grandes connaissances et d'excellentes qualités d'écrivain. Nous n'avons point d'ouvrage en castillan du converti Espina qui se soit conservé jusqu'à nos jours ; nous n'avons pu, du moins, le vérifier. Il est probable que, renfermé dans le cloître, dédaignant entièrement la littérature et les langues du vulgaire, ce docte franciscain n'aura écrit aucune production dans cet idiome.

A cette troisième époque, que nous esquissons, appartiennent aussi d'autres convertis illustres, qui ont donné de nombreuses preuves de leur amour pour les lettres, et qui se sont consacrés de toutes leurs forces à leur étude et à leur culture. Parmi eux, méritent une mention particulière don Mosséh Zarfati et don Jahacob Zadique d'Uclès, célèbres philosophes de ces temps. Don Mosséh Zarfati, dont le nom est à peine connu dans la république des lettres, puisque ni Wolfius, ni Bartoloccius, ni aucun autre de tous ceux qui ont traité des écrivains rabbiniques, ne font mention de lui, à l'exception de Rodriguez de Castro; Don Mosséh se distingua principalement par ses études sur la jurisprudence. Il composa un traité sous le titre de *Fleurs du droit* (*Flores de derecho*), heureusement conservé dans la fameuse collection de l'Escurial. Ce manuscrit est attribué à un autre Juif appelé *Jacob des Lois* (*Jacobo de las Leyes*); parce que l'on voit ce nom écrit sur le frontispice, on lui attribue la gloire d'avoir compilé lesdites *Flores de derecho*. Mais dès qu'on lit la première dédicace qui précède le traité, il ne reste plus de doute que l'auteur de ce livre ne fût don Mosséh Zarfati, car voici des paroles qui se trouvent dans la dédicace en question :

« Très-magnifique seigneur, après avoir pris en considération le motif exprimé par votre grâce, ainsi que mon désir de vous servir, bien que moi votre vassal, Mosséh Zarfati, je sois le dernier de vos serviteurs, j'ai fait mettre la présente lettre dans le volume qui paraît ici, en suppliant Votre Seigneurie de ne pas considérer le peu d'importance de l'ouvrage, mais l'intention, puisque cette intention est de vous servir. Aussi, je vous prie d'accepter ce livre avec une volonté égale à celle qui l'a fait. »

Don Mosséh Zarfati adressait cette épître dédicatoire à maître Jacob, alors chargé de former la compilation des *Flores de derecho* pour la récréation et pour l'instruction de don Alphonse Fernandez Niño. Maître Jacob n'osa sans doute pas avouer à ce seigneur qu'il s'était vu obligé d'avoir recours à don Mosséh Zarfati, et il lui présenta les *Flores de derecho*, comme son ouvrage, et il s'avança tellement en ce sens, dans la dédicace, qu'il s'exprime ainsi :

« Seigneur, j'ai réfléchi aux paroles que vous m'avez dites, qu'il vous plaisait que je recueillisse brièvement quelques *fleurs de droit*, afin d'avoir une marche tracée, pour entendre et juger les procès d'après les lois des savants. Et, comme vos paroles sont pour moi un ordre formel, et que j'ai une grande volonté de vous rendre service en toutes choses et de toutes les manières qui sont en mon pouvoir et en mon savoir, j'ai compilé, j'ai réuni ces lois qui sont très anciennes, de la manière suivante : ces lois étaient placées et réparties dans de nombreux livres des savants, et j'ai fait celui-ci avec le plus grand soin et la plus grande diligence. »

On ne peut, en vérité, comprendre comment maître Jacob osait s'attribuer, avec tant d'assurance, un ouvrage qui avait été composé par un autre. Mais le fait n'en est pas moins certain. Pour nous, nous croyons, avec l'érudit Rodriguez de Castro que les *Fleurs de droit* sont dues à don Mosséh Zarfati, sans que *maître Jacob y ait pris d'autre part que celle de les faire copier pour les présenter, et d'avoir enlevé l'épître dédicatoire, ou introduction*, écrite par ledit Juif pour y substituer la sienne. Il ne réfléchit pas, toutefois, que Zarfati pourrait conserver une autre copie, et, qu'avec le temps, il serait facile de réunir les deux dédicaces. C'est, en effet, ce qui est arrivé.

Les *Fleurs de droit* sont divisées en trois livres, composés, le premier, de quinze titres, le second de neuf, et le troisième de quatre. Le premier livre traite des juges, des avocats, des procureurs, et fait connaître le cours que doivent suivre les procès et les autres jugements, matière sur laquelle roulent seulement quatre titres; le reste est consacré à la définition des rapports de l'homme en société, à la détermination du caractère et même de la forme des procédures. Ces matières sont développées dans le second livre; on y indique la manière dont les juges doivent admettre les aveux et les preuves dans les procédures criminelles. Le troisième embrasse enfin tout ce qui a rapport à la manière de prononcer les arrêts et de les faire exécuter, sans oublier les appels (alzadas) accordés par la loi et la coutume aux parties en litige. Cette analyse, toute courte, fera comprendre à nos lecteurs l'importance de cet ouvrage, à une époque où l'on avait, dans la pratique, oublié tous les droits, où le caprice seul des puissants commandait, où le pouvoir royal, seule et unique garantie du droit commun, était si fréquemment méconnu et violé.

Don Mosséh Zarfati répandit dans son livre *toutes les fleurs* qu'il avait si laborieusement recueillies par la lecture intelligente des auteurs qui s'étaient acquis le plus de renommée dans son temps, sans perdre de vue le célèbre code des *Siete Partidas*, dont il reproduit les doctrines en beaucoup d'endroits. Toutefois, il ne semble pas qu'il soit parvenu à faire grande impression sur l'esprit des seigneurs séditieux, les seuls qui pouvaient lire les *Fleurs de droit*, à cause de la difficulté même d'en multiplier les copies; car la lutte entre la raison et la force continua avec plus d'acharnement, et, de jour en jour, s'augmentaient les excès et les attaques contre la justice. Il n'était pas possible à un pauvre juge de contenir ni de refréner les passions, et l'heure de porter remède à tant d'outrages n'était pas encore arrivée. Mais, pour que nos lecteurs puissent se former une idée complète de l'ouvrage de don Mosséh Zarfati, nous copierons ici le titre IV du livre Ier, titre qui peut servir d'exemple pour le langage :

« Quando el hermano quisiere aplazar ó acusar á otro su hermano sobre tal fecho que si le fuese probado, debe perder la cabeza é la tierra, é todo el haber, vos non lo debedes oyr, non faserle aplazar sobre tal rason. Mas este que acusa su hermano sobre tal rason, como sobre dicho es, debe ser echado de la tierra, si non se le quisier acusar de fecho que fuese en daño de persona de rey, ó de sus fijos, ó de la su muger ó de todo el regno communmente, ca en tales fechos bien debe ser oido.

« Si el hermano fuere en muerte de otro su hermano, non se puede defender de qualquier acusacion que contra el fecha, por rason de la su hermandat; pues que fué en consejo de su muerte. Mas si otros pleytos acaescieron entre hermanos que non son criminales, así como sobre heredades ó sobre haber ú otra cosa semejante, pueda cualquier dellos demandar al otro, ó vos debedes lo faser aplazar é complir lo de derecho (1). »

Don Jahacob Zadique d'Uclès, contemporain de Mosséh Zarfati, et converti comme lui, naquit en la ville d'Uclès, dans le second tiers du xive siècle, et vécut de nombreuses années, spécialement consacrées à la médecine et aux sciences morales et philosophiques. Il se distingua parmi ses contemporains par son habileté dans l'art d'Esculape, et il mérita l'honneur que l'illustre maître de Santiago, don Laurent Suarez de Figueroa, le choisit pour son médecin, et il obtint de nombreuses distinctions sous la protection de ce seigneur éclairé. Le maître de Santiago le chargea de transporter dans la langue castillane un livre de philosophie écrit en langue limousine, et l'érudit converti remplit la commission de don Laurent Suarez de Figueroa, en traduisant ledit ouvrage sous ce titre : *Libro de dichos de Sábios e Filósofos é de otros exemplos é doctrinas muy buenas* (Livre des dires des Savants et des Philosophes et d'autres exemples et de doctrines très-bonnes).

L'objet de cet ouvrage était de former le cœur des jeunes gens et de dicter les règles par lesquelles doivent se gouverner, dans le monde, tous ceux qui aspirent à la perfection. Il repose sur les maximes des livres sacrés, sur les dits et sentences des prophètes et des saints Pères, tant de l'Église latine que de l'Église grecque, sans oublier les autorités d'Aristote, de Sénèque, d'Aurélien, de Cicéron, de Boëce et

---

(1) « Quand un frère veut citer ou accuser un autre frère pour un fait tel que, s'il lui était prouvé, il devrait perdre la tête et la terre et tout son avoir, vous ne devez pas l'écouter ni le faire citer pour un pareil motif. Mais celui qui accuse son frère pour un motif pareil au motif susdit, doit être expulsé de la terre, à moins qu'il ne veuille l'accuser d'une action qui doit être un dommage pour la personne du roi ou de ses enfants, ou de sa femme, ou de tout le royaume en général; car pour de tels faits, il doit être entendu.

« Si le frère se trouve (impliqué) dans la mort d'un autre frère, il ne peut se défendre de toute accusation que l'on fait contre lui, à cause de sa fraternité, puisqu'il a été pour conseil de sa mort. Mais s'il survient entre frères d'autres procès qui ne sont point criminels, tels que pour héritages, fortune, ou pour toute autre chose semblable, un d'eux, quel qu'il soit, peut intenter contre l'autre, et vous devez le faire citer et exécuter le droit. »

d'autres écrivains de l'antiquité romaine. Don Jahacob Zadique s'écarta de l'ordre établi par l'auteur, et divisa *le Livre des dits des Sages et des Philosophes* en sept chapitres, auxquels il donna le nom de *partidas*, ainsi qu'il l'indique lui-même à la fin du prologue par les paroles suivantes :

« Il m'ordonne à moi, don Jahacob Zadique d'Uclès, son serviteur et son médecin, de le romancer en notre langue castillane, et, pour obéir à Sa Seigneurie et à ses ordres, avec le respect qui lui est dû, je l'ai romancé de la manière suivante, et je l'ai divisé en sept parties. »

Si l'on ne peut attribuer à don Jahacob la gloire des pensées, on ne laisse pas de reconnaître dans sa version des qualités estimables, dont le principal mérite consiste dans la simplicité et la légèreté de langage, manié, dans tout l'ouvrage, avec beaucoup de facilité, eu égard à l'état où il se trouvait alors. Voici le commencement du chapitre Ier, qui suit immédiatement le prologue :

« El comienzo del saber es el themor de Dios : dice Nostro Señor Jesu-Christo que sin Dios non podemos facer cosa, nin cosa que ficiésemos duraria, nin podria haber buena fin. Por esto decia Boecio que ninguno non puede comenzar cosa que pueda ser firme, si el fundamiento non face con Dios. Dice Daniel, profeta, que en aquel punto que Baltasar, el gran rey, pensaba ser mas seguro é mas fuerte é mas poderoso en sus fechos, cayó en poder de sus enemigos. Dice Geremias, profeta, que todo ome es assi como loco por desfallescimiento de buen saber, et es escripto en el *Libro de la Sabiduria* que todos los omes que son vanos é mesquinos, en los quales non es la ciencia de Dios (1). »

(1) « Le commencement de la sagesse est la crainte de Dieu ; Notre Seigneur Jésus-Christ dit que, sans Dieu, nous ne pouvons rien faire, que ce que nous ferions n'aurait point de durée ni ne pourrait avoir une bonne fin. C'est pourquoi Boéce dit que personne ne peut commencer une chose qui puisse être solide, s'il ne fait le fondement avec Dieu. Le prophète Daniel dit qu'au moment où Balthazar, le grand roi, croyait être le plus sûr, le plus fort et le plus puissant dans ce qu'il faisait, il tomba au pouvoir de ses ennemis. Le prophète Jérémie dit que tout homme est comme un fou, quand il pèche par le manque de bien savoir, et il est écrit au livre de la *Sagesse* que tous les hommes sont vains et petits, quand, chez eux, il n'y a pas la science de Dieu. »

Don Jahacob continue à citer de nouvelles autorités pour démontrer l'exactitude de ses assertions et il ajoute :

« Le sage dit que le royaume ou la cité où abonde la science ne peut avoir que de grands biens. Sénèque disait que le signe qu'un prince devient tyran, c'est quand il ne s'entoure pas d'hommes savants et entendus, et qu'il ne leur est pas favorable. Saint Jérôme dit qu'il y a autant de différence entre un homme savant et un homme non savant, qu'entre la lumière et les ténèbres. »

Il n'y a pas de doute que l'ouvrage traduit (1) par don Jahacob Zadique ne dut être de la plus grande importance pour l'époque où il fut écrit. Cette manière de présenter les pensées avec des applications à un principe généralement reçu, contribuait non-seulement à l'éclairer, mais elle aidait encore la mémoire à le retenir plus facilement. Cette espèce de catéchisme mérite d'être examiné par les érudits et apprécié par les littérateurs, comme un témoignage, pour faire connaître l'état de la langue, si on la compare avec les autres ouvrages que nous avons analysés.

Durant l'époque vers le terme de laquelle nous marchons, d'autres Juifs fleurirent aussi, et leurs productions leur donnèrent une grande renommée, tant chez les chrétiens qu'auprès des rabbins. Nous nous sommes arrêté un peu sur l'étude des ouvrages écrits par les convertis de cette longue période; nous nous contenterons donc ici d'indiquer ceux d'entre les Juifs qui obtinrent la plus grande réputation, tels que David ben Selemoh ben David Jachia et don Isahak Abarbanel.

Ce dernier appartient plutôt au règne des Rois Catholiques; aussi, parlerons-nous de lui dans le chapitre suivant. David ben Selemoh composa divers ouvrages, dont les plus remarquables sont une espèce

---

(1) Dans la Bibliothèque de l'Escurial, il existe deux exemplaires de cet ouvrage, accompagnés tous les deux de deux autres traités qui complètent l'un et l'autre manuscrit. Le titre du premier est : *Epistolas de san Bernardo al papa Eugenio, cardenales y obispos de la corte de Roma;* celui du second : *Libro que fiso fray Bernal Oliver de la órden de san Agustin, que tracta del levantamiento de la voluntad de Dios.* L'ouvrage de don Jahacob se termina le 8 juillet 1402, à Uclés, ville qui dépendait de la maîtrise de Santiago.

de grammaire et de poétique, intitulée *Langue des érudits;* son commentaire du Talmud, sous le nom de *Louange de David.* L'un et l'autre ouvrage reçurent un tel accueil qu'ils méritèrent à leur auteur le surnom de *maître parfait* parmi les Juifs les plus habiles.

CHAPITRE XII

Troisième époque. — xve siècle.

Décadence des lettres sous le règne de Henri IV. — Efforts de la reine doña Isabelle pour les restaurer. — Leurs résultats. — Études classiques. — Caractère de ces études. — Alphonse de Zamora. — Paul Coronel. — Alphonse d'Alcala. — Paul d'Heredia. — Pierre de Carthagène. — Don Isahak Abarbanel et don Isahak Aboab, dernier Gaon de Castille.

La mort de don Alvaro de Luna et de don Juan II laissa triomphante, en Castille, une noblesse hautaine et turbulente; on vit se reproduire de nouveaux scandales et de nouveaux excès, et le royaume fut livré à l'anarchie. Don Henri IV qui avait, durant sa jeunesse, comme nous l'avons observé dans le chapitre VI de notre premier *Essai*, encouragé les conjurations et les révoltes par sa désobéissance aux ordres de son père, devait expier, en montant sur le trône, cette conduite tortueuse, et devenir la victime de ceux-là même qu'il avait si inconsidérément aidés dans leurs projets révolutionnaires. Il n'y eut donc point d'espèce de déboires qu'il n'eût à souffrir malgré lui; il n'y eut pas de seigneur qui ne se crût obligé de défier son pouvoir ridicule et de pousser l'insolence et le scandale jusqu'aux extrémités que nous avons rapportées dans le chapitre indiqué plus haut (1). Au milieu de tant de désordres et de troubles, et

(1) Rien de plus remarquable que la lettre adressée par Fernand Perez del Pulgar, en 1478, à l'évêque don Alonso Carrillo y Acuña, qui joue le principal rôle dans l'attentat d'Avila. Ce document contient ces mémorables paroles : « Considérez vous-même les pensées de votre âme, et vous trouverez qu'au temps du roi don

quand le tumulte des discordes civiles résonnait dans les campagnes et dans les villes de la Castille, il n'était possible, d'aucune manière, de voir prospérer les lettres, filles de la paix et de l'abondance. L'impuissant don Henri manquait des forces suffisantes pour contenir la multitude mal gouvernée des petits tyrans qui infestaient ses États. Il lui manquait aussi l'élévation d'âme et la sensibilité indispensables pour savourer les plaisirs des arts, sans que ses sordides et perverses inclinations lui permissent d'élever son esprit jusqu'aux régions de l'idéal. Les muses castillanes, qui, à la cour de don Juan II, avaient rencontré de si ardents cultivateurs, alors que les efforts de don Alvaro de Luna avaient comprimé l'anarchie féodale, s'enfuirent tremblantes des palais des grands et des prélats, et elles abandonnèrent l'intérieur souillé de l'Alcazar royal, où elles avaient reçu tant d'adorations. Les ingénieuses et brillantes joutes poétiques cessèrent, les troubadours devinrent muets, on abandonna toute espèce d'étude, et, comme l'observe un historien, la cour se livra à une licence effrénée, et toute la nation tomba dans une profonde léthargie intellectuelle, d'où la tirèrent seulement les tumultes et le bruit des discordes civiles. « Dans un état si déplorable, continue le même auteur, les quelques fleurs qui avaient commencé à pousser dans le champ de la littérature, sous la bienfaisante influence du règne précédent, furent bientôt flétries et étouffées par des plantes immondes, et tous les vestiges de la précédente culture disparurent rapidement du pays (1). »

Tel fut l'état d'effroyable décadence auquel arrivèrent les lettres, quand Henri IV monta sur le trône. Il paraissait que ce monarque inconsidéré était né pour engloutir d'un seul coup et pour renverser

---

Henri, votre maison fut le réceptacle de chevaliers osés et mécontents, inventrice de ligues et de conjurations contre le sceptre royal, fautrice des désobéissances et des scandales du royaume ; nous vous avons toujours vu profiter des armes et de l'aide de gens très-étrangers à votre profession, ennemis de la tranquillité du peuple. Et, cessant de raconter les scandales passés, que vous avez soutenu avec le pain des dîmes, en l'année soixante-quatre, il se fit contre le roi don Henri cette réunion de gens que nous avons tous vue être le premier acte de désobéissance ouverte que ses sujets osèrent commettre et dont Votre Seigneurie était la tête et le guide. » — Lettre III, édition de Madrid, 1789.

(1) WILLIAM PRESCOTT, *Histoire du règne des Rois Catholiques*, 1re partie, chapitre XIX.

à terre tout l'édifice de la civilisation espagnole, élevé par les sueurs d'Alphonse VIII, de Ferdinand III et d'Alphonse X, et par le sang du roi don Pedro et d'Alvaro de Luna. Mais heureusement son règne fut court et une femme prit en main le sceptre de Castille, une femme à qui la Providence réservait toute espèce de prospérité et de bonheur.

Les troubles civils qui attristèrent les premiers jours du règne d'Isabelle la Catholique n'étaient pas encore apaisés, et déjà cette reine magnanime, qui savait, par sa conviction particulière, que la culture des lettres et des sciences était l'unique moyen d'éloigner les grands et les seigneurs de sa cour des dangers qu'ils couraient dans leurs interminables loisirs, se consacra de toutes ses forces à faire renaître le goût éteint de la littérature, et elle donna elle-même le vif exemple de l'enthousiasme avec lequel elle embrassait une entreprise si salutaire (1). La femme illustre qui était montée sur le trône pour rétablir le pouvoir, sans autorité, des rois, fut aussi environnée de la haute et immaculée auréole de la renaissance des lettres. Sur ses instances vinrent, dans la péninsule Ibérique, les plus doctes humanistes de l'Italie. Les deux frères Antonio et Alexandre Geraldini, Pierre Martyr d'Angleria, Louis Marineo de Sicile et d'autres excellents littérateurs qui, nourris dans l'étude des plus célèbres auteurs de la Grèce et de Rome, jouissaient déjà dans leur patrie d'une grande réputation et d'une grande estime, volèrent en Espagne pour seconder les nobles efforts d'Isabelle, et ils jetèrent ainsi les semences d'une nouvelle ère de culture. Pour encourager les grands égarés, pour les obliger à entreprendre une tâche qui leur répugnait encore, malgré les illustres exemples qu'ils avaient eus dans les marquis de Villena et de Santillane, et dans beaucoup d'autres nobles, au milieu desquels occupe un poste distingué l'érudit

---

(1) Les lignes suivantes, que nous prenons de la lettre adressée, en 1482, à la reine par don Fernan Perez del Pulgar, sont dignes de remarque : « Je désire beaucoup savoir comment va Votre Altesse avec le latin que vous apprenez. Je parle ainsi, madame, parce qu'il y a un latin si sauvage qu'il ne se laisse pas prendre par ceux qui ont beaucoup d'affaires; cependant, j'ai tant de confiance dans le génie de Votre Altesse, que, si vous le prenez dans vos mains, quelque sauvage qu'il soit, vous l'apprivoiserez, comme vous avez fait des autres langues. » — Édition de Madrid, de 1789, par Ibarra, lettre XI.

Fernan Perez de Gusman, la reine Catholique crut unir à son exemple celui de sa famille, et, dans ce but, elle confia l'éducation de ses enfants aux deux Geraldini et à Pierre Martyr d'Angleria. Le résultat de cette pensée ne put être en effet plus satisfaisant. La jeunesse castillane, qui ne s'était, jusqu'alors, consacrée qu'à l'exercice des armes, qui consumait tout le temps de la paix en d'inutiles et même préjudiciables rêveries, se consacra à l'étude avec la plus grande ardeur. La maison de l'érudit Pierre Martyr se vit toujours pleine des principaux jeunes gens qui, éloignés, suivant l'expression de ce célèbre humaniste (1), d'autres objets peu nobles, et attirés vers les lettres, étaient déjà convaincus que les lettres, loin d'être un obstacle à la profession des armes, leur servaient au contraire d'auxiliaire et de complément. Les ducs de Villahermosa et de Guimarens, le fils du duc d'Alva, don Gutierre de Tolède, don Pedro Fernandez de Velasco, depuis connétable de Castille, don Alphonse de Mantique, fils du comte de Paredes et beaucoup d'autres jeunes gens de la plus illustre origine, se distinguaient au milieu de la multitude des disciples et des admirateurs de Pierre Martyr et de Marineo de Sicile. Leur amour pour les lettres et leurs excellentes dispositions pour les cultiver se développèrent à un tel point, que les trois derniers remplirent diverses chaires, soit de littérature grecque, soit de littérature latine, aux universités de Salamanque et d'Alcala. L'enthousiasme que la reine Isabelle avait inoculé aux jeunes seigneurs de sa cour s'empara aussi des dames de la plus illustre origine et de la beauté la plus célèbre. Par-dessus toutes les autres, se distinguèrent deux filles de l'illustre comte de Tendilla; doña Lucie de Medrano et doña Francisca de Lebrija ne méritèrent pas moins d'applaudissements, ainsi que doña Béatrix de Galindo, qui avait enseigné le latin à la reine Catholique, et qui, par ses nombreuses connaissances dans la langue d'Horace et de Virgile, devint digne du surnom de *la Latine*. Doña Lucie de Medrano et doña Francisca de Lebrija poussèrent si loin l'amour avec lequel elles cultivèrent les lettres, qu'elles ne trouvèrent aucune difficulté à faire des lectures publiques, la première, sur les classiques latins, à Salamanque, et la seconde sur la rhétorique et sur la poétique, à Alcala.

(1) PIERRE MARTYR, *Opus epistolarum*, epist. 115.

Il semblait incroyable, en vérité, qu'il eût seulement suffi de la volonté de la reine doña Isabelle pour donner un cours si opposé aux inclinations de la noblesse castillane, naguère superbe, inquiète et ignorante, maintenant docile, polie et éclairée. Rien n'était heureusement moins douteux : l'œuvre d'Isabelle devait être complète, et, pour cela, il ne restait plus qu'à verser la lumière des sciences sur toutes les classes de l'État. Non-seulement il était nécessaire de dompter la grandesse en révolte, il fallait aussi l'éclairer ; et ce fut là, incontestablement, un des bienfaits les plus signalés que l'Espagne dut à la reine Catholique.

Ce mouvement général, qui est un des faits les plus remarquables qui caractérisent le règne d'Isabelle, en agrandissant naturellement le cercle des connaissances humaines, ne put faire moins que d'imprimer une physionomie particulière à ces études, et de préparer visiblement la nouvelle ère littéraire qui devait briller en Espagne à l'aurore du XVIe siècle. Le caractère de ces études, comme nous l'avons observé dans l'introduction de ces *Essais*, fut donc entièrement classique. La connaissance et le secours des langues anciennes rendirent plus familiers les auteurs des siècles de Périclès et d'Auguste ; et, comme une conséquence naturelle et inévitable, pendant que s'accomplissait cette révolution presque incroyable, les Juifs et les convertis, à qui leurs études avaient acquis tant d'estime et de si grands honneurs, les Juifs, disons-nous, perdirent leur immense importance. En effet, quand les nobles sentirent leurs vieux préjugés détruits, qu'ils furent honorés plus pour leur savoir que d'après la noblesse de leur origine, qu'ils trouvèrent fermés, à la fin, les moyens de parvenir par la sédition et la révolte, parce que le pouvoir royal était assez fort pour les réprimer, ils se virent obligés d'aspirer à la gloire pacifique des carrières littéraires, et d'occuper en même temps les postes élevés que l'Église avait offerts à ceux qui jusqu'alors avaient cultivé les sciences en Castille.

Aussi, durant le règne des Rois Catholiques, bien que le nombre des Juifs qui abjurèrent leur religion fût considérable, le nombre de ceux qui fleurirent par la culture des lettres ne fut pas si grand que sous les règnes précédents. Toutefois, il est nécessaire de se représenter, qu'au milieu du mouvement universel et à côté des Nebrija et des Arias Barbosa, quelques doctes convertis se distinguèrent, parmi lesquels méritent une mention particulière, pour la profondeur de leurs connaissances dans les langues orientales et dans la littérature classique, Alphonse de Zamora, Paul Coronel, Alphonse d'Alcala et Paul d'Heredia.

Alphonse de Zamora fut le premier professeur de langue hébraïque qu'eut l'Université de Salamanque, centre alors des sciences et des lettres : il posséda dans une si grande perfection les idiomes grec, latin et chaldéen, que l'immortel Cisneros n'hésita pas à lui accorder toute sa protection ; il le chargea de la correction du texte hébreu dans l'édition qu'il fit, peu de temps avant sa mort, de la bible appelée *Complutense*, et il confia en même temps à ses soins la version, en langue latine, de *la Paraphrase chaldéenne*. Alphonse de Zamora, qui avait reçu une protection si particulière de Cisneros, voulut donner une preuve de la sincérité de sa conversion en composant, contre les erreurs du judaïsme, un traité sous le titre de *Lettre*, dans lequel il défendait, avec un remarquable succès, les mystères de la religion chrétienne, et prouvait en même temps que la venue du Messie était déjà consommée (1). Il composa aussi une grammaire hébraïque en langue vulgaire, dans l'intention qu'elle pourrait servir à l'instruction des Espagnols (2), et il expliqua avec une érudition profonde les anciennes grammaires de Rabbi Mosséh et de Rabbi Quingi, grammaire qui se conserve manuscrite dans la célèbre collection de l'Escurial ; il traduisit aussi en castillan l'*Exposition* que ledit Rabbi Quingi fit des cinquante-neuf premiers psaumes, traduction dont le manuscrit existe également à la Bibliothèque de Saint-Laurent.

Alphonse de Zamora composa aussi d'autres ouvrages non moins estimables que ceux que je viens de citer. De ce nombre est le *Livre de la Sagesse de Dieu*, ouvrage hébreu que l'on peut considérer comme une apologie de la religion chrétienne, et qui se conserve à la Bibliothèque de l'Escurial, quoique Rodriguez de Castro, en faisant mention dudit traité, conçoive quelques doutes sur son véritable auteur. Alphonse de Zamora se distingua surtout dans l'ensei-

---

(1) Ce traité a été inséré dans le tome VI de la *Biblia Complutensis*.

(2) Cette grammaire fut imprimée à Alcala de Henares en 1 vol. in-8°, aux frais de Miguel de Gina, dans sa propre imprimerie, en l'année 1526.

gnement de la langue hébraïque, et il eut la gloire de compter au nombre de ses disciples les plus doctes humanistes de son temps.

Paul Coronel était né à Ségovie, et il fut un des *rabbins* les plus distingués de son époque. Il se convertit au christianisme en 1492, se consacra à l'étude de la théologie et de l'Écriture sainte, et il se montra si profond sur ces matières, qu'il fut bientôt honoré de la chaire de cette dernière matière, à l'Université de Salamanque. Désigné par les docteurs de cette célèbre école comme un des plus habiles orientalistes qu'eût alors l'Espagne, son mérite fut reconnu par le cardinal Cisneros, et ce grand homme choisit Paul Coronel pour qu'avec Alphonse d'Alcala il terminât la traduction latine des livres du *Vieux Testament*, publiés dans la *Polyglotte*. Le maître Alvar Gomez, dans *la Vie du cardinal frère François Ximénès*, fait un éloge remarquable de ce docte converti, et le respectable frère José de Sigüenza cite, dans divers passages (1) de *la Vie de Saint-Jérôme*, l'ouvrage en latin que Paul Coronel composa sous le titre de *Additiones ad Librum Nicolai Lirani, de Differentiis translationum*, qui ne fut pas, à ce qu'il paraît, donné à l'impression. Cet écrivain est cité avec une mention toute particulière par don Nicolas Antonio (2), Paul Colomesia (3), Santiago le Long (4), Wolfius (5) et Diego de Colmenares (6). Ce dernier insère la simple et modeste épitaphe suivante, que l'on peut voir encore dans l'église du monastère du Parral, construite par don Juan Pacheco dans les environs de Ségovie :

AQUI : YACE : EL : MAESTRO : PAULO : CORONEL :
CLERIGO : CATEDRATICO : EN : SALAMANCA : FALLE-
CIO : POSTRERO : DE SETIEMBRE : DE MDXXXIV (7)

(1) Livre IV, dissert. vi, et liv. V, dissert. iii.
(2) *Bibliothèque nouvelle espagnole*, t. II, p. 127.
(3) *Espagne orientale*.
(4) *Dissertations sur les éditions des Bibles polyglottes*.
(5) *Bibliothèque hébraïque*.
(6) *Vies et Ecrits des écrivains de Ségovie*. — *Histoire de Ségovie* (Madrid, 1650).
(7) Ici gît le maître Paul Coronel, — clerc, professeur à Salamanque.— Il mourut le dernier jour de septembre 1534.

Alphonse d'Alcala, professeur aussi de l'Université de Salamanque, naquit à Alcala la Réal, dans le royaume de Jaën. Il abjura le judaïsme, en 1492, soit qu'il ne pût se résoudre, peut-être, à quitter l'Espagne, soit par suite aussi d'un véritable repentir. Comme Zamora et Coronel, il mérita, par son érudition dans les langues hébraïque, grecque et latine, d'être désigné par Cisneros pour l'exécution de la grandiose pensée de la *Biblia complutensis*. Alphonse d'Alcala, qui, avant sa conversion, s'était distingué comme un docte médecin et un habile juriste, se consacra, comme chrétien, à l'étude de la théologie sacrée. Toutefois, il conserva, durant sa vie, la chaire de médecin qu'il avait obtenue à l'Université de Salamanque, et il y donna des preuves non équivoques de son savoir dans cet art.

Paul d'Heredia, suivant les pas de Paul de Burgos, d'Espina, de Carthagène et d'autres convertis, composa un livre en latin intitulé: *De Mysteriis fidei*, dont l'objet était d'attaquer les doctrines du Talmud et de ses commentaires. C'est dans ce livre qu'il met en évidence et que réfute avec une habileté remarquable les erreurs du judaïsme. Dans ce même but, il traduisit aussi en latin *la Carta de los secretos* (la Lettre des secrets), adressée par Rabbi Neumias à son fils Rabbi Haccana, lettre où ce docte juif réunit les dits et les secrets que révéla à l'empereur Antonin Jéhudah Ha-Nasi, connu parmi les siens sous le nom de Rabanu Haqados (notre maître le saint). La lettre ci-dessus se composait de huit demandes ou questions qu'Heredia éclaircit par des notes et des apostilles érudites et opportunes, où, suivant l'expression d'un écrivain respectable, il explique les principaux mystères du christianisme, où il manifeste ses connaissances étendues et une abondante lecture des livres sacrés, des auteurs rabbiniques et des talmudistes célèbres. Paul d'Heredia traduisit aussi un autre petit traité, dû à Rabbi Haccana, qui avait pour objet de rehausser les vertus de la Vierge Marie. Il y retrace ses fiançailles, la naissance et la vie de Jésus-Christ, sa passion, sa mort et sa résurrection, pour dessiner les situations douloureuses de la Mère du Sauveur du monde. Enfin il composa des ouvrages originaux pour réaliser sa pensée de réfuter et de réduire en poudre les erreurs du judaïsme. Il intitula l'un *Ensis Pauli* (l'Épée de Paul), et il distingua l'autre par le nom de *Corona regia* (la Couronne royale). Dans le premier, il eut pour unique objet de manifester aux rabbins, ses anciens frères, la haine qu'il nourrissait dans son cœur contre leur opiniâtre et persévérant aveuglement. Dans le second, qu'il dédia au pontife Innocent VIII, il chercha à défendre l'Immaculée Conception de la Vierge, et il divisa son traité en quatre parties. Paul d'Heredia prouva, dans ces productions, que ses études littéraires n'étaient pas moins estimables que ses études théologiques, car son langage est très-souvent élégant et presque toujours propre, qualité qui n'était certainement pas très-commune à tous ceux qui écrivaient le latin *zahareño* de ces temps.

Un autre illustre converti florissait aussi à la cour des Rois Catholiques : il appartenait à une famille d'écrivains distingués; aussi il ne put s'empêcher de sentir dans son cœur la noble ardeur qui avait poussé si haut son père et ses frères. C'était Pierre de Carthagène, troisième et dernier fils de Paul de Sainte-Marie. Consacré à la carrière des armes, il avait été, dans sa jeunesse, garde du corps du roi don Juan II; il s'était ensuite distingué, comme un vaillant capitaine, à la prise du château de Lara, dans beaucoup d'autres rencontres et dans plusieurs batailles : il manifesta un courage et une valeur singulière dans divers défis qu'il eut à soutenir, poussé qu'il était par l'esprit chevaleresque de son époque. Pierre de Carthagène fut ensuite honoré d'une place dans le conseil de don Henri IV qui, malgré son peu de jugement, ne put s'empêcher de reconnaître en lui les qualités les plus recommandables, et son choix fut confirmé par les Rois Catholiques, qui le conservèrent au nombre de leurs conseillers (1).

Pierre de Carthagène, qui s'était montré si brave dans la défense de ces souverains, fut un admirateur profond des vertus de la reine Isabelle, et il voulut aussi unir sa voix à celle des écrivains et des

---

(1) Dans l'*Information* que nous avons citée au chapitre VIII de cet *Essai*, on lit ce qui suit au verso du folio 6 : « Ledit Pierre de Carthagène, fils dudit patriarche, fut marié une première fois à doña Maria Sarabia, et une seconde à doña Maria de Rojas; il fut du conseil des rois don Henri le quatrième, et de don Fernand le Catholique; il fut nommé garde du corps du roi don Juan II; il fut une personne de beaucoup de courage et de force, comme il le montra dans les batailles où il se trouva, et qui furent nombreuses, ainsi que dans les défis singuliers : il gagna la forteresse de Lara, ce qui, dans ces temps, était une chose de la plus grande estime et de la plus grande importance; et, pour distinction, ladite alcaldie resta à Gonzalo Perez de Carthagène, son fils, et à Hernando de Carthagène, son petit-fils »

poëtes qui les célébraient. Dans cette intention, il écrivit une composition poétique, pleine d'enthousiasme, et conçue en ces termes :

> De otras reinas diferente (1),
> princesa, reina y señora,
> ¿qué esmalte porné que asiente
> en la grandesa excelente
> que con su mano Dios dora?
>   Que querer yo comparar
> vuestras grandezas reales
> á los cosas temporales
> es como la fé fundar
> por razones naturales.
>   Cuando mas se ensorbece
> el rio, en la mar no mella;
> que echen agua no la acrece,
> ni tampoco la descrece
> el que saquen agua della.
>   Pues si hombre humano quiere
> vuestra grandeza loar
> non la puede acrecentar:
> si lo contrario ficiere
> tampoco puede apocar.
>   En historias hay famadas
> reinas de la nacion nuestra;
> mas al cotejar llegadas,
> las coronicas pasadas
> serán sombra de la vuestra.
>   Usaron con grand prudencia
> de las virtudes morales
> ¡o notoria deferencia!...
> que estas á vuestra excelencia

---

(1) « Des autres reines différente, princesse, reine et señora, quel émail pourrai-je mettre qui convienne à la grandeur excellente que Dieu a dorée de sa main? Vouloir comparer vos grandeurs royales aux choses temporelles, c'est vouloir prouver la foi par des raisons naturelles.— Plus un fleuve s'enfonce, moins il est dans la mer sensible; si l'on y jette de l'eau, elle ne l'augmente pas : elle ne décroît pas non plus si l'on en retire.—Si donc un être humain veut louer votre grandeur, il ne peut l'augmenter; ferait-il le contraire, il ne peut la diminuer.—Dans l'histoire de notre nation il y a des reines illustres; mais si l'on en vient à comparer, les chroniques du passé ne seront que l'ombre de la vôtre.—Elles ont, avec une grande prudence, usé des vertus morales, ô singulière différence! Ces vertus, chez Votre Excellence, viennent toutes naturelles. — Selon moi, vous devez imposer silence aux louanges de votre

todas vienen naturales.
Que loaros, á mi ver,
en vuestra y agena patria
silencio debeis poner :
que daros á conocer
hace la gente idolatria.

Mas en mi lengua bien cabe ;
por que el peligro en que toco
naścerá, quando os alabe
persona que mucho sabe
y no en mi que alcanzo poco.

Pierre de Carthagène explique les six lettres du nom de la reine, et il montre, sous ce point de vue, qu'il subit la contagion du goût de l'époque ; puis il continue ainsi (1) :

El mirar á Vuestra Altesa
dá perpétua honestidad.
Tan alta materia es esta
que non sé como me atreva :
que si á la tierra se acuesta
no me alcanza la ballesta ;
y si al cielo, sobrelleva.
Mas carrera verdadera
que sin defecta se funda,
es que sois muger entera :
en la tierra la primera
y en el cielo la segunda.
Una cosa es de notar
que mucho tarde acontece :
hacer que temer y amar
esten juntos sin rifar ;

patrie, et dans les contrées étrangères, puisque c'est la nation idolâtre qui vous fait connaître.—Mais c'est bien à ma langue à le faire ; lorsque le danger dont je parle naîtra, quand vous louera une personne qui beaucoup sait, et non moi, qui sais très-peu. »

(1) « Regarder Votre Altesse donne un perpétuel bonheur.—C'est une si haute matière, que je ne sais comment j'ose ; si loin je regarde vers la terre, l'arbalète ne m'atteint pas, si c'est vers le ciel, elle me soulève. — Mais une voie véritable que l'on établit sans défaut, c'est que vous êtes une femme accomplie ; sur la terre la première, et la seconde dans le ciel. — On peut remarquer une chose qui n'arrive que fort tard ; c'est de faire que crainte et amour soient réunis sans conteste ;

por que esto á Dios pertenece.
¡Miren quán alto primor
fuera de natural quicio!...
En la gente que ha bullicio
el que tiene mas temor.
mas ama vuestro servicio.
　Porque se concluya y cierre
vuestra empresa comenzada,
Dios querrá, sin que se yerré
que remateis vos la R
en el nombre de Granada (a);
　Viendo ser causa por quien
llevan fin los fechos tales,
no estareis contenta bien
hasta que en Hierusalem.
pinten las armas reales (b).

Pierre de Carthagène finit ainsi sa composition :

Lo que alcanzo y lo que sé
lo que me paresce y veo,

parce que cela n'appartient qu'à Dieu. — Que l'on admire quelle haute perfection contre l'ordre naturel!... Dans l'espèce de gens où il y a le plus de tumulte, celui-là craint le plus qui aime le plus votre service. — Pour conclure et terminer votre entreprise commencée, Dieu veuille que, sans erreur, vous effaciez l'R du nom de Grenade. — Voyant quelle est la cause qui mène à fin de tels projets, vous ne serez bien contente que lorsque, à Jérusalem, on peindra vos armes royales. »

(a) Le mot deviendrait alors *ganada*, et signifierait *gagnée*.

(b) Cette poésie, que nous prenons dans le *Romancero de Castillo*, fut composée, sans aucun doute, peu de temps avant la prise de Grenade. Nous n'avons pas voulu laisser passer l'occasion de consigner ici cette observation, pour prévenir les doutes de ceux qui pourraient l'attribuer à l'évêque don Alonso de Carthagène. Ce respectable écrivain, que nous avons jugé dans le chap. ix du présent *Essai*, passa de vie à trépas en l'année 1456, comme on a pu le voir par son épitaphe conservée dans la chapelle de la *Visitation* de la cathédrale de Burgos. Nous en extrayons la phrase suivante qui ne laisse aucun doute sur notre assertion : « In fine dierum suorum sanctum Jacobum, anno Jubilei visitavit in diocesim rediens, spiritum Altissimo reddidit in oppido de Villasandino, xxii Julii anno Domini MCCCCLVI, ætatis vero suæ anno LXXI. » Don Alphonse mourut donc longtemps avant qu'Isabelle montât sur le trône, et la conquête de Grenade, que l'on voit presque proche dans toute la composition que nous avons insérée presque entière, fut consommée en 1492. Les fils que Pierre eut de sa seconde femme ne pouvaient être d'un âge à apprécier la valeur de la reine Isabelle, comme le prouve la composition ci-dessus.

lo que tengo como fé
lo que espero y lo que creo
es lo que agora diré.
  Que si Dios sella y segura
lo que confirmo y asiento
y que el mundo entre en el cuento,
será pequeña ventura,
segund su merescimiento (1).

Dans cette composition se rencontrent de brillants coups de pinceau, qui révèlent le talent poétique de leur auteur; mais on y remarque en même temps un certain manque de bon goût qui contribue à rabaisser son mérite, et qui affaiblit l'énergie avec laquelle toute cette production est écrite.

Dans le chapitre précédent, nous avons mentionné don Isahak Abarbanel, et nous avons mis en tête du présent chapitre le nom de Rabbi Isahak Aboab, dernier *Gaon* qu'eurent les Juifs, en Castille. Ces deux Juifs jouirent d'une grande réputation parmi les leurs, et ils quittèrent tous les deux l'Espagne, en vertu du décret de 1492. Abarbanel a mérité les éloges d'un grand nombre d'écrivains : don Nicolas Antonio (2) n'hésite pas à dire de lui qu'il était des plus ingénieux et des plus doctes. Constantin l'Empereur, affirme qu'il surpassait en érudition tous les autres écrivains juifs; Emmanuel Aboab lui donne le titre de savant et d'illustre par-dessus tous, et il fait de ses ouvrages une mention toute particulière en ces termes : « En Portugal, il écrivit le livre intitulé *Mirchebeth ha Misnè*, qui est un commentaire du Deutéronome ; en Castille, il commenta le livre de Josué, celui des Juges et tous ceux des Rois; dans le royaume de Naples, il écrivit le livre qu'il appela : *Sacrifice de Pesah;* le *Commentaire des Apophthegmes* ou Maximes de nos anciens sages, qu'il appela *Nabalat Abot*, le livre intitulé *Ros ha Maná*, où il traite des articles que le Juif doit croire, comme la Loi; il y composa aussi le livre

---

(1) « Ce que je tiens et ce que je sais, ce qui me paraît et que je vois ; ce que je regarde comme foi ; ce que j'espère et ce que je crois, c'est ce que maintenant je vais dire : « Que si Dieu scelle et assure ce que je confirme et que j'établis, et que le monde entre dans le compte, ce sera petite fortune pour un si grand mérite. »

(2) Don Nicolas Antonio, *Bibliothèque nouvelle*, tome Ier ; l'Empereur, *Exposition du Middoth;* — Emmanuel Aboab, *Nomologie*, deuxième partie.

qu'il appela *Fuentes de Salvacion* (Sources de Salut), sur Daniel. A Corfou, il écrivit sur le prophète Jesayaluh; à Venise, sur les autres prophètes, et sur les quatre premiers Livres de la loi. Il composa un livre fameux qu'il intitula : *Matsmiah-Jesuaj*, où il expose toutes les prophéties qu'il ne peut expliquer spirituellement, ni par l'intervention de la cause seconde. Il écrivit aussi, continue Aboab, un autre ouvrage qu'il appela les *Salvaciones de su Ungido* (les Saluts de son Oint), où il explique tous les discours que le Talmud fait sur le Messie.» On voit donc, par l'énumération que ce docte rabbin fait des œuvres de don Isahak Abarbanel, qu'elles roulaient toutes sur des matières théologiques et talmudiques. Sa constance dans le judaïsme égala la haine qu'ils professaient contre les chrétiens, ce qui fait que le docte Nicolas Antonio s'exprime en ces termes : « *Idem tamen christiani nominis, si quis alius, infestissimus hostis ac perversissimus veri calumniator.* »

Rabbi Isahak Aboab fut un grand ami de don Isahak Abarbanel, ainsi que l'affirme l'auteur de la *Nomologie*, dans le passage que nous avons déjà cité. Aboab était regardé comme un théologien consommé et comme un juriste, un philosophe et un commentateur célèbre. Aussi tous les rabbins le consultaient avec une vénération et un respect profonds. D'après Emmanuel Aboab, il composa les traités suivants : 1° le *Rio de Pison* (le Fleuve de Pison); 2° le *Candelero de la Luz* (le Chandelier de la Lumière), Menorat-Ha-mmaor (1); 3° l'*Arca del Testamento* (l'Arche du Testament); 4° *Mesa de Proposition* (la Table de Proposition, Sulham Ha-Panin). Emmanuel Aboab cite aussi quelques observations sur le Pentateuque, commenté par Mosséh Bar Nahman, et il ajoute : « J'ai moi-même vu manuscrits quelques *Sitot* ou éclaircissements qu'il fit sur le Talmud, dans sa vieillesse, et il entreprit l'œuvre considérable de commenter et d'éclairer les quatre livres ou *turim*, écrits par Rabenu Jahacob; mais il mourut avant de les terminer. »

L'étude des saintes Écritures fut aussi cultivée par d'autres Juifs

---

(1) Nous avons sous les yeux une traduction castillane de ce célèbre ouvrage, dont l'estime fut telle parmi les Juifs, qu'ils le lisaient publiquement dans les écoles. Cette traduction fut due au *hakam* Jahacob Hages, qui la publia à Amsterdam, l'an 5168 de la création (1718 de l'ère chrétienne). Quand nous arriverons aux écrivains du XVIIe siècle, nous donnerons quelques détails sur ce travail.

savants qui, comme Isahak Aboab et Abarbanel, quittèrent le sol de l'Espagne en 1492. Leurs ouvrages, purement théologiques, n'obtinrent pas autant de renommée que les compositions de ces Juifs célèbres. Toutefois, il faut avouer que, parmi les Juifs qui souffrirent l'exil décrété par les Rois Catholiques, il se trouva un assez grand nombre d'écrivains d'une intelligence remarquable et d'une érudition profonde, comme ils le prouvèrent dans les pays où leur infortune les porta. Nous parlerons de quelques-uns d'entre eux dans l'*Essai* suivant, et nous ferons connaître leurs travaux.

ESSAI TROISIÈME

ÉCRIVAINS JUIFS

POSTÉRIEURS A LEUR EXPULSION.

CHAPITRE I.

XVIe et XVIIe siècles.

Dispersion des Juifs qui sortirent d'Espagne. — Différentes directions qu'ils prennent. — Côtes du Levant. — Côtes du Nord. — Ils rétablissent leurs anciennes académies. — Ils se servent de l'imprimerie pour leurs communications. — Amsterdam. — Etablissements typographiques dans cette ville. — Création des Parnassim religieux et d'une Jesibah. — Protection que les Juifs trouvent en Suède. — La reine Christine leur confie des fonctions publiques. — Leurs souvenirs d'Espagne. — Causes qui leur font cultiver la langue et la littérature espagnoles. — Leur état d'abattement et d'abandon actuel sur ce point.

Nous avons montré dans le chapitre X de notre premier *Essai* que, par un inexplicable dessein de la Providence, les Juifs, en se répandant à travers le monde, semblaient publier le pouvoir de l'Espagne et porter chez tous les peuples les mœurs, la littérature et la langue que devaient plus tard immortaliser des génies sublimes tels que Calderon et Cervantes. C'est là ce que nous voulons démontrer dans le présent *Essai*, par l'examen des productions que composèrent en castillan, et que publièrent hors de l'Espagne les Juifs espagnols. Mais, avant d'entrer dans l'analyse de ces ouvrages, il nous semble convenable de faire une courte revue des pérégrinations des Juifs, dès que le décret du 31 mars les expulsa de la péninsule ibérique. Nous apprécierons ainsi, comme l'exige la critique, les difficultés et les écueils contre lesquels ils eurent à lutter au milieu d'un exil si terrible, et nous reconnaîtrons en même temps les efforts qu'ils ont faits depuis cette époque pour conserver la langue de leurs ancêtres, et donner par là une preuve d'attachement au pays d'où ils étaient si impitoyablement bannis.

Nous avons déjà rapporté, en son lieu, comment les Juifs reçurent le fameux décret d'expulsion, et indiqué, quoique sommairement, les pertes et les misères qu'ils eurent à souffrir, en abandonnant pour toujours la terre qui avait nourri leurs aïeux pendant tant de siècles. Sans espérance et sans appui, ils n'aspirèrent qu'à sauver leur vie et leurs biens ; et, pour atteindre ce but, ils se virent dans la nécessité de recevoir les eaux du baptême ou d'implorer la miséricorde étrangère. Le grand nombre de ceux qui préférèrent l'exil à la conversion devint un obstacle considérable à leur sortie d'Espagne dans le délai qui leur avait été fixé, et les obligea à prendre diverses directions. Ainsi ce peuple qui, pendant un si long espace de temps, avait été régi par les mêmes lois, qui avait été soumis aux mêmes chefs ou *Gaons*, et qui descendait d'une même tribu ; ce peuple, disons-nous, sans conseil, sans ordre et sans accord, se répandait à travers toute la terre, pour mener de nouveau une existence misérable, précaire et soumise aux lois les plus étranges et les plus opposées.

Ceux qui demeuraient dans les régions méridionales allèrent chercher un asile sur les côtes et dans les pays du Levant ; ceux qui habitaient au centre de la Castille et sur le littoral de l'Océan coururent implorer la clémence des peuples du Nord et leur demander protection et hospitalité. La France, l'Italie, les îles de l'Archipel et les territoires de Constantinople se remplirent de familles juives qui, au milieu de calamités sans nombre, cherchaient à sauver enfin de cette immense tourmente leurs pénates persécutés (1). Les restes de leur

---

(1) Outre les auteurs que nous avons cités, dans le chapitre X du premier *Essai*, sur la direction que prirent les Juifs dans leur voyage, nous mentionnerons ici

commerce détruit se reposaient à Marseille, à Toulon, à Lyon, à Perpignan; Gênes leur ouvrait ses portes; la Savoie, Florence et Rome les recevaient dans leur enceinte; Ferrare et Venise les attiraient par leur protection et leur appui; Raguse, Salonique et Corfou leur procuraient un amiable passage pour Constantinople et pour le Caire. Et, dans toutes ces contrées, chez tous ces peuples, dans toutes ces villes, les Juifs d'Espagne porteront les mœurs et la langue castillanes, comme le rappellent de respectables écrivains, et comme nous nous proposons de le démontrer plus loin (1).

Un phénomène pareil se produisait, à ce moment, sur une autre partie du continent : Bayonne, Bordeaux et Nantes, en France; Douvres, Londres et York, en Angleterre; Bruxelles, Aquisgram, Leyde et Amsterdam, dans les Pays-Bas; Upsal, Halmstad et Copenhague, en Suède et en Danemark; Hambourg, Nuremberg, Leipzig et Berlin, en Allemagne; et beaucoup d'autres cités, recueillaient les dépouilles d'un si lamentable naufrage, et elles enrichissaient leur industrie et leur commerce par la spéculation et la pratique constante de ces exilés. Le peuple Juif, qui avait trouvé pendant le moyen âge un abri dans la péninsule ibérique, cessa donc d'exister dans les conditions qui lui avaient donné la vie durant une période si étendue. Accablé sous le poids de la malédiction éternelle, disséminé par le vent du malheur, comme la moisson est dissipée sur les aires par l'ouragan, il mendiait partout un accueil bienveillant, et partout il présentait comme titres à la compassion universelle, ses souffrances exemplaires, son activité et sa science.

Gonzalo d'Illescas qui, dans son *Histoire pontificale*, imprimée en 1602, à Barcelone, s'exprime ainsi : « Un grand nombre d'entre eux se rendirent en Portugal, d'où ils furent ensuite expulsés. D'autres allèrent en France, en Italie, en Flandre, en Allemagne. J'en connais même à Rome qui ont habité Tolède. Beaucoup d'autres passèrent à Constantinople, à Salonique ou Thessalonique, au Caire et chez les Berbères. »

(1) Gonzalo d'Illescas, dans l'ouvrage déjà cité, s'exprime ainsi sur ce point : « Ils emportèrent d'ici notre langue qu'ils ont encore conservée et qu'ils emploient volontiers; et il est certain que dans les cités de Salonique, de Constantinople, d'Alexandrie, du Caire et dans beaucoup d'autres villes de commerce, et à Venise, ils n'achètent, ne vendent, ne trafiquent qu'en espagnol. Et j'ai connu à Venise assez de Juifs de Salonique qui parlaient castillan, tout jeunes qu'ils étaient, et aussi jeunes ou plus jeunes que moi. »

Tel avait été le prix auquel il avait acheté, pendant le moyen âge, la tolérance des chrétiens ; telle devait être aussi la garantie de son existence chez les nouveaux maîtres dont il implorait la protection. Les Juifs d'Espagne furent cependant accueillis plus favorablement que ne pouvait le leur promettre l'immensité de leur malheur. Clément VII, Paul III et Jules III, comme nous l'avons établi, leur permirent, dans les États pontificaux, le libre exercice de leur religion, et, par cet exemple d'humanité, ils fournirent à presque tous les princes d'Italie les motifs de tenir une conduite pareille. Bajazet II les reçut et les traita avec bienveillance dans ses domaines : Louis XII leur permit de se fixer dans les villes les plus importantes du midi de la France : à Londres et dans la plus grande partie des Villes Anséatiques, ils élevèrent des synagogues et y réunirent leurs rabbins dispersés et leurs traditions, pour conserver et transmettre à leurs enfants le souvenir d'une si épouvantable catastrophe avec la religion qu'ils héritaient de leurs ancêtres.

Le livre de la loi ne quittera pas ta bouche ni le jour ni la nuit, avait chanté David au premier de ses psaumes ; et ce précepte, qui fut, pendant un grand nombre de siècles, la cause de l'étude profonde des saintes Ecritures, donna naissance aux nombreux commentaires que les plus doctes rabbins firent de tous les livres de la Bible. Il porta aussi les Juifs à se consacrer à son étude, dès qu'ils se virent sur la terre étrangère et qu'ils se refirent un peu, quand la bourrasque fut passée. Ils recueillirent donc les fragments épars de leurs traditions, renouèrent le fil rompu de leur histoire, et l'on vit se fonder par les Juifs d'Espagne des académies nouvelles dans quelques-unes des villes où ils avaient fixé leur domicile (1), en consacrant toutes leurs forces au rétablissement de leurs anciennes *Jesibah* de la Perse, de Cordoue et de Tolède. La prodigieuse découverte de Guttemberg, événement qui vint produire dans le monde une révolution inouïe, devait aussi répandre son influence bienfaisante sur le peuple proscrit de Moïse. Des milliers de lieues avaient été interposés entre les enfants d'une même tribu ; ils étaient séparés par des nations entières dont le langage était tout à fait différent ; et, pour conserver l'unité du dogme, pour ne pas perdre l'esprit de fraternité qui jusqu'a-

---

(1) Voyez notre Introduction dans la partie relative aux âges des Juifs.

lors les avait unis, ils eurent aussi recours à l'imprimerie, et ils trouvèrent dans ce magnifique antidote de leur malheur la consolation dont ils avaient besoin au milieu de leur désolation et de leur ruine. Les Juifs espagnols, suivant d'un autre côté l'esprit de spéculation des Allemands, établirent, dès la moitié du xvie siècle, dans plusieurs villes, des imprimeries nombreuses, et aspirèrent avec le temps à un commerce d'autant plus important pour eux que les pertes de leurs manuscrits et de leurs livres avaient été plus grandes dans leurs pérégrinations (1). Aussi, stimulés par l'impérieuse nécessité de rendre leur existence tolérable dans les pays où ils s'étaient répandus et où ils ne laissaient pas que de souffrir des persécutions ; obligés par le précepte de la loi de se consacrer à l'étude, et remis insensiblement de leurs déplorables désastres, ils se relevèrent un peu de l'abattement où ils étaient tombés, et ils parvinrent à jouer un rôle par leur industrie et leur culture au milieu des peuples où le vent de l'infortune les avait portés.

Mais ce fut surtout dans les contrées du Nord que les Juifs d'Espagne obtinrent plus de distinction et plus de richesses. Déjà, dès l'époque de leur expulsion, s'étaient établies à Amsterdam, à Anvers, à Bruxelles, une multitude de familles des plus distinguées en Portugal et en Espagne. Elles se faisaient remarquer dans ces villes par leur fortune considérable, par l'exactitude dans leurs contrats, par leur extrême affabilité, en même temps qu'elles appelaient l'attention par le brillant de leur esprit. Ces qualités, que faisaient encore plus ressortir leur état de prostration et les calamités qu'ils éprouvaient, leur concilièrent chaque jour de plus en plus la bienveillance des habitants de ces pays et leur donnèrent dans le commerce une assez grande influence. En possession déjà des esprits, et sûrs de l'*avenir*,

---

(1) Emmanuel Aboab calculant, dans la seconde partie de sa *Nomologie*, chap. XIX, la rareté de manuscrits, dit : « En Espagne, il y avait un grand nombre de livres manuscrits d'une rare perfection, parce qu'on payait pour une Bible correcte et bien écrite cent écus d'or, et quelquefois plus. » Et il ajoute : « Après que les rois don Ferdinand de Castille et don Manuel de Portugal, nous eurent bannis de leurs États, tous les livres qu'il y avait se dispersèrent dans les diverses parties du monde que leurs possesseurs allèrent habiter. Mais je sais très-particulièrement que dans la ville de Fez, en Afrique, de Salonique, en Grèce et dans la terre sainte, on trouve encore aujourd'hui quelques livres très-parfaits de ceux qui ont été écrits en Espagne. »

ils fondèrent dans ces villes des aljamas et des synagogues, entre lesquelles se distingua surtout celle d'Amsterdam, qui reçut le nom poétique de *Les Sept Montagnes sacrées,* à cause de sa grandeur et de la position pittoresque qu'elle occupait. Amsterdam surpassait aussi toutes les autres villes de ce pays par le nombre des familles juives ; elle l'emportait même par celui des rabbins illustres qui, consacrés à l'étude des sciences et des lettres, témoignaient que le feu dont l'Espagne les avait animés n'était pas encore éteint dans leurs cœurs.

C'est par cette voie qu'Amsterdam devint le centre du judaïsme dans ces régions : une chose qui n'y contribua pas peu non plus, ce fut sa position géographique, si avantageuse et si propre à toute espèce de relations. Les Juifs qui ne trouvaient pas la fortune favorable dans les autres villes couraient à Amsterdam pour l'améliorer ; ceux qui, au milieu des mers, voyaient disparaître sous le coup des vagues leurs trésors si chers, cherchaient, dans Amsterdam, un port de salut et de refuge ; ceux qui, dans la péninsule Ibérique, se voyaient poursuivis par la rage des inquisiteurs, volaient enfin à Amsterdam, où ils trouvaient un asile assuré et une ample liberté pour professer la religion de leurs ancêtres.

Le nombre des imprimeries qui s'établirent dans cette ville fut donc des plus grands, afin de soutenir le commerce des livres avec les Juifs du Levant, qui, plus exclusivement occupés à d'autres tâches, ne pouvaient se consacrer à ce genre de travaux avec autant d'assiduité ni de zèle. Durant le XVIe et le XVIIe siècle, on distinguait à Amsterdam, entre tous les établissements typographiques des Juifs, les maisons de Mosseh Diaz, de David de Castro Tartaz, de Joseph Atias, de Samuel ben Israël Soeiro, de Menasseh ben Joseph ben Israël, de Balthasar Vivien, de Thomas Van Geel, de Jahacob Alvarez Sotto, de Mosseh ben Hiacar Brandon, d'Isahak ben Selemoh, de Raphael Jehuda Leon et de Benjamin Joungh. Rien n'est plus digne de remarque que le grand nombre d'éditions castillanes qui sortirent de ces établissements, ouvrages composés pour la plupart par des Juifs dont le savoir était généralement reconnu (1).

---

(1) Nous ne croyons pas hors de propos de remarquer ici qu'un assez grand nombre de Juifs se consacrèrent à l'art de graver sur bois, pour orner par des vignettes et des figures les ouvrages qu'ils donnaient à la presse, suivant que l'exigeaient l'intelligence du texte et l'usage de ces temps. Entre autres se distingué-

Un semblable degré de prospérité ne pouvait laisser de se marquer, chez un peuple ainsi dévoué aux académies, par la création d'une *Jesibah* à l'imitation de celles que nous avons déjà indiquées. C'est ce qui arriva en effet : après la fondation des *Parnasses religieux des Sept Montagnes sacrées* (1), une académie devait naître où se traiterait toute espèce de sujets scientifiques, bien que ses études eussent toujours pour fondement le précepte sacré du Psalmiste. Pour que nos lecteurs se forment une idée générale du caractère de ces corporations juives, nous transcrirons ici les paroles que Menasseh ben Israel adresse dans la dédicace de sa *Troisième partie du Conciliateur* aux *Haberim* (2) de la *Jesibah* d'Amsterdam, à laquelle nous faisons allusion. Après leur avoir rappelé l'obligation où ils étaient de se consacrer à l'étude de la loi, il s'exprime ainsi : « Par conséquent, puisque tout cela est pour vous, très-magnifiques seigneurs, tout à fait manifeste; désireux, comme personnes de si haute qualité dans cette *Kekilá* (église) si noble, de consacrer, au milieu des affaires grandioses et importantes, une partie du jour à une œuvre si méritoire, vous avez, aux applaudissements de tous, institué une Jesibah, où j'explique chaque jour un chapitre du texte sacré qui sert ensuite de thème à vos questions et à vos discours; et cela avec un tel esprit et une prudence telle qu'ils laissent bien voir que, pour la doctrine, l'oreille a plus de force encore que les yeux, puisqu'en très-peu de temps vous vous êtes rendus fort capables sur des sujets si nombreux. Et une pareille obligation n'est pas remplie avec un résultat qui n'est pas

---

rent R. Salom, Jahacob ben Isahak Mendez, Joseph Lopez de Pinna et Abraham Lopez d'Oliveira, qui illustra un grand nombre de publications et qui se rendit très-célèbre dans l'invention et l'exécution des hiéroglyphes et des allégories.

(1) Les noms des Juifs qui à cette époque constituaient le Parnasse ou sanhédrin d'Amsterdam sont : Abraham Enriquez de Grenade, David Abendaña, don Isahak Orobio de Castro, Jahacob Franco de Silva, Isahak Prado, Aharon Copadosse et Jahacob Herguas Enriquez. Ce sont eux qui accordaient le permis d'imprimer les livres qui traitaient du dogme et qui chargeaient de leur examen les sages de la loi, de la même manière que le faisaient alors en Espagne les docteurs et les maîtres en théologie.

(2) Les Juifs qui composaient cette académie étaient : Abraham de Vega, David Abraham Telles, Isahak Ergas, Isahak de Faro, Jahacob Bueno de Mezquida, Daniel Yesurun Lobo, Joseph Bueno de Mezquida, Isahak Belmonte, Abraham de Chaves, Abraham Nuñez Enriquez et d'autres non moins illustres par leur savoir et leurs talents.

faible; car on s'accommode si bien les uns au caractère des autres, que l'on se regarde comme frères, et que, comme entre amis, il n'y a en tous qu'une seule volonté. »

Voilà ce qui se passait vers les années 1630, époque où les Juifs ne jouissaient pas de moins de bien-être dans les royaumes de Danemark et de Suède; dans ce dernier royaume surtout où ils étaient particulièrement attirés par le gouvernement et distingués par les rois. Dès que la reine Christine sortit de sa minorité et monta sur le trône de Suède, les sciences et les lettres reçurent dans ce royaume une protection singulière. Cette femme illustre convoqua à sa cour tous les savants des nations étrangères, et leur promit des richesses et des honneurs; elle parvint ainsi à donner en peu de temps une grande impulsion à la civilisation de son pays, et elle développa énergiquement toutes les branches de l'instruction publique. Les Juifs espagnols qui habitaient cette cour se signalèrent par leur grand amour pour les sciences. Aussi cette admirable reine voulut-elle leur donner des preuves de son estime. Malgré son zèle pour la religion chrétienne, zèle qu'elle poussa jusqu'au point d'abdiquer la couronne pour embrasser plus librement le catholicisme, elle accorda aux Juifs toute espèce d'honneurs et de distinctions, et elle leur confia les fonctions publiques les plus considérées et les plus importantes. Ainsi on la vit nommer son gentilhomme de Chambre et son secrétaire Isahak Vossius, dont le père avait été expulsé de la péninsule Ibérique en 1492, et désigner Isahak Seinior Texeira pour la représenter, comme ministre résidant, dans la populeuse cité de Hambourg. D'autres Juifs reçurent aussi de semblables distinctions, et ce qui attira cette libéralité et cette protection décidée de la reine Christine, ce fut l'attachement de cette race proscrite, comme le témoigne le docte Menasseh ben Israël dans son *Discours panégyrique de Sa Majesté la Reine de Suède* (1).

Les Juifs donc, aidés de leur industrie et protégés par leur science,

---

(1) Non-seulement les Juifs exilés obtinrent ces distinctions en Suède, mais à Venise et dans les autres États de l'Italie ils remplirent, dans ces temps, des fonctions publiques. R. Jahacob Lumbroso devint président du conseil suprême du grand-duc de Toscane; et en France, Isahak Orobio de Castro, dont nous parlerons ailleurs, et Balthasar Orobio, son fils, furent nommés conseillers du roi sans que le judaïsme qu'ils professaient fût pour eux un obstacle.

se virent, dans ces contrées, honorés et enrichis; il semblait donc naturel qu'une fortune si prospère leur fît oublier le sol de l'Espagne. Mais il n'en fut pas ainsi : l'infatigable méfiance des inquisiteurs leur envoyait sans cesse de nouveaux transfuges, qui leur apportaient, avec le souvenir de leurs grandeurs passées, une matière abondante pour renouveler leurs lamentations, tant par les persécutions dont étaient l'objet ceux qui judaïsaient en secret, que par l'amertume qui inondait leurs cœurs, en écoutant la description de ces riantes provinces dont leurs pères avaient été dépossédés. Ces souvenirs fréquents contribuaient, d'un côté, à conserver très-vive chez les Juifs la mémoire de l'Espagne; et, de l'autre, à faire que les rabbins et les autres juifs qui se consacraient à la culture des lettres rafraîchissent l'étude de la langue, admissent de nouveaux tours et de nouveaux mots, et se tinssent aussi au courant des progrès que faisait la littérature natale. C'est uniquement de cette manière qu'on peut expliquer comment les Juifs admirent l'innovation métrique essayée par Boscan (1) et heureusement réalisée par Garcilaso ; comment on trouve, ainsi que nous l'observerons en son temps, un assez grand nombre d'ouvrages de poésie écrits par différents Juifs en vers endécasyllabiques et heptasyllabiques, alors qu'au moment de l'exécution du décret des Rois Catholiques, et même quelques années après, on n'employait que les vers *d'art majeur* et les autres mesures castillanes, et que Christophe de Castillejo eut à soutenir une lutte opiniâtre contre les innovateurs, à qui il donnait le nom de *pétrarquistes*, dénomination qui prouve l'attachement que les poëtes espagnols avaient pour la versification employée par leurs pères.

(1) En nous exprimant de cette manière nous ne perdons pas de vue qu'avant Boscan on avait fait en Castille divers essais pour acclimater la versification italienne. Dans le *Comte de Lucanor*, ouvrage écrit au milieu du xiv° siècle, on trouve déjà de visibles efforts pour introduire dans le Parnasse espagnol les vers de onze syllabes. Mais où l'on voit ce projet réalisé, c'est dans les estimables sonnets que le marquis de Santillane remit à doña Violante de Pradas, joints à sa *Comedieta de Ponza* et à ses *Cent Proverbes*. Dans la dédicace qu'il lui adresse, il dit : « Je vous l'envoie, Madame (la *Comedieta*), par Palomar, ainsi que les *Cent Proverbes* et quelques autres sonnets que j'ai faits tout nouvellement à la manière italienne (*OEuvres du marquis de Santillane*, p. 95, édit. de Madrid, 1852; *Rimes inédites du* xv° *siècle*. Paris, 1844). On le voit donc, l'essai du mar-

Ces observations, qui peuvent, par des raisons analogues, s'appliquer aux autres Juifs qui avaient pris dans leur malheur des directions différentes, n'excluent d'aucune manière la supposition possible de voir ceux qui avaient reçu des lettres de naturalisation, en Italie, imiter dans leurs ouvrages, ceux des poëtes de ce pays que les poëtes espagnols prirent pour modèles dans le xvie siècle. Mais rien n'est plus hasardé, ni plus contraire en tout point au fait universellement reconnu, que de supposer que les Juifs qui habitaient l'Italie firent des vers endécasyllabiques avant l'innovation de Boscan et de Garcilaso. Lors même qu'on pourrait le prouver, ce qui n'est pas possible, on doit encore se représenter que toute la gloire de l'innovation appartient à Garcilaso, puisque, sans son brillant exemple, sans son autorité, la réforme ne se fût certainement pas réalisée. Cette réforme ne fut connue des Juifs que par le canal que nous venons d'indiquer; et un fait digne de remarque, c'est que ce peuple, qui avait pendant tant de siècles reçu ses inspirations du castillan, ne put, même après l'expulsion, échapper à son influence. Toutefois, il nous semble convenable de noter ici, comme observation générale, que, malgré cette influence évidente, la langue employée hors de la Péninsule ibérique par les Juifs espagnols ne put s'empêcher d'admettre des éléments qui contribuaient en partie à la défigurer. Un autre fait très-remarquable, c'est qu'elle a conservé des phrases et des expressions particulières à l'époque de l'expulsion, et qui étaient bannies du langage au siècle suivant. Cela donnait aux écrits des Juifs un certain caractère d'archaïsme qui eût été de l'affectation dans les écrivains nationaux, et qui était chez ceux de cette race une condition nécessaire de leur existence. Aujourd'hui encore, où s'est entièrement éteint l'esprit qui, aux xvie et xviie siècles, animait les Juifs proscrits, on observe, dans les cités où l'usage de l'idiome castillan n'est pas entièrement tombé, un grand nombre de mots qui s'emploient et se prononcent de la même manière que vers la fin du xve siècle, tels que *fincamiento, aflito, fijo, facer, fablar* (1), etc.

---

quis de Santillane n'était pas fortuit. Toutefois, l'innovation eut besoin de Garcilaso pour se lever avec le règne de la poésie espagnole.

(1) Notre ami, D. J. Heriberto Garcia de Quevedo, dans un de ses précieux articles sur son *Voyage en Orient*, fait mention des Juifs de Smyrne et déclare qu'ils parlent un espagnol assez corrompu où se conservent encore un assez grand

Résumant donc tout ce que nous avons dit, nous établirons que le peuple proscrit de Moïse, expulsé de l'Espagne par les Rois Catholiques, courut les plus grands risques et les plus grands dangers, jusqu'à ce qu'il vit les peuples chez lesquels il s'était réfugié accueillir ses enfants sans défiance et leur tendre une main protectrice. Au milieu de cette bourrasque et quand le péril et les calamités redoublaient, chaque aljama, chaque famille, prit la direction et le chemin qui offrait le salut le plus facile. Aussi, comme nous l'avons indiqué, les Juifs d'Espagne se répandirent de toutes parts en Europe, se portèrent sur les côtes de l'Orient et du Nord, pénétrèrent ensuite dans l'intérieur du continent et arrivèrent au cœur d'un grand nombre de cités de la plus haute importance. Partout où leur mauvaise étoile les poussa, ils montrèrent que l'exil qu'ils souffraient était pour eux le malheur le plus grand; ils se rappelaient avec douleur le sol d'où on les arrachait et ils conservaient la langue apprise en Espagne par leurs pères. Quand, avec le cours des années, le désir de revenir dans cette terre si chère ne s'est pas entièrement éteint dans leur cœur, ils n'ont plus ce goût qui leur fit cultiver la langue espagnole durant le XVIe et le XVIIe siècle, suivre les traces de nos écrivains et enrichir le Parnasse espagnol de leurs ouvrages. Les Juifs de l'époque actuelle, plus adonnés aux opérations mercantiles qu'aux études scientifiques, aspirent seulement par le moyen du commerce à conquérir dans les pays qu'ils habitent une représentation politique préjudiciable au plus haut point à leur existence comme peuple. Ils laissent dans l'oubli les gloires acquises par leurs aïeux dans la Péninsule ibérique, durant le moyen âge, gloires que leurs pères ont soutenues jusqu'au commencement du XVIIIe siècle. Et cependant ils emploient encore et montrent avec orgueil les noms qu'ils ont tirés de l'Espagne (1); ils

---

nombre des tours et des phrases de l'époque de l'expulsion. Le même fait se remarque à Constantinople et dans presque toutes les côtes du Levant, suivant le témoignage de beaucoup d'illustres voyageurs.

(1) Déjà, dans un autre endroit, nous avons expliqué les causes qui faisaient prendre aux Juifs les noms les plus illustres de la Castille, quand ils abjuraient le judaïsme. Quand ils sortirent d'Espagne, soit crainte d'être inquiétés dans les ports et aux frontières, soit pour faire ostentation de leur illustre origine, on en vit un grand nombre prendre les noms les plus distingués et les plus célèbres. D'autres, et ce ne fut pas le moins grand nombre, après avoir été baptisés et avoir reçu le nom de leurs parrains revinrent au judaïsme, encouragés par la

s'enorgueillissent encore d'être originaires de nos antiques villes et cités.

Après avoir terminé ces observations, il nous semble convenable de remarquer ici, pour compléter autant que possible cette étude importante, que les Juifs, obligés parfois de se procurer leur existence, et souvent même repoussés des contrées où ils s'étaient promis le plus heureux accueil, n'eurent pas la possibilité de se consacrer, durant la moitié du xvi° siècle, à la culture des sciences et des lettres avec le même soin que dans les siècles antérieurs. Ce sont là des motifs qui ne leur firent donner, dans cette période, qu'un très-petit nombre de productions à la presse. Nous aurions à nous étendre beaucoup si nous nous proposions ici de donner une idée des causes qui contribuèrent à ce résultat, avant que les Juifs eussent atteint le degré de prospérité que nous avons indiqué. Cette malheureuse race sortit d'Espagne et de Portugal, en 1492 et 1493; dans ces mêmes années, elle était repoussée de Naples et poursuivie en Berbérie. On lui ouvre ensuite les portes de Constantinople, de Salonique et de Pesaro ; elle reçoit un accueil

célèbre bulle de Clément VII, et conservèrent pour eux et leurs descendants les noms qu'ils avaient déjà pris. Comme preuve que les Juifs, en quittant l'Espagne et le Portugal, adoptèrent les noms les plus illustres des deux royaumes, nous citerons les octaves où Sylveira, poëte converti, fait la relation des plus nobles maisons de Portugal. Presque tous les noms qu'il énumère étaient portés à cette époque par les Juifs d'Amsterdam, de Hambourg, de Leyde, de Bruxelles, d'Anvers, etc. Voici lesdites octaves que nous empruntons au livre XV du poëme de *Machabée* :

> Aqui acrisola el sol en propias llamas
> la nobleza que escribe por los astros,
> troncos ilustres de floridas ramas,
> Braganzas, Portugales, Alencastros ;
> Meneses, Silvas, Moras, Faros, Gamas,
> Mazcareñas, Pereiras, Losas, Castros
> Noroñas, Ataides, Vasconcelos,
> Alburquerques, Rollins, Tavoras, Melos.
> De Coutiños, Cabrais, Castelobrancos,
> el nombre el Evo en láminas escribe,
> y á los Saas, de la ley del tiempo francos,
> la fama en sus anales los recibe.
> A Silveiras, en voz de cisnes blancos,
> la eternidad memorias aparcibe
> a Almeidas, Limas y otros, donde mana
> el lustre de la patria lusitana.

Il n'y a donc pas de doute que les principales maisons de Portugal ne soient Juives ou que les Juifs n'aient pris leurs noms d'elles; ce qui est certain et ce qui arriva aussi avec ceux qui sortirent d'Espagne.

bienveillant en Bohême et en Italie. Mais, en 1542, les rues de l'antique Byzance se teignent du sang des Juifs; Salonique les dépouille de leurs biens, en 1545 ; ils se voient menacés, à Pesaro, d'un massacre général, en 1553 ; la Bohême et l'Italie se soulèvent, en 1546 et 1551, contre le peuple d'Israël, partout poursuivi, partout humilié.

Au milieu de tant de luttes, il est véritablement admirable de voir les Juifs espagnols arriver, à force de constance et de souffrance, aux postes qu'ils occupèrent, vers la fin du xvi⁰ siècle et durant tout le xvii⁰, dans les différentes cours d'Europe, ainsi que nous l'avons démontré plus haut. Il faut, en vérité, une ardeur et une fermeté plus qu'héroïque pour s'attirer la confiance et la bienveillance de ses plus tièdes protecteurs. Malgré tout, il faut convenir que les Juifs, passés maîtres à l'école du malheur, ne négligèrent aucun moyen pour atteindre le but qu'ils se proposaient : et ce ne fut pas par la voie des lettres, qui n'était pas possible au milieu de l'agitation et de la détresse où ils vivaient, mais plutôt par le moyen de l'industrie et du commerce, qui étaient à cette époque les principaux éléments de la prospérité des peuples et les liens les plus étroits de leurs alliances.

CHAPITRE II.

xvi⁰ siècle.

Duarte Pinel et Abraham Usque. — Bible de Ferrare. — Francisco de Frellon. — Portraits ou tables du Vieux-Testament. — Samuel Usque. — Consolation d'Israël. — R. Jehudah Lerma. — Paul de Dina. — R. Israël ben Nagara. — R. Joël ben Scheb. — R. Reuben Séphardi.

Quand l'empire des Visigoths fut détruit en Espagne et que les sectateurs de Mahomet se furent rendus maîtres de cette contrée, l'ignorance et les ténèbres qui s'emparèrent des vaincus furent telles, que la langue latine fut entièrement oubliée et que Jean, alors évêque de Séville, se vit obligé de mettre la Sainte Bible en langue arabe, « dans l'intention d'aider les chrétiens et les maures, parce que la langue arabe était plus usitée et plus commune à tous (1). » Ce fait qui prouve à lui seul le degré d'abattement auquel étaient arrivés les Espagnols en si peu de temps, en tombant sous le joug de l'islamisme, devait plus tard se reproduire en sens contraire, quand les mahométans, vaincus dans le dernier boulevard de leur grandeur, virent Grenade succomber sous la puissance des Rois Catholiques. La sollicitude

---

(1) Le P. Juan de Mariana. *Histoire générale d'Espagne*, liv. III, ch. II. L'archevêque, don Rodrigue de Prada, rapporte ce fait de la manière suivante : « In isto fuit apud Hispalim gloriosus et sapientissimus Joannes, episcopus qui.... magna scientia in lingua arabica claruit, multis miraculorum operationibus gloriosus effulsit, qui etiam sacras scripturas catholicis expositionibus declaravit quas ad informationem posterorum arabice conscriptas reliquit » (édit. de Grenade, 1543). En ce temps vivait à Séville, l'illustre et très-savant évêque Jean, qui..... brilla par son immense savoir en arabe, qui s'illustra par l'opération de nombreux miracles, qui éclaira par des commentaires catholiques les écritures sacrées, commentaires qu'il laissa écrits en arabe pour l'instruction de la postérité.

et le noble zèle d'Hernando de Talavera, premier archevêque de cette grande métropole, le poussaient à travailler à la juste conversion des Maurisques. Pour l'obtenir, il faisait traduire en langue arabe les livres des Écritures saintes. Presque en même temps que cette traduction se faisait, un autre peuple vaincu et proscrit avait besoin que ces mêmes livres fussent traduits en langue castillane pour que, au milieu de ses malheurs et de ses pérégrinations, il ne perdît pas la mémoire de la loi vénérée par ses pères. Ce projet, né de l'idée de propre conservation, conçu au milieu d'une si grande bourrasque, devait produire les résultats les plus salutaires pour la race juive et être un titre d'affection universelle pour ceux qui essaieraient de le réaliser.

Ce furent deux Juifs qui le conçurent en même temps : Duarte Pinel et Abraham Usque, nés tous deux à Lisbonne, établis tous deux à Ferrare, sous la protection du duc Hercule d'Este. Ces rabbins, convaincus de la nécessité de ne pas laisser tomber leur peuple dans l'ignorance des Écritures, unique fondement, unique règle de leur religion, entreprirent de mettre la Bible à l'intelligence et à la portée de tous, consacrèrent de longs travaux à cet objet et consumèrent de nombreuses années à sa réalisation. Il semble toutefois que, d'après une convention passée entre eux deux, ils publièrent les travaux qu'ils avaient faits ensemble sous différents auspices. Abraham Usque se soumit à la censure de l'Inquisition, ce que fit aussi son compatriote, comme on peut le remarquer sur les frontispices des deux éditions. Duarte Pinel dédia sa version au duc Hercule d'Este, deuxième de ce nom, et Abraham Usque adressa sa *Bible* à la très-magnifique dame doña Gracia Naci, et tous deux déclarèrent que la version avait été faite, *palabra por palabra de la verdad hébraica por muy excelentes letrados*, mot à mot de la vérité hébraïque par de très-excellents lettrés. Les deux éditions se firent en l'année 1553 (5313), et rien n'est plus remarquable que les observations faites par l'érudit Rodriguez de Castro sur l'identité de l'une et de l'autre Bible : « cette édition d'Abraham Usque et celle de Duarte Pinel sont tellement uniformes entre elles, pour le fond et pour la forme, que l'une et l'autre ont un même titre et un même prologue. En toutes deux, il y a un même ordre dans le nombre et dans les noms des livres de la Bible, suivant les hébreux et suivant les latins ; un même catalogue des juges et des rois d'Israël et une même table des *Haphtaroth* pour toute l'année : toutes deux ont un même *foliotage ;* dans toutes deux il y a une même division de livres et de chapitres; les mêmes blancs et les mêmes espaces; les mêmes mots ; une même forme de lettre, qui est la gothique; les mêmes ornements dans les frontispices et à chacune des lettres initiales qui se trouvent dans tout le tome; sans autre différence que celle d'être dédiées, l'une par Jérôme de Vargas et Duarte Pinel au duc de Ferrare, avec la date à la fin du volume, par les années du Christ, sous cette forme : *le premier mars* 1553 ; et l'autre à doña Garcia Naci par Jom Tob Atias et par Abraham Usque, avec la date aussi à la fin du volume, par les années du monde de cette manière : *le 14 mars 5313.* »

Cette courte et exacte explication de Rodriguez de Castro fait connaître que l'on doit regarder comme un seul ouvrage les versions de Pinel et de Usque. La différence des dédicaces et de la manière d'exprimer la date a donné lieu à de graves erreurs de la part des bibliographes les plus distingués. Mais, outre qu'il n'entre pas dans notre dessein d'élucider cette futile question, il nous suffira d'indiquer que la comparaison de l'une et de l'autre Bible prouve l'exactitude des observations de Castro. Les deux versions méritent donc la plus grande estime, puisque leurs auteurs ont eu, sous leurs yeux, toutes les traductions qui avaient été faites en castillan jusqu'alors, comme le déclare le prologue que Jérôme de Vargas et Duarte Pinel ont mis en tête de leur édition.

« Et comme dans toutes les provinces d'Europe ou dans le plus grand nombre la langue espagnole est la plus abondante et la plus estimée, il en résulte que notre Bible, parce qu'elle est en langue castillane, est la plus près de la vérité hébraïque..... bien que, pour elle, ne nous aient pas manqué toutes les traductions anciennes et modernes et les plus anciennes des versions hébraïques que nos mains ont pu trouver. »

Et plus loin :

« J'ai été forcé de suivre la langue dont se servaient les anciens Juifs espagnols. »

La version de Ferrare était, par conséquent, la plus conforme au texte hébreu ; elle résumait en elle le fruit des observations de tous les rabbins qui s'étaient auparavant consacrés à ces travaux ; elle était en outre la moins exposée aux soupçons, puisque les auteurs ne s'étaient pas refusés à l'examen de l'Inquisition qui n'avait certainement rien d'agréable, et qu'ils l'avaient soumise à la censure. Aussi, cette Bible acquit-elle une grande autorité parmi les chrétiens, pendant qu'elle était regardée par les Juifs avec la vénération et le respect les plus profonds. Toutefois, il est bon d'avertir qu'en beaucoup de points elle s'écarte de la *Vulgate*, quoique le sens de ses phrases soit très-rarement opposé à celui des phrases de ce brillant monument du christianisme. L'effort pour qu'il n'y eût pas un mot de plus ni de moins contribua d'une part à rendre obscurs un grand nombre de passages des livres sacrés, et fut cause d'autre part que la langue parut remplie d'archaïsmes et respira un air d'antiquité qui ne s'accorde d'aucune manière avec l'état de l'idiome espagnol au XVIe siècle. Les traducteurs reconnurent cette vérité, et, pour excuser ce défaut, ils disaient dans le prologue déjà cité :

« Et quoique sa langue paraisse, à certaines personnes, barbare et étrange et bien différente du langage poli employé de notre temps, on n'a pu faire autrement : voulant, en effet, suivre mot à mot, expliquer une vocable par deux, ce qui est très-difficile, sans placer l'un ni avant ni après l'autre, nous avons été forcés d'adopter le langage employé par les anciens Juifs espagnols, qui est un peu étrange, mais qui, bien considéré, se trouve avoir la propriété de l'expression hébraïque, et qui n'a d'autre antiquité que celle que l'antiquité a d'ordinaire » (1).

Ainsi donc, l'intention des deux rabbins se porta non-seulement à conserver, par cette version, l'intégrité et la pureté du dogme, mais à

(1) Ce caractère fut reconnu par R. Isahak d'Acosta dans le prologue de ses *Conjectures sacrées*, publiées à Leyde en l'année 1619 (5182). « Son traducteur, dit-il, en faisant allusion à la Bible de Ferrare, a été d'une exactitude si excessive, il a traduit à la lettre avec une telle rigueur, qu'outre un style scabreux, que produit l'imperfection de certains adverbes et des termes d'une langue comparée à l'autre, il obscurcit dans certains endroits le sens de telle manière qu'on ne peut comprendre le discours ou qu'on le comprend d'une manière différente. » C'est ce résultat que donne l'examen attentif et la comparaison de la Bible de Ferrare et de la Bible hébraïque que nous avons sous les yeux.

perpétuer les interprétations que les plus savants de leur secte avaient faites de la loi.

Par ces motifs, la Bible de Ferrare a une double signification ; elle est aussi un des premiers ouvrages que les Juifs espagnols publièrent en pays étranger. C'est là ce qui nous a fait juger convenable de donner sur elle les détails qui précèdent, et croire qu'il n'est pas hors de propos de transcrire ici un modèle de la langue pris au chapitre six du troisième livre des *Rois.* C'est le commencement de la description du temple de Salomon (1) :

« Y la casa que edificó el rey Selemoh para A.... sesenta cobdos su longura y veinte su anchura y treinta su altura (a). Y el portal sobre faces de palacio de la casa veinte cobdos su longura sobre faces de anchura de la casa; diez con cobdo su anchura sobre faces de la casa. Y hizo á la casa ventanas, miraderos cerrados. Y edificó cerca muro de la casa corredor á derredor, a paredes de la casa derredor al templo y al *debir* (Sancta Sanctorum) y hizo lados derredor. El corredor el de abaxo cinco cobdos su anchura y el de medio seis con cobdo su anchura y el tercero siete con cobdo su anchura, porque diminuciones dió á la casa derredor de fuera, por no travar en paredes de la casa. Y la casa en su ser fraguada, de piedra entera de movimiento fué edificada; y priones y destral; nungu instrumento de hierro non fué oido en la casa en su seer edificada. Puerta del lado del medio al lado de la casa el derecho; y por caracoles subian sobre la del medio y de la del medio a la tercera, etc. »

(1) « Et la maison que le roi Salomon construisait pour Adonaï avait soixante coudées de long, vingt de large et trente de haut. Et le vestibule devant le temple avait vingt coudées de long, autant que le temple avait de largeur, et il avait dix coudées de large et il était devant la face du temple. Et il fit au temple des fenêtres et des balcons fermés. Et il bâtit des galeries sur les murs du temple autour de l'enceinte du temple et du Saint des Saints et il fit des bas côtés tout à l'entour. La galerie du bas avait cinq coudées de large, celle du milieu, six de large, et la troisième sept, parce qu'il fit ces diminutions pour ne point s'appuyer sur les murailles du temple. Et le temple dans ses constructions fut bâti de pierre entièrement polie; et ni marteau, ni hache, ni aucun instrument de fer ne fut entendu pendant qu'on le construisait. La porte de côté du milieu était au côté droit de la maison. On montait par des escaliers tournants à la galerie du milieu, et de celle du milieu à la troisième.... etc. »

(a) Dans le chapitre XII des *Conjectures sacrées,* de Rabbi Isahak d'Acosta, relatif au livre des Rois, on lit : « Les coudées dont il est ici question sont de deux pieds géométriques. » Nous n'avons pas voulu omettre ici ce curieux détail qui contribue à donner une idée de la grandeur du temple de Salomon.

Tels sont le style et la langue de la Bible de Ferrare que l'on a eue sous les yeux pour beaucoup d'autres éditions castillanes faites en différents points de l'Europe (1).

Dix ans avant que la Bible de Ferrare fût livrée à l'impression, on imprimait en France, à Lyon, un ouvrage entièrement religieux et qui avait le même objet que celui de Pinel et de Usque. Il avait pour titre : *Retratos o tablas de las historias del Testàmento Viejo* (2), Portraits ou tableaux des histoires du Vieux Testament. C'était en somme une espèce d'épitome de l'*Histoire Sainte*, composé en vers castillans, dans le but évident de rendre plus générale la connaissance de la loi, en la conservant dans la mémoire de la race proscrite. Il est probable que ces *Retratos* que l'on peut mettre, sans aucune crainte, entre les mains de la jeunesse, furent écrits quelques années avant d'être imprimés. Ce qui nous porte à formuler cette opinion, c'est que déjà l'innovation de Boscan était consommée, et que l'auteur continue à employer les vers de quatre cadences et ceux de huit syllabes, sans donner dans tout l'ouvrage aucune preuve qu'il s'était exercé à versifier à la manière italienne. Un autre fait qui pique la curiosité, c'est que l'auteur adresse le prologue qui est en tête de l'ouvrage *au lecteur chrétien*, alors que l'époque et la ville où le livre s'imprimait, l'esprit et la tendance de la publication, tout porte à soupçonner que cette composition appartient à un des Juifs expulsés. Mais de même qu'Abraham Usque et Duarte Pinel recouraient au patronage des seigneurs chrétiens pour éditer la *Bible* de *Ferrare*, et la soumettaient en même temps à la censure de l'Inquisition, de même Francisco de Frellon qui était peut-être un de ces Juifs qui, après avoir reçu les eaux du baptême, étaient revenus à la pratique de la religion juive, en appela-t-il à l'édification chrétienne pour donner à ses *Retratos* cette espèce de sauf-conduit.

Quoi qu'il en soit, le livre de Frellon se trouva toujours dans les mains des Juifs ; il leur servit de catéchisme dans leurs écoles, et il fut

---

(1) Les éditions les plus remarquables qui se firent sont : celle de Cassiodore de Reina, en 1559, imprimée ensuite en 1586 et en 1622; celle de Cipriano de Valera, publiée en 1682; la seconde de la Bible de Ferrare, en 1630; celle de Joseph Athias, en 1661; celle de Menasseh ben Israël, en 1650; celle de G. Jest, en 1600, et beaucoup d'autres.

(2) Cette édition, unique suivant Castro, se fit à Lyon, en France, *Só el escudo de colonia*, en 1513 ; un volume petit in-8°.

tenu par eux en grande estime. Il ne manque certainement pas de mérite, considéré sous le point de vue littéraire. Outre le prologue, qui est écrit en stances d'art majeur, de neuf vers chacune, l'ouvrage entier se compose de quintillas légères et sonores qui donnent une idée avantageuse du talent poétique de son auteur. Dans le prologue en question, l'auteur expose ainsi l'objet des *Retratos* (1) :

> Aquí los exemplos, hazañas, historias,
> de los patriarchas y santos profetas :
> aquí las visiones y claras memorias,
> aquí los triūnphos, miraglos, vitorias
> de los que tuvieron las vidas perfetas.
> Y las figuras ocultas, secretas
> que el *Testamento* ya *Viejo* contiene,
> este tapiz tan breve las tiene,
> como del vivo sacadas muy netas.
> . . . .
> De tapicerías de extrañas pinturas
> desnuden sus salas los paños de Flandes,
> y vayan afuera profanas figuras,
> ninfas, Cupidos, Junones y horruras
> Philis y Didos, pequeños y grandes.
> Ingenio sótil, ya no te desmandes
> en fábulas vanas, perdiendo tu trama,
> que incitan los ojos y soplan la llama,
> aunque muy cauto y solícito andes.
> Sean tus paños de historias tegidos
> de santos exemplos que aquí verás puestos,
> tus salas y quadras, palacios bruñidos
> de paños de castas historias, vestidos.
> Conviden los ojos á santos propuestos
> y assí gozarán placeres honestos,
> ellos mirando y hablando sin mengua,
> no temas tropiece, ni caiga la lengua
> en cuentos de dioses assi deshonestos.

(1) « Voici les exemples, les hauts faits, les histoires des patriarches et des saints prophètes; voici les visions et les illustres récits; voici les triomphes, les miracles, les victoires de ceux qui ont eu les vies parfaites. Et les figures occultes, secrètes que contient le *Testament* déjà *Vieux*, ce tableau si court les contient, tirées très-nettes, comme du vif....... Que les tissus de Flandres dépouillent

Voici comment il raconte le péché de nos premiers parents (1) :

> Por la serpiente inducida
> la madre Eva á Adam convierte,
> á que del árbol de vida
> de la fruta prohibida
> gusten, y gusten la muerte.
>
> Confusos de su pecado
> van huyendo con aviso :
> un Cherubim esforzado
> con un estoque inflamado
> les defiende el paraiso.
>
> Ara y cava Adám la tierra
> de su trabajo viviendo :
> Eva que causó tal guerra,
> subjeta al varon se atierra,
> en pena y dolor pariendo.

Il dépeint ainsi la captivité de Joseph et le passage de la mer rouge (2) :

> Joseph muerto y sepultado,
> el buen pueblo de Israel
> vive opreso y maltratado :
> Pharaon queda engañado
> de aquel edicto cruel.

leurs salles des tapisseries aux peintures étranges, et loin d'ici les figures profanes, nymphes, Cupidons, Junons et les horreurs de Phillis et de Didon, petites et grandes. Génie subtil, ne va pas perdre ta trame, ne te consume déjà plus en vaines fables qui excitent les yeux et soufflent la flamme, quelque prudent et précautionné que tu marches. Que tes tapisseries historiques soient tissues des saints exemples que tu verras ici décrits, que tes salles et les cadres, que tes palais brunis soient couverts des tapisseries de chastes histoires. Qu'ils invitent les yeux à de saints propos, et ils jouiront ainsi de plaisirs honnêtes, en regardant et en parlant sans tache; ne crains pas que la langue trébuche et ne tombe sur les contes de dieux aussi déshonnêtes. »

(1) « Par le serpent poussée la mère Ève convertit Adam à ce qu'il goûte le fruit défendu de l'arbre de vie, et ils goûtent la mort. — Confus de leur péché ils vont fuir avec prudence : un chérubin courageux, avec son épée de feu, leur défend le Paradis. — Adam laboure et creuse la terre pour vivre de son travail. Ève, qui causa une telle guerre, sujette à l'homme, s'atterre et enfante dans la peine et la douleur. »

(2) « Joseph, mort et enseveli, le bon peuple d'Israël vivait opprimé et maltraité :

Dios se muestra por vision
al buen pastor Moyses,
y á domar el corazon
del tirano Pharaon
le envia el Señor despues.

Cuanto mas Moyses y Aaron
trabajan por ablandar
al pertinaz Pharaon,
tanto en mayor confusion
hace al triste pueblo estar.

Pharaon con mal consejo
persigue los israelitas,
y abriéndose el mar bermejo
ellos pasan, y el mal viejo
muere y sus gentes malditas.

. . . .

Junto á Sinay no menos
el pueblo sus tiendas para
y en sus encumbrados senos
en relámpagos y truenos
el Señor se les declara.

Il raconte ainsi le règne de David (1) :

A David nueva llegó
que el rey Saul muerto era ;
y al que se vanaglorió
diciendo que le mató,
él manda que luego muera.

A los philisteos fieros
el buen David los venció;

Pharaon fut trompé par cet édit cruel. — Dieu se montra dans une vision au bon pasteur Moïse, et le Seigneur l'envoya ensuite dompter le cœur du tyran Pharaon. — Plus Moïse et Aaron travaillent pour adoucir l'opiniâtre Pharaon, plus il remplit de confusion ce peuple attristé. — Pharaon, par un mauvais conseil, poursui les Israélites; la mer Rouge s'ouvre, ils passent, eux, et le méchant vieillard meurt ainsi que ses gens maudits....... Non loin du Sinaï le peuple dresse ses tentes et sur ses sommets élevés, au milieu des éclairs et des tonnerres, le Seigneur se manifeste à lui. »

(1) « A David arrive la nouvelle que le roi Saül était mort, et à celui qui s'enorgueillissait en disant qu'on le tue, il signifie qu'il mourra bientôt. — Les Philis

y aunque eran buenos guerreros,
poniendo leyes y fueros,
tributarios los dejó.

A Urias manda traer
del egército David :
despues lo hace volver
con carta que manda hacer
que lo maten en la lid.

Nathán á David reprende
con dichos de semejanza :
David luego que lo entiende
en grande dolor se enciende,
viendo con razon lo alcanza.

. . . .

A David, rey de Jordan
que temblaba de vejez,
Abisay, doncella, dan
porque le alivie el afan
del frio con su niñez.

Le livre de Job se trouve abrégé dans les quintillas que je traduis(1) :

Sathán, Dios así queriendo,
á Job mil males vá dando,
la hacienda destruyendo,
los hijos de muerte hiriendo ;
Job alaba á Dios, penando.

De sábio y justo varon
Eliphaz á Job arguye :
cuéntale la maldicion
de los malos ; sin razon
esa misma le atribuye.

tins superbes, le bon David les a vaincus : et, quoiqu'ils fussent bons guerriers, il leur a imposé des lois et des traités et les a rendus tributaires. — David fait venir Urias de l'armée. Puis il le renvoie avec une lettre où il ordonne qu'on le fasse tuer dans la mêlée. — Nathan reprend David par des paroles de représailles. Dès que David l'entend, il est en proie à une douleur grande et voit avec raison ce qui arrive. — A David, roi du Jourdain, qui tremblait de vieillesse, on donne la jeune Abisaï, pour que, par sa jeunesse, elle lui allége la rigueur du froid. »

(1) « Satan, Dieu ainsi le voulant, à Job mille maux va donnant, sa fortune détruisant, de mort les fils frappant ; Job louait Dieu, tout en souffrant. — Éliphas,

LES JUIFS D'ESPAGNE.

> Dios habla á Job y le arguye
> por un modo no entendido :
> su justicia le concluye
> y despues le restituye
> doblado de lo perdido.

Le poëte fait mention des livres d'Esther et de Judith; il présente un très-court extrait des Psaumes et du *Cantique des Cantiques*, et il donne à connaître les prophètes, en exprimant avec le plus grand succès le caractère particulier de chacun. Voici comment il traite d'Isaïe (1) :

> Por pecados de Israel
> Isaias á Dios llama;
> porque era siervo tan fiel,
> que viendo ofender á él,
> muchas lágrimas derrama.
> Vió la gloria del Señor
> Isaias viejo honrado,
> y luego con gran dolor
> conoció ser pecador
> y de Dios fué perdonado.

Il s'exprime ainsi sur Daniel (2) :

> Por no querer adorar
> la estátua soberviosa,
> mandan los niños echar
> en la fornaz á quemar;
> pero no les daña cosa.

juste et saint homme, app lle Job : il lui raconte la malédiction des méchants, et sans raison la lui attribue. — Dieu parle à Job et l'entretient d'une manière encore inouïe : sa justice s'achève, et ensuite il le relève, en lui donnant le double de ce qu'il a perdu. »

(1) « Pour les péchés d'Israël, Isaïe Dieu implore, parce qu'il était un serviteur fidèle, et que voyant qu'on l'offensait, il versait d'abondantes larmes. — Isaïe, vieux et honoré, vit la gloire du Seigneur, et comme, avec grande douleur, il reconnut qu'il était un pécheur, de Dieu il fut pardonné. »

(2) « Parce qu'ils ne voulaient point adorer la statue superbe, on ordonne de jeter les enfants dans la fournaise ardente; mais ils ne reçoivent aucun mal. —

> Vision de cuatro animales
> á Daniel fué mostrada,
> la figura de los cuales
> fué de cuatro principales
> partes del mundo notada.
>
> . . . .
>
> Los reyes le son mostrados,
> que Egipto y Grecia ternia
> y Siria y le son nombrados;
> y los bandos declarados
> que con persianos habría.
>
> Susana con falsedad
> de dos viejos fué acusada :
> Daniel vista la maldad
> convéncelos con verdad
> y dales la pena dada.
>
> Porque provehido fuese
> en el lago de leones
> Daniel y no muriese,
> Dios quiso el ángel tragese
> á Abacub con provisiones.

Les *Portraits* ou *tableaux des histoires du Vieux Testament* se terminent de la manière suivante (1) :

> Cuando otra vez conquistar
> queria á Egipto Antioco,
> por Hierusalem pasar
> vieron cosas de espantar,
> que aun el pensallas no es poco.

La vision de quatre animaux à Daniel fut montrée, et leur figure fut reconnue pour la figure des quatre parties du monde........ On lui montra les rois que doivent avoir l'Égypte, la Grèce et la Syrie; ils lui sont montrés, et les guerres déclarées qu'on doit avoir avec les Persans. — Suzanne, par fausseté de deux vieillards, fut accusée. Daniel, vu leur méchanceté, les convainc par la vérité et leur donne la peine méritée. — Pour qu'il fût de tout pourvu dans la fosse aux lions, Daniel, et qu'il ne mourût pas, Dieu voulut que l'ange conduisît Abacuc avec des provisions. »

(1) « Quand Antiochus voulut une seconde fois l'Égypte conquérir, passer par Jérusalem, on vit des choses épouvantables, et ce n'est pas même peu que de les penser. »

Que Francisco Frellon fût ou non converti quand il publia ces *Portraits*, c'est ce qui peut être très-bien un objet de controverse, nous n'avons pas voulu omettre les passages ci-dessus qui sont de toute manière en rapport avec la race juive, et qui sont, d'un autre côté, peu connus des lettrés. Leur mérite principal repose sur la concision et l'exactitude des pensées, sans que la langue soit inférieure à celle dont on se servait alors, quoiqu'il y ait des raisons de soupçonner, comme nous l'avons observé plus haut, que ces *Portraits* furent écrits quelques années avant d'être livrés à l'impression.

Dans cette même année de 1553 (5313), Samuel Usque, Juif portugais, parent peut-être d'Abraham, publiait, à Ferrare, un ouvrage historique où il révélait le découragement et la tristesse qui s'étaient emparés du peuple d'Israël en se voyant banni de l'Espagne et du Portugal, et où il faisait, sur un ton prophétique, les vœux les plus ardents pour son bonheur futur. Ce livre avait pour titre : *Consolation d'Israël*, et il se divisait en trois dialogues, écrits en langue portugaise, dans lesquels l'auteur introduit Jacob et les prophètes Nahum et Zacharie, sous les noms de *Icàbo*, *Numeo* et *Zicàreo*. Ce livre a plus d'intérêt par son importance historique et politique, et par la fin que Samuel Usque se proposait que par son mérite littéraire : toutefois, l'attention des lettrés ne laisse pas d'être appelée par la disposition desdits dialogues et par la facilité et la légèreté du langage. Le premier dialogue traite des *cousas da sagrada escritura*, des choses de l'Écriture sainte, jusqu'à la chute de la première maison d'Israël : le second se renferme dans la reconstruction du temple, jusqu'à sa destruction par Titus; et, dans le troisième, il est rendu compte des *tribulations* souffertes par le peuple de Moïse jusqu'à l'expulsion de 1492, décrétée par les Rois Catholiques, et ordonnée, à leur exemple, par les princes de Portugal, de 1493 à 1506.

La pensée de Samuel Usque, en écrivant sa *Consolation d'Israël*, était d'adoucir une partie de leurs peines et de fortifier, au milieu de leur adversité, ses frères proscrits, en mettant avec intention sous leurs yeux les persécutions et les captivités que leurs pères avaient souffertes dès les premiers temps. Poussé par cette idée qu'il résume dans le troisième dialogue, il rapporte chronologiquement les événements dont les Juifs furent les victimes, dans tout le monde, depuis l'expulsion de Sisebut jusqu'à celle que cette misérable race souffrit à Pesaro, en 1553, quand Usque composait son ouvrage. Suivant ce Juif érudit, le peuple d'Israël souffrit, durant cette période, vingt-trois persécutions sanglantes. Et ce qui est remarquable, c'est qu'après avoir été expulsés d'Espagne, ils éprouvèrent un même sort chez des nations et dans des villes où ils avaient été en apparence reçus avec bienveillance, comme nous l'avons observé dans le chapitre précédent.

L'ouvrage de Samuel Usque devient par ces motifs un important témoignage pour l'histoire juive ; et, ce qui est très-digne de remarque, c'est que les trois premiers ouvrages publiés par les Juifs, après leur expulsion, ont tendu, par des voies différentes, au même but. La *Bible de Ferrare* devait assurer, chez la race proscrite, l'universalité du dogme ; les *Portraits* ou *tableaux des histoires du Vieux Testament* généralisaient et facilitaient son enseignement chez la jeunesse ; la *Consolation d'Israël*, calculant les calamités passées, adoucissait les malheurs présents et inspirait un nouveau courage pour l'avenir. Tout tendait, en un mot, à radouber le vaisseau brisé de cette nation infortunée, dont le doigt de la Providence courbait le front ; tout contribuait à maintenir dans sa vivacité l'esprit de ce peuple incrédule qui persistait à rester aveugle à la lumière de la vérité évangélique, malgré tant de désastres qui étaient tombés sur lui depuis le sanglant sacrifice du Golgotha.

Au milieu du naufrage universel, les sciences talmudiques ne manquèrent pas de zélés cultivateurs qui contribuaient aussi pour leur part à maintenir l'esprit de la nation juive proscrite. Entre tous se distinguèrent R. Jehudad Lerma, Paul de Dina, appelé aussi Robel Jesurun, R. Israel ben Nagara, R. Joel ben Soheb, R. Reuben Sephardi l'Espagnol, et d'autres que nous mentionnerons plus loin. Lerma composa deux ouvrages talmudiques, intitulés, le premier, *Pan de Juda;* et le second, *Reliquias de la casa de Juda*, et il prouva, dans l'un et dans l'autre, que les commentateurs anciens et modernes de la Misnáh et du Talmud lui étaient familiers. Paul de Dina se distingua par divers traités, écrits en portugais, sur les mêmes matières, et Nagara acquit une grande renommée par ses *Chants d'Israël*, ouvrage en vers hébraïques à l'usage des synagogues. R. Joel ben Soheb composa et fit imprimer à Salonique, en 1569 (5329), un commentaire des Psaumes intitulé : *Terrible en alabanzas*, Terrible en louanges ; et il publia à Venise, en 1577, un autre livre intitulé : *Holocauste du Sabbat*, et ces deux publications lui acquirent un grand renom parmi les Juifs. R. Reuben Sephardi enfin écrivit un traité qu'il nomma *Livre de la Mesa*, imprimé à Mantoue en l'année 1562 (5322) et cité par Wolfius et Bartoloccius dans leurs *Bibliothèques rabbiniques*.

Les écrivains rabbiniques de cette époque, malgré leurs grands efforts pour aspirer au laurier qu'avaient acquis les Juifs des célèbres académies de Cordoue et de Tolède, n'avaient pas l'élévation de ces *flambeaux du judaïsme*, pour nous servir de l'expression d'un écrivain respectable, et ils ne pouvaient non plus arriver, dans leurs ouvrages, à l'originalité qui distingua Aben Hezra, Quingi et d'autres.

CHAPITRE III.

XVIᵉ siècle.

Mesoh Pinto Delgado. — Ses œuvres poétiques. — Poème de la reine Esther. — Lamentations du prophète Jérémie.— Histoire de Ruth moabite.— R. Joseph ben Virga.— Selemoh ben Melec. — Joseph ben Jehosuah. — Isahak Léon. — Rodrigo de Castro. — Abraham Tsahalon. — Joseph Semah Arias.

Vers la fin du XVIᵐᵉ siècle florissait, dans le voisin royaume de France, un Juif espagnol qui, après avoir reçu les eaux du baptême, avait de nouveau embrassé la religion de ses ancêtres et s'était vu pour ce motif obligé de quitter l'Espagne, soit par crainte des recherches de l'Inquisition, soit qu'il fût réellement poursuivi par les phalanges que le Saint-Office avait à sa dévotion. Ce Juif ardent s'appelait Moseh Pinto Delgado, et il s'était distingué parmi les chrétiens sous le nom de Jean (1). Poursuivi par ses malheurs et se voyant sur la terre étrangère, sans abri, sans espoir aucun de regagner le sol natal, il chercha dans l'étude des livres saints la consolation dont il avait besoin pour calmer ses peines. Doué d'une sensibilité exquise, d'un talent brillant et élevé, il ne put s'empêcher d'éclater en chants

---

(1) Daniel Lévi Barrios, dans sa *Relation des poëtes castillans*, fait mention de ce poëte en ces termes :

      Del poéma de Esther en sacro coro,
      Moseh Delgado dá splendor sonoro
      y corren con su voz en ricas plantas,
      de Jeremias las endechas santas.

« Du poème d'Esther, dans un chant sacré, Moseh Delgado donna un éclat brillant, et par sa voix courent, en riches plaintes, de Jérémie les élégies saintes. »

tristes et mélancoliques. Delgado se lamenta de l'affliction qui le tourmentait, il adoucit un peu ses chagrins par les pleurs qui jaillissaient de ses yeux, et, après avoir consolé et calmé sa tristesse, il voulut rappeler les glorieux jours de son peuple par l'histoire d'*Esther* et de *Ruth* pour faire diversion à son infortune présente. Il pleura avec Jérémie sur les ruines de Jérusalem; il se lamenta de son exil et de celui de ses frères, et ses accents furent pleins d'inspiration et de pathétique.

Ses poésies prenaient naissance dans un sentiment vrai et profond : il gémissait sur la patrie perdue, et il gémissait sans espérance. Aussi les productions de ce poëte inconnu sont-elles empreintes d'une mélancolie indéfinissable, qui charme et captive en même temps, sans que ses vers révèlent le plus léger indice du désespoir dans lequel tombèrent les autres écrivains de sa race, en se voyant aux prises avec les malheurs que la Providence versait sur eux. Moseh Pinto Delgado, loin d'éclater en plaintes amères contre les persécuteurs de son troupeau, se tournait vers l'Être Suprême pour lui demander son salut et s'écriait ainsi (1) :

> En este fiero Egito
> de mi pecado, donde el alma mia
> padece la tirana servidumbre,
> del tesoro infinito
> de tu divina lumbre
> á mi noche, Señor, un rayo envia.
> Sea tu santa inspiracion mi guia;
> que, entre la luz del amoroso fuego,
> me llame en el desierto, no cursado
> de mundana memoria :
> alli desnudo, por tu causa, el ciego
> velo de error, el hábito pasado,
> dichoso suba á contemplar tu gloria :
> donde mi ser por milagroso efeto,
> en sí transforme el soberano objeto.

(1) « Dans cette fière Égypte de mon péché, où mon âme souffre un tyrannique esclavage, du trésor infini de ta divine lumière, envoie, Seigneur, un rayon à ma nuit. Que ta sainte inspiration soit mon guide; qu'au milieu de la lumière du feu d'amour, elle m'appelle dans le désert qui n'a pas été couru par des souvenirs

En parlant de l'*habit passé*, Pinto fait peut-être allusion au baptême qu'il avait reçu dans son enfance.

Dans les *Lamentations de Jérémie* qu'il composa en stances de cinq vers, *quintillas*, sonores, faciles et élégantes, Delgado prouva que ce genre de versification lui était familier, et il ne s'y montra pas moins tendre et pathétique. Dans le poëme d'*Esther*, il ne se montra pas non plus indigne de l'objet qu'il chantait ; au contraire, les harmonieuses stances de six vers *sestetos* qu'il employa dans cette production manifestent que sa muse ne fuyait pas les sujets héroïques, quoique la tristesse habituelle de son âme le portât assez souvent à s'exhaler en chants plaintifs. Plus humble dans l'*Histoire de Ruth*, Pinto employa la stance artistique de quatre vers, *redondilla*, en même temps qu'il composait ses odes et ses hymnes avec les majestueuses *stances italiennes* qui venaient de recevoir, en Espagne, des lettres de naturalisation, comme nos lecteurs ont eu l'occasion de le remarquer. Pour que ces derniers puissent se former une idée complète du mérite de Moseh Pinto Delgado comme poëte, et apprécier les nombreuses beautés qu'il a répandues dans toutes ses compositions, nous croyons utile de transcrire ici quelques morceaux de celles dont nous avons parlé. Selon nous, le chant que nous avons déjà cité suffit pour connaître la nature et le caractère des autres dus à sa plume. Voyons donc comment il commence le *Poëme de la Reine Esther* qui est la production la plus étendue de ce docte Juif (1) :

> Señor, que obraste en milagroso espanto
> altos designos de tu santa idea,
> a tí levanta, como tuyo, el canto
> porque á tu gloria el instrumento sea,
> y aunque atrevida, en su labor presuma,
> sera trompeta de tu voz mi pluma.
> El alma mia en extasis resuelve
> que con tu fuente refrigere el labio,

mondains. Déchire là, pour ta cause, le voile aveugle de l'erreur, l'habit du passé ; que je monte heureux contempler ta gloire où, par un merveilleux effet, le souverain objet transforme en lui mon être. »

(1) « Seigneur, qui réalises avec un merveilleux étonnement les hauts desseins de ton idée sainte, élève mes chants, comme tiens, vers toi, afin qu'ils soient l'instrument de la gloire, et que, malgré son audace et sa présomption dans son entreprise, ma plume soit comme la trompette de ta voix. — Mon âme se résout en extase qui

ó con la brása de tu ardor que vuelve
justo el immundo, el ignorante sábio :
confiado diré de alto sugeto,
en mi nuevo loor, tu antiguo efeto.
  Que si tu llama en mi tibieza reina,
si anima el corazon tu voz sagrada,
será mi canto la piadosa Reina
que á Jacob libertó de fiera espada,
cuando al volver de sus benignos ojos
legó su sangre al mundo por despojos.

Après cette invocation, le poëme commence ainsi (1) :

En Suram, la metrópoli, reinaba
el monarca Assüeros, cuya silla
heredera de Cyro, gobernaba
climas diversos que su scetro humilla;
y dellos el tributo en larga copia
desde la India ofrece la Etiopia.

Il décrit ensuite l'étendue de l'empire d'Assuérus, depuis l'assujettissement du peuple d'Israël par Nabuchodonosor qui livra aux flammes le temple saint ; il continue par la peinture de la puissance et de l'opulence de ce roi et du banquet où il appela la reine Vasthi (2) :

Adorna el oro en cuadros diferentes
de exquisita labor altos donceles;
pintados jaspes, mármoles lucientes
el pórfido remata en chapiteles,

rafraîchit ma bouche à ta source ou qui la brûle de ton feu, qui rend juste l'immonde et l'ignorant, savant. Plein de confiance, je parlerai d'un sujet si élevé, et je chanterai dans mes louanges nouvelles ton antique puissance. — Que si ta flamme ranime ma faiblesse, si ta voix sacrée ranime mon cœur, l'objet de mes chants sera la pieuse reine qui délivra Jacob de l'épée superbe, quand, en ouvrant ses yeux pleins de bonté, elle légua, pour dépouilles son sang au monde. »

(1) « Dans la métropole de Suram régnait le monarque Assuérus qui, héritier du trône de Cyrus, gouvernait des climats divers, humiliés par son sceptre; de l'Inde à l'Éthiopie il retirait d'immenses et d'abondants tributs. »

(2) « L'or, en cadres divers, orne les dais élevés et d'un travail exquis; le porphyre se perd dans des chapiteaux peints de jaspe, et marbres brillants, et,

y en los extremos dos el arco sube,
cual no formó para él señal la nube.
 Rugen las puertas, donde el artificio
rubio metal en láminas describe ;
grabadas armas muestra el frontispicio
que con el mundo en la memoria vive :
las ventanas, do el sol su luz dilata
cristales son, en circulos de plata.
 Incorruptible cedro ornando el techo,
la obra enreda lazo artificioso :
granadas de oro y de marfil su pecho
son á la vista objeto deleitoso,
y los racimos que el deseo incitan
con dulce engaño el mismo fruto imitan.
 Labrada plata enlosa el pavimento
que bordado tapiz cubriendo ofende;
entre columnas sube el alto asiento
y en cielo de zaphiros se suspende;
en trono de marfil, con arte obradas,
varias se miran piedras engastadas.
. . . .
 Ave no sulca el aire con su vuelo
ni exquisito animal la tierra cria,
ni fruto ofrece el mas templado cielo,
ni suave licor la caña envía,

aux deux extrémités, l'arc monte tel que la nue ne le forme pas pour le signe (de l'alliance). »

« Les portes crient, les portes où l'art déroule en lames le blond métal; le frontispice, qui vit avec le monde dans la mémoire, montre des armes gravées; les fenêtres, par où le soleil répand sa lumière, sont de cristal entouré de cercles d'argent.

« Le cèdre incorruptible orne le toit, et un filet artistement fait enlace l'ouvrage; des grenades d'or, au cœur de marfil, offrent à la vue un objet charmant, et les branches, qui excitent le désir par une douce illusion, imitent le fruit même.

« Des carreaux d'argent ciselé forment le pavé que couvre un tapis à la riche bordure; au milieu de colonnes s'élève le siége suspendu dans un ciel de saphirs; sur un trône de marfil, on voit incrustées diverses pierres travaillées avec art.

. . . .

« Il n'y a point d'oiseau dont le vol sillonne les airs, ni d'animal rare que la terre produit, ni de fruit qu'offre le climat le plus doux, ni de suave liqueur que la

que no sirva en despojo á su grandesa
tributo alegre de abundante mesa (a).

En nubes de humo suben los olores
que produce Sabá, que Arabia ofrece
y el denso cuerpo niega en sus vapores
la luz al sol, que el rayo le oscurece ;
y entre las brasas, donde aliento exhala,
lo esparce al viento, sacudiendo el ala.

Hiere las cuerdas la maestra mano
que al cielo imita en vueltas de su esfera,
y en armónico labio el cisne humano
tal vez sigue el compás, tal vez le espera :
y el son, que roba el alma á los oyentes
uno se escucha en voces diferentes.

Les strophes que nous venons de citer suffisent, selon nous, pour prouver que Moseh Pinto Delgado décrit et peint comme un poëte, et donne à ses vers l'intonation qui leur convient. Le seul regret que l'on éprouve, c'est de rencontrer quelques légers traits de mauvais goût dans ses locutions, traits qui ne se présentent certainement pas dans les *Lamentations de Jérémie*. Cette magnifique composition que nous transcririons volontiers intégralement, si nous ne craignions pas de trop nous étendre, est précédée d'une invocation composée de cinq redondillas, où Pinto Delgado implore la protection divine de cette manière (1) :

Señor, mi voz imperfecta
nacida del corazon,

canne distille, qui ne serve, en mets, à sa grandeur, le tribut réjouissant d'une table abondante.

« Sous forme de nuages, montent les parfums que produit le Saba et qu'offre l'Arabie, et ce corps épais refuse, par ses vapeurs, la lumière au soleil dont il obscurcit les rayons ; et, du milieu des braises d'où l'odeur s'exhale, il la répand au vent, en secouant l'aile.

« Une main habile frappe les cordes, et elle imite le ciel dans les mouvements de sa sphère, et le cygne humain, d'une bouche harmonieuse, tantôt suit la cadence, et tantôt il l'attend, et le son qui ravit l'âme de ceux qui l'entendent, s'écoute unique, produit par des voix différentes. »

(1) « Seigneur, que ma voix imparfaite, partie du cœur et qui se soumet à une

(a) Chez les écrivains et les poëtes Juifs, qui écrivirent après l'expulsion, c'est un usage fréquent d'écrire avec une s tous les mots espagnols où l'on employait un z, comme le faisaient nos écrivains, chez nous, au xvie siècle. C'est un des caractères qui distinguent encore aujourd'hui la langue que parlent les Juifs descendant des exilés d'Espagne.

que á vano error se sugeta,
hoy siga con tu propheta
el llanto de tu Sion.

Si del polvo á las estrellas,
del mundo en lo mas remoto,
mostró sus vivas centellas,
el menos y el mas devoto
llore comingo y con ellas.

Concede de alto tesoro
tu luz á mi ciega vista.
Tu sciencia en lo que ignoro,
porque en ageno mi lloro
á propias culpas resista.

Si veo en el llanto mio
la parte de humor que encierra
tu fuente inmensa, confio
que será como el rocío
que fertiliza la tierra.

Y aunque sin alas me atrevo
á tanto vuelo, y me espante
el ver que mis lábios muevo,
inspira en mi canto nuevo,
porque en mis lágrimas cante.

Cette invocation finie, les *Lamentations* commencent ainsi (1) :

¿Cuál desventura, ó ciudad,
ha vuelto en tan triste estado
tu grandeza y magestad?

vaine erreur, suive aujourd'hui avec ton prophète les pleurs de Sion. — Si de la poussière aux étoiles, dans la partie du monde la plus reculée, il montre ses vives étincelles, que le moins dévoué, que le plus dévoué pleure avec moi, pleure avec elles. — Accorde ton puissant trésor de lumières à mes yeux aveugles, ta science pour ceque j'ignore, afin que mes pleurs pour autrui effacent mes propres fautes. — Si je vois dans mes larmes une partie du liquide que ta source immense contient, j'aurai confiance qu'elles seront comme la rosée qui fertilise la terre. — Et quoique sans ailes je me livre à un vol si audacieux, et que je sois étonné de voir que je remue mes lèvres, inspire-moi des chants nouveaux pour que je chante par mes larmes. »

(1) « Quel malheur, ô cité! a plongé dans un si triste état ta grandeur et la ma-

¿Y aquel palacio sagrado
en estrago y soledad?
   ¿Quién á mirarte se inclina
y á tus muros, derrocados
por la justicia divina;
que no vea en tus pecados
la causa de tu ruina?
   ¿Quién te podrá contemplar,
viendo tu gloria perdida
que no desee que un mar
de llanto sea su vida,
para poderte llorar?
   ¿Cuál pecado pudo tanto
que no te conozco agora?
mas, no advirtiendo, me espanto
que tu fuiste pecadora
y quien te ha juzgado, santo.
   En ofenderle te empleas
ya por antigüa costumbre,
y en errores te recreas;
y asi no es mucho que veas.
Tus libres en servidumbre.

Puis il dépeint la destruction et la solitude de Jérusalem (1):

La causa porque caiste
y porque humilde bajaste
de la gloria en que te viste
fué la verdad que dejaste,
la vanidad que seguiste.

jesté? Qui a rempli ce palais sacré de deuil et de solitude? — Qui, à ta vue, à la vue de tes murs que la justice divine a détruits, ne voit dans tes péchés la cause de ta ruine? — Qui pourra te contempler et voir ta gloire perdue sans désirer que sa vie ne soit une mer de larmes pour pouvoir te pleurer? — Quel péché a été assez grand pour te rendre maintenant méconnaissable à mes yeux? Mais, dans mon étonnement, je ne fais pas attention que tu as été une pécheresse et que celui qui t'a jugée est saint. Tu t'appliques à l'offenser par une vieille habitude; tu te plais dans l'erreur; ainsi donc rien de surprenant que tu voies tes enfants libres en esclavage.»

  (1) « La cause de ta chute, la cause qui t'a fait humblement descendre de la gloire où tu t'es vue élevée, c'est la vérité que tu as abandonnée et la vanité que tu as

Ya no eres la princesa
de todas otras naciones :
ya tu altivez es bajeza :
tu diadema y tu grandeza
se han vuelto en tristes prisiones.

Ya tu palacio real,
humilde, cubre la tierra
en exequia funeral :
la paz antigua es la guerra
y el bien antiguo es el mal.

. . . .

No solo viste perder
la honra que te adornó,
mas tus hijos perécer :
que el Señor los entregó
al mas tirano poder.

¿Cómo se puede alentar
tu pueblo entre su gemido,
llegando á considerar
lo que seguir ha querido,
lo que ha querido dejar?...

Llorando dice; ¡Ay de mi!...
¿Dónde estoy? ¿Dónde me veo
o quién me ha traido aquí?
¡Tan cerca lo que poseo!
¡Tan léjos lo que perdí!...

Lloren, al fin, entre tanto
que no descansa su mal
y obliguen al cielo santo;
que no puede ser el llanto
a sus delitos igual.

voulu suivre. — Tu n'es déjà plus la reine de toutes les autres nations; ta hauteur n'est plus que bassesse, et ton diadème et ta grandeur se sont changés en tristes prisons. — Déjà ton palais royal, humble, couvre la terre par des débris funèbres; la paix d'autrefois c'est la guerre, et le bien d'autrefois c'est le mal.

. . . .

Non-seulement tu as vu se perdre l'honneur qui faisait ton ornement, mais tu as vu périr tes enfants que le Seigneur a livrés au pouvoir le plus tyrannique. — Comment ton peuple peut-il vivre au milieu de ces gémissements, quand il vient à considérer ce qu'il a voulu suivre et ce qu'il a voulu abandonner? — Il dit en pleurant: malheur à moi! Où suis-je? Dans quel état me vois-je? Qui m'a conduit

Nous avons à peine pu retenir la plume en copiant ces *quintillas*, qui respirent tant de tendresse et qui révèlent le ton de la véritable élégie. L'*Histoire de Ruth* commence aussi par une invocation adressée à l'Être Suprême, et composée de cinq redondillas. Ce qui nous fait remarquer que les trois compositions que nous analysons commencent de la même manière (1) :

> Señor, si en el mundo tantas
> se miran tus maravillas,
> cuando los montes humillas,
> cuando los valles levantas ;
> . . . .
> Concede, Señor, que escriba
> la que, abrazando tu ley,
> fué su fruto un santo rey,
> su memoria al mundo altiva.
> Si de tu espiritu dás,
> al débil aliento mio,
> mi canto, en tu ser confio,
> que no se olvide jamás.

Dans ce poëme, la narration est plus simple que dans celui d'Esther ; elle marche par conséquent avec plus de facilité ; mais elle manque de la richesse épique que l'on trouve dans le premier. En échange, elle est semée d'excellentes pensées morales, extraites de livres sacrés, et le poëme respire un parfum biblique qui, tout en rendant sa lecture agréable, le rehausse singulièrement. Comme preuve de cette observation qui caractérise l'*Histoire de Ruth*, en général, nous allons donner ici les *redondillas* du commencement,

---

ici? si près de ce que je possède! si loin de ce que j'ai perdu ! — Qu'ils pleurent enfin, tant que leur mal ne cesse pas, et qu'ils obligent le ciel saint, car leurs larmes ne peuvent jamais égaler leurs fautes. »

(1) « Seigneur, si dans l'univers on admire tant tes merveilles, quand tu abaisses les montagnes et que tu élèves les collines; . . . . accorde-moi, Seigneur, de décrire celle qui, en embrassant ta loi, eut pour fruit un saint roi, et au monde livra sa mémoire. — Si tu accordes quelque chose de ton souffle à ma faible haleine, j'ai confiance en ton être, mes chants ne seront jamais oubliés. »

qui serviront en même temps à faire connaître le mérite de l'ouvrage (1) :

> Al tiempo que era Israel
> por jueces gobernado;
> siendo su daño el pecado,
> su llanto el refugio en él;
> Despues que pasó el Jordan
> con segunda maravilla,
> de nuevo heredó su silla
> quien fué su nombre Abezan.
> Faltando en el hombre el celo
> que alcanza el eterno fruto,
> el campo negó el tributo,
> sus influencias el cielo.
> Al centro le contradice
> la espiga en lo que señala,
> cual hombre á quien no se iguala
> la obra con lo que dice.
> Es heno que inculto y vano
> en el tejado creció :
> que el hombre en lo que juntó
> no pudo cargar su mano.
> Falta el gusto y sobra el daño :
> que quien el sustento olvida
> del alma, en su misma vida,
> lo niega á la vida el año.
> La tierra en su ingratitud
> muestra el mal, si bien encierra :
> que mal produce la tierra,
> si muere en flor la virtud.

(1) « Au temps où Israël était par des juges gouverné, le péché fut sa perte ; il n'eut d'autre refuge que dans ses larmes. — Après qu'il eut passé le Jourdain par un second miracle, il y eut un nouvel héritier de son trône dont le nom fut Abezan. — Comme il manquait à l'homme le zèle qui donne le fruit éternel, le champ refusa son tribut, et le ciel sa douce influence. — Au dedans, l'épi contredit ce qu'au dehors il signale, tel l'homme chez lequel ne s'égale l'action à la parole. — C'est du foin qui croît inculte et inutile sur le toit, et l'homme, de ce qu'il ramasse, ne put charger sa main.— Le profit manque et la perte excède: quiconque oublie l'aliment de l'âme, dans sa vie même, l'année lui refuse la vie. — La terre, dans son ingratitude, montre le mal, si elle renferme du bien; la terre

El verde honor que en el prado
en oro el tiempo resuelve,
piedras son, si en piedras vuelve
al corazon su pecado.

El labrador vé perder
su esperanza entre el espanto :
y pues no sembró con llanto,
siembra su llanto, al coger.

Nous nous sommes arrêté peut-être plus que ne le comporte notre plan à l'examen des poésies de ce Juif savant ; et cependant, nous devons l'avouer ici, nous citerions encore d'autres morceaux, si nous ne pensions que ceux que nous avons donnés suffisent pour se former une idée de son talent poétique. Rien n'excite plus véritablement l'attention que de voir un homme poursuivi, et vivant au milieu des plus grandes privations et des plus grandes inquiétudes, cultiver, en pays étranger, la langue et la poésie de sa patrie avec tant de pureté dans l'une, et de si brillantes qualités dans l'autre, et cela quand l'hydre du mauvais goût levait sa tête dans la littérature nationale, et que des talents aussi privilégiés que ceux de Lope de Vega et de Gongora, dénaturaient notre idiome et remplissaient notre Parnasse d'extravagances. Ce sont ces considérations qui rendent sans doute Moseh Pinto Delgado digne de la plus grande estime au milieu des poëtes espagnols qui fleurirent à cette époque. Rien n'est véritablement plus regrettable que d'avoir vu ses croyances erronées l'éloigner du sol de la patrie où, en suivant la religion chrétienne, il eût pu, peut-être, se placer entre le pathétique Fray Luis de Léon et le mélancolique Rioja. Ses poésies, qui forment un volume in-8° de 366 pages, furent imprimées, à ce qu'il semble, à Paris sous les auspices du célèbre ministre de Louis XIII, le cardinal de Richelieu, à qui elles furent dédiées (1).

produit du mal, si la vertu meurt dans sa fleur. — Le vert honneur que dans la prairie le temps résout en or, n'est que pierres, si en pierres le péché le rend au cœur. — Le laboureur voit se perdre son espérance avec effroi, et puisqu'il n'a pas semé avec des larmes, il sème ses larmes en récoltant. »

(1) L'exemplaire que nous avons sous les yeux est sans doute celui que consulta Rodriguez de Castro. On ne voit ni l'année ni le lieu de l'impression ; ce qui arrive aussi pour d'autres éditions de cette époque. La dédicace est adressée

Dans le chapitre précédent, nous avons fait mention de quelques auteurs purement rabbiniques, quoique originaires d'Espagne, et nous avons en même temps observé que nous parlerions de nouveau de ces cultivateurs des sciences talmudiques. En effet, vers la fin du xvie siècle, on vit se distinguer parmi les Juifs, par leur érudition théologique, R. Joseph ben Virga, R. Selemoh ben Melec et R. Joseph ben Jehosuah. Ces écrivains se firent connaître par des ouvrages divers qui méritent les louanges générales des docteurs de la loi. R. Joseph ben Virga publia un livre intitulé *Résidu de Joseph, Residuo de Joseph*, dans lequel il commenta le livre de R. Jesuah Halevi sur les *Chemins du siècle*, et où il fit preuve de beaucoup d'érudition et de talent. R. Selemoh ben Melec se distingua comme grammairien, commentateur et juriste. Son ouvrage le plus remarquable, qui a été plusieurs fois traduit en latin, est celui qu'il intitula : *Perfection de la beauté*, commentaire complet de la Bible, composé de la doctrine des exégètes juifs les plus célèbres. Cette œuvre importante fut imprimée pour la première fois à Constantinople en l'année 1654 (5414 de la création), fut de nouveau mise sous presse, à Salonique, en 1567, et réimprimée, en dernier lieu, à Amsterdam, en 1685. R. Joseph ben Jehosuah s'acquit aussi une grande réputation chez les Juifs, comme talmudiste. Mais il se consacra plus particulièrement aux études historiques. Il composa un ouvrage qui renferme les guerres soutenues par les rois de France contre les Turcs; puis il s'étend, et raconte les expéditions des chrétiens dans la Terre-Sainte; il rapporte les bannissements qu'eurent à souffrir les Juifs, en France et en Espagne, depuis le commencement du viie siècle jusqu'à l'année 1553. Le livre de Joseph ben Jehosuah, désigné sous le titre de *Palabras de los dias de los reyes de Francia, Récits des journées des rois de France*, se termine par une chronique ou résumé de chroniques écrites depuis les premiers temps jusqu'à l'année 1554, où il fut imprimé à Venise.

Vers cette même époque, se rendaient aussi remarquables R. Isahak Léon, père de R. Jahacob dont nous parlerons en son lieu, Rodrigue de Castro, R. Abraham Tsahalon et Joseph Semah Arias, tous sortis ou originaires d'Espagne, dignes tous d'être cités dans nos *Études*. R. Isahak Léon écrivit différents ouvrages théologiques dont le plus

---

au *cardinal Richelieu, grand maître suprême, et surintendant général de la navigation et du commerce de France.*

estimé est un commentaire qu'il fit du livre d'Esther, sous le titre de *Traité d'Esther*, publié à Venise, en 1565, et réimprimé dans la même ville en 1592. Isahak Léon composa aussi un autre ouvrage où il exposait diverses observations sur le Talmud, et auquel il donna le nom de *Livre nouveau*. Rodrigue de Castro, docteur en médecine à l'université de Salamanque, suivit le christianisme jusqu'à l'année 1596, où il quitta l'Espagne, se rendit à Hambourg, ville où les Juifs bannis trouvaient un accueil bienveillant. Il cultiva particulièrement la langue latine, et il écrivit, sur l'art qu'il professait, deux ouvrages, qui jouissent encore d'une assez grande estime et qui sont consultés par les médecins les plus distingués. Le premier traite *De universâ morborum mulierûm medicinâ*, *Médecine générale des maladies des femmes*, et le second est consacré à étudier les questions les plus ardues de médecine légale, sous ce titre : *de Officiis medico-politicis sive de medico-politico*, des *devoirs médico-politiques* ou du *médecin politique*. Tous deux furent imprimés à Hambourg et eurent, le premier, quatre éditions, et le second, deux seulement.

R. Abraham Tsahalon se distingua comme poëte, philosophe et juriste. Il composa plusieurs livres en hébreu ; mais celui qui mérite la préférence sur tous les autres, c'est son commentaire du livre d'Esther, imprimé à Venise, en l'année 1621, sous le titre de *Salut de Dieu*. R. Joseph Semah Arias, qui fut, à ce qu'il dit lui-même, capitaine avant de revenir au judaïsme, traduisit en castillan la *Réponse de Joseph à Appien d'Alexandrie* ; il changea arbitrairement l'ordre des chapitres établi par l'auteur lui-même, réduisit ledit ouvrage à sa plus simple expression, et dépassa les bornes qu'il aurait dû garder comme traducteur. Pour que nos lecteurs puissent se former une idée du style d'Arias, nous transcrivons ici les lignes par lesquelles il commence le livre premier (1) :

« Pareceme, virtuoso Epaphrodito que mostré claramente en la historia que escribí en lengua griega, lo que se pasó en espacio de muchos siglos y que consta por nuestras santas escrituras, que nuestra nacion judáica es muy antigua y que no trae su origen de otro pueblo. Mas por que muchos dan credito á las calumnias de algunos que niegan esta antigüedad, fundados

(1) « Il me semble, vertueux Épaphrodite, que j'ai clairement montré, dans l'histoire que j'ai écrite en langue grecque, les événements qui se sont passés dans l'espace de beaucoup de siècles, et qu'il est constant, d'après nos saintes Écritures,

en que los mas celebres historiadores griegos no hablaron de nosotros, me obliga à tomar la pluma para hacer conocer su malicia y desengañar á cuantos se han dejado llevar de quimeras, haciendo ver lo mas brevemente que puediere á las personas que aman la verdad cuál es la antigüedad te nuestra nacion. Y traeré pasa autorizar lo que digere los mas celebres y antiguos escritores griegos. »

Cette traduction fut imprimée à Amsterdam en 1687, et David Tartaz la dédia au docteur Isahak Orobio de Castro, médecin et conseiller du roi de France.

que notre nation juive est très-ancienne, et qu'elle ne tire son origine d'aucun autre peuple. Mais comme un grand nombre de personnes ajoutent foi aux calomnies d'un petit nombre qui nient cette antiquité, se fondant sur ce que les historiens grecs les plus célèbres n'ont pas parlé de nous, je me vois obligé de prendre la plume pour faire connaître leur malice, pour détromper tous ceux qui se sont laissé séduire par de pareilles chimères, et pour faire voir, le plus brièvement possible, aux personnes qui aiment la vérité, quelle est l'antiquité de notre nation. Et je citerai, pour autoriser mes paroles, les écrivains grecs les plus célèbres et les plus anciens. »

CHAPITRE IV.

xvɪᵉ et xvɪɪᵉ siècles.

Considérations sur l'influence de l'Inquisition durant ces siècles. — Son esprit d'intolérance. — Ses persécutions contre les hommes les plus distingués dans les sciences et dans les lettres. — Son indifférence à l'égard des écrivains qui offensaient la morale publique. — Caractère de la littérature. — Symptômes de décadence. — Révolution de Gongora. — Le *cultisme*. — David Abenatar Melo. — Traduction des Psaumes de David. — Leur examen. Psaumes de Jean Le Quesne.

Quand, dans le chapitre VIII de notre premier *Essai*, nous avons dit, après avoir considéré philosophiquement l'établissement du Saint-Office, que ce tribunal aurait dû disparaître, dès que les circonstances qui l'avaient fait créer disparurent, nous avons établi en même temps que le fait seul de l'avoir laissé survivre à la grande nécessité de constituer l'unité politique et religieuse de la péninsule, fut préjudiciable aux intérêts de l'État, parce qu'il se présentait comme un terrible embarras pour le développement philosophique de l'esprit humain, et nous nous sommes réservé de fournir les preuves de cette vérité, et d'élucider cette question dans le présent *Essai*. En effet, l'élément théocratique, qui était toujours allé en augmentant, en Espagne, durant le moyen âge, et qui, jusqu'à la conquête de Grenade, avait en grande partie dirigé ses efforts contre les sectateurs de Mahomet, considéré déjà comme un moyen de gouvernement, et dominant, jusqu'à un certain point, l'élément politique, avait tout envahi, tout assujetti à son char triomphant dès le commencement du xvɪᵉ siècle. Cette époque était une époque à grandes actions, à idées élevées; où l'humanité s'agitait entre la vérité et le doute, mettant en question tous les principes, rompant avec les anciennes pratiques et combattant l'unité du dogme. La religion avait demandé ses armes à la politique, et cette dernière avait été investie, en échange, de l'inviolabilité de la première. Au milieu de tant d'agitations, ceux qui, par ignorance ou par calcul, confondaient les intérêts de la terre avec ceux du ciel, voulurent enchaîner la pensée qui, par de courageux efforts, combattait encore pour maintenir sa liberté et son indépendance.

Philippe II, qui, au milieu du siècle, avait hérité de la couronne de Charles V, craignant, d'un côté, de voir s'allumer, en Espagne, le feu du protestantisme, avec les guerres de Flandres; désirant, d'un autre, augmenter le pouvoir qu'il avait reçu de son père, jugea que l'élément théocratique était l'ancre la plus sûre de son gouvernement, et, poussé par cette idée, il ne négligea rien pour l'agrandir et l'exalter. L'Inquisition fut, dans ses mains, un instrument docile à ses projets. Elle remplit toujours ses désirs avec usure. Mais ce tribunal ne se montrait pas en vain si empressé pour le monarque; à mesure qu'il lui rendait de nombreux services, il exigeait de lui de nouveaux priviléges, et il étendit de cette manière, de plus en plus, son terrible empire. Jusqu'alors, on n'avait châtié que les manifestations dangereuses, on n'avait poursuivi, avec la plus grande ardeur et la plus grande sévérité, que les sacriléges et les crimes contre la foi. L'Inquisition, se voyant triomphante, aspira à dominer les consciences; elle voulut avoir la clef de l'intelligence humaine et elle lança ses anathèmes contre ceux qui ne courbaient pas la tête sous ses ordres; elle ouvrit ses cachots pour tous ceux qui osaient peut-être douter de la légitimité de son droit. C'est ainsi que dans ce siècle heureux pour le nom espagnol, pendant que les drapeaux castillans flottaient d'un bout de l'Europe à l'autre, pendant que les arts et les lettres étaient cultivés par les plus heureux génies, émules des gloires de l'Italie, il y eut à peine un homme éclairé qui ne se vît enseveli dans les prisons du Saint-Office, et qui ne fût victime de l'envie et de la haine des inquisiteurs.

Qu'on ouvre, pour preuve de ce que j'avance, notre histoire littéraire. Quelle fut la récompense que reçurent, pour leurs longues études, pour leurs travaux immortels, ces hommes illustres dont les noms illuminent le XVIe siècle ? Qu'il réponde, le savant Paul de Cespèdes, emprisonné, poursuivi pour le seul fait d'être l'ami du vertueux docteur Fray Bartolomé Caranza, victime de la calomnie ; qu'il réponde, Fray Luis de Léon, l'honneur de l'Église, qui souffrit pendant cinq ans la prison la plus étroite dans les cachots du Saint-Office pour avoir traduit le *Cantique des Cantiques;* qu'il réponde, l'humaniste consommé, Sanchez Brocence, dont l'unique crime était de porter un nom illustre ; qu'il réponde, le savant Benito Arias Montano, à qui l'amitié de Philippe II lui-même ne put servir de bouclier contre la rage de l'Inquisition ; qu'ils répondent, Pierre de Torregiano et Fray Andres de Léon, morts, tous deux, dans une obscure prison où les avaient jetés leur dignité et leur talent ; qu'ils répondent enfin tous ces autres humanistes et littérateurs illustres qui ont succombé sous la fureur de leurs persécuteurs, ou qui se sont vus obligés de se justifier de fautes qu'ils n'avaient pas même imaginées et de crimes que leur propre dignité les empêchait de commettre.

Mais ce qui forme un véritable contraste avec ce tableau lamentable, ce qui ne peut humainement s'expliquer, c'est qu'au moment même où l'Inquisition se montrait si dure et si inflexible pour les hommes de savoir et de talent, et poussait son zèle au point de mutiler un grand nombre d'ouvrages publiés jusqu'alors (1), elle faisait preuve de la plus grande tolérance pour les écrits les plus immondes qui aient souillé la presse, pour des écrits qui offensaient profondément la morale publique et dont on ne peut citer les titres sans rougir. C'était là, toutefois, une conséquence nécessaire de la marche adoptée par le Saint-Office. Ce n'étaient pas les esprits frivoles qui pouvaient lui inspirer des craintes, qui pouvaient l'inquiéter dans la possession de la toute-puissance qu'elle obtenait. Elle craignait les hommes de science, et c'était contre eux qu'elle dirigeait tous ses coups. De cette manière, l'Inquisition pesait sur le cœur des Espagnols comme un horrible cauchemar ; de cette manière, elle étouffait

---

(1) Quand nous avons visité la bibliothèque de Saint Laurent de l'Escurial, fondée par Philippe II à qui on ne peut, malgré tout, refuser le titre de roi éclairé, nous y avons trouvé un grand nombre d'éditions de livres précieux, imprimés vers la fin du XVe siècle ou vers le commencement du XVIe, impitoyablement mutilés par l'Inquisition. Une mutilation, entre autres, nous a causé un grand chagrin, c'est celle du *Cancionero de Hernando del Castillo,* si honteusement maltraitée qu'elle donne la plus triste idée de ceux qui regardaient de semblables prouesses comme saintes et méritoires. Ce qui s'est passé à l'Escurial est arrivé aussi dans beaucoup d'autres bibliothèques.

les progrès des sciences et des lettres ; elle enfermait l'esprit humain dans le cercle d'une théologie ergotiste et intolérante, et elle préparait l'époque de triste décadence que devait produire le règne de Charles II. Ainsi donc l'Inquisition, survivant à la pensée qui lui avait donné l'être, fut, non-seulement un obstacle des plus grands pour les sciences, mais elle chercha même à éteindre de toutes ses forces le flambeau de la civilisation, en égarant les pas du talent.

Sous de si funestes auspices, quelle pouvait être la destinée des lettres ? Dès que les esprits espagnols se furent entièrement soumis, par l'innovation de Garcilaso, à l'influence des modèles italiens, la littérature, et plus particulièrement la poésie, renonça à sa nationalité et à son indépendance, et elle perdit, par conséquent, le cachet et le caractère qu'elle avait montrés dans le moyen âge. Ce n'étaient plus les sentiments chevaleresques et passionnés qui l'animaient ; ce n'était plus cette noble fierté qui distinguait les chants de nos vieux romanceros : elle avait troqué la cotte de maille pour la jaquette, l'épée pour la houlette ; elle avait substitué à la noble franchise de ses valeureux chevaliers le langage amolli de bergers raffinés et invraisemblables. Les poëtes, ne pouvant peindre la vie des villes, qui les étouffait, étaient allés dans la campagne se couronner de jusquiame et de pavots ; mais, ni dans les champs, ni dans leurs futures Arcadies, il ne leur fut possible, ni de trouver, ni de respirer l'air qui leur manquait de toutes parts. Leurs efforts s'épuisaient dans le cercle stérile des imitations ; enfin, fatigués de tant d'esclavage, ils voulurent conquérir la gloire de la création, sans faire attention que leurs veilles allaient encore être infructueuses.

Il ne leur était pas possible, d'aucune manière, de rentrer dans la voie d'où ils s'étaient volontairement écartés. La vieille indépendance de l'esprit était plutôt un souvenir flatteur pour ceux qui nourrissaient le sentiment de la nationalité, qu'un acte facile à renouveler ; toutes les voies qui pouvaient conduire à cette heureuse issue étaient fermées. Voilà pour ce qui concerne la partie qui avait un rapport intime avec ceux qui cultivent les lettres, les lettres qui se voyaient fatalement obligées de souffrir toutes les conséquences de la spoliation qui les avait privées de leur parure et de leurs ornements naturels, pour s'embellir avec des bijoux empruntés et étrangers. Quant à la question de fond, c'est-à-dire, quant à l'essence des idées qui devaient constituer la poésie de ces temps, il n'était pas permis aux poëtes de donner un libre essor à leur imagination, et ils ne pouvaient pas non plus introduire dans leurs œuvres la lumière de la philosophie. Le chemin qu'ils devaient suivre était déjà tracé ; mais il se trouvait si hérissé d'écueils, si couvert d'épines, qu'il n'était pas facile d'entreprendre une longue route sans tomber ou sans en sortir du moins les pieds ensanglantés.

Les génies espagnols, privés des éléments qui avaient caractérisé la poésie proprement nationale, réduits au simple rôle d'imitateurs, voyant fermé, devant leurs yeux, le chemin d'un avenir brillant, étaient toujours sous la menace de tomber dans la disgrâce du grand colosse qui dominait tout, dirigeait tout. Quel devait être le sort réservé à leurs nouveaux efforts pour donner à la poésie l'élévation qui lui manquait et la dignité qu'elle avait perdue?..... La restauration ne pouvait être fondamentale d'aucune manière : il ne restait plus absolument qu'à changer les formes de la pensée, et c'est vers ce but que se portèrent les novateurs. Gongora, esprit hardi, talent profond, fut le premier qui leva l'étendard de la réforme. Dans ses mains, la poésie échangea ses pauvres atours pour de riches et brillants ornements : la trivialité et le prosaïsme se convertirent en élévation cultivée et en pompeuse sublimité de langage. La phrase, auparavant terre à terre et trop simple, perdit son humble structure : beaucoup de mots disparurent du dialecte poétique pour céder le pas à d'autres plus inusités, d'une origine plus illustre, d'une compréhension plus difficile ; les transpositions forcées se multiplièrent, les hyperboles et les figures se prodiguèrent; enfin, on donna une signification nouvelle à une multitude de mots. Tout cela produisit dans la poésie un changement tel qu'il n'était déjà plus possible de reconnaître en elle la divinité si profondément respectée par Garcilaso. L'innovation, attaquée dès les premiers moments, triomphait enfin, et même de ses adversaires ; elle recevait les applaudissements de la multitude et s'élevait avec l'empire du Parnasse castillan. Tel est le résultat que ne pouvaient s'empêcher de produire les tentatives des novateurs, alors que de si grands et de si puissants éléments s'étaient conjurés contre les muses espagnoles. La poésie, qui s'était bornée d'abord à l'imitation, tomba dans l'affectation, dans l'enflure et l'extravagance, quand elle voulut être originale. C'est que l'oppression du génie l'entraîne toujours aux plus grands écarts, quand, prisonnier dans ses fers, il aspire à sa liberté, à son indépendance, et il succombe enfin à la prostration que produisent les mouvements de ses fébriles convulsions.

Par cette voie, l'influence du Saint-Office finit par imprimer à la littérature un caractère déterminé, en même temps qu'elle laissait tomber, comme nous l'avons dit, sa main de plomb sur le front des esprits les plus éclairés. Mais si le simple soupçon que sa terrible puissance pouvait s'affaiblir, la poussait jusqu'à ne point respecter des noms aussi illustres que ceux de Fray Luis de Léon, Arias Montano, Cespedes et Mariana, quel devait être le sort de ceux qui, marqués du signe de judaïsants, osaient prendre la plume pour communiquer leurs pensées aux autres hommes? Ce fut un crime qui fit monter sur le bûcher un grand nombre d'ardents convertis, et qui contribua peut-être à ensevelir dans les prisons de l'Inquisition le poëte estimable et distingué dont nous avons mis le nom en tête de ce chapitre.

David Abenatar Melo, qui était né vers le milieu du XVIe siècle, reçut les eaux du baptême. Doué d'un esprit distingué et d'une imagination brillante, il se consacra à la poésie plutôt par inclination naturelle, comme il le dit lui-même, que par éducation littéraire. Il traduisit en castillan quelques-uns des psaumes de David, et cette manifestation inoffensive de son talent poétique, unie aux soupçons que le Saint-Office nourrissait sur son compte, le conduisit dans les cachots de l'Inquisition, impliqué sans doute dans l'affaire d'autres judaïsants. Il y resta quelques années, jusqu'à ce qu'enfin son innocence fut reconnue, en 1611. Alors il fut absous et mis en liberté. Il s'enfuit hors de l'Espagne et embrassa la religion juive, parce que, comme il le déclare dans la *dédicace* de la *Traduction des Psaumes*, *l'Inquisition avait été pour lui l'école où on lui avait enseigné la connaissance de Dieu* par la dureté des tortures. Tel était le fruit que le Saint-Office retirait de ses rigueurs.

David Abenatar Melo, délivré de ses persécuteurs, conçut le projet de faire une traduction complète des psaumes, et il déclara, dans les *avertissements* qui la précèdent, le motif qui le poussait à une semblable entreprise. « Pour que nous les chantions dans toute notre vie et dans toutes nos marches, dit-il, je continue et ceux qui servent pour pleurer au temps de notre affliction, et ceux qui servent à notre consolation et qui chantent les louanges du Seigneur. Laissons les vanités d'autres futiles compositions, comédies et romances des nations étrangères, recherchons ce qui nous est propre, car souvent dans les pilules et purgatifs amers se trouve la santé du malade. Et si ces vers que je vous présente ne paraissent pas avoir cette douceur qu'offrent les vers profanes, qu'ils ne vous inspirent aucun dégoût; faites-en d'autres meilleurs, nous allons de précipice en précipice; je reconnais bien que ces vers ne peuvent recevoir ce nom. Je l'affirme, bien que je les aie faits, je ne sais ni les mesurer, ni s'ils sont composés des syllabes requises. Je les ai faits avec le talent naturel dont je suis doué. Si je l'avais accompagné, dans ma jeunesse, par la connaissance de quelque science que cet art requiert, je crois qu'il en retirerait quelque valeur. »

Par là David Abenatar expliquait non-seulement le motif qui lui avait fait entreprendre son ouvrage (1), mais il exposait le jugement qu'il en portait, jugement qui est certainement bien loin de répondre au mérite de cette traduction importante. Assailli et poursuivi toujours par l'idée de la torture, animé de la haine la plus profonde contre le Saint-Office, il ne fut pas aussi exact qu'il aurait dû l'être : il assaisonna une multitude de psaumes de plaintes amères, et assimila à ses propres souffrances un assez grand nombre de pas-

---

(1) Dans une romance qui précède la traduction et que Melo adresse au *Dieu de bonté*, il s'exprime ainsi sur ce point :

> Con tu celo, mas sin sciencia
> pon darles vengüenza á ellos,
> tomé en la mano la pluma,
> mojada en mis descontentos.
>
> Hice este pobre rasguño
> en este lienzo pequeño,
> encolado con mis males
> que son de color negro.
> . . . .
> A ti, Señor, lo encamino
> a ti, Señor, te la ofresco :
> pues conoces que me incita
> de tu amor ardiente celo.

« Pour ton amour, mais sans science, et pour leur faire honte à eux, (a) ma main a pris la plume qu'elle a trempée dans mes chagrins. — J'ai fait cette pauvre esquisse sur cette petite toile, collée avec mes maux qui sont d'une teinte noire. — C'est à toi, Seigneur, que je l'adresse, à toi, Seigneur, que j'en fais l'offrande; puisque tu connais que c'est le zèle ardent de ton amour qui m'excite.

(a) Aux Juifs qui écrivaient sur des sujets profanes.

sages. Cet espoir de vengeance que nourrissait son cœur le poussa si loin, qu'il inséra dans le psaume XXX, correspondant au psaume XXIX de la Vulgate, la peinture suivante de ses tourments (1) :

> Nel infierno metido
> de la Inquisicion dura
> entre fieros leones de alvedrio,
> de allí me has redimido,
> dando á mis males cura,
> solo porque me viste arrepentido.
> Llamé, de tí fui oido,
> enmienda prometiendo
> si de allí me sacases :
> mostráseme tus fases,
> a mis apretadores destruyendo.
> Que ya cuasi rendido
> estaba de ellos; tú los has vencido.
> Cuando en duro tormento
> me tenian atado
> porque á mi hermano y progimo matase;
> helado, sin aliento,
> en alto levantado,
> mi lazo le pedí me desatase.
> Que escribiese y notase,
> que yo confesaria
> mucho mas que él quisiese :
> que hablase, que pidiese;
> que cuanto me pidieran les daria.
> Mas al suelo bajado,
> con un corazon nuevo te he llamado.
> Acuden los verdugos.

(1) Jeté dans l'enfer de la cruelle Inquisition, au milieu des féroces lions de l'arbitraire, tu m'as racheté de là et tu as guéri mes maux, uniquement parce que tu as vu mon repentir. J'appelais, de toi je fus entendu; je promis de me corriger si tu me tirais de là, et tu m'as montré ta justice en détruisant mes oppresseurs. J'étais presque rendu et je leur appartenais : toi, tu les as vaincus. Un jour qu'au milieu d'un cruel supplice ils me tenaient attaché pour que j'immolasse mon frère et mon prochain; glacé, sans haleine, en haut élevé, j'ai demandé qu'on me dénouât mes liens; j'ai prié qu'on écrivît et qu'on notât, que je confesserais beaucoup plus qu'on ne demanderait; que l'on parlât et que l'on demandât, que je donnerais tout ce qu'on me demanderait. Mais déposé à terre je t'ai appelé avec un

pensando que tenian
en mi red á la caza ya pescada;
desátanme los yugos;
palabras me decian
y á todas, mudo yo, no decia nada.
Con la voz alterada
me gritaban digese
lo que habia prometido;
mas ya de ti vestido,
Mentis les dije, sin que les temiese;
y vuelto á atar de nuevo
me deshicieron, como cera al fuego.

. . . .

De aquella fuesa oscura
con gloria me has subido
vivificando el alma que me diste;
y en gusto mi tristura,
mi Dios, has convertido,
mostrando bien la fuerza que en ti asiste.

D'autres fois, rempli d'enthousiasme pour ses nouvelles croyances, il éclate en apostrophes et en imprécations pleines de feu. Il lui semble que les temps sont arrivés où le Messie doit venir visiter son peuple, ce qui le porte à intercaler le passage suivant dans le psaume LXVIII (1) :

Sácanos de esta priesa;
iremos á tu templo,
a do con alzaciones
y los reyes con dones

nouveau courage. Les bourreaux accourent, pensant tenir dans leur filet la proie déjà prise; ils délient mes fers; ils m'adressent des paroles; mais à toutes, je reste muet, je ne dis rien. D'une voix altérée, ils me criaient de dire ce que j'avais promis; mais, par toi fortifié, *vous mentez!* leur dis-je, sans les craindre; et ils m'attachent de nouveau et ils me font évanouir, comme la cire au feu.

. . . .

De cette fosse obscure, avec gloire tu m'as fait monter, en vivifiant l'âme que tu m'as donnée et tu as, mon Dieu, changé ma tristesse en joie en me montrant bien la force qui réside en toi.

(1) « Tire-nous de cette agitation, nous irons dans ton temple, où par des élé-

te sirvan ; que de aquí ya lo contemplo.
Destruye la compaña
que lauza empuña y contra ti se ensaña.
Confirma en nuestros dias
esto que has prometido;
perfecciona la obra que has obrado :
envia tu Mesias,
a tu David ungido
y levanta tu templo desolado.

Ainsi les psaumes traduits par David Abenatar Melo renferment non-seulement des détails précieux sur sa vie, mais ils font encore connaître, dans une foule de passages, l'état de la race proscrite, et ils révèlent les plus intimes sentiments du poëte. Son âme était pleine de fiel et d'amertume : d'un côté, il avait sous les yeux les calamités sans nombre qui pleuvaient sur son peuple; d'un autre, il se rappelait ses souffrances, et il se représentait toujours l'image de la torture. Aussi se laissait-il fréquemment emporter par la fougue de son enthousiasme, et alors il était véritablement original ; alors il s'écartait de la voie tracée par le roi-prophète. Cependant, il faut avouer que parfois il traduit, avec la plus grande exactitude et avec l'imitation la plus parfaite, les pensées les plus élevées, sans laisser voir qu'il manque de l'instruction nécessaire ou qu'il n'a aucune idée de l'art. C'est là ce que peuvent avoir déjà compris nos lecteurs par les passages que nous avons cités. Pour qu'ils aient une preuve de l'énergique intonation que David Abenatar donna à ses vers, nous transcrivons ici une partie du psaume LVIII de la Bible juive, qui est le LIX° de la Vulgate (1) :

Oid, hijos del hombre, vuestra mengua,
los que en audiencias y congregaciones,
hablando está justicia vuestra lengua.

vations, et les rois par des dons te serviront : d'ici déjà je le contemple. Détruis la race qui saisit la lance et contre toi exerce sa fureur. Confirme de nos jours les promesses que tu as faites; perfectionne l'œuvre que tu as commencée; envoie ton Messie à ton David que tu as oint et relève ton temple désolé. »

(1) « Écoutez, fils de l'homme, votre faute, vous dont la langue ne fait que parler justice dans les audiences et dans les réunions. — Là vous donnez du droit

Alli derecho dades á montones :
hablais, juzgais por mostraros derechos
y obrais tortura en vuestros corazones.

Vuestros ocultos ponzoñosos pechos
tienen la tierra llena de maldades :
que de tales varones, tales hechos.

Vuestras manos engaños, falsedades,
pesando están contínuo, todo el dia,
rehollando, aborreciendo las verdades.

Traen desde la vulva la falsia ;
malos en ella gozan, y es su mira
cubierta con malvada hipocresia.

Erraron !... desde el vientre hablan mentira :
mas que culebros son envenenados :
que su veneno al bueno á matar tira.

A los aspides son asemejados ;
que sus oidos cierran al encanto
porque, si oyen, pueden ser cazados.

Ven al encantador, y ellos en tanto
que las palabras dice, con la cola
cierran su oido, por no oir su canto.

A estos tales, el Dios destruye, asola,
desmenuza los dientes en su boca :
vagan en tierra, como corcho en ola.

Sus colmillos de leones les derroca :
quiébraselos, señor, sean desleidos,
como el agua que baja de alta roca.

par monceaux; vous parlez, vous jugez pour montrer votre droiture, et dans vos cœurs vous ne travaillez qu'obliquité. — Vos poitrines secrètes et empoisonnées remplissent la terre de méfaits; car tels hommes, telles actions. — Vos mains ne cessent de peser toute la journée la tromperie, la fausseté, et elles rejettent et abhorrent la vérité. — Depuis la vulve ils traînent la duplicité; les méchants y trouvent du plaisir, et leur regard est enveloppé d'une perfide hypocrisie. — Ils se sont trompés !... Depuis le ventre ils parlent mensonges : ils sont plus venimeux que des serpents ; et leur venin cherche à faire périr l'homme de bien. — Ils sont semblables aux aspics qui ferment leurs oreilles à l'enchantement parce que, s'ils l'écoutaient, ils pourraient être pris. — Ils voient l'enchanteur, et tout le temps qu'il dit ses paroles, avec la queue, ils bouchent leurs oreilles pour ne pas entendre son chant. — De tels êtres, Dieu les détruit, les ruine, broie les dents dans leur bouche : ils flottent sur terre, comme le liége sur les ondes. — Il leur arrache leurs dents de lions : brise les leur, Seigneur, et qu'ils soient délayés comme

. . . .
Derribalos, ¡oh Dios! de su alta cumbre :
Vivos los arrebate tu ira luego
En la tempésta de su ceguedumbre.

On peut donc remarquer que Melo se plaçait à une hauteur convenable pour révéler la sublimité du psalmiste. Dans ses traductions, on trouve des traits dignes d'Herrera. Nous devons toutefois faire observer que jamais il n'est obscur ni boursouflé, ce que nous attribuons, nous autres, à ce qu'il ne connaissait pas la poésie cultivée de son temps, comme il l'avoue lui-même et comme nous l'avons démontré plus haut. Nous pourrions multiplier les citations pour prouver que David Abenatar Melo possédait les plus grands talents poétiques et qu'il est, par conséquent, regrettable de ne pas trouver son nom inscrit sur notre Parnasse, ni un seul critique qui, jusqu'à nos jours, ait entrepris l'examen de ses œuvres. Cette considération, jointe au désir que nous éprouvons de justifier nos assertions, nous engage à ajouter encore quelques passages qui appelleront l'attention des esprits intelligents. Voici donc le commencement du psaume cxiv qu'il traduisit, *avant d'entrer dans la prison de l'Inquisition* (1) :

Ya la casa famosa
de Jahacob sin segundo
sale del enojoso cautiverio ;
de tierra prodigiosa
y del poder inmundo
del fiero Egipto idólatra y su imperio.
Sale del vituperio
que el bárbaro nefando
con fuerza les hacia ;
y llena de alegría
sus famosos pendones levantando ;

l'eau qui descend d'une roche élevée....... Renverse-les, oh ! mon Dieu, de leur sommet élevé ; que ta colère les livre bientôt vivants à la tempête de leur aveuglement. »

(1) « Déjà la race illustre de Jacob sans second, sort de la triste captivité, de la terre prodigieuse et du pouvoir immonde de l'Égypto superbe et idolâtre et de son empire. — Elle sort du blâme que le barbare infâme lui imposait par la

> y el capitan famoso
> Moisen delante de él victorioso.
>   La gloria de la tierra,
> morada del Dios vivo,
> Jhudad, do santidad llena y colmada,
> libre de tanta guerra,
> en contento excesivo
> se vé con tanto bien, rica, exaltada.
> . . . .
>   De ver tanta grandeza
> el ancho mar ha huido;
> atrás volvio el Yarden la su corriente ;
> montes de grande alteza
> saltaron con gemido,
> como barbeces siendo Dios presente.

Dans la traduction qu'il fit du même psaume après sa sortie de l'Inquisition, il continue ainsi (1) :

> Dime, la mar ¿qué viste
> que en tu centro escondida,
> a mas correr, huyendo, te encerraste ?...
> ¿Tú, Yarden, por qué huiste ?...

force; et pleine d'allégresse elle élève ses fameux étendards, et le fameux capitaine Moïse marche devant elle victorieux. — La gloire de la terre, séjour du Dieu vivant. Jhudah remplie et comblée de sainteté, libre d'une si grande guerre, dans sa joie excessive, se voit par un si grand bien riche et exalté............. De voir tant de grandeur la vaste mer a fui; le Jourdain a remonté le cours de ses eaux, les montagnes de la plus grande élévation ont bondi avec gémissement comme des chevreaux (a), par la présence de Dieu. »

(1) « Dis-moi, mer, qu'as-tu vu pour fuir au plus vite, et te renfermer et te cacher dans tes profondeurs? Et toi, Jourdain, pourquoi as-tu fui? Avez-vous quelque sentiment que pour faire un tel miracle il vous suffise de couvrir de honte l'homme

---

(a) Le mot *barbes*, inusité aujourd'hui, signifie *chevreau* et non *mouton*, comme le porte la bible hébraïque, que la *Vulgate* traduit ainsi : *Montes exultaverunt sicut arietes*. Saint Jérôme lui donne la même interprétation quand il dit : *Montes subsilierunt quasi arietes*. Dans la bible de Ferrare que Melo avait sous les yeux, on traduit : *Les montagnes bondirent comme des chevreaux* : le mot hébreu signifie cependant *moutons*. Nous ne pouvons expliquer comment les savants juifs, qui ont fait la traduction, ont pu se tromper en appelant des moutons, des chevreaux. David Abenator Melo suivit en cela l'autorité d'Abraham Usque et de ceux qui l'aidèrent dans sa célèbre publication.

¿Teneis algun sentido
que para tal milagro hacer os baste,
al hombre avergonzando
que á Dios no loa y vos lo estais loando ?
 ¿Por qué, como barbeces,
montes, decid, saltásteis?
¿Y vos, collados, cuál hijos de ovejas
una dos y tres veces,
cual ellos, retozásteis,
en hacerlo corriendo á sus parejas?
Decidme lo que visteis
que del ser natural todos salísteis?
. . . .
Delante del Dios vivo,
cual veis, hemos temblado :
que cielo y tierra tiemblan su presencia.
Y tú, linage esquivo,
con la razon criado
lo tientas ordinario de paciencia,
pecando y mas pecando
y de que has de morir no te acordando.

Dans les psaumes de David Abenatar Melo, on trouve aussi des traits d'une grande énergie qui montrent que son âme était douée d'une trempe supérieure pour la poésie. Dans le psaume XVIII, on rencontre les suivants où il dit en parlant de Dieu (1) :

Y puso en arco de furor sus cejas.
Tembló la tierra, el cielo ha tempesteado,

qui ne loue point Dieu tandis que vous proclamez sa gloire? — Dites, montagnes, pourquoi bondissez-vous comme des chevreaux? Et vous, collines, pourquoi, comme les petits des brebis, sautez-vous comme elles une, deux et trois fois, et en le faisant marchez-vous vers vos pareilles? Dites-moi ce que vous avez vu pour sortir ainsi tous de votre condition naturelle?......... .. Devant le Dieu vivant nous avons tremblé, comme vous voyez : que le ciel et la terre tremblent en sa présence. Et toi, race orgueilleuse, créature douée de raison, tu tentes toujours sa patience. Tu pèches et tu pèches encore, sans te rappeler que tu dois mourir. »

(1) « Il donna à ses sourcils l'arc de la colère; la terre trembla. Le ciel se chargea de tempêtes, les montagnes s'ébranlèrent dans leurs fondements devant

> los montes desquiciaron sus cimientos
> delante el Dios colérico y airado.
> Humeó su nariz!!.. rayos violentos
> salieron de su boca y abrasólos.
>
> . . . .
>
> Sobre el Querub cabalga, y con presteza
> vuela sobre las alas de los vientos,
> para quebrar al impio la cabeza.
>
> . . . .
>
> Delante dél por sol nubes llevaba
> y á su enemigo fiero, endurecido,
> debajo de sus plantas asolaba.

Il nous serait facile, en vérité, de multiplier les citations pour prouver tout ce que nous avons avancé. Melo ne mérite pas seulement des éloges comme traducteur, mais aussi comme poëte. En écrivant les psaumes, il employa le tercet, désespoir des mauvais versificateurs, et les stances légères et élégantes de la silve, en usant en même temps des octaves *reales* et des romances de huit syllabes. Mais il ne fut certainement pas aussi heureux dans ces combinaisons, quelques efforts qu'il ait faits pour réussir, qu'il l'avait été dans les premières. Toutefois, il faut convenir que les romances de David Abenatar Melo ne manquent pas de beautés, et il nous semble que la répugnance que l'on éprouve à les lire provient plutôt de ce que cette métrique n'est pas celle qui convient à la poésie sacrée, que de leur mérite plus ou moins grand. A la fin des psaumes, on trouve la *barakáh* ou bénédiction de David, et le *Cantique de Moïse* après le passage de la mer Rouge. Le *Cantique de Moïse* contient des morceaux qui méritent d'être cités ici (1) :

> Las cuádrigas herradas
> del bravo Pharaon y su fonsado

le Dieu plein de colère et de courroux. Ses narines fumèrent!!... de sa bouche sortirent des éclairs rapides qu'il embrasa......... Emporté par un chérubin, il vole avec rapidité sur les ailes des vents pour briser la tête de l'impie.......... Devant lui il poussait, pour soleil, les nuages, et il broyait sous ses pieds son ennemi superbe et endurci. »

(1) « Les quadriges ferrés du terrible Pharaon et son armée furent dans la mer

fueron nel mar quebradas ;
que ninguna ha escapado
de la mano de quien las ha guiado.

. . . .

Tús levantantes bravos
por el suelo, Señor, los derrocaste,
tratando como esclavos :
hundiste y castigaste
y en tu ira y furor los abrasaste.
Como coscoja fueron
a quien el fuego furioso llega;
mucho mas se encendieron ;
que su maldad los ciega
y á tu justicia recta los entrega.
Con el esprito santo
de tu nariz las aguas se pararon
en montes que fué espanto ;
y en ellos se quedaron
las que antes destilando se mostraron.

. . . .

Dentro del mar entrados
guiados de su fuerza y apetito,
fueron de tí asaltados :
soplando con tu esprito
cubrió la mar el fiero y bravo Egito.

Les *Psaumes* (1) de ce Juif infortuné, entièrement inconnus à nos critiques et à nos littérateurs, méritent enfin d'être étudiés avec la

engloutis : aucun n'a échappé à la main qui les avait conduits............ Tes superbes guerriers, tu les a renversés à terre, Seigneur; tu les as traités comme des esclaves : tu les as confondus, tu les as châtiés et tu les as embrasés dans ta colère et dans ta fureur. Ils ont été comme la feuille sèche sur laquelle arrive un incendie furieux; plus vite ils se sont enflammés, parce que leur méchanceté les aveugle et les livre à ta droite justice. — Avec l'Esprit-Saint les eaux de tes narines se changèrent en montagnes; ce fut une épouvante et sur elles s'arrêtèrent les eaux qui auparavant se montraient en s'épanchant............ Quand ils furent entrés dans la mer, confiants dans leur force et dans leurs désirs, ils furent assaillis par toi, et le fier et terrible Égyptien couvrit la mer quand ton esprit eut soufflé. »

(1) Le titre de cet ouvrage est ainsi conçu : *Les* CL *Psaumes de David, en langue espagnole, en rimes variées, composées par David Abenatar Melo, confor-*

plus grande attention. On y trouve des phrases et des expressions altérées ; il s'y en conserve d'autres déjà vieillies et bannies du langage ; il s'y en est introduit enfin d'autres de divers idiomes et en particulier de l'italien. Ces observations, justifiées en grande partie par les morceaux que nous avons cités plus haut, montrent l'état où se trouvait la langue espagnole chez les Juifs au commencement du xvii° siècle. Cependant, comme nous l'observerons en son lieu, il n'a pas alors manqué, chez les écrivains de cette race, de doctes cultivateurs de la langue castillane. Ce qui appelle surtout l'attention, c'est l'usage de certains *verbes*, maintenant oubliés, qui donnent beaucoup d'énergie à la phrase et qui ne prêtent pas peu de nerf aux locutions poétiques. Nous citerons entre autres : *Soberrier* pour *ensoberrecerse*, s'enorgueillir ; *bizarrear* pour *ser bizarro*, être brave ; *involuntar* pour *tener aprecio*, avoir de l'estime, apprécier ; *avillar* pour *envilecer*, avilir ; *tempestear* pour *haber tempestad*, être en tempête, etc., etc., toutes choses qui, dans les psaumes de Melo, contribuent à produire un certain mouvement de style qui donne un caractère particulier.

En terminant l'examen de ces compositions, nous observerons : 1° Que les persécutions du Saint-Office furent peut-être cause que ce génie remarquable ne se consacra pas à la poésie chrétienne proprement dite, et que, sous ce rapport, son talent se perdit ou s'égara ; 2° que, délivré de la rage de ses ennemis, il n'eut pas les défauts qui furent la plaie des écrivains qui, dans ce temps, cultivaient les lettres en Espagne. Ce sont là des preuves évidentes de ce que nous

mêment à la véritable traduction de Ferrare, avec quelques allégories de l'auteur. Dédiés au D. B. et à la sainte Compagnie d'Israël et de Jéhudah, répandue dans le monde dans cette longue captivité, et au bout la Barakâh du même David et le Cantique de Moïse, à Francfort, en l'année 5380, dans le mois de Elul (août 1626). L'édition est si négligée et si pleine de graves fautes d'orthographe qu'il faut une étude attentive pour comprendre beaucoup de mots. C'est là ce qui porta sans doute son auteur à dire dans le prologue qu'il était obligé de composer, comme le fait un peintre de portraits, et à ajouter : « Et quoique mon écriture soit assez bonne pour me louer d'elle, je vous dirai que je savais à peine lire ensuite ce que j'avais écrit. Voyez donc ce que pouvait faire le pauvre imprimeur. Je vous affirme que j'ai eu bien des fois pitié de lui. » Il ne pouvait en vérité en être autrement, alors que les imprimeurs ignoraient la langue castillane. Les éditions qui se faisaient à cette époque en Espagne sont aussi pleines de cette espèce de défauts.

avons dit touchant l'esprit que la politique du Saint-Office répandit sur la littérature, qui fut réduite à un misérable esclavage, alors qu'elle n'avait pas assez de force pour conserver son originalité et son indépendance. Voilà les raisons qui nous ont porté à expliquer dans ce chapitre l'état des muses castillanes vers la fin du xvie siècle et le commencement du xviie. David Abenatar Melo, par sa simplicité naturelle et son indépendance énergique, forme un contraste digne d'une plus grande étude avec l'afféterie des poëtes qui assiégeaient le Parnasse à l'époque dont nous parlons.

Nous ne terminerons pas ce chapitre sans noter qu'à la même époque où florissait Melo, on publia une autre traduction des *Psaumes*, faite par Le Quesne, « conforme à la véritable version du texte hébreu et sur la même musique que les psaumes français. » Qui que ce soit reconnaîtra à première vue l'objet de cet ouvrage qui portait en tête le précepte qui avait été l'origine de toutes les études théologiques des Juifs et que nos lecteurs connaissent déjà. Pour que nos lecteurs puissent se former une idée des psaumes de Le Quesne, nous donnerons ici les deux premières strophes du premier psaume de David (1) :

    Felice está ciertamente el varon
    que no anduvo en consejo ó razon
    de impíos; ni fué senda de pecadores
    ni asentó cerca de burladores :
    antes en Dios su voluntad habrá
    y dia y noche en su ley pensará.
      Y como árbol muy hermoso será
    plantado junto arroyos, que dá
    siempre su fruto en su tiempo oportuno,
    cuya hoja así no cae en dia alguno
    y todo lo que tal varon hará
    florecerá siempre y prosperará.

---

(1) « Heureux est certainement l'homme qui ne demande pas conseil ou raison aux impies, qui ne suit pas la voie des pécheurs, qui ne s'assied pas auprès des railleurs, mais qui devant Dieu sa volonté placera, et nuit et jour à sa loi pensera. — Et comme sera planté aux bords de ruisseaux, un très-bel arbre qui donne toujours son fruit en temps opportun, dont la feuille ne tombe jamais. Un homme qui tout ainsi sera, fleurira toujours, toujours prospérera. »

Après les psaumes, Le Quesne mit en petits vers les *Commandements de Dieu* et le *Cantique de Siméon*. Il est à remarquer que cette traduction, par laquelle Le Quesne se proposait de doter l'Espagne de psaumes mis en harmonie avec la musique française, ne porte pas l'année où elle fut éditée, et que l'on ignore le lieu où elle fut imprimée.

CHAPITRE V.

XVIᵉ et XVIIᵉ siècles.

Miguel de Silveyra. — Machabée, poëme héroïque. — Son examen. — Menasseh ben Israël. — Ses ouvrages : ses poésies. — Efraïm Bueno. — Jonàs Abarbanel et autres poëtes d'Amsterdam. — Diégo Beltran de Hidalgo. — Ses poésies.

Nous avons expliqué, dans le chapitre qui précède, comment arriva la décadence de la littérature espagnole, et nous avons montré qu'elle était principalement due, d'une part, à l'état d'abjection où étaient tombés les esprits castillans à force d'être imitateurs, et d'une autre, à l'influence absolue qu'exerçait sur les esprits le Saint-Office qui lançait ses terribles anathèmes contre ceux qui osaient même faire usage de leur talent, sans obtenir sa protection ou sans demander au moins son autorisation. Ceux qui nourrissaient pour la poésie un amour assez grand pour aspirer à la gloire de créateurs, s'écartèrent de cette route battue et entreprirent la tâche ardue de rafraîchir, pour ainsi dire, l'art éteint de Garcilaso, de Fray Luis de Léon et de Herrera ; mais ils ne purent conquérir l'indépendance qu'ils ambitionnaient, et il ne leur fut pas non plus donné d'obtenir le coûteux laurier qu'ils destinaient à leurs ouvrages. La révolution n'était possible que dans les formes de la pensée, et, par conséquent, elle ne pouvait qu'être stérile, sinon préjudiciable aux lettres. C'est malheureusement ce qui arriva, quoiqu'on ne puisse rendre responsables de ce fatal résultat les écrivains qui, d'un cœur audacieux, se lancèrent dans une entreprise si hasardée ; sans qu'on puisse non plus les accuser d'avoir manqué de science, comme l'ont fait certains critiques. Quand des éléments si nombreux et si contraires se réunissent et se combinent pour dénaturer, pour égarer, pour opprimer la pensée, on n'a pas à exiger des hommes de génie qu'ils suivent toujours les sentiers du bon goût ; on ne peut leur jeter leurs extravagances à la figure. Ce n'est pas en eux qu'existe la cause de leur erreur ; la cause de leur erreur réside dans la société qui les entoure, et c'est là que la philosophie et la critique doivent la chercher. Ainsi donc, puisque la littérature est le baromètre le plus sûr pour connaître l'état politique et intellectuel des peuples, il faut convenir que la révolution de Gongora, révolution inévitable dans la prostration où étaient tombées les muses castillanes, ne put s'empêcher d'être ce qu'elle fut réellement. Elle dut altérer la forme poétique de la pensée, rompre toutes les lois du langage, substituer à la prosaïque simplicité de ses contemporains, le luxe excessif des hyperboles et des métaphores forcées qui constitue le caractère spécial du *cultéranisme*. Gongora cependant avait été grand jusque dans ses excès, et le triomphe de son école fut par conséquent plus rapide et plus décisif.

Au nombre de ceux qui le suivirent avec le plus de bonheur, il faut compter, sans aucun doute, le docteur Miguel de Silveyra, Juif converti, d'un génie heureux et d'une instruction profonde. Il naquit, en Portugal, vers le milieu du xvie siècle. Après avoir étudié la philosophie à l'université de Coïmbre, il vint à Salamanque, où il apprit le droit, la médecine et les mathématiques, comme il nous le dit lui-même dans le prologue du poëme dont nous avons mis le titre en tête de ces lignes. « L'amour de la patrie, dit-il, me doit cette lâche audace, celle d'avoir composé le *Machabée*. Je pouvais avoir quelque confiance dans les études que j'avais faites durant quarante ans consécutifs dans les universités de Coïmbre et de Salamanque, où j'ai étudié, dès mes débuts, la philosophie, la jurisprudence, la médecine et les mathématiques. Après les avoir expliquées vingt ans à la cour de Sa Majesté avec mes connaissances scientifiques et poétiques, je n'ai pas osé entreprendre cette œuvre sans avoir consulté les hommes les plus doctes de l'Espagne, sans avoir été approuvé par ceux de l'Italie, à qui j'ai envoyé le sujet avant de me mettre à l'exécution. » Miguel de Silveyra devait donc avoir, quand il commença son poëme, quarante ans, en supposant qu'il eût commencé ses études à l'âge de dix ans. Et comme il consacra, ainsi qu'il l'affirme dans le même prologue, vingt-deux ans de *persé-*

vérantes études et *de corrections* avant de terminer et de couronner son *Machabée*, il pouvait avoir soixante-deux ans accomplis quand il le publia.

On a exprimé sur le mérite de ce poëme des opinions diverses et tout à fait opposées. Ceux qui, méconnaissant l'état des lettres à l'époque de Silveyra, n'ont pas daigné le lire, le condamnent à un mépris absolu à cause de *son style boursouflé et confus*. Ceux qui ont suivi la marche de ce poëte, qui ont contemplé le succès prodigieux qu'obtint le *Machabée*, dans la république des lettres, se confondent en éloges, le comptent parmi les épopées les plus célèbres et le placent à côté de l'Iliade et de l'Énéide. Parmi ces derniers, on doit ranger Antonio Enriquez Gomez, Juif comme Silveyra, et qui, dans le prologue de son *Samson Nazaréen* que nous examinerons plus tard, s'exprime ainsi : « Il est si difficile de monter ou d'arriver au sommet d'un poëme héroïque, que, de tous ceux qui en ont écrit, cinq seulement ont obtenu ce laurier. Le premier, c'est Homère, pour son *Odyssée*, en grec ; le second, Virgile, pour son *Énéide*, en latin ; le troisième, le Tasse, pour sa *Jérusalem*, en italien ; le quatrième, le Camoëns, pour sa *Lusiade*, en portugais ; et le cinquième, le docteur Silveyra, pour son *Machabée*, en castillan. Ces génies ont illustré cinq langues sans trouver, chacun dans la sienne, personne qui ait pu les égaler. Homère a été divin, Virgile sublime, Camoëns admirable, Le Tasse profond, et Silveyra héroïque, et à un si haut point, qu'il a été l'esprit le plus véhément qui ait chanté une action héroïque dans un style si élevé. » Voilà l'éloge et le blâme ; la critique impartiale et sans passion doit chercher dans le *Machabée* les beautés qui sont nombreuses et les défauts, qui ne le sont pas moins, pour apprécier les unes et les autres, et donner à Silveyra la place qu'il mérite par son génie et son talent au milieu des poëtes castillans du xviie siècle.

Pour nous qui professons la doctrine que l'épopée est la poésie de l'humanité, nous ne sommes pas très-éloignés d'accorder que le sujet choisi par Silveyra remplit les conditions du poëme épique. « Le sujet de ce poëme, écrit le même converti, c'est la restauration du temple de Jérusalem, accomplie par l'invincible capitaine Judas Machabée, action la plus illustre et la plus héroïque que nous connaissions, tant par le merveilleux que par l'excellence et la majesté du récit, et digne d'être chantée par d'autres génies des plus supérieurs. Le Tasse l'avait choisie pour un poëme, mais des obligations particulières le détournèrent de cette intention. Toutes les circonstances nécessaires concourent dans cette matière pour l'introduction de la forme poétique ; et le sujet est si excellent que la fable des poëmes héroïques étant l'imitation d'une action d'un personnage illustre, totalement bonne, glorieuse, entière, possible et de bon exemple, non comme elle s'est passée en *particulier*, mais comme elle pouvait arriver par la perfection de l'*universel*, la fable de cet homme illustre est si excellente dans le particulier, si parfaite dans toutes les circonstances, qu'elle excède la possibilité des universelles. » En effet, cette action est une de celles qui se prêtent le plus à la poésie épique, parce que la lutte entre l'indépendance et l'oppression étrangère sera toujours l'objet des plus grandes sympathies et une source féconde de traits sublimes et héroïques. Deux peuples qui professaient des croyances religieuses différentes, qui avaient des mœurs et des coutumes diverses, se trouvaient face à face : deux civilisations contraires allaient se choquer, en montrant chacune les ressources immenses qu'elle avait dans ses mains pour aspirer au triomphe. Le choix du sujet, pour écrire un poëme épique, paraissait être parfait, par conséquent, ce qu'on ne pouvait faire moins que d'espérer, vu la circonspection avec laquelle Silveyra avait procédé, en consultant, avant d'entreprendre sa tâche, les hommes les plus expérimentés d'Espagne et d'Italie.

Mais l'exécution de cette pensée fut-elle aussi heureuse que l'avait été sa conception? Pour résoudre cette question, il faut examiner deux points. D'abord la marche, la contexture et la distribution du poëme, puis ses formes poétiques. Sur le premier point, on est obligé de convenir que Miguel de Silveyra se montra digne de la renommée dont il jouissait, puisque le *Machabée* est un des poëmes castillans dont le plan est le mieux réglé, si l'on en excepte quelques épisodes peu nécessaires et prolixes, tels que celui qui commence le livre xve, pour flatter l'orgueil de don Ramon de Guzman, alors vice-roi de Naples, par l'énumération des armoiries et des blasons de sa maison. L'action se partage en vingt livres : elle commence par la remise que Dieu fait à Jérémie d'une épée terrible, épée qui doit être, entre les mains de Machabée, la terreur de ses ennemis. Ainsi, par l'intervention immédiate des puissances célestes dans le poëme, la *machine épique* se meut d'une manière convenable. Le merveilleux et le sublime abondent, sans que leur emploi soit trop souvent violent. Judas Machabée, chef habile et valeureux, conduit ses compatriotes de victoire en victoire, contre les généraux et les princes d'Antioche, jusqu'à ce que ces derniers soient mis en déroute dans différentes batailles. Nicanor meurt de la main même de Machabée, Jérusalem échappe à l'oppression dans laquelle elle gémissait, et le temple saint recouvre son antique splendeur.

Les formes poétiques et le langage adoptés par Miguel Silveyra ne méritent pas des considérations pareilles de la part de la critique; et cependant il serait bon d'avertir que ses plus grands défauts sont le résultat de l'état déplorable des lettres à cette époque. Silveyra, comme d'autres poëtes de son temps, est excessivement hyperbolique; il étale un luxe de métaphores souvent obscures et forcées; il emploie fréquemment des allégories embrouillées et incompréhensibles; enfin il cultive la forme par excellence, et souvent il a recours à des transpositions outrées qui rendent le langage extravagant, difficile, et détournent entièrement la phrase qui, d'une autre manière, eût été simple, claire et poétique. Ce qu'aujourd'hui la critique signale comme des défauts, fournit alors autant de sujets d'éloge. « Ce prodigieux génie, écrivait dans ces temps un littérateur estimable, chanta, en vingt livres, l'action d'un guerrier héroïque, sans que la plume faillît de la première à la dernière octave. Il introduit la fable merveilleusement; les épisodes sont sérieux, les *vers coulants, profonds et pleins d'un savoir infini;* sans altérer l'histoire, il remplit tous les préceptes, toutes les règles et tous les nombres que doit avoir un poëme héroïque. Camoëns surpassa les anciens par l'esprit, à plus forte raison les modernes; mais Silveyra, comme plus docte dans les sciences, *se refuse encore au commentaire de la plume la plus grande*, puisque nous voyons dans son admirable poëme un esprit si élevé dans la partie héroïque, qu'il ne lui permettait pas, quand il l'écrivait, d'abaisser son vol, à plus forte raison dans l'action la plus lyrique de son héros. »

Toutefois, malgré les grands défauts que nous avons indiqués, défauts communs aux autres poëtes de ce siècle, on ne peut s'empêcher de reconnaître, dans le *Machabée*, que Miguel Silveyra possédait de grandes qualités poétiques. Sa versification est toujours forte et sonore, ses locutions sont ardentes comme son imagination, et il sème dans ses vers, toutes les fois que l'esprit du culte de la forme le laisse libre, une multitude de beautés. Notre jugement pourra paraître un peu hasardé, et cependant nous n'hésiterons pas à observer que le poëme dont nous parlons n'a pas une octave où la critique ne trouve quelque chose à admirer et à condamner en même temps, tant il y a de beautés et de défauts qui ressortent, tant étaient dignes de pitié les génies qui se virent obligés de délirer à cette époque pour aspirer à l'originalité, objet de toute leur ambition ! Pour preuve de tout ce que nous avons avancé, nous donnerons ici quelques passages de ce poëme, si mal jugé jusqu'ici. Voici comment il décrit, au livre 1er, l'armée réunie par le héros (1) :

> Muestra Gades con fuerzas peregrinas
> en el sitio fatal, reseña breve,
> vertiendo el corazon fuentes divinas
> del fuego, donde el mismo Dios se bebe.
> De regiones, al piélago vecinas,
> donde el sacro Jordan tributos debe,
> Segor á quien el Orto en luces baña,
> mil guerreros ofrece á la campaña.
>
> . . . .
>
> De los prados que el tiempo fertiliza
> y Haroch con verde halago lisonjea
> y Chison útilmente tiraniza,
> dando tributo al mar de Galilea;
> animando del pecho la ceniza,
> que en nuevas llamas renacer desea,
> bebe Azarias abrasado aliento
> diez veces con el número de ciento.

(1) « Gades montre avec ses forces étrangères dans le siége fatal une courte revue, le cœur verse les sources divines du feu où le même Dieu se boit. Des régions voisines de la mer, à qui le sacré Jourdain doit ses tributs, Segor que l'Orto baigne de sa lumière offre mille guerriers pour la campagne..............
« Des prairies que le temps fertilise et qu'Haroch flatte de ses vertes caresses et que Chison utilement tyrannise en donnant son tribut à la mer de Galilée; ranimant dans le cœur la cendre qui désire renaître en de nouvelles flammes, Azarias boit l'haleine embrasée dix fois avec le nombre cent. — Avec mille âmes cou-

Con mil se ofrece de ánimos valientes
el fuerte Abesalom á la árdua empresa,
de donde Ammá con líquidas serpientes
de montes de Efraim las plantas besa.
Del clima en que de rápidas corrientes
Cedron, del mundo abraza la princesa,
Socipatro, que ardiente honor respira,
con nueve veces ciento al campo gira.
 Insignias Doriteo arbola al viento,
guiando apenas mil, gente escogida,
de donde á Elías trujo el alimento
el ave de nocturna piel vestida...

. . . .

Zacheo que en el ánima atesora
ilustrado valor de sus trofeos,
mil conduce del sitio, donde dora
primero el sol los montes Nabateos.
del valeroso Abnér el campo honora
número igual de climas Narbateos,
que beben á Maggedo en partes, donde
en el golfo Siriaco se esconde.

. . . .

De Ariclea beldad vió peregrina,
de Amor, de Marte egemplo soberano,
en tiempo que cedió Salem divina
los feudos al imperio del tirano.
Suspenso á su belleza, el alma inclina :
que la ciega deidad no falla en vano...

rageuses s'offre le fort Abesalom pour la difficile entreprise, d'où Ammá avec ses serpents liquides baise le pied des monts d'Éphraïm. Du climat où le courant rapide du Cédron embrasse la princesse du monde, Socipater, qui respire ardemment l'honneur, arrive au camp avec neuf fois cent. — Dorithée arbore au vent ses étendards, guidant à peine mille guerriers, troupe d'élite des lieux où Élias porta l'aliment à l'oiseau vêtu de peau nocturne............

« Zachée, que thésaurise dans l'âme la valeur illustre de ses trophées, en conduit mille du lieu où le soleil dore pour la première fois les monts Nabathéens. Du brave Abner le camp honore un nombre égal des climats Narbathéens qui boivent en partie le Maggedo, où il se cache dans le golfe Syriaque.......... J'ai vu la beauté étrangère d'Ariclea, d'Amour, de Mars exemple souverain, pendant le temps que la divine Salem céda ses droits à l'empire du tyran. Suspendue à sa beauté, l'âme incline; l'aveugle déité ne juge pas en vain..........

Decoro de las huestes, Eleazaro
cual parto de Nemea parecia,
en cuyo pecho engendra aliento raro,
en fraguas del honor, la valentía.
Si quita el yelmo, muestra el rostro claro
del planeta que dá la luz al dia;
si armado en la campaña se presenta,
es de Vénus horror, de Marte afren.

Au livre III, il dépeint de la manière suivante la *guerre* et la *colère* qui habitent l'Enfer (1) :

La guerra en este piélago sucede,
á quien lamiendo están sedientos lobos;
á cuya duracion el curso cede
del que arrebata los celestes globos.
El hado por ministros la concede
daños, insultos, latrocinios, robos :
alli en quimera el alma se trasforma
que en varios cuerpos en un tiempo informa.
De furias la sobervia frente enrosca
con las serpientes líbicas la Ira,
en caterva mortal, fábrica tosca,
ciega del humo que Pluton respira.
El sangriento dragon se desenrosca
en medio de las llamas; la Mentira,
mostrando en libertad su cautiverio,
dilata el cetro á cavernoso imperio.

« Honneur des armées, Éléazar, semblable au lion de Némée, dans le cœur duquel la vaillance engendre un souffle rare pour forger l'honneur. S'il quitte le heaume, il montre le brillant visage de la planète qui donne la lumière au jour. Si armé il se présente en campagne, il est de Vénus l'horreur et de Mars la valeur. »

(1) « La Guerre dans cette mer survient, la guerre que lèchent des loups affamés, à la durée de laquelle cède le cours de celui qui précipite les globes célestes. Le Destin lui accorde pour ministres dommages, insultes, brigandages, vols. Là l'âme se transforme en chimère, qui en un moment s'incorpore en divers corps.—De furies le front superbe la Colère entoure avec des serpents libyens, en troupe mortelle, travail grossier, aveuglée par la fumée que Pluton respire. Le dragon sanglant se déroule au milieu des flammes; le Mensonge montrant en liberté sa prison, étend le sceptre sur le caverneux empire. »

Dans le même livre il décrit ainsi la figure de Luzbel (1) :

> Los orbes con soberbia frente toca
> corvo, que á sus espacios no se ajusta :
> forma blasfemias la sulfúrea boca,
> bañada en olas de la sangre adusta.
> Los ojos ira ardiente que provoca
> á sangriento furor de guerra injusta,
> y en la mano imperial por cetro libra
> fiero dragon que siete lenguas vibra.
> Cien brazos la Venganza revestidos
> le dió de furias, con que insultos mueve;
> cien alas la Soberbia de encendidos
> monstruos con que escalar el cielo pruebe.
> La Obstinacion proterva los oidos ;
> la Envidia el pecho, que sus ansias bebe;
> la Lujuria, apetito de su engaño;
> la Gula el vientre, hidrópico del daño.

Voyons maintenant comment, au livre XVIII, il nous représente le héros exhortant son armée au combat (2) :

> Con sereno semblante representa
> valor que en los objetos multiplica :
> breves falanjes con la vista aumenta,
> dispone, ordena, ampara, fortifica;
> los celosos espíritus alienta,
> los helados alientos vivifica :

---

(1) « Les mondes il touche de son front superbe, il se courbe et ses espaces ne lui suffisent pas; elle forge des blasphèmes, sa bouche sulfureuse baignée dans des vagues de sang brûlé. Ses yeux, une ardente colère les provoque à la sanglante fureur d'une guerre injuste, et dans la main impériale il agite pour sceptre un féroce dragon qui fait vibrer sept langues. — La Vengeance lui a donné cent bras recouverts de furies avec lesquels il soulève les insultes; l'Orgueil, cent ailes de monstres enflammés avec lesquelles il essaie d'escalader le ciel; l'Obstination audacieuse, les oreilles; l'Envie, la poitrine qui boit ses peines; la Luxure, l'appétit de la tromperie; la Gourmandise, le ventre, hydropique du dommage. »

(2) Son visage serein représente le courage qui multiplie les objets; son regard augmente les faibles phalanges, les dispose, les ordonne, les protége, les fortifie; il entretient les âmes ardentes, il vivifie les cœurs glacés, il dirige, éclaire et mo-

todo lo rige, ilustra y lo modera,
cual sol que anima la estrellada esfera.
. . . .
Varones, dice, en arma señalados,
que reprimis las furias del profundo,
y de celeste espíritu animados,
os viene corto el ámbito del mundo;
si con tantos egércitos armados
asombra el enemigo furibundo;
si contra su poder el cielo vuelve,
en polvo, en humo, en nada lo resuelve.

Ved de nuestros mayores el trofeo,
cuando oprimieron al Egipto duro,
cual les formaron ondas de Eritreo
de movible cristal constante muro.
De Galatas mirad pomposo arreo,
vestido de la muerte el velo oscuro;
mas dejo los egemplos infinitos,
si en vuestro pecho están con fuego escritos.
. . . .
Mas yo soy capitan de un pueblo invito,
de una fé, que un poder inmenso adora,
con quien mi diestra en bélico conflito
siempre obtuvo la palma triunfadora;
valor en la memoria tengo escrito
que en vuestros corazones se atesora :
de la lanza que al pecho el golpe libra
bien reconozco el brazo que la vibra.

dère tout, semblable au soleil qui anime la sphère étoilée. . . . .
Héros, dit-il, distingués dans les armes, qui réprimez les furies de l'abîme profond, et qui êtes animés de l'esprit céleste, l'orbite du monde vous devient étroit, si, avec de si nombreux bataillons armés, l'ennemi furibond vous épouvante; si, contre son pouvoir, le ciel se tourne, en poussière, en fumée, en néant il le résout. —Voyez de nos ancêtres les trophées, quand ils opprimèrent l'Égyptien cruel, quand les ondes de l'Erythrée formèrent pour eux un mur solide du mobile cristal. De Galatas admirez le pompeux ornement, du voile obscur de la mort revêtu; mais je laisse les exemples infinis, si dans vos cœurs avec feu ils sont écrits. . . . . . .
Mais moi je suis le capitaine d'un peuple invincible, le défenseur d'une foi qui adore une immense puissance avec qui mon bras, dans les luttes guerrières, a toujours obtenu la palme du triomphe. Je tiens écrit dans ma mémoire la valeur que vos cœurs thésaurisent; par la lance qui porte le coup à la poitrine, je re-

¿ De qué espada en la hueste macabea
no señaló la diestra que la esgrime?
¿ Qué flecha corta el aire que no vea
la corva luna que su vuelo imprime?
Conozco que el valor que en vos se emplea
á la cerviz del bárbaro reprime :
dejemos, pues, al orbe por egemplo
santa restauracion del sacro templo.

Ces morceaux (1), qui prouvent clairement jusqu'à quel point Miguel de Silveyra était poëte et jusqu'où le poussèrent les excès du goût dominant à cette époque, sont aussi la preuve la plus digne de foi de l'inexactitude avec laquelle ont jugé le *Machabée*, tant ceux qui l'ont regardé avec un entier mépris que ceux qui lui ont prodigué des éloges inouïs. Les erreurs de Silveyra sont toutefois le résultat de l'école qu'il se proposa de suivre, plutôt que de son talent poétique. C'est ainsi qu'à côté de métaphores ou d'allégories extravagantes, on trouve souvent des images ou des idées délicatement exprimées dans lesquelles abondent des traits véritablement poétiques et propres à l'épopée. Dans le livre 1er, il décrit ainsi l'effet que produisit la parole de Dieu (2) :

Rompio la voz, vibrando el son profondo
los ejes de la fabrica del mundo.

Dans le livre II, il dépeint ainsi la colère comprimée de Machabée (3) :

Mas como al fiero mar ata el arena
la regia magestad su ardor refrena.

connais bien le bras qui la dirige.—¡Quelle est l'épée, dans les rangs machabées, qui ne prouve pas la main qui la porte ? Quelle flèche fend l'air sans qu'on voie la courbe que son vol décrit? Je connais que la valeur qui vous remplit courbera le cou du barbare; laissons donc à l'univers, pour exemple, la sainte restauration du Temple saint. »

(1) L'édition que nous avons vue de ce poëme est de Naples; elle a été faite par Egidius Longus, imprimeur royal, en l'année 1638. — (Le *Machabée*, *poëme héroïque de Miguel de Silveyra*, Philip. IV *munificentia*.)

(2) « Sa voix éclata et le son fit profondément vibrer les axes de la machine du monde. »

(3) « Mais, comme le sable arrête la mer en courroux, la majesté royale comprima son ardeur. »

Dans le xviii°, il met dans la bouche de Jérusalem, qu'il personnifie, ce trait de mélancolique tristesse, tiré à propos de Jérémie (1) :

> Mirad, cuantos pasais la inculta via,
> Si puede haber dolor como mi pena.

Il serait inutile de multiplier les citations. Le poëme du docteur Miguel de Silveyra, malgré les graves défauts qu'y trouve aujourd'hui la froide critique; quoique les mœurs des peuples qui y apparaissent ne soient pas représentées avec toute la fidélité qu'exige la vérité poétique; quoique les caractères des principaux personnages ne soient pas aussi bien tracés qu'ils devraient l'être, est encore un ouvrage digne d'étude et d'estime, que doivent examiner attentivement tous ceux qui aspirent à connaître notre histoire littéraire. Pour condamner une production au mépris ou pour lui accorder des éloges, il est nécessaire de voir ce qu'elle a de bien et de mal et de l'apprécier dans son ensemble. Tel est le devoir de la critique.

En même temps que Miguel Silveyra suivait le mouvement des lettres espagnoles et publiait le *Machabée*, florissait, à Amsterdam, un Juif d'un rare talent, qui se consacra à l'étude des sciences et de la littérature, qui jouit parmi les siens d'une grande réputation justement méritée, et qui fut connu dans les académies sous le titre honorable de *hakam*, savant. Ce Juif s'appelait Rabbi Menaseh ben Israël : il était natif de Lisbonne où l'Inquisition l'avait plusieurs fois poursuivi, jusqu'à ce que, escaladant la prison dans laquelle on le tenait enfermé, il s'enfuit d'Espagne et trouva, à Amsterdam, le port de salut qu'il cherchait pour sa famille. Il se consacra dans cette ville à l'étude des langues, et il y fit des progrès si rapides, qu'il n'hésita pas à assurer dans le prologue de son *Trésor des Jugements*, qu'il en connaissait dix, savoir qu'il n'était pas facile de rencontrer chez toute autre personne. Aidé de ces puissants auxiliaires, Menaseh entreprit toute espèce d'études et il put, en peu d'années, composer et publier, dans une imprimerie qu'il établit à cet effet, un grand nombre de productions en divers idiomes, dont il nous a conservé un long

---

(1) « Regardez, vous tous qui passez sur la voie inculte, s'il peut y avoir douleur égale à ma peine. »

catalogue dans le livre qu'il fit paraître sous le titre de *Pierre glorieuse* ou *de la Statue de Nabuchodonosor*(1). Ce n'est pas ici le lieu de nous arrêter à un examen minutieux de chacune de ces productions, non-seulement parce qu'elles sont pour la plus grande partie théologiques, mais parce que, pour une tâche semblable, nous aurions besoin de beaucoup plus d'espace. Pour notre but, il nous suffit d'indiquer seulement que Menaseh se montra docte dans tous les genres de littérature, et de renvoyer ceux qui désirent avoir plus de détails sur ses œuvres, à la *Bibliothèque Rabbinique* de Rodriguez de Castro, qui parle de ce Juif, dans un de ses meilleurs articles. Nous aurions bien désiré avoir entre nos mains sa *Bibliothèque Rabbinique* et sa *Traduction de Phocilide*, ouvrages qui nous auraient sans doute fait connaître son mérite comme critique et comme poëte ; toutes nos recherches ont été malheureusement infructueuses. Par conséquent nous nous contenterons de transcrire ici quelques pas-

(1) Ce catalogue contient les ouvrages suivants : en hébreu, *Nismat hayim*, quatre livres sur l'immortalité de l'âme; *Pene Raba* ou explication des versets de S. S. compris dans le *Rabot*. — En espagnol : la *première partie du Conciliador*, dans le *Pentateuque*; la *seconde*, dans les premiers prophètes; la *troisième*, dans les derniers prophètes; la *quatrième*, dans les livres hagiographes et le reste de la Bible; le *Humas*, avec les préceptes affirmatifs et négatifs ; la *Bible espagnole*; le *trésor des Dinim*; l'*Économie et Dinim des femmes*; *Pierre précieuse*; de la *Fragilité humaine et du secours divin*; *Espérance d'Israël* relative aux dix tribus; de la *Résurrection des morts et du jour du jugement*, trois livres; *Discours panégyrique à S. M. la reine de Suède*; *Oraison gratulatoire au très-éminent prince d'Orange*; *Phoïdide*, poëte grec, traduit en vers espagnols, avec des notes; de la *Divinité et de l'autorité de la loi de Moïse*; *Bibliothèque rabbinique*, avec les sommaires, les éditions et un jugement particulier sur chaque livre; *Philosophie rabbinique*; l'*Histoire juive* ou continuation de Flavius Joseph jusqu'à nos temps; de la *Science des Talmudistes* dans toutes les facultés et dans tous les livres qu'il faut lire pour chacune d'elles; *Nomenclateur arabe et hébreu*; la *Force de la nécessaire tradition des préceptes*; et, enfin, une grammaire hébraïque, *Sapha Berura*, avec ses nouvelles observations. En latin, il écrivit ses *Problèmes sur la création* et ses *Œuvres sur la fin de la vie*, de *Termino vitæ*. Il traduisit aussi dans cette langue savante quelques-uns des ouvrages ci-dessus. Outre ces œuvres, qui étaient composées en 1655, à un âge déjà avancé, il écrivit plus de deux cents lettres adressées à des savants. Comme quelques-unes étaient en portugais, il est possible qu'elles n'aient pas été toutes publiées. Nous en avons sous nos yeux des plus intéressantes, qui ont été recueillies à Londres, par don Pascual Gayangos, et à Francfort, par don Francisco de Estrada.

sages de ses autres productions. pour que nos lecteurs puissent se former une idée de son style, comme écrivain castillan. Voyons donc comment il explique, dans le *Humas*, l'harmonie mosaïque du premier livre de la Bible (1) :

« El primero, dice, que vulgarmente llaman *Génesis*, deriva el nombre del primer vocablo que significa *en principio*, crió Dios, etc., palabra que admiró á muchos, por contraria á la opinion comun y que Aristóteles pudiera con razones demostrar, á no querer hacer á Platon oposicion en todo. Bien dijo Mosséh y aun lo probó á los ojos de Pharó con tantos portentos y milagros, *para que sepas*, dice, *que á Adonay la tierra*; porque estos peripatéticos no dan á la omnipotencia divina ni aun alargar la ala de un mosquito : el mundo, dicen, corre con su natural costumbre. De este exordio, pues, tanto se pagó Onquelos, sobrino del emperador Adriano, que osó decirle haber entrado en el grémio judáico, considerando que hasta los niños de las escuelas sabian lo que Dios habia criado en el dia primero, segundo, tercero, etc., misterio tan grandiloco, que esto solo bastaba para levantar los ánimos á reconocer una causa de todas las causas y reducirse á obedecer aquel señor, á quien la vida y el ser se debe. »

La langue de Menaseh ben Israël diffère très-peu du langage employé par nos écrivains, au commencement du xviie siècle, mais elle est incontestablement plus châtiée, plus élégante que celle qu'employaient, dans ces contrées, la race juive. Si l'on en juge par la paraphrase latine qui suit, du psaume cxxvi, *In convertendo Dominus captivitatem Sion*, on ne peut refuser à Menaseh le titre de poëte, ni l'épithète d'habile latiniste.

(1) « Le premier, dit-il, appelé vulgairement Genèse, dérive du premier mot hébreu qui signifie *au commencement, Dieu créa*, etc., mot qui en a étonné beaucoup, comme contraire à l'opinion commune, et qu'Aristote eût pu démontrer par des raisons, s'il n'avait voulu faire, en tout, opposition à Platon. Mosseh a bien dit et il l'a prouvé encore aux yeux de Pharaon, par tant de prodiges et de miracles, *pour que tu saches*, dit-il, *que Adonaï a la terre*; parce que ces péripatéticiens n'accordent pas même à la toute-puissance divine de changer l'aile d'un moucheron. Le monde, disent-ils, suit sa marche naturelle. Onquelus, cousin de l'empereur Adrien, se paya si bien de cet exorde, qu'il osa dire qu'il était entré dans le sein du judaïsme, considérant que jusqu'aux enfants des écoles savaient ce que Dieu avait créé le premier, le second, le troisième jour..... mystère si éloquent qu'il suffisait seul pour porter les âmes à reconnaître une cause de toutes les causes, et pour les réduire à l'obéissance de ce Seigneur, à qui on doit l'existence et la vie. »

Voici cette paraphrase (1) :

> Quum pater omnipotens captam remeare Sionem
> Dulcemque jussit patriam revisere,
> Attoniti stupuere animi, nec opiciaque secum
> Metum librantes inter et spem gaudia.
> Vix sibi credunt : veluti qui noctis opacæ
> Sopore pulso, manè versat somnia.
> Pro lacrymis redeunt risus ; sua gaudia quisque
> Sermone celebrat, patrium laudans Deum.
> Nec minus attonito stetit ad miracula vultu
> Sic barbarum turba secum mussitans :
> En Pater ille Deûm quod signa ostendit amoris!
> Hujus saluti gentis usque ut proficit!
> Nec falso, nam signa Deus monstravit amoris
> Præclara, nostræ dum saluti prospicit.
> Ergo alacres læto testamur gaudia plausu.
> Aut tu benigne fac parens ut cæteri
> jam redeant, plenisque viis sic agmen inundet,
> Ut æstuosi quum flat Austri spiritus,
> Indignata suis cohiberi flumina ripis,
> Vaga per agros murmurant licentia,
> Qui malè secundæ commisit semina terræ,
> Et corde tristis multa voluit anxia,

(1) Lorsque le Père tout-puissant ordonna de regagner Sion captive et de revoir notre douce patrie, nos esprits étonnés restèrent frappés de stupeur, ne pouvant contenir leur joie et flottant entre l'espérance et la crainte. Ils se croient à peine semblables à celui qui, après une nuit profonde, secoue le sommeil et repasse le matin ses rêves. A la place des larmes, les rires reviennent ; chacun, dans ses paroles, de chanter sa joie et de louer le Dieu de ses pères. A un tel miracle, l'étonnement ne se peint pas moins sur le visage des barbares qui murmurent ces mots : Voilà donc ce Père des Dieux qui donne des signes d'amour! Comme il veille toujours à la conservation de cette race! Ils ne se trompaient point : Dieu nous a montré les signes éclatants de son amour en veillant sur notre conservation. Aussi, pleins d'allégresse, nous attestons notre joie par de vifs applaudissements. Fais donc aussi, Père de bonté que les autres reviennent bientôt, et que leur troupe remplisse et inonde les chemins, comme lorsque l'auster souffle en courroux, et que les fleuves, indignés d'être contenus par les rives, errent licencieux et grondent à travers les campagnes. Celui qui a mal confié ses semences à la terre fertile, et qui, dans son anxiété, roule en son cœur de tristes pensées, s'il arrive une moisson plus abondante par les pluies bienfaisantes augmentée, voit son triste

Si venit uberior seges imbribus aucta benignis,
  Exultat hilari cor merentis gaudio.
Nos quoque longa fugæ post tædia, post labores
  Læti arva dulcis patriæ revisimus.
Te patrium canimusque Deum, semperque canemus
  Agimusque memores atque agemus gratias.

En même temps que Menaséh ben Israël cultivait les sciences et les lettres avec un zèle si ardent, florissaient à Amsterdam d'autres Juifs qui ne manifestaient pas, en vérité, moins d'enthousiasme pour les muses. Par-dessus tous se distinguaient Joseph Bueno, Abraham Pinto, Himanuel Nehamiah, Daniel Abudiente, Moséh de Pinto, David Senior Enriquez, Efraïm Bueno, Rafael Lévi et Jonas Abarbanel, descendant du célèbre Isahak expulsé d'Espagne par les rois catholiques. Ces écrivains publièrent quelques ouvrages qui n'avaient pas peu de mérite, et Efraïm Bueno et Jonas Abarbanel, en particulier, se montrèrent très-habiles dans la traduction qu'ils firent, en castillan, des *Psaumes de David* (1), et ils prouvèrent aussi leurs grandes connaissances dans la langue hébraïque. Ces psaumes sont écrits en prose, et, quoique leur style soit assez simple, qu'il soit parfois trop naturel, la traduction ne laisse pas d'être très-estimable pour les bibliographes. Abarbanel voulut laisser dans cet ouvrage une preuve de sa muse dans une composition qu'il plaça à la fin, où il fait l'éloge de David et allusion à la captivité que souffrait le peuple de Moïse. Cette composition, qui n'est qu'une glose du psaume *Super flumina Babylonis*, est ainsi conçue (2) :

> Cantó David sacros himnos
> dictados de un sacro Génio

cœur bondir de joie et de gaieté. Nous aussi, après les longs ennuis de l'exil, après nos fatigues, nous revoyons joyeux les champs de notre douce patrie. Nous te chantons, Dieu de nos pères, toujours nous te chanterons, et, pleins de reconnaissance, nous te rendons et nous te rendrons grâce.

(1) Le titre de cette traduction est : *Psautier de David*, en hébreu, dit theblim, traduit avec une entière fidélité, mot à mot, de l'hébreu, et réparti, comme on doit le lire, à chaque heure du mois, suivant l'usage des anciens. Amsterdam, imprimé par Job, pour le docteur Efraïm Bueno et Jonah Abarbanel. Année 5110 (1650).

(1) « David chanta des hymnes sacrés, dictés par un sacré génie, et sa prophé-

y su profetico ingenio
sacó números divinos.
Tus hijos por peregrinos
viven en duras cadenas :
con tantas males y penas,
de la patria desterrados.
¿Cómo los cantos sagrados
cantarán en los agenos ?
 Sobre ríos de Babel
las arpas dejan colgadas ;
que las canciones sagradas
pide el bárbaro cruel :
entre Edom y entre Ismael
que se reputan por santos,
ya no nos piden tus cantos :
mas almas piden por pechas
donde el canto sus endechas
la armonica voz son llantos.
 Que á seren justas razones
es a mi estado indecente
de Sion viviendo ausente;
cantar alegres canciones.
Y aunque libre de aflicciones
y de la prisioon estrecha,
tan solo para mi hecha
jamás te pondré en olvido :
y cuando lo hiciere, pido
que se olvide mi derecha.
 Fraga, la ciudad materna
tu santuario edifica :

tique inspiration tira des accords divins. Tes enfants, chez l'étranger, vivent dans de dures chaînes; avec tant de maux, tant de peines, de la patrie exilés, comment les chants sacrés chanteront-ils à l'étranger ? — Sur les fleuves de Babylone les harpes sont suspendues ; et des cantiques sacrés demande le barbare cruel ; entre Édom et entre Israël, qui se regardent comme saints, déjà on ne nous demande plus tes cantiques; on demande plutôt des âmes pour tribut là où les chants sont des élégies, où l'harmonie de la voix ce sont les pleurs. — Ce sont de trop justes raisons; il est indécent pour mon sort, quand de Sion on vit absent, de chanter de joyeux chants. Et quoique libre d'affliction et libre de l'étroite prison, pour moi seulement faite, jamais je ne te mettrai en oubli, et quand je t'oublierai, je demande que ma droite s'oublie. — Fraga, la cité maternelle, ton sanctuaire

tu maravilla publica
que tu palabra es eterna.
Tus corderillos gobierna
con pastor al pátrio nido,
y allí tu pueblo escogedo,
cumplidas sus esperanzas,
cantará tus alabanzas
con los salmos de tu ungido.

Dans ces temps-là vivait en Espagne Diego Beltran de Hidalgo, fils d'un Juif de Murcie, et très-adonné au culte de la poésie. Il se distingua surtout comme *glossateur* de chants populaires, et il le fut avec un succès tel que nous ne pouvons nous abstenir de copier ici la glose qu'il fit sur cette redondilla si connue (1) :

¿O no mirar o morir
decís, pensamiento, amando?
Mas vale morir mirando
que no mirando vivir.

Ladite glose est conçue dans les termes suivants (2) :

Dos extremos considero
en el bien por quien suspiro ;
uno y otro lisongero,
que no vivo, si lo miro,
y sino lo miro, muero.
Ojos, si habeis de elegir
el uno para vivir,
los dos os han de matar :
ó no vivir ó mirar :
ó no mirar ó morir.

construit, et ta merveille publie que ta parole est éternelle. Dirige tes tendres brebis avec le pasteur au sein de la patrie, et là, ton peuple choisi, avec ses espérances remplies, chantera tes louanges dans les psaumes de ton Oint. »

(1) « Ou ne point regarder ou mourir, dis-tu, ô ma pensée, en aimant? Mieux vaut mourir en regardant que vivre sans regarder. »

(2) « Deux extrêmes je considère dans le bien pour qui je soupire, l'un et l'autre très-flatteurs ; je ne vis pas si je le regarde, et, si je ne le regarde pas, je meurs. Yeux, s'il vous faut choisir l'un des deux pour vivre, tous les deux doivent

Compiten con fuerza y brio
estos extremos de amor
uno ardiente y otro frio
en vos, cobarde temor,
y en vos, pensamiento mio.
El temor pronosticando
mi muerte, dice tremblando
que viva, mire y no quiera
y vos que no viva y muera
decis, pensamiento, amando.

Mirar que á gloria convida,
aunque mate, es de tal suerte
que infunde alientos de vida :
no mirar es una muerte
que el amor tiene escondida.
Pues si tal gloria, espirando,
se vá con morir ganando,
y con no mirar, viviendo,
tanto bien se vá perdiendo,
mas vale morir mirando.

Si no mirar es perder
la gloria, mire aunque espire,
pues está el vivir en ver
si al punto en que muera y mire
vida y muerte he de tener.
Si mas gloria, con morir
mirando, habeis de sentir,
ojos, mas bien os está
el morir, pues tanto va
que, no mirando vivir.

vous faire périr : *ou ne pas vivre ou regarder, ou ne pas regarder ou mourir.* — C'est avec force et courage que luttent ces deux extrêmes d'amour, l'un ardent et l'autre froid, en vous, lâche crainte, et en vous, ô ma pensée! La crainte, pronostiquant ma mort, dit, en tremblant, qu'il vive, regarde et n'aime point; et vous, qu'il ne vive pas et qu'il meure, *vous dites, en aimant, ô ma pensée!* — Regarder qui convie à la gloire, quoiqu'il tue, est de telle sorte qu'il inspire le courage de vivre. Ne pas regarder est une mort que l'amour tient cachée. Donc, si une telle gloire, en expirant, se gagne par la mort, et que, sans regarder, en vivant, un si grand bien se perd, *il vaut mieux mourir en regardant.* — Si ne pas regarder c'est perdre la gloire qu'on regarde et qu'on expire, puisque la vie consiste à voir; si, au moment où l'on mourra et regardera, on doit recevoir et

Diego Beltran de Hidalgo se montra dans toutes ses *gloses* aussi habile versificateur que dans celle qui précède. On peut même remarquer que, si l'on aperçoit dans ses poésies le badinage qui s'était déjà emparé des muses castillanes, et surtout au théâtre, son langage n'est pas empreint des vices de l'école qui cultivait la forme, école dont les excès étaient alors prônés par les savants et par les ignorants.

la vie et la mort; si vous devez sentir plus de gloire à mourir en regardant, ô mes yeux, mieux vous sied de mourir, puisque la mort vaut mieux *que vivre sans regarder.*

CHAPITRE VI.

xviiᵉ siècle.

Pedro Teixeira. — Ses rois de Perse et de Harmuz. — Son voyage de l'Inde en Italie. — Le recueil ou livre appelé le Yasar. — Son examen. — Isahak Cardoso. — Excellences des Juifs. — Emmanuel Aboab. — Sa Nomologie. — David Ha Co-hen de Lara. — Son Traité de la crainte divine. — Détails sur divers poëtes.

Animés de l'esprit de voyage propre à la race juive et poussés par l'intérêt du commerce, les Juifs, qui étaient sortis du Portugal et de l'Espagne, s'étaient répandus dans tout le monde, et, vers la fin du xviᵉ siècle et au commencement du xviiᵉ, il n'y avait pas une contrée où ils n'eussent porté, avec les traditions de leurs ancêtres, leurs pénates persécutés. Parmi les Juifs qui à cette époque se consacrèrent avec la plus grande ardeur au commerce avec les peuples orientaux, il en est un qui mérite sans aucun doute une mention particulière : c'est Pedro Teixeira, cité comme poëte remarquable par Daniel Lévi Barrios, dans sa *Relation des poëtes espagnols*, et légèrement mentionné par Rodriguez de Castro dans sa *Bibliothèque*. Ce savant Juif, adonné dès sa jeunesse à l'étude de l'histoire, avait remarqué le plus grand désaccord sur les événements de la Perse et des peuples de l'Asie dans les histoires écrites par Procope, Agathon, Genebrard, Tornamire, et par d'autres auteurs de l'antiquité, sur les événements de la Perse et des peuples de l'Asie. Il profita de l'occasion qu'il avait de passer dans ces contrées, et il forma le projet d'écrire une histoire de tous les *Rois de Perse et d'Harmuz*. A cet effet, il consulta non-seulement les traditions populaires de ce temps, mais même les plus anciennes et les plus respectables chroniques.

« Je communiquai, dit-il, mon dessein à quelques Persans, hommes de science et d'une érudition peu vulgaire. Après de longues conversations, ils me conseillèrent, pour me tirer de toute confusion et de tout embarras, puisque j'avais quelque goût de connaître leurs rois, de me conformer à ce qui se trouvait écrit sur eux dans leurs *Chroniques*, dont les auteurs, comme témoins plus rapprochés, rapportaient les événements avec moins de confusion et plus de certitude que les chroniques des autres nations. Ce conseil ne me déplut pas, et, voulant en profiter, je me suis informé et j'ai su que le livre qui avait chez eux le plus d'autorité en histoire était un de ceux qu'on appelle *Tarik-Mirkond*, c'est-à-dire la *Chronique de Mirkond*(1). Je le cherchai et je le trouvai. Je l'ai étudié, et, quoique, dans ce qui touche la Perse et ses dépendances, il soit très-diffus et très-universel, je n'ai pris de lui que ce que je t'offre ici sur le nombre et la succession des rois, depuis le premier jusqu'à celui qui vit aujourd'hui. C'est une étude nouvelle qui n'a été publiée par aucun autre, ce qui me la fait paraître digne de te la présenter. »

C'est ainsi que Teixeira explique les moyens qu'il a employés pour composer son ouvrage qui, par son objet, par les détails curieux qu'il contient, tant sur les rois de ces pays que sur les mœurs pittoresques de ces peuples, excite le plus grand intérêt et récrée doucement l'esprit des lecteurs (2). La relation du voyage de l'Inde orientale en Italie n'est pas moins agréable ni moins récréative. Elle abonde en détails et en notices curieuses de tout genre qui ne jettent pas peu de lumière sur l'histoire de ces contrées. L'histoire des *Rois de Perse* se divise en cinquante-neuf chapitres, suivis d'un index

---

(1) C'est une erreur considérable que celle où sont tombés quelques auteurs, en supposant que le mot *Tarik* faisait partie du nom du chroniqueur persan cité par Teixeira. Ce mot signifie *histoire* ou *chronique*. Il n'est pas possible que l'erreur dont nous parlons soit commise par celui qui connaît un peu les langues orientales, ou qui a lu même le prologue de Teixeira, à qui nous empruntons ces lignes.

(2) Le titre de cette histoire est ainsi conçu : *Relations de Pedro Teixeira sur l'origine, la descendance, la succession des rois de Perse et d'Harmuz, et d'un voyage fait par le même auteur, de l'Inde orientale jusqu'en Italie, par terre.* A Anvers, dans la maison de Jérôme Verdassen, M. II. X. — Teixeira écrivit la première partie de son livre en langue portugaise; il la mit ensuite en castillan en y ajoutant la seconde. Toutes les deux furent traduites en français par C. Cotolendi, en 1681, et imprimées, à Paris, sous le titre de *Voyage de Teixeira* ou l'*Histoire des rois de Perse*. L'édition castillane que nous avons citée est la seule qui ait été faite de ce livre si curieux: aussi est-elle très-estimée de nos bibliographes.

qui contient les noms de ceux qui régnèrent sur ce pays jusqu'à la conquête des Arabes, et cette partie de l'ouvrage de Teixeira se termine par la *Relation des rois d'Harmuz*. L'itinéraire du voyage se compose de quinze chapitres; dans le premier, il en indique un autre qu'il fit des Indes en Espagne par les îles Philippines, et dans les suivants, il trace la route qu'il suivit de Goa à Venise, où le récit se termine; il enseigne aussi de quelle manière il passa ensuite à la cité d'Anvers, où il composa et publia ses ouvrages.

Teixeira se montre, dans ses livres, intelligent et érudit. Son style est à la fois simple et doux, et diffère grandement sur ce point du style de tous les écrivains, tant juifs que chrétiens, qui fleurirent au commencement du xviie siècle. Teixeira écrit en effet dans cette prose vulgaire qui ne prétendait pas, dans sa construction, marcher sur les traces de la langue latine, et qui a conservé toute la fraîcheur et la vivacité dont les écrivains savants parvinrent à la dépouiller. Pour preuve de ces observations, voici comment il décrit les habitants et le climat d'Harmuz (1) :

« De la gente harmuzy, la mas es blanca y de buena disposicion : los hombres caballeros y polidos; las mugeres bellas : hablan todos lengua persiana, aunque no muy usado. Son todos los naturales moros; mas unos Xyays que siguen á Aly, otros Sunys que siguen á Mahamed, y de ellos es el rey. Demas de estos hay muchos cristianos portugueses, armenios, georgianos, jacobitas y nestorianos : hay muchos gentiles, benacines, baugasalys y cambayalys y cosa de ciento y cincuenta casas de judíos. Y aunque la isla de suyo no tiene cosa alguna, se le trahe todo de fuera en mucha abundancia, y todo vale de buen precio y se vende á peso. El cielo y aire es saludable, y en verano raras veces hay enfermedades; porque el terrible calor, con copiosísimo sudor, consume todo el humor maligno ; pero en el otoño se pagan los desgobiernos del verano. »

(1) La plus grande partie de la race harmuzy est blanche et bien faite : les hommes sont courtois et polis; les femmes belles; tous parlent la langue persane, quoique très-peu usitée. Tous les naturels sont Maures; mais les uns sont Xyays, et suivent Aly; les autres Sunys, et suivent Mahomet : de ces derniers est le roi. Parmi eux, il y a en outre beaucoup de chrétiens, de Portugais, d'Arméniens, de Géorgiens, de jacobites et de nestoriens; il y a beaucoup de gentils, de *Benacines, Baugasalys* et *Cambayalys*, et environ cent cinquante maisons de Juifs. Quoiqu'on ne tire presque rien de l'île, tout s'y porte du dehors en très-grande abondance, et tout y vaut un bon prix et s'y vend au poids. Le ciel et l'air sont

Il raconte comme il suit la manière dont les rois de ces terres se défaisaient de leurs ennemis, en les privant de la vue (1) :

« Costumbre ya de antes y despues muy usada de los reyes de Persia y Harmuz, por asegurarse de aquellos, de quienes se podian temer, que comunmente eran sus parientes. Y aun hoy se ven en Harmuz en un collado cerca de la hermita de Santa Lucia, á una milla poco mas de la ciudad, las ruinas de unas torres, á do los reyes tenian depositados sus parientes ciegos por esta causa. El modo que tenian para quitarles la vista era este : tomaban un bacin de azofar y caliente al fuego cuanto era posible, lo pasaban dos ó tres ó mas veces por delante los ojos del que querian cegar ; y sin otra lesion dellos, perdian la vista, ofendidos los nervios ópticos del fuego, quedando los ojos tan limpios y claros como de antes. »

Entre les autres faits curieux qu'il rapporte dans son voyage de l'Inde en Italie se trouve l'anecdote suivante, arrivée à Nexat-Aly :

« Je me trouvais ce jour-là, dit-il, pendant que la caravane reposait à l'extrémité de la lagune, dans la tente d'un Xèque Alaby, un de mes grands amis, qui se plaignait à moi qu'un chameau sur lequel il montait avait un pied en très-mauvais état et qu'il regretterait de ne pas l'avoir durant le voyage, parce qu'il était bon marcheur. A peine avait-il achevé de me dire ces paroles qu'on lui amena le chameau, et, avec lui, un des pilotes arabes. Ce pilote, faisant coucher le chameau à terre, lui prit le pied pour voir ce qu'il avait, et il y trouva au milieu un trou grand et profond qui le faisait souffrir beaucoup. Il le lui nettoya avec un fer, et en tira de l'intérieur une quantité de petites pierres et de grosse terre. Quand il le lui eut bien nettoyé, il le remplit bien de coton et de draps brûlés. Cela fait, il

salubres, et au printemps il y a rarement des maladies, parce qu'une chaleur terrible et une abondante sueur consument toute l'humeur maligne ; mais en automne on paye les désordres du printemps. »

(1) « C'est un usage en pratique depuis bien longtemps chez les rois de Perse et d'Harmuz, pour s'assurer de ceux dont ils avaient quelque chose à craindre, et qui étaient d'ordinaire leurs parents. Et encore aujourd'hui on voit à Harmuz, sur une colline près de l'ermitage de Sainte-Lucie, à un peu plus d'un mille de la ville, les ruines de quelques tours où les rois retenaient enfermés ceux de leurs parents qu'un pareil motif avait rendus aveugles. Voici la manière dont ils s'y prenaient pour les priver de la vue : ils avaient un bassin de laiton qu'ils chauffaient au feu autant que possible, et ils le passaient deux ou trois fois au plus

prit un morceau de cuir de la grandeur nécessaire pour lui couvrir le pied, et le cousit en donnant un point sur le pied et un autre sur le cuir dans la partie intérieure, de la même manière qu'on met d'ordinaire une semelle à un chausson de femme, avec une habileté telle que j'en fus étonné. Et le chameau resta ainsi sans recevoir d'autre blessure, et il put marcher et se guérir. »

De la lecture de ce voyage, ainsi que de quelques passages de l'*Histoire des rois de Perse et d'Harmus*, on déduit que Pedro de Teixeira, ou avait abjuré le judaïsme quand il voyagea dans ces contrées, ou qu'à son retour il se sépara de la communion juive. De quelque manière que ce soit, ses ouvrages sont dignes de l'estime et de l'attention des érudits, et l'on peut assurer que, dans aucun livre postérieur, on ne trouve de si nombreux ni de si curieux détails relatifs aux pays de l'Orient.

A cette même époque, se composait, à Naples, un livre que les recherches érudites d'un de nos orientalistes distingués, don Pascal de Gayangos, ont fait venir dans nos mains et qui mérite une estime toute particulière, tant par sa célébrité chez les Juifs et parce qu'il est inédit que par son mérite littéraire. Il est intitulé : *Livre des générations d'Adam*, et il est connu par les Juifs sous le nom de *le Yasar*, qui signifie *le Droit*. Son auteur inventa une longue et merveilleuse histoire pour lui donner plus d'importance. On rapporte donc qu'il fut composé par un des septante savants que Ptolémée appela pour écrire le livre de la loi, que, « après ce roi, les Israélites se lièrent d'amitié avec son fils, et qu'ils cherchèrent le moyen de lui enlever les septante livres de ses trésors et qu'ils lui laissèrent seulement celui-ci..., et que, depuis ce temps, poursuit-on, ce livre s'est étendu sur toute la terre jusqu'à ce qu'il soit arrivé dans nos mains, livre où nous trouvons inscrits une partie des rois d'Aran, d'Italie et d'Afrique, qui ont régné dans ces jours (1) ». Le

devant les yeux de celui qu'ils voulaient rendre aveugle; et, sans autre lésion, les nerfs optiques, brûlés par le feu, perdaient la faculté de voir, et les yeux restaient aussi limpides et aussi clairs qu'auparavant.

(1) Cette partie de l'original manque au manuscrit que nous avons sous les yeux, et dont l'écriture est du commencement du dix-septième siècle. Elle a été violemment arrachée. Il en reste seulement une espèce de division géographique de l'Italie, de l'Espagne, de la France, de Gênes, de la Hongrie, de la Pologne, de

Livre des générations d'Adam se compose de quatre-vingts chapitres, et se termine à la mort de Josué et à la grande guerre contre les Chananéens. Son style est entièrement hébraïque, ce qui porte à croire, ou qu'il a été traduit de cette langue, ou que son auteur en affecte le langage pour lui donner un certain air d'antiquité dont il manque réellement. Les tours, les constructions, sont presque toujours hébraïques et très-ressemblants à ceux de la Bible de Ferrare : les expressions sont coulantes et usuelles, et présentent à peine quelques vestiges d'archaïsme. Ce sont ces raisons qui nous font croire que le *Yasar* fut écrit vers le milieu du XVII° siècle, assertion que nous voyons incontestablement confirmée par les compositions poétiques intercalées dans quelques chapitres. Dans ces poésies on regrette que l'auteur ne connaisse peut-être pas par principe l'art de la métrique, puisqu'il change suivant son plaisir et qu'il mêle très-souvent les assonnances et les consonnances. Mais, en échange, ses vers ne manquent pas d'enthousiasme ni de vigueur, et ils révèlent d'estimables qualités poétiques, comme on peut le voir dans la description suivante qu'il fait au chapitre VII de l'élévation de la tour de Babel (1) :

> Para que nuestro valor
> se eternice, y nuestra fama
> con el tiempo volador
> por todo el mundo se esparza;
> una ciudad fabriquemos
> ancha mucho y dilatada,
> con alta muralla y fuerte
> por todas partes cercada.
> Y en medio de esta ciudad
> una torre encastillada,
> tan alta que su cabeza
> con el cielo sea tocada.
> Y en habiendo conseguido.
> que del todo sea acabada,

la Moscovie, de la Thrace, de l'Allemagne, de la Grèce, de l'île de Crète, de l'Asie et de la Perse. Le manuscrit n'est pas pour cela à dédaigner.

(1) « Pour que notre valeur s'éternise et que notre renommée, avec le temps qui s'envole, se répande à travers le monde entier, construisons une cité très-large et très-étendue, de murailles hautes et fortes de toutes parts environnée. Et au milieu de cette cité, une tour superbe, si haute que sa tête soit touchée des cieux. Et

el mundo sugetaremos
debajo de nuestras plantas.

. . . .

Y no nos esparciremos
por miedo de las batallas
sobre faces de la tierra,
para haber de sugetarlas.

. . . .

Y cuando ya la tenian
alta mucho y encumbrada,
rebelaron contra Dios
y hacerle guerra pensaban.

. . . .

Dijo el uno : — Subiremos
á lo alto y con escalas
desde alli combatiremos
contra las esferas sacras.
El segundo tambien dijo :
—Subiremos con gran maña
al cielo y colocaremos
á nuestro Dios en su estancia.
Dijo el tercero arrogante :
—Subiremos sin tardanza
y contra Dios pelearemos
con arcos, dardos y lanzas.

. . . .

Y luego se dispusieron ;
y muchas flechas disparan
contra el cielo, que caian
todas en sangre bañadas.

quand nous aurons obtenu qu'elle soit entièrement achevée, le monde nous soumettrons à nos pieds............ Et nous ne nous répandrons pas par crainte des batailles sur la face de la terre pour l'assujettir............ Et quand ils l'eurent bien haute et bien élevée, ils se révoltèrent contre Dieu et pensèrent à lui faire la guerre.......... L'un dit : Nous monterons en haut, et avec des échelles nous combattrons de là contre les sphères sacrées. Le second dit aussi : — Nous monterons au ciel avec adresse et nous placerons notre Dieu dans sa demeure. Le troisième dit avec arrogance : — Nous monterons sans retard, et contre Dieu nous combattrons avec des arcs, des javelots et des lances.......... Et bientôt ils se disposèrent, et de nombreuses flèches ils lancent contre le ciel, et elles retombent toutes de sang inondées. »

Rien n'est plus remarquable que l'histoire rapportée au chapitre XI, où il explique l'origine du nom de Pharaon. Il raconte comment vint en Égypte *Rejayon*, habitant de Sinar, qui imposa violemment à tous ceux qui voulaient être enterrés une contribution en or et en argent, et qui parvint à réunir ainsi d'immenses richesses, et il ajoute (1) :

> Luego Rejayon compro
> gran cantidad de caballos;
> y para haber de domallos
> muchos hombres alquiló.

Le peuple se plaint de la tyrannie de *Rejayon* en ces termes (2) :

> Mucho, Señor, nos maltratá
> que no dejes enterrar
> nigun muerto, sin payar
> grand cantidad de oro y plata.

La nouvelle de cette audace arrive au roi, qui fait comparaître à son tribunal l'auteur de ces violences. Rejayon envoie au monarque dix jeunes gens avec autant de chevaux richement caparaçonnés (3).

> Tras ellos entró un presente
> de plata y oro acendrados,
> caballos enjaezados,
> piedras preciosas de Oriente.
> Y tras de él incontinente
> Rejayon muy adornado,
> de sus varones guardado,
> ante el rey se presentó;
> luego á tierra se humilló
> y el rey se quedó admirado.
> . . . .

(1) « Bientôt Rejayon acheta une grande quantité de chevaux, et, pour pouvoir les dompter, beaucoup d'hommes il loua. »

(2) « Seigneur, il nous maltraite beaucoup, puisqu'il ne laisse enterrer aucun mort sans payer une grande quantité d'or et d'argent. »

(3) « Après eux entra un présent d'or et d'argent purifiés, des chevaux harnachés, des pierres précieuses d'Orient. Et après lui immédiatement Rejayon, très-bien orné, de ses soldats gardé, devant le roi se présenta, et jusqu'à terre s'hu-

> Preguntó el rey por sus hechos
> y él con su mucha prudencia,
> con su elegancia y su ciencia
> dejó á todos satisfechos.
> . . . .
> Tanta elegancia tenia
> y agrado tan singular
> que en oyéndole fablar
> que encantaba parecia.
> La ciencia y soberania,
> de que el tal era dotado,
> bastó para ser amado
> del rey con grande aficion,
> y en lugar de *Rejayon*
> Pharó fué despues llamado.

Enfin, le livre du *Yasar* est un ouvrage d'un assez grand mérite, considéré au point de vue historique, par l'ordre et l'exactitude avec laquelle les événements sont racontés.

Deux écrivains, dont nous avons cité les noms dans de nombreux passages de ces *Études*, appartiennent aussi à la première moitié du XVII° siècle; nous avons dû avoir souvent leurs œuvres sous les yeux, tant pour la partie purement historique que pour la partie littéraire. On comprendra aisément que nous parlons de Rabbí Isahak Cardoso et de Rabbí Emmanuel Aboab, auteurs, le premier des *Excellences* des Hébreux, et le second de la Nomologie (1). Cardoso naquit à Lisbonne, et il professa la religion chrétienne sous le nom de *don Fernand*. Il étudia la médecine à l'Université de Salamanque, où il

---

milia, ce que le roi fort admira.......... Le roi l'interrogea sur ses méfaits, et lui par sa grande prudence, par son élégance et sa science, tout le monde satisfait laissa............ Il avait tant d'élégance et un charme si singulier que, en l'entendant parler, il paraissait enchanter. La science et la puissance dont un tel personnage était doué, suffirent pour le faire aimer du roi, qui le prit en grande affection, et au lieu de *Rejayon*, il fut depuis appelé *Pharaon*. »

(1) Les *Excellences des Hébreux*, par le docteur Isahak Cardoso; ouvrage imprimé à Amsterdam, dans la maison de David de Castro Tartas, en 1699 (5139 de la création). *Nomologie*, discours légaux, composés par le vertueux hakam R. Emmanuel Aboab, de bonne mémoire, imprimés aux frais et dépens de ses héritiers, en l'année 5389 de la création (de J.-C. 1629).

prit le titre de docteur, et il exerça cet art à Valladolid et dans la capitale de l'Espagne, jusqu'au jour où, revenu aux erreurs du judaïsme, il passa à Venise, où il figura parmi les premiers savants de l'académie judaïque. Ce docte Juif composa divers ouvrages de médecine et de philosophie en latin (1); il publia d'autres écrits historiques, et principalement celui qui mérite d'être mentionné par-dessus tous, qu'il composa sous le titre de : *Excellences des Hébreux*, comme nous l'avons déjà indiqué. Ce livre, qu'il dédie au *très-noble et très-magnifique seigneur Jahacob de Pinto*, avait pour objet de venger les Juifs des accusations qu'on leur adressait de son temps, et de montrer, pour les détruire, les vertus que la race proscrite avait toujours cultivées. Pour exécuter son dessein, Cardoso divise son ouvrage en deux parties appelées, la première *Excellences*, et la seconde *Calomnies*. L'une et l'autre se composent de dix articles ou chapitres, dans lesquels cet illustre renégat répand toute la doctrine judaïque, déploie une érudition profonde et mûrie par rapport à l'histoire ancienne et moderne, et surtout par rapport à l'Écriture sainte. Toutefois, il s'engage trop souvent dans des questions métaphysiques; il tombe dans un assez grand nombre d'erreurs, conséquence de son fanatisme religieux; il méconnaît parfois l'esprit des temps, et il perd de vue la vérité des faits qu'il analyse. Malgré tout, il nous semble convenable d'observer ici que le livre de Rabbi Isahak Cardoso est d'une grande utilité pour l'étude et la connaissance des coutumes des Juifs, depuis les temps les plus reculés. Sous ce rapport, il ne peut y avoir de doute qu'il dut être consulté et connu par nos théologiens, avec la discrétion et la circonspection nécessaires. Quoique nous ayons cité dans le cours de cet ouvrage plusieurs passages qui peuvent servir de modèle, pour se former une idée du style employé par Cardoso dans les *Excellences*, nous transcrirons encore ici le passage suivant

---

(1) Ces ouvrages furent : *De la Fièvre syncopale*, in-4° imprimé à Madrid en 1684. *Philosophie libre*; dans l'introduction il fait une petite revue historique de la philosophie jusqu'à son époque : imprimée à Venise, in-folio, 1633. Un traité en castillan sur l'utilité de l'eau et de la neige et sur les vertus de l'eau chaude et de l'eau froide, donné à la presse, dans la même ville, en 1637 ; et un autre sur l'*Origine et la restauration du monde*, dans lequel il fait preuve de grandes connaissances cosmographiques, et qui fut publié à Madrid en 1633, de la création 5402.

pris de la septième Excellence, dans lequel il traite des parfums du temple (1).

« El zahumerio (dice) hacia el sacerdote dos veces al dia, mañana y tarde : la materia constaba de once simples y se hacia una vez cada año : era de olor suavísimo y afirman los sabios que era tan excelente, que se sentia el olor en Jericho buena distancia de Jerusalaim. Haciase por magestad y veneracion de la casa santa; digno de los palacios reales, suavísimo deleite del alma. Era el perfume y olor admirable; diferente de cuantos inventaron los hombres, materia ordenada por el Señor. Es perfume la cabeza y principal de los sacrificios : alaba y pintaba milagrosamente todos los servicios santos de acá bajo con las excelencias supremas, y por eso se llama *Ketoret* que en Caldeo quiere decir *atador*. Su virtud testifica su grandeza; porque este perfume detiene maravillosamente la mortandad y la destierra; como se vió en el caso de *Korah*, que viendo Mosch haber comenzado á picar la pestilencia, mandó á Aaron que hiciese el zahumerio, y hecho, cesó el mal; y su lectura se tiene por gran preservativo contra males contagiosos. Los Principes de las tribus en la dedicacion del Tabernaculo hicieron del perfume fundamento; y como dice Selomoh : *Zahumerio y aceyte hacen alegrar el corazon. Que los sacerdotes bendigan á Israel.* »

Nos lecteurs ont déjà eu l'occasion d'apprécier la valeur littéraire de Rabbi Emmanuel Aboab, qui mérita, chez les siens, le titre de

(1) « Le prêtre parfumait le temple deux fois par jour, le matin et le soir; la matière se composait de onze simples et se faisait une fois par an; elle était d'une odeur des plus suaves, et les savants affirment qu'elle était si excellente que l'odeur se sentait à Jéricho, qui est à une bonne distance de Jérusalem. On le faisait pour la majesté et la vénération de la maison sainte, digne des palais des rois, et suaves délices de l'âme. Le parfum et l'odeur étaient admirables; différents de tous ceux que les hommes inventèrent, matière ordonnée par le Seigneur. Le parfum est le commencement et la chose principale des sacrifices; il attachait et peignait miraculeusement tous les services saints avec les excellences suprêmes, et c'est pour cela qu'on l'appelait *ketoret*, qui en chaldéen veut dire *atador*, qui attache. Sa vertu témoigne sa grandeur, parce que ce parfum arrête merveilleusement la mortalité et la bannit, comme on le vit dans le cas de *Korah*; Moïse voyant que la peste avait commencé à poindre, ordonna à Aaron de faire le *zahumerio*, et dès qu'il fut fait le mal cessa. Sa composition est regardée comme un grand préservatif contre les maux contagieux. Les Princes des tribus dans la dédicace du Temple firent des parfums le fondement, et comme dit Salomon : *Parfums et huiles font réjouir le cœur. Que les prêtres bénissent Israël.* »

savant, par ses études profondes dans la science talmudique. Aussi nous ne croyons pas nécessaire de reproduire ici de nouveaux modèles de son style.

Parmi les Juifs d'Amsterdam et de Hambourg, on distinguait aussi David Cohen de Lara, fils d'Isahak, et membre de la Jésibah de la seconde ville. Il fit preuve de grandes connaissances dans l'étude des langues, et spécialement dans l'étude de la langue hébraïque, assez ignorée déjà des Juifs de ces temps. Lara traduisit en castillan, entre autres ouvrages (1), un traité de la *Crainte divine*, extrait du livre connu parmi les Juifs sous le titre de *Ressith Jocmach*, traité qui mérita les louanges de ses contemporains, et dont Rabbi Joseph Francés a fait l'éloge dans le sonnet suivant (2) :

> Aquel reflejo, o rayo cristallino
> del sol que os ilumina suberano,
> con que en la noche del *galut* tirano
> á luz de libertad abris camino;
> A qui, como en retrato peregrino
> doctas le emprimas vuestra pluma y mano,
> mostrando facil el remedio humano,
> en cognoscencia del *temor divino*.
> Este en que el mismo amor campea tanto,
> en años mozo, en ciencias dlatado
> gloria os hace á Israel y al mundo espanto
> Rico de vuestro ingenio este tratado
> como de erario de lenguage santo,
> si era sin precio, será mas preciado.

---

(1) Rabbi David Cohen de Lara écrivit un *Commentaire du Pentateuque* sous un titre qui signifie *Direction de la lumière*; un dictionnaire talmudique intitulé *Couronne des saints*. Il traduisit en castillan les *Canons éthiques de Maimonide*, ouvrage qu'il imprima, en 1622 (5123), sous le titre de *Traité de morale et règlement de la vie de Rabenu Mosseh d'Egypte*, par *David Lara*. Il mit en espagnol le *Traité sur les articles de la loi*, du même Maimonide, et un autre sur la Pénitence.

(2) « Ce reflet ou rayon cristallin du soleil dont la royauté vous éclaire, rayon par lequel, dans la nuit du *galut* tyran, tu ouvres le chemin à la lumière de la liberté; — Ici, comme en un portrait étranger, votre plume et votre main savantes l'impriment, en montrant facile le remède humain, dans la connaissance de la crainte divine. — Celui qui dans ce même amour tant excelle, jeune d'années, vaste en science, vous donne, à vous Israel, de la gloire, et il fait l'étonnement

Le traité de la *Crainte divine* est divisé en quarante-deux chapitres. C'est un ouvrage purement théologique. Pour que nos lecteurs puissent juger de son mérite littéraire, nous donnerons ici une partie du chapitre XXXII, où l'auteur parle de la mort (1) :

« A propósito de la muerte que tanto horror y miedo debe causar al pecador y la cuenta estrecha que en ella debe dar á su Criador, se leen unas palabras de muy sana doctrina y raro egemplo y soberana reprehension del famoso Rabbí Meir de gloriosa y pia memoria. Introduce un diálogo y coloquio que el señor hace con su querido pueblo de Israel diciendo : — ¿Es posible, hijos mios, que no bastaron los trabajos y persecuciones para enmendar vuestra vida y costumbres? ¿No aprovecharon las reprehensiones, protestas y exortaciones para os dirigir y encaminar á mi servicio? No hicieron impresion en vos los muchos pronósticos del mal futuro y amenazas de calamidades trasmigraciones y captividades? No ha sido de fruto alguno para con vosotros el largo discurso de tiempo y la mucha paciencia y equanimidad con que me he tratado, preceptos ni preceptores, legados y mensageros que solicitaban con cuidado vuestra felicidad y mi servicio? No pudieron reducirvos á él maldiciones y execraciones, anatemas y denuestos? ¿No bastaron para quebrantar la contumacia de vuestro ánimo los consuelos y faustos sucesos de vuestra prosperidad? No os persuadieron á ello la vergüenza, ni miedo tuvo entrada en vuestros pechos

du monde. — Riche de votre génie, ce traité, comme un trésor du langage sacré, s'il était sans prix, serait plus apprécié. »

(1) « A propos de la mort qui doit inspirer au pécheur tant d'horreur et d'effroi, et du compte sévère qu'on doit, en elle, rendre à son Créateur, on lit quelques paroles d'une des plus saines doctrines et d'un rare exemple, et d'une souveraine réprehension chez le célèbre Rabbi Meir, de glorieuse et pieuse mémoire. Il introduit dans son dialogue le colloque que le Seigneur tient avec son peuple chéri d'Israël, en lui disant : — Est-il possible, mes enfants, que les fatigues et les persécutions n'aient pas suffi pour corriger votre vie et vos mœurs? Les blâmes, les protestations, les exhortations ne vous ont pas profité, pour vous diriger et pour vous conduire a me servir? Rien n'a donc fait aucune impression sur vous, ni les nombreux pronostics des malheurs futurs, ni les menaces de calamités, d'exil, de captivité? Tout a donc été sans fruit pour vous, et le long espace de temps, et la patience et la longanimité dont j'ai usé, préceptes et précepteurs, envoyés, messagers qui recherchaient avec soin votre bonheur et mon service? Rien n'a pu vous y ramener, ni malédictions, ni exécrations, ni anathèmes, ni outrages? Pour ébranler l'opiniâtreté de votre âme, les consolations de l'heureuse succession de votre prospérité n'ont pas suffi? La honte n'a pu vous persuader, la crainte n'a pas eu d'accès dans vos cœurs, en se reportant sur cet horrible et épouvantable jour de la vie future, ni la

recelando de aquel tan horrible y espantoso dia de la vida futura ni el terror de la cuenta que de vuestras obras por menudo se ha de tomar?.... Pues sabed de cierto que aquel á quien ninguna de estas cosas le amedrenta, pierde el galardon de sus buenas obras, evita y priva á su persona de infinitos bienes, los años de su vida son muy pocos, la fama, nombre y predicamento suyo malo y abominable. »

David Cohen de Lara employa fréquemment des tours et des expressions déjà vieillis à l'époque où il écrivait, tels que *espandimiento fonsado*, *encomendanza*, *afermosiguar*, *tranzar*, etc. Cette recherche produit, généralement parlant, un certain style maniéré qui ne manque cependant pas de vigueur ni de simplicité de langage, comme le prouve le passage que nous venons de citer.

Il florissait aussi, à cette époque, d'autres écrivains et d'autres poëtes juifs dignes d'être mentionnés ici. Daniel Lévy de Barrios, dans sa *Relation des poëtes castillans*, cite David Enriquez Pharo, auteur d'un poëme en l'honneur de Rabbi Nuñez Berrual. Il en fait autant pour Isahak ben Polgar; Isahak de Silva, qui composa un poëme sur la *Création du monde*; Jahacob Castillo, Jahacob Belmonte, qui fit un poëme contre l'*Inquisition* et qui mit en vers l'*Histoire de Job*; Elias Menchorro, Jahacob de Pina, qui publia les *Chanzas del ingenio y dilates de la Musa*, les Badinages de l'esprit et les sottises de la Muse en 1656; Joseph Rosales, médecin distingué, et auteur d'un poëme intitulé *Boccaro*; enfin, il donne de curieux détails sur beaucoup d'autres écrivains que nous mentionnerons plus loin.

---

crainte du compte minutieux que l'on doit faire de vos œuvres?..... Sachez donc, comme chose certaine, que celui qu'aucune de ces choses n'effraye perd la récompense de ses bonnes œuvres, néglige et prive sa personne de biens infinis; les années de sa vie sont peu nombreuses; sa réputation, son nom, son estime sont détestables et abominables. »

CHAPITRE VII.

XVIIe siècle.

Antonio Enriquez Gomez. — Ses œuvres. — Ses poésies lyriques. — Ses académies morales et ses poëmes. — Le Samson Nazaréen. — La Faute du premier voyageur.

Le XVIIe siècle s'était ouvert au milieu de la révolution littéraire introduite au théâtre par Lope de Vega, et de l'innovation du culte de la forme proclamée par Gongora. Les restes de la littérature proprement espagnole s'étaient rangés sous le drapeau levé par Lope, pendant que les partisans de l'imitation italienne s'inscrivaient au nombre des prosélytes du *cultéranisme*. Lope restait enfin maître de la scène ; le drame chevaleresque naissait à l'évocation des vieux souvenirs et des vieilles traditions, et la littérature recouvrait en partie son indépendance passée, à l'aurore de nouveaux jours de gloire pour le génie espagnol. Le théâtre absorba donc l'attention de tous ceux qui sentaient en eux des forces suffisantes pour porter leur vol vers d'autres régions, où l'on respirait l'air pur de la liberté de pensée ; et voilà pourquoi est si considérable le nombre des poëtes dramatiques qui suivirent les traces du grand Lope, et qui tombèrent comme lui dans les mêmes erreurs du culte de la forme. Parmi eux se distinguèrent surtout Tirso de Molina, Rojas, Ruiz de Alarcon, Moreto, et l'immortel don Pedro Calderon de la Barca. D'autres écrivains estimables n'arrivèrent pas à tant de gloire, soit parce qu'ils ne furent pas doués de qualités dramatiques si élevées, soit parce que le public, préoccupé et subjugué par les beautés des ouvrages des premiers, voyait leurs œuvres avec un certain dédain, soit parce qu'ils se virent obligés de cacher leurs noms pour obtenir les applaudissements de la multitude, soit enfin parce que les imprimeurs et les libraires éditaient leurs ouvrages sous le nom d'autrui, pour donner une vente plus facile à cette étrange marchandise. Telles sont les causes qui ont assez fréquemment fait tomber nos érudits dans des erreurs graves, en attribuant à un poëte des comédies qu'il n'avait, sans aucun doute, pas pensé à écrire. C'est là ce qui obligea, dans le XVIIe siècle, Caldéron lui-même, à dresser le catalogue de ses compotions théâtrales, en rejetant un assez grand nombre de celles qu'on lui attribuait sans fondement.

Parmi les comédies que Caldéron exclut de son catalogue, et qui avaient cours comme lui appartenant, il s'en trouve quelques-unes que nous avons sous nos yeux, et qui ont été écrites par Antonio Enriquez Gomez, connu à la cour de Castille, sous le nom de don Enriquez de Paz, qui avait professé dès l'enfance la religion chrétienne, qui embrassa à la fin le judaïsme, et qui fut poursuivi par l'Inquisition de Séville. Enriquez de Paz était né à Ségovie, d'un Juif portugais converti, appelé Diégo Enriquez Villanueva. Adonné dès sa jeunesse à l'étude des humanités, il comptait à peine vingt ans qu'il entra dans la milice, parvint à obtenir un emploi de capitaine et l'habit de Saint-Michel en récompense de ses services militaires. Tout cela ne suffit pas pour le mettre à couvert des traits du Saint-Office ; il fut impliqué dans la cause d'autres judaïsants : il eut à peine le temps de sortir de l'Espagne ; il voyagea de nombreuses années à travers diverses nations, et se dirigea enfin sur Amsterdam, centre commun des persécutés. Il apprit, dans cette ville, qu'il avait été brûlé en effigie dans la capitale de l'Andalousie, le 14 avril 1660, jour où furent aussi punies, comme judaïsants, quatre-vingts personnes des deux sexes.

Cet exil, que rendait encore plus insupportable la triste assurance qu'avait le capitaine Enriquez de Paz de ne pouvoir rentrer dans sa patrie, donna à ses poésies, et particulièrement à ses compositions lyriques, un coloris et une intonation assez remarquables, et mit en évidence l'amertume dont son cœur était rempli. C'est ainsi que, dans ses sonnets, dans ses odes, dans ses cantiques, il rappelle souvent son infortune et qu'il la déplore profondément. Quelques passages de ses *Académies morales* portent à déduire qu'il se vit obligé de sortir d'Espagne, vers 1636, comme l'indiquent les vers suivants pris d'une de ses lettres, insérée dans l'*Académie quatrième*. Il y fait allusion aux persécutions que les inquisiteurs faisaient souffrir aux Juifs (1) :

>Que anda ese mar sobervio alborotado
>no me hace novedad, señor Leonido :
>que no hay firmeza en el humano estado.
>　En seis años de ausencia es permitido
>trocarse esa lumbrera luminosa,
>cuanto mas un compuesto dividido.
>. . . . .
>El siglo, como ves, langostas cria
>y no es mucho que tale un falso amigo
>espigas del honor con tiranía.
>Yo no fié jamás del enemigo :
>porque un malsin, en mi opinion, no es gente :
>con justa causa este consejo sigo.

Les *Académies morales*, premier ouvrage que publia à l'étranger, Enriquez, furent imprimées en 1642. Un fait qui appelle aussi l'attention, c'est que, malgré l'amertume qui respire dans tous ses vers, et en particulier dans les *Épîtres à Job*, dans les *Lettres* déjà citées, et dans l'*Élégie à sa pérégrination* insérée dans la *première Académie*, il n'exhale pas de rage contre ses persécuteurs, jusqu'au point où se portèrent les autres judaïsants expatriés, ni qu'il n'éclate pas, comme eux, en terribles apostrophes contre le Saint-Office, et que les allusions qu'il fait à ce terrible tribunal sont extrêmement déguisées. Cette considération nous porte à croire qu'Enriquez n'avait pas perdu l'espoir de retourner en Espagne, ainsi qu'il

---

(1) « Que cette mer superbe se soulève en courroux, ce n'est rien de nouveau pour moi, seigneur Léonide, parce qu'il n'y a rien de solide dans la condition humaine. — Six ans d'absence ont permis de changer ce flambeau lumineux, à plus forte raison un composé divisé. . . . .
Le siècle, comme tu vois, produit des sauterelles ; il n'est rien d'étonnant qu'un faux ami coupe tyranniquement les épis de l'honneur Pour moi, je ne me fie jamais à un ennemi, parce qu'un *malsin* n'est pas, dans mon opinion, un homme ; et c'est par un juste motif que je suis ce conseil. »

résulte des tercets suivants, extraits de l'élégie ci-dessus mentionnée (1) :

> Si con volver mi fama restaurára,
> á la Libia cruel vuelta le diera :
> que morir en mi patria me bastára.
> Pero volver á dar venganza fiera
> á mis émulos todos, fuera cosa
> para que muerte yo propio me diera.
> Ampáreme la mano poderosa :
> que con ella seguramente vivo,
> libre desta canalla maliciosa.

Malgré ses désirs si ardents de rentrer sur le sol de la péninsule ibérique, il paraît hors de doute qu'Antonio Enriquez Gomez, nom sous lequel il est connu dans la république des lettres, mourut sur la terre étrangère. Rien n'est certainement plus digne de remarque que de le voir, ainsi exilé et poursuivi, conserver tant d'affection pour la langue espagnole et écrire toutes ses œuvres dans cet idiome. C'est ce que nous apprend Enriquez lui-même quand il dit, dans le prologue de son poëme héroïque intitulé *Samson Nazaréen* :

« Les livres que j'ai publiés sont, pour tout dire : les *Académies morales*, la *Faute du premier voyageur*, la *Politique angélique*, première et seconde partie, *Louis-Dieudonné*, la *Tour de Babylonie* et le poëme de *Samson*. Ce qui fait neuf volumes de prose et de vers, composés tous de l'année quarante à quarante-neuf : un livre par année ou une année par livre. Arrangez-le comme vous voudrez (2). Je promets à mes amis, à ceux que j'affectionne.

(1) « Si le retour ma renommée restaurait, à la Lybie cruelle Enriquez reviendrait ; mourir dans ma patrie me suffirait. Mais revenir pour offrir une atroce vengeance à tous mes rivaux, ce serait un motif de me donner moi-même la mort. — Que la main toute puissante me protège, que par elle, en sûreté, je vive, et que je sois délivré de cette canaille malicieuse. »

(2) Ces ouvrages se publièrent : Les *Académies morales*, à Madrid, en 1660, et à Barcelone, en 1701 ; la *Faute du premier voyageur*, à Rouen, en 1644 et à Madrid, en 1735 ; le *Siècle pythagorique*, à Rouen, en 1647 et en 1682 ; la *Politique angélique*, à Rouen, en 1647 ; *Louis-Dieudonné*, à Paris, en 1645 ; la *Tour de Babylonie*, à Rouen, en 1647 et à Madrid, en 1670 ; et *Samson Nazaréen*, à Rouen, en 1656. Les autres compositions qu'Enriquez promit à ses amis ne nous sont pas parvenues, si elles ont été imprimées.

si Dieu me prête vie, la seconde partie de la *Tour de Babylonie*, *Amon et Mardochée*, le *Chevalier du Miracle*, *Josué*, poëme héroïque, et les *Triomphes immortels* rimés; ce dernier est l'ouvrage que je donnerai le plus tôt à la presse. Je promets beaucoup pour des forces si faibles, mais je ne peux cesser d'écrire, ni mes rivaux de critiquer.» Dans ce même prologue, le même Enriquez Gomez s'exprime ainsi sur les ouvrages déjà publiés : « Si j'entre dans la tour de Babylonie, c'est pour tirer de confusion des documents; si tu désires me voir philosophe, moraliste, lis mes *Académies*; politique, la *Politique angélique*; théologien, mon *Voyageur*; homme d'État, *Louis-Dieudonné*; poëte, le poëme de *Samson*; comique, mes *Comédies*; plaisant et véridique, le *Siècle pythagorique*, qui, parce qu'il a de capricieux, a été aimé de ceux qui l'ont lu avec et sans passion. »

On ne peut, en vérité, porter un jugement plus bref sur ces compositions : toutefois il y perce trop l'idée avantageuse qu'Enriquez Gomez avait conçue de son propre talent. Quoi qu'il en soit, on ne peut nier qu'il ne se soit distingué par son savoir entre tous les génies de la cour de Philippe IV, et qu'il ne figure au nombre des poëtes dramatiques qui brillèrent le plus à cette époque.

« De mon temps, continue-t-il dans le prologue que nous avons cité, en laissant à part l'Adam de la comédie, qui fut Lope, il y eut de nombreux poëtes. D. Antonio de Mendoza, secrétaire d'Apollon (1), s'empara du palais; le docteur Juan Perez de Montalvan, entre autres comédies qu'il composa, mit sur la scène la comédie, *D'un Châtiment deux Vengeances*, par laquelle il se vengea de ses rivaux : ce fut un esprit remarquable. Don Pedro de Calderón, pour les plans, s'empara du théâtre; Villaizan, des esprits, pour la conception; le docteur Godinez, des doctes; par ses sentences; Luis Velez fut supérieur, dans le genre héroïque. Je n'oublie pas D. Francisco de Rojas, ni D. Pedro Ro..te, ni Gaspar d'Avila, ni D. Antonio de Solis, ni D. Antonio Cuello, ni beaucoup d'autres qui composèrent des comédies avec un grand succès. Les miennes sont au nombre de vingt-deux, dont je donnerai ici les titres pour qu'on les reconnaisse pour miennes, puisque les imprimeurs donnent à toutes ou à presque toutes celles qui s'impriment, à Séville, le titre qu'ils veulent et le maître qu'il leur fait plaisir : *Le car-*

(1) C'est le nom d'une des académies qui existaient, à cette époque, à Madrid. Il y en avait d'autres qui étaient connues sous le titres de *Minerve*, *Thalie*, etc. Gongora, qui se moquait de tout, donna à l'un de ces corps le sobriquet d'*Académie de la Mule*, dans un de ses sonnets burlesques.

dinal Albornoz, première et seconde partie; *Tromper pour régner*; *Diégo de Camas*; *le Capitaine Chinchilla*; *Fernan Mendes Pinto,* première et seconde partie; *les Jalousies n'offensent pas le soleil*; *le Foudre de Palestine*; *les Arrogances de Nemrod*; *A quoi oblige la Jalousie*; *Ce qui se passe à minuit*; *Le Chevalier de Gracia*; *La prudente Abigaïl*; *A quoi oblige l'honneur*; *Contre l'Amour il n'y a pas de ruses*; *Amour avec vue et sagesse*; *la Force de l'héritier*; *la maison d'Autriche en Espagne*: *le Soleil arrêté* et *le Trône de Salomon*, première et seconde partie. Ce sont là les filles de mon génie, et bientôt elles seront imprimées en deux volumes (1). »

On le voit donc, cet habile judaïsant voulut parcourir toutes les régions de la littérature, et il aspira à la gloire de philosophe, de politique, de théologien, d'homme d'État et de poëte épique, comique et lyrique. Il ne nous apparaît pas aussi digne d'éloges sur tous ces terrains, mais il prouve réellement, dans tous, qu'il s'était consacré à l'étude avec une ardeur admirable, et qu'il avait déployé un esprit supérieur dans les œuvres purement littéraires. Comme notre objet est d'examiner ici le mérite d'Enriquez, sous ce point de vue nous considérerons seulement cet écrivain comme poëte lyrique, épique et dramatique, et nous le ferons connaître aussi sur le théâtre de la satire. Dans cet auteur, comme dans presque tous ceux de son époque, il faut distinguer deux écrivains: le poëte imitateur de la littérature italienne et le poëte cultivateur de la forme. Sous l'un et l'autre point de vue, il faut déplorer la servitude et l'égarement de l'esprit. Enriquez, quand il suit les brillantes traces de Pétrarque, ne se laisse cependant pas subjuguer par l'esprit d'imitation jusqu'au point de

---

(1) Enriquez Gomez se plaint de la rapine des libraires de son temps avec assez de raison. Au nombre des comédies attribuées à Caldéron et rejetées par lui-même, comme l'affirme Vera Tassis, dans sa *Véritable cinquième partie*, on comprend la *Prudente Abigaïl, Tromper pour régner*, et *Les Jalousies n'offensent pas le soleil*.— *A quoi oblige la jalousie* fut imprimée sous le nom de D. Fernando de Zarate. D'autres comédies ont été attribuées à d'autres poëtes, et il y en a très-peu qui portent le nom de leur auteur. De ce nombre est la *Prudente Abigaïl*, imprimée à Valence, en 1762, par la veuve de Joseph Orga. On a aussi imprimé *A quoi oblige la jalousie*, comme œuvre de son véritable maître. Dans les *Académies morales*, Enriquez inséra quatre comédies intitulées : *A quoi oblige l'honneur, la Prudente Abigaïl, Contre l'amour il n'y a pas de ruses*, et *Amour avec vue et sagesse*.

perdre l'originalité des pensées. Il y a dans ses poésies lyriques un peu plus que la beauté de la forme, il y a une beauté d'expression et de sentiment qui contribue à leur donner une certaine fraîcheur qui les rend presque toujours intéressantes. Pour preuve de ces observations et pour que nos lecteurs puissent apprécier le mérite d'Enriquez Gomez, comme poëte lyrique, nous examinerons quelques-unes des compositions insérées dans les *Académies morales*. Voyons donc celle où il chante le *repos et la vie de la campagne et sa cabane*, dans l'introduction de la troisième académie (1) :

>   Fabricio, si la vida
> en la santa quietud está cifrada,
> al pié de esta lucida
> montaña, de altos cedros coronada,
> la gozo mas seguro
> que en el Babel de ese confuso muro.
>   Mi albergue regalado
> es solar de mi cándida cabaña;
> y en este verde prado
> pruebo la antigüedad de la montaña,
> cuya nevada cumbre
> *gotea juicio y me reparte lumbre.*
>   . . . .
>   Cuando el sol amanece
> me saluda con cítara suave
> el ruiseñor que ofrece
> á su consorte con afecto grave
> no celos, armonía;
> que toda la quietud es compañía.
>   . . . .
>   Cuando su nieve es mucha
> salgo á pescar con una débil caña

(1) « Fabricius, si la vie consiste dans la sainte quiétude, au pied de cette montagne éclairée, de hauts cèdres couronnée, j'en jouis plus sûrement que dans la Babel de ces murailles confuses. — Ma riche demeure, c'est le sol de ma blanche cabane, et dans cette verdoyante prairie je reconnais l'antiquité de la montagne, dont le sommet neigeux *distille la sagesse et me répartit la lumière*............ Quand le soleil commence à paraître, alors me salue de sa lyre suave, le rossignol qui offre à sa compagne avec une affection profonde, non la jalousie, mais l'harmonie; le repos est toute ma compagnie........ Quand la neige est trop forte,

la salmonada trucha,
y traigo con quietud á mi cabaña
lo que el señor no gusta :
que todo su quietud cansa y disgusta.
. . . .
Cuando el enero helado
me coge en esta sierra, miro luego
el humo idolatrado
de mi santa cabaña, cuyo fuego
aun de léjos mirado
me sirve de consuelo y de sagrado.
En estas soledades
vivo contento, alegre y descansado,
no, como en las ciudades,
al bullicio sugeto del Estado;
pues no hay mayor desdicha
que, á costa de la vida, amar la dicha.
Sin ambicion profana
el cielo me sustenta en esta choza :
sale aquí la mañana
mensagera del sol, y es su carroza
tan suave al oido
que de sola la luz siento el sonido.
. . . .
¡ Oh albergue soberano,
emulacion de cuantos chapiteles
el griego y el romano
fundaron, duplicando los Babeles,

je sors pour pêcher avec un faible roseau la truite saumonnée, et je porte tranquillement à ma cabane ce que le seigneur ne goûte pas, parce que tout fatigue et trouble son repos...... Quand janvier avec ses glaces m'enferme dans ces montagnes, je regarde bientôt la fumée idolâtrée de ma sainte cabane, dont le feu, quoique de loin regardé, me sert de consolation et de refuge. — Dans ces solitudes, je vis content, joyeux et sans fatigue, et non, comme au sein des cités, sujet au tumulte de l'État. Il n'y a pas de plus grand malheur qu'au prix de sa vie d'aimer le bonheur. — Sans ambition profane, le ciel me conserve dans cette chaumière; elle sort ici le matin, la messagère du soleil, et son carrosse est si doux à l'oreille que je ne sens que le bruit de la lumière seule............ Oh! demeure souveraine, rivale de tous les chapiteaux que le Grec et le Romain ont élevés, en multipliant les Babels, votre heureuse quiétude est l'ouvrage de la main puissante.— Il n'y a aucune souillure dans votre monarchie souveraine, et la for-

vuestra quietud dichosa
es cifra de la mano poderosa !
No hay mácula ninguna
en vuestra monarquía soberana,
ni tiene la fortuna
jurisdiccion en vuestra edad anciana :
el que una vez os mira
tierno de amor, por vuestro amor suspira.

. . . .

¿ Tienes muchos criados?...
pues no te envidio, sin tener ninguno.
Tienes muchos ducados?
pues en mi choza no hallarás ni uno.
¿ Tienes quietud?... Ninguna.
Pues búrlome por Dios de tu fortuna.

. . . .

Las perlas, los diamantes
sin esta joya de mayor tesoro
son riquezas errantes.
Necio es el hombre que idolatra el oro;
que el sosiego del alma
es de esta vida victoriosa palma.
Viva en la corte ufano
el sobervio político, muriendo;
y en sólio soberano
vivan con él los que le están vendiendo :
que yo sin esta muerte
contento vivo con mi humilde suerte.

tune n'a aucune juridiction sur votre durée ancienne. Celui qui une fois vous admire épris d'amour, pour vous d'amour soupire........ Avez-vous de nombreux domestiques?..... Je ne vous envie point, sans en avoir un seul. Avez-vous de nombreux ducats? Dans ma chaumière vous n'en trouverez pas un. Avez-vous du repos?... Point. Je me moque, par Dieu, de votre fortune........ Les perles, les diamants, sans ce bijou d'un plus grand prix, sont d'inconstantes richesses. Insensé est l'homme qui idolâtre l'or; la tranquillité est de cette vie la palme victorieuse. Qu'il vive à la cour orgueilleux, le politique superbe, en mourant: et sur le trône souverain, qu'ils vivent avec lui ceux qui le vendent; pour moi, sans cette mort, je vis content de mon humble sort. — Qu'il boive dans une coupe dorée, le grand prince; qu'il ait sa table entourée de serviteurs; pour moi, que cette vanité tourmente peu, je bois dans une tasse de glace le liquide cristal d'un petit ruisseau. — Qu'il se couche sur le duvet, entouré de riches tentures; que

Beba en taza dorada
el príncipe mayor; tenga su mesa
de siervos rodeada :
que yo, á quien de esta vanidad no pesa,
bebo en taza de hielo
el líquido cristal de un arroyuelo.
En algodon se acueste
rodeado de ricas colgaduras;
y su alcázar le preste
seguridad en dóricas figuras :
que yo sin tanto muro
duermo en mi choza mucho mas seguro.

. . . .

Esta quietud adoro :
esta vida pacífica poseo.
No la riqueza lloro;
la ambicion ni la quiero ni deseo :
que en mí las soledades
son las siempre dichosas magestades.

Enriquez Gomez consacra deux autres chants à célébrer le calme de la vie des champs, et il y répandit la même abondance de pensées philosophiques. Il est vrai que toutes ses poésies lyriques fourmillent de beautés de ce genre, ce qui semble tout à fait conforme à la situation dans laquelle se trouvait son âme, en les composant. Entre toutes ses productions brille, toutefois par la mélancolie dont elle est pour ainsi dire imprégnée, l'élégie qu'il consacre à pleurer son exil (1) :

Cuando contemplo mi pasada gloria
y me veo sin mí, duda mi estado
si ha de morir conmigo mi memoria.

. . . .

son alcazar lui prête sécurité par ses doriques figures ; pour moi, sans tant de murs, je dors dans ma chaumière, beaucoup plus tranquille....... Ce repos, je l'adore; cette vie pacifique, je la possède. Non, je ne déplore pas la richesse; l'ambition, je ne la veux ni la désire; pour moi la solitude est toujours la majesté la plus heureuse. »

(1) Quand je contemple ma gloire passée et que je me vois sans moi, mon âme doute si ma mémoire doit mourir avec moi....... — Oh ! qui saura, même par une injuste voie, où croît l'herbe de l'oubli, pour mourir peut-être avec plaisir !...

¡Oh quién supiera, aun por camino injusto,
donde la yerba de olvidar se cria,
para morir tal vez con algun gusto!

. . . .

Dejé mi albergue tierno y regalado
y dejé con el alma mi alvedrío,
pues todo en tierra agena me ha faltado.
Fuéseme, sin pensar, mi aliento y brio
y si de alguna gala me adornaba,
hoy del espejo con razon no fio.
Mi sencilla verdad con quien hablaba,
si la quiero buscar, la hallo vendida;
dexóme y fuése donde el alma estaba.
La imágen en el pecho tengo asida
de aquel siglo dorado, donde estuve
gozando el mayo de mi edad florida.

. . . .

Hablada el idioma siempre grave,
adornado de nobles oradores,
siendo su acento para mí suave.
Eran mis penas por mi bien menores:
que la patria ¡divina compañía!...
siempre vuelve los males en favores.
Gané la noche; si perdí mi dia,
no es mucho que en tinieblas sepultado
esté quien vive en la Noruega fria.

J'ai laissé ma demeure douce et chérie et j'ai laissé avec l'âme ma liberté; pour moi, tout m'a manqué sur la terre étrangère. — Ils m'ont quitté, sans y penser, mon courage et mon ardeur, et si je m'ornais de quelque parure, aujourd'hui avec raison je ne me fie pas au miroir. Ma vérité simple avec laquelle je parlais, quand je veux la chercher, je la trouve vendue : elle m'a abandonné et elle est allée où était mon âme. — Je conserve gravée dans mon cœur l'image de ce siècle doré où j'ai joui du mois de mai de ma jeunesse fleurie..... Je parlais l'idiome toujours grave, orné par de nobles orateurs, et son accent était pour moi suave. — Mes peines étaient pour mon bien moindres. Que la patrie, divine compagne, change toujours les maux en faveurs! — J'ai gagné la nuit, si j'ai perdu mon jour; il lui importe peu d'être enseveli dans les ténèbres à celui qui vit dans la froide Norwége. — J'ai perdu le plus précieux de mes biens, j'ai perdu ma liberté!..... et par là je dis tout ce que peut dire un infortuné..... Non, au milieu des forêts, sur les bords des ruisseaux, la tourterelle ne gémit pas sur sa compagne aimée comme moi sur mes infortunes et mes malheurs. — Adieu,

Perdí lo mas preciso de mi estado;
perdí mi libertad?... con esto digo
cuanto puede decir un desdichado.

. . . .

No gime entre las selvas y cristales
la tórtola á su amada compañera,
como yo mis fortunas y mis males.
Ave mi patria fué ¿mas quién dijera
que el nido de mi alma le faltára
y que las alas de mi amor perdiera?...
Si pérdida tan grande se alcanzára
con suspiros, con lágrimas y penas,
con mi sangre otra vez la conquistára.

. . . .

Si mi sepulcro labro con el llanto,
ofrézcase en las aras de su pira
tan continuo pesar y dolor tanto.

. . . .

Mas ¡ay de mí! que en la extrangera llama
aun no soy mariposa, que muriendo
goza la luz de lo que adora y ama.
En diferente clima entré riyendo,
imaginando, como tierno infante,
que era mi patria la que estaba viendo.

Il n'est pas possible de refuser au chevalier de Saint-Michel, qui déplore ainsi la perte de sa liberté et de sa patrie, le titre de poëte et de poëte qui a de grandes qualités. Dans les passages que nous venons de copier brillent la simplicité et la beauté de la diction ainsi que des nuages d'une tendresse et d'une délicatesse remarquables. Les mêmes qualités se distinguent dans beaucoup d'autres compositions, et sur-

toi, qui fus ma patrie! Qui eût dit que le nid de mon ame lui manquerait, qu'il perdrait les ailes de mon amour?... — Si une perte si grande se compensait par des soupirs, par des larmes, par des tourments, je les rachèterais une autre fois de mon sang..... Si ma tombe se creuse par mes pleurs, que l'on offre sur l'autel de son bûcher, et mes chagrins continuels et ma douleur si grande..... Mais, hélas! sur la terre étrangère, je ne suis pas encore comme un papillon qui en mourant jouit de la lumière, de ce qu'il adore et de ce qu'il aime. — En un climat différent je suis entré en riant; je m'imaginais, comme un tendre enfant, que ce que je voyais c'était ma patrie! »

tout dans les *Épitres de Job*, que nous avons déjà indiquées, et où il dessine son amère existence, de la manière suivante dans l'Épitre Ire (1) :

> Si la delicia de la edad temprana
> poseo con amor, me enfada luego ;
> y si me falta, halágola tirana.
>
> Cánsame el aire, enojome del fuego,
> piso la tierra, el agua me maltrata,
> y un paso no camino con sosiego.
>
> No sé quien soy, ignoro quien me mata,
> sé por quien vivo y nunca lo agradezco,
> preciada si, mi voluntad de ingrata.
>
> Aborrezco el castigo y le merezco,
> no siento el fin y siento lo que vivo,
> el bien me enfada y luego lo apetezco.
>
> Obro de loco, cuando cuerdo escribo ;
> ando con luz y la virtud no veo.
>
> . . . .

Toutes les poésies d'Enriquez, proprement lyriques, respirent les mêmes sentiments ; toutes reposent sur un fonds de philosophie admirable, et toutes abondent en maximes aussi salutaires. Le poëte, qui frappait ainsi la lyre castillane, qui sut répandre une si douce philosophie et tant de beautés dans les morceaux que nous avons transcrits, finissait, poussé par le mauvais goût de son temps, par tomber dans tous les défauts de l'école qui cultivait la forme. Mais si ces défauts enlaidissent un assez grand nombre de ses compositions lyriques, ils sont encore plus saillants dans le poëme héroïque dont nos lecteurs connaissent déjà le titre. Enriquez, qui avait manifesté tant d'admiration en examinant le *Machabée* de Michel Silveyra, aspira sans doute à suivre ses traces ; il perdit de vue qu'il s'écartait

---

(1) « Si les délices de l'âge de bonne heure je possède avec amour, bientôt elles me dégoûtent ; et si elles me manquent, je flatte leur tyrannie. — L'air me fatigue, je m'ennuie du feu, je foule la terre, l'eau me maltraite, et je ne marche pas un pas avec tranquillité. — Je ne sais qui je suis, j'ignore qui me tue ; je sais pour qui je vis et jamais je ne lui suis reconnaissant ; précieuse vie, ma volonté est d'une ingrate. — J'abhorre le châtiment et je le mérite ; je ne sens pas la fin et je sens ce que je vis ; le bien me dégoûte et bientôt je le désire. — J'agis en insensé quand j'écris en sage : je marche avec la lumière et je ne vois pas la vertu. »

du langage de la véritable poésie, et il prit un *style élevé*, peu propre à la narration épique par l'abus extraordinaire des métaphores et des hyperboles dont il abonde.

Le poëme de *Samson Nazaréen* n'est pas seulement une preuve qu'Enriquez Gomez, en s'écartant de sa simplicité primitive, payait au culte de la forme le tribut exigé par son époque; il démontre en même temps ce qui se trouve confirmé par l'examen de beaucoup d'autres poëmes de ses contemporains, qu'on avait entièrement perdu de vue l'objet de l'épopée, en cherchant à la ramener dans des limites si étroites qu'elle n'avait pas d'espace pour se développer. En cela Enriquez ne suivit pas l'exemple de Silveyra; le héros de son poëme n'a d'épique que les qualités physiques attribuées par Homère aux personnages de ses immortelles créations. Comme l'Hercule de l'antiquité, il eût pu donner naissance à une série de fables où le merveilleux n'aurait pas eu une faible part. Le sujet non plus n'était pas propre à l'épopée, puisqu'il ne réunissait pas les conditions qui caractérisent ce genre de poésie, le plus difficile de tous ceux que cultive l'esprit humain, et le héros n'apparaît pas non plus doué de ces grandes qualités qui se reconnaissent dans les personnages proprement épiques. C'est ainsi que, malgré le visible effort pour s'élever à ce qu'on appelait alors le *style héroïque*, malgré l'assurance qu'il semble avoir du mérite de son œuvre (1), on trouve à peine, dans le *Samson Nazaréen*, un morceau qui ait la véritable intonation épique, si l'on en excepte le livre XIX, qui est le dernier, où se consomme la catastrophe par la mort du héros, la destruction du temple et la ruine des Philistins. En échange, il n'est pas possible de trouver plus de traits de mauvais goût, un plus grand ramassis d'idées fausses, d'hyperboles outrées et de métaphores extravagantes. Rien de plus fréquent dans le poëme que de voir les rossignols appelés *delfines*

---

(1) « J'ai chanté dans ce poëme, dit Enriquez Gomez, les hauts faits de l'admirable héros, du guerrier prodigieux, *Samson Nazaréen*, terreur des Philistins et glorieux triomphe du peuple de Dieu. L'amour excessif qu'il éprouva pour Dalila, beauté ingrate de ce siècle, la confiance excessive qu'il eut en elle, furent les causes qui le firent facilement tromper. Si l'amour de ma Thalie m'eût trompé, je ne resterais pas aveugle, parce que je sais que je n'ai pas volé avec des ailes de cire, et ce n'est pas une faveur légère d'Apollon de permettre à un de ses enfants d'être Phaéton. »

del aire, dauphins de l'air ; les ruisseaux, *tierbas de olorosas azucenas, téorbes de lis odoriférants;* l'amour, *bajel de Venus,* navire de Vénus ; le soleil, *eterno farol del cuarto cielo,* éternelle lanterne du quatrième ciel; et de voir prodiguées enfin toutes les expressions absurdes que put inventer la secte insensée des commentateurs et des aveugles sectateurs du culte de la forme. Cependant il arrivait à Enriquez Gomez ce qui arriva à tous les poëtes de son temps : semblables au fou de Cervantes, toutes les fois qu'ils parviennent à oublier leur enflure et leur style obligé ; toutes les fois qu'ils touchent les véritables cordes de la sensibilité, ils prouvent qu'ils n'étaient pas stériles pour la poésie et ils atteignent, sans prétention, les tons les plus élevés et les plus pathétiques. Pour preuve de ces observations, il suffirait, si nous ne connaissions déjà les poésies lyriques d'Enriquez, de citer le morceau suivant tiré du dernier livre de son poëme, morceau où il oublie entièrement le culte de la forme et où il s'élève à la véritable intonation épique. Samson est déjà introduit dans le temple des Philistins et placé entre les deux colonnes sur lesquelles s'appuyait l'édifice (1) :

> Baja sobre el hebreo peregrino
> del señor el espíritu divino.
> Dios de mis padres, dice, autor eterno
> de los tres mundos, soberano Atlante,
> incircunciso, santo, y abeterno;
> Dios de Abraham, tu verdadero amante;
> Dios de Isahak, cuyo altísimo gobierno
> en la divina ley vive triunfante,
> Dios de Jahacob, de bendiciones lleno,
> oye á Samson, escucha al Nazareno.
> Unico Criador, incomprensible,
> señor de los egércitos sagrado,
> brazo de las batallas invencible,
> por siglos de los siglos venerado ;

---

(1) « Sur l'hébreu voyageur, du Seigneur descend l'esprit divin. — Dieu de mes pères, parle, auteur éternel des trois mondes, Atlas souverain, incirconcis, saint, et de toute éternité; Dieu d'Abraham, ton véritable amant; Dieu d'Isahak, dont le très-haut gouvernement vit triomphant dans la divine loi; Dieu de Jahacob, plein de bénédictions, entends Samson, écoute le Nazaréen. — Unique Créateur,

causa sí, de las causas invisible
perfecto autor de todo lo criado,
pequé, señor, pequé: yo me condeno:
misericordia pide el Nazareno.

Restituye, señor, la prodigiosa
fuerza de mis cabellos á su fuego:
alienta con tu mano poderosa
el valor que perdí, quedando ciego.
Tócame con tu llama luminosa,
pues á la muerte con valor me entrego:
dame aliento, señor, para vengarme,
y tu auxilio eficaz para salvarme.

Yo muero por la ley que tu escribiste,
por los preceptos santos que mandaste,
por el pueblo sagrado que escogiste,
y por los mandamientos que ordenaste:
yo muero por la pátria que me diste
y por la gloria con que el pueblo honraste;
muero por Irael, y lo primero
por tu inefable nombre verdadero.

Yo me ofrezco á la muerte, por que sea
redimido mi pueblo en este dia
de la dura potencia felistea,
arbitrio de la misma tiranía:
sacuda el yugo la nacion hebrea;
goce este triunfo con la sangre mia:
salva á Israel ¡señor! sea mi vida
víctima santa y lámpara lucida.

incompréhensible, Seigneur sacré des armées, bras invincible des batailles, vénéré dans les siècles des siècles; cause réelle et invisible des causes, auteur parfait de tout ce qui est créé, j'ai péché, Seigneur, j'ai péché; je me condamne; le Nazaréen demande miséricorde. — Rends, Seigneur, à son feu la prodigieuse force de mes cheveux; ranime de ta main puissante la valeur que j'ai perdue, en me laissant aveugle. Touche-moi de ta flamme lumineuse, puis à la mort avec courage je me livre; donne-moi, Seigneur, la force pour me venger et ton secours efficace pour me sauver.—Je meurs pour la loi que tu as écrite, pour les saints préceptes que tu as dictés, pour le peuple sacré que tu as choisi, et pour les commandements que tu as donnés; je meurs pour la patrie que tu m'as donnée et pour la gloire dont tu as honoré le peuple; je meurs pour Israël, et surtout pour ton nom véritable et ineffable.—Je m'offre à la mort, pour que mon peuple soit racheté, en ce jour, de la dure puissance des Philistins, arbitre de la même tyrannie; que la

Es ¡señor eterno! agora... agora
es tiempo que tu espíritu divino
favorezca á esta mano vencedora
para que acabe el duro felestino;
Muera esta gente idólatra que adora
un medio fauno de metal marino;
no quede dellos en el templo un hombre!
mueran los enemigos de tu nombre!
. . . .
Dijo; y eslabonando pavoroso
los brazos de los ejes de diamante,
apesar del cimiento ponderoso
y del sobervio alcázar arrogante;
apesar del pañon artificioso
y la argamasa de betun ligante,
sudando sangre, el jóven sin segundo
levantó las columnas del profundo.

Dió dos golpes con ellas, arrancando
los ángulos sin luz de la techumbre,
y la bóveda opaca rechinando,
se deslizó de su eminente cumbre.
. . . .
De un golpe solo treinta mil gentiles
mató Samson, logrando victorioso
en vida y muerte sus cuarenta abriles,
todos ceñidos del laurel famoso.
Redimieron sus años juveniles
la casa de Israel y el poderoso

nation juive secoue le joug; qu'elle jouisse de ce triomphe par mon sang. Sauve Israël, Seigneur; que ma vie soit la victime sainte et la lampe brillante. — Courage, Seigneur éternel; maintenant... maintenant il est temps que ton esprit divin favorise cette main victorieuse pour en finir avec le cruel Philistin. Qu'elle meure cette nation idolâtre qui adore un demi-faune de métal marin; qu'il ne reste pas un seul homme d'entre eux, dans le temple! qu'ils meurent, les ennemis de ton nom!............ Il dit; et enchaînant, en tremblant, les bras des axes de diamant, malgré le fondement profond et l'arrogance du superbe alcazar, malgré le plafond construit avec art et le ciment de bitume liant; suant du sang, le jeune héros, sans second, soulève les colonnes de leur base profonde. — Il frappe deux coups avec elles, arrache les angles, sans lumière, de la toiture, et la voûte sombre craque et se détache de son faîte élevé............ D'un seul coup trente mille Gentils Samson immola, rendant victorieux, par sa vie et par sa mort, ses qua-

dominio de la gente felistea
quedó sugeto á la potencia hebrea.

Nous ne jugeons pas absolument nécessaire de copier ici un autre passage pour démontrer à quel degré Enriquez porta son extravagance, en suivant les erreurs du grand poëte de Cordoue. Cependant, pour qu'on ne nous croie pas seulement sur parole, nous prendrons au hasard quelques octaves. Voyons donc comment il décrit, au livre premier, la belle Dalestina (1) :

Era la diosa oráculo sagrado
de cuanto Adónis veneró su estrella,
dulce beldad del niño Dios alado
y del cielo gentil la luz mas bella.
Cuanto la aurora cándida ha llorado
su sol resuelve en líquida centella;
pero al querer su rosicler beberla,
en su concha el amor concibe perla.
Orfeos ruiseñores laureada
música dan al nuevo sol dormido:
solfa de contrapuntos ajustada
en el coro sagrado de Cupido.
Sobre cinco azucenas recostada
bebe de Delo el resplandor mentido,
temiendo el sol que abricado sus dos soles
del cielo abrase antorchas y faroles.
De un delgado cendal, velo de nieve
la Vénus de cristal se halló vestida,
cuyo armiño del Líbano se atreve

rante printemps tous couronnés du laurier célèbre. Ses jeunes années rachetèrent la maison d'Israël, et le puissant royaume du peuple philistin fut assujetti à la puissance des Hébreux. »

(1) « La déesse était l'oracle sacré, au point qu'Adonis vénéra son étoile; douce beauté de l'enfant Dieu ailé, et du ciel gentil la lumière la plus belle. Quand l'aurore candide a pleuré, son soleil la résout en étincelle liquide; mais quand son incarnat veut la boire, dans sa coquille l'amour engendre une perle. — Les rossignols orphéens donnent une musique couronnée de lauriers au nouveau soleil endormi; musique de contre-point ajustée dans le chœur sacré de Cupidon. Sur cinq lis couchée, elle boit de Délos l'éclat menteur, et le soleil craint qu'en ouvrant ses deux soleils, du ciel elle n'embrase les torches et les flambeaux. D'une

á ser aurora de su dulce vida :
el coral de su boca perlas bebe
viva rosa de nácar encendida,
cuyo clavel viviente en sus abriles,
trasciende con dos hojas los pensiles.

Il faut avouer qu'Enriquez se met dans ces vers bien loin des *Solitudes* et du *Polyphème*, poëmes dont il fait l'éloge dans le prologue de *Samson*, sans oublier le *Phaéton* du comte de Villamediana. Mais, ce qui appelle l'attention dans ce poëte, c'est l'emploi excessif de la mythologie dans un sujet purement biblique. Ce défaut, si commun à tous les poëtes chrétiens, est d'autant plus blâmable chez Enriquez Gomez, qu'il n'y a pas seulement une octave où n'apparaissent une ou deux divinités des Gentils, et qu'il a lui-même condamné l'usage de la fable païenne. « Dans mon opinion, disait-il, en parlant du sujet de son poëme, tous les poëtes qui ont chanté Apollon, Daphné, Phaéton et toutes les autres divinités fabuleuses du paganisme, sans toucher à la pureté de leurs écrits qui sont pour certains littéralement merveilleux, ont fait la même chose que s'ils avaient chanté le *Caballero del Febo* ou don *Belianis de Grecia* et d'autres de cette espèce. » Ces contradictions entre la théorie et la pratique, entre l'école et le génie, prouvent avec évidence que ce dernier, placé sur la pente du précipice, roule infailliblement dans l'abîme.

Enriquez Gomez ne put pas non plus se soustraire dans ses autres compositions à cette fatale influence. Pareille chose était arrivée aussi à Lope de Vega, ennemi déclaré du culte de la forme, et à tous les génies qui fleurirent dans ces temps. Mais la pièce où il fait le plus déplorable étalage de ces beautés extravagantes, c'est incontestablement la *Culpa del primo peregrino* : *La faute du premier voyageur*, poëme dont la conception aurait pu procurer à Enriquez une gloire assez grande, s'il ne l'avait écrit dans un langage où règne le culte de la forme. Cependant, quoiqu'il s'égare très-souvent dans des questions théologiques, où il étale ses connaissances en littérature sacrée ; quoique de nombreux passages soient assez obscurs pour

---

étoffe légère, voile de neige, la Vénus de cristal se trouva vêtue ; et l'hermine du Liban s'enhardit à être l'aurore de sa douce vie. Le corail de sa bouche boit des perles, vive enflammée de nacre, dont l'œillet, vivant dans ses avrils, pénètre, avec deux feuilles, les jardins. »

qu'il ne soit pas possible de comprendre ce qu'il a écrit, on trouve encore de nombreux morceaux dignes d'estime et qui révèlent un poëte qui n'a pas subi la contagion du mauvais goût. Prenons pour exemple les tercets suivants où il fait allusion à la béatitude (1) :

> Llama Dios á los justos escogidos,
> no porque escoja entre el linage humano
> los nobles, los valientes y entendidos.
>
> . . . .
>
> Aquellos que siguieron la delicia,
> aunque llamados por derecho fueron,
> no son para la gloria de codicia.
> Los que por leyes santas anduvieron
> son aquellos varones peregrinos
> que nombres de escogidos merecieron.
>
> . . . .
>
> El vaso de eleccion cándido y puro
> con el licor ó néctar soberano
> en la iqmortalidad vive seguro.

Nous croyons aussi dignes d'estime les vers placés dans la bouche d'Ève, et par lesquels Enriquez rappelle tout à fait à propos le chapitre V du *Cantique des Cantiques* (2) :

> Como de selva en selva
> viene saltando el gamo,
> asi tu voz ha ido
> al corazon llegando.
>
> . . . .
>
> —Deidades luminosas,
> habeis visto á mi amado?

(1) « Dieu appelle les justes choisis, non qu'il choisisse, dans l'espèce humaine, les nobles, les vaillants, les habiles . . . . Ceux qui aimèrent les délices, quoiqu'ils aient été par droit appelés, ne sont pas à désirer, pour la gloire. — Ceux qui ont par les lois saintes marché, sont ces voyageurs braves, qui ont mérité le nom de choisis . . . . Le vase d'élection candide et pur, avec la liqueur ou le nectar souverain, dans l'immortalité, vit sûr.

(2) Comme de forêt en forêt, le daim vient sautant, ainsi ta voix est venue au cœur arrivant . . . . Divinités lumineuses, avez-vous vu mon bien-aimé?— Qui est ton bien-aimé? disent les planètes sacrées. — Je réponds :

¿Quién es tu amado? dicen
los planetas sagrados.
—Es mi amado, respondo
en diez mil señalado,
rubio como el sol mismo,
y como el alba blanco.

Su cabeza es de oro
que ofir *dispara á rayos*
y sus cabellos crespos
que tiran á topacio.

Sus dos hermosos ojos
son de paloma y tanto
que nadan sobre leche,
donde se están bañando.

Es rey de todo el orbe
y el paraiso sacro,
huerto de Hedem divino;
le sirve de palacio.

Dans le chapitre suivant, nous continuerons l'examen des ouvrages de ce célèbre judaïsant.

mon bien-aimé, sur dix mille est signalé, blond comme le soleil même et blanc comme l'aube.—Sa tête est d'or, et d'or elle rayonne, et ses cheveux ondulés tirent sur la topaze. — Ses deux beaux yeux sont de colombes, tant qu'ils nagent sur le lait où ils se baignent. — Il est roi de tout l'univers, et le paradis sacré, jardin divin de l'Éden, lui sert de palais. »

CHAPITRE VIII.

xviiᵉ siècle.

Continuation de l'examen des œuvres d'Antonio Enriquez Gomez. — Ses comédies. — Le siècle pythagorique.

Dans le chapitre qui précède, nous avons fait connaître, comme poëte lyrique et épique, l'infortuné chevalier de Saint-Michel, le valeureux capitaine Enriquez Gomez, et nous avons noté en même temps les œuvres dramatiques qu'il composa de son propre aveu. « Les théâtres de Madrid, écrit un auteur de ces temps, en faisant allusion à ces pièces, sont le témoignage le plus certain de son mérite, puisqu'on les vit représentées avec des bravos et des éloges. Elles étaient enviées, et même applaudies. La pièce du *Cardinal Albornoz* montra dans son invention, dans sa disposition et dans ses idées, qu'elle n'envierait point les comédies de ceux qui critiquent tout ce qu'ils ne peuvent égaler. Dans cet ouvrage, Enriquez unit le respect dû à un prince aux enseignements d'un ministre désintéressé, sans que les tendresses de l'amant adoucissent la sévérité, ni que le merveilleux de la composition lui fissent oublier les avertissements du maître, sans sortir de l'obéissance respectueuse, au milieu d'une correction risquée. Les succès de *Fernan Mendez Pinto* n'étonnèrent pas moins cette cour aussi avare d'approuver que de reconnaître une supériorité, en voyant qu'il traitait avec un égal bonheur les prodiges et les douceurs, les amours et les naufrages, les pertes et les divertissements. Beaucoup d'autres pièces, que je ne veux pas énumérer parce qu'elles sont connues, lui ont acquis la même estime. » Ce jugement sur les comédies d'Enriquez Gomez avait pour complément la phrase suivante : « S'il se propose d'imiter Ménandre et Plaute, dans le comique, il n'est inférieur ni à Plaute ni à Ménandre (1). » Tels furent les succès qu'obtinrent les œuvres dramatiques d'Enriquez de Paz, tels sont les jugements qu'en ont portés ses contemporains, avant sa persécution et avant son exil. La critique de nos jours doit-elle se conformer à ce jugement? C'est là ce que nous nous proposons d'examiner dans ce chapitre, avec toute la circonspection et l'impartialité nécessaires.

Quiconque lira sans prévention les productions dramatiques de cet infortuné génie, remarquera que le jugement de ses contemporains n'est pas peu exagéré, quant au caractère, à la nature et au mérite de ces pièces. En mettant de côté la faible ressemblance qui existe entre les drames d'Enriquez et les comédies de Plaute et de Ménandre, tant pour ce qui touche à l'essence que pour ce qui concerne seulement la forme, nous devons encore observer que l'art, chez Enriquez Gomez, n'était pas encore arrivé à ce haut degré de perfection où le portèrent Caldéron, Rojas et Moreto, presque à la même époque où ce poëte hébreu fuyait de sa patrie. Ses comédies, dont la plus grande partie appartient au genre héroïque, manquent, pour ce motif, de la liaison nécessaire pour que la fable soit toujours vraisemblable. Il y a des scènes peu motivées; tantôt les événements se choquent par la rapidité avec laquelle ils sont présentés, tantôt des situations véritablement très-dramatiques se délayent en deux ou plusieurs scènes, qui perdent ainsi leur vigueur et ne conservent pas la couleur convenable. Enriquez Gomez, généralement parlant, concevait les plans de ses comédies avec une grande facilité et les déroulait laborieusement et péniblement ; c'est là ce qui fait que très-souvent les caractères qu'il dépeint sont plutôt des esquisses imparfaites que des portraits achevés, et qu'il n'observe pas avec la sévérité nécessaire les lois de l'har-

---

(1) Voyez le prologue des *Académies morales* et leur apologie, par le capitaine Manuel Fernandez de Villa-Réal, grand ami d'Enriquez Gomez, et, comme lui, poursuivi par le Saint Office. Ce judaïsant, qui se consacra aussi à la culture des lettres, quoique inconnu encore dans cette république, composa divers ouvrages qui ont été l'objet des éloges des contemporains. Dans le nombre de ses écrits, il faut comprendre sa *Politique*, qui a été très-applaudie, un poëme intitulé *Couleur verte*, et un grand nombre d'autres poésies sur divers sujets, comme l'affirme Enriquez Gomez. Nous regrettons de n'avoir pu trouver les œuvres de ce génie, pour en offrir quelques morceaux à nos lecteurs, et pour les tirer ainsi de l'oubli.

monie, non moins dignes de respect que les autres règles imposées par la raison et le bon sens à l'art dramatique de toutes les nations et de tous les temps. C'est ainsi que les personnages peints par Enriquez Gomez ne sont pas toujours également discrets et sensibles au point d'honneur; ils n'observent point dans toutes les occasions, avec la même ardeur, avec la même constance, les droits de la noblesse d'âme, et ils se prosternent vaincus devant les autels de l'amour et de la beauté.

Il voulut peut-être aussi imiter quelquefois le maître Tirso de Molina et présenter ses héroïnes douées de sentiments peu nobles, ainsi qu'il arrive principalement dans ses comédies intitulées : *A quoi oblige la jalousie, Contre l'amour il n'y a pas de ruse*, quoiqu'il excuse toujours ces méprises par le feu d'une passion indomptable. D'autres fois il dépeint, comme trop faciles et trop jalouses, ces mêmes héroïnes qui violent les lois de la décence pour obtenir la réalisation de leurs desseins amoureux, et qui se voient, à la fin, obligées de subir d'indignes humiliations.

On ne doit cependant pas douter que ses œuvres dramatiques ne se trouvent dépourvues de qualités estimables et brillantes. Comment expliquer, dans le cas contraire, les succès qu'elles obtinrent sur les théâtres de la capitale de l'Espagne, où le grand Lope de Vega et ses illustres disciples recueillaient, à cette même époque, de magnifiques lauriers? On ne saurait nier que, s'il n'avait fait passer, pour ainsi dire, dans ses productions dramatiques, les sentiments chevaleresques de son époque; s'il n'avait reflété les mœurs de cette société qui avait divinisé la *fidélité* et *l'honneur*, *l'amour* et *l'amitié*, le capitaine Enriquez n'eût pas mérité les *bravos* répétés ni les *louanges* de la multitude, ni excité non plus la jalousie de tous ceux qui admiraient en secret ses ouvrages.

Il y a, en effet, dans ses pièces, des beautés de différents genres, qui justifient, jusqu'à un certain point, le jugement des contemporains du chevalier de Saint-Michel, et qui ne le recommandent pas peu à l'estime de tous ceux qui étudient profondément l'histoire de notre littérature. Enriquez Gomez avait une grande force d'invention, qualité qui, comme nous l'avons déjà observé, lui facilitait la conception de ses plans dramatiques. Il comprenait vivement et il exprimait avec assez de chaleur les différentes passions qui émeu-

vent et agitent le cœur humain. Doué d'une imagination vigoureuse
et forte, il traçait de brillants tableaux, tant de la vie réelle que du
monde fantastique, et il créait, à cet effet, des personnages, des pays,
des royaumes, presque inconnus de l'histoire. Cette manière de faire,
très-fréquemment employée par les poëtes dramatiques de l'Espagne,
à l'époque d'Enriquez Gomez, exagérée depuis jusqu'à satiété par les
Zabalas et les Comellas, a fait affirmer par les critiques modernes,
et par les étrangers surtout, que ni les poëtes ni les spectateurs du
temps de Lope, de Tirso, de Caldéron et de Moreto, ne connurent
l'histoire du nord de l'Europe, puisque les premiers inventaient à
plaisir, des rois dans ces pays, et que les seconds acceptaient volontiers de semblables fictions. Mais nous répondrons à cette accusation
ce que nous avons déjà dit précédemment (1) : les poëtes espagnols
de ce temps, quand ils créaient un sujet original, créaient aussi un
pays en rapport pour l'y placer. Et comme dans tous leurs ouvrages
régnait toujours le principe de chevalerie et de galanterie qui a caractérisé notre littérature, ils n'ont pas cru devoir chercher des pays
autres que ceux qui avaient quelque rapport avec ces sentiments.
Le système féodal, qui engendra l'esprit chevaleresque, établit plus
particulièrement son empire dans le nord de l'Europe que dans le
reste du continent. Les sentiments que les poëtes espagnols devaient
développer, suivant donc le principe sur lequel reposait leur littérature, exigeaient que le pays et les arguments de leurs drames eussent
un rapport réciproque, alors que ces derniers étaient purement fictifs. Les spectateurs savaient aussi que le pays qu'ils avaient sous
leurs yeux était créé à plaisir par le poëte, et que les rois et les
princes de ces drames étaient autant d'autres personnages apocry-
phes. Mais comme, dans ces ouvrages, la pensée qui les dominait
se trouvait personnifiée, qu'en eux et par eux revivaient les sentiments chevaleresques de leurs ancêtres, dernier souffle de l'indépendance déjà perdue, ils n'hésitaient pas à leur accorder leur
approbation, à les combler d'éloges, en échange des nombreuses
beautés dont les compositions étaient semées, et leur pardonnaient
une faute géographique qui ne pouvait certainement pas obscurcir le

---

(1) Traduction, annotation et complément de l'*Histoire de la littérature espagnole*, écrite en français par Sismonde de Sismondi. Note f. de la leçon 11ᵉ du
tome II. Séville, 1842.

brillant de ces drames. Voilà ce qui arriva à Enriquez Gomez pour un assez grand nombre de ses pièces.

Ces pièces se divisent en comédies héroïques, comédies historiques et comédies de *cape* et *d'épée*. Au premier genre appartiennent celles qui ont pour titre : *la Jalousie n'offense pas le soleil; Tromper pour régner* (1); *A quoi oblige la jalousie ; le Foudre de Palestine*, et d'autres. Au second correspondent : *A quoi oblige l'honneur; Amour avec vue et sagesse; le Cardinal Albornoz; la Maison d'Autriche en Espagne*; et l'on peut classer parmi les comédies d'intrigues : *Contre l'amour il n'y a pas de ruse; le Capitaine Chinchilla; Ce qui se passe à minuit; Fernan Mendez Pinto*, et d'autres où toute l'intrigue dramatique dépend d'un billet mystérieux ou d'un manteau qui recouvre une beauté amoureuse et jalouse. Nous aurions besoin de nous arrêter longtemps pour donner ici une idée exacte de ces compositions, même en nous bornant à en choisir une dans chacun des genres par lesquels nous les avons divisées, afin d'en présenter une légère analyse. Toutefois, pour que nos lecteurs puissent apprécier l'exactitude des observations générales que nous avons faites, nous croyons convenable d'examiner l'une d'elles, et celle qui nous a paru la plus conforme à notre dessein est la pièce qui a pour titre : *A quoi oblige l'honneur*, comédie du genre historique où brillent grandement les sentiments chevaleresques qui animèrent nos pères. Mais, avant d'entrer dans l'analyse de ce drame, nous croyons opportun de résoudre une question qui naît spontanément de sa lecture. La pensée adoptée par le judaïsant Enriquez Gomez pour cette pièce est la même que celle qu'avait choisie Caldéron pour *le Médecin de son honneur, A secret outrage secrète vengeance, le Peintre de son déshonneur* et *le Tétrarque de Jérusalem*. L'un et l'autre purent emprunter l'idée de ces drames au *Jaloux prudent* de Tirso de Molina, puisque ce célèbre poëte dut la donner au théâtre avant que ces derniers eussent ceint leur front du laurier dramatique. Cepen-

---

(1) Cette pièce fut la première composition dramatique écrite par Enriquez, ainsi que l'indique le couplet final par ces vers :

>Y aqui el poeta dá fin
>A sa comedia, notando
>Ser la primera que ha hecho.

« Et ici le poète finit sa comédie, en faisant remarquer que c'est la première qu'il a composée. »

dant on doit remarquer que, s'il y a quelque analogie entre les comédies de Caldéron et d'Enriquez, comparées avec celle de Tirso ci-dessus mentionnée, il existe une étroite ressemblance entre les pièces dues aux premiers, particulièrement entre *A secret outrage secrète vengeance*, *le Médecin de son honneur* et *A quoi oblige l'honneur*, où un grand nombre de situations sont presque égales, où l'action se développe, la catastrophe se consomme de la même manière. Qui des deux poëtes a profité de la pensée de l'autre?... Nous croyons, nous autres, ne pas manquer au respect qu'impose le nom de Caldéron si nous affirmons qu'il dut, en écrivant ses comédies, profiter du drame d'Enriquez. Pour exprimer ainsi notre opinion, nous avons plusieurs raisons qui ne manquent pas, selon nous, d'un certain poids. La première, c'est que Caldéron n'hésita pas, quand il le jugea à propos, à prendre chez les autres poëtes les sujets de ses drames, ce qui est un fait reconnu dans l'histoire de notre littérature, et prouvé, entre autres productions, par sa comédie intitulée : *Pour vaincre l'amour, il faut vouloir le vaincre*, pour laquelle il eut sous les yeux *la Belle laide* de Lope. La seconde, c'est que le capitaine Enriquez Gomez, étant noté comme judaïsant, ses œuvres dramatiques durent tomber dans l'oubli, par haine pour l'auteur, ainsi qu'on peut le déduire de l'apologie du capitaine Fernandez de Villaréal, écrite en 1642, époque où l'on parle déjà du succès des comédies d'Enriquez comme d'une chose éloignée. La troisième, c'est que le chevalier de Saint-Michel, quoiqu'il dise lui-même qu'il connaissait les triomphes obtenus à la cour par Caldéron, était plus avancé en âge que ce grand poëte dramatique, puisqu'il disait de lui, en 1642 (1).:

> Conquisté el interes, surqué los mares,
> amontoné tesoros á millares :
> y halléme con la barba tan n .da
> como la misma plata conquistada.

Or Caldéron naquit en 1600, et le capitaine Enriquez de Paz sortit d'Espagne en 1636.

---

(1) « J'ai conquis l'intérêt, j'ai sillonné les mers, j'ai entassé des trésors par milliers, et je me suis trouvé, avec la barbe blanche comme neige, comme l'argent même que j'avais gagné.

Passons maintenant à l'examen de la comédie de cet infortuné génie, intitulée : *A quoi oblige l'honneur?* L'action de ce drame se passe à Séville, dans une des dernières années du règne de don Alphonse XI. Ce magnanime monarque, désireux de récompenser dignement les services de don Enrique de Saldaña, un de ses plus braves capitaines, lui donna pour épouse doña Elvire de Liarte, prodige de beauté et rejeton d'une illustre famille. Le prince don Pedro courtisait en secret cette dame, qui était dame d'honneur de la reine, et doña Elvire payait cette affection d'un amour aussi tendre que noble et désintéressé. Mais, voyant qu'il ne lui était pas possible de recueillir le fruit de son dévouement, elle cède à la tendre sollicitude du roi et elle donne sa main à don Enrique, à qui don Alphonse accorde, pour digne prix de ses exploits, le comté de Carmona. Don Pedro, qui aimait ardemment doña Elvire, apprend qu'il va être séparé d'elle pour toujours, et il se résout à employer tous les moyens pour empêcher cette séparation. La scène où Elvire déclare à son amant la résolution du roi mérite d'être citée (1) :

Don Pedro. ¡Elvira hermosa!...
Doña Elvira. ¡Ay de mi!
Don Pedro. Tú con llanto, hermoso dueno!!
¿Quién dió disgusto á tus ojos
para parecer mas bellos?....
Doña Elvira. Principe y Señor, si el cielo
quiere que os pierda ¡ay de mi!
¿para qué la vida quiero?
Muera á manos del dolor
quien pierde lo que yo pierdo.
Don Pedro. ¿Cómo perderme, señora?
Doña Elvira. Como fué mudable el tiempo.
Don Pedro. ¿Qué mudanza si te adoro?
Doña Elvira. Todo nuestro amor fué sueño.

(1) « *Don Pedro.* Belle Elvire ! — *Doña Elvire.* C'est fait de moi ! — *Don Pedro.* Toi, tu pleures, belle maîtresse ! Qui a causé tant de peine à tes yeux pour qu'ils paraissent plus beaux?..... — *Doña Elvire.* Prince et Seigneur, si le ciel veut que je vous perde, c'est fait de moi ! Pourquoi voudrais-je vivre ? Qu'il meure des mains de la douleur, celui qui perd ce que je perds. — *Don Pedro.* Comment, me perdre, señora ? — *Doña Elvire.* Comme le temps es changé ! — *Don Pedro.* Quel changement, si je t'adore ? — *Doña Elvire.* Tou

Don Pedro. ¿Sueño llamas nuestro amor?...
Doña Elvira. Sí; pues acabó tan presto.
Don Pedro. ¿Son celos?
Doña Elvira. ¡Pluguiera á Dios!
Don Pedro. La causa, mi bien espero.
Doña Elvira. La causa es morir.
Don Pedro. ¿Qué dices?
Doña Elvira. Qué está el corazon tan muerto
que quando quiere animar
las palabras, late recio
gritándome: *no lo digas :*
muere tu; viva tu dueño.
Don Pedro. Mas me matas de esa suerte :
dime mi bien el suceso.
Doña Elvira. Casóme el rey con Enrique.
. . . .
. . . . . fué mi amor
flor deslucida en almendro
que nace en brazos del alva
y viene muerta, naciendo.
. . . .
Don Pedro. Yo soy tu esposo, mi bien.
Doña Elvira. Ya es tarde : no podeis serlo.
Don Pedro. ¿Quién lo impide?...
Doña Elvira. Mi fortuna.

Don Pedro ne peut se résigner à voir doña Elvire dans les bras d'un autre maître, et, désirant jouir de son amour, il parvient à séduire

notre amour n'a été qu'un rêve. — *Don Pedro.* Tu appelles notre amour un rêve?..... *Doña Elvire.* Oui, puisqu'il a sitôt fini. — *Don Pedro.* Est-ce jalousie ?..... — *Doña Elvire.* Plût à Dieu ! — *Don Pedro.* Le motif, mon bien, je l'attends.— *Doña Elvire.* Le motif, il faut mourir ! — *Don Pedro.* Que dis-tu ?— *Doña Elvire.* Que le cœur est si mort, que, quand il veut animer les paroles, il bat fortement et me crie: *Ne le dis pas; meurs, toi, que ton seigneur vive.*— *Don Pedro.* Mais tu me tues de cette manière, dis-moi, mon bien, ce qui arrive. — *Doña Elvire.* Le roi me marie avec Enrique; . . . . mon amour a été une fleur flétrie sur l'amandier qui naît aux rayons de l'aube, et qui vient morte en naissant. . . . . — *Don Pedro.* Je suis ton époux, ô mon bien! — *Doña Elvire.* C'est trop tard, tu ne peux l'être. — *Don Pedro.* Qui l'empêche ? — *Doña Elvire.* Ma destinée.

Léonore, sa fille de chambre, et il s'introduit, la nuit, dans la maison de don Enrique, mais non sans que ce dernier s'en aperçoive à son retour du palais où les affaires de l'État l'avaient retenu de longues heures. Le valeureux chevalier, qui avait uni sa main à celle de doña Elvire pour complaire seulement à son affectueux ami, à son bienveillant souverain, est tout surpris de voir son honneur courir un si grand péril; il pénètre dans l'appartement de son épouse, qui a le temps à peine de cacher le prince, après avoir auparavant ainsi repoussé ses prétentions avec dignité (1) :

> No es tiempo, señor don Pedro
> de discursos amorosos :
> ya acabaron las finezas,
> los suspiros, los sollozos
> los amores, los regalos
> de la mocedad y el ocio.

Don Enrique, plein de prudence, s'arrange pour que son épouse sorte de cet appartement, et, tirant ensuite le prince de l'endroit où il est caché, lui fait honte de sa conduite et le prie en même temps de quitter sa maison; il écoute ses protestations sur l'innocence de doña Elvire et lui dit (2) :

> Agradezco el juramento
> y os agradeciera mas
> no hallaros aquí escondido :
> pero si obliga a callar
> el respeto de los tres,
> esta puerta viene á dar
> al jardin ; salid por ella,
> que no es bien alborotar
> los criados de mi casa.

(1) « Ce n'est plus le temps, seigneur don Pedro, des discours amoureux ; maintenant sont finies les caresses, les soupirs, les sanglots, les présents de la jeunesse et le repos.

(2) « J'accepte le serment, et j'aimerais mieux ne pas vous avoir trouvé caché ici; si le respect de nous trois nous oblige à nous taire, cette porte donne sur le jardin; sortez par là, il n'est pas bon de réveiller les serviteurs de ma maison. »

Il désire toutefois connaître la vérité du fait; il feint alors de se retirer dans son cabinet et il se cache à l'endroit même où s'était caché don Pedro. Doña Elvire, tourmentée du danger de son honneur, apprend que son époux s'est retiré, et elle revient pour sauver le prince, tout en lui reprochant sa folle hardiesse et le menaçant de le dire au roi, s'il continuait ses poursuites imprudentes (1) :

> Si esto pasa adelante
> yo que soy de mi honor firme diamante
> iré a los pies del rey cuerda y honrada
> y pedire justicia, declarada
> contra un principe injusto,
> que atropellar pretende por su gusto
> con un amor tirano y atrevido
> la paz que con mi esposo he merecido.

Don Enrique recouvre la tranquillité de son âme en reconnaissant la vertu de son épouse, qui sort pour chercher de la lumière et qui, rentrant avec une bougie, trouve, au lieu du prince, son époux qui la reçoit dans ses bras, ivre de joie, et qui s'écrie, pour calmer son inquiétude (2) :

> Yo vi, yo oí, yo vencí . . . .
> . . . .
> el oro al crisol se prueba

Don Pedro insiste cependant dans son dessein avec plus d'ardeur; il poursuit doña Elvire, l'accuse d'ingratitude au moment où l'honorable comte de Carmona les surprend, et où il finit par comprendre le danger de son honneur en entendant que son épouse s'écrie (3) :

> Arded, corazon, arded :
> que yo no os puedo valer.

(1) « Si cela va plus loin, moi qui suis de mon honneur le ferme diamant, j'irai jusqu'aux pieds du roi, sage et honorée, et je lui demanderai justice, en me déclarant contre un prince injuste, qui prétend, pour son plaisir, par un amour tyrannique et audacieux, troubler la paix que j'ai méritée avec mon époux. »

(2) « Je suis venu, j'ai entendu, j'ai vaincu . . . . l'or s'éprouve au creuset. »

(3) « Brûlez, mon cœur, brûlez, je ne peux plus vous arrêter. »

et que le prince réplique avec un terrible mépris (1) :

> César ó nada : que asi
> he de morir ó vencer.

Le déshonneur est déjà pour don Enrique un fait inévitable. Étouffé par le chagrin, il médite sur les moyens d'éviter son malheur, quand il est tiré de sa stupeur par la présence du roi qui a écouté ces paroles d'amertume qui sortaient de sa bouche (2) :

> ¡Quitóme el honor el rey
> y entendió que me le daba !.....

Cette scène, où lutte, d'un côté, l'affection du souverain, et de l'autre, la passion de don Enrique; où celui-ci déclare la cause de son tourment, ne manque pas en vérité de mérite, ni d'effet dramatique. Quand le roi sait que c'est son fils qui dérobe la tranquillité à son favori, il veut à peine ajouter foi à ses paroles et il lui dit pour le consoler (3) :

Rey.	Doña Elvira es tan prudente
	como noble y como honrada :
	no os cegueis con un recelo.
Don Enrique.	Son muchos los que me agravian.
Rey.	Como esté libre el honor,
	los recelos nunca matan,
Don Enrique.	Señor, la honra es espejo,
	á donde se mira el alma :
	si hoy un recelo lo turba
	otro le ofende mañana.
	El que quisiere tenerle
	cristalino, como el alva,

---

(1) « César ou rien; c'est ainsi qu'il faut vaincre ou mourir. »

(2) « C'est le roi qui m'a ravi l'honneur, et il pensait me le donner. »

(3) « *Le roi.* Doña Elvire est aussi prudente que noble et honorée; ne vous laissez pas aveugler par un soupçon. — *Don Enrique.* Ceux qui m'outragent sont nombreux. — *Le roi.* Comme l'honneur est intact, les soupçons ne tuent jamais. — *Don Enrique.* Seigneur, l'honneur est un miroir où l'âme se mire; si aujourd'hui un soupçon le ternit, un autre demain le tâche. Celui qui veut le conserver

ó purifique las nieblas
ó rompa su luna blanca :
que aguardar á que se eclipse
cuanto es locura, es infamia ;
que es la muger un espejo
que no consiente dos caras.

Cette déclaration de don Enrique est terrible. Le roi lui conseille cependant d'emmener son épouse dans une ferme, située dans la Sierra-Morena, à cinquante lieues de Séville, conseil que le comte désolé met immédiatement en pratique, en sortant de cette ville en quelques moments. Mais il n'était pas encore arrivé dans cette retraite que don Pedro se présente à ses yeux. Sa présence lui glace de nouveau le sang dans les veines et lui enlève toute espérance de sauver son honneur en danger. Don Enrique dissimule toutefois, en brave, la douleur qui le dévore ; il prépare, pour fêter le fils du roi, une partie de chasse, bien résolu néanmoins de laver la tache qui souille son front. Pour y parvenir, il profite du tumulte naturel de la chasse, emmène Elvire au sommet élevé d'une roche, et de là, il la précipite dans l'abîme, en mettant de cette manière un terme à son horrible peine et à son tourment, et en rétablissant son honneur éclipsé.

Telle est la comédie qui a pour titre : *A quoi oblige l'honneur?* titre justifié avec usure par la fin tragique de doña Elvire. Don Enrique de Saldaña, ainsi que Lope de Almeïda, dans la pièce de Calderon appelée : *A secret outrage secrète vengeance*, est la personnification brillante des sentiments et des idées qui constituaient, sous l'ancienne monarchie, le dogme de la chevalerie, basé, comme l'observe judicieusement Montesquieu, dans son *Esprit des lois*, sur l'honneur, unique source, dans ces temps, de pensées élevées et d'exploits inouïs. Dans ce drame, Enriquez rattache à l'action principale, comme épisode, les amours de doña Maria de Padilla, dont la fermeté de caractère contraste singulièrement avec la tendresse de doña Elvire. Doña Maria est, dans ce drame, la représentation vi-

clair comme l'aube, doit ou purifier le brouillard, ou rompre sa blanche lune. Attendre qu'il s'éclipse, c'est folie autant qu'infamie ; la femme est un miroir qui ne comporte pas deux visages. »

vante de ces femmes susceptibles sur le point d'honneur, altières et passionnées, que Calderón dépeint de main de maître. Rien de plus remarquable que la réponse que don Pedro fait au prince, quand celui-ci l'interroge sur l'amour, alors qu'il n'a pas encore oublié doña Elvire (1).

>Y asi, gran señor, tratad
>de hacer el pecho crisol :
>que no tiene voluntad
>de alumbrarse de otro sol
>la luz de mi claridad.
>
>Porque soy doña Maria
>de Padilla, tan señora
>de gozar mi proprio dia,
>que otra puede ser aurora;
>mas no sol por vida mia.
>
>Que quien á mi me ha de amar
>tan libre y firme ha de ser
>que ni al sol ha de mirar;
>y sino busque muger
>que pueda su amor llevar

Enriquez a peint aussi, dans ses drames, le dévouement passionné et amoureux des chevaliers espagnols, dévouement qu'il a poussé au dernier degré de l'idéal et qu'il a enveloppé dans des torrents de poésie. Pour preuve de cette observation, voyons comment Iberius, qui avait abandonné la couronne pour se consacrer à l'amour d'Hélène, dont il s'était épris dans une partie de chasse, se plaint de son amante dans la comédie intitulée : *Tromper pour régner* (2) :

>Si el alva del cielo vi,
>al punto se oscureció :

(1) « Et c'est pourquoi, grand seigneur, cherchez à faire de votre cœur un creuset; elle n'a pas la volonté de s'éclairer à un autre soleil, la lumière de ma clarté. — Parce que je suis doña Maria de Padilla, aussi maîtresse de jouir de mon propre jour qu'un autre peut être l'aurore, mais non soleil de ma vie. — Quiconque doit me donner son amour, doit être aussi libre et aussi ferme qu'il n'a pas à regarder le soleil; mais seulement chercher une femme qui puisse enlever son amour. »

(2) « Si j'ai vu l'aube du ciel, immédiatement elle s'est obscurcie; un épais

nube densa la cubrió;
mas fueron vanos enojos,
porque el alva de tus ojos,
sobre el alva amaneció,
Los pájaros se asentaron,
trinando la voz al viento,
y en uno y otro elemento
tu grandeza comtemplaron :
las rosas imaginaron
ser eternas en colores
y preguntando las flores :
¿ quién tanta beldad nos dió ?
un ruiseñor respondió :
la diosa de los amores.
Si era Vénus ó Diana
digeron, y él amoroso
puliendo el pico gracioso
dijo : Elena soberana.
. . . .

Contra el curso natural
un arroyo se detuvo,
y como el agua no anduvo,
fué para mi de cristal :
al transparente raudal
le dijo un laurel constante :
¿ por qué no pasa delante?...
y él entonces respondió :
¿ cómo puedo pasar yo,
si soy de Elena diamante ?

nuage l'a couverte; mais ces ennuis ont disparu, parce que l'aube de tes yeux sur l'aube du jour a paru. Les oiseaux se sont levés en livrant leurs cadences au vent, et, sur l'un et l'autre élément, ta majesté ils ont contemplée. Les roses s'imaginèrent d'être éternelles en couleur, et les fleurs se demandèrent : qui nous donne tant de beauté? Un rossignol, répondit la déesse des amours. Est-ce Vénus ou Diane, dirent-elles? mais (l'oiseau) amoureux, en polissant son bec gracieux répondit : c'est Hélène, la reine . . . .
Contrairement à son cours naturel, un ruisseau s'arrêta, et comme l'eau ne marcha pas, elle fut pour moi comme un cristal, au ruisseau transparent, dit un laurier constant : pourquoi ne vas-tu pas en avant?.... et celui-ci alors lui répondit : Comment, moi, puis-je passer, si je suis d'Hélène le diamant ?

On peut toutefois remarquer que ce judaïsant manifeste une aversion notable pour le mariage dans toutes ses pièces. Dans la *Jalousie n'offense pas le soleil*, il met dans la bouche de Jules la satire suivante (1) :

> Quién no se muere de espanto
> de entrar al anochecer
> en su casa bueno y sano
> y escuchar.—¿De dónde vienes?...
> —Es tarde?—Las doce han dado.
> —Las doce, siendo las nueve?
> —Qué breves las has pasado!...
> —Ahora dieron las ocho.
> —Dice bien.—Pues no cenamos?
> —Cenar?—Si.—Pues ¿para qué,
> si se sabe que ha cenado?...
> —Acabemos. Sientesé :
> sentado esté con mil diablos....
> —¡Qué no sazone esta moza
> eternamente un guisado!...
> —Diga que gana no tiene
> y no ponga culpa al plato.
> —De beber.—Segun él bebe,
> parecer comió salado.
> —Muger del demonio, calla
> si quieres, que estoy cansado
> de escucharte.—Yo de oirte :
> —Quién es?—Yo soy.—Mi cuñado :
> —Si.—Entre usted.—Y la tia.—
> —Y el padre.—Vayan entrando.—
> Y entran cosa de cuarenta.

(1) « Qui ne meurt d'épouvante en rentrant la nuit dans sa maison bien portant et joyeux, et en entendant : — D'où viens-tu?..... — C'est tard? — Minuit a sonné. — Minuit, quand il n'est que neuf heures!..... — Comme elles ont passé courtes!...... — Huit heures viennent de sonner. Tu as raison. — Ne soupons-nous pas? — Souper? — Oui. — Pourquoi donc, si l'on sait que vous avez dîné? — Finissons. Assieds-toi. — Va t'asseoir avec mille diables..... que cette fille n'assaisonne pas éternellement son ragoût!..... — Dites que vous n'avez pas d'appétit, et ne rejetez pas la faute sur le plat. — A boire. — Comme il boit, il paraît qu'il a mangé salé. — Femme du diable, tais-toi si tu veux, je suis fatigué de t'écouter. — Moi, de t'entendre. — Qu'est-ce? — C'est moi. — Mon beau-frère..... —

—De qué estás, Leonor, llorando?
—De qué ha de llorar?—De qué?
—De que no viene temprano.
—Tiene razon.—No la tiene.
—Sois un perdido!—Es engaño.
La madre :—No la crié
para semejantes tratos.
El padre :—Siempre yo dije
que érais hombre temerario.
—El cuñado :—Juro á Dios
que no sé quien ha ganado.
La tia :—No mereceis
ni aun descalzarla un zapato.
La muger :—Ya alegremente
todo el dote me has gastado.
—Quién rabia?—El niño que llora.
—Quién grita?—Son los criados.
—Válgate el diablo la casa :
váyanse con treinta diablos.
—Idos vos : que yo no quiero.
—¡Jesus! la daga ha arrancado!
La moza.—¡Señor! señor!...
El mozo :—Dése al cuñado,
vuesamerced, si es servido.
—No hay justicia?..—No hay vicario?...
—Divorcio quiero pedir?...
—Yo me doy por divorciado.

Oui. — Entre, toi. — Et la tante? — Et le père? — Qu'ils entrent. — Et il en entre environ quarante. — Qu'est-ce que tu as, Léonore, pour pleurer? — Pourquoi pleurer? — Pourquoi? De ce qu'il ne vient pas de bonne heure. — Elle a raison. — Non, elle n'a pas raison. — Tu es un perdu? — C'est un trompeur. — *La mère.* Je ne l'ai pas mise au monde pour de pareils traitements. — *Le père.* J'ai toujours dit que tu étais un homme imprudent. — *Le beau-frère.* Je jure, au nom de Dieu, que je ne sais qui a gagné. — *La tante.* Tu ne mérites pas de lui dénouer le cordon d'un de ses souliers. — *La femme.* Il a déjà joyeusement dépensé toute ma dot. — Qui enrage? — Le petit enfant qui pleure. — Qui crie? — Les domestiques. — Au diable toute la maison; qu'ils s'en aillent à trente mille diables.— Allez-y, vous, pour moi, je ne veux pas. — Jésus! il a arraché la dague. — *La fille.* Maître! Maître! — *Le garçon.* Frappez-en le beau-frère, si vous êtes servi.

Dans cette burlesque description de la vie domestique, écrite avec la vivacité et la légèreté que nos lecteurs ont remarquées, Enriquez révèle la force satirique dont il était doué et qu'il a principalement employée dans le *Siècle pythagorique*. Ce livre, où il insère une partie d'un roman comique, sous le titre de *Vie de don Gregorio Guadana*, est une satire des mœurs du XVII° siècle, dans laquelle il se propose de ridiculiser les vices qui affligeaient cette société, *en moralisant le sujet et en tirant d'une opinion fausse une doctrine vraie*. Le *Siècle pythagorique* se compose de quatorze transfigurations écrites en vers de sept et de onze syllabes, à l'exception de la *Vie de don Gregorio*, qui est en prose. Dans toutes ses compositions, Enriquez déploie une admirable vivacité et montre qu'il eût obtenu de brillants résultats, s'il avait cultivé le roman comique que Timoneda avait inauguré avec tant de succès dans son *Patrañuelo*, et qui s'était développé depuis entre les mains de Hurtado de Mendoza dans le *Lazarillo de Tormes*.

Tant dans le *Siècle pythagorique* que dans les œuvres dramatiques, don Enriquez est rempli des mêmes défauts que nous avons remarqués dans le chapitre précédent relativement au langage. Cependant, quand, dans sa comédie, *Tromper pour régner*, on lit en parlant du culte de la forme (1) :

> Hable en mestra lengua, hermano;
> . . . . . . ¿qué haya gente
> que solo por decir algo
> hablen loque ellos no entienden?...

et qu'il ajoute après (2) :

> Aun teneis en la memoria
> aquella lengua del diablo,
> cuyo autor es ella propia,
> pues ella sola se entiende?...

— N'y a-t-il pas de justice?..... N'y a-t-il pas de vicaire?..... — Je veux demander le divorce! — Je me tiens pour divorcé. »

(1) « Parle dans notre langue, frère....., car il y a des gens qui, pour dire un rien seulement, parlent un langage qu'ils n'entendent pas. »

(2) « Vous conservez encore dans la mémoire cette langue du diable, dont elle est elle-même l'auteur, puisqu'elle seule se comprend. »

Il faut avouer qu'Enriquez céda sciemment à la mode ou qu'il se laissa emporter par le torrent du mauvais goût, faute de la foi littéraire qui eût pu le préserver de la contagion générale, comme Rioja et Pedro de Quiros. Pour terminer ce chapitre et l'examen que nous nous sommes proposé de faire des œuvres de cet esprit, nous observerons ici que, si l'infortuné capitaine et chevalier de Saint-Michel, qui a éprouvé tant de douleur en se voyant banni de sa patrie, ne peut être placé parmi les premiers poëtes dramatiques de l'Espagne, il mérite du moins d'occuper une place distinguée parmi ceux du second ordre. Comme poëte lyrique, il est digne du plus grand éloge, et c'est là ce qui nous l'a fait considérer séparément sous l'un et l'autre aspect.

CHAPITRE IX.

xviie siècle.

Daniel Lévi de Barrios. — Ses œuvres. — Ses poésies. — Le chœur des Muses. — Rabbi Jahacob Abendaña. — Le livre de *Cuzary*. — Traducteurs célèbres. — Rabbi Jahacob Hages. — Rabbi Jehudah Leon Hebreo. — Jahacob Cansino. — Caceres. — *Candélabre de la lumière*, les *Psaumes de David*, *Grandeurs de Constantinople*, *Vision délectable*.

Comme Enriquez Gomez, Daniel Lévi de Barrios fut capitaine, comme lui il fut persécuté; et il se vit obligé de renoncer à sa patrie et d'abjurer le christianisme, quoique l'exact Rodriguez de Castro pense, dans sa *Bibliothèque*, qu'il se convertit à la religion du crucifié, et qu'il abjura ses erreurs. Mais, quelque digne de foi que soit Castro, quand il traite d'autres points, il ne nous semble pas qu'il soit aussi vrai qu'il eût dû l'être, quand il avance cette opinion. Nous sommes porté à croire que Daniel Lévi fut d'abord chrétien, et puis juif, par une multitude de raisons qui ont, selon nous, une importance et une consistance considérables. Barrios était né, vers le commencement du xviie siècle, dans la ville de Montilla, située dans l'ancien royaume de Cordoue, ainsi qu'il l'indique lui-même en différents passages de ses ouvrages. C'eût été, en vérité, une chose assez rare, à ladite époque, alors que le Saint-Office exerçait son pouvoir avec la plus grande force, de voir la religion juive tolérée en Andalousie et don Miguel de Barrios, car c'est là son nom chrétien, admis dans la carrière des armes, dans laquelle la valeur extrême ou la noblesse héréditaire occupaient seules les premiers postes. Une considération qui donne plus de fondement à ces observations, c'est que Daniel Lévi écrivit toutes ses œuvres ou presque toutes, dans un âge déjà avancé, qu'il consacra un assez grand nombre de pages à exalter les intérêts des Juifs, et qu'il se montra très-docte dans l'interprétation et l'exposition des préceptes et des lois du Talmud, objet constant de la vénération des Hébreux. On peut aussi ajouter que Daniel Lévi et son père, don Simon de Barrios, figurèrent assez longtemps au nombre des rabbins qui composaient les académies d'Amsterdam, et que l'on trouve dans différents ouvrages imprimés dans cette ville, vers le milieu et même vers la fin du XVIIe siècle, des compositions écrites par ce judaïsant, sous le nom de *Daniel Lévi de Barrios*. Il nous suffira de citer entre autres le sonnet suivant, où il fait l'éloge de la *Traduction des Psaumes de David*, faite par Jahacob Jheudah Léon, en l'année 1681, qui répond à l'an 5431 de la création (1) :

  Jahacob, varon perfecto, en la eminente
  casa de Dios, inquieres la ley tanto
  que por tí del Psalmista el dulce canto
  mas claro alumbra *a la escodida gente*.
  Brillas, Jheudah Leon, signo elocuente
  del sol divino que te enciende, en cuanto
  por las líneas que hizo el pastor santo
  la luz esparces de la empírea mente.
  Debe á tu sciencia singular traslado
  de Salomon el templo destruido
  por un leon, por otro edificado.
  Bien tomaste del templo el apellido;
  pues en tí el alto rey es mas loado
  y de David el canto mas subido.

Il était impossible qu'un poëte chrétien s'exprimât en ces termes, et appelât le peuple proscrit *nation choisie*. Daniel Lévi de Barrios se convertit, mais il se convertit de la religion chrétienne au judaïsme, c'est-à-dire qu'il apostasia, comme beaucoup d'autres de sa race,

(1) « Jahacob, homme parfait, dans l'éminente maison de Dieu, tu recherches la loi qui est pour toi le doux chant du Psalmiste, et qui, plus brillante, éclaire la nation choisie. — Tu brilles, Jheudah Léon, signe éloquent du soleil divin qui t'enflamme, quand, dans les lignes que traça le saint pasteur, tu répands la lumière de l'intelligence divine. — Il doit à ta science une singulière image, le temple de Salomon détruit par un lion, et par un autre construit. — Tu as bien fait de prendre le nom de temple, puisque, dans toi, le grand roi est plus loué, et que de David le chant est plus élevé.

résultat auquel il est possible que n'eurent pas peu de part les rigueurs de l'inquisition, dont la force était aussi grande que le fanatisme.

Nous avons dit que Barrios était né dans la cité de Montilla; nous en avons pour preuve, entre autres, le sonnet qu'il consacre, dans sa *Muse panégyrique*, à célébrer l'antiquité et la noblesse de cette ville, et qui commence ainsi (1) :

> Mi gran patria Montilla, verde estrella
> del cielo cordobes, agradó á Marte
> con las bellezas de la diosa Astarte,
> del fuego militar aurea centella.

Passons maintenant à l'examen des ouvrages dus à Daniel Lévi de Barrios. Il se distingue comme philosophe, comme historien, comme poëte. Il publia, en 1683 (5449), un livre intitulé : *Triomphe du gouvernement populaire et antiquité hollandaise*; il se proposait de démontrer philosophiquement que le peuple juif connaissait les formes des gouvernements monarchique, aristocratique et démocratique, dès les temps les plus reculés, et qu'il se dirigeait, à l'époque de Barrios, par les principes qui servaient de base au dernier. Il composa, en outre, une *Histoire universelle juive*, où il répandit une grande érudition et un savoir profond ; enfin, il publia divers autres ouvrages (2), au nombre desquels nous devons mentionner ceux qui ont pour titre : *Lumières et fleurs de la loi divine dans les chemins du salut*, où il donne des détails sur un assez grand nombre d'écrivains et de poëtes juifs qui cultivèrent à Amsterdam la *langue castillane*: le *Char triom-*

---

(1) « Ma grande patrie, Montilla, verdoyante étoile du ciel de Cordoue, est agréable à Mars avec les beautés de la déesse Astarté, du feu militaire étincelle dorée.

(2) Outre ces ouvrages, il y en a d'autres qui courent sous le nom de Barrios, et Wolfius lui attribue, dans sa *Bibliothèque hébraïque*, les suivants : *Description des hermandades sacrées de la synagogue espagnole d'Amsterdam; Empire de Dieu dans l'harmonie du monde; Atlas angélique de la grande Bretagne; Libre arbitre; Antiquités juives* et d'autres. Les comédies qu'il composa sont : *Demander une faveur à l'adversaire; le Chant joint à l'enchantement*, et *l'Espagnol à Oran*. Il les a insérées dans la *Fleur d'Apollon*. Il écrivit aussi : les *Nuages n'offensent pas le soleil, Contre la vérité il n'y a pas de force*. Wolfius ne cite pas la date de l'édition de ces œuvres. La *fleur d'Apollon* s'imprima en 1665; le *Chœur des Muses*, en 1672.

phal de perfection; la *Fleur d'Apollon*, où il inséra diverses comédies, fruits de son génie, et le *Chœur des Muses*, collection nombreuse de toute espèce de compositions poétiques, qui se termine par la *Musique d'Apollon* et les *Perles d'Hippocrène*. Nous devrions nous étendre plus que ne le comporte le cadre que nous nous sommes proposé, si nous nous arrêtions à analyser ici ces productions. Toutefois, comme le *Chœur des Muses* est peut-être l'œuvre la plus importante de ce poëte, nous croyons convenable de lui accorder la préférence dans notre examen, qui suffira, nous l'espérons, à faire connaître son mérite.

Le *Chœur des Muses* se divise en neuf parties, dédiées chacune d'elles à l'une des filles d'Apollon, et contenant des poésies analogues à leur caractère et à leurs attributs. C'est ainsi que sont consacrées à Uranie, la *Muse céleste*, les compositions qui traitent du *Monde céleste* et du monde *sphérique;* à Terpsichore, *Muse géographe*, correspondent la description de l'Espagne et du Portugal, depuis les temps les plus reculés avec une généalogie des rois des deux nations; à Clio, *Muse panégyrique*, appartiennent les éloges qu'il donne aux différentes classes sociales; à Érato, *Muse amoureuse*, sont dédiées les poésies proprement *érotiques;* à Euterpe, *Muse pastorale*, les tableaux de la vie champêtre et patriarchale, avec la fable de *Pan* et de *Siringa* et la si belle histoire de *Jacob* et de *Rachel;* à Polymnie, *Muse lyrique*, appartient l'empire de la poésie pathétique et satirique; à Thalie, celui des épithalames; à Melpomène, *Muse funèbre*, celui des élégies; et à Calliope, *Muse morale*, celui des productions philosophiques. Tel est le chœur des muses dans sa forme et dans son objet.

Daniel Lévi de Barrios, qui avait souffert sans doute les traits de l'envie et qui voyait dédaigner la poésie et ceux qui la cultivaient, prouva, dans le prologue de cette collection, en même temps qu'il se montrait docte expert dans la littérature ancienne, que ses détracteurs ne pouvaient l'abattre.

« Hercule, écrit-il, si supérieur en force, eut à supporter la guerre que lui firent les pygmées en le voyant endormi. Il est nécessaire d'avoir plus d'habileté que de force pour vaincre ceux qui, à la manière des moustiques, piquent la poésie, ne la laissent pas se reposer et lui font une guerre si insupportable, qu'elle a besoin de se couvrir le visage du voile de la crainte. Le fils d'Alcide put exécuter les entreprises les plus ardues, et il ne put résister à la faiblesse d'une fragile beauté. Le plus grand cœur se laisse efféminer à la vue de la vile censure. On ne doit pas se mettre la tunique du centaure, qui brûle, mais la peau du lion, qui épouvante. Celui qui se sent attaqué par ceux qui forment le bourdonnement de la critique, qu'il se jette dans l'eau de l'examen, et il verra qu'ils seront bientôt mouillés par le courant de la désillusion ; il verra qu'il leur enlèvera bientôt le liége de leur mordacité brûlante, pour dire avec le roi-prophète : « ils m'ont entouré comme des abeilles et ils ont été éteints comme un feu d'épines. »

Malgré cette singulière protestation contre la mordacité, la saine critique eût trouvé alors, comme aujourd'hui, dans les œuvres de Daniel Lévi de Barrios, des défauts blâmables à côté d'estimables beautés. Il est vrai que ces défauts provenaient en grande partie de l'état même des lettres et de la facilité avec laquelle Barrios suivit l'école du culte de la forme, et imita le langage *bombardant* et excessivement hyperbolique des sectateurs de Gongora. Mais, si cet effort blâmable enlève un peu de leur lustre à un assez grand nombre de beautés de style, s'il défigure une quantité d'images simples et vraiment poétiques, il ne parvient pas à obscurcir le génie de Barrios, qui arrache à sa lyre multiple des accents pathétiques, des traits proprement épiques, des tons satiriques et enfin des vibrations tendres, qui retracent le bonheur ou qui esquissent la vie douce et tranquille de la campagne. Ces qualités générales sont cependant cause que, dans tous les terrains, ce poëte est également estimable. Peut-être s'il se fût exclusivement consacré à des sujets qui ont rapport à la poésie épique, il eût pu obtenir des lauriers brillants dans cette voie si large et si mal parcourue. Il avait sans doute pour cela une imagination fraîche et puissante ; il avait une facilité de description remarquable ; il maniait, enfin, les ressorts de l'art avec une dextérité particulière. Barrios, comme le plus grand nombre des écrivains de sa race, ne se contenta pas des triomphes que pouvait lui offrir un genre déterminé, il aspira à les cultiver tous, sans voir que, de cette manière, il affaiblissait ses forces et qu'il dépensait inutilement les trésors de son imagination. Néanmoins, il répandit dans toutes ses compositions une érudition égale, et il laissa, dans toutes, les traces de son rare talent. Pour prouver la vérité de cette observation et de toutes celles que nous avons déjà faites, nous croyons à propos de copier ici quelques passages de ses ouvrages. Voyons d'abord comment la *Muse géographe*, Terpsichore, décrit la péninsule ibérique (1) :

> Toda vistosa la region se ostensa,
> que por el rey Hispan se nombró España,
> de ingenios doctos cátedra opulenta,
> de fuertes héroes, militar campaña :
> varias provincias conquistó sangrienta,
> inculcó la del indio tierra extraña,
> dándole siempre triunfos laureados
> las armas y varones señalados.
>   Al mar mediterráneo corresponde
> por la parte que el flavo Apolo viene,
> y á los franceses limites por donde
> viste de escarcha el Boreas á Pirene.
> En esta vanda y la que el sol esconde
> toca el raudal de Atlante ; y del Sur tiene
> aquel mar que del tórrido africano
> la aparta con el golfo gaditano.
>   De sus célebres rios la recrea
> el rojo Miño, el Duero caudaloso ;
> Ebro que en reinos inclitos campea ;
> corriente Llobregat, Ter generoso :
> Béthis que á los Elísios lisongea ;
> Tajo en Castilla y Portugal undoso ;
> Xucar bravo en la tierra valenciana ;
> y con nativo puente Guadiana.

(1) « Tout agréable se montre la contrée, qui, du roi Hispan, Espagne s'est nommée, de doctes génies riche séjour, de forts héros, militaire campagne ; diverses provinces elle a conquis par le sang ; elle s'est incorporé la terre lointaine de l'Indien ; et toujours lui ont donné des triomphes et des lauriers les armes et les hommes distingués. — A la mer Méditerranée correspond la partie d'où vient le blond Apollon, à la France les limites par où Borée couvre de frimats les Pyrénées ; sur cette zone et sur celle qui cache le soleil, elle touche le fleuve de l'Atlas, et, au sud, est la mer qui la sépare de l'Afrique torride, par le golfe de Cadix. — Parmi ses fleuves célèbres la Récréa, le rouge Minho, le Douro aux abondantes eaux, l'Èbre qui traverse d'illustres royaumes, le cours du Llobregat, le Ter généreux, le Bétis, qui flotte les Élyséens, le Tage, qui roule ses ondes en Castille et en Portugal, le Xucar, dans la terre de Valence, et le Guadiana avec son pont naturel. —

Fuerte si lucha, aguda si conversa,
siempre asombró con potestad ferina :
por cuanta la ocupó nacion diversa,
su riqueza ocasion fué á su ruina.
Habló en lengua caldáica, egipcia, persa,
hebrea, griega, arménica, latina,
gótica y agarena; y hoy sus gentes
mezclan todo en idiomas diferentes.

Voici comment il raconte, dans le *mètre IV* de la même muse, le pouvoir de Jules-César (1) :

Y César por mirarse soberano,
de su temida patria fué tirano.
La Citerior España rigió, cuando
con juvenil y docta valentia,
al robusto gallego sujetando,
desbarato del lujo la osadia :
De envidia en Cádiz suspiró mirando,
la estátua de Alejandro, porque habia
con menos años conquistado el suelo,
juzgando aun fácil el rendir al cielo.
Imitóle de suerte afortunado
que hasta del gran Pompeyo victorioso,
á sus plantas el mundo vió postrado,
primer de Roma imperador famoso.

On ne peut nier qu'il n'y ait dans ces passages l'intonation épique,

---

Forte, si elle lutte, subtile, si elle cause, elle épouvante toujours par son pouvoir énorme. Parce qu'elle fut occupée par des nations différentes, sa richesse a été l'occasion de sa ruine. Elle parle les langues chaldaïque, égyptienne, persane, hébraïque, grecque, arménienne, latine, gothique et arabe, et aujourd'hui ses peuples mêlent tout dans des idiomes différents. »

(1) « Et César pour se voir souverain, fut le tyran de sa patrie redoutée.—Il gouverna l'Espagne citérieure, quand, par sa jeune et docte vaillance, il soumit le Galicien robuste et renversa l'audace du luxe. D'envie, à Cadix, il soupira en regardant la statue d'Alexandre, parce qu'il avait, en moins d'années, conquis la terre, et qu'il jugeait encore facile de soumettre le ciel. — Il imita son destin fortuné, et, jusqu'au grand Pompée victorieux, il vit le monde prosterné à ses pieds, et il fut le premier fameux empereur de Rome. »

qu'on remarque aussi dans les octaves suivantes du *mètre V* de la même muse. Il y dépeint la perte de l'Espagne (1) :

> Belégero monarca de la ardiente
> Africa el sábio Ulit, infestó á España
> con la que acaudilló bárbara gente
> el gran Tarif en militar campaña.
> El padre la guió de la imprudente
> Caba, incitado por la torpe hazaña
> que á su rey fué traidor, con el vil Oppas,
> mitrado Galalon de falsas tropas.
>
> . . . .
> . . . . del Guadalete celebrado
> ensangrentó los campos animoso
> el infeliz Rodrigo, al denodado
> árabe acometiendo belicoso.
> Mas que su intrepidez pudo su hado,
> destinándole á estrago lastimoso
> en la prolija lid : que el feroz mauro
> le quitó la corona con el lauro.

Dans la *Muse amoureuse*, Érato, on trouve des compositions légères remplies de grâce et de tendresse. Je n'en veux pour exemple que le madrigal consacré à chanter la beauté de Chloris, *en donnant plus de crédit à ses yeux qu'à sa bouche*, et qui est ainsi conçu (2) :

> Suspenso mi sentido,
> Cloris, entre la vista y el oido
> á cual crea no duda :
> que de tus ojos la elocuencia muda

---

(1) « Le monarque belliqueux de la brûlante Afrique, le sage Ulit, infesta l'Espagne avec la nation barbare que commanda le grand Tarif, dans une expédition militaire. Le père de l'imprudente Caba le guida; poussé par la honteuse conduite, il fut traître à son roi, avec le vil Oppas, Galalon entouré de troupes fausses . . . . de la Guadalete célèbre, il ensanglanta les champs, par son courage, le malheureux et belliqueux Rodrigue, il attaqua l'Arabe intrépide. Son destin fut plus fort que sa valeur, et il le livra à un carnage effroyable, dans la lutte prolongée ; et le Maure féroce lui enleva la couronne et le laurier (de la victoire.)

(2) « Mon esprit en suspens, Chloris, entre l'ouïe et la vue, auquel croire ne doute;

imprime en tu semblante, á matar hecho,
el oculto carácter de tu pecho.
En vano, pues, procuras
que tus labios atentos
á seguir tus intentos,
nieguen lo que aseguras,
si de tu corazon se ven distintos
los confusos enojos
en los vivos espejos de tus ojos,
y con gracia no poca,
política tu boca
dice y tus ojos bellos
cuanto ella quiere y cuanto saben ellos.

L'épithalame suivant, inséré dans la *Muse comique*, Thalie, est destiné à célébrer les noces des *majestés césariennes*, Léopold Ignace et doña Marguerite d'Autriche. Il ne manque pas de mouvement lyrique (1) :

Aquella imperial águila
que del sol mas clarífico
se remonta á lo fúlgido
por mirarse en lo nítido.
De la fama en los cánticos
sube hasta el norte frígido,
iman de cuanto hipérbole
es de su elogio símbolo.
Por la estrella es mas célebre :
que de su Marte espíritu
en brazos de lo bélico
consigue lo pacífico.

de tes yeux l'éloquence muette imprime à ta figure, faite pour tuer, le caractère secret de ton âme. En vain donc tu cherches à faire que tes lèvres, attentives à suivre tes intentions, refusent ce que tu assures, si de ton cœur on voit distinctement les ennuis confus, dans le vif miroir de tes yeux, et si, avec une grâce sans égale, ta bouche politique dit, ainsi que tes beaux yeux, tout ce qu'elle veut et tout ce qu'ils savent eux. »

(1) « Cet aigle impérial qui, du soleil plus brillant remonte à la splendeur, pour se mirer dans son éclat. Dans les chants de la renommée, il monte jusqu'au nord glacé; aimant de toute hyperbole qui de son éloge est le symbole. — Par l'étoile il est plus célèbre; et l'esprit de son Mars dans les bras de la guerre obtient la paix.

Unido á lo magnánimo
ostenta lo magnífico,
de su respeto idólatra,
si de su afecto ídolo.
　　Las auroras que plácidas
son en cielo flamígero,
. . . .
sirviéndola solícitas,
hiriendo pechos ínclitos,
á los deseos Tántalos
ponen despeños Icaros.

Mais les sonnets qui nous paraissent les plus dignes d'estime sont ceux que contient la *Musique d'Apollon*, et, par dessus tous, celui qu'il consacre à la *Mort de Rachel*, remarquable par la pensée philosophique qu'il renferme (1) :

　　Llora Jacob de su Raquel querida
la hermosura marchita en fin temprano
que cortó poderosa y fuerte mano
del árbol engañoso de la vida.
　　Vé la purpúrea rosa convertida
en cárdeno color, en polvo vano
y la gala del cuerpo mas lozano
postrada en tierra, a tierra reducida.
¡Ay! (dice) ¡gozo incierto! ¡gloria vana!
¡mentido gusto!, ¡estado nunca fijo!
¿Quien fia en tu verdor vida inconstante?
　　Pues cuando mas robusta y mas lozana,
un bien que me costó tiempo prolijo
me lo quitó la muerte en un instante.

Uni à la magnanimité, il étale la magnificence, idolâtre de son respect, s'il est l'idole de son amour. — Les aurores qui tranquilles sont dans le ciel enflammé, ... la servent avec empressement, elles frappent des cœurs illustres, et, aux désirs de Tantale, opposent les malheurs d'Icare. »

(1) « Jacob pleure de sa Rachel chérie la beauté flétrie par une fin prématurée, dont la main puissante et forte a coupé l'arbre trompeur de la vie. Vois la rose purpurine convertie en couleur violacée, en vaine poussière, et la beauté du corps le plus beau, sur terre renversée, à la terre rendue. Hélas! dit-il, joie incertaine! gloire vaine! plaisirs mensongers! état jamais fixé! Qui confie dans ta verdeur

LES JUIFS D'ESPAGNE. 567

Daniel Lévi Barrios a composé aussi, comme nous l'avons indiqué, des compositions pleines de sel et de satire, et a donné aux premières le titre de *Donaires, facéties*. Dans la *Muse lyrique*, Polymnie, on lit la glose suivante ou *letrille*, qui ne manque pas de grâce ni de fine plaisanterie (1).

> Hasta cuando, Ines,
> por ese mirar
> ha de dar
> con antojos
> de ojos
> cualquiera que ves?...
> Del amor el fuego
> despues que postrado
> á tu agrado
> los ojos te ha dado,
> ha quedado ciego;
> y pues sin sosiego
> tu girasol es
> *hasta cuando, Ines, etc.*
> El sol te dá en cara
> por ver que mas claro
> con reparo
> sin costarle caro,
> te sale á la cara :
> ya que asi declara
> su dulce interes
> *hasta cuando, Ines, etc.*
> Ves del sol que alistas
> el albor rosado
> mejorado,
> por que le han sacado

une vie inconstante? Puisque plus elle était robuste et belle, un bien qui me coûte tant de temps, la mort me l'a ravi en un instant. »

(1) « Jusques à quand, Inès, à ce regard doit se frapper, avec les caprices des yeux, quiconque tu vois!..... — De l'amour le feu, après s'être rangé à ton gré, les yeux t'a donné, aveugle il est resté; et puis, sans repos, ton tourne-sol il est, jusques à quand, Inès, etc. — Le soleil te frappe au visage, pour voir plus clair, avec intention et sans qu'il lui en coûte cher, il t'adresse des reproches; puisque c'est ainsi qu'il déclare son doux intérêt, jusques à quand, Inès, etc. — Tu vois du soleil que tu as

> tus ojos á vistas,
> y pues sus conquistas
> están á tus pies
> hasta cuando, Ines, etc.

Nous ne croyons pas nécessaire de multiplier davantage les citations, pour faire connaître Daniel Levi de Barrios comme poëte castillan. Nous croyons que les passages que nous avons transcrits suffisent pour que nos observations acquièrent toute la force nécessaire. Ce docte judaïsant, en tant qu'admirateur enthousiaste de Gongora, des *Solitudes,* duquel il fait l'éloge en divers endroits de ses poésies, suivit les erreurs de ce grand poëte. Cependant on ne doit pas le confondre avec la foule de ces rimeurs infatués qui assiégèrent malheureusement le Parnasse espagnol, au XVIIe siècle, et qui, sans talent ni imagination, n'ont su faire que des gloses et des parodies, et ont parlé un langage extravagant qu'ils ne comprenaient pas eux-mêmes.

Nous avons dit, dans le second chapitre de notre précédent *Essai*, que nous ferions connaître, dans l'*Essai* présent, la traduction que fit Rabbí Jahacob Abendaña du livre intitulé *Cuzary*, écrit par R. Jehudah Levita, en langue arabe, et traduit en hébreu par R. Jehudah Aben Thibon. Nous avons indiqué en temps opportun l'objet, la forme et la distribution de cet ouvrage important, dont le sujet, pour nous servir de l'expression d'Abendaña, est une longue dispute qu'eut avec le roi Cuzar un juif savant, jusqu'à ce qu'il l'eût convaincu des erreurs du paganisme. Le *Cuzary* est écrit sous la forme d'un dialogue ingénieux, et sa lecture nous rappelle deux autres productions qui, sans garder, quant au fond de la doctrine, une étroite analogie, ont, pour la forme et les tendances morales, d'assez nombreux points de contact. Ce sont : le fameux livre transporté de la littérature indienne dans le dialecte arabe, sous le titre de *Calina y Dina* (1) et le *Comte Lucanor*, composé en castillan par l'infant don Juan, fils de Manuel. Ce n'est pas ici le lieu d'émettre notre opinion sur la

---

sous la main, l'aube rosée, améliorée, parce que tes yeux l'ont exposée aux regards et que ses conquêtes sont à tes pieds, jusques à quand, Inés, etc. »

(1) C'est le fameux livre de Bedpay ou Pilpay. Il fut traduit en espagnol par ordre du roi Sage, en l'année 1267. Son titre était : *de Calina et Dina*, qui se divise en exemples d'hommes et d'animaux. Plus tard, Jean de Capoue le traduisit

ressemblance qui existe entre les trois ouvrages cités ; leur comparaison et leur analyse ne sont pas chose si courte qu'elle puisse se faire sans dépasser les limites que nous nous sommes proposé de garder dans ces *Essais*. Il nous suffit de remarquer que les fables de *Calina y Dina*, autant que le livre de *Cuzary*, purent servir à don Juan, sinon comme modèle, au moins comme souvenir, pour composer le livre intéressant du *Comte Lucanor*, si justement loué, tant pour la saine et profonde morale qu'il respire que pour la grâce des apologues qui le composent.

Mais revenons à la traduction d'Abendaña : il nous semble suffisant, pour la faire connaître, d'en transcrire ici quelques passages. Voyons la distinction qu'il fait, dans le *discours II*^{e}, entre l'homme religieux et le philosophe. Haber dit à Cuzary (1) :

«Muy diferente es el que tiene religion que el filósofo; por cuanto el que profesa religion, busca á Dios á fin de grandes provechos, fuera de la utilidad de alcanzar su conocimiento; y el filósofo no pretende otra cosa sino saber que hay Dios, y decir de él la verdad. Ansí como pretende saber, por egemplo, y mostrar que la tierra está en el centro de la *esfera grande*, y que no está en el centro de la esfera de las estrellas, y otras noticias de la verdad de las cosas. Y juzga que no es de daño la ignorancia en el conocimiento de la tierra; y entender que es extendida y rasa. Y no tiene por utilidad sino el conocimiento de la verdad de las cosas, para ser semejante al entendimiento agente, y convertirse con él en una misma cosa, sin reparar que sea justoó que sea epicureo, como sea filósofo. Y los fundamentos de su creencia es que ellos dicen que Dios no

---

en latin ; du latin, il fut traduit en italien, et de cet idiome en espagnol ; il fut imprimé, vers la fin du xve siècle, sous le titre de *Exemplaire de vertus*.

(1) « Il existe une très-grande différence entre celui qui a une religion et le philosophe. Celui qui professe une religion, cherche Dieu pour de grands avantages, outre l'utilité d'arriver à sa connaissance ; et le philosophe ne prétend autre chose que de savoir qu'il y a un Dieu, et de dire la vérité sur lui. Comme il prétend savoir, par exemple, et montrer que la terre est au centre de la *grande sphère* et qu'elle n'est pas au centre de la sphère des étoiles, et d'autres détails sur la vérité des choses. Et il juge qu'il ne nous cause aucun dommage, d'ignorer la connaissance de la terre, et de comprendre qu'elle est étendue et plane. Et il ne regarde comme utile que la connaissance de la vérité des choses, pour être semblable à l'intelligence active et se convertir avec elle en une même chose, sans faire attention si elle est juste, ou épicurienne, ou philosophique. Et les fondements de sa croyance,

hace bien ni hace mal; y creen que el mundo es *ab eterno*, y no admiten que el mundo fué totalmente nada antes que fuese criado; porque nunca dejó de ser, ni dejará de ser. »

Ce passage révèle les différents systèmes philosophiques qui étaient connus au xɪɪɪ⁰ siècle par les Juifs et par les Arabes, il donne à connaître les croyances et les principes astronomiques de cette époque, et manifeste en même temps l'esprit avec lequel tout le livre de *Cuzary* a été écrit. En considérant aussi ce morceau comme un exemple de style et de langage, on reconnaît encore que Rabbí Abendaña s'est assujetti plus qu'il ne convient au texte hébreu dans la manière de construire les périodes. Abendaña, qui publia cette traduction en 1663, 5428 de la création, édita aussi d'autres ouvrages, et, entre autres, une traduction en espagnol de la *Misnáh* avec les commentaires de Maïmonide et de Bartenoras. Il fut président de la synagogue d'Amsterdam, où il imprima ses ouvrages, à l'exception de la *Controverse* avec Antonius Hulsius, publiée de 1669 à 1683, à Leyde, où il quitta cette vie.

D'autres traducteurs juifs brillèrent aussi dans ce siècle, et l'on remarque entre autres l'hakam Rabbí Jahacob Hages, Jahacob Jhuda Leon Hebreo, Jahacob Cansino et Francisco de Caceres. Le premier traduisit le célèbre livre d'Isahak Aboab, intitulé le *Chandelier de la lumière*, en l'appelant le *Candélabre de la lumière* et l'éditant pour la première fois à Livourne (1). Le second mit en castillan, *pour le profit commun des Juifs*, les psaumes de David ; il intitula sa traduction : *Louanges de Sainteté* (2) ; il se conforma strictement *à la phrase et aux paroles de l'hébreu*. Le troisième, qui fut interprète des Espagnols dans les places sujettes au gouvernement d'Oran, fit passer dans notre langue l'ouvrage qu'il avait composé pour l'éloge des

---

c'est qu'ils disent que Dieu n'a fait ni le bien ni le mal, et qu'ils croient que le monde est de toute éternité ; et ils n'admettent pas que le monde fût absolument le néant avant qu'il fût créé, car jamais il n'a cessé ni ne cessera d'être. »

(1) La seconde édition se fit à Amsterdam, en 1608 de J.-C., 5368 du comput hébraïque. R. Jahacob Hages écrivit aussi un commentaire hébreu de la *Misnáh*, sous le titre de *Arbre de la vie*.

(2) La traduction devait être *Sainteté de louanges*, grammaticalement parlant. Léon Hebreo a altéré cependant la place et le régime de ces mots hébreux, en les traduisant en espagnol.

Extrêmes et grandeurs (*Extremos y grandezos*) de Constantinople. Rabbi Mosseh Almosnino, le quatrième, qui abjura le judaïsme à un âge assez avancé, traduisit de l'italien l'ouvrage qu'avait auparavant traduit de l'espagnol, dans cette langue, le docte Dominique Delphinus en lui donnant pour titre : *Vision délectable et sommaire de toutes les sciences* (1). Nos lecteurs comprendront aisément que nous n'avons pas l'intention d'examiner attentivement toutes ces traductions, surtout quand la proportion que prennent ces *Essais* nous oblige à être plus court que nous ne le voudrions. Néanmoins, nous ferons observer que le *Candélabre de lumière* se compose de trois traités, divisés en *sept lumières*, dans lesquels sont résolues les plus hautes questions philosophiques, et où est répandue une érudition étonnante. La langue et le style employés par Hages sont assez remarquables, non-seulement par la construction de la phrase, mais encore par l'emploi de mots barbares, l'abus des idiotismes et des solécismes qui règne dans tout l'ouvrage. Et cependant il se trouve des passages écrits avec une énergie et une correction singulière, ce qui porte à croire que les défauts qu'on observe dans ce Juif, qui portait le surnom de *savant*, proviennent bien plutôt de l'état de corruption où se trouvait la langue espagnole chez les Juifs qui habitaient des contrées si éloignées, que de sa propre ignorance.

La version des Psaumes par Léon Hébréo nous paraît beaucoup plus estimable. Cet ouvrage a reçu un juste tribut d'éloges de la part de Daniel Lévi Barrios, d'Isahak Orobio de Castro, de Jahacob de Pinna, célèbre poëte de ce temps, et d'Isahak Gomez de Sosa, docte en langue latine et poëte non moins distingué. Pour qu'on puisse apprécier cette version comme elle le mérite, nous transcrivons ici un passage du psaume XVIII (2).

« Rodeábanme cuerdas de muerte y dolores de *hombre de iniquidad* me conturbaban. Dolores de sepultura me cercaban y me anticipaban lazos de

---

(1) Delphinus ajouta la dernière partie du titre. Le bakhir Alphonse de la Toire, qui fleurit au milieu du XVᵉ siècle, et qui l'écrivit pour l'éducation du prince de Viane, avait désigné cet ouvrage par les mots seuls de *Vision délectable*. Quand Delphinus la traduisit en italien, on en avait déjà fait en Espagne trois éditions : deux en espagnol (Rabïa, 1498. — Séville, 1538.), et une en catalan (Barcelone, 1484).

(2) « Les cordes de la mort m'entouraient, et les douleurs de l'homme d'iniquité

muerte. *Entonces* en la angustia llamaba á Adonay; y á mi Dios clamaba y el oia de su palacio mi voz y mi clamor delante de él entraba y en sus orejas. Y *luego* se movia y temblaba la tierra y cimientos de los montes se estremecian y se conmovian, porque crecia el *furor* de él. Con que subia humo en su nariz y fuego de su boca quemaba; brasas se encendian de él. Entonces inclinaba cielos y descendia *á la tierra* con niebla debajo de sus pies, y cabalgaba sobre un Querub y volaba, con que volaba sobre alas del viento *en mi ayuda*. Y ponia escuridad su encubrimiento, sus rededores su cabaña, escuridad de aguas de nubes de cielos. Del resplandor *que enfrento del vi* sus nubes *que* pasaban *con* pedrisco y brasas de fuego. Y atronaba los cielos Adonay, y el Altísimo daba su voz *con* pedrisco y brasas de fuego. Juntamente enviaba sus saetas y esparcíalos, y relámpagos arrojaba y los consumia. Con que se aparecian corrientes de agua, y se descubrian fundamentos del Universo de tu represion, Adonay, *y* por causa del aliento de espíritu de tu nariz. »

La version ne peut être, en vérité, plus fidèle. Léon Hébréo a eu le bon sens de souligner toutes les paroles qu'il a ajoutées pour la meilleure intelligence du texte, addition qui contribue à faire ressortir le mérite de son ouvrage, puisqu'on peut comparer la traduction avec l'original hébreu. Les *Louanges de sainteté* s'imprimèrent en 1681, ce qui correspond à l'année 5431 du comput judaïque. Léon Hébréo composa et publia aussi, à Amsterdam, deux autres livres intitulés : le *Portrait du Tabernacle* et le *Temple de Salomon et tous ses détails.*

me troublaient; les douleurs de la tombe m'environnaient, et les liens de la mort me prévenaient. Alors dans la détresse j'ai appelé Adonaï, et j'ai crié vers mon Dieu, et, de son palais, il a entendu ma voix, et mon cri vers lui est entré dans ses oreilles. Et bientôt la terre s'est agitée et a tremblé; les fondements des montagnes ont tressailli et se sont ébranlés, parce que sa fureur augmentait. Aussi la fumée montait dans ses narines, le feu de sa bouche brûlait, des charbons ardents s'enflammaient. Alors, il inclinait les cieux, il descendait vers la terre avec un nuage sous ses pieds; il chevauchait sur un chérubin, il volait, et il volait à mon secours, sur les ailes du vent; et il couvrait d'obscurité ses alentours, sa cabane, obscurité d'eaux des nuages des cieux. De la splendeur de son front, j'ai vu ces nuages qui passaient avec des grêles de pierres et des charbons de feu. Et Adonaï faisait tonner le cieux, et le Très-haut faisait entendre sa voix avec des grêles de pierres et des charbons de feu. En même temps, il envoyait ses traits, et il les répandait; il lançait des éclairs et les consumait. Pendant ce temps il apparaissait des torrents d'eau, et se découvraient les fondements de l'univers de ton châtiment, Adonaï, et à cause du souffle d'esprit de tes narines. »

Jahacob Cansino, qui rendit aux rois d'Espagne des services signalés, dans les guerres d'Afrique, fut aussi très-docte en langues orientales, et posséda surtout l'*arabe*, l'*hébreu*, le *chaldéen*, le *phénicien*, et il le prouva par la traduction de documents importants. Il se montra aussi très-habile dans la langue espagnole par la version des *Extrêmes et grandeurs de Constantinople*, ouvrage imprimé à Madrid en 1638, sous les auspices du Comte-Duc. L'objet de ce curieux traité est de décrire l'antique Byzance, et de montrer ses avantages et ses inconvénients. Il est divisé en plusieurs articles, et, en parlant des habitations, les unes somptueusement construites, et les autres sombres et froides en hiver et très-chaudes en été, il dit :

« C'est parce qu'elle est capitale, et qu'il y a une infinité de gens et de grands seigneurs, qu'une palme de terre vaut le poids de l'or, à plus forte raison pour construire. Il n'y a que les riches qui puissent y acheter et bâtir, et ces derniers construisent magnifiquement, suivant leurs facultés. Et, comme l'espace est étroit, il n'y a pas de cour qui ne soit bâtie. On cherche à établir dans le haut la meilleure partie de l'habitation, et l'on ouvre des fenêtres *au nord*, parce que c'est salubre. Avec cela, le bas reste obscur sans aucun endroit pour respirer, parce que tout ce qui l'entoure est construit sans laisser d'espace vide; et comme le service des maisons se fait dans le bas où l'on jette aussi toutes les immondices, les maisons restent fétides. La ville est très-humide, et plus la terre est basse, plus l'humidité se glace et plus l'hiver est froid. Au printemps, comme on ne sait d'où tirer la fraîcheur, le bas reste fermé de toutes parts; chaud à l'excès, et, par conséquent, nuisible à la santé et inhabitable. »

La traduction de Cansino, considérée sous le point de vue littéraire, ne peut être offerte comme modèle, mais on la lit avec plaisir et profit, à cause des détails rares qu'elle contient.

La *Vision délectable*, livre écrit avec la plus grande érudition et le plus profond savoir, se trouve traduite en langage coulant et châtié qui conserve, parce qu'il rappelle son origine castillane, plus de rapports d'analogie avec notre langue que le plus grand nombre des autres ouvrages déjà cités. Par ce motif, et parce que l'original est aussi un ouvrage des plus connus de nos lettrés, nous nous dispenserons d'en citer ici aucun passage.

CHAPITRE X.

xviie siècle.

Daniel Israël Lopez Laguna. — Miroir fidèle de Vies. — Joseph de la Vega. — Ses Romans. — Chemins périlleux. — Doña Isabelle de Correa — Le Pastor fido. — Joseph Salmo. — Sentier de Vies. — Joseph Franco Serrano. — Les cinq livres. — Rabbi Saül Mortera. — Isahak Orobio de Castro.

Un des génies les plus remarquables qu'ait produits la race juive espagnole, vers le milieu du xviie siècle, fut, sans aucun doute, Daniel Israël Lopez Laguna. Poursuivi très-jeune par le Saint-Office, échappé enfin de ses cachots, il s'enfuit d'Espagne à l'île de la Jamaïque. En y respirant l'air de la liberté, il prit la résolution de traduire les psaumes de David en langue espagnole, et, secondé par l'étude des humanités qu'il avait faite durant sa jeunesse, il entreprit cette tâche ardue, avec cette ardeur et cette énergie qui n'épargnent aucune peine pour arriver au but proposé. De nouvelles vicissitudes vinrent à la Jamaïque troubler le repos de Daniel Israël, ce qui contribua, comme l'observe Abraham Jahacob Enriquez Pimentel, dans la préface du *Miroir fidèle de Vies*, à lui faire dépenser, dans les psaumes, *vingt-trois ans de travail et autant d'années d'insomnie, au milieu des persécutions, des guerres, des incendies et des ouragans.* On peut donc l'observer, Lopez Laguna a passé près de quarante ans à traduire les psaumes qu'il imprima, à Londres, en 1720 de J. C. 5480 du comput hébraïque. Daniel Lopez lui-même nous fournit, dans le dizain suivant, des détails sur ses études, ses persécutions en Espagne et le lieu de la composition de son livre (1).

A las musas inclinado
he sido desde mi infancia :

(1) « Vers les muses incliné, j'ai été dès mon enfance : l'adolescence, en France,

la adolescencia en Francia
sagrada escuela me ha dado.

En España algo han limado
los artes mi juventud :
ojos abriendo en virtud,
salí de la inquisicion :
hoy Jamáica en cancion
los Salmos dá á mi laud.

Puis il ajoute (1) :

En mi prision los deseos
cobré de hacer esta obra ;
tuvo efecto en la zozobra
ó afan de humanos empleos.

Il est incontestable que les persécutions souffertes par Daniel Lopez Laguna produisirent sur lui le même effet que sur David Abenatar Melo et sur beaucoup d'autres qui avaient déjà allumé les colères du Saint-Office. C'est à ces considérations que fait allusion Enriquez de Pimentel, que nous avons déjà cité, quand il écrit : « Il fut poussé et excité par le pieux zèle de Juif et par la vue de ce qu'ont souffert nos frères qui viennent à Londres, d'Espagne et de Portugal, afin de fuir les persécutions de pays si tyranniques et si cruels, et jouir ici du repos et de la tranquillité qui ne leur est pas accordée dans les premiers. Ils sont forcés de lire en langue espagnole, parce qu'ils n'entendent pas la langue sacrée des Juifs…… ». « L'auteur, poursuit Pimentel en jugeant l'ouvrage, eut égard à cette considération; il se mit au travail avec la plus grande ardeur et la plus grande énergie pour traduire ce livre divin du psautier de la langue sacrée, dans ce langage suave et intelligible, dans ce style délicat et doux, dans ce vers mélodieux et sonore… L'auteur composa son livre, en toutes sortes de vers, qui peuvent s'appliquer aux odes hébraïques et espagnoles, pour les chanter dans toutes les occasions. » Il ajoute ensuite, par rapport à l'exac-

m'a donné une école sacrée. — En Espagne, un peu les arts ont limé ma jeunesse; en ouvrant les yeux en vertu (de cela). — Je suis sorti de l'Inquisition. — Aujourd'hui, la Jamaïque, par des chants, inspire des psaumes à mon luth. »

(1) Dans ma prison, le désir j'ai éprouvé de faire cet ouvrage; — il a été réalisé dans le tourment ou le tracas des humains emplois. »

titude de la traduction, en s'adressant au lecteur : « Considère qu'il a suivi la lettre du vers sacré, pour la mettre en vers espagnols, qu'il s'est tenu au même sens et aux mêmes mots, avec une rigueur telle, qu'après l'avoir traduit de la langue sacrée en langue vulgaire et ramené de la prose au vers, on ne trouve pas une syllabe qui manque, qui sonne mal, qui soit en plus. » Tel fut le jugement que les Juifs les plus doctes portèrent sur le *Miroir fidèle de Vies*; un grand nombre d'entre eux se sont même empressés de payer à Daniel Lopez Laguna le tribut de leur admiration pour avoir si heureusement terminé une entreprise si colossale (1).

Mais le jugement des contemporains de Laguna est, à notre avis, un peu exagéré. Il y a, dans son ouvrage, un grand nombre de beautés de style; la versification est en général dégagée, coulante et sonore; la langue, avec assez de dignité, est souvent élégante et excessivement simple. Mais ce Juif n'est pas, dans sa traduction, toujours aussi exact, ni aussi fidèle qu'il eût dû l'être; fréquemment il amplifie et délaie des pensées et des passages entiers, et il fait entrer en même temps, dans les psaumes, un nombre considérable d'idées étrangères au texte hébreu. Ce défaut provient, chez Daniel Lopez Laguna, comme chez David Abenatar Melo, de la situation particulière où il se trouvait en travaillant à son ouvrage. Il avait souffert les anathèmes du Saint-Office, et il avait été en même temps banni de son pays natal par ses terribles colères : il était naturel, par conséquent, qu'en se voyant libre de ses cachots, il éclatât en plaintes amères contre ce tribunal intolérant. Il poussa sa haine si loin, que ce ne sont déjà plus des allusions à ses persécutions, mais le nom même que recevait l'Inquisition qui se trouve imprimé dans quelques

---

(1) La traduction de Laguna est précédée par une multitude de compositions écrites en latin, en anglais, en portugais, en castillan, qui montrent, d'un côté, la satisfaction avec laquelle fut reçu le *Miroir fidèle de Vies* ; et d'un autre, l'enthousiasme avec lequel les Juifs du xviie siècle cultivaient les lettres. Les poëtes qui honorèrent ainsi Daniel, sont : David Chaves, Abraham Gomez Silveyra, Jahacob Enriquez Pimentel, Abraham Pimentel, R. Mondejar, Nuñez de Almeida, Samson Guidéon, Moseh Manuel Fonseca de Pina, Jahacob Lopez Laguna (fils), Abraham Bravo et Jahacob de Sequeira Sumada. Des femmes poëtes écrivirent aussi son éloge : Doña Sarah de Fonseca Pinto y Pimentel, doña Manuela Nuñez de Almeida et doña Bienvenida Cohen Belmonte. La dernière composition est de Daniel Lopez Laguna, fils du traducteur.

psaumes. Il insère, dans le dixième, les vers que nous soulignons dans l'octave suivante (1) :

> ¿Por que Señor te encubres á lo léjos
> á nuestro ruego en horas de quebranto?...
> piadosos nos alumbren tus reflejos
> cuando soberbio el malo causa espanto
> al pobre, *perseguiendole en consejos*
> *del tribunal que infieles llaman santo :*
> presa sea el malsin que audaz se alaba,
> pues aunque él se bendice, en mal se acaba.

Dans d'autres passages, il fait allusion à l'état où se trouvait, à cette époque, le peuple proscrit, et il implore la protection divine. Entre autres citations que nous pourrions faire, il nous suffira de donner les quatre premiers vers du psaume CXXIV, commençant ainsi (2) :

> Si por nos el Señor no hubiera sido
> diga ahora Israel, pueblo esparcido,
> si el alto Dios no hiciera por su nombre
> en levantarse contra nos el hombre.

Les versions de Daniel Lopez Laguna ont néanmoins, et c'est là leur caractère général, assez d'énergie, assez de force de coloris. On y trouve très-souvent des morceaux remarquablement versifiés, où brillent en même temps toutes les qualités de la poésie orientale. Pour preuve de ces observations et pour que nos lecteurs puissent juger par eux-mêmes du mérite de cet illustre Juif, considéré comme poète espagnol, nous copierons quelques passages des différents psaumes de son *Miroir fidèle de Vies*.

(1) « Pourquoi, Seigneur, te caches-tu, loin de nos vœux, aux jours d'affliction ?
. . . . . Que tes reflets pieux nous éclairent, quand le méchant superbe cause de l'effroi au pauvre, en le *poursuivant dans les conseils du tribunal que les infidèles appellent Saint :* qu'il soit une proie, l'inventeur de calomnies qui dans son audace se vante, car quoiqu'il se bénisse, il finit dans le mal.

(2) « Si le Seigneur n'avait pas été pour nous, dis *maintenant Israël, peuple épars*, si le Dieu d'en haut n'a pas agi pour son nom, en faisant se lever l'homme contre nous. »

Voici le commencement du psaume LXXXVI (1).

> Escucha, Dios supremo,
> la voz de mis clamores y responde;
> pues por ser pobre, temo,
> que el bien al miserable se le esconde;
> guarda mi alma por ser tuya y mia;
> salva á tu siervo fiel que en tí confia.
>
> Apíadame, pues llamo
> en tu nombre supremo todo el dia;
> corona, pues te amo,
> el alma de tu siervo de alegría;
> pues en tí espero cobre nuevo aliento,
> cuando humilde en tus manos la presento.

Puis il continue : (2)

> De mi angustia en el dia
> te llamaré, esperando me respondas;
> que á quien en tí confia
> no es posible tu gracia se la escondas,
> pues no hay Dios en los dioses que te iguale
> y á tus obras su engaño no equivale.
> . . . .
> Muéstrame tu carrera,
> andaré en tu verdad entre hijos de hombre,
> pues firme persevera
> mi corazon temiendo tu alto nombre.
> y siempre te loará mi amor interno
> ac'amándote rey, único, eterno.

(1) « Écoute, Dieu suprême, la voix de mes cris, et réponds ; parce que je suis pauvre, je crains qu'on ne cache le bien, garde mon âme, parce qu'elle est tienne et qu'elle est mienne ; sauve ton serviteur fidèle qui met en toi sa confiance.— Prends pitié de moi, puisque j'implore ton nom suprême tout le jour; remplis d'allégresse l'âme de ton serviteur, car j'espère qu'elle recouvrera en toi une nouvelle vie, lorsque je la présenterai tout humble dans tes mains. »

(2) « Je t'appellerai au jour de ma détresse, dans l'espoir que tu me répondras ; car à quiconque en toi se confie, il n'est pas possible que tu caches ta grâce; car il n'y a pas de Dieu parmi les Dieux qui t'égale, et, à tes œuvres, sa tromperie ne saurait répondre . . . . . . Montre-moi ta route, je marcherai dans la vérité

Dans le psaume, cité plus haut, il décrit ainsi le méchant (1) :

> Dijo en su corazon desvanecido :
> « De mi grandeza resbalar no puedo
> « en ningunas edades, pues he sido
> « siempre el que á todos en virtud excede. »
> De maldicion su lábio fementido
> llenó con falsedad arte y denuedo,
> siendo su lengua víbora que mata,
> pues cuando mas alaga, mas maltrata.
>
> Acechador violento en las aldeas,
> cual oso hambriento, enviste al inocente :
> sus ojos sin temer que tú los veas,
> atalayan, cual leon de lo eminente
> de su gruta á las míseras plebeas
> gentes que asalta audaz cuanto inclemente ;
> pues lisongeando hipócrita abatidos,
> coje en su red rebaños de aflijidos.

Dans le psaume XXVII, il peint de cette manière les tribulations du juste au milieu des méchants (2) :

> Los que voraces mas que toros fueron
> con intrépido estruendo me rodean :
> los fuertes de Bassan se embravecieron
> y en cercarme tiránicos se emplean :

au milieu des fils de l'homme, car mon cœur ferme persévère dans la crainte de ton nom si haut. Et toujours mon amour intime te louera en t'acclamant comme roi unique, éternel. »

(1) « Il a dit dans son cœur plein de vanité : « De ma grandeur je ne peux en « aucun siècle tomber, puisque j'ai toujours été celui qui dépasse les autres en « vertu. » De malédictions sa bouche déloyale il a rempli avec fausseté, artifice et courage; sa langue est une vipère qui tue; car, plus elle flatte, plus elle maltraite. — Guetteur violent dans les villages, semblable à l'ours affamé, il entoure l'innocent; ses yeux, sans crainte que tu les voies, épient, comme le lion de sa grotte élevée, le misérable peuple qu'il attaque avec autant d'audace que de cruauté; puis, l'hypocrite, flattant les opprimés, il prend dans ses filets des troupeaux d'affligés. »

(2) « Ceux qui ont été plus voraces que des taureaux, avec une audace intrépide m'entourent; les forts de Bassan se sont mis en courroux, et, dans leur tyrannie

> Como el hambriento leon bramando abrieron
> las trogloditas bocas que desean
> quebrar mis huesos y en ardientes fraguas
> mi sangre derramar como las aguas.

Daniel Lopez Laguna emploie, dans sa traduction, les silvas, les tercets, les stances, les redondillas, les dizains, les romances et les quintillas : on connaît à peine une combinaison métrique et rhythmique qu'il n'ait essayée presque toujours avec légèreté, avec connaissance de l'art, et parfois avec un succès remarquable. Si le plan de ces *Études* le permettait, nous donnerions ici un exemple de chacune de ces espèces de vers. Toutefois, notre attention a été piquée de trouver des sujets si élevés, traités dans des dizains de pied brisé ou *seguidillas*; aussi nous copierons ici une partie du psaume LXXXVII pour que nos lecteurs puissent juger un de ces rares essais. (1)

> Ama Dios mas las puertas
> de Sion, que todas
> las moradas que el pueblo
> de Jacob goza.
> Nobleza
> es cantar su grandeza :
> que el que habla
> en su séquito, entabla
> su archivo
> en ciudad del Dios vivo.
>
> . . . .
> Cuenta el señor los pueblos
> y solo escribe
> en su libro al perfecto
> que en su ley vive.

ils travaillent à m'envelopper. Comme le lion affamé, ils rugissent et ouvrent leurs gueules gloutonnes qui désirent briser mes os, et dans des forges ardentes verser mon sang comme les eaux. »

(1) « Dieu aime plus les portes de Sion que toutes les demeures dont jouit le peuple de Jacob. Il est noble de chanter sa grandeur; car celui qui parle à sa louange établit ses archives dans la cité du Dieu vivant. . . . . Le Seigneur compte les peuples, et seulement il écrit dans son livre le parfait qui vit dans sa loi. Sachez qu'il est né là, qu'il jouit de la divine lumière qui illumine les sciences morales, dans leurs portiques. — Toutes ces louanges, dans sa haute

> Sabido
> es que allí ha nacido,
> divina
> goza luz que ilumina
> morales
> ciencias en sus portales.
> Todos estos loores
> en su alta esfera
> logra el trono del alto
> Dios en la tierra.
> Cantores
> sacros y tañedores
> gloriosos
> con himnos misteriosos
> lo canten
> y conmigo lo alaben.

Un fait digne de remarque, c'est que Lopez Laguna, qui finit par être puéril à l'excès, fait des anagrammes, des acrostiches, des logogriphes, dans les compositions qui précèdent les psaumes, laisse à peine entrevoir, dans ces derniers, des traces du mauvais goût qui dévorait, de son temps, la littérature espagnole. En échange, on trouve employées à propos beaucoup de phrases et d'expressions oubliées déjà par nos lettrés du xvii° siècle, et un assez grand nombre dont la formation prouve que Daniel Lopez Laguna se reporta visiblement à des analogies hébraïques. Tous ces détails et les observations que nous avons déjà faites, donnent donc au *Miroir fidèle de Vies* un certain intérêt et une importance qui le recommandent très-particulièrement à l'estime des littérateurs espagnols.

Joseph de la Véga fut contemporain de Laguna. C'était un riche commerçant d'Anvers qui, suivant l'expression de son compatriote Balthasar Orobio, se distingua dès ses premières années « *soit par des éloges de puissants princes d'Italie, soit par de célèbres épithalames, soit par des oraisons funèbres,* » et déploya un singulier talent dans toute espèce d'études. Avec des qualités si brillantes, Joseph de la

---

sphère, le trône du Dieu très-haut les obtient sur la terre. Que des chanteurs sacrés et des instruments glorieux, sur des hymnes mystérieux le chantent, et avec moi le louent. »

Véga composa divers ouvrages historiques et philosophiques, (1) sans oublier de cultiver le champ de la littérature où il recueillit aussi de grands éloges. (2) Il écrivit donc, et il imprima, dans la ville d'Anvers, vers l'année 1683, une collection de nouvelles à laquelle il donna pour titre *Rumbos peligrosos*, *Chemins périlleux*, et il mérita que Balthasar Orobio, que nous avons déjà cité et qui jouissait alors d'une grande autorité comme critique, s'exprimât en ces termes en parlant desdites nouvelles :

« Laissant ces matières plus graves, l'illustre Véga, dans le livre qu'il donne à la presse, tant pour divertir son esprit que celui de quelques personnes qui lui ont persuadé de le faire et à qui il ne pouvait décemment refuser un divertissement si honnête, Véga, dis-je, discourt avec le plus grand succès que l'on ait vu sur cette matière en ce siècle. »

Pour nous, nous croyons que le jugement de ce Juif ne doit pas être à notre époque d'un poids aussi grand qu'il l'a été peut-être au temps de la Véga. Cet écrivain, à qui l'on ne peut refuser de l'érudition, du talent, et surtout une imagination vraiment créatrice, se laisse entraîner plus loin qu'il ne convient par la corruption qui dominait alors les lettres, ou, comme dit un autre écrivain son ami, « *il aspira à donner à son style une certaine nouveauté élevée qui n'imitait personne et qui ne pouvait être non plus facilement imitée.* » Un désir semblable fut incontestablement cause que Véga n'est pas aussi naturel, aussi simple, qu'il devrait l'être, et qu'il finit, au contraire, par être très-souvent notablement obscur et hyperbolique. Ses nouvelles sont cependant écrites avec un esprit remarquable, et l'on peut dire qu'il prit pour modèles les nouvellistes italiens, sans perdre de vue

---

(1) « Les ouvrages publiés par Joseph de la Véga, sont : *Discours académiques, moraux, sacrés et de rhétorique*. Amsterdam, 1685; *Confusion de confusions*, id., 1688; *Portrait de la Providence et Simulacre de la valeur*, id., 1690; *Idées possibles dont se compose un bouquet de fleurs odoriférantes*, Anvers, 1693; *Triomphes de l'aigle et Eclipses de la lune*, Amsterdam, 1683. Dans le prologue de ses *Chemins périlleux*, il mentionne aussi les suivants : *Psaumes de la pénitence*, *Philosophie morale*, *Vie de Faustine*, *Vie d'Adam*, *Vie de Joseph* et *Deux cents lettres à divers princes*.

(2) Les *Chemins périlleux* furent loués par Simon de Barrios, Antonio del Castillo, Daniel Lévi de Barrios, Duarte Lopez Roza, Don Alvaro Diaz et Antonio Fernandez, tous judaïsants et poëtes castillans.

les ouvrages de ce genre, composés en langue castillane depuis l'époque de Lope de Véga. Elles conservent surtout une analogie particulière avec les nouvelles du docteur Juan Perez de Montalvan, tant pour les dispositions intrinsèques des fables où le merveilleux et l'extraordinaire entrent pour beaucoup, que pour la forme littéraire ; car on y voit mêlées des compositions poétiques où se déploie un admirable luxe d'hyperboles et de métaphores. Les titres de ces compositions sont : *Finesses de l'Amitié et triomphes de l'Innocence, Portraits de la confusion et confusion des Portraits, Luttes d'esprit et défis d'amour.* Dans la première nouvelle, il inséra quelques romances qui ne manquent pas de mérite, malgré les observations que nous avons faites. Philibert, jeune napolitain, qui est accusé d'avoir abandonné sa dame, après avoir joui de ses faveurs, s'indigne en ces vers qu'il chante dans un endroit d'où la belle peut les entendre.

. . . .
De Nacirso Eco se queja,
sentida de su desprecio;
¿mas de qué, cuando Narciso
no le debe mas que afecto?..
Una cosa es ser amante
y otra deudor, y es muy cierto
que ser amante no puede
quien de la deuda está exento.
Eneas huye de Elisa,
de Fedra el falso Teseo;
Jason de la hermosa Maga,
de Olimpia el infiel Vireno.
Con razon Elisa llora,
Fedra suspira con celos,
Medea con ira brama,
Olimpia gime con ruegos.

(1) « De Narcisse, Écho se plaint, touchée de son mépris; mais de quoi, puisque Narcisse ne lui doit que son affection? — Autre chose est d'être amant, autre chose d'être débiteur, et il est très-certain qu'il ne peut être amant celui qui de dette est exempt. — Énée fuit Élise, et Phèdre, le fourbe Thésée; Jason, la belle magicienne, et Olympie, l'infidèle Viren. — Avec raison, Élise pleure, Phèdre jalouse, soupire; Médée rugit dans son courroux; Olympie gémit dans sa prière. — De tous les quatre elles se lamentent, parce qu'ils sont maîtres de leur honneur, et justement

De los cuatro se lamentan,
por que son de su honor dueños
y justamente procuran
venganzas de sus desprecios.

Mas ¿de qué se queja triste
quien falta al conocimiento
del que le debe el honor
por dicha y no por desvelo?

No gozó á Juno Ixion
por ser las nubes su velo
y otra Juno con sus sombras
á otro Ixion dió su lecho.

Cuando imaginó abrazar
á su esposa el dulce Orfeo,
abrazó su sombra, y otro
con la sombra el bien que pierdo!!!...

Cette collection, qui dut se composer de six nouvelles, reste réduite à trois, par suite de la mort du père de Véga, événement qui le porta *à pleurer des tragédies véritables plutôt qu'à machiner des idées fabuleuses.* Joseph de la Véga fut, à ce qu'il semble, natif ou originaire de la ville d'Espejo, dans le royaume de Cordoue. Il se vit obligé, comme Barrios, Laguna et tant d'autres, d'abandonner sa patrie pour jouir de la liberté dont il y manquait, grâce à l'intolérance du Saint-Office.

Nous avons vu, en parlant de Daniel Lopez Laguna, que les femmes juives ne dédaignaient pas, au siècle dont nous parlons, de cultiver la poésie espagnole. En l'année 1693, doña Isabelle de Corréa adressait au comte palatin, don Manuel Belmonte, une traduction du *Pastor fido*, poëme pastoral écrit en italien, par Baptiste Guarini et très-goûté des lettrés. Doña Isabelle de Corréa se montre, dans la dédicace, tellement satisfaite de son travail, qu'elle n'hésite pas à assurer

---

elles cherchent la vengeance de leurs mépris. — Mais pourquoi se plaint en sa tristesse celle qui manque à la connaissance de celui que lui doit l'honneur, par bonheur et non par dédain. — Ixion ne posséda pas Junon, parce que les nuages le voilèrent, et une autre Junon, sous son ombre, à un autre Ixion donna son lit. — Quand le doux Orphée s'imagina embrasser son épouse, il embrassa son ombre, et il fit disparaître avec l'ombre le bien qu'il perdit.

que sa traduction *ne le cède ni en élégance ni en pompe*, soit à l'original italien, soit à la traduction française qui se fit peu de temps après que Guarini eut publié son poëme. « Qu'avant tout, ajoute-t-elle, la modestie me permette de le dire ; je l'emporte en partie, pour l'avoir éclairci par certaines réflexions. » Que le jugement de cette femme poëte ait été non-seulement hasardé, mais encore inexact, c'est ce qui résulte infailliblement de la simple lecture de sa traduction, si on la compare avec le poëme italien. Ce poëme avait déjà, même au temps de doña Isabelle de Corréa, mérité de nombreux éloges, et surtout que l'habile Manuel Faria y Souza le jugeât de la manière suivante dans sa *Fontaine d'Aganippe* : « Ce génie si célèbre fut celui qui eut le plus de bonheur dans ses silves, compositions où il voulut être l'émule du grand Tasse et de son *Amynta* ; et, quoiqu'il l'imite et que parfois il le traduise, il mérite d'être estimé ; il le laisse bien loin derrière : et il n'y a rien d'étonnant, parce que Guarini semblait né pour ce poëme où il ne sera jamais vaincu et où il ne peut l'être, ni même égalé. » Doña Isabelle de Corréa connaissait ce jugement de Faria, et cependant elle en arrive au point que nous avons indiqué pour l'éloge de son œuvre. Elle ne se borna pas aux termes que nous avons rapportés, et, dans le prologue de la traduction castillane de Christophe Suarez de Figuera, elle ajoute : « Ce qui m'aiguillonna à l'exécuter, c'était de voir qu'il perdait beaucoup de sa valeur, parce qu'il manquait de douceur et de gravité dans le rhythme, émail qu'il fut impossible à cet auteur de donner à sa traduction et que j'ai donné moi, à la mienne. » On le voit donc, dans l'idée de cette femme poëte, son œuvre l'emportait, non-seulement sur les traductions du *Pastor fido* faites à son époque, mais elle ne le cédait pas même à l'original ni pour l'*élégance, ni pour la pompe du style*.

Mais, si la critique d'aujourd'hui ne peut se conformer à ce jugement si plein de présomption, parce que le travail d'Isabelle de Corréa est rempli de tous les défauts qui souillèrent la littérature espagnole du xviie siècle, quelque économe qu'elle paraisse dans l'emploi des métaphores et des hyperboles forcées, nous devons observer ici que sa traduction est digne de l'examen et de l'étude de ceux qui cultivent les muses castillanes. Pour justifier notre opinion et pour que nos lecteurs aient une idée du style d'un ouvrage dont l'original est si connu des érudits, nous transcrirons ici quelques passages, en observant au préalable que doña Isabelle de Corréa eut l'heureuse pensée d'employer, dans sa traduction, toute espèce de vers. Voici comment, dans la première scène de l'acte second, la beauté d'Amaryllis est dépeinte par l'amoureux Myrtile qui, déguisé sous le costume de sa sœur, était parvenu à imprimer sur ses lèvres un amoureux baiser, en se mêlant aux autres jeunes bergères (1) :

> En ellas la hermosura
> repartió liberal los esplendores,
> en cuanto alli se apura
> elegante el pincel en sus primores :
> la rosa se descuella,
> sobresaliendo á todas por mas bella ;
> Tal Amarilis grata
> á vista de la dulce compañia
> fué con luz que dilata,
> cual sol que á las estrellas niega el dia.
> . . . .
> Mas ella, cual Diana,
> los grandes ojos púdica bajando,
> en vergonzosa grana,
> el rostro candidísimo bañando,
> por lo extremo mostrando,
> dió á conocer no avara
> que aun mas bella era el alma que su cara.
> . . . .
> Con la boca dichosa
> que bien puede llamarse en casos tales
> linda concha olorosa
> de peregrinas perlas orientales,
> en la parte que iguales
> sus labios el tesoro
> rico abre y cierra en púdico decoro.
> . . . .

(1) « Sur elle, la beauté répartit, libérale, ses splendeurs, par tout ce que le pinceau élégant embellit de ses perfections ; la rose se détache, et les surpasse toutes comme la plus belle. — La belle Amaryllis, à la vue de la douce compagne, fut, par la lumière qui dilate, telle que le soleil qui refuse le jour aux étoiles. . . . . Mais elle, comme Diane, baisse, pudique, ses grands yeux ; en timide cochenille, baigne son visage candide et se montre enfin, et elle fait con-

Amor quo no se aleja,
estaba, Ergasto, cauto y prevenido,
como en rosas la abeja,
en sus rosados labios escondido ;
en tanto que se vido
con la boca besada,
al besar de la mia afortunada.
. . . .
De la amorosa abeja
allí sentí el gustoso y penetrante
aguijon ¡dulce queja!...
pasarme el corazon, de fé diamante,
que por dicha al instante
me fué restituido,
para poder entonces ser herido.

Dans la deuxième scène du troisième acte, on trouve le chœur suivant à l'amour (1) :

Que eres ciego, amor no creo ;
pero ciegas el deseo
de quien te cree y conquista :
que si tienes poca vista,
yo bien sé,
rapacillo, que tienes menos fé.
Ciego ó nó, no hay que tentarme :
de tí pretendo apartarme

naître, peu avare, que son âme était encore plus belle que sa figure . . . . D'une bouche heureuse qu'on peut bien, en des cas pareils, appeler belle coquille odoriférante de perles orientales, dans la partie où, par ses lèvres semblables, elle ouvre son riche trésor et le ferme par une pudeur décente. . . . . Amour, qui ne s'était pas éloigné, était, Ergaste, fin et avisé, comme l'abeille dans des roses, caché sur ses lèvres rosées, pendant qu'il se voit sur la bouche baisé par le baiser de ma bouche fortunée. . . . . De l'amoureuse abeille, là, j'ai senti l'agréable et pénétrant aiguillon, douce plainte! me traverser le cœur, diamant de la fidélité, qui par bonheur à l'instant me fut rendu pour pouvoir encore être blessé. »

(1) « Que tu sois aveugle, amour, je ne le crois point; mais tu aveugles le désir de celui qui te croit et te conquiert; et si tu as une vue faible, je sais bien moi, petit malin, que ta fidélité est plus faible encore. — Aveugle ou non, n'essaie pas de me tenter; de toi je prétends m'éloigner à grands pas; aveugle comme tu es, tu

… á pasos largos,
pues ciego, cuál estás, ves mas que Argos.
. . . .
Huye, rie á tu contento,
pues será ligar el viento
el que yo te crea mas :
intentarlo es por demas,
por ser de suerte
que no sabes burlarte, sin dar muerte.

Doña Isabelle de Corréa, malgré ses prétentions à l'élégance et à la pompe du style employé dans cet ouvrage, introduit dans ses vers beaucoup de mots latins et italiens, ce qui contribue à rabaisser considérablement le mérite de cette traduction, digne cependant de l'estime de ceux qui se consacrent à l'étude de la littérature espagnole. Cette femme poëte, ainsi qu'elle le dit dans son prologue du *Pastor fido*, écrivit diverses compositions originales, mais nous ne savons pas qu'elles aient été données à la presse, quoiqu'elle les eût préparées à cet effet, vers 1693. Dona Isabelle vivait, à Anvers, où sa famille s'était, à ce qu'il paraît, réfugiée, vers le milieu du XVIIe siècle.

A cette même époque, Joseph Salom et Joseph Franco Serrano écrivaient, le premier, un livre de philosophie intitulé : *Sentier de Vies* et le second une traduction des *Cinq livres* qui composent le Pentateuque. L'un et l'autre juif prouvèrent qu'ils possédaient la langue castillane avec une assez grande exactitude, et tous deux se montrèrent assez doctes dans les études bibliques. Rabbi Saül Mortera et Isahak Orobio de Castro écrivirent aussi dans ces temps, et composèrent, contre la religion chrétienne, différents ouvrages où ils montrèrent leur opiniâtreté à suivre les erreurs du judaïsme. Nous avons sous les yeux deux gros manuscrits que possède notre collègue don Pascal Gayangos et qui sont dus à ces deux juifs. Celui de Rabbi Saül Mortera a pour titre : *Traité de la vérité de la loi de Moïse et providence de Dieu sur son peuple*. Celui d'Isahak Orobio s'appelle : *Préventions divines contre la vaine idolâtrie des nations*. Comme nous

---

vois mieux qu'Argus. — . . . . . Fuis, ris à plaisir, c'est vouloir saisir le vent que te croire plus que moi. Le tenter est inutile, parce que tel est ton sort que tu ne sais le jouer, sans donner la mort. »

n'avons pas l'intention de considérer ces ouvrages sous le point de vue religieux, parce qu'alors nous condamnerions toutes leurs doctrines ; comme leur mérite littéraire nous paraît faible aussi, il nous semble convenable de suspendre ici notre tâche que nous terminerons dans le chapitre suivant.

CHAPITRE XI.

CONCLUSION.

Observations générales sur l'état des Juifs depuis le commencement du xviii° siècle jusqu'à nos jours.

A mesure que le xviii° siècle s'approchait, l'amour des sciences et des lettres allait en s'éteignant chez les Juifs de race espagnole, et il restait à peine dans leur cœur un pâle rayon de ce feu qui avait commencé à briller dans les académies de Cordoue et qui avait versé des torrents de lumière du haut des murs de Tolède. Il n'existait déjà plus aucune des causes qui les avaient poussés, en Espagne, à cultiver, durant de longs siècles, les sciences et les lettres, et leurs efforts n'obtenaient plus la récompense qu'avaient reçue leurs ancêtres en des jours plus heureux. Errants et dispersés parmi les autres nations, ils avaient vu s'effacer peu à peu dans leur âme le sentiment patriotique qui aurait pu, dans leur nouvelle captivité, arracher à leurs lyres oubliées de tristes et mélancoliques accents. Ils se virent obligés de se consacrer entièrement à un autre genre d'occupations pour apaiser en partie les chagrins de leur vie agitée. C'est ainsi que le plus grand nombre des Juifs qui, dès la fin du xviii° siècle, se consacrèrent par hasard aux études, ne purent obtenir tout le fruit de leurs travaux souvent interrompus par les opérations d'un commerce pénible et peu lucratif, ou n'aspirèrent qu'à balbutier quelques pages théologiques et réduisirent leurs efforts à la rédaction de simples catéchismes religieux sans importance littéraire.

D'un autre côté, l'inquisition avait redoublé son intolérance et ses persécutions, résolue qu'elle était d'arracher du sol espagnol la dernière racine de cette race infortunée. L'élément théocratique exalté et triomphant ne respectait rien à la cour de Charles II ; le feu des bûchers consumait tout ce qui inspirait des soupçons à sa méfiance ombrageuse, tout ce qui pouvait contredire son omnipotence. Avec les restes de la liberté de penser, brûlaient aussi les restes de la race juive, sans que les honneurs et les distinctions aient pu lui servir de bouclier, sans qu'elles aient même pu s'abriter sous le glorieux manteau des ordres militaires, souillé souvent par le *San Benito*, et brûlé souvent aussi dans les brasiers du Saint-Office. C'était donc un fait inévitable, et une conséquence nécessaire de si terribles précédents, que l'état d'abjection et d'avilissement auquel arriva, hors de la péninsule ibérique, et dans les dernières années du xviie siècle, la race juive espagnole. Dans leur ancienne patrie, les descendants de Juda, qui suivaient la religion chrétienne et qui voyaient peser sur leurs têtes la main de plomb des inquisiteurs, n'avaient pas la possibilité de donner plus de signes de vie.

Vers les commencements du xviiie siècle, on vit fleurir cependant, comme nous l'avons déjà observé, plusieurs Juifs qui donnèrent des preuves stériles, mais non équivoques de leur amour pour l'étude. On put remarquer, entre tous, Rabbi Isahak d'Acosta qui publia, en 1719, ses *Conjectures sacrées*, où il réunit toutes les traditions orales du peuple juif, dans le désir de fortifier par là ses croyances. On imprimait aussi, à la même époque, diverses traductions paraphrastiques des livres sacrés ; on formait une multitude de volumes de *Discours prédicables* et de *Gloses* plus ou moins étendues sur le Talmud ; mais tout annonçait que l'arbre qui avait produit des fruits si abondants et si brillants, lorsqu'il était cultivé par les Juifs d'Espagne, allait se dessécher de plus en plus. Il faut cependant remarquer qu'en même temps que les Juifs bannis de la péninsule ibérique perdaient l'amour des sciences et surtout de la littérature espagnole, ils ne firent pas de faibles efforts pour restaurer la langue juive ; qu'ils publièrent un grand nombre de traités écrits en hébreu et poussèrent leur ardeur jusqu'à mettre dans cette langue l'*Oracional cotidiano*, le livre de prières quotidiennes que les Juifs de race espagnole, réfugiés dans les cités du Nord, avaient toujours lu en langue castillane. En 1720, s'imprimait, à Amsterdam, le *Seder Thephiloth* (Ordre des Oraisons), et cette publication était suivie de beaucoup d'autres non moins importantes, écrites dans la langue natale. Cependant il ne cessait pas de paraître non plus d'autres œuvres en castillan, entre lesquelles on peut citer le *Mémoire des* 613 *préceptes*, livre que, en 1727 de J.-C., 5484 du comput hébraïque, R. Selemoh Adham donnait à l'impression, et qui ne put se soustraire à la réaction qui s'opérait chez les Juifs. A la fin des *Préceptes*, Selemoh Adham copia un poëme hébreu intitulé les *Six Portes*, et composé par le *Rabbi* de la K. K. de Nice, R. Selemoh Sasportas.

Par une conséquence nécessaire de cette tendance nouvelle du peuple juif, sans qu'il se défît de l'idiome castillan, qui resta, comme auparavant, sinon l'unique, au moins le plus généralement adopté chez lui, la plus grande partie des livres ne s'imprime plus en castillan, mais bien avec des caractères rabbiniques, ce qui arrive également de nos jours. De cette manière, les Juifs éclairés aspiraient à reconquérir, quoique inutilement, leur indépendance intellectuelle, et ceux qui avaient reçu une éducation plus modeste perdaient jusqu'aux souvenirs lointains du pays d'où étaient sortis leurs ancêtres. De cette manière, les Juifs, ceux surtout qui habitent les côtes du Levant, sont tombés dans un état déplorable d'abjection et d'ignorance (1). Dans le xixe siècle, on peut affirmer qu'on rencontrera à peine, chez les nations de l'Europe, un Juif qui cultive avec pureté la langue castillane et qui ait les plus légères notions de notre littérature. Et cependant on ne peut s'empêcher d'avouer que les lettres espagnoles doivent aux Juifs un grand nombre de glorieuses pages qui rendent très-regrettable l'influence qu'ils exerçaient par leur savoir sur le développement de notre culture et de notre civilisation.

(1) Un fait très-curieux s'est offert en 1855 aux méditations de l'historien et du philosophe, à propos des *Cortès constituantes*. Le docteur Philipson, rabbin de Magdebourg et rédacteur de l'*Universel du judaïsme*, adressa auxdites Cortès un mémoire demandant la *liberté des cultes* pour l'Espagne, au nom des Juifs d'Allemagne, afin que les descendants des expulsés pussent rentrer dans la Péninsule. Cet appel n'eut pas d'écho dans les autres provinces ni dans les autres nations où il existe de ces Juifs. Que voulait donc la demande de Philipson? C'est ce qu'a cherché l'auteur des présents *Essais* en réfutant, dans un article de la *Revista de ambos mundos*, les raisons historiques et politiques du rabbin de Magdebourg, qui, tout en tournant à son avantage les doctrines et les faits exposés dans ces *Études*, déclarait qu'il y avait eu recours, comme à une source d'impartialité.

Pendant que la race juive, originaire d'Espagne, s'éclipsait ainsi, actifs, comme toujours, comme toujours désireux de secouer l'oppression qui pesait *r eux, les Juifs des autres nations faisaient de considérables efforts pour s'ouvrir un chemin, par le moyen des sciences, afin de conquérir l'amitié, sinon l'affection des autres peuples d'Europe. L'Allemagne avait fini par être le centre de l'intelligence, et les Juifs ne furent pas les derniers à prendre part à ce prodigieux mouvement qui devait produire la philosophie du xixe siècle. Les universités s'ouvrirent donc aux descendants d'Israël, et, quoique l'enseignement n'ait pas été immédiatement libre pour eux, on ne peut s'empêcher de reconnaître leur influence sur l'étude des sciences, et surtout dans la médecine qui avait été, pendant tant de siècles, leur patrimoine exclusif. Cette réhabilitation scientifique, que les Juifs obtenaient en Allemagne, ne pouvait laisser que d'imprimer, d'autre part, un certain mouvement à la race juive répandue sur toute l'Europe. Grands furent, en effet, les efforts qu'un tel exemple fit faire aux autres Juifs pour sortir de l'état de prostration où ils vivaient, pour aspirer, comme conséquence du nouveau développement intellectuel qui commençait à poindre dans presque toutes les nations, à l'indépendance politique dont ils avaient toujours manqué.

C'est un fait digne, en vérité, d'un sérieux examen, que la discussion soulevée dans le parlement anglais, dans le but ci-dessus, vers le milieu du xviiie siècle. Mais un fait, qui donne à connaître en même temps l'effort constant des Juifs pour secouer le joug qui courbait leurs têtes, met en évidence l'aversion avec laquelle les regardait encore le peuple anglais, aux yeux duquel ne purent que paraître dangereuses les concessions que la chambre des lords se disposait à faire à la race proscrite. Le peuple repoussait tout partage politique avec ce troupeau abandonné, descendant en grande partie des familles espagnoles accueillies dans la Grande-Bretagne, et ni les admonestations des républicains et des philosophes, ni la suprématie de la haute chambre, ni les grandes promesses des Juifs, ne purent fléchir l'âme de la chambre des communes pour qu'elle accordât la réhabilitation politique qu'on lui demandait. Toutefois la position des Juifs n'était en Angleterre ni si précaire ni si dangereuse que dans les siècles précédents.

Une secousse, de celles qui bouleversent l'esprit des nations, vint, sur ces entrefaites, donner aux idées un nouveau cours, et émanciper, en France, les Juifs de la servitude dans laquelle ils vivaient. Déjà, dès le milieu du siècle, les philosophes français avaient combattu le système religieux exclusif; niveleurs, ils tendaient la main à toutes les sectes, et, dans leur indifférence pour tous les cultes, ils admettaient le principe de la liberté pour tous. Les Juifs furent donc considérés, sous la république, comme *hommes libres* et comme *citoyens français*, et ils participèrent, en conséquence, à tous les droits politiques qu'on avait proclamés au nom de l'égalité. Ils cessèrent donc d'être considérés comme esclaves; ils aspirèrent à tous les emplois publics; ils entrèrent avec un assez grand succès dans toutes les carrières. Un horizon nouveau et plus vaste s'ouvrit enfin devant leurs yeux, et ils conçurent l'espérance d'une félicité qu'ils cherchaient en vain dans le monde.

Le XIXe siècle devait adoucir en partie les calamités qui affligeaient encore le peuple proscrit, malgré la protection qu'on lui avait accordée, durant le XVIIIe siècle, dans toutes les nations. Possesseurs de grands capitaux, jouissant de la liberté civile et de quelques garanties politiques, il était naturel aux Juifs d'aspirer à assurer ces droits conquis par tant de sang; il était naturel qu'ils prétendissent prendre part à la représentation des peuples. C'est vers ce but qu'ont porté, par conséquent, toutes leurs démarches, dans tout ce qui s'est écoulé du siècle actuel. Et il est digne de remarque que leurs efforts n'ont pas été jusqu'ici stériles. L'Angleterre et la France donnent une preuve palpable de ces observations. Dans la première nation, on travaille aujourd'hui avec une ardeur infatigable à réhabiliter complètement la race juive : et le contraste est assez remarquable entre la conduite qu'offrent les deux corps du parlement anglais et celle qu'ils ont observée dans le siècle passé. Cette puissante aristocratie, qui avait lutté pour octroyer aux Juifs certains droits politiques, s'oppose maintenant de toutes ses forces à leur réhabilitation, désire maintenir le *statu quo* dans lequel nous vivons, et convoque pour l'obtenir tous les éléments qui peuvent, dans la Grande-Bretagne, s'opposer à la réalisation de cette idée. La chambre des communes, qui avait rejeté avec tant d'énergie un semblable projet au XVIIIe siècle, en s'appuyant sur les croyances religieuses du peuple anglais, paraît plaider actuellement avec la plus grande chaleur et la plus grande persévérance pour son adoption. Quel sera le résultat de cette lutte (1)?

Cependant toutes les portes s'ouvrent en France aux Israélites, et, grâce au dernier mouvement républicain, consommé dès le commencement de cette année (1848), un Juif distingué par son savoir occupe maintenant le ministère de la Justice et représente dans le gouvernement le principe de la liberté des cultes (2). M. Adolphe Crémieux, qui s'était fait une réputation honorable comme jurisconsulte et que a joué un rôle important dans les événements qui ont renversé la royauté en France, travaillera incontestablement de toutes ses forces pour voir consolider dans sa race la liberté politique dont elle jouit aujourd'hui dans toute son étendue, de même que les chrétiens et les autres sectes religieuses. Avec M. Crémieux, un autre israélite remarquable par ses connaissances financières monta aussi au pouvoir. Mais M. Goudchaux n'avait pas l'ambition de son compatriote, ou il ne put trouver de remède aux embarras des finances, et il quitta bientôt le poste où la révolution l'avait fait monter (3).

(1) La session du 25 mai 1848 a résolu une partie de ce problème. La chambre des lords, par une majorité de 35 votes, a rejeté, dans sa seconde lecture, le bill relatif à l'émancipation politique des Juifs, et, quoique Rothschild puisse encore nourrir l'espérance de s'asseoir dans le parlement britannique, ce vote le rend inhabile, jusqu'à un certain point, comme représentant de la *Cité*. Il est probable qu'après ce vote, la chambre des communes suivra l'exemple de la haute chambre (*a*).

(2) Toutefois, par respect pour le culte catholique, qui est celui de la majorité des Français, on sépara du ministère de la justice, l'administration des cultes dont un Juif se serait trouvé le chef; et les cultes furent alors ramenés à l'instruction publique, d'où ils avaient été détachés en 1832, lorsqu'un protestant, M. Guizot, fut nommé ministre de l'instruction publique et des cultes. (*Note du traducteur.*)

(3) A la suite de ces noms, nous aurions une liste sans fin à dresser de tous les Juifs qui se distinguent aujourd'hui, en France, dans toutes les carrières publiques. Les sciences, les lettres, la magistrature sont heureuses de se voir cultivées, pratiquées, exercées par de brillants et solides esprits juifs, tels que MM. Halevi, Franck, Munck, etc. L'industrie, le commerce ont à leur tête les Rothschild, les Pereire, les Mirès, comme les arts sont protégés par M. A. Fould, qui remplit près de Napoléon III le poste important de Ministre d'État et de la Maison de l'Empereur. (*Note du traducteur.*)

(*a*) Il n'en a pas été ainsi, et le parlement anglais, après une discussion des plus vives et des plus animées, a trouvé un biais pour que la formule du serment ne fût pas un obstacle à l'entrée de M. Rothschild dans la chambre des communes. Ce dernier siège aujourd'hui dans le Parlement comme représentant de la Cité de Londres. (*Note du traducteur.*)

Tel est l'état dans lequel se trouve aujourd'hui la race juive chez ces deux grandes nations. L'Allemagne aussi lui prête sa protection, en lui donnant le droit de faire partie des municipalités. Il est probable que, dans la nouvelle constitution qui doit régir sous peu cet illustre empire, on accordera aux Juifs d'autres droits politiques. Mais, lors même que le peuple juif obtiendrait, en Angleterre et en France, une réhabilitation complète, lors même qu'il pourrait acquérir en Allemagne, avec de nouveaux priviléges, une liberté entière dans l'enseignement, qu'il serait en Italie émancipé du joug théocratique, qu'il obtiendrait enfin de toutes parts une considération égale à celle des autres peuples, on doit encore observer qu'il n'arrivera pas à effacer la malédiction qui semble peser sur son front. Le philosophe doit encore observer que ce peuple, dans son travail *pour être homme*, oublie malheureusement qu'il prétend étouffer tous les germes de cette étrange nationalité qui l'a soutenu dans les jours d'amertume, et qu'il marche en aveugle, sans qu'il lui soit donné de sortir du cercle où il s'agite. L'accomplissement des prophéties ne peut être, par conséquent, plus exact. Quelle est, en effet, la conséquence immédiate de cette réhabilitation si convoitée, de cette réhabilitation achetée à force de trésors? Le peuple juif pourra-t-il, avec les droits que chaque pays lui accorde, constituer une nationalité une et respectable? Verra-t-on un jour s'accomplir le rêve de l'incrédule Julien, attribué aussi à Rothschild dans le xixe siècle? Ce serait une folie de penser qu'un peuple, avili pendant l'espace de dix-neuf siècles, qu'un peuple *sans patrie, sans foyer et sans temple*, pût tirer de chacun des pays qu'il habite la partie nécessaire de droits politiques, pour former avec eux une nation indépendante. Or, si cette pensée ne dépasse pas la sphère des misérables utopies qui déchirent aujourd'hui le sein de l'humanité, la réalisation du rêve de l'Apostat n'est pas moins impossible. Nous l'avons déjà dit par la bouche du roi don Alphonse le Sage : Plus sont grands les intérêts qui lient la race juive aux autres chez qui elle habite, plus sont grands les liens de reconnaissance qui l'unissent aux autres peuples, plus elle s'éloigne du but auquel elle aspire, plus se confirme le châtiment du grand crime consommé sur le Golgotha, sans qu'il lui soit possible de laver le sang qui est retombé sur elle et sur ses enfants. La dispersion du peuple juif n'est pas un événement qui, comme la servitude de la

Pologne, dépende de la volonté des hommes. C'est la réalisation des prophéties, l'accomplissement de la parole de Dieu, et c'est en vain que luttera le peuple déicide pour se soustraire à cet immuable décret. Il se trainera à travers le monde, il se montrera forcément cosmopolite, sentiment qui n'a pas dans son cœur de profondes racines; il vivra à la merci des autres nations, et, comme au moyen âge, il troquera le fruit de ses occupations scientifiques et commerciales pour quelques priviléges, pour quelques droits aussi précaires que la nécessité qui les fait donner ou vendre.

Tel est le sort qui est réservé à ce peuple, malgré tous les efforts, malgré tous les triomphes obtenus par les Israélites. Et, ce qui est digne de remarque, c'est que, même au milieu du mouvement qui agite l'Europe, quand les peuples du Nord opprimés se lèvent pour réclamer leurs droits politiques, quand les rois admettent le principe de la souveraineté nationale, les maisons des Juifs sont assaillies dans un grand nombre de villes, leurs richesses disparaissent, leurs boutiques brûlent, comme elles brûlaient au xiii° et au xiv° siècle, à Tolède, à Séville et à Barcelone. Il ne sert de rien qu'à Vienne ils arrivent au secours de l'État avec 1,860,000 florins; qu'ils s'enrôlent à Rome pour défendre l'indépendance de l'Italie, qu'ils arrivent, en France, au sommet du pouvoir et de la magistrature; qu'en Angleterre, ils fassent partie du parlement; partout où ils existeront, partout s'élèveront les soupçons qu'ils inspirent aux autres hommes, partout on verra l'ombre fatale qui les poursuit, partout la malédiction qui marque leurs fronts.

Ainsi donc, en accordant leur secours et leur protection aux Juifs, les autres nations de l'Europe ont accompli les décrets vénérables de la Providence. Elles les ont traités comme des hommes, mais comme des hommes qui ne peuvent vivre dans une absolue indépendance; comme un peuple qui ne peut avoir, au milieu des autres peuples, une représentation qui lui soit propre. On a utilisé leurs importants services; on a dispensé honneurs et distinctions aux plus savants et aux plus riches. La même chose est arrivée en Espagne; durant la longue période du moyen âge, les Juifs étaient chargés de l'administration des finances publiques, ils possédaient les trésors du fisc, ils jouissaient même du privilége de battre monnaie au nom des rois. Leur influence était certainement plus regrettable et leurs services plus nécessaires dans ce siècle de fer : aujourd'hui tout le monde étudie, tout le monde recherche, tout le monde apprend. Alors la culture des sciences était une occupation estimée, et les arts industriels étaient entre les mains de la race juive. Par ces motifs, qu'on ne doit pas perdre de vue, quand on traite de races différentes, vivant dans les mêmes villes avec une religion différente et des mœurs diverses, on comprendra que la situation des Juifs, sans être aussi précaire qu'en d'autres temps, n'est pas pour eux aussi satisfaisante qu'elle le paraît à première vue, et qu'ils n'ont pas un avenir aussi souriant que quelques politiques sont parvenus à se le figurer.

Au nombre des phénomènes que présente l'histoire du judaïsme, celui qui ne mérite pas une considération moindre, c'est de voir les Juifs passer par tant et de si sanglantes catastrophes sans que le nombre total de cette race ait jamais diminué. A l'époque où nous vivons, on compte un égal nombre de familles qu'au temps de Titus et aux jours de sa plus grande infortune. « C'est merveilleux, dit un auteur ailleurs cité, que, dans un royaume si borné, d'où il s'en enfuit tant depuis si longtemps, que lorsque Alphonse Albuquerque pénétra dans l'Inde où il trouva des Juifs portugais, venus par la voie du Caire, il ait brûlé les uns, massacré les autres et pris d'autres, il n'y ait pas eu un événement capable de les achever; mais qu'il semble, au contraire, que, pareille au serpent de la fable d'Hercule, chaque tête coupée en donnait sept, elle en donne soixante-dix. » Et cette observation, qui porte sur le royaume de Portugal au XVII° siècle, pouvait s'appliquer alors aux autres nations; et de nos jours, avec plus de raison, que signifie donc ce phénomène? Tout autre peuple banni de ses foyers par le fer et par le feu, un autre peuple qui eût souffert de si grandes et de si cruelles persécutions, qui eût de toutes parts fait naître les soupçons et inspiré la haine à tous les hommes, qui eût enfin traîné une existence aussi précaire, eût incontestablement disparu du milieu des autres nations ou perdu au moins son caractère particulier; aurait pris, par conséquent, une nouvelle physionomie ou se serait confondu avec les races de ses dominateurs. Mais le peuple d'Israël se trouvait hors de la loi commune imposée aux autres générations : l'Europe a souffert les invasions des peuples du Nord; toutes ces races douées de tant de force et de jeunesse avaient fini par admettre la religion, les habits et les mœurs des nations où elles avaient fixé leurs pas vainqueurs. Le peuple déicide seul devait vivre séparé des hommes; le peuple déicide seul devait se conserver répandu à travers le monde, sans que les calamités si grandes qui pleuvaient sur sa tête aient suffi à l'anéantir, parce qu'il était écrit qu'il doit en arriver ainsi jusqu'à la consommation des siècles. Et, pour que les décrets de la Providence fussent plus augustes et plus redoutables, le peuple d'Israël devait se conserver entier, en passant par des épreuves si amères, sans qu'il pût nourrir une espérance lointaine de voir finir, avec son existence, les tourments auquel il se trouvait condamné.

En terminant notre tâche et résumant tout ce que nous avons dit, il nous semble que nous avons suffisamment prouvé les observations que nous avons faites, dans notre *Introduction* sur la race juive qui séjourna dans la péninsule ibérique, depuis les premiers siècles du christianisme jusqu'à l'année 1492. Les Juifs d'Espagne ne sont pas dignes de la haine que la multitude a toujours professée pour eux, et leurs travaux littéraires ne méritent pas la dédaigneuse indifférence avec laquelle ils ont été regardés par presque tous les critiques jusqu'à nos jours. Il était temps d'entrer dans le champ vaste et fécond où l'on découvre à peine la trace des cultivateurs; il était temps de se défaire de vieux préjugés et de rendre justice a tant de génies si brillants que la race juive a produits en Espagne. C'est vers ce but que tous nos efforts ont été dirigés. Nous ne croyons cependant pas avoir complétement rempli le vide immense que présentait sur ce point notre histoire littéraire; nous n'avons pas non plus la présomption d'avoir fait une œuvre parfaite. Les hommes d'expérience, qui connaissent les difficultés que nous avons heureusement vaincues, sauront regarder aussi avec indulgence les erreurs où nous sommes tombé dans nos jugements, et nous trouverons peut-être une excuse dans ce que les sentiers dans lesquels nous avons marché ont été jusqu'ici peu battus.

FIN.

TABLE DES MATIÈRES.

	Pages.
Préface du traducteur..	1
Note du traducteur..	1
Au lecteur...	5

INTRODUCTION.

Objet de cet ouvrage. — Préjugés historiques. — Préjugés littéraires. — Les sénats et les académies de Perse. — Leur influence. — Les Juifs asservis et opprimés par les Arabes. — Influence de Haroun-al Raschid et de Al-Mamoun sur la civilisation arabe. — Académies de Cordoue et de Tolède. — Caractère de la littérature rabbinique. — Sa condition au milieu des Arabes et des chrétiens. — Ages des Juifs d'Espagne. — Les Juifs ont manqué de beaux-arts. — Causes de ce fait. — Distribution et méthode de cet ouvrage.. 9

ESSAI PREMIER.

CHAPITRE I.

Émigration des Juifs. — Leur état sous la monarchie visigothe.
70 — 300 — 711.

Venue des Juifs en Espagne. — Concile d'Elvire au commencement du IVᵉ siècle. — Troisième et quatrième conciles de Tolède. — Édit de Sisebut. — Dixième concile de Tolède. — Recesvinthe. — Wamba. — Seizième concile de Tolède. — Égica. — Dix-septième concile. — Le roi Witiza. — Corruption des Goths. — Faux concile. — Don Rodrigue. — Invasion des Sarrasins. — Ingratitude des Juifs........................ 23

CHAPITRE II.

Les Juifs sous les monarchies chrétiennes d'Oriédo, de Léon et de Castille.
711 — 1284.

Nouvelle monarchie Gothe. — Haine des chrétiens contre les Juifs. — Rapidité des conquêtes des rois d'Oriédo. — Nécessité des arts des Juifs. — Conquêtes de Ferdinand le Grand. — Prise de Tolède. — Privilège des Mozarabes. — Assassinats de 1109. — Tributs que payaient les Juifs. — Leurs académies de Cordoue. — Triomphe des armes chrétiennes au XIIIᵉ siècle. — Don Alphonse le Sage. — Rôle de Séville. — Ses synagogues. — Le Fuero Viejo de Castille. — Les *Sept Parties*. — Translation de l'académie de Cordoue à Tolède. — Rôle de Huete. — Rébellion de don Sanche. — Mort de don Alphonse X.. 30

CHAPITRE III.

Prospérité et malheurs des Juifs sous la branche de don Sanche.

1284 — 1388.

Pages.

Jugement des historiens sur don Alphonse le Sage. — Cortès de Séville. — Doña Maria de Molina. — Minorités de Ferdinand IV et d'Alphonse XI. — Chapitres de Burgos. — D. Joseph d'Ecija. — Don Samuel Abenhuer. — Le roi don Pedro. — Protection qu'il accorde aux Juifs. — Synagogue construite à Tolède. — Ses inscriptions. — Guerre civile de Castille. — Événement remarquable de Burgos, raconté par un auteur français. — Part que prennent les Juifs dans les révoltes. — Massacres de Tolède. — Haine de don Henri contre les Juifs. — Cortès de Soria et de Valladolid. — Prédications de l'archidiacre d'Ecija et plainte du chapitre de Séville. — Réponse de don Juan Ier 57

CHAPITRE IV.

Les Juifs sous la branche de don Henri II. — Sanglantes persécutions qu'ils éprouvent.

1388 — 1413.

Mort de don Juan Ier. — Son testament. — Cortès de Madrid. — Plaintes des Juifs de Séville. — Prédications de don Hernando Martinez, archidiacre d'Ecija. — Soulèvement contre les Juifs en 4778 de la création, 1391 et 1392 de Jésus-Christ. — Résolution des Cortès et du conseil; inutilité des perquisitions pour punir les coupables. — Les Juifs perdent deux aljamas à Séville. — Massacres de Burgos, de Valence, de Cordoue, de Barcelone et de Tolède. — Ruine du commerce, de l'industrie, des rentes royales et ecclésiastiques. — La reine doña Léonor. — Mort de don Henri le Doliente. — Nouveaux périls des Juifs. — Gouverneurs de Castille. — La reine doña Catherine et l'infant don Fernand d'Antequera. — Son ordonnance sur les Juifs. — Apparition et prédication de saint Vincent Ferrier. — Succès brillant et avantageux pour la chrétienté par la conversion d'une multitude de rabbins. — Jérôme de Sainte-Foi. — Don Pedro de Luna. — Assemblée de Tortose.................. 73

CHAPITRE V.

Les Juifs soumettent à la discussion les principes fondamentaux de leur loi. — Triomphe de l'Évangile sur le Talmud.

1413 — 1415.

Continuation du congrès théologique de Tortose. — Doutes sur le lieu où il a été tenu et auteurs juifs qui traitent de ce point. — Manuscrit de l'Escurial. — Rabbins qui argumentèrent contre Jérôme de Sainte-Foi. — Ouverture dudit congrès. — Propositions défendues par le médecin de Benoît XIII. — Effets de la discussion. — Conversion de tous les rabbins, et obstination de Rabbi Ferrer et de Rabbi Joseph Albo. — Détermination du pontife et bulle expédiée à Valence. — Son examen. — Ses résultats. — Concile de Bâle, Paul IV et saint Pie V. — Conversions nombreuses des Juifs d'Alcañiz, Saragosse, Calatayud, Daroca, Fraga, Barbastro et autres points de l'Aragon. 95

TABLE DES MATIÈRES.

CHAPITRE VI.

Les Juifs sous les règnes de don Juan II et de Henri IV.

1413 — 1474.

Concile de Zamora contre les Juifs.—Ses constitutions.—Don Juan II.—Don Alvaro de Luna.— Sacrilége à Ségovie. — Conversion d'un grand nombre de savants rabbins.— Aversion de ces derniers pour leur race même. — Henri IV. — Don Juan Pacheco et don Beltran de La Cueva.— Attentat d'Avila.— Réaction fanatique des Juifs opiniâtres. — Prétentions des grands de Castille. — Mort de Gaon. — Prédications pour et contre les Juifs. — Crimes de ces mêmes Juifs. — Rabbi Salomon Picho.—Persécutions contre les convertis. — Tumultes à Valladolid. — Massacre des Juifs en Andalousie, à Cordoue, à Jaën.—Révoltes de Ségovie et leur insuccès.—Mort de Henri IV. 107

CHAPITRE VII.

Règne des rois catholiques. — Leurs conquêtes. — Leur politique.

1474 — 1492.

Répartition faite aux Juifs en 1474. — Son examen.— Résumé.— Proclamation de doña Isabelle Ire. — Plan de gouvernement des rois catholiques. — Union des couronnes d'Aragon et de Castille. — Création des conseils de Castille, d'État, de Finances, d'Aragon.— Établissement du Saint-Office.— Commencement de la conquête de Grenade. — Prise de Zahara. — La guerre éclate. — Surprise d'Alhama. — Batailles de Lucena et de Lopera.— Siège de Malaga.— Juifs brûlés, captifs. — Fermiers juifs.— Assaut et prise de Grenade. — Décret d'expulsion des Juifs.................. 137

CHAPITRE VIII.

Les rois catholiques introduisent l'élément royal dans les tribunaux spéciaux de la foi.

1480.

Établissement de l'Inquisition. — Opinions diverses sur ce tribunal rapportées par le père Juan de Mariana. — Fut-il ou non utile à l'agrandissement de la nation espagnole ?— Examen de cette question.— Jean Wiclef.— Jean Huss, Jérôme de Prague, prédécesseurs de Luther. — Unique moyen de constituer l'unité religieuse, comme garantie indispensable de l'unité politique. — Élément appelé à former un tribunal semblable.—Excès des premiers inquisiteurs.— Torquemada.—Instructions publiées par lui.— Effets du Saint-Office.— Résumé des doctrines exposées. — Pertes causées à l'Espagne par la durée du Saint-Office comme moyen de gouvernement.—Charles V. — Les trois Philippe.— Charles II, l'Ensorcelé................................. 167

CHAPITRE IX.

Expulsion des Juifs d'Espagne.

1492.

Examen de l'édit du 31 mars 1492, 5252 de la création.— Réflexions sur la pensée des rois en le dictant. — Avaient-ils le droit d'adopter cette mesure ? — Lois qui protégeaient le séjour des Juifs en Espagne. — Nécessité d'opter entre l'expulsion et la continuation des massacres des Juifs. — Question d'économie. — Opinion des historiens. — Mariana. — Mot de Bajajet. — Jugement de l'édit relativement aux sciences et aux lettres. — Civilisation italienne. — Son influence sur la civilisation espagnole. — Y eut-il de l'ingratitude de la part des rois catholiques à l'égard des Juifs? — Comparaison de l'édit de Grenade et du décret d'expulsion des Mauresques. — Défense des rois catholiques contre les accusations étrangères.................. 157

CHAPITRE X.

Dispersion des Juifs d'Espagne dans le monde. — Résumé général de cet Essai.

1492.

Effet de l'édit sur les Juifs. — Alternative dans laquelle ils se virent. — Lettre des aljamas d'Espagne à celles de Constantinople. — Réponse. — Édit de Torquemada. — Abattement des Juifs. — Opinions sur le nombre total des Juifs qui sortirent de la Péninsule. — Juifs de Portugal. — Don Juan II les accueille. — Persécutions du roi don Manuel. — Les Juifs portent la langue espagnole chez tous les peuples. — Résumé général. — Liberté civile et religieuse. — Servitude politique. — Contradiction entre les lois et les privilèges des cortès et des monarques..................... 177

ESSAI DEUXIÈME.

CHAPITRE I.

Première époque. — XIe siècle.

Les livres d'Isaaque et de R. Samuel Jehudi. — R. Samuel ben Cophni. — R. Isahk bar Baruq. — R. Jehuda ben Barsili. — R. Selomoh ben Gabirol. — R. Isahk ben Reuben. — R. Joseph bar Meir Halévi. — R. Moseh aben Hezra et autres écrivains du même siècle.......................... 195

CHAPITRE II.

Première époque. — XIIe siècle.

Rabbi Moseh, le Converti. — Maimonide. — Thibon Marimon. — R. Jonah ben Ganah. — R. Jehudah Lévi ben Saul. — R. Abraham ben Meir Aben Hezra. — R. Abraham Halévi ben David ben Daor. — R. Joseph ben Caspi. — R. Jonah Négirondi. — R. Jacob ben Simson Antoli. — Réflexions générales sur le caractère de cette première époque....................... 211

CHAPITRE III.

Deuxième époque. — XIIIe siècle.

Alphonse le Sage. — Sa protection accordée aux Juifs qui se consacrent à l'étude. — Ses entreprises littéraires. — Les Tables Alphonsines. — Rabbi Zag de Sujurmenza. — Ses œuvres. — R. Jehudah Ha Cohen. — R. Moseh et maître Daspaso. — Le livre de la Sphère...................... 229

CHAPITRE IV.

Deuxième époque. — XIII° siècle.

Don Alphonse le Sage. — R. Jehudah Mosca. — Ses traductions. — R. Moseh de Zaragua. — R. Jahacob ben Meir ber. Chilon. — R. Moseh ben Migozi Sépharardi. — R. Isahak ben Latiph. — R. Selemoh ben Abraham ben Adereth. — Rabenu Perez Hariaf. — Réflexions sur la décadence de la littérature et des sciences au commencement du XIV° siècle... 243

CHAPITRE V.

Deuxième époque. — XIV° siècle.

Décret des rabbins défendant l'étude de la philosophie jusqu'à l'âge de vingt-cinq ans. — Rabbi Abner, le Converti. — Le Livre des Batailles de Dieu. — Le Livre des Trois Grâces. — Rabbi don Santo de Carrion. — Ses poésies. — La Danse générale, dans laquelle entrent tous les États des nations. — Son analyse................. 255

CHAPITRE VI.

Deuxième époque. — XIV° siècle.

Continuation de l'examen des œuvres de Rabbi don Santo de Carrion. — La prophétie ou Vision de l'ermite. — Les Conseils et Enseignements au roi don Pedro. — La Doctrine chrétienne. — R. Joseph Métotitolah. — R. Jehudah ben Aser. — R. Quesdras Sidal de Qaislad. — R. David Gédaliah ben Jachia. — R. David ben Abudraham. — R. Isahak Qanpanton... 277

CHAPITRE VII.

Troisième époque. — XIV° et XV° siècles.

Don Paul de Sainte-Marie (Selemoh Halévi). — Ses œuvres théologiques. — Ses poésies. — Histoire universelle en vers. — (Jéhosuah Halorqui). — Jérôme de Sainte-Foi. — Ses discours. — Ses œuvres. — Recueil de Ségovie. — R. Vidal ben Lévi. — R. Isahak Natham... 295

CHAPITRE VIII.

Troisième époque. — XV° siècle.

Observations générales sur l'état de la littérature au commencement du XV° siècle. — Son caractère. — Alvar Garcia de Sainte-Marie. — Ses chroniques. — Don Gonzalve Garcia de Sainte-Marie. — Ses productions... 319

CHAPITRE IX.

Troisième époque. — XV° siècle.

Don Alonso de Carthagène. — Ses traductions. — Ses poésies... 330

TABLE DES MATIÈRES.

CHAPITRE X.
Troisième époque.

Jean Alphonse de Baena. — Son *Cancionero*... 561

CHAPITRE XI.
Troisième époque. — XVe siècle.

Continuation de l'examen des écrivains du règne de don Juan II.— Jean le Vieux, frère Alphonse d'Espina. — Ramon Vidal de Besaduchen. — Mosséch Zarfati. — Don Jahacob Zadique d'Uclès... 585

CHAPITRE XII.
Troisième époque. — XVe siècle.

Décadence des lettres sous le règne de Henri IV. — Efforts de la reine Doña Isabelle pour les restaurer.—Leurs résultats.—Études classiques.— Caractère de ces études. — Alphonse de Zamora. — Paul Coronel. — Alphonse d'Alcala. — Paul d'Heredia. — Pierre de Carthagène. — Don Isahak Abarbanel et don Isahak Aboab, dernier Gaon de Castille... 601

ESSAI TROISIÈME.

CHAPITRE I.
XVIIe et XVIIIe siècles.

Dispersion des Juifs qui sortirent d'Espagne.— Différentes directions qu'ils prennent. — Côtes du Levant. — Côtes du Nord. — Ils rétablissent leurs anciennes académies. — Ils se servent de l'imprimerie pour leurs communications.—Amsterdam.— Établissements typographiques dans cette ville. — Création des Parnassins religieux et d'une Jesibah.—Protection que les Juifs trouvent en Suède. — La reine Christine leur confie des fonctions publiques. — Leurs souvenirs d'Espagne. — Causes qui leur font cultiver la langue et la littérature espagnoles. — Leur état d'abattement et d'abandon actuel sur ce point... 417

CHAPITRE II.
XVe siècle.

Duarte Pinel et Abraham Usque. — Bible de Ferrare. — Francisco de Frellon. — Portraits ou tables du Vieux Testament. — Samuel Usque. — Consolation d'Israël. — R. Jehudah Lerma. — Paul de Dina. — R. Israël ben Nagara. — R. Joël ben Soheb. — R. Reuben Sephardi... 431

CHAPITRE III.

XVIIe siècle.

Messah Pinto Delgado. — Ses œuvres poétiques. — Poème de la reine Esther. — Lamentations du prophète Jérémie. — Histoire de Ruth moabite. — R. Joseph ben Virga. — Selemoh ben Melec. — Joseph ben Jehossuo. — Isahak Léon. — Rodrigo de Castro. — Abraham Tsahalon. — Joseph Semah Arias.................. 447

CHAPITRE IV.

XVIIe et XVIIIe siècles.

Considérations sur l'influence de l'Inquisition durant ces siècles. — Son esprit d'intolérance. — Ses persécutions contre les hommes les plus distingués dans les sciences et dans les lettres. — Son indifférence à l'égard des écrivains qui offensaient la morale publique. — Caractère de la littérature. — Symptômes de décadence. — Révolution de Gongora. — Le cultisme. — David Abenatar Melo. — Traduction des Psaumes de David. — Leur examen. Psaumes de Jean Le Gaesne.................. 463

CHAPITRE V.

XVIIe et XVIIIe siècle.

Miguel de Silveyra. — Machabée, poème héroïque. — Son examen. — Menasseh ben Israël. — Ses ouvrages : ses poésies. — Efraim Bueno. — Jonas Abarbanel et autres poètes d'Amsterdam. — Diego Beltran de Hidalgo. — Ses poésies.................. 483

CHAPITRE VI.

XVIIIe siècle.

Pedro Teixeira. — Ses rois de Perse et de Harmuz. — Son voyage de l'Inde en Italie. — Le recueil ou livre appelé le Yasar. — Son examen. — Isahak Cardoso. — Excellences des Juifs. — Emmanuel Aboab. — Sa Nomologie. — David Ha Cohen de Lara. — Son Traité de la crainte divine. — Détails sur divers poètes........... 503

CHAPITRE VII.

XVIIIe siècle.

Antonio Enriquez Gomez. — Ses œuvres. — Ses poésies lyriques. — Ses académies morales et ses poèmes. — Le Samson Nazaréen. — La Faute du premier voyageur.. 517

CHAPITRE VIII.

XVIIIe siècle.

Continuation de l'examen des œuvres d'Antonio Enriquez Gomez. — Ses comédies. — Le siècle pythagorique... 539

CHAPITRE IX.

XVIIIe siècle.

Daniel Lévi de Barrios. — Ses œuvres. — Ses poésies. — Le chœur des Muses. — Rabbi Jahacob Abendana. — Le livre de Cussry. — Traducteurs célèbres. — Rabbi Jahacob Hages. — Rabbi Jehudah Leon Hebreo. — Jahacob Cansino. — Caceres. — *Candélabre de la lumière*, les *Psaumes de David*, *Grandeurs de Constantinople*, *Vision délectable*.. 557

CHAPITRE X.

XVIIIe siècle.

Daniel Israël Lopez Laguna. — Miroir fidèle de Vies. — Joseph de la Véga. — Ses Romans. — Chemins périlleux. — Doña Isabelle de Correa — Le Pastor fido. — Joseph Salmo. — Sentier de Vies. — Joseph Franco Serrano. — Les cinq livres. — Rabbi Saül Mortera. — Isahak Orobio de Castro.................................. 575

CHAPITRE XI.

CONCLUSION.

Observations générales sur l'état des Juifs depuis le commencement du XVIIIe siècle jusqu'à nos jours.. 591

Paris. — Imprimerie Paul Dupont, rue de Grenelle-Saint-Honoré, 45.—(366)

www.ingramcontent.com/pod-product-compliance
Lightning Source LLC
Chambersburg PA
CBHW071932240426
43668CB00038B/1192